中國近代期刊彙刊·第二輯

# 新民叢報

十三（捌拾叁—捌拾玖號）

中華書局

SEIN MIN CHOONG BOU
P. O. BOx 255 Yokohama Japan.

明治三十一年十二月二十七日（第三種郵便物認可） [illegible]（每月二回發行）

# 新民叢報

第肆年第拾壹號
（原第八十三號）

光緒三十二年六月一日　明治三十九年七月二十一日

# 今世歐洲外交史（再版）

此書爲法國德比綏兒原著日本酒井雄三郎譯外交史中最詳博之作也本局託麥君重譯華文去年印出五千部經已售罄今再版印成研究外交之術者當必一覽也全部洋裝二厚册　定價三元

總發行所　上海棋盤街　廣智書局

# 新民叢報第肆年第拾壹號目錄（原第八十三號）

報資及郵費價目表

| | 全年廿四冊 | 半年十二冊 | 零售 |
|---|---|---|---|
| 報資 | 五元 | 二元六角 | 二角五分 |
| 上海郵費 | 二角四分 | 一角二分 | 一分 |
| 上海轉寄內地郵費 | 一元二角 | 六角 | 五分 |
| 各外埠郵費 | 一元四角四分 | 七角二分 | 六分 |
| 四川、雲南、貴州、陝西、山西、甘肅等省郵費 | 二元八角八分 | 一元四角四分 | 一角二分 |

日本各地及日郵已通之中國各口岸每冊一仙



編輯兼發行者 馮紫珊
印刷者 陳侶笙
發行所 橫濱山下町百六十番 新民叢報社
上海發行所 四馬路老巡捕房對面 新民叢報支店
印刷所 新民叢報活版部

請看！
請看！！
請看！！！

# 國事日報

八月初一日出紙總發行所在粵東省城十八甫西約門牌第六號

本報論說以（公）爲主不偏徇一黨之意見非好爲模稜實鑒乎挾黨見以論國事必將有辟於所親好辟於所賤惡非惟自蔽抑其言亦不足取重於社會也故勉避之

本報論說以（要）爲主凡所討說必一國一羣之大問題若遼豕白頭之理想隣貓產子之事實概不置論以嚴別裁

本報論說以（周）爲主凡每日所出事實其關於一國一羣之大問題爲國民所當厝意者必次論之或著之論說或綴以批評務獻芻蕘以助達識

本報論說以（適）爲主雖有高尚之學理恢奇之言論苟其不適於中國今日社會之程度則其言必無力而反以滋病方今朝廷宣布立憲本社於立憲事實必派專員以切實調查於憲政問題必詳討論以取資研究同人自當認定此旨以與我當道我同胞一商搉之

本報紀事以（博）爲主故於本省內地及香港澳門上海漢口北京天津均置特別訪事其餘各省皆有坐訪又日本東京特別訪事二員倫敦紐約德京法京各一員其餘南北美洲澳洲南洋非洲各埠皆託人代訪各事又香港上海各西報日本東京各日報及雜誌皆購備全份精擇翻譯歐美各日報亦定購十餘家備譯務期材料豐富使讀者不出戶而知天下

本報紀事以（速）爲主各處訪事員凡遇要事必發「特電」以供閱者先覩之快

本報紀事以（確）爲主風聞影響之事概不登錄若以訪函一時失實者必更正之

本報紀事以（直）爲主凡事關大局者必忠告報聞無所隱諱

本報紀事以（正）爲主凡攻訐他人陰私或輕薄排擠借端報復之言概嚴屏絕以全報館之德義

本報置（批評）一門凡每日出現之事實以簡短雋利之筆評論之使讀者雖無暇徧閱

新聞已可畧知梗概且增事實之趣味助讀者之常識

本報每張附印（小說）或自撰或繙譯或章回或短篇以助興味而資多聞惟小說非有益於社會者不錄

本報設（報界輿論）一門凡全國及海外所有華文報章共六十餘種本報悉與交換每日擇其論說之佳者撮其大意叙述之使讀者手一紙而各報之精華皆見焉此亦東西各報館之達例也

本報設（外論精華）一門凡東西文各報之論說批評其關於我國問題及世界全局問題者則譯錄之一如報界輿論之例

本報設（詞林）一門詩古文辭之雅者隨錄焉

本報設商情報告表一門各行市價專員採訪詳細紀載

本報設（口碑叢述）一門其有近世遺聞軼事雖屬過去亦予登錄以儲史料而資多識

本報設（談瀛零拾）一門凡世界之奇聞瑣記足以新我輩之耳目亦間錄焉本報於京鈔及官私專件取材務博別裁務精要者不遺蔓者不錄

本報編排務求秩序如論說諭旨電報及緊要新聞皆有一定之位置使讀者開卷即見不勞探索其紀載本國新聞以地別之外國以國別之

本報編排務求顯醒故一號二號三號四號五號六號字模及各種圈點符號俱行置備其最緊要之事則用大字次者用中字尋常新聞用小字用大字者所以醒目也用小字者求內容之豐富也論說批評中之主眼新聞中之標題皆加圈點以爲識別凡以省讀者之目力而已

本報遇有緊要新聞特別電報必常派傳單以期敏速

本報別類多取材最富既用各小號字排入尙慮限於篇幅不能全錄特於每日排印洋紙兩大張不惜工費以求贍博

本館廣聘通人留局坐辦尙有特約寄稿主筆十餘人俱屬海內外一時名士議論文章務足發揚祖國之光榮

美國加錫寬尼省之禮拜堂

# 日本豫備立憲時代之人民

飲冰

自考察政治大臣之歸國。幾經運動。乃始有七月十三日上諭之宣布。世所稱爲豫備立憲之上諭者是也。其論文中既未指定立憲之期限。又未明言豫備之條理。且自宣布以後。殆將一月。而政府所以爲豫備之著手者。無一可見。惟反動之報。日有所聞。舉國志士失望可想矣。雖然。論中固明言曰。今日惟有及時詳晰甄核仿行憲政。又曰。預備立憲基礎。又曰。預儲立憲國民資格。其言果出於誠心與否。且勿論。要之豫備立憲四字。既已出諸政府之口。則自今以往之中國。字之曰預備立憲時代亦宜。顧豫備云者。匪以空言。而以事實也。豫備之事實。政府與人民兩方面。宜分途進行。而人民爲尤要。何也。人民誠進行矣。則政府雖欲不進行。而將不可得也。今博考東史。自明治七年至明治二十三年間。彼中史家所稱爲豫備立憲時代者。觀其人民所以對政府者何如。所以自豫備者何如。詩曰。他山之石。可以攻玉。我國民若能採日本人民當時所豫備者以自爲豫備。則今日豫備一語。雖使政府欲以欺我。吾信其欺之必不能久也。作「日本豫備立憲時代之人民」。

## 一　公議輿論之由來

考日本憲政所以發達。實由以公議輿論四字爲護符。而此四字之深入人心而成爲政界之口頭禪者。蓋已甚久。日本前此諸藩並立。而大將軍德川氏實總政權。及慶應三年（明治元年之前一年）德川慶喜奉還大政。其表文中既有「廣盡天下之公議」一語。而幕臣松平容堂（德川氏之家臣）嘗以書上慶喜。其第一第二兩條亦言「一切萬機。必當自京師之議政所出。議政所分爲上下。議事官上自公卿。下至陪臣庶民」。蓋立憲之觀念。自幕府末葉固既已胚胎於士大夫之心目間矣。其後薩摩長門兩藩。有連兵討德川氏之舉。慶喜再度上表。亦云「方今國家形勢日瀕於危。臣愚以爲宜早與列藩同心戮力。採天下之公議輿論。以定大公至平之國是」（慶應三年十二月十八日上）慶喜所以爲此言者。蓋當時薩長二藩挾公議輿論以排斥幕府惡幕府前此之專也幕府亦挾公議輿論以抵制薩長懼薩長將來之專也雖各爲其私而公議輿論四字其勢力已日滋長於無形間矣」明治元年正月初頒太政官職制有總裁、議定、參與、徵士、貢士諸名其貢士由諸藩各選其藩士貢諸京師大藩三員中藩二員小藩一員其職權則曰「執公議輿論以議事」其徵士則諸藩士及都鄙之有才者拔任之無定員其選舉之法則曰「據衆議以拔擢」所謂公議輿論之機關於玆粗立矣其年三月其天皇御紫宸殿以五條誓天地第一條云「廣興會議萬機決於公論」政府以博採公議之旨明白宣布自玆始此實憲政之萌芽而後此民權發達之原動力也

按日本之誓文五條彼中稱爲憲法之憲法蓋後此人民種種運動其所以監督政府要求政府者皆援此誓文爲口實而政府所以不得自恣者亦此誓文息壞在彼故也而推求此誓文所以下頒之故謂必由其君相大公無我樂推權與民吾蓋未敢言之毋亦由當時士民之熱心於政治改革者既已隱然占有勢力而政府力欲殺舊幕府之勢不能不借重之以爲援耳而緣此之故人民復從而借重之以益長

其勢力遞相爲因遞相爲果而憲政遂以成立夫人民既有一部分之潛勢力則政府自不能不借重之以爲援此我國民所宜知者一也政府之所以借重我者我得復從而借重之以益長其勢力此我國民所宜知者二也今茲上諭夫亦既明有庶政公諸輿論之言矣。將來能實行與否則亦視吾人民勢力之消長何如耳

## 二　四參議建議請開議院

日本當明治初元。公議輿論四字屢出現於政界。雖然當知彼所謂公議輿論者。非屬於一般人民。屬於少數之貴族耳。其公議則諸藩之公議也。其輿論則藩士之輿論也。及幕府既黜。廢藩置縣之制既行。中央政府之基礎既定。其借重於公議輿論者漸稀。故明治元年設議政官。旋廢之。明治二年置集議院。旋罷之。自茲以往數年間政府舉動日趨於專制。及明治七年。忽有四參議建議請開議院之事。國民之要求立憲濫觴於此

初明治六年十月。日本政府以征韓論生分裂。西鄉隆盛辭職。副島種臣、板垣退助、後藤象二郎、江藤新平四參議繼之。朝局爲之一變。人心皇皇。不可終日。會有小室信夫、

古澤滋二人者。留學英國新歸。慕議院政治之美。乃說板垣後藤使建議。板垣後藤更與副島江藤商約連署。卒乃以明治七年正月十八日上奏曰。

臣等伏察方今政權之所歸。上不在帝室下不在人民而獨歸於有司。夫有司上之未嘗不曰尊帝室而帝室漸失其尊榮。下之未嘗不曰保人民而政令百端朝出暮改政刑成於情實賞罰出於愛憎言路壅蔽困苦無告。如是而欲天下之治安雖三尺童子猶知其不可因循不改恐國家土崩之勢可計日而待也。臣等愛國之情不能自已乃講求所以振救之道亦曰在張天下之公議而已張天下公議之道亦曰立民選議院而已。民選議院立則有司之權有所限、而上下咸受其福。請言其故。夫人民對於政府有納稅之義務則必當有參政之權利。此天下之通論無俟臣等詞費也。故臣等竊願有司毋抵抗此公理而已。難者曰我民不學無識未進於開明。故立民選議院今尙非其時。臣等以爲信如彼言則所以使吾民學且智而急進於開明之道即在速立民選議院。何以言之。蓋欲使人民進於開明之域則宜先使之保有其通義權理使之與聞天下之事而有自尊自重與天下共憂樂之氣象。如是而民猶安於固陋以不學無識自甘者未之聞也。計不出此而待自學而智自進於開明。是何異於百年俟河淸也。甚乃或曰今日而開議院是集羣愚而已。噫、何其自待太高而蔑人太甚也。今有司中其智謀勇功優秀於尋常者固未嘗無人。雖然。又安知世無人焉其學問識見更優於彼者。蓋天下之人。非可如是蔑視云也。將曰可蔑視乎。則有司亦其中之一人也。均之不學無識則僅憑有司之專裁與博採人民之輿論其賢愚固有間矣臣等謂有司之智視維新前固亦有進矣何也人之智識愈用而愈開焉故曰民選議院是即使民學且智而急進於文明之道也夫政府所宜奉以爲目的者亦曰助長人民之進步而已其在草昧之世野蠻之俗民勇悍而不馴故宜導之以服從今我國既非草昧而吾民之從順者既已過甚然則今日所宜奉爲目的者莫如立民選議院作人民勇往敢爲之氣使咸知分任國事之義務實今日救時之不二法門也

夫政府何以强天下人民皆同心而已臣等不必遠徵舊事即以去年十一月政府之變革驗之當時我政府孤立之勢殆哉岌岌乎而一國人民能以政府之變革爲喜戚者幾何人匪直不以爲喜戚而已一國人民漠然不知有其事者十而八九也惟見兵隊之解散則相率而驚耳今若立民選議院則政府人民之間情實相通合爲一體而國始以强政府始以强臣等按諸天下之公理考諸我國之現勢核諸政府之本職更徵諸去年十月政變之事實臣等所以自信其說者愈堅竊謂今日維持大局振起國勢之道舍立民選議院外更無他途(中略)惟陛下裁擇而施行焉國家幸甚

當是時四參議之勢重於天下加以陸軍大將西鄉隆盛擁重兵負嵎於鹿兒島遙爲聲援舉國屬耳目焉一旦此建議之出其勢殆將披靡一世不幸而其月十四日有武市熊吉等要擊右大臣岩倉具視二月江藤新平(即四參議之一)奔還故鄉佐賀謀暴動事敗

伏誅。緣此之故。其機遂窒。史家謂苟無此二事。則民選議院之成立。早見於明治七八年之交。未可知也。(指原氏明治政史之說)

未幾加藤弘之氏(德國學者之泰斗)作書難四參議之說。持立憲尚早論。四參議復使古澤滋代作答書反駁之。彼此皆累數千言。大井憲太郎復作書難加藤。加藤答之。大井反駁。又各累數千言。森有禮氏西周氏復右加藤以難四參議。津田眞道氏西村茂樹氏復右四參議以難加藤。(按諸人皆明治政界學界中錚錚人物。)一時新聞雜誌論戰沸騰。而國會開設之問題始漸漬於全國人民之腦際矣。

按當時兩造所論辨。就今日吾輩讀之。覺其言皆膚淺影響。而不足以自堅其壁壘。故不全錄焉。(若全錄之當盡數十紙)雖然。眞理以愈辨而愈明。人智以愈濬而愈闢。日本人民後此政治思想之發達。則皆此次之論戰導之也。抑以日本當時朝野之熱心論辨此事。而我國今日舉國人對於立憲問題冷淡視之。其亦重可媿歟。

## 三　政黨之萌芽

四參議院建議請開議院。同時與其徒設一愛國公黨。爲誓文四條。實爲日本政黨之嘆矣。既而江藤新平以暴動敗。板垣憤然曰。「退助將以退助之獨力誓於退助未死以前立此議院」。於是與古澤滋俱歸故鄉高知縣。創一立志社。標獨立自治之旨以鼓舞其少壯子弟。子弟從風而靡。後此之自由黨實孕育於是。一年之間各府縣與之作桴鼓應者。無慮二三十社。其名不可得悉舉。時則國是論者流與國權論者流各抱一定之宗旨以向於政府。國是論者主張早定國是採行憲政者也。國權論者主張征伐朝鮮改正條約者也。以政府之舉動不能副此希望。故相率而攻之。其最錚錚者則有若小松原英太郎、關新吾、加藤九郎、末廣重恭、杉田定一、栗原亮一、横瀨文彥、山脇巍、中島勝義、坪田繁、竹田正志等。皆爲報館主筆。以政論鼓吹一世。先是日本雖既有横濱每日新聞、東京日日新聞、郵便報知新聞、朝野新聞、曙新聞、讀賣新聞等。但不過爲事實之報道。未可稱爲政論之機關。至是有采風新聞、評論新聞、草莽雜誌等出。放論横議。無所不至。大率以暗殺大臣顛覆政府相鼓吹。而舊有之各新聞。其態度亦緣是一變。東京日日新聞由福地源一郎主任。主張漸進論。隱然爲政府之機關。報知新聞由藤田茂吉主任。主張急進論。公然爲板垣之後援。兩相對峙。其勢力以略同一之比例而騈進焉而福澤諭吉者以英學之先達自明治維新以前先已設立慶應義塾。專務養成實際之人才。至是復設時事新報且倡立三田演說會凡慶應義塾出身之俊傑皆走集麾下。結爲一團體主張立憲而不取過激之自由民權論蓋當時日本全國之勢力可分爲四一曰現政府派以木戶孝允爲中堅二曰西南派以西鄉隆盛爲中堅三曰高知派以板垣退助爲中堅四曰三田派以福澤諭吉爲中堅除西南派旋以暴動滅亡其軍人與現政府派相合外而高知派即爲後此自由黨之本山三田派即成後此進步黨之一部分（進步黨合三大部分而成。三田派其一也。詳見後。）蓋政黨之萌芽自斯時矣於是政府對於此現象。不得不於言論自由略爲壓制。乃有讒謗律及新聞紙條例之發布。其讒謗律凡八條。

第一條言。凡不論事實之有無。將壞人名譽之事摘發公布者謂之讒毀。不明舉行事而加人以惡名者謂之誹謗。凡以著作文書或畫圖肖像以展觀發賣貼示而讒毀誹謗他人者皆科以罪。而其科罪之輕重。第二條以下別定之。對於乘輿。對於皇族。對於官吏。對於華士族平民。其懲罰各有差。

其新聞紙條例凡十六條。

其內容大略。(一)須呈願書於內務省得其允准乃可發行而其願書所須聲明者(1)名稱。(2)印刷之定期。(3)持主之姓名住所。(4)編輯人之姓名住所。(5)印刷人之姓名住所。五目中有詐謬者則禁止或停止之。(二)凡主筆者及投書者皆須用眞名有犯讒謗律者科其罪。(三)敎唆人犯罪者禁獄五日以上三年以下。罰金百圓以上五百圓以下。其敎唆爲煽動群衆强逼官府者。與首犯同罪。(四)凡載變壞政府顚覆國家之論以煽動騷亂者。禁獄一年至三年。其至於實犯者與首犯同。(五)誹毀成法亂國民遵法之義務及曲庇顯觸刑律之罪犯者禁獄一月以上一年以下。罰金五圓以上百圓以下。其他條目不備述。

蓋民氣發達之方驟。而政府恒思裁抑之。此亦各國所數見不鮮也。蓋自此兩條例之頒布。而言論自由。大加限制。一時名士投縲紲者踵相接焉。而政府亦以同時開地方官會議明治七年下詔召集各地方官。使代表各地方人民。會議地方事。旋以故中輟。及明治八年六月實行之。所議凡五事。其第五事即地方民會之事。爲後此府縣會市町村會之嚆矢。確定立法行政司法三權鼎立之制明治八年四月十四日下詔云。朕即位之初。首會羣臣。以五事誓於神明。定國是以求保民。幸藉祖宗之靈。羣臣之力。以致今日之小康。顧中興日淺。內治之當振作更張者不少。朕今擴充誓文之意。設元老院以廣立法之源。置大審院以鞏審判之權。又召集地方官以通民情圖公益。將以漸立憲政之基。與汝衆庶俱賴其慶。汝衆庶其無或守常習故。毋或輕舉急進。以副朕意焉。設元老院草定議院規則八年七月五日始設元老院同時草定議院規則。卒乃下確定憲政之明詔明治九年九月下詔於元老院云。朕今欲廣採海外各國之成法。以定國憲。卿等其擬其草案。朕將擇焉。然則人民之運動其影響於政府之改革者不已多耶。

未幾有西南之役。即西鄉隆盛之亂也。事在明治十年。政府與人民兩方面。其精力悉集注於此。故政論暫衰息。及亂之既平。政府方謂可高枕爲樂。而人民要求之聲。乃自玆益囂。蓋前此不平之徒。咸隱然屬望於西鄉。欲以武力倒政府。至是乃覺此種手段不足以達其最後之目的。舉國志士始一變其方向。盡趨於要求政府之一途、

初板垣副島後藤江藤等設愛國公會於東京。以江藤暴動事敗解散。板垣歸高知設立志社。未幾社員已千餘人。開洋學所法學所等。大鼓吹民權自由論。其他各地相嚶和者疊起。至是板垣復倡興愛國社。勢力忽披靡於全國。實明治十一年四月也。其所頒合議書八條如下。

一　此社名曰愛國社。設於東京。

二　愛國社由各縣分社派社員二人或三人駐東京。每月數次定期相會。察大政之所由出及天下之形勢事情。協議討論。以謀一般人民之公益。而報知於各分社。

三　前條之外。每年以二月八月之初十日開大會於東京。決定一切事務。(但有非常大事。得由東京社員

報告各分社開臨時大會。

四 大會時各縣社長必須出席。(但社長有事故。可派代理人。)

五 有緊急事件須即行決議或建白之時。或不能待春秋兩季大會。又不及開臨時大會。則得由在京社員協議辦理。隨即報告各分社。

六 各縣結社之體裁規則及會議之方法設施等。各隨其民心風土之宜以辦理。二季大會時。互相照會。(但各縣須製社員名簿。大會時報其增減。)

七 爲交際親密起見。各縣社員須常互相通信。又各分社決議事件。亦互相報告。

八 我輩既以至誠自信而結此社。各思保護擴張其通義權利。故常宜勤勉忍耐。雖歷艱難憂戚。百挫千折。始終不渝。

按此合議書頗不合章程之體。錄之以見其幼稚時代之實況云爾。

翌年(明治十二年)三月。愛國社員第二次大會。各縣分社派代表人者凡十八縣八十八人。

同年十一月。開第三次大會於大坂。立志社社員提出兩議案。一曰連名上書天子。請速開國會。二曰派人游說於各府縣。以擴張黨勢。衆社員討議贊成。乃分全國爲十一區。各派游說員。而公舉石陽社之河野廣中、自鄉社之杉田定一、聯合社之北川貞彥。

爲游說員長。按河野氏前經兩任衆議院議長杉田氏則現任衆議院議長也。其請開國會之上書。則決議以翌年三月奉呈。俟游說之結果。得多數同情。以厚植勢力云。

按日本現今最大之政黨爲立憲政友會。即現首相西園寺公望所率者是也。而政友會之基礎實爲自由黨。自由黨之基礎實爲愛國社。故語日本政黨必以愛國社爲濫觴焉。而溯其起原。則主動者數人而已。指原氏明治政史記愛國社第一第二次大會時。其來會者惟有士族。而平民不見隻影。然則當時日本人民其政治思想之薄弱。可以概見。曾幾何時。而聯名要求開設國會者。風起水涌。徧國中焉。馴至今日販夫豎子。皆口國政矣。彼少數主動者其願力之效。不亦偉耶。抑當時民會方始萌芽。而政府禁制自由之法令已發布。民間主動者之羅法網相屬於路。是知惟辟作威。何國蔑有。其不足以沮有機體的民黨之成立。抑章章矣。

又按愛國社之性質。與美國聯邦之性質頗相類。蓋先有多數小社。乃結合之爲一大社。而前有之小社仍未解散也。諸小社能結合爲一大社。此其勢之所以日張也。

## 四　國會期成同盟會

愛國社之第三次大會也。決議上書要求開設國會。方遣游說員從事運動。而岡山縣志士。以爲國會之設。一日不容緩。乃合備前、備中、美作、三國（按皆日本舊藩國名）人民。率先以從事於此。舉明治十月。傳檄四方以相號召。其檄文略云。

（前略）夫明治初年之御誓文。與夫八年四月十四日之聖詔。此我天皇陛下之御美德。千載下猶將赫赫爲國史光焉。此無俟草茅之更爲頌諛也。雖然吾儕小民。自拜詔書方喁喁企踵。謂國會之開設。可計日以待。乃遲之又久。今仍寂然無聞。而政府且若莫或以爲意。此何故歟。蓋國會者。人民休戚痛癢之所攸關也。人民不自求之。而僥倖政府之我畀。是梯雲而欲以升天也。此我岡山縣下三國三十一郡一區千一百七十一村百有六町之人民。所以自反自省。自罪自悔。奮發興起以哀訴懇願。祈此事之必成也。（下略）

同時福岡縣屬。亦創共愛會。以開設國會改正條約二事。建白於政府。此共愛會之性質。與尋常政社異。尋常政社。則標一宗旨。募集同志。其社員皆以私人資格而已。共愛會則代表一地方全體人民之總意者也。其組織之法。每一町村。各選五名以下之委員。以及於一郡。先結一郡爲一團體。每團體各設本部。置正副議長以下各職員。擔任事務。復由每郡各選委員七人以下。結集之名曰州民會。即共愛會也。（按日本制府縣之下有郡市。郡之下有町村。於是以明治十二年十二月十六日。其委員六十五人決議。上書於政府。舉箱田六輔南川正雄二人爲代表焉。十三年正月與岡山縣委員西毅一。先後抵東京呈請願書於政府。不報、

愛國社既以要求開設國會之目的。游說於四方。至十三年四月。表同情者陸續輻輳於大阪。於是開第四次大會。議長片岡健吉、（按片岡氏後此屢任衆議院議長）副議長西山志澄、幹事杉田定一內藤魯一等。提議改愛國社爲國會期成同盟會。意謂矢此同盟以期國會之必底於成也。其同盟規約云。

國會之設、爲今日救國之第一義、稍有識者能知之矣。然顧晏然以望諸政府。政府實有開設國會之誠意與否。不敢知。藉曰有之。而國會者以民意而立者也。苟人民無希望國會之誠意。則立猶不立而已。夫我人民則旣希望國會矣。而未嘗以其希望之實表示於政府。則政府亦曷從而喩之。乃者國內二三縣。以其希望上聞者。亦固有焉。而政府不報。不報而吾儕之希望遂從茲已乎。夫誠懷抱一希望者。非俟此希望之旣償。則無中途可以拋棄之理。故一度不償而至於再。再度不償而至於三。由是而十度焉。百度焉。非得勿休也。此吾輩國會期成同盟會之所由立也。夫國會者。國家之大事也。當結合全國人民以求得之。我全國人民果能結合

論著

以表示此希望乎政府其必無詞以斬我若全國人民結合而政府猶相靳焉則是政府之負國家而非吾儕小民之罪焉矣今結同盟布其規約如左

一　爲要求開設國會起見立此國會期成同盟會非至國會開設見諸實事時無論經若干歲月決不解散此同盟

二　下次大會以明治十四年十月一日開於東京

三　至下次大會時務求各府縣國郡之戶數咸得過半數之同意人須抱此目的竭力運動

四　至下次大會時各分會須各擬憲法草案攜付評議

五　下次大會時其會員必須爲代表百人以上者

六　置中央本部於東京設常務委員二人

七　分全國爲八區每區各設游說演說員分擔責任

於是投票選舉臨時委員三師社員河野廣中民政社員渡邊禎一郎二氏被舉爲國會願望書起草委員河野廣中片岡健吉二氏被舉爲捧呈委員時政府甚愛國社之勢日盛也於四月五日急頒集會條例十六條思所以限制之（條文不備錄）幸其大會以四月九日畢條例之公牘未達於大阪（時大會開於大阪）是以得免干涉於是河野片岡二氏爲

東京、大阪二府、山形、福島、茨城、廣島、愛媛、石川、島根、岐阜、堺、高知、福岡、宮城、新潟、兵庫、長野、愛知、岩手、長崎、德島、大分、熊本、滋賀二十二縣、凡八萬七千人之代表。携國會開設之請願書以赴東京。數詣太政官及元老院、太政官以向來無受理政治上人民請願書之成例、卻不納。元老院亦以向例除建白書外、一切不受理辭焉。徧叩各署、無一應者。河野、片岡二氏在京二十餘日、無日不奔走於當道、而其目的卒不克達。至五月十日、作數千言之報告、敘述政府託詞延宕之實情、報告於各府縣。怏怏遂歸。

時各府縣各以其地方人民之名義、提出請願書於政府者、尚以十數、皆不得要領。就中長野縣之奬匡社。其委員運動最力。屢次至太政官署與大臣及其屬僚、爲激烈之辯論。卒不報。於是各志士益肆力於游說運動、冀喚起極大多數之同情以要挾政府。適其時政府以濫發紙幣之故、致紙幣價下落、舉國經濟界爲之恐慌。又值有北海道官物拂下事件。益予民間以攻擊之口實。北海道官物拂下事件者。初明治二年置開拓使。經營北海道墾殖。前後十年間。所費殆及一千萬圓。至是有商人名五代友厚者。與當道狠狽。將北海道官有物全行承受。僅出三十萬圓代價。猶且分三十年繳納。不計利息。故人民大憤激。謂現政府專橫之弊。將過於德川幕府。於是各新聞以此二事爲口實、竭全力以責難政府。各地演說會、皆以此爲問題。論鋒大肆、而其結論皆以政府之專橫全坐國會之不立因以爲喚起民情之具未幾而各府縣人民輻輳輦轂下專以要求立憲爲目的者不下千數其連署之名不下四十餘萬有小原彌總八赤澤常容二人者憤政府壅塞言路先後懷請願書自戕於宮門外民氣洶洶將釀大變

於是以明治十四年十月十二日下詔云。

朕承祖宗二千五百有餘年之鴻緒復振乾綱總攬大政夙期建立憲政體爲子孫可繼之業。前此明治八年。設元老院十一年開府縣會凡此皆以漸次創基循序進步朕心所在。當旣爲爾有衆所共知顧立國之體國各殊宜非常之業不可輕舉我祖我宗照臨在上凡所以纘遺烈弘洪模變通古今斷而行之者責在朕躬今將以明治二十三年召議員開國會以成朕之初志特假以時日使在廷臣僚當經畫之責至其組織權限朕將親裁屆時而刱有所公布焉朕惟人心之進每與時會競速或乃浮言胥動竟忘大計宜及今明徵謨訓公示朝野臣民若仍有趨躁急煽事變而害國安者國有常刑茲布腹心告示有衆。

自是而日本立憲之政體始定

按日本人謂其立憲政體爲無血的革命以此自豪於世界然觀其成立發達之跡

辛苦曲折視歐美諸國何多讓耶西儒有言、權利者不斷之競爭也又曰。天下無無代價之物由專制而變爲立憲是舊權利者權利之制限而新權利者權利之取得也被限制者非至萬不得已而勢不肯相讓而欲新取得權利者非有勤勞不足以易之故立憲事業未有不自人民之要求而得之者苟人民未嘗要求徵論其不能得也即得矣而必不能完全即完全矣而實行必不能有效。日本憲法其民權之程度。比諸歐美雖有不逮。然其運用之成蹟。斐然可觀。或疑彼欽定憲法授之自上何以能若是而不知其動機實發自人民而非發自政府也人民誠能自發此動機則政府雖欲壓之亦烏從壓之不觀當時日本政府所以待愛國社員者何如所以待其他人民之請願者何如而其後卒乃不能不屈於輿論予前此反對政府者以滿足孔子不云乎。求則得之舍則失之求在我者也豈惟日本今世界各憲法國莫不皆然我國人其可以鑒矣

（未完）

論著

譯述一

# 最近世界大勢論

仲遙

近年以來我國人稍知國勢危迫亟當圖救矣然「研究」一端猶不免爲大多數人所蔑視前途之危險蓋莫甚焉此論特搜集東西學者最近所著彙譯而成雖曰不備然閱者苟眞能精爲體會則於最近世界大勢可以瞭如論學治事必較有把握

本論凡分三章第一章歐美列强國內之情勢第二章歐洲外交之情勢第三章德俄英法四國對於亞洲之政策其第一章爲瑞典學者稽耶陵氏所著言較奥賾尤有永味譯者思慮所及隨下案語閱者並觀之或亦足爲喚起研究心之一助

前本言報中關於政黨之文必當繼續從事今以此問題對於彼問題比較的尤爲急切故中途先發表之

## 第一章　歐美列强國內之情勢

### 第一節　奥大利匈牙利

現今之列強中可以暫躋於強國之林而他日不免有零落衰沉之戚者與大利匈牙利是也以地理上言之。彼之邦域。適位於歐洲之東方。一若足爲抵禦各國之勁敵。而代歐洲各國執衛戍之勞也者。雖然。就其實質觀之。彼實最缺乏近世國家存立之根本的條件之國民的統一之國也。換言之。則彼邦之國民實無自覺其國爲一個固有之人格之心者也。再質而言之。則彼邦者。無數之國民的人格之集合體也。無數之人格之各一部相集而成爲一國體者也。而推其所以致此之由。其最大之原因。則在於彼之地理。彼與大利匈牙利之地理。無自然之境界。茫茫國土。多位於屬於他國之多數之河流之上流。其形勢之華離破碎。莫可究詰。職是之故。其政治地理上之現象與國民主義之精神適成一絕對之反比例。而以此反比例之故。遂使國民主義之與國家日以遠。心力之作用相離而不能相融。故欲使與大利匈牙利國民相互間之精神日以接近。此實事理上至難能之業也。不特此也。其助長禍亂之端。尤有三事。(一)社會上之反目。(二)宗教上之區別。(三)憲法上之分離對立。此三者。其實質雖僅屬內治。其影響常波動於外交。其失策雖僅在一時之苟安。其危險且有礙夫百年之大計。今日者。

若驟語人以奧匈兩國將分裂而亡乎。固不免爲世所訴病。雖然。使彼邦不力求融釋之道而默默自安焉。吾有以知其來日之大難也。

譯者案。稽氏策奧匈國未來之危險。而歸本於其國民缺統一。此眞一針見血之言也。歷觀歷史。無古無今。無歐無亞。皆未見國民缺統一而其國能久安長治者。惟彼奧匈國。其政治上之現象。日接於吾人之耳目。尤足發深省焉。抑彼奧匈國今固儼然立憲國也。而猶若此。其他更何論矣。

日本小野塚博士下民族二字之定義曰。「民族者。常具有人種言語歷史政法經濟思想風俗習慣等之共同基礎。而自覺爲一團體之人類社會也。」其自覺二字。至爲精絕。自覺者。在於一人。則爲箇人之眞宰。在於國民。則爲共同之良知。使其民族果爲一團體乎。則此自覺心必足爲奠安其國家之基礎。使其民族果非一團體乎。則此自覺心終能爲解決其問題之種子。而以吾所見。爲解決之道。則有二事。(一)融之使合而泯其迹。上也。(二)剖之使離而副其實。次也。使二者俱無所事事。則國家之前途。惟有一途。曰亡而已矣。蓋二種以上之民族之不能並立於一國非徒感情的問題而實利害的問題非徒一時之問題而實萬年之問題也嗚呼往者不可諫來者猶可追吾讀奧匈國史。吾每爲之魂搖而神沮吾其抱吾憂以終吾年歟

## 第二節　意大利

較奧匈國稍進一籌而前途仍不免多悲觀者厥爲意大利彼非無國民的國家。彼非無自然之國境。其立國之基礎非不穩健而鞏固雖然。其議院政治至有難言。其農業界之弊害。至難拔除加以當內部之組織未完統一之大業未成之際早已入强國之列其結果也常能使其政治不能爲健全之發達是故意大利之國勢。以之保守或可能以之雄飛必不足

譯者案。世界之所謂强國有二種。(一)其國力已充實。而自能發表其强之狀況於外而得强名者。(一)其國力不必已充實而以他政略上關係之故。或事勢相逼之故。不得不强飾其强之面目。以冀博强名者。其國力已充實而得强名者。其名與其實相符其內與其外相應其在國內也國民能享相當的政治之康樂其對外

也。外交能見自由的活動之成功其國家之前途相成相長而日進靡窮其國力不必已充實而冀博强名者其名與其實相戾其內與其外相妨其在國內也國民常眩於一時之美觀而忽萬世之至計其對外也外交容或可倖獲一二之成功而終不免於千萬之失敗其國家之前途相賊相掣而終無實益

## 第三節　法蘭西

其次法蘭西亦誠有難言者彼法國今固世界第三之强國也其國境固有自然之境界者也其人民固同人種同宗教同言語者也其國民固饒富而非無幸福之狀態者也雖然此皆外界之美觀而已若夫就其內容之前途言之則其可危者有三(一)其外交政策不計國家久遠之雄圖徒爲感情之奴隸職此之故不求其盟邦於自然的同盟之大陸國之德奧而反求其競爭國之英意(二)其中央政治純採集權之主義(三)其國民無繁殖子孫之意志三者之中尤以第三者爲最重而彼法國亦受此弊爲最深而即此一端已足弱其國而有餘何則法與德之復讎戰爭法人所最不能忘者也而法蘭西近年人口每一月增加之數乃僅視德意志每一日增加之數焉其復讎之

業。殆已全屬不可能之事。凡也以人口不增之故。常能使法蘭西之殖民政策陷於無意識無效果。此其關係於一國之前途。又不俟智者而自明矣。

譯者案。欲明法蘭西人口不增之原因。英人瑪兒梭士所著人口論中之言。最足爲精確之觀察。錄如左。

一、道德心及智識發達之故。例如有道之士。嘗能節制情慾。不欲早婚。又或因移住殖民等事。往往減殺偏聚一地方之人口。

二、道德腐敗之故。例如男女之關係紊亂。正當之結婚。每見屏棄。不行於世。此亦減殺人口增加之速度者也。歐洲各國。鮮見有能矯此弊者。

三、自然的強制。如傳染病氣候風土之變化及天變地異飢饉等是也。

四、人爲的强制。

甲　如炭坑之工人及執捕鯨業與遠洋漁業者。

乙　過於勞動者。

丙　極貧苦者。

丁　不完全之育兒法。

戊　火災。

己　戰爭。

以上所舉皆瑪氏推測世界人口所以不能以幾何級數增加之原因之言。而法蘭西亦即莫能外者也其所舉之第二原因尤爲法蘭西國中最甚之弊。又法蘭西之人口自普法戰爭以後。一時極形減少今雖稍加。然其徵已甚每年間萬人中不過增五人而已以此之故千八百八十五年法人著令云貧家有子七人者以公費教之養之又千九百二年議員俾阿氏提案於議院謂民有及歲而不婚者則當課以重稅皆深有不得已者存也

又人口與國家發展之關係密切無匹日俄戰役自戰鬭一方面觀之日本實全勝。而終不免負失敗和約之辱者則以屢次劇戰常備兵中大蒙損害兵力將有不繼之患也此事日人親爲余道之。

第四節　德意志

惟德意志之國勢則獨不然彼自其帝國統一以來佇苦停辛。經營慘澹。今也其國內之實力既充其國外之競爭方始。雄心壯圖大有一日千里之觀而其以地理上與達紐布流域分離之故駸駸乎且日向北方而試其發展。北方者實德意志建設最大之統一的國家之良地亦即發展其驥足於海上之雄機也又不徒德意志國民有此實力而已其今帝威廉二世偉力奇才。睥睨一世一舉一動常自表示其帝國膨脹之方針威廉二世者又實當代之偉人而助長德意志日即於强者也雖然彼亦非全無弱點者存也其關於內治者(一)其國境無自然之境界其結果也自波蘭人問題以至其他國民不能免國民的紛爭(二)其農業上之利益與工業上之利益互相確執。不肯相下(三)其憲法上之分立主義仍維持其勢力不無有未完其統一之實之點(四)其政府與右黨相結而避左黨乞援於教皇黨、臨社會民主主義其關於外交者。(一)德皇之世界政策雖似鞏固然觀世界之形勢後進强國究未易發揮其野心(二)對於此政策之德國內之反響難言其有同意(三)德意志爲發展其外交政策其已着手經營之地。如膠州。如亞那脫陵。如巴西皆不能塞其海外移住者之慾望其成績不振。

譯者案稽氏錄列德意志之弱點其屬於內治者以其與世界無絕大之直接關係姑置勿論今惟就其屬於外交者徵之事實參以鄙見一詳論之

所謂威廉二世之世界政策即欲統合居於世界各地之日耳曼民族共建一世界的大帝國之政策也此政策之所由起實淵源於日耳曼人種之繁殖力達於極點之故雖然此政策究不能實現者也今從居於世界各地之日耳曼民族之現象推晰而論定之（以下所列舉之事實多本於日本早稻田學報中所調查不敢掠美注以明之）

一　居於奧大利之日耳曼民族之現象　奧大利之波希米最初實日耳曼民族殖民之地也當時日耳曼民族高視濶步常以强力凌化他民族其中如波希米首府之巴拉克尤爲日耳曼民族勢力之中心其地有名之大學至千八百八十二年時亦純爲日耳曼的制度雖然時移勢變及於今日日耳曼民族零替莫甚其零替之原因則以其地之苦遮奇人夙爲日耳曼民族所箝制飽嘗虐遇之苦其後舉族同心發揮其國民的精神其勢力且駸駸乎凌駕日

耳曼民族而同地之日耳曼民族。至此則反執退讓之態度。又不惟退讓而已。且日有爲其所同化之勢。苦遮奇人見有日耳曼的性質之學校。每不肯使其子弟入學而日耳曼民族之子弟。則反入苦遮奇人的性質之學校。此現象也。波希米有然。波希米以外之地亦有然。

二　居於匈牙利之日耳曼民族之現象　奥大利關於其國民之複雜與否之問題。自其政府視之。純持放任主義。故日耳曼民族猶能存立。若夫匈牙利。則最熱心於其所謂「國民政畧」之實行者也。至近年尤甚。以是之故。以彼遇此。立見其被同化。而尤可怪者。則日耳曼民族對於馬幾亞民族。全不懷敵意。且加好焉。其中如匈牙利首府布達伯士脫一地。當千二百四十一年。實全爲日耳曼民族所創設。至於今日所謂日耳曼的都府者。不過僅存其名。其地之日耳曼民族之數。逐年以稀。據千八百八十年之調查。日耳曼民族尚居其地之人口之十分之三有餘。至千八百九十年。則僅居十分之二有餘。至千九百年。則僅居十分之一有餘。至於今日。僅存十分之一而已。其他各地。亦莫不皆然。故匈牙利國中之日耳曼民族。不越廿稔。其必靡有孑遺。此殆可斷言者也。

三　居於瑞士之日耳曼民族之現象　瑞士國中凡分三大民族。一意大利民族。居國之南部。二法蘭西民族。居國之西部。其北部及東部則皆日耳曼民族所居之地也。據千九百年之調查。瑞士國中操日耳曼語者其數二、三一九、一〇五。操法蘭西語者其數七三三、二二〇。操意大利語者其數二二二、二四七。準是而觀。日耳曼民族實占優勢。且其所居地各爲一部。日耳曼民族尤無被同化之處。雖然此皆具體的觀察之言耳。若夫就抽象的觀察言之。則日耳曼民族。實有日向於減少之暗潮流之勢。據千八百八十八年千九百年間之調查。法蘭西民族。其人口增十分之一有餘。意大利民族。亦增十分之四有餘。而日耳曼民族。則僅增十分之一。而一求其所以致此之由。意大意則以移住而來者多。列於問題外。姑置不論。而素以人口不增著名於世之法蘭西民族。乃亦見增加者。則全爲日耳曼人自進而與法蘭西人同化之結果也。其最可駭者。如伯倫州。尤其一例。伯倫州之居民。法蘭西民族居其中十分之六而此法蘭西民族實皆日耳曼民族同化而來。純粹之法蘭西人實無一人焉。且居於瑞士之日耳曼民族。常謳歌共和政而厭棄帝政王政。故瑞典國中之日耳曼民族。其必終全數同化於法蘭西民族。又可立而待耳。

四　居於俄羅斯之日耳曼民族之現象

俄羅斯國中之日耳曼民族。無由得其確數。約言之。則居於巴魯奇者。凡三〇〇、〇〇〇人居於波蘭者。凡五〇〇、〇〇〇人。居於羅次者。凡一〇〇、〇〇〇人。居於南俄及布魯加河流域者。凡一、〇〇〇、〇〇〇人。此種民族自加他鄰二世以來。翼居於俄羅斯國中人口稀少之各地。能保存其國民的特質。然最近二十五年間。則大異其趣。其民族之全部。幾無能操日耳曼語者。其純然爲日耳曼的性質之學校。不過兩校。蓋其無保存特質之能力。視波蘭人遠有慚色矣。

五　居於比荷英法及其他歐洲諸國之日耳曼民族之現象

日耳曼民族之居於比荷兩國者。約得一五〇、〇〇〇人。居於英吉利者。約得一〇〇、〇〇〇人。居於法蘭西者。約得一〇〇、〇〇〇人。而其於比也。荷也。英也。法也。

無一能保守其國民的特質惟其居於盧馬尼亞捨魯布以雅不里格里及土耳其者比較的猶不似居於他國者之甚爲良勝耳。

六　居於北美合衆國之日耳曼民族之現象

合衆國中日耳曼民族之數。約計得一一、○○○、○○○人而其產於其本國者不過一少部分即其總數一一、○○○、○○○人中產於本國者不過僅其中之二、六六六、九九○人其餘八、五○○、○○○人則皆產於合衆國者也其民族之繁殖力信乎可驚雖然其能保存其本國之特質者絕不數覯其本國之國語殆爲其全部人所廢棄名義上之日耳曼學校雖亦有所設立然此等學校率皆爲亞美利加所同化以去又加拿大之日耳曼民族人數約計得三四○、○○○人亦爲加拿大所同化。

七　居於南美澳洲亞洲及其他諸方面之日耳曼民族之現象

南美之烏拉圭阿魯善奇那智利玻利非亞威能齊拉等國亦日耳曼民族車塵馬跡所至之域也而以巴西一國其民族聚處者爲多其地之日耳曼民族尙能保存

其國民的特質與居於盧馬尼亞等地者畧同。其在澳洲者則不然。澳洲之日耳曼民族。全數達一〇〇、〇〇〇人以上。然大率皆已喪其特質。若夫在中國。及非洲南端者。尤有奇異之現象。不同化於中人非人而同化於同居其地之英人。自餘各地。莫不皆然。

以上所舉皆日耳曼民族居於各地者之現象也。其富於繁殖力。信有可驚。而其無冏定性。亦信有可駭。若是乎就自然的現象言之。則德皇此策。其殆已終屬空花之夢也。而觀於其救濟策。則又何如。

德人對於此現象之救濟策。其第一着手之地。即奧大利。以其易奏功也。初其國內設立一國粹保存協會。純以救濟此現象爲主義。其後設立於奧都維也納者。謂之維也納學校協會。此協會之宗旨。其第一端。即注重於恢復其祖國之言語。其經費每年需四〇〇、〇〇〇磅。其學校之數凡四十九校。又德都柏林之日耳曼學校協會。其會員達三三、〇〇〇人。在各國之日耳曼民族。亦協贊其業。而德國之政治家。近年以來。尤極盡瘁於所謂日耳曼民族統一主義云。

雖然。其事之必無倖成。殆可決言。其無成之原因凡二。

一、日耳曼民族無保存其特質之意志。雖救濟亦將無效也。　綜觀日耳曼民族所以被同化之理由。不出二大端。一、由於不能堪他民族之壓迫。二、由於悅共和政而厭棄帝政王政。其屬於第一端者。雖曰其事緣於他界。然使其民族果有强健的保存其特質之意志。則波蘭雖亡。民族固在於日耳曼民族乎。獨何異若夫其第二端。則德意志一日無共和政。其民族即一日無復有爲德意志國民之希望。而德意志之政體。其必不能有所更易。又讀者之所能知也。吾聞英人之每至一地也。必有其英吉利的性質之寺院。其俱樂部。其新聞紙。其遊戲場。率皆具有英人之特質。法人之每至一地也。亦能保存其固有之特質。其人民之居於外國者。雖越數世紀。尚能保存其法蘭西言語。由前言之。此英人勢力之所以範圍大地。由後言之。此法蘭西人口雖不見增。而猶無亡種之患也歟。

一、德意志帝國爲現今列强所疾視。即經營亦必廣被破壞也。　德皇威廉二世今世之雄主也。雖然。惟其爲雄主也。其外交常遜失之於酷辣。而其得同情也必稀。故德意志今日之地位。又實最危險之地位也。觀於彼之演說中有言曰。「不助余者。余之敵也。余之敵。余必碎之而後已。」其睥睨一世。旁若無人之心。歷歷如繪。故德意志近年之行動。無往而不爲列強所注目。今者德皇自覺孤立。殷殷然與英人聯歡矣。夫德意志近年來之行動對於此大問題。比較的猶其小焉者也。而猶若此。而況於此大問題耶。而況於日耳曼民族之在他國者。其現象有如上述之不可思議者存耶。

又稽氏所舉德意志外交上第二之弱點。觀最近現象。已非爾爾。故置不論。其所舉第三之弱點。亦就比較的言之而已。不然。如近者德人於吾山東之現象。寧得謂其成績不振耶。故亦置不論。

第五節 英吉利

據世界第一等強國之席。而泱泱然擁無涯之希望者。莫英國若也。以其國境言之。則獨立於海上。以其社會言之。則調和於國中。以其憲法之權衡言之。則五雀六燕。銖兩適宜。以其國民之思想言之。則萬衆一志。擴張國權。且也其境遇優。其經濟力强。茫茫大地。至於今日。亦幾全爲英吉利權力所能至之域矣。自今以往。行將由是而建一最大之帝國。此英人之志也。雖然。以吾觀之。過此以往。不數十年。世界之商業政策上。必有一大競爭發生焉。無他。即英國之資本與德國之學術美國之利源東亞之勢力之競爭之一事是也。而當此之時。吾所最以爲憂者。即爲英國蓋英國者實缺乏阿利士脫列斯氏所謂之自立國之資格之國也。其生活之資料之大部分。皆仰望於外國之供給者也。彼其自昔以來。爲世界之先進國。故其所獲獨優。今則各國之文化。將悉列於平等之地位。越是以還。此優勢之特權。行將消滅無存。而所餘者。不過其國固有之自然的權利。而以此固有之自然的權利。其仍能維持其現時之位置乎。抑不能維持其現時之位置乎。此誠不能不置於懷疑之列矣。然則奈何。曰。爲今之計。英人仍不外鞏固其內部之團結。使其全領土相合而舉自立國之實。而張伯倫氏之關稅改革意見。實識時之言也。雖然。以英國領土分散之情。而欲舉此大業。其能成與否。吾又不能無疑。要而論之。一母國之下。而有廣大之散在海外之領土之英國式之國家。此後必日歸於衰廢吾可決言而英國之國家。則人爲的建設物焉耳過渡時代之一現象焉耳。

譯者案。稽氏以英國生活資料之大部分仰給於他國之故。而謂其必不能長保現時之位置。此言也。在艷稱英國商業者聞之。必以爲奇而不知實有爲而發之言也。欲明其故。當舉英國近年來農工業之狀況說明之。

其在農業上。理論上言之。覺其必爲世界各國之冠。而其實不然。其農業之機械多屬舊式。此爲英國農業不振之原因

其在工業上。英人之於工業。往往過信其既往之歷史。持保守之主義。且其國內之勞働者。常爲無理之要求。此爲英國工業不振之原因

綜是二者。則英國之商業雖操之英人。而爲商業之原料者實屬之他國。苟牽是而不振。他日苟有大競爭發生焉。英人其不立困也蓋幾希矣。故英國近年之政策仍不能不取自由貿易政策也。

又人謂英國殖民地雖分立于海外。然必無亡英國之理由。誠哉其無亡英國之

理由也。其在平時。英國有偉大之海運力。其在戰時。有偉大之海軍力。雖然。殖民地與母國距離過遠。交通聯絡上究嫌不便。即此一事。英國之不及美國。已不可以道里計矣。

(未完)

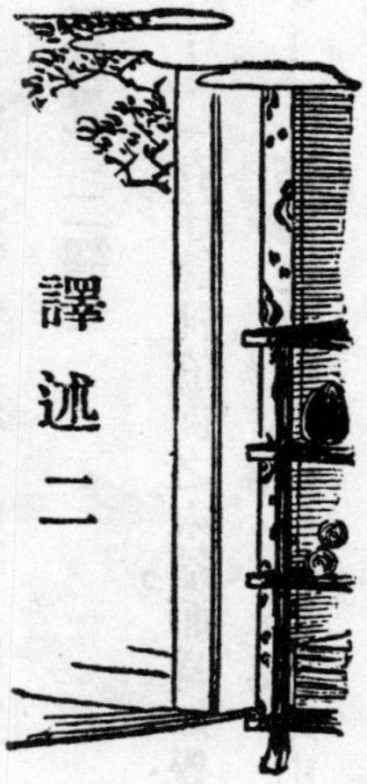

譯述二

# 心理學剖解圖說（續第八十二號）

長沙湯祖武編譯

## 第二章 知的現象

（一）直觀
- 1 意義……（使映于五官者而綜合之則爲一物體。此即認知之作用也。
- 2 實例……（如看櫻的時候。必因目視其花葉。鼻齅其香。口嘗其蜜。然後認知其爲櫻。
- 3 種類……（可分爲感覺及知覺。

（二）感覺
- 1 意義……心的現象之最單一者也。
- 2 順序
  - 一 外來之刺戟者。感覺神經之末梢。以使之興奮者也。
  - 二 由神經而傳達此興奮于腦中。是即爲感覺。
- 3 種類
  - 一 受働的
    - 甲 內部的（體覺……有機感覺。
    - 乙 外部的
      - 1 視覺 聽覺 味覺……特殊感覺。
      - 2 觸覺 溫覺……普通感覺。

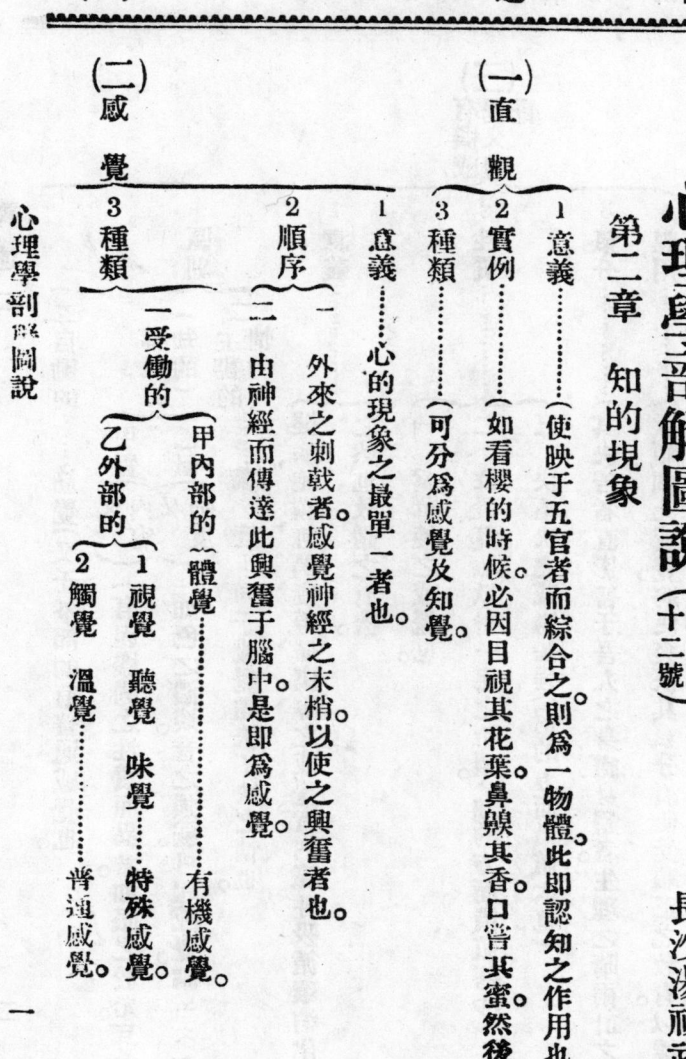

譯述二

（二）自働的……筋覺（又于外部的有普通感覺也。）

4 區別
一 客觀的（知的）
甲 質（又內容）（有因機關之性質而異者如眼之於光耳之於音響是。）
乙 量（又强度）（如色之濃淡音之强弱可起感覺謂エネルギー之强弱也。）
二 主觀的情的……調度……關于感覺謂快不快之情也。

（三）有機感覺又體覺
1 意義……健、病、飽滿、飢渴、疲勞、痛傷等之感覺皆內臟呼吸循環消化等機關之調順使之然也。故謂之有機。
2 性質
一 爲單純之感覺也。
二 位置漠然欲得一定之希望。（知的方面價值甚少）
三 快不快之感應甚强（情的方面價值大也）
3 氣分……其快苦者直影響于吾人之身體。身體者生理之晴雨計之稱也。
4 應用……欲順調此感覺將使爽快其氣分須使受順正之敎育以端其行動。

（四）普通感覺
1 意義 于身體之諸部使之分布神經之感覺也。
2 種類 一 筋覺 二 觸覺
1 機關……存于諸種筋肉之末端而爲知覺神經之主使。
2 性質……筋肉之伸縮壓迫。更詳言之則由筋肉生自身之活動。

(甲)筋覺……
- 3 種類……筋肉者。運動之大量也。漠然視之。其覺普通若活動如眼球之筋肉者。頗甚精妙也。
- 4 應用……
  - 一 能補視聽觸覺等。及他之感覺之不完全者。
  - 二 使確實識得身體及外物之形狀大小輕重方向等。

(乙)觸覺……
- 1 機關……(分布於全身之皮膚。使觸神經之感覺者也。
- 2 種類……有壓覺及溫覺之二種。

(丙)壓覺……
- 1 機關……(皮膚之表面。有特殊之壓覺點。物因據之而刺戟也。
  - (附說)因其點數之多。性質之粗密。以起種種之壓覺。
- 2 試驗……因兩脚規而得者。其結果如左。
- 3 結果……
  - 一 舌(一粍之距離。使感及二點。範圍最大。
  - 二 第一指關節之內側面(二粍)
  - 三 唇之赤部 五粍)
  - 四 頰及大指(一一粍)
  - 五 額(二三粍)
  - 六 手背(三一粍)
  - 七 脚(四〇粍)
  - 八 頸(五四粍)
  - 九 背上腕腿(六八粍)
  - (附說)使戴重物而秤之可也。

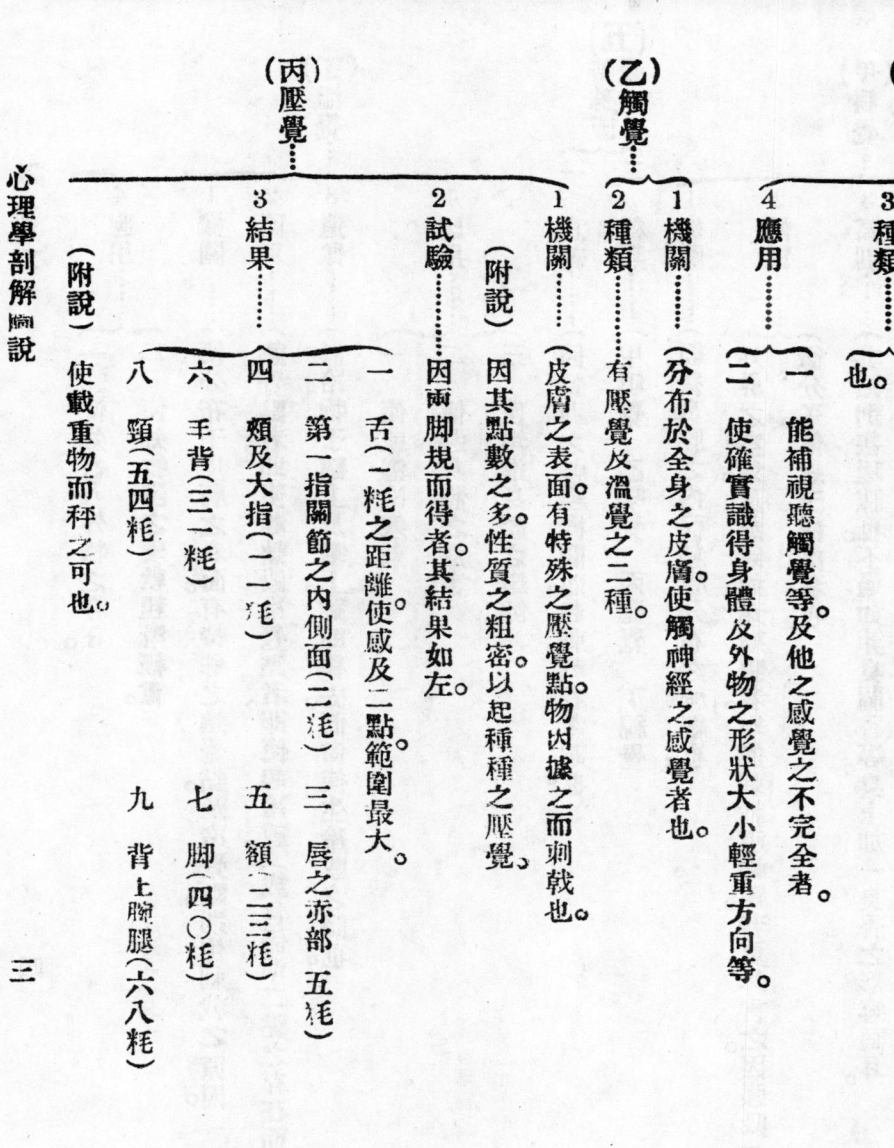

4 應用……一 使知吾人外物之存在。
二 使知物體之硬軟粗滑輕重。

(丁)溫覺……
1 機關……使分布于皮膚之表面有特殊之熱覺點及冷覺點。則生刺戟之原因。
2 區別……熱覺點者即使起熱感冷覺點者即使起冷感。(或言係準二點之存在而擬之也。
3 遺像……置冷物于額上及掌上雖即移去而尙使生冷感之謂也。
4 應用……一 使感溫冷寒熱。
二 使避身體之危害。
三 使增進身體之康健，

(五)特殊感覺……
一 意義……因特別之神經機關而起刺戟者之謂也。
二 種類……甲嗅覺 乙味覺 丙聽覺 丁視覺

(甲)嗅覺……
1 機關……經營鼻腔之內面粘膜分布之神經也。
2 性質……外界之空氣及蒸氣如瓦斯體者均能刺戟嗅神經。若更詳言之因强吸氣候之微分子傳送于內部者也。
3 區別……其區別甚曖昧也。不過如非臭蘭香等臭上加一臭香之形容詞耳。
4 種類……野番人及猫犬嗅覺甚銳敏，

5 應用……一 知識的道德的方面之價値甚少。除能識別毒物外。僅爲敵之遠近之識別。及情慾挑發之媒介而已。
　　　　二 若練習則成銳敏。文明社會之所以貴香水香料茶煙者也。

（乙）味覺

1 機關……舌神經（舌之表面有味蕾。爲消化機關之門戶也。）

2 性質……一 由唾液粘液及他之液體而溶解之。以刺戟舌面之味神經也。
　　　　二 可直接刺戟。
　　　　三 于香氣之作用。可辨別其美味。

3 區別……一 性味之六種。稍精確者如ヴント氏有甘、苦、鹹、酸、アルカリ-之性味、及礦物
　　　　二 六種之物而混合之。成種種之調和。

4 應用……一 非直接者不得其用。故知識練習之應用甚少。
　　　　二 飮食之好惡。影響人生之健康快苦。

1 機關……聽神經者。分布于內耳之迷路中。受其刺戟而生之感覺也。

2 經過……一 物體之音響。
　　　　二 傳達空氣。

(丙)聽覺……

三 到達耳內。

（附說）（能感自身之音響。如以手脈含口中有如鐘表器械之響動者。）

3 類種……

一 調音（樂音） 有規律之振動。聽者受其快樂之感有恍惚如遊太空者。

調音之種類

甲 高低……由音波之長短而起。

乙 强弱……由振動數之多少而起。

丙 音色……波動之形有如樂器之種類也。

丁 協和音及不協音（以二音及多數音相和又名複音。）

二 躁音又雜音（無規律之振動使生不快之感覺如水音爆聲者。）

三 分節音（如言語之能使發表思想之感情者。）

4 應用……

一 思想 交換感情。

二 詩歌 音樂 受其快樂幸福。

三 知識 學藝之練習。

1 機關……由分布眼之網膜之視神經而傳之于腦所生之感覺也。

(一)(眼之網膜有二體。桿狀體細胞者。使起光之感覺也。圓錐體細胞者。關係于色

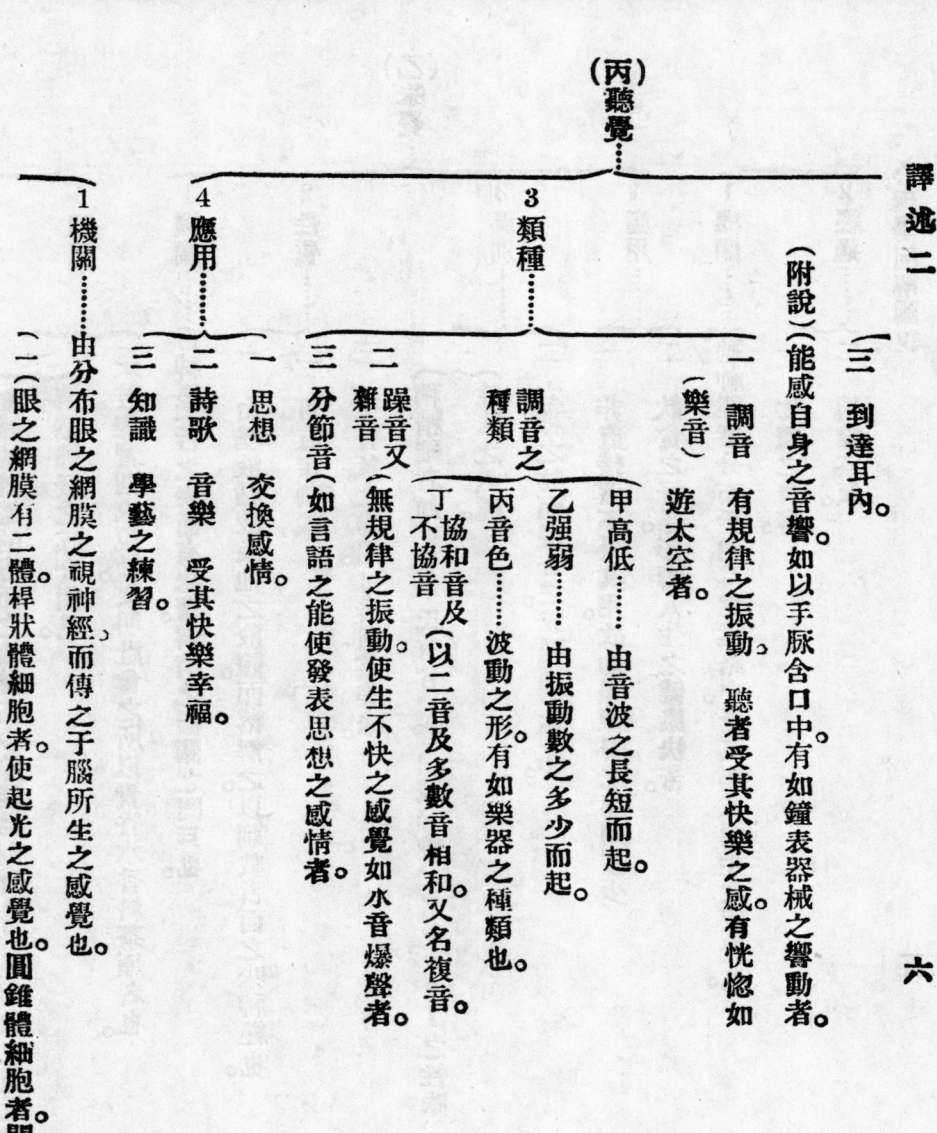

2 位置……之感覺也。
一、網膜之黃點及盲點……甲者于中央有見之明像。乙者因視神經把束于
二、眼球而成不明像也。

3 性質……
一 光之本源者「エーテル」振動也。
二 光者于眼之屈折體使之屈折也。
三 于網膜面不映倒像。
四 網膜者起化學的變化于細胞中使生光之感覺。

4 種類……
一 光覺
白黑分度有灰白微灰等類。
以至深黑七百種之色者。
甲
原色……ヘルムホルツ氏者云有綠紅青三色。或云有綠青紅黃四色。又云有綠紅青黃黑白之六色。試以三稜鏡向日光中而分析之。則有赤橙黃綠藍青紫之七色。是即原色之謂也。若以原色而混合之則成種種之間色矣。
乙
補色……二色相合則呈白色。此時所生之白色即稱爲他色之補色。(又云餘色。)例如(綠十紫)(赤十帶青綠)(紺十青)帶

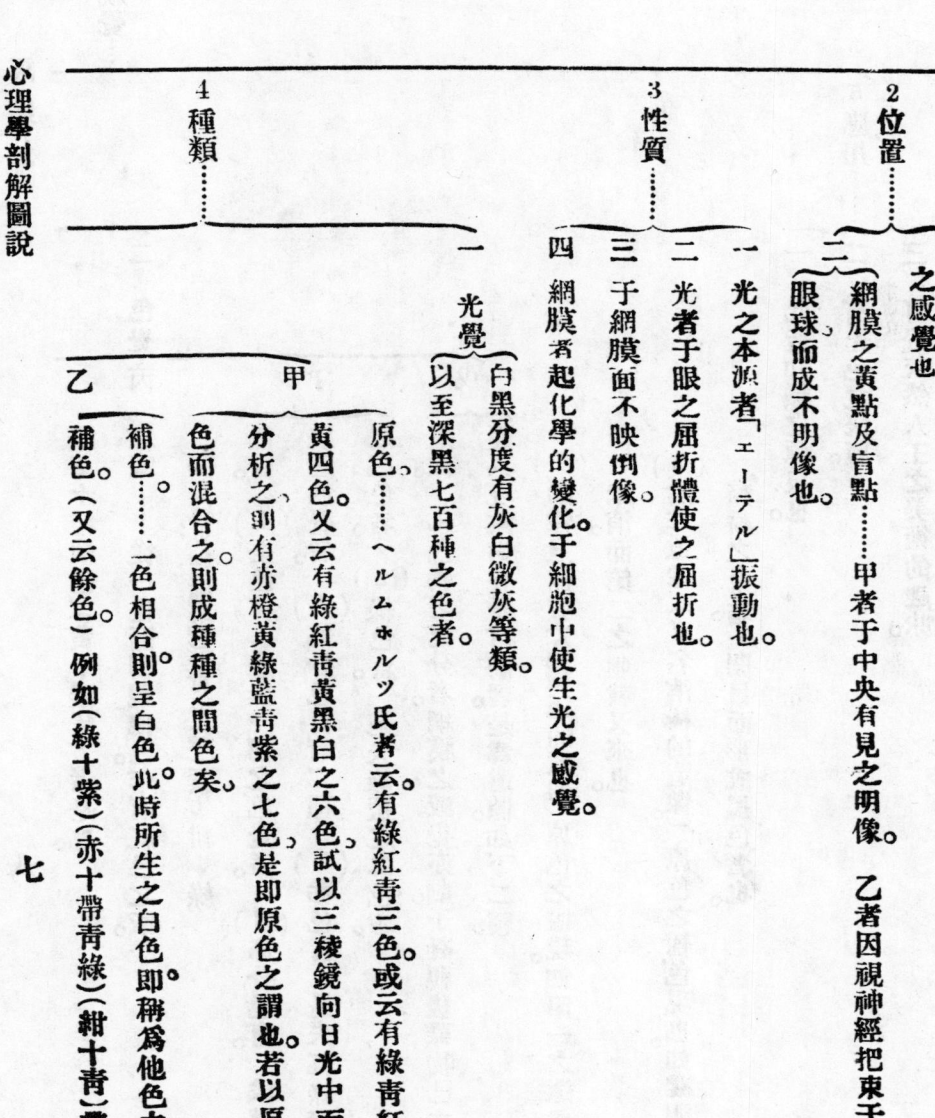

(丁)視覺……

- 二 色覺
  - (綠黃十桔梗色)(黃十濃藍)者是也。
  - 丙 (紅感……從一色而轉視他色。乍有紅色之感。
    例(綠→桔梗色)(青→綠)黃→紺→綠
  - 丁 色盲。(1)全色盲 是無一切之色覺者。(2)部分色盲。或僅缺乏色覺者。(3)部分色盲有二種(1)赤色盲 是失紅綠青之三色者。(2)綠色盲。是失綠藍之二色者。
  - 戊 遺像。凡色物之充分者。網膜之感覺亦劇。于凝視後雖物已去。而其現象尙存于目前者是爲遺像。如下二種。
    - (1)陽性遺像(又名積極的遺像)原色之儘現。如第一之遺像未消而第二之刺戟又來也。
    - (2)陰性遺像(又名消極的遺像)原色之補色現也。如凝視赫赫之炎光。一閉目而形成黑色者也。

5 應用……

- 一 此皆知識之源泉也。
- 二 有光色之快感。
- 三 可覺天然人工之美術的趣味。

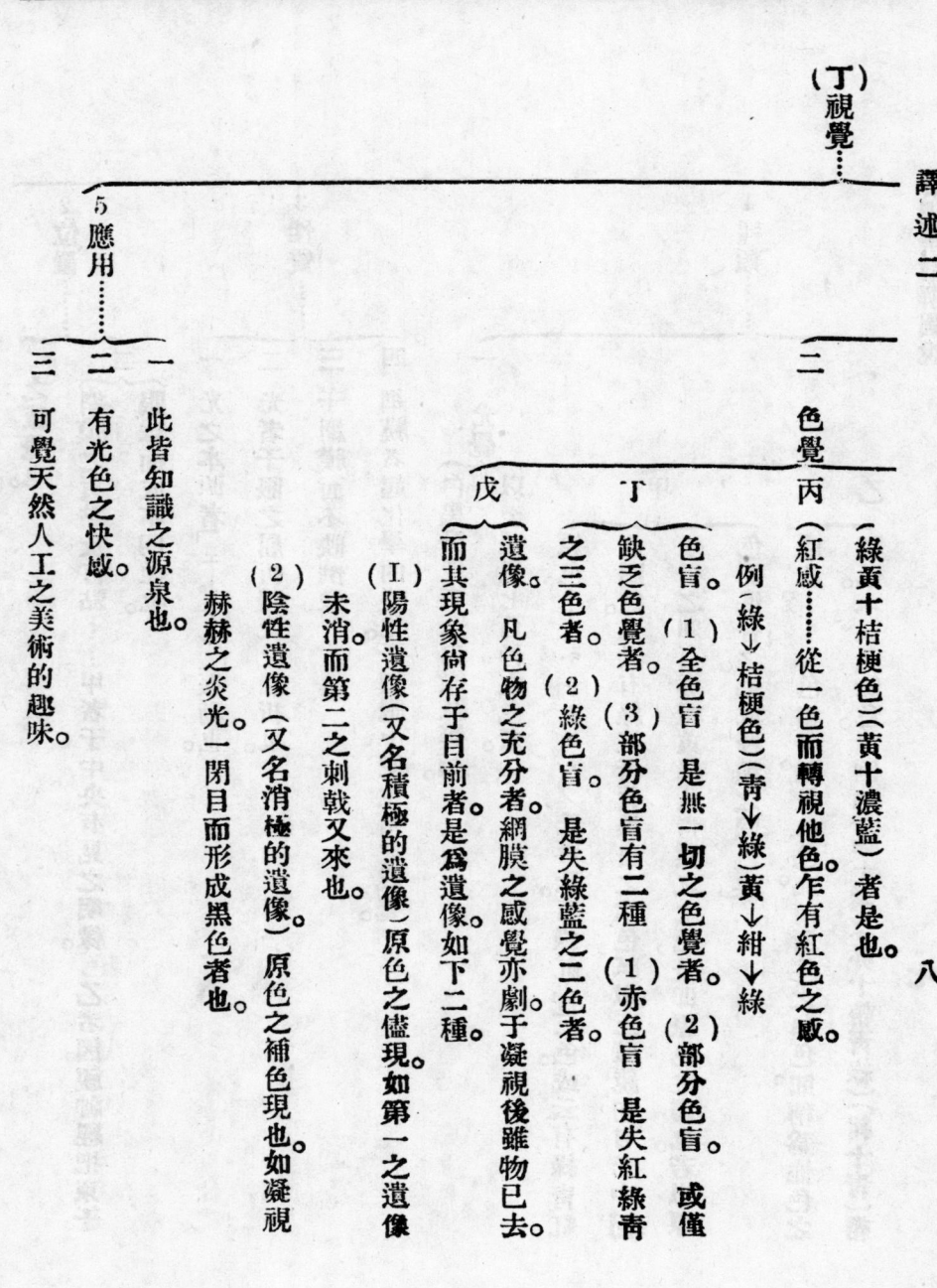

(六)知覺

1 感覺之意義……(加注意于感覺。謂感覺之進而知與外界之關係也。

2 感覺何相異……

一(因感覺之進化。其分量與性質共爲複雜。如使辨色之赤白。音之高低等是。

二(如知其從何方來。到何方去。即知物之遠近大小。

三(綜合種種感覺所得者。即成一團之知識。(即因花之色、香、形等而綜合之。

知爲櫻花也。

四(以意思之作用。宜十分注意。

五(快不快之度。爲一層之進化。感覺者單純也。快不快者爲感覺之進化而成

知覺者也。如色也。嗅也。單純也。感覺也。能辨明色之醜美。嗅之香臭。感覺之

進化也。知覺也。

六(心之全體。即知情意三者使之作用者也。

(甲)皮膚之知覺

1 性質……(自皮膚之感。關節之感。筋肉之感。至使知自己身體之感。及外物之感。

2 價值……(與眼之知覺爲共働之知覺也。最重要之作用。

(乙)鼻之知覺

1 性質……(得觸感及筋感之輔助。然後能識別空間的存在。若無是等之助。則不能得空間

的知識。

2 價值……(知識之價值甚少。

（丙）舌之知覺

- 1 性質……舌筋有種種之作用者。是與觸感及筋感而共働之。以辨食物之性質形狀大小硬軟等味也。
- 2 價值……因練習次第精密。如酒舖茶商庖人等。

（丁）耳之知覺

- 1 性質……同觸覺及視覺而作用之。可辨距離之遠近等空間知識。
- 2 價值……音從前方來者。可得精確之知識。從後方來者。不少錯誤之知識。若使同發强弱之音于左右兩側。則强音之方可得精確知識。

（戊）眼之知覺

- 1 性質……
  - 一 光及色之知覺……此知覺之性質。須從網膜之部位而定。
  - 二 物體之遠近方向之知覺……眼球有六種之筋肉而附屬之。（內外直筋）（上下直筋）（上下斜筋）依是等之作用。使容易得物體之遠近方向等之確實知覺。
  - 三 物體之遠近方向之知覺……眼之レンズ者。依其毛樣細筋之作用而變其形狀者也。隨此筋之伸縮而生一種之感覺。以正結其映像于網膜上。因得物體之遠近方向等者。此調節之作用也。
- 2 價值……
  - 一 網膜上之映像者。平面的也。立方的之觀念者。須觸覺及筋覺之經驗。
  - 二 得知覺之最高机關也。

## (己)幻覺(幻像)

- 1 意義……(知覺之一種錯誤者。
- 2 例……(見廣如狹。見直如曲。聽飛鳥之羽音則爲敵襲。見月夜之樹影則以爲蛇。
- 3 應用……(凡一切之知覺。往往有生幻覺之頃。繪畫彫刻之術。皆利用其幻覺。
  - 附說(幻想者精神之病的狀態。而爲想像之錯誤也。(例)狐憑及精神者之種種空想皆是。

## (七)觀念

- 1 意義……(使直觀之事物。存其映像于心中。在在與實物有同一概念之意識。此意識上所常存之現象者。即觀念之謂也。
- 2 與直觀之比較
  - 一(由直接刺戟覺官之實物。因之而現于意識之上者。直觀也。
  - 二(不須實物刺戟覺而再現于意識之上者。觀念也。
  - 三 直觀者。如映于鏡中之物體像也。
  - 四 觀念者。如寫眞術之攝撮也。

### (甲)觀念之再生

- 1 意義……(即前之觀念之再現之謂也。
- 2 使明確觀念之事情
  - 一 須加强度之刺戟。
  - 二 使注意于熟心。
  - 三 須再三反複記憶者。

四 使利用觀念聯合之法則。

(乙)觀念聯合之規則

1 類似律……(類似之觀念者互相再現者也。如見肖像則回憶其人。即此律之作用也。

2 反對律……(反對之觀念者亦互相再現者也。如見富思貧處安思危即此律之作用也。

(附說)以上爲論理的聯合。

3 接近律……

一 俱在律(同時現于意識上之觀念者因見其一而想及他者也。如讀岳飛傳。即憶其滅金復宋之志。此即俱在律之作用也。

二 繼續律(順次相繼而現于意識上之觀念者是因其順次而想出者也。如見日暮則思燈。見花而思果。其他詩歌文章遊戲體操等皆此律之作用也。

(附說)以上爲器械的聯合。

1 意義……保存既得之觀念以之爲再現之作用也。

2 分解……(可分爲二段。(一)把住(即保存既得經驗之觀念也。(二)再現(即以所把住之觀念再現于意識也。

3 善良之記憶……

一 把住之容易。

二 把住之永久。

三 再現之迅速。

四 再現之正確。

（八）記憶

4 種類

一 器械的記憶（無意味之器械聯合者。如名稱文字言語等是。

二 理解的記憶｛是由論理的聯合而記憶者。如事物之理由因果之關係等是。

三 人工的記憶（以多方之聯合偶然之關係而記憶者。如記憶術是。

5 發達

一 兒童期……十一二歲時。爲最盛點之時代。

二 青年期。……尚在盛時。

三 成年期……至三十歲時漸漸衰弱。三十二三歲時。僅抵十一二時之年。

四 壯年期……壯年之末。于五十二三歲時。僅抵成年之年。

五 老年期……六十歲以下。遂覺低下。

6 應用

一 從事實之如何而適切訓練之。

二 于兒童時候。可施以合法之練習。

三 天賦雖各有差異。當對其性質而施補助之功。

四 須注意于神經系之衛生。

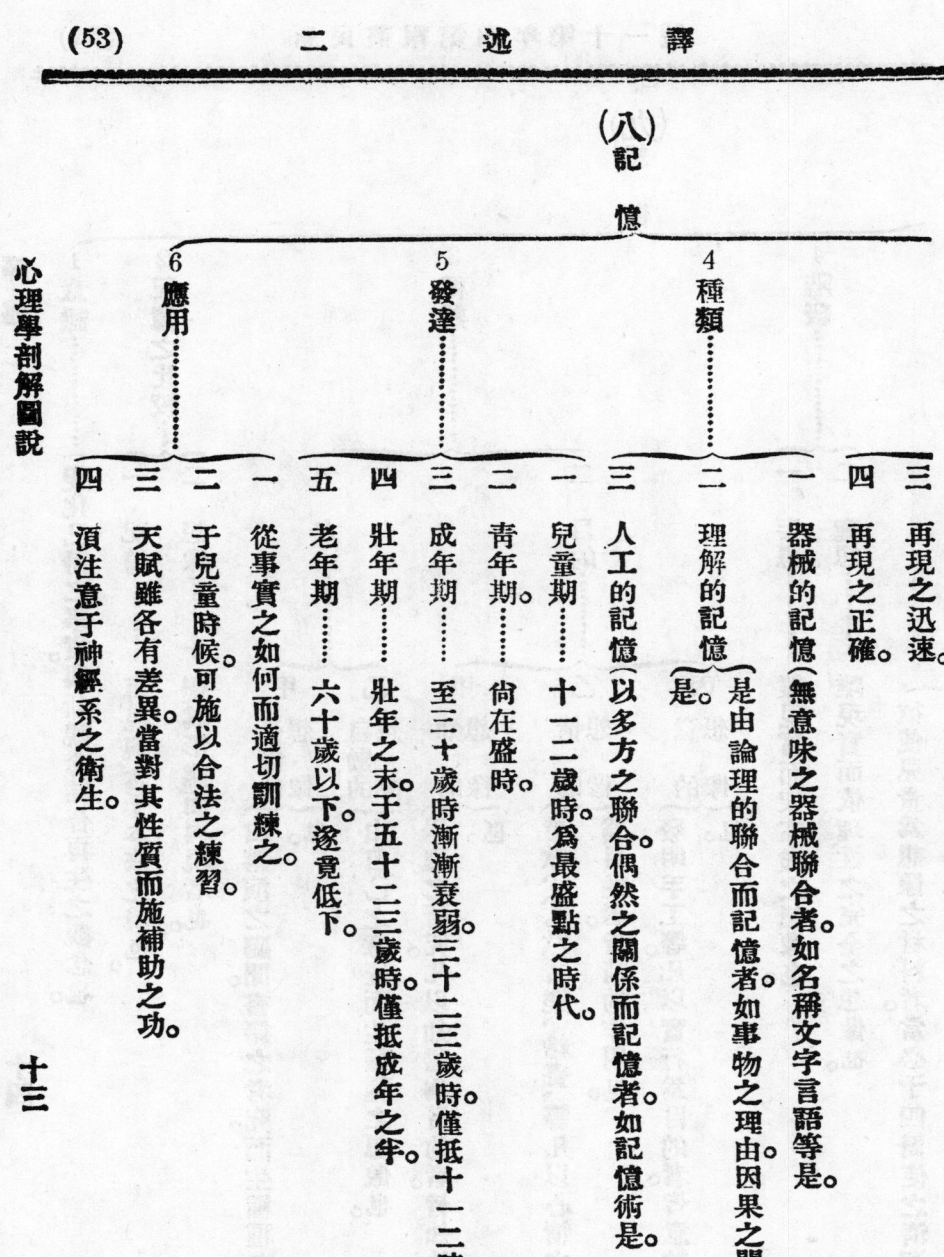

（九）想像

1 意識……變化已得之事實與新觀念結合再生之觀念也。

2 記憶之比較……
- 一 記憶……再現觀念于本來之境也。
- 二 想像……變其形態而再現者也。

3 種類……
- 一 方法……
  - 甲 受働的想像也。由講演之聽聞書籍之考究而生種種之想像也。
  - 乙 自働的想像 由自己之意匠而生種種之想像也。
- 二 目的……
  - 甲 知的想像也。學理之研究。凡以知識爲目的者皆知的作用
  - 乙 情的想像 詩歌、小說、音樂、繪畫、等凡以心情之滿足爲目的者皆情的作用也。
  - 丙 意的想像也。發明手工等。凡以實行爲目的者皆意的作用

4 階級……
- 一 妄想……離現實而架空虛之想像也。
- 二 理想……離現實而依理性之完全之想像也。

一 欲使兒童爲想像之材料者當必于四周使之淸潔整齊

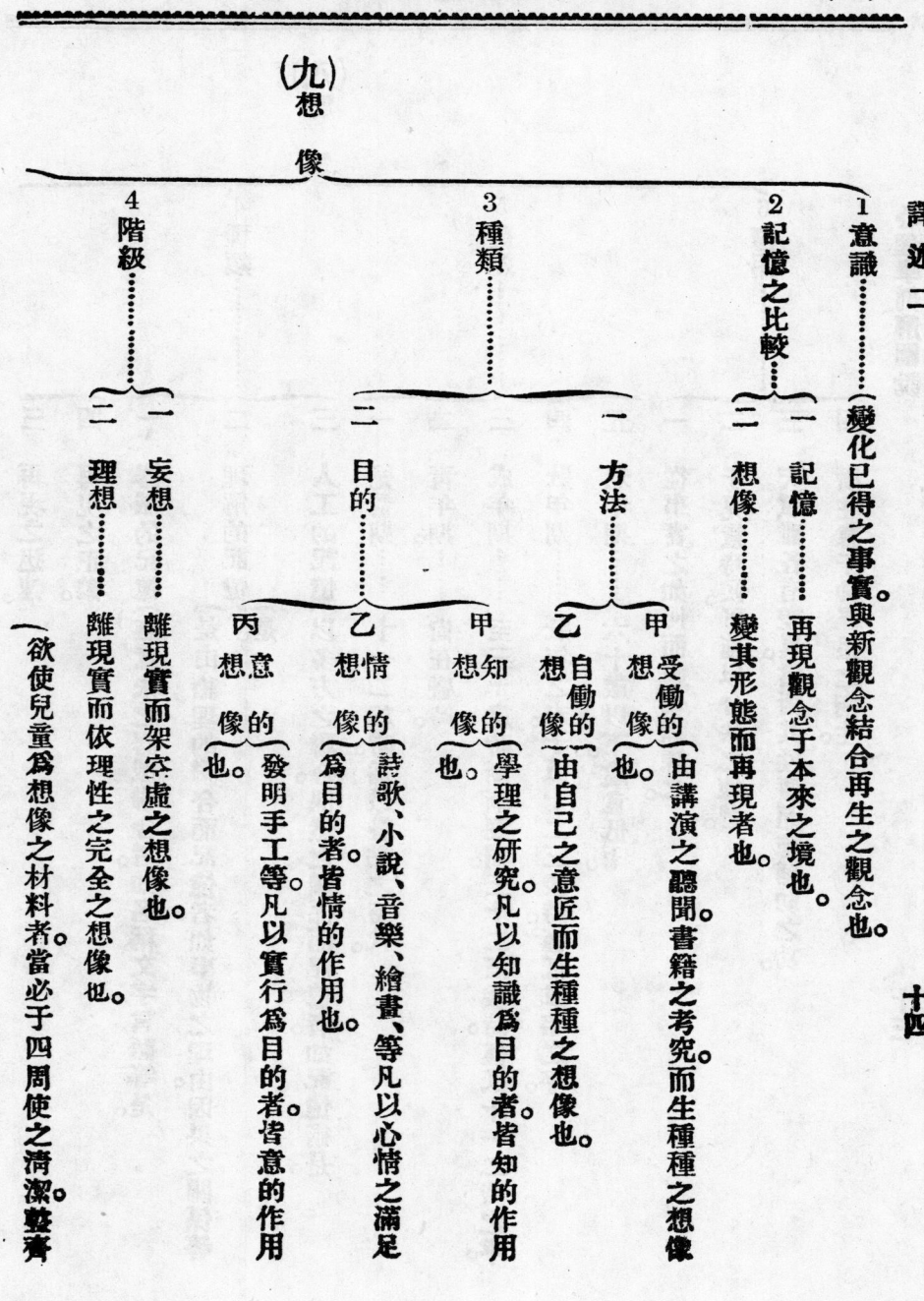

5 應用……
一 當注意于兒童之周圍……高尙于想像發達上大有影響也。
二 與以豐富之材料(使之以充足想像之作用也。
三 當注意于朋友遊戲……(依遊戲伴侶之如何能影響于其想像之性質。

## (十) 類化 又知覺類化

1 意義……新起之觀念而舊有之觀念同化之是爲類化。

2 順序……
一 觀念之新來……(吾人經驗之新事實者。
二 舊觀念之再現……(新觀念及同種者盛則再現群起。
三 新舊觀念之競爭(新舊兩觀念者盛則競起同異之比較。
四 新舊觀念之融合(同觀念者融合之。異觀念者排去之此作用之終期也。

3 興味之關係……聯合之點多融固者。其興味頗多。

4 應用……
一 當使其順序融合。
二 當使成論理的結合。
三 當使多成融合之點。
四 須使作成完全之統系。

1 意義……觀念之分解總合也。詳言之。則由觀念之內容論理的關係而結合之之謂也。

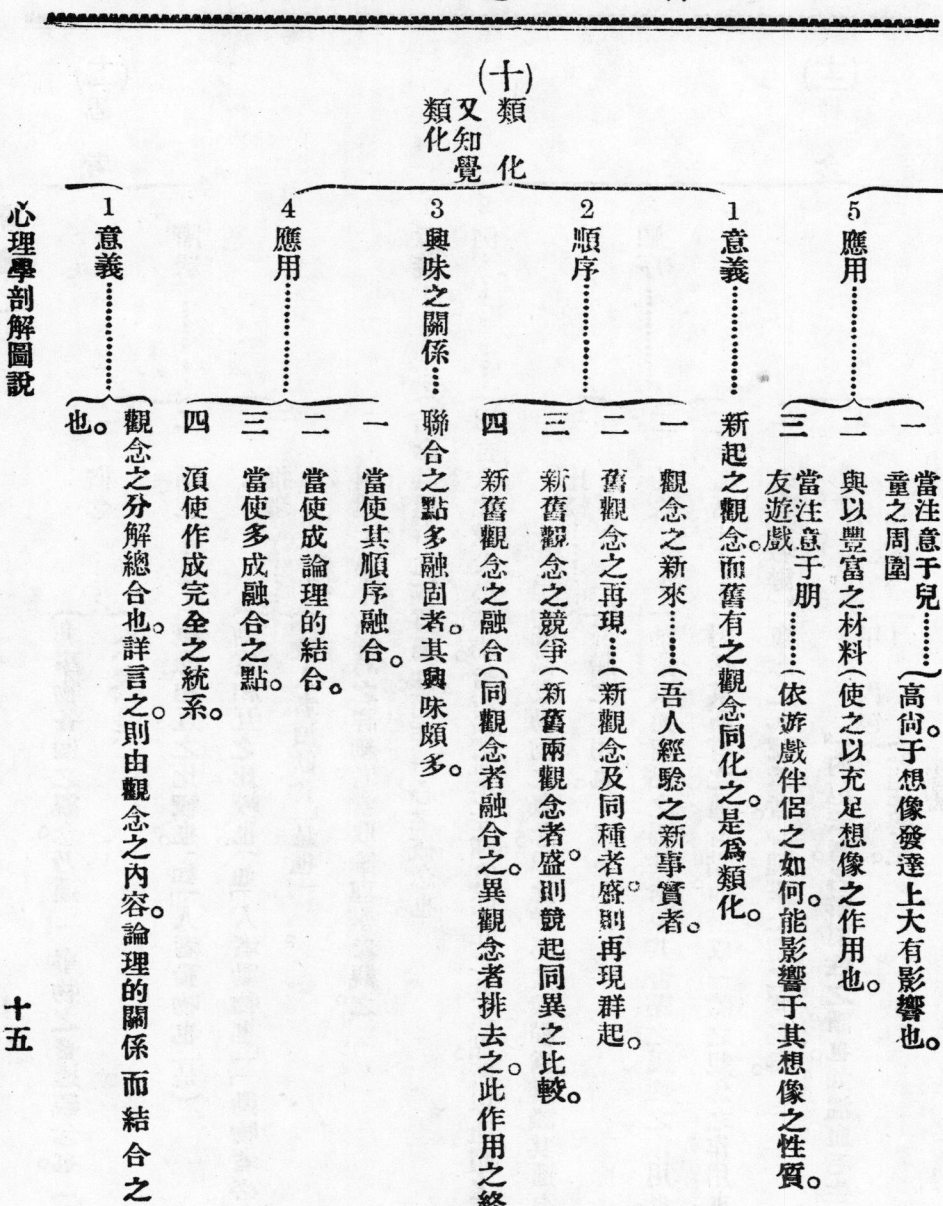

## (十一)思考

2 階級……
- 一 概念……(非事物各個之觀念。乃通一事物之普通觀念也。(如人、家、犬、是、)
- 二 斷定……概念相互之比較也。(如「人者動物也」是)
- 三 推理……(斷定相互之比較也。(如「人者動物也」「動物者必食飲」「故人者須飲食」是也)
- 附說……思考之詳細者當取論理學參觀之。

## (十二)概念

1 意義……(結念其通有之本質屬性而作一心之概念也。

2 例……(以吾人比較犬馬猿猫。皆有溫血毛生哺乳胎生之共通點。所以通謂之動物。

3 順序……
- 一 比較……既搆成動物之概念。以比較馬犬猿猫。爲辨識其通有點與否點之作用也。
- 二 抽象……(抽象其通有點之屬性。捨象其否點之屬性之作用也。
- 三 概括……(總括其所有之通有點而搆成一體之觀念之作用也。

一 名稱(名辭)(概念之記號云者。論理學上稱之爲名辭。

(甲) 內包 內包云者。名辭屬性之謂也。如溫血毛生哺乳胎生等是。

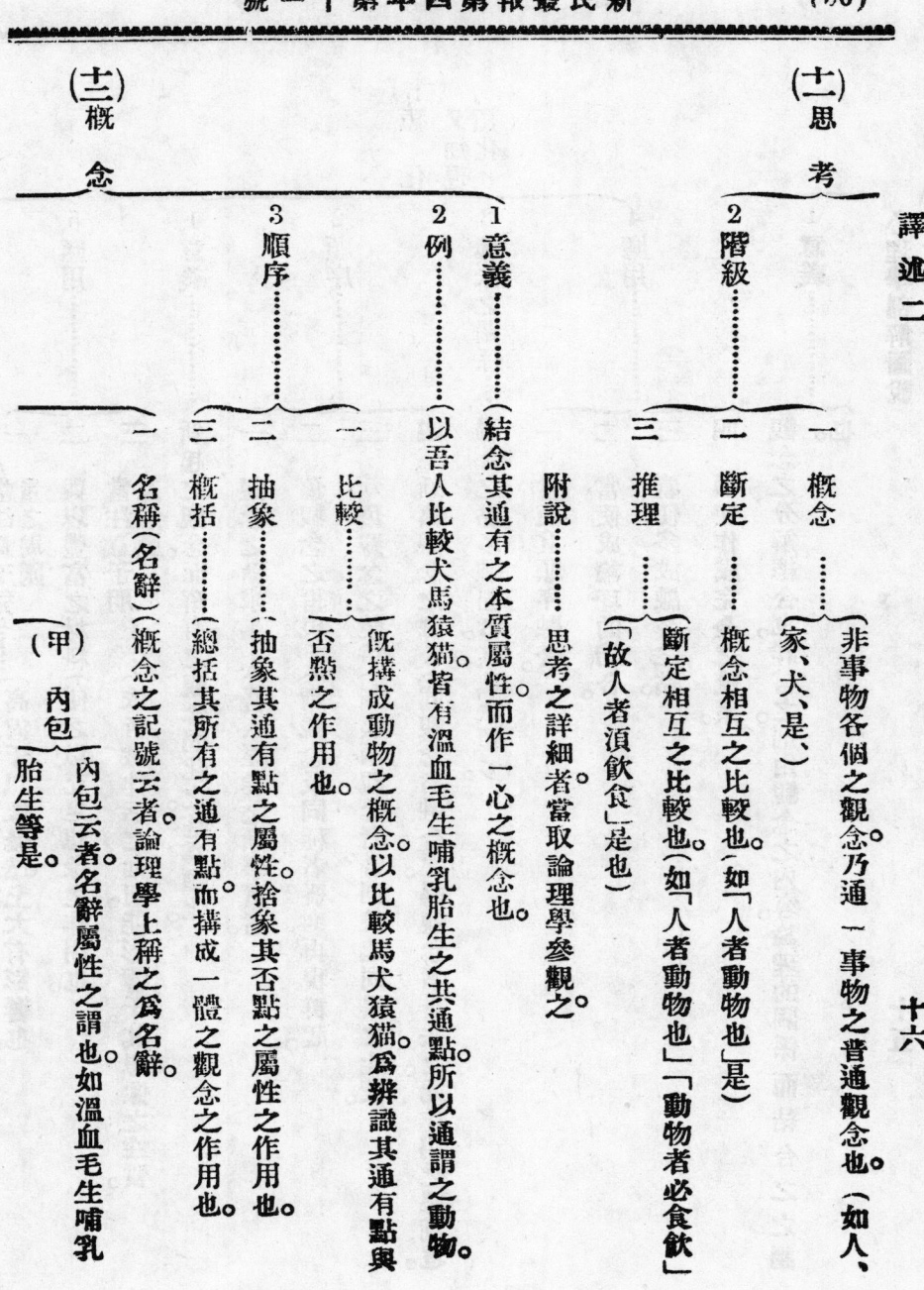

一 性質……

二 名辭之意義
- （乙）外延（外延云者名辭之數之謂也。如馬犬猿猫等是。
- 兩者有反比例之關係。詳言之。內包增則外延減。外延增則內包減也。
- （丙）兩者之關係
  - 例犬哺乳動物。動物者外延增加運動、家畜
  - 哺乳者、內包減少。

三 分類……（因外延內包之關係而區分之也。

例生物
- 動物
  - 脊椎動物
    - 哺乳動物
      - 犬、猫
      - 猿、
    - 鳥類
  - 無脊椎動物
- 植物

附說
- 上級概念者外延之範圍廣也。
- 下級概念者其範圍狹也。
- 生物者對于動物植物而言上級也。
- 動物植物者對于生物而言下級也。

四 分類之規則
- 甲 當必常有一定之標準。
- 乙 當必正確。

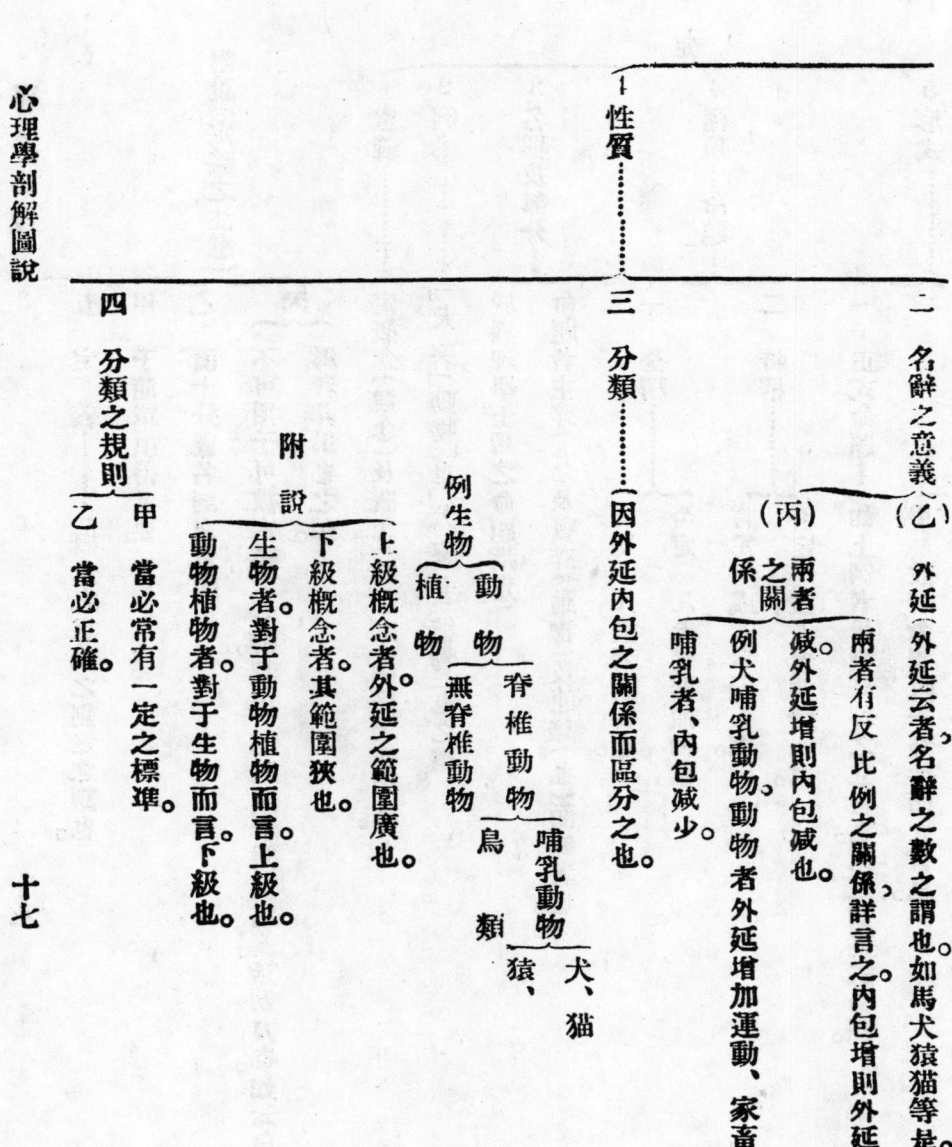

五　定義……（概念之意義之劃定之謂也。

- 甲　于簡單須得其要。
- 乙　須十分盡名詞之意義、
- 丙　不可用于可被定義之名辭。若用之則陷于循環定義。無効力也。如云白馬者非馬也之類。

附說（定義之注意）

（十三）斷定

1　意義……（定概念（觀念）及概念（觀念）之關係之作用也。

2　例……「犬」者「動物」也「犬」者非「植物」也之謂。

3　名稱及部分……
- 於論理學上謂之命題斷定。
- 命題者主辭（犬）及賓辭（動物）及連辭（也）而成者也。

4　種類……命題
- 一　全稱……
  - 肯定　凡犬者動物也。
  - 否定　凡犬者非植物也。
- 二　特稱……
  - 肯定　或人者賢人也。
  - 否定　或人者非賢人也。

5　形式……
- 一　正式命題……（如上例者皆無條件之立言也謂之爲正式命題。
  - 甲　設若命題附于條件而立言也。

二 命題變體……
- 例 (雨降則草繁生。(則字即條件)
- 乙 離接命題于主辭與賓詞之關係選擇其一而立言也。
- 例 今日者降雨乎、降霰乎、將降雪乎、將字、即選擇。

## (十四)推理

1 意義……(從已知之斷定使得新斷定之作用也。)

2 事例……
- 一 人者動物也。
- 二 孔子者人也。 （已知斷定。）
- 三 故孔子者亦動物也。……新斷定。

3 名稱及部分……
- 一 論理學上三段論法又云推測法。
- 二 部分……
  - 前提
    - 大前提……「人」(中名辭)者「動物」(大名辭)也。
    - 小前提……「孔子」(小名辭)者「人」(中名辭)也。
  - 斷案……「孔子」(小)者「動物」(大)也。

4 種類……
- 一 歸納法……
  - 金銀銅鐵者鑛物也。
  - 金銀銅鐵甚堅。……(甲由特殊進于普通。)
  - 故鑛物亦堅。……(乙由事實進于規則。)
  - (鑛物者堅也。)

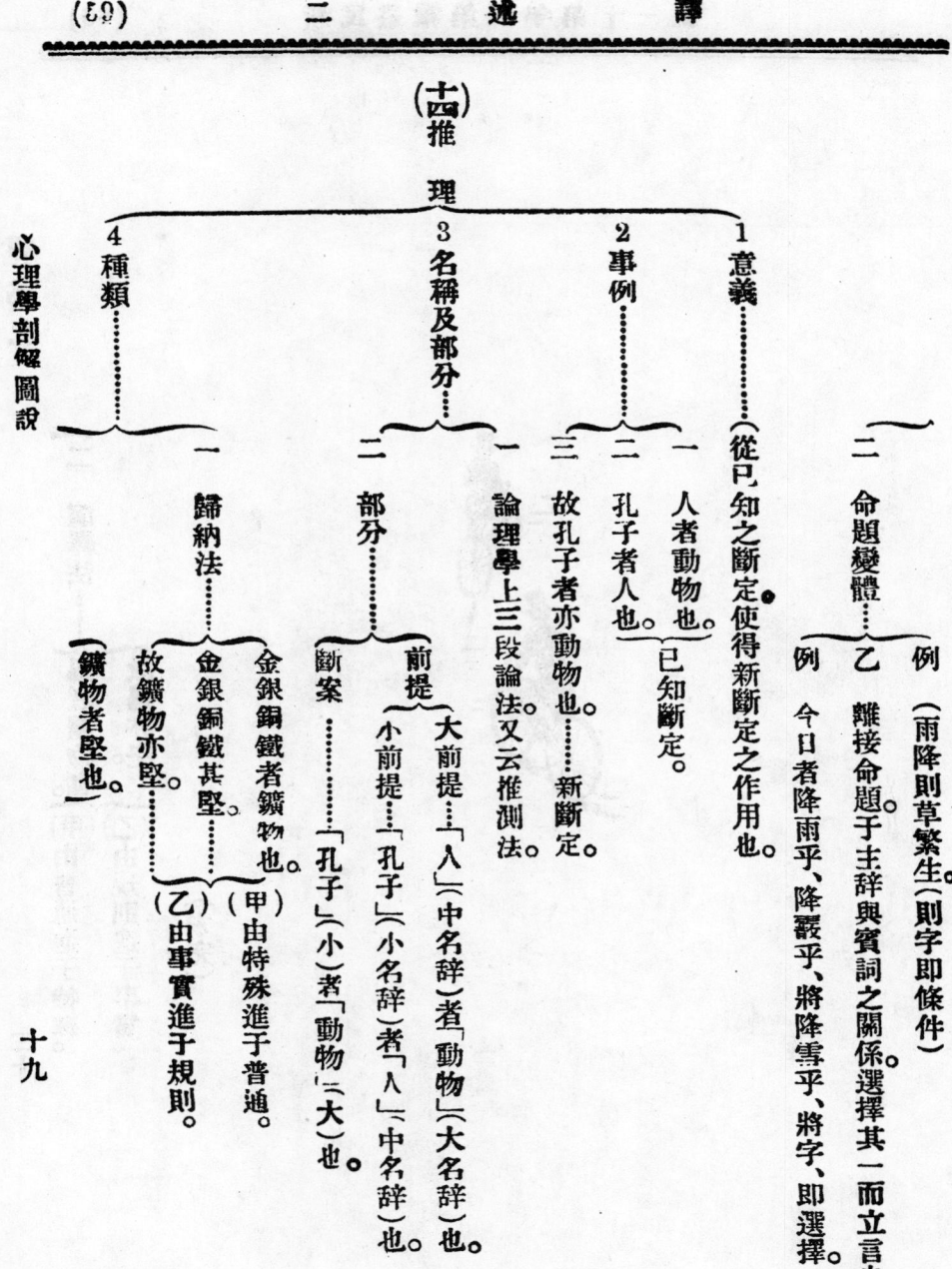

（二）演繹法……錫者鑛物也。故錫亦堅。

（甲）由普通進于特殊。

（乙）由規則進于事實。

（未完）

雜錄

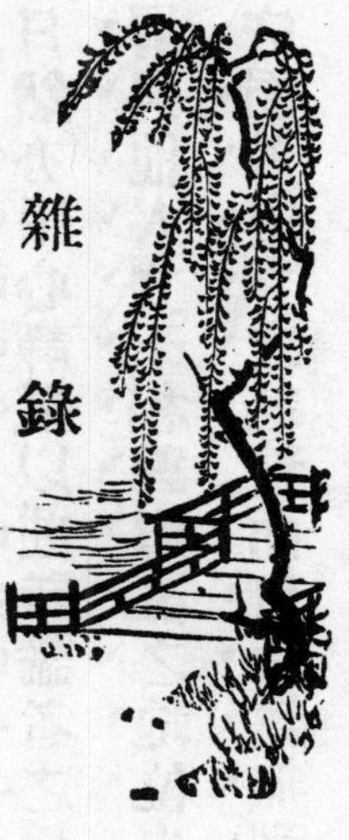

# 勸告停止駁論意見書

佛公

旨趣說明

(1) 因某報之駁文多逸出于常軌之外。而爲人身上之攻擊。感情上之轟裂。逆測彼此現今確無調和之機會。共同運動。當俟異日。

(2) 勸告者一主張立憲之一人。故文中不敢表同情于某報。但主張立憲之性質。係主動的非被動的。係積極的非消極的。世當共諒。

(3) 因革命論之所以飛行。由於政府之過于腐敗。倘政治上今後有圓滿之改革。則主張革命論者自能折其如火如荼之氣。以爲正適的競爭。

(4) 因現當立憲大有動機時。當羣其精力以奔赴于立法事業。雖反對者或亦漸可引爲臂助。倘猶黨見紛歧。恐憲法上反多遺恨。

(5) 因彼此之論文已累數百萬言。足以發明目的之眞相。喚起第三者之研求。縱日後再極力推演。亦不能多搆新議。

(6) 勸告者祗有居中調停之資格。無攻守同盟之關係。故不敢判決是非。雖文中有不慊某報之處。亦不過嘗議其感情之過激。

(7) 本書不過因現今黨見過于決裂。故勸告停止駁論。非敢干涉正當的言論自由。此當辨別。

(8) 勸告者身陷嫌疑之地位。知某報必不容吾置喙。故祗得勸告一方面之休戰。使彼無目的物之可經營。

數月來貴報與某報駁難政見。詞旨參商。以互相解決我國政治上之一重大問題。僕識陋學疏。不能加入議席。悚赧無旣。惟每讀雙方論著。未敢一字囫圇。如其論點合夫我之心理耶。固拳拳服膺之不暇。即其論點違夫我之心理耶。亦不敢遽逞師心。加以一字之貶駁。必反覆審愼以細按其演繹歸納實質作用之所存。縱或熟察其持論之心理。與我之心理確不能爲共同之存在。甚或熟察其學說之進行。或將斲喪中國前途于黑暗之天日。然亦平心靜氣以曲諒論者之用心。而始終無門戶水火之觀念。此非高其崖岸。不屑與他人立于相對辨論之地位也。亦非故意謙冲。摹寫長厚包涵之度態也。更非嚴守局外中立之義務。而自命爲無利害關係之人也。實因我國風氣初開法政程度尤爲幼穉正在最初研究之一時期其用力于此科學問者非無二三精深博大光明磊落之天才然欲闢一優美卓越之政論按現在推將來而皆無一弊害此萬不可能之趨勢也世界無論何種學說。未有完全獨立。絕不須他種學說補助之力。而永久有絕大之權勢于社會者。甚或與他種學說。據形式觀察。爲絕對的不相容。然精神的吸收。往往得無限利益，蓋非此種學說之進行。幾夫今此之學說。無絲毫之價值。至于政界之紛爭。政黨之相角。其得力于反對黨之反響者。甚或較之本黨中數十百黨員運動之效。尤爲神速。往往甲黨倡一政策。如夏裘冬葛。無人過問。及乙黨反對說起。或較甲黨之政策。更爲激烈。或更爲不能實行。而甲黨之政策。始惹起社會心理之歡迎，如美國利巴披力根丹們奇勒兩黨。日本憲政進步兩黨。常演此靈妙之事實。其尤神妙者。甲黨或利用乙黨之反對而得勢力。既得勢力後。又可與乙黨之勢力。互相提携。何也。社會心理者。由階級而進化也。世界眞理者。由比較而始明也。豈有拘守一時一事一方面之學說。而能收奇效哉。乃公德程度低下之國。往往他黨之學說有異點時。即排斥之不遺餘力。以致兩敗俱傷。嗚呼 眼光陋已。縱或從比較的方面觀之。而能辨別其孰爲適孰爲不適孰爲利多而害少孰爲利少而害多孰之害爲可避孰之害爲不可避然自身耗盡無限之腦力經歷無限之事實始得解剖此繁難博奧之問題今一旦即欲强輿論之表同情若非盲從若非私譽未見輿論之能歸于一途也。夫輿論既不能歸一途矣則萬聲狂播之中偏激者自有人頹放者自有人空迷學案上之理想而背馳現今之事實者自有人拘守一時之經驗違反遠大之規模者自有人各誤其起點各流走于極端此自然必至之現象絕無足訝者。匪惟不足訝。且中國、一綫光明之動機即隱伏之于此輿論中蓋世界學理之發達也。必由于研究辨駁恢恢乎有自由之餘地者也愈研究。則世界之眞理日日吐露其菁華。愈辨駁則私人之臆說日日失卻其根據。研究辨駁之範圍廣則學理所推及之範圍亦廣。研究辨駁之時期長。則學說所遺留之時期亦長。研究辨駁之人數多。則學說所吸收之人數亦多。歐洲中世以降。教皇握政治上之大權。學者思想自由之風。幾被奪盡。及十字軍失敗以後。歐亞交通學者輩出。思想言論。均臻于完全自由之域故能發啓十六世紀以降之文明而有今日燦爛莊嚴之世界蓋世界原理之妙解奧旨決不至發現于志趣薄弱者之腦中必其人精神之消耗達若何之程度而後學理之發現亦達若何之程度以爲精神消耗之報酬規定此中權利義務之分配于吾人思議不及之外自有默操其機關者歐洲學者之所以犧牲一生之精神。必欲占學說上之勢力者。其眼光固非尋常人所能摹擬者也披覽歐洲歷史。不外學術競爭原因結果之一部分歷史而已試就哲理方面論。英儒倍根所倡之『實驗派』而法儒笛卡兒駁之。笛卡兒所倡之

『推理派』而德儒康德駁之、康德所倡之『檢點派』而日耳曼人瑞林格黑格兒駁之。試再就法理方面論。如解釋國家之性質、亦惹起數百千年之論波。『神造說』仆而『權力說』起。（神造說與權力說之內容源雖同而流異、故可合論亦可分論）權力說仆而『道德說』起。道德說仆而『幸福說』起。（分子說）幸福說仆『而法律說』起。是丹非素。入主出奴。他如下一定義。擬一名詞。動經數十輩名儒碩學之推求而始確正。何筆禿舌枯之不憚煩耶。無亦人生自然之天職有以迫之使然也。我國人現今徒驚佩歐美之文明。如河漢之無極。而不知彼于法律上政治上教育上經濟上等等方面所表著之文明者不過其名師碩儒筆端之殘墨口角之餘沫所醞釀所孕育之一結果物也。

乃我國自秦漢以降。學風掃地。暴君僭主、憚文人學士之援據經典以非議時政也、欲使先王之典籍中斬于人間、或燔之烈燄、或藏之秘府。其用心之最巧者、每于干戈僞定之時、召集二三媚世賤儒、『如叔孫通曹褒劉歆之流』從事編纂、或穿鑿古義、擁護君權、或箋注經文、緣飾僭竊、與學育才之道、變爲養奴蓄僕之方。一言以蔽之曰剗盡人民之言論自由不使之有絲毫政治上之知識而已。然而耆儒碩學猶能抱遺經竄巖穴號召生徒授受絕學。暴君僭主嫉惡益深乃大興黨錮之獄（如漢時大學之獄。明時東林之獄。動株連數百人捕入獄中。）垂厲講學之禁。（晚明之仇視講學。如患瘟疫。雖顧氏亭林。以絕世大儒。且膽力素優。怵于當時士氣之囂競 而亦有今日『當著書不當講學』之語。乃後世泥視顧氏之旨趣。遂推波助瀾。萬喙同聲。羣以講學爲學界上之永久的禁制品。而中國學統。從此亡矣。）而士人自是志氣萎縮養成一般韋脂齷齪之學風不敢齒及時政以觸禁網任朝代之絕續國統之存亡而恬不爲怪遂至有今日中國之現象乃不意當國亡種滅千鈞一髮之危機而有貴報與某報之政論放一奇光異彩于今日燐火青青陰氣沉沉之中其沈鬱孤諒之血忱精奧溥博之論據誠足以開我國數千年政治學案上之一新紀元雖彼此之學說是否可以實現于今日是否可以達救國之目的。不能混爲一談然畢就彼此所陳說之各方面觀察之。固已各推闡盡致矣。不獨爲全國無教育無學識之流。不能夢想一二字句。即現今所謂談新學者號新黨者。上而至于所謂粗解法政學理者。恐讀雙方之論文亦如身入寶山光彩奪睛而不知其蘊玉含珠之眞穴至于一知半解而妄下褒貶者與夫堅執成見強分黨界者其不足知彼此學說之眞價值更不足道矣嗚呼使我國于五六十年前而有此學說耶。則世界牛耳之先取特權果誰屬。否則于二三十年前而有此等學說耶。則東亞霸權果誰屬。乃此等學說竟至今日而始昌明。眞中國前途之不幸也。然今日而能昌明此學說。則猶前途不幸中之幸也。

不知者謂中國今日呼吸存亡。不當黨派攻訐。殊不知所不當爭辨者。臆說也。所必爭辨者。公理也。所不當爭辨者取決之時期也。所必爭辨者建議之時期也。蓋救國問題。既非簡單語句所能剖斷。而腦中理想又非簡單語句所能發揮。勢不能無周詳審愼反覆辨論之一日。且各個人之腦中。感覺不同運用不同剖解不同。勢又不能無壁壘對峙筆舌水火之一日。故貴報與某報互相辨駁以來。僕不勝爲中國前途歡呼萬歲。斷不敢膠執是非成敗之見。對于雙方之心理而偶有詆諆焉。文明各國。凡一學說之出版也。一般學者之視綫。羣奔赴于其篇幅間。或歡迎之如神聖。或排擊之如敵仇。絕無假借。絕無顧忌。何也。夫一學說之勢力可以動移社會之心理左右世界之趨勢者也。即爲日後一切實行之模範者也。若不精詳研究。倡之者夢囈和之者盲從。其于世途人心之危險寧可思議耶。故世界學說之發現。無國界無種界人人有自由駁辨之權不寗惟是。即倡此學說之原動者。亦甚望世人有以辨駁之。蓋眞理者純一不雜者也。人心者虛靈不昧者也。本此虛靈不昧之人心。以研究純一不雜之眞理。決不患無豁然貫通左右逢源之一日。此即笛卡兒所謂『疑中求信其信乃眞』黑格兒所謂『相反者常相同』之理。據此觀之。然則世人之駁我學說者。正所以發明我之眞理。正所以喚起世人以研究我之眞理也。特患我之學說脆弱易破。無受世人研究之價值耳。

僕雖愚陋。斷不能謂貴報與某報互相辨駁之問題。非中國一絕大問題。互相辨駁之理由。非絕大之理由。徒兢兢焉畏黨禍怵私害。而有所阻撓于其間。訾謷于其間也。雖然。僕今日之所以不能已于嘵嘵之口者。別有一見解也。蓋已稔悉雙方之論據。終無解決之理由。尚再延長宣戰之時期。徒使彼此之感情日益惡劣。而其所懷抱之主義。愈無共同生活之希望。遂永久立于相忌相攻相仇殺之地位。而累中國前途以無量之荆棘焉。且彼此之所不憚艱辛辨論政見者。非徒欲彼降服于我。或我降服于彼。個人與個人之攻擊已耳。其全副之眼光。實傾注于第三者。欲廣邀第三者之表同情也。然今日彼此所辨論之文章。已達百萬字。辨論經歷之時期。已達數百日。所應辨論之各重要事實亦已推闡無遺。且彼此論據異同之點。劃若鴻溝。粲若螺紋。何去何從。孰非孰是。第三者如稍已用心研究。斷未有不恍然于覺路迷途之所判。而思所以自處者。若至今日而心中猶茫惑焉。徘徊焉。則此等人必成見已深。不容忠告者。否則素性黑闇。不辨黑白者。以此等識見狹陋骨力腝軟之流。雖再披肝瀝膽。將雙方之論文與之逐字解釋。必仍無實效。倘貴報以為前此之論文或尚未能備舉其事實。或尚未能圓滿其意義。必欲再三推演。僕可決其日後無論弄如何之筆舌。絞如何之腦筋。巨帙長篇。汗牛充棟。然其根本上之解決。仍不外前此所已陳說之各大綱。豈能別搆一神妙之新論。發生一種之魔力。使世人迷信我耶。夫僕所謂雙方爭辨之論據終無解決之理由者。其理由果何在耶。蓋因(一)貴報所主張之政見。以監督政府維持政府為其持論之主點者也。(二)而他黨所主張之政見。以傾覆政府改造政府為其持論之主點。適與貴報之政見立于正反對之地位者也。(三)而現政府之腐敗。則實無受監督維持之資格。而將有受傾覆改造之趨勢。與貴報之希望又適立于正反對之地位者也。(四)而現政府被傾覆改造之後。我國民之程度實不能組織新政府。使之繼續舊政府之主權。又適與貴報本來救國之目的立于正反對之地位者也。嗚呼。貴報所主張之政論狠狽如此。既不能扶助他黨以撲滅政府。復不能扶助政府以撲滅他黨。更不能任彼此之兩敗俱傷。試問將何所挾持。何所援據。以挽救此呼吸存亡朝夕變幻之國運耶。

今如欲解決此問題。則惟有使自身對于事實上發生一鞏固之勢力以橫亘於政界中。迫政府以不能不受監督維持之勢。他黨不能不取消其傾覆改造之勢。而後彼黨此黨共同救國之目的圓滿無限發達無限。曰是在預備實力以贊助立憲政治而已夫所謂豫備實力。則非徒立于被動之地位。俯受主權者頒佈一紙法文而已。此爲最當注意之點。

夫立憲論與革命論按所謂革命二字之義。非他黨所能專擅。今圖行文之方便。故強爲如此辨別。以標出彼此性質異同之點。之目的。雖同爲救國。然其着手時之方法。則不幸而適有相反相尅之性質。爲此進則彼退。此起則彼仆。爲自然必至之結果。此無容粉飾者。我如能進行其方法。則彼之方法。非惟不當排。且無須排也。我如不能進行其方法。則彼之方法。非惟不能排。且不可排也。此中盈虛消長之理。有透闢之理想者。自能洞悉無遺矣綜觀近來革命論之所以排斥立憲論者。謂現政府無立憲之眞意也。縱下爲打消革命風潮計。上爲保護自身權利計。而强意立憲。然日後所頒之憲法。必非國民之公意縱或迫于一時之輿論。而能頒佈一稍優之條文。然亦不能實行。例如土耳其之憲法。徒成一紙空文。終無救于國家之衰亡。然此等論據。猶係政治上之觀念也。若持極端排滿論者。則謂兩種族同處於一主權之下。各顧本族之利害。而不顧國家之利害。雖有憲法。亦與澳大利之立憲同一比例。其種族之軋轢不可終日。立憲政治終成痿痺。以此等國家種族問題一日不解決。則政治問題亦一日不能解決。雖欲如土耳其之立憲而不可得。按以上各種論據。固已飛行于社會。而深印入于一般人之腦中者也」

今如欲奪卻此等論據之勢力。無容于理論上多費筆墨。惟有于事實上決最後之戰勝。何謂于事實上決最後之戰勝耶。蓋彼謂政府無立憲之眞意。我則當開導政府使有立憲之眞意。彼謂日後憲法必非國民之公意。我則當有所挾使政府不能不爲國民公意之立憲。彼謂日後憲法不能實行。我則當有一種監督政府履行憲法之實力彼謂各顧本族之利害。而不顧國家之利害。我則當使各種法文精密無隙。使各種族不能脫離國家之義務而私營本族之利害彼謂種族問題一日不解決。則政治問題亦一日不能解決。我則必使政治革命得圓滿之結果使無復餘地容種族革命之旗幟倘主張立憲論者有此實力耶。則可杜絕他種主義之發生不至甲論乙駁甲是乙非口舌兼疲而終無最後之判決且他黨凡有眞愛國心者如見我一方面勢力進行。確可救國。必不爭黨見不挾夙憤而依然友愛挾持閱墻禦侮倘主張立憲者無此實力耶則他黨之勢力滔滔進行。何能施以抵禦且又何忍施以抵禦豈立憲政治。既已失望。（所謂失望者。非謂政府收回立憲之成命。謂不能得一國民公意之憲法也。）而猶欲全國人民。垂頭喪氣呼號宛轉于瘡痍水火之中而不思所以自拔必待種族靡有孑遺而後快耶夫倡革命論者。其所抱之方法雖爲有遠慮者所不取而日夜禱祝其改良者然彼輩何以倡革命論耶。何以一倡革命而景從者如蟻集蜂聚耶。實因現政府之過于腐敗無生氣無人道無一方面之普通知識難與圖治故耳十年來外則國際風潮無事不驚魂動魄亡國之慘劇幾乎重見疊出內則革命排滿之聲日日狂呼于下日日發行書報組織團體于下且實行暴動者暗殺者。後先繼起屍骨橫陳彼仍冥頑不靈不籌一優美之改革以抵禦外界侵入之實力以消化革命之動機必至民黨痛哭流涕聲嘶氣絕之時乃稍爲苟且補苴勦襲一二皮毛新政以粉飾外觀民黨所建議之政策。無論爲正言爲忠告爲平和爲激烈者一律視爲革命論强加以大逆不道之名而屢施以捕殺匪徒之慣技其民黨中之確有才學。可以建設一切者。不能破格擢用百態疑忌姑無論矣。諸如此類。不勝枚舉。有心人偶一念及。未有不熱火上炎冷淚暗落而思一決死者平心思之。其能謂主張急烈者。爲無病呻吟耶（一切浮囂子弟。無一學識之長。而以救國等美名詞爲裝飾品者。不在此例）倘國亡種滅懸于眉睫之時期並此薄弱之民氣而亦無之其尚成一人種否（某君偶談及我國民氣叫囂之事。備籌挽救之策。繼而談及湘中近聞。某君曰湘中浮薄子弟。固當懲戒。然近來之所以屢起大風潮者。皆全省冥頑不靈之大憲。有以養成之。平日不當強硬之事。喜刺動人民之惡感。及風潮一起 則雖當強硬之事。亦以優容置之。此所以招人輕侮也。倘今日端趙兩督。今日尚任湘中。則諸事皆早已彌縫矣。後某君歷數湘中大憲之姓名以示余曰。是非聚而殲之不可。嗚呼某君固素性和平篤實者。談及時政。尚不能無此激烈傷時語。若全體人民仇視政府之心。尚可問耶。）且我國于此普通現象之外。尚有一特別現象。足以減殺政治改革之動機者。則以滿人中、現亦有一二智識幼穉之流。畧帶排漢之狀態。其一切舉動。多授人口實。滋人以疑惑（屢見列于他報茲不必復述）此最當痛戒者也夫今日國勢如此危險。實無餘隙容滿漢問題之發生自當調和內訌力禦外侮故近來排滿論。復仇論。雖久已流行于社會而善覘國勢者不憚犯嫌疑任怨毀百詞開導以冀挽廻此轟山倒海之狂瀾實因我國趨勢已如此倘再倡急進破壞則其全國之糜爛不知達若何之程度列強之勢力侵入亦不知達若何之程度人民縱能達排滿之目的恐决不能達救國之目的然此猶係就漢人排滿之結果立論也。若就滿人排漢之結果言之。其慘禍更不可推訴嗚呼以蕞爾種族孤立于上以可驚可怕之最大多數純一之種族繁衍于下且兩族之惡感又已飛突于極端豈滿人尙欲自爲導火線耶何不自量。一至于此。雖然近來滿族中亦有一二高瞻遠矚英爽不拔之才想必有以撲滅此危機無煩他人之瑣瑣陳詞也。

據以上各情言之。政府之腐敗如彼何怪民黨之革命政府之腐敗如彼而滿人適損其主權何怪民黨之排滿政府乎。國民乎。如已深知革命排滿爲今日自然發生之結果如又深知革命排滿爲今日不可實行之慘劇則惟有在事實上進行自身之實力也倘政治上有圓滿之改革。則革命論自無絲毫之價值。倘種族上無軋轢之現象。則排滿論自無絲毫之價值。蓋其目的物已消滅故耳苟不然、則豈獨激烈派主張革命。即和平派亦必折而趨入于同一之範圍豈獨倡復仇論者主張排滿。即倡同化論者亦必折而趨入于同一之範圍此其理至顯豁非少數人所能反抗亦無容忌諱無容文飾也故主張立憲論者趁今日政府與民間立憲興味濃厚之時宜急從種種方面極力豫備發揮宏遠軒昂之黨誼擴張堅實龐大之黨勢監督政府指揮國民使之挾全副精神互相訂定立憲制度必當使憲法條文能爲圓滿之規定規定之後能爲圖滿之履行制限否主貴族之頑强劃淸機關分立之權限倣照權利平等之通例實行滿漢同化之宏規而後主張立憲論者可以直接達救國之目的間接慰反對黨之心以表白主張立憲之肝膽于羣疑衆謗之中（據東報所載云。西曆八月二日「即中曆七月十五日」北京來電我國已降立憲之旨。但不知立法事業。已作何議。）嗚呼此次立憲結果之美惡即國家存亡滿漢和戰黨派分合之一絕大關鍵政府乎其可徒爲自身權利計置多數人民之幸福于不顧乎國民乎其可以此重大事業任人代謀而排斥者自排斥依賴者自依賴而不思所以自裁乎故（僕願貴報停止對于某報之駁論而蓄其精力于事實上之進行若不洞悉彼此爭辨非實行立憲不能解決之理由而徒欲以一筆一舌爲堅壁久持之武技則用力愈猛。反動亦愈猛。駁文愈多。反駁亦愈多。誠流害于前途不淺也。試觀貴報與某報辨駁以來。愈爭辨則彼之感情愈盛。感情愈盛則公理愈朦。公理愈朦則反以救國爲第二之目的。惟知怒駡醜詆（某報四號五號對于貴報之醜詆。穢惡很毒。令人酸鼻。足以見中國人種。已淪落爲世界人種之最下等。而逆度將來骨肉相殘。不堪設想。）激動人心。以排斥他黨爲第一之目的。而多數之被動者。于是愈窮奔狂叫。熱度如焚。幾不知世界有所謂天日。將演成慘無人理之實況。而誰是誰非。茫如雲霧。終不知何說之可以救國。何貴報之喜挑撥他人之惡感情耶。嗚呼感情一躍。而不知防天下何等罪孽。皆由此起。英人倍根有言曰。『吾人之精神。如凸凹鏡。外物之來照者。或于凸處。或于凹處。于是雖同一物。而其所照不同。我之觀察。自不能無謬。此爲致誤之第一原因。』夫物物之本相。原有定形。何以或見爲凸。或見爲凹耶。此因鏡有凸凹。而變其眞相故也。人之感情。亦如凸凹鏡。若世人于處事接物之時。徒任感情一時之發動。以測度眞理。則其眞理久已飛逸于吾人意識之外。而我意識中所謂眞理者。亦適成爲凸凹鏡中之眞理而已。其謬誤寧可紀極耶。夫古今學說。莫不以感情縱肆。爲入德之第一障害物。然人人能言此理。人人難治此病。至于天資敏銳。理想宏富之人欲治此病尤難至于黨派攻擊是非橫議之時。則治此病難之又難。蓋天資敏銳理想宏富者。外來之感覺。時時交電于其腦中。而其腦中之剖斷力亦足以支配外物之紛紜雜錯而有餘。然而其終極也。腦力爲有限的。外物爲無限的。一旦用力稍疏。外來之客感每易乘隙而試其技。若天資遲鈍之人。雖遇一極小事。亦躊躕不能下剖斷。然因其難下剖斷之故。心常靜定。無縱橫旁午之虞。故感情無從施其挪揄之術。若黨派紛爭是非橫議之時。老成者易流于矜躁。篤實者易流于虛浮。謙歛者易流于狂蕩。蓋稠人廣衆之中。每不肯詘色巽順以示吾怯。小受懲創。則張惶之態。憤不欲生。必圖最後之報復。小有得意。則驕縱之氣。令人難堪。其尤足以墮落人之德性于無形者。角理不已。徒分黨見。黨力不敵。徒攻人身。且喜招搖黨徒。或談空說有。以興謠諑。或迫人于危。使受奇禍。而市井惡少江湖巨猾。悉焦頭爛額列上座矣。昭昭之行而冥冥墮之。能不令人毛髮竦然耶。吾友章行嚴君者。舉世最純潔最篤實之一君子也。一日與余論旨相忤。渠隨遞手簡與余曰。『弟每于議論激急之時。喜故盛其詞以圓吾說。此由于結習未除。抑亦根器太薄』余當日讀彼函詞。亦不覺怨艾之情。轟轟戰于腦蓋。余亦呻吟宛轉于此等病中者已十餘年矣。幾至戕生。今猶時露狂態。嗚呼。今日人欲

橫流之時。其不捲入此戰亂渦中者有幾人。章君能不諱病。且能自醫其病。此猶係根器深純之特點。若世態亦可以返矣

夫感情之足以爲害也旣如彼。而感情之難于節制也復如此。僕故今對于貴報有此忠告焉。蓋已窺破彼此之爭點不能取決于理論。我謂今日中國不當革命。彼謂中國以革命爲唯一之方法。我謂立憲問題。可以溶化排滿問題。彼謂惟排滿後乃能立憲。我舉中西歷史上革命之惡結果。以爲警戒。彼舉中西歷史上革命之美結果。以爲鼓吹。我謂中國內外之情實。革命後必有惡結果。而無美結果。彼謂中國內外之情實。惟革命乃有美結果。否則皆惡結果。鷸蚌相持。劍戟相挺。誰主仲裁。判決曲直哉。故數月來彼此爭論。不外以上各點。而終無和議之可言。徒使彼挾死力以爲抵抗。而益以擾亂全國人民之心理阻礙政治改革之進步彼報五號中一八一九兩頁之論文。誠足以阻礙許多進步。余日前未敢妄詆彼報記者。及覩此段論文。全知論者之眞心。已不知其何落。彼此共同之目的。不外救國。乃徒爲攻擊他黨計。不憚拋棄救國問題于九霄雲霧外。是何心理。彼謂無異授人以刀使之自殺。余謂論者不待他人授刀而奪刀自殺也。雖然往事已矣。後當注意。若因余此言。而更爲證實前文。發揮前義。則尤不可。如此前途受君之賜多矣。是亦不可以已耶雖然貴報尤當察僕之心理也。僕之陳此說者非對于貴報取消其本來之目的剝奪其言論自由不過勸告貴報日後不當針對某報之論文而下駁論。如標題爲駁某報之論文。或彼議一問題于前而我即駁斥于後之類。蓋針對彼文駁斥彼。有萬不能不返答之勢。鋌而走險雖强詞奪理。亦習以爲當然。而刺刺不輟至如我一方面之主義仍當闡發無遺雖其意義之所充周文情之所奔放與彼之論文不無相反對相尅制之點然亦無容忌避無容

周章何也。我發明我之主義非排斥彼之主義我對于第三者而發非對于彼而發故耳此各國際上無故侵犯他國之權利。爲法理所排斥爲行自衛權起見而制限他國之權利。爲法理所允許其中性質固大有辨別者倘貴報以爲對于彼報下駁論時。入穴探子。成敗易分不至角逐紛馳無一集矢之的然亦當俟彼報良知迴復感情平和時庶幾有效（彼報六號稍就平和。且曾申告自七號以後。歸某君編輯。想今後必能逐漸迴復秩序。）蓋世界黨派無論如何相持不下倘彼此一面帶排斥性質復一面帶吸收性質一面帶攻擊性質復一面帶研究性質則日前秦越相視戈矛相持之處即其日後肝膽相示夢寐相縈之處甚或爲頭顱相聚精魂相繞之處前日以爲誓不兩立者卒之相視而笑莫逆于心倘無吸收性質研究性質存夫其間而徒攻擊焉排斥焉則今日于理論上一筆一舌異日見之事實一鐵一血銅山西崩洛鐘東應處黨派競爭之時代者自當沈幾審變因勢利導也以一身犯天下不韙之衝置利害生死于度外氣骨豈不轟一世然而國家危機牽一髮而全身皆動又豈愛國君子慷慨自負之始志耶

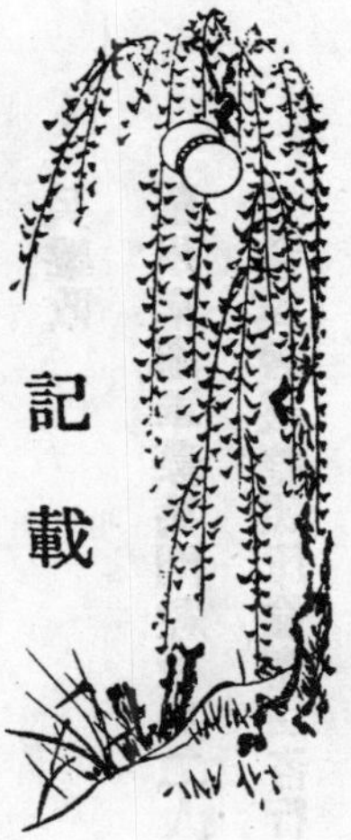

# 記載

## 中國大事月表

### 丙午五月(補錄)

◎初二日 外務部照請俄使將哈爾賓麵粉公司改由中俄合辦俄不允

廣東鐵路公司私舉之總副辦鄭官應黃景棠等奉岑春煊命接收路事

詔發帑銀五萬兩賑撫廣東廣肇高欽等府州屬水災

◎初三日 政府因俄約久不議決令使臣胡惟德密探俄廷之意

京師巡警廳添設裁判所歸豫審廳節制

鐵路大臣唐紹儀咨行警部請飭令各處鐵路開辦警察

◎初四日 川督錫良不准法商包辦川漢路軌

◎初五日 前月二十九日外務部與法使議結南昌教案

外務部允准英國兵艦測量閩海

閩督不允英國停辦樟腦專賣之請

江粵鄂三總督電請變通新頒訴訟法

雲南紳民請滇督致電外商兩部向法使交涉收回本省路權自辦

河南忠雨山水暴發爲災京漢鐵路多被沖壞

◎初六日 俄人在吉林黑龍江强占林礦收買土地政府命胡惟德與俄國交涉

## 記載

全國鐵路辦事處開辦

◎初七日 戶部奏請實行解欵勸懲辦法

盛京將軍趙奏調齊福田等十二員到奉差遣奉　旨着照所請

直隸總督袁奏派孫寶琦幫辦津鎮鐵路

出洋考察政治大臣奏保留學生二三十人

北洋勸業鐵工廠開辦

◎初八日 政府聞湘人私賣礦山與法人因命湖南巡撫徹查其事

◎初十日 浙江新城縣匪徒起事約期攻城爲官兵擊敗

蘇州常備軍募兵鬥殺徵兵二人

政務處會議整頓庫倫辦法咨行庫倫辦事大臣

粵督電請外務部勿許荷蘭在粵招工

駐秘魯總領事移請粵督拒美國招華工開鑿巴拿馬運河

◎十一日 京師巡警廳創設市政公議會開第一次會議

練兵處陸軍貴胄學堂內附設王公講習所開課

揚州東臺縣匪徒焚燬學堂並搶夏紳寅官家現由學部電咨蘇撫切實查辦

湖南常德實行開埠

政務處議准陳慶桂請派科道部曹出洋游歷一摺奉　旨依議

練兵處通查各省駐兵要隘

◎十二日 戶部擬派計學館員五十名出洋游歷

◎十三日　蘇州大風雨新徵兵所住房屋坍倒傷斃數人

政府命豫撫密查法人在河南收買土地礦山事是否確實

◎十四日　上海大風雨損害人物

江西藩司周浩奉　旨革職並著吳重憙澈底嚴查銅元欵項

◎十五日　四川建昌兵備道趙爾豐於閏四月十八日攻破桑披亂匪逆首自勒餘兇伏誅

練兵處奏請電催閩省編練新軍

湖北收回舊鑄一兩銀幣

沈瑜慶補授江西布政使

朱壽鏞補授廣東按察使

駐京各國公使接上海領事公會電請照會中日政府一在大連速設稅關一拆毀遼河之鐵橋

◎十六日　盛京將軍趙請外務部與日本交涉在滿韓交界設立稅關

駐藏大臣電告外部謂印度政府派人自波爾其士坦直至西藏西境從事測量以便開通大道

江督蘇撫會銜出示禁運米糧出海

浙江縉雲縣於去月杪因仙居匪徒入境騷擾請兵勦撫

粵督擬將下新寧一帶改設廣海縣歸陽江廳管屬新寧紳商均不謂然即電政府力爭

江西吉安民變與官兵接仗

◎十七日　肅親王由蒙古查辦事件告竣行抵新

記載　四

民屯卽回京覆命

山東巡撫楊通飭各州縣設立賞罰公所

練兵處議准廣東製造舊廠暫不裁撤

練兵處擬設試驗場以考驗凡挾奇材異能及製造行軍便利器械者

四川紳商因英商立德樂華英煤鐵公司與外務部所訂開礦合同業已滿限集議稟請政府立將前約作廢

◎十八日　英國銀公司代表人因蘇杭甬路事向外務部侍郎唐紹儀要索三欵

岑春煊查香港各日報對於廣東路事主持清議因下札嚴禁寄到廣州發售

◎十九日　江西巡撫吳因敎案賠欵請開實官捐由政務處吏部戶部兵部會議核准保舉十七欵奉　旨依議

學部考試山西西學專齋畢業生給予舉人出身者五十三名

政務處議覆京漢鐵路滬寧鐵路不必簡派督辦大臣

揚州寶應縣鄉民因米貴滋事藉端打毀紳富十二家

◎二十日　德華銀行定議在膠州設立分行行用銀票

俄兵探險隊假扮商人潛入新疆內地

蘇松太紳士因蘇州常備軍募兵鬬殺徵兵事電請同鄉京官奏請派員查辦

◎廿一日　張家口大風雨爲災

◎廿二日　英船西南號從廣州開往梧州途中被刦鎗斃西人一人傷數人

◎廿三日 日本新任公使林權助到北京
各省會商共派五十人爲一班赴日調
查監獄制度
泰州匪徒刼掠官鹽棧

◎廿四日 京師法律學堂招考新生自本日始分
期考試
肅邸查出俄國東淸鐵路在吉林境內
買占私有地甚多
天津華商現擬收回電車自辦
駐開原之日本軍政官卽日撤退

◎廿五日 揚州匪徒藉米貴暴動將各米店刼掠
一空
寶應縣民變圍署傷官
泰州匪徒暴動搶掠該處官鹽棧
滬寗鐵路舉行蘇滬開車式

◎廿六日 御史吳坊奏參萍鄉縣令率兵圍學堂
拿學生奉 旨著江撫查辦
北洋大臣袁奏留叚祺瑞張懷芝奉
旨允准
御史吳坊奏請各省徧設法政學堂令
舉貢就近肄業畢業後再行授職奉
旨學部議奏
京師巡警廳改製囚衣
山東鉅野縣盜賊橫行
廣東大旱

◎廿七日 揚州府城內外之米行悉被匪徒刼掠
仙女鎭巡檢衙署亦被打毀邵伯鎭店
肆一律罷市
外務部向日本新任公使林權助提出
六事與之交涉

記載

擬在長江一帶設置無線電報

戶部定設印刷造幣局

英法礦務公司與雲南礦務局所訂開礦合同業已踰限外務部電咨滇撫收回自辦

◎廿八日　蒙古科爾沁王與馬賊相結政府命盛京將軍捕之事洩王投入馬賊中

山東河南陝西巡撫奏覆新定訴訟法窒礙難行奉　旨修律大臣知道

直督袁派蔡紹基赴彰德預設招待所以便秋操時接待外客

日本撤昌圖軍政署

澤尚兩欽使由上海赴吳淞將乘海圻兵輪北上

◎廿九日　廣東西南輪船被刦案已破獲犯五名

六　岑春煊禁廣州各報不許議論路事

# 美人手

紅葉閣鳳仙女史譯述

## 第五十八回　念黨員傷心爆裂彈　憶家世力護自由權

却說瑪琪拖啞伏在內廂。祇是感歎。是時又聞烏拉迓華向夫人厲聲道。你向來狠熱心爲我黨盡力。凡事彼此商定纔發手。今何故撇却我黨。這是怎的意思。夫人道。你黨近日的舉動手段太過卑劣。全與公理相背。我今日纔知道你虛無黨是一輩喪廉寡恥無賴的所爲。故我近日轉了宗旨。不喜歡與你等共事。烏拉迓華道。何所見而云然。夫人道。他不必論。就日間俄國來電。說你虛無黨又用炸彈破壞雲玻里宮。傷害同胞不少。這種殘忍手段。把無辜的生命視同兒戲。你輩既說爲國民製造幸福。不應反借國民的血肉。建築你的修羅場。我義士黨堂堂正正。持着愛人主義。豈屑與你輩殺人黨同夥兒嗎。烏拉迓華道。你又食言了。當日歃血合盟。不曾同你黨約過。凡有可以改革得俄國野蠻專制的政治無論用兵流血都不許避你忘了嗎夫人道。我並不忘所謂改革就是不得已用强力手段也須持着堂堂正正主意聯合全體多數的國民與野蠻不化的政府宣戰把風潮捲攝政府的魄力下來這纔是正義若以一二人詭祕的手段與鷄鳴狗盜無異非我輩所屑爲你們此次爆炸雲玻里宮傷害近衛兵凡三百名這三百近衛兵大半皆我義士黨員我費却許多心血被你輩一旦破壞了我國前途又加上一度阻力你虛無黨實解不脫這點罪名計你黨初立黨規本不是這個宗旨凡做一事必經黨員全體認許確乎不背公理方敢施行今大不然自結合那班輕薄少年全失立黨原意專恃血氣用事遇些難阻便暴亂橫决這是幹大事的人才嗎我也沒閒氣和你們爭辯了就是爭辯到底諒你也未必服烏拉迓華道。我曉得了。你並不爲別的。不過爲美治阿士一人。遂同我全部黨員反對罷咧。夫人道雖然爲美治阿士一人不值得兩黨分裂然觀美治阿士一事也可見你虛無黨是不愛護人類的自由一個人肯忍心賊害人類的自由公理上還容恕得過嗎我已是死刑宣告中人要說我便說要殺你便殺也再沒甚的客氣我自問平生心迹十年以來都如一日—

不曾有半點事對不得過本心自從受黨員推戴做了這個義士黨魁常念我父波蘭公爵爲愛同胞自由掃蕩專制政體爲俄軍所戮充配西伯利亞死於岩穴我雖一女子誓欲繼承先志爲國民造成這個幸福我手下那一輩子大概都是我父舊部的人才那嘉芝那牛田他的歷史他的眞姓名諒你也記憶試問你虛無黨中能有幾個比得他就是助摩祖和度璣兩姊弟他也不是個尋常的人物他祖母本是波蘭的貴族你也曉得他是伊運斯伯爵的夫人伯爵父子爲國事捐軀夫人携着他姊弟兩人跑到法國含辛茹苦頭也捱到白了此心仍念念爲着祖國一家人皆替義士黨出力你想我手下這一輩義士怎肯同你雞鳴狗盜的虛無黨聯合嗎烏拉迓華道。助摩祖也不是雞鳴狗盜的材料嗎就是你也何嘗不是夫人道。這又不同。若不盜出那個鐵箱我全黨義士數百人將被政府一網打盡這爲公義上不得不爾不能以盜賊論就是捨身流血也祇殘毀自家的肢體幷沒借他人作犧牲至於助摩祖也同爲這件目的義不能辭你黨也幸得助摩祖了若不得助摩祖做個內應你黨今日還能彀安枕高臥嗎烏拉迓華道。你的好處。我也知道。你爲義士黨爲虛無黨備嘗艱苦不能不感服你這位女丈夫我黨聞你爲鐵箱的事犧牲此身沒一個不感激流涕後來這段殘棄肢體你命嘉芝向縱覽塲偸了回來又命度璣把手釧騙回一些兒不動踪影我黨裡沒人不讚歎你佈置的機密知你不肯留取痕迹也爲替兩黨人着想起見可惜你爲一無關緊要的美治阿士忍把前功盡棄不顧事情敗露將來黨員着手應辦的事你也不復留地步了夫人道、我一身擔了這罪決不與黨中事業相妨若要我昧着本心把自已所犯的罪移給他人借無辜之身爲自已受苦背棄公理何以示教黨人你也是個黨魁這點黨力團結的精神難道也不解注意嗎烏拉迓華道。讓你怎的辯論這防害我黨之罪斷不能辭祇可惜以你一位女中丈夫爲這小事奪了生命殊甚不值我今替你設個法望你遵悔頭一件。速把美治阿士交出來任我黨處置第二件。你立刻離却法國遷往英吉利三島你若答應我黨姑且把你恕饒就是夫人聽說、陡然鳳眼圓睜蛾眉倒竪作聲道。這腐敗言辭敢向我跟前冒瀆嗎要殺便殺我豈受你黨憐的嗎這會算是最後的相見了你退去罷烏拉迓華也氣憤憤的道。一場好意勸你。反出言不遜、諒你心已死再也沒挽救了我今准一禮拜以內行所宣告的法律你好自豫備着到時連你手下那一輩同罪的也再沒留情了。說罷。含着怒。大踏步去了。未知後事如何。再聽下回分解。

第五十九回　示殘肢着落美人手　述病體補叙黃金釧

却說烏拉迓華既去。那內廂裡躲着這兩人。守着夫人所囑。仍未敢造次。時夫人推開了內廂門。招手命他出來道。你們且隨着我來。說着。夫人當先。他兩人跟着出了廳堂。繞過庭院。到了一間密室。就是日前霞那躲避瑪琪拖亞時。見了甚麼怪物。嚇得嘩起來的所在。夫人到此。神色漸次平復。命他兩人坐着。說道。適纔我們問答的話。你兩人都聽見了嗎。瑪琪拖亞答道。都聽見了。估不到烏拉迓華。是恁兒的。夫人道。聽見就好了。我的命過不得一禮拜。你們可也知道了。瑪琪拖亞道。那不怕。有我在。我保護着夫人。他若來。要他先吃我一劍。他生命還不保。怎能害夫人嗎。夫人道。不必說這話。但要你們明白了美治阿士的確是無罪的。那就還却我的心願了。瑪琪拖亞道。的確明白了。何不請夫人。把美治阿士交給我和霞那領着去見舅舅。當面訴明此事。諒美治阿士。此時可在夫人府中麼。夫人道。在是在我家裡。但當初累美治阿士受屈。原因是由我做來。我不同着美治阿士去見圖理君。不曾親身爲他洗脫罪案。仍不能了我心願。瑪琪拖亞道。夫人何嘗累他。他倒累了夫人。是眞的。夫人聽說。把眼睛向他兩人臉上一瞥。說道。我們剛纔問答的話。你們還不曾十分明白啊。你估量鐵箱子是誰拿了就是我啊。瑪琪拖亞道。夫人不說義士黨的首領是夫人的貴交嗎。夫人道。我就是義士黨首領了。波蘭公爵就是我祖父了。當日我同牛田去盜那鐵箱。未曾得手。倒把手腕斷了。次後再差牛田一人。自去纔把箱子盜了來。說着、舉手撥開簾幕。拿出一玻璃瓶來。瓶裡用防腐藥水浸着一隻人手。說道。這就是我的肢體了。瑪琪拖亞及霞那見着。一言不發。祇是面面相覷。夫人對霞那道。日前你驚嚷起來。不就是爲這個嗎。說罷、把瓶子放回原處。復照樣把簾幙垂着。又道。你們見我兩手運動靈活。未必疑得到此。你看那左手不是眞的啊。說着、把右手向左臂上一按。那手便反摺下來。又道。他能彀運動靈活。愈憑那幾條彈力性的機鎗連着臂上。這是橡皮製的啊。瑪琪拖亞聽說。纔明白了夫人稱病的原因。又記起每次陪乘馬車。夫人常令他坐在右旁。又家裡臥病時。也常帶着手套。原來其中有這個原故哪。是時聞夫人又道。自從斷了手腕。醫治那傷口不知捱却多少痛苦。我輩爲國流血捱着點子痛苦原不算得甚麼一禮拜之前也漸漸就平復了。我最痛苦之處倒是烏拉迓華逼我初時爲那手釧他無日不來催迫擺佈着辣手段要助摩祖的姊姊度璣做餌不料頭一夜把那事情鬧差了因此次日又來攛掇我、要我擠戴這劄子我祇得借擊劍爲題引出你手裡那件東西我生平做事本來慣用左手惟有所學的劍術是照常用着右手然當挑落那手釧之時用力太猛把傷口激動痛益增劇次日遂臥病不能起來當時烏拉迓華告訴你說我有病調養不許見客就是爲這原故了在烏拉迓華的心事祇要把賍證騙回不怕露出劄子便了美治阿士受屈倒不要管他知我脾氣最不肯無辜累人恐防我出手搭救美治阿士因此禁絕我家裡人不許在我耳邊題起美治阿士被屈之事幸虧助摩祖畧通我個消息纔知到後來聽你所說纔明白我自從決計要救美治阿士便着着關防烏拉迓華恐他敗我的事一切舉動皆不被他知到幸而嘉芝狠熟俄國警察部的內情遂令他瞞着烏拉迓華扮作俄國偵探人員與荷理別夫交涉僥倖一發得手把美治阿士救了出來其中情形你也大概知道了又對霞那道霞那姑娘你擇配看中了美治阿士也算狠有眼力美治阿士可也算得個剛膽的男子了以荷理別夫的詭詐禁閉着整個月未嘗肯半點屈服這段剛氣倒把荷理別夫懾住了世間狠不易得這樣的少年啊此刻本該令他出來與你們會會但我主意想先領他見過圖理君說明白了纔交還姑娘暫時且忍耐着同瑪琪君先回去把我所說的原委告訴圖理君沒曾有個先容恐怕圖理君不肯會面我的生命時候無幾你們須記着傳語圖理君到時速相見啊兩人聞夫人所命便離座站起來是時瑪琪拖亞似乎還有一事要想稟陳。對着夫人嘴唇欲動還住。夫人問道還有甚麼疑問只管說啊。瑪琪拖亞道美治阿士無罪。我們已盡明白了。但舅舅問起那五千元匯票來。我們怎說好呢若答不出這件事情。恐舅舅未必肯信。夫人道。那匯票。一定是個有意藉端陷害美治阿士的人的所爲我意中所疑的凡兩人一個是烏拉迓華他要把罪名卸在美治阿士身上何難提撥自已五千元僞做一匿名書函坐實美治阿士的罪案若不然。就是那一人了此刻未找得憑據說也無益今天無多時候了你快些回去罷我畧把身後事打疊打疊再過兩點鐘便領着美治阿士到你行裡來先去告訴圖理君罷說着、便伸出右手來。霞那那一點感激的淚珠兒和那一點傷心難過的淚珠兒也不知是分是合從鼻孔裡逼出一陣兒酸便滴瀝滴瀝迸掉出來一面拿巾兒拭着一面提起手來同夫人握了一握辭別了出來。同着瑪琪拖蹌。一直向銀行歸去未知後事如何。再看下回分解。

文藝

# 大清刑事民事訴訟法（續第八十二號）

## 第三章　民事規則

### 第一節　傳案

第八十九條　凡民事案件如索償索賠償索回房屋或田地等案宜用傳票往傳俱不准用拘票

第九十條　凡控訴原告將所控事件繕具控詞赴合宜公堂呈遞若係錢債賠償等事注明數目有合同或契約者鈔黏附呈並叙明兩造之事業住址

第九十一條　公堂接控詞後卽簽發傳票內須將所控事件簡晰叙明

第九十二條　凡傳票由公堂飭堂弁親交被告有時須原告指傳者則令原告同往

雜纂 二

第九十三條　奉傳票之堂弁如未能親交被告即將傳票留與其親屬轉交

第九十四條　堂弁交到傳票之後即向公堂申覆銷差並於傳票冊內將親交或轉交之處註明

第二節　訟件之値未逾五百圓

第九十五條　凡原告所訟之欵或估計該案之値數未逾五百圓者傳票須註明審期該期內發票之次日起算在七日以外一月以內

第九十六條　接傳票後被告或所延律師可任便赴公堂查閱原告所呈各項文件公堂不得攔阻

第九十七條　被告如呈遞覆詞公堂鈔錄一分令堂弁交與原告看閱不遞者聽

第九十八條　公堂已定審期被告無故不到案聽審者查明傳票委係交給仍將該案照例審訊

第九十九條　被告對於前條之審訊如有不甘服者於一月內赴公堂遞呈申訴如公堂察核訴詞近理應准覆審逾限不准申訴

第一百條　公堂已定審期原告無故不到案者卽將該案註銷堂票等費應否責令原告全繳憑公核奪

### 第三節　訟件之値逾五百圓者

第一百一條　凡原告所訟之欵或估計該案之値數逾五百元者傳票毋須註明審期惟令被告於接傳票之七日内赴公堂報到或延律師代往亦可

第一百二條　於前條之限内被告無故不報到者公堂查明傳票委係交給原告可申請公堂據所控情節照例審訊公堂卽准如所請令原告呈遞詳細控詞定期審訊

第一百三條　如被告雖未依限報到而於未審該案之前補行報到者仍以依限報到論應否令被告繳納以前堂費憑公堂核奪

第一百四條　若被告查閱原告控詞過於浮泛或不詳晰者可申請公堂令原告將原呈更補

第一百五條　被告欲查看在原告處之信契等件以備覆辯者可申請公堂飭令原

告取出然公堂宜先察其緣由不爲無理方可准其所請

第一百六條 被告報到後即須呈遞覆詞伸辯曲直

第一百七條 若被告報到一月後尙不呈遞覆詞除公堂展限外原告可請公堂催令被告從速呈遞

第一百八條 原告得接被告覆詞後於一月之內不向公堂申請定期審訊被告卽可申請公堂將該案註銷

第一百九條 原告控詞及被告覆詞俱已呈遞公堂可允原告之請定期審訊並傳知兩造各帶證人屆時前往候審

第四節 審訊

第一百十條 凡審訊原告及被告除有合理事故外均須在堂聽審

第一百十一條 凡審訊原告被告及各證人均不得拘留

第一百十二條 證人之在堂聽審者承審官有令其暫在堂外候審之權

第一百十三條 凡所訟之欵或該案之値其數未逾五百圓者承審官先訊原告次

訊被告被告承認時卽可判原告理直

第一百十四條　若被告於原告所控索之件或槪不承認或僅認其半公堂應續訊原告之證人再訊被告及其證人其質問對詰及覆問皆照審訊刑事案件之法辦理

第一百十五條　公堂訊問證人及檢查憑證之後應卽決定判詞若案情糾葛尙須細察凴證詳核例案者則判詞可暫緩決定

第一百十六條　凡所訟之欵或該案之値數逾五百元者被告遞覆詞之後則辦法如左

一　審訊時先由原告或所延律師將原告控詞及被告覆詞朗誦一遍然後申訴爭訟之原委並略述證據

二　次則原告登位供證由被告或所延律師對詰仍由原告律師覆問

三　原告各證人均可受對詰及覆問一如原告

四　原告及證人供證之後承審官訊問被告是否帶有證人如無證人則原告或

所延律師將前所供證據總其大旨而伸論之

五　如被告或所延律師帶有證人者則原告或所延律師應俟該證人等供證之後然後伸論

六　被告或所延律師卽可訴辯及喚證人代爲供證

七　被告及證人供證之後又已受對詰及覆問則被告或所延律師可將本造所供證據總其大旨向公堂訴辯

八　然後原告或所延律師再行辯駁

第一百十七條　公堂訊問證人檢查憑證並參核辯詞之後應卽決定判詞若案情糾葛尙須細察憑證詳核例案則判詞可暫緩決定

第一百十八條　凡決定判詞先期知會兩造及各律師到堂聽決臨時將判詞當堂朗讀並將判詞及一切文件登錄檔案以備存查

第一百十九條　當兩造及各證人質訊時如有不明之處公堂可以隨時盤詰索解

第一百二十條　凡口述供證及兩造互辯時緊要之處公堂均飭書記記錄

## 第五節　拘提圖匿被告

第一百二十一條　凡兩造爭訟之件除田地及不動產外被告有意離公堂管轄境外或將貨物全數或一分出售與人或移出公堂管轄境外者原告於初控告時或於公堂未決定判詞之前可申請公堂令被告具結取保保其於判決時必到堂聽審並遵守判詞

第一百二十二條　如公堂察核情由原告所控被告有意離公堂管轄境外或將貨物全數或一分出售與人或移出公堂管轄境外等情尚屬可信將來如判被告理難令遵守判詞者公堂有權發拘票拘提被告到堂訊問聽其自辯

第一百二十三條　若被告無辭自辯則公堂可令其具結取保保其必到堂聽審並遵守判詞

第一百二十四條　如被告並未具結取保呈請將銀歘或財產作保者公堂查明如判被告理曲該銀歘或財產足抵被控之數並堂費即可允其所請將被告釋放

第一百二十五條　若被告既不具結取保又不呈銀物作保應暫時拘留俟判案後釋放如審判理曲者俟遵判結案後釋放

第一百二十六條　被告既被拘提公堂查得原告所請拘提被告之故不甚適當或其後公堂將該案注銷或判原告理曲或給在原告於該案不應興訟者被告可申請公堂索取賠償賠欵多寡公堂務須持平不得逾一千圓若原告所訟之値在五百圓以下者亦不得逾所訟之數既經賠償之後被告不得因此復控原告要求賠償

第一百二十七條　如兩造爭訟事件係田地或不動產者概不請發拘票拘提被告

第六節　判案後查封產物

第一百二十八條　凡公堂判斷被告理曲飭交原告欵項及堂費被告不能如數繳納經原告申請公堂即可發封票將被告產物查封備抵

第一百二十九條　凡封票祇查封被告本人之產物如產物係一家之公物則查封本人名下應得之一分他人之分不得株連本人之分所値若干一經呈繳立即揭

封

第一百三十條　凡左列各項不在查封備抵之列

一　本人妻所有之物

二　本人父母兄弟姊妹及各戚屬家人之物

三　本人子孫所自得之物

第一百三十一條　凡違例封查產物者准本人控索賠償係官員並予降革

第一百三十二條　凡左列各項以違例論

一　審案時未經該物主或代表人在場聽審無詞辯覆即發封票者

二　未奉有合格公堂之封票卽行查封者

第一百三十三條　擅將被告妻孥家人戚屬人等拘留者亦以違例論

第一百三十四條　查封產物後除被告外如有他人索取該產物不能和解者兩造可赴發票之公堂呈請判決該公堂詳細研訊至應否揭封衡情酌量辦理

第一百三十五條　凡發票查封之產物由查封之員或委員看管如被告不能償還

欠欵則將該產物拍賣

第一百三十六條 於未拍賣該產物之前十日將該產物之大略及拍賣之時日地方開具清單懸貼於發封之處並登載本地之新聞報紙

第一百三十七條 拍賣後所得之欵卽用以清償原告欵項開支拍賣費堂費其他應使之費如有盈餘繳還被告或代表人幷附錄詳細清單

第七節 判案後監禁被告

第一百三十八條 凡公堂判斷被告理曲被告不能遵判詞辦理者一係原告呈請公堂卽發拘票將被告拘提監禁票內宜聲明監禁日期

第一百三十九條 監禁日期按照左列以被告應繳之數定其長短期滿釋放

一 逾一百元者其期三月以下

二 逾一百元及五百元以下者其期自三月至六月

第一百四十條 被告監禁期內繳清欵項或經原告呈請開釋者公堂卽將被告釋放

第一百四十一條　被告在監禁期內染患重病經醫士診驗屬實公堂應令移入醫院調理病愈復行監禁其入醫院之時日可算入監禁期內

第一百四十二條　凡民事案件監禁之人或因債項應拘留者各地方須另設一監如於未建設以前即在別所拘留不得與刑事案件人犯同獄羈禁

第一百四十三條　凡民事案件監禁之人不得勒令充當苦工及他項工役

第一百四十四條　凡因民事案件被拘留之人可遞呈請求釋放惟於呈內應詳細聲明所有產物除本身及家人必需之衣服及其工業所必需之器具外將現有者或尚未有而可望有者或爲其獨有者或與他人共有者或他人代爲經理者俱註明該產物現在何處由本人畫押立誓不得虛僞

第一百四十五條　公堂將原呈鈔錄一分送交原告並酌予定限俾該原告可將呈內所列之產物查封出賣並查明該被告所以不能清還之故委非平時奢侈逾恒或隱匿不報或私賫搬運貨物或有他項欺騙情事均有證據者公堂可將被告釋放如原告於該限期內或期外查有以上情節公審其證據屬實仍將該被告監禁

俟期滿再行釋放

第一百四十六條　既經釋放後之被告不得復因該案再行監禁但產物仍由原告查封出賣至償清該欵爲止

## 第八節　查封在逃被告產物

第一百四十七條　凡因欠債逃匿他處如有產物經他人管理或寄存者原告可在起債地方之公堂將欠戸控告

第一百四十八條　原告呈遞控詞須照左列各欵聲叙並自行立誓不得虛僞

一　該債係在公堂管轄境內而起

二　被告委已逃出公堂管轄境外或潛匿蹤跡冀圖免審

三　在公堂境內被告所餘田地係獨有或與他人所共有或有銀錢產物由他人代爲管理或某人係被告之欠戸

第一百四十九條　公堂接閱控詞即可發票將被告所有在境內之產物概行查封持票施行之員限於十五日內申覆

第一百五十條　公堂未發票之先復令原告取保其數較索欵加倍若於兩年內被告能將該查封票註銷或能證明實情公堂將該案平反或更改判斷者該保應保原告遵照公堂所判查交之賠欵及堂費如數繳足

第一百五十一條　凡管理被告銀錢產物及寄存之人或被告欠戶敢於發票查封後私自挪移於公堂境外或出售或付還被告者公堂可判令其人將私自挪移出售及付還之數償還原告仍以藐視公堂論科以罰金

第一百五十二條　凡公堂查封在逃被告產物應張貼告示並登載本地新聞報紙俾衆周知

第一百五十三條　凡被告逃出境外公堂查知其蹤跡應發諭單通知其產物被封之事

第一百五十四條　產物既經查封原告可呈遞該案詳細控詞請公堂定期審訊一如通常民事案件辦理惟所定之期須在持票查封人員申覆之後

第一百五十五條　公堂審訊該案時應查核原告所控事件是否符本法所載查封

在逃被告產物各條並原告是否理直然後判斷

第一百五十六條　承審官可憑己見或准原告及他人之請傳被告代理財產及知情之人到堂審問被告所遺產物並可令將所有證據呈堂核驗

第一百五十七條　審訊時原告得直公堂即將所封之產物按本法所載查封賣抵各條辦理以清償欠項爲止

第一百五十八條　如原告未能得直公堂應將原告已請發出查封產物之票立行註銷

第一百五十九條　凡產物查封之後未賣之前被告能具保到領聽審者可呈請公堂將產物揭封暫緩變賣

第一百六十條　判決後兩年之內無論產物已未抵賣被告亦可申請公堂收回判詞提案覆訊如公堂查明前訊該案之時被告實未知悉尙屬有辭可辯自應准其所請至定如何限制由公堂秉公酌核辦理

第一百六十一條　公堂覆審後如收回前定判詞或將查封票註銷者本案眞實購

買產物之人一概不得株累

第九節 減成償債及破產

第一百六十二條 凡欠戶不能將所負各債如數償還可定期邀請各債主會議面陳困苦實情願將所有貨物傢具及產業交出變賣按照各債數目平均減成償還了結如有債主不能赴會者將以上情形具函通知

第一百六十三條 如各債主允諾欠戶之請人數過半且所索債數合計已占四分之三無論是否臨會即有議決之權亦應書立允諾字據未允諾之債主不得異議該欠戶即具立券約將所有貨物傢具及產業悉行交出以便變賣備償

第一百六十四條 所立券約由欠戶及允諾之各債主公同簽押該欠戶立即呈遞公堂存案幷附呈清單將貨物傢具產業放出債項及各債主之姓名債數逐一開列

第一百六十五條 各債主應公舉債主或局外一人專司收取放出債項及變賣貨物各項事俟所得之欵彙齊即按照各債數目代爲均平減成償還

第一百六十六條　所立券約一經債主簽押及呈堂立案後各債主俱應遵守凡附單內開列所欠各債即作了結不得再向該欠戶索討

第一百六十七條　凡欠戶無力清還各債或因債被拿及被監禁者可向公堂呈請破產自呈請之日起本人及一切貨物家具產業即須聽候公堂命令

第一百六十八條　該欠戶須於呈報後三日內或於公堂所准展期內將關於本人財產貨物之帳簿契約合同等件一併呈交

第一百六十九條　於前條之期限內並將左列各節繕具清册簽押矢誓一併附呈

一　詳記本人姓名事業現時並欠債時住址及何期應還之債項並債主姓名

二　詳記本人現有之貨物家具產業他時可望有之欵項或何項利權經人代理及何人係其欠戶並將此等欠戶及證明此等欠項之姓名住址逐一註入

三　詳記前十二個月之收支細帳

四　詳記應留爲本人並家屬必需之衣服等物及本人工作必需之器具但統值不得過一百圓

第一百七十條　公堂接到呈詞並附呈之清冊即可判定該欠戶爲破產人或展期判斷亦可

第一百七十一條　凡債主均可呈控公堂請將欠戶判爲破產人惟必須如左列之數方准呈控

一　債主之索欵數在三百圓或三百圓以上者

二　兩債主之索欵合計數在四百圓或四百圓以上者

三　債主三人以上之索欵合計數在五百圓或五百圓以上者

第一百七十二條　凡欠戶經公堂判爲破產人公堂書記官應將該案判詞及破產人姓名事業住址刊入本地新聞紙至少以十五日爲限

第一百七十三條　凡欠戶經公堂判爲破產人公堂應發護照暫免因債拘提如已監禁立即釋放此項護照至末次審訊時繳銷

第一百七十四條　凡欠戶經公堂判爲破產人應由公堂派員或債主及商會公舉一人代理該欠戶破產一切事務

第一百七十五條　該代理人無論係公堂所派或各債主及商會公舉經公堂認許後應即經理破產之事若事務紛繁准其雇人帮理其工薪及各項費用均由所管項內提支

第一百七十六條　代理人即傳知破產人令將一切財產貨物交出如有不明之處可向破產人隨時查問並可令其帮同收取放出之債項

第一百七十七條　代理人應在本地新聞報紙內布告代理破產事由請各債主將所索欠項證據交出查明立案

第一百七十八條　收清放出債項及變賣產物後代理人彙齊各欵照實欠各債數目按成均平償還各該債主

第一百七十九條　產物變賣後或未變賣之先破產人應親赴公堂聽候末次審訊屆時代理人即將所查明該破產人一切事務及倒債之故並代理時所得欵項及債欵數目等情當堂詳細申覆

第一百八十條　如公堂查明破產人倒債之故委係運蹇所致並無浪費及他項弊

實日破產所得之數足償各債十分之五其餘償項公堂可判令豁免

第一百八十一條 公堂查明破產人有犯左列各項之一除將財產貨物變價備抵外仍以有志倒騙論將破產人處監禁二十日以上三年以下或罰金五十元以上一千元以下或監禁與罰金併科

一 關於契約帳簿字據等類隱匿銷燬或塗改僞造及虛捏者

二 豫將財產貨物寄頓他處或詭託他人名下或虛立債主戶名或先向外戶折扣收帳或串通他人出頭冒認者

三 爲損害債主起見於呈報破產前一月將貨物賤售或不惜重利圖借欵項或濫出期票使用者

四 平日用度奢侈逾恒或買空賣空冀圖僥倖並無可望之欵以致虧折者

五 借債之時幷無的欵可望償還或經營商業幷無確實資本者

六 既經判爲破產人後故意延緩不將財產貨物一切權利及放出之債項在公堂或代理人處悉數呈報或不將財產貨物除本人及家屬需用之衣物外悉行

交出者

七 既經判爲破產人後私自清還一二債主致各債主所得未能彼此平均者

第一百八十二條 如有人勾串破產人揑報假債審實之後與該破產人處以同一之罰

第一百八十三條 呈控之債主所索欵項經公堂審明係屬虛揑或係挾仇或欺詐者可判令該遞呈人賠償被告

第一百八十四條 凡破產事宜如本節有未賅載者仍依商部破產律辦理

第十節 和解

第一百八十五條 凡兩造爭訟如有可以和平解釋之處承審官宜盡力勸諭務使兩造和解

第一百八十六條 如兩造情甘和解俱應出具切結聲明願遵守公正人決詞在公堂存案由承審官將案內已訊及未訊各項事宜委派公正人公議持平決斷

第一百八十七條 兩造所舉之公正人必須彼此同數若公正人對於該案意見未

能僉同則從多數定議意見各執者則另舉一中人以定從違

第一百八十八條　中人由兩造或公正人合舉如兩造或公正人均不能妥議合舉卽由承審官派一與該案無涉之殷實人充之

第一百八十九條　凡公正人或中人所定決詞卽認爲完結該案之決詞如有不得已之處可由承審官責令兩造遵守

第一百九十條　如公正人或中人所定決詞查有受賄或別項弊竇之確據者准兩造申請公堂將決詞註銷但須在宣布決詞後之十五日內逾限不得追悔

第一百九十一條　刑事案件應處輕罪刑者原告於宣告刑名以前自願呈請和解時亦可照本節辦理

第十一節　各票及訟費　附訟費表

第一百九十二條　凡有權審判民事案件各公堂應於署內設立一所專司接收呈詞並文件及發示諭傳票拘票查封真知照證人陪審員之知單各項事宜

第一百九十三條　以上各項單票均由原告被告或各律師請發

第一百九十四條　每發單票一張按照後列之訟費表向請發單票人徵收各費由公堂派員專司其事

第一百九十五條　訟費表須懸於公堂牆壁或門外務使衆人易見

第一百九十六條　除表內載明各費外槪不准另索他費亦不准額外浮收違則從嚴懲處

第一百九十七條　凡公堂所收各費均須詳細註冊按季呈報本省督撫及藩臬行知戶刑二部以備存查

第一百九十八條　凡公堂裁判案件訟勝者應交訟費可判令訟負者代繳然體察案情有時亦可判令兩造分繳至數之多寡由公堂秉公核奪

附民事案件訟費表

公堂簽發蓋印傳被告到堂之傳票

訟件之値在一百以下者　每票費銀一元　另派票差費銀五錢

訟件之値逾一百元至五百元者　每票費銀二元　另派票差費銀七錢五分

訟件之値逾五百元至一千元者　每票費銀三元　另派票差費銀一元

訟件之値逾一千元者　每票費銀四元　另派票差費銀一元

發知會證人到堂之知單

訟件之値在一百元以下者　每單費銀五錢　另派單差費銀二錢五分

訟件之値逾一百元至一千元者　每單費銀一元　另派單差費銀五錢

訟件之値逾一千元者　每單費銀一元五錢　另派單差費銀五錢

拘拿被告之拘票或查封票或查封在逃被告財產票

債欵在一百元以下者　每票費銀一元　另差費銀五錢

債欵逾一百元至五百元者　每票費銀一元　另差費銀七錢五分

債欵逾五百元至一千元者　每票費銀三元　另差費銀一元

債欵逾一千元者　每票費銀五元　另差費銀一元

兩造爭訟請公正人決斷劵約存案　每張費銀一元

公正人決詞存案　每張費銀三元

到公堂查閱案卷者　每次費銀五錢

抄錄案卷　每百字費銀一錢

知照陪審人員　每次費銀八元　另差費銀二元

陪審員到堂陪審每員一日或不足一日所得酬勞費

訟件逾三百元至一千元者銀五錢　逾一千者銀一元

凡人請公堂用印於文件爲表內所未載明者　每張費銀一元

公堂頒發表內未載之票　每張費銀二元　另差費銀一元

各省高等公堂允准律師接辦案件注冊費銀五十元

會審公堂允准外國律師接辦案件注冊費銀廿五元　一切差費均由公堂專員收取轉交該差弁永不准自行接收

（未完）

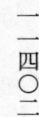

五

此墨不須磨工。以筆沾水濃淡自如。且墨質純良永無腐敗之患。即置夏冬時令亦無融凍等慮。光彩燦然。遠勝唐墨。美麗。輕便。於行旅中最爲相宜。價廉物美。足爲文人之至寶也。即以水溶解亦可適用。如官衙畫家大小學校銀行等。猶爲不可少之品本舖開設多年馳名已久。教育品展覽會內曾

大日本登錄商標

二十世紀

最大發明

田口精爾謹製

# 開明墨

得優賞。中國朝鮮緬甸等處亦屢蒙光顧。惟需覽標本請賜郵費壹角二分。即以墨一個呈閱。不誤。其他文具種類太多。恕不悉錄。故特另紙詳載標本。

日本東京京橋區南傳馬町一丁目七番地

開明墨製造元　合資會社　田口商會

# 岸田吟香著

最新五彩 **萬國輿地分圖**
定價一圓五十錢

五彩精密 **坤輿全圖**
各國疆界附
定價壹円五十錢

**大清一統輿地分圖**（近出）
定價金三圓

大幅加彩 **重訂中外方輿全圖**
定價三円五十錢

石印五彩鮮美
說明書付 **東西兩半球圖**
定價二十五錢

環轉自在 **地球儀**
定價｛徑一尺二寸八 圓
　　｛同四寸 一圓五十錢
　　｛同二寸 二十五錢

教科適用
**大清國最新圖**
物產一鐵道詳注
滿洲及世界地圖付
定價五十錢

石印五彩 **精校朝鮮輿地全圖**
定價六十錢

**發兌所** 日本東京京橋區銀座二丁目 **樂善堂**（電話新橋六一五番）
上海河南路老巡捕房對門 **樂善堂分房**

**橫濱販賣所**（橫濱市日之出町三丁六十五番地）**西脇商店**

十 一一四〇

日本文部省認可

# 東洋大學

招募中國學生

●高等師範科、高等法政科陽曆九月三日開班二年畢業、考試合格者許入學、若有相當本大學高等豫科畢業生學歷者不用考試許入學

●高等豫科師範法政陽曆九月初三日開班一年畢業、願入此班者不用考試許入學、畢業此科者許進入於高等師範科高等法政科

●速成高等師範科、理化博物數學科、法政理財科、高等警務科、高等普通學科、陽曆七月初一日開班明年二月畢業、此際大加改良、各科現有缺員准入學

▲本大學創建以來已二十年曩添設日清高等學部特蒙文部大臣認可是爲他學校未曾有之特權

▲本大學聘請帝國大學及高等師範學校各專門名家博士以充敎習並聘用中國繙譯

▲敎課書者講師自行編譯以期伴手時勢進步

▲有志之士欲觀章程請隨時函告當由郵局寄上

日本東京小石川區原町

東洋大學日清高等學部

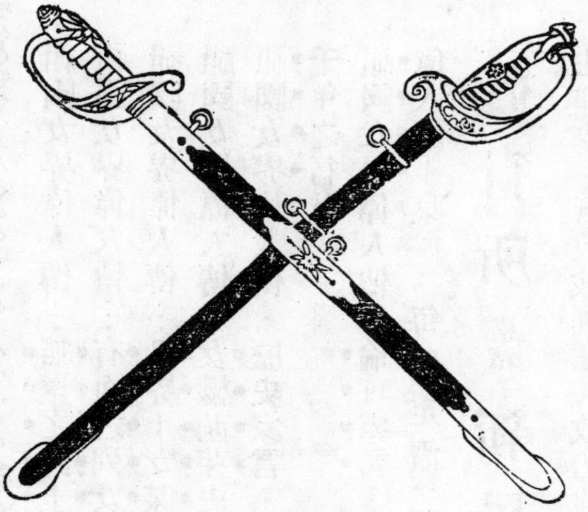

女學校敎科之最善本　善化許定一著述

# 祖國女界偉人傳

看！看!!看!!!

祖國女界偉人傳……無鬚之武士道
祖國女界偉人傳……有血之列女傳
祖國女界偉人傳……世界十女傑之化身
祖國女界偉人傳……女權萌芽史之攝形
祖國女界偉人傳……歷史家言……女界四千年之行狀
祖國女界偉人傳……倫理家言……女界二億人之圭臬

每冊定價二角

發行所　橫濱　新民社

法理學　行政裁判法　政治地理學
支那文學史　以上四書均已開譯

# 大清帝國新編法典

此法典乃修律大臣等最近所編纂也博採各國法制比較我國舊制而變通之誠足以破數千年之錮習於中國之前途關係最重且大故特用洋裝美印訂成一冊廣爲播布凡我政界學界商界自當各手一編以爲研究之資料也每冊三角半

經售處　上海廣智書局及各書坊　外埠新民社　中國書林

!!! 注意 !!!

偵探小說

# 毒蛇圈

(甲卷)定價四角半

此書爲法蘭西大文學家鮑福氏(Fortuné du Boisgobey)所著譯者從其法文原著中譯出能故盡得眞相較之譯自和文輾轉而來者盖有天淵之別鮑氏著述甚富不勝枚舉本報中所刊鳳仙女史所譯「美人手」小說其原著亦出氏手英國、日本、皆有譯本其人之價值凡稍讀西文小說者無不知也

譯述者爲上海周新盦先生先生文筆爲譯界推重久矣所譯小說如「新盦諧譯」「歇洛克再生後諸偵探案」「竊賊俱樂部」「地心旅行」「失女案」「水底度節」「雙公使」諸篇尤膾炙人口批點者、爲南海我佛山人中國現時唯一之大小說家也所著如「痛史」「怪現狀」「電術奇譚」「新石頭記」「九命奇寃」「新笑史」「反聊齋」等皆紙貴一時未脫稿未印行者尙難更僕數故一經加墨洵有頰上添毫栩栩欲活之槪

橫濱新民社

總發行所 上海 廣智書局

SEIN MIN CHOONG BOU

P. O. BOx 255 Yokohama Japan.

明治三十一年十二月二十七日（第三種郵便物認可）（每月二回發行）

# 新民叢報

第肆年第拾貳號

（原第八十四號）

光緒三十二年六月十五日　明治三十九年八月四日

# 新刊中學叢報六大特色

（每月一回每冊定價四角）

注意注意注意!!!

## 我國學界一大光明出現

中學叢報者中學教育之雜誌也如日本之「中學世界」「中等教育」「國民中學會雜誌」等之例門類賅備材料豐富

中學叢報凡中學校科目無不具備復增入傳記論理學雜俎時事等門凡十四門每冊所錄最少在七門以上

中學叢報之各科由該科專門名士担任或自撰論文或采譯東西各國名家之論文

中學叢報者各學校教師之顧問也無論担任何科講義者皆不可不備一冊以爲敎筵參考

中學叢報者中學校師範學校生徒之良友也手一冊以自習可以大省腦力增進常識廣饒興味

中學叢報者通信教授之便法也凡不入學校者手一冊可以全有普通之常識由淺入深與在校受業無異

十二月出版

上海棋盤街中市 中學叢報社謹白

# 新民叢報第肆年第拾貳號目錄（原第八十四號）

| 報資及郵費價目表 | 全年廿四冊 | 半年十二冊 | 零售 |
|---|---|---|---|
| 報資 | 五元 | 二元六角 | 二角五分 |
| 上海郵費 | 二角四分 | 一角二分 | 一分 |
| 上海轉寄內地郵費 | 一元二角 | 六角 | 五分 |
| 各外埠郵費 | 一元四角四分 | 七角二分 | 六分 |
| 四川、雲南 陝西、貴州 山西、甘肅 等省郵費 | 二元八角八分 | 一元四角四分 | 一角二分 |
| 日本各地及日郵已通之中國各口岸每冊一仙 | | | |

| 廣告價目表 | 洋裝一頁 | 洋裝半頁 | |
|---|---|---|---|
| | 十元 | 六元 | 惠登廣告至少以半頁起算刊資先惠論前加倍欲登長年半年者價當面議從減 |

編輯兼發行者　馮紫珊

印刷者　陳侶笙

發行所　橫濱山下町百六十番　新民叢報社

上海發行所　四馬路老巡捕房對面　新民叢報支店

印刷所　新民叢報活版部

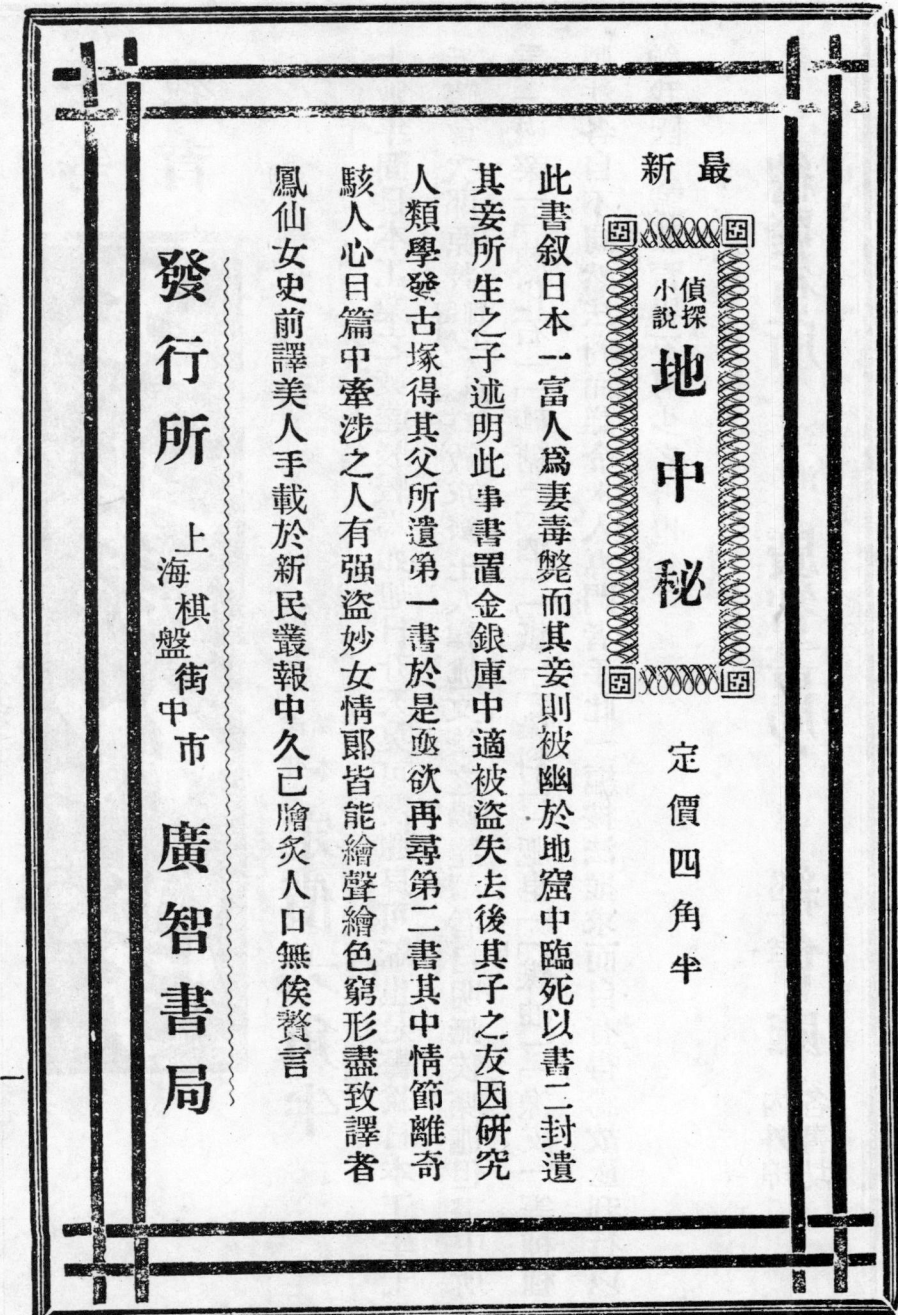

中等教育

# 工業化學

洋裝精本 定價六角半

十數年間日本工業之發達駸駸焉如旭日升天莫可嚮邇良可驚也是書爲日本工學士近藤會次郎原著留學日本京都工業學校敏求齋主人譯述文筆之暢達讀者自明無俟喋述但書中所言「磁業」「煉化石」「砂糖」「酒」「紙」「染料」「肥皂」「煤油」「橡皮」等種種製法各自不同然法簡而詳令未入專門者手此一編按法推求而自有得焉故亟刊行以餉我國人誠教育界不可少之書也

總發行所 上海 廣智書局 經售處 內外埠各書坊

意國大天文家加利羅

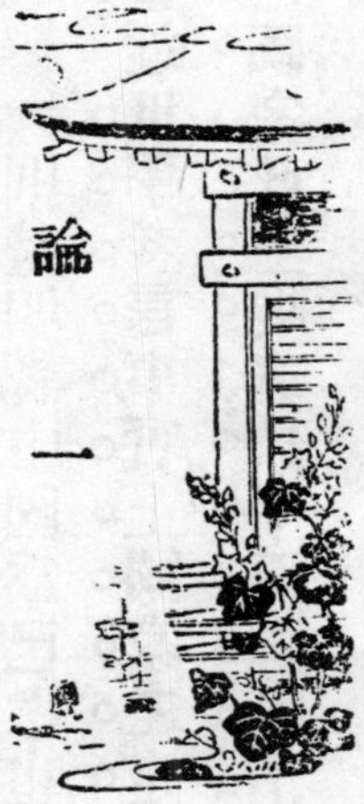

# 雜答某報

飲冰

（一）自滿洲入關後中國果已亡國否乎……（二）今之政府爲滿洲政府乎抑中國政府乎……（三）政治革命論與種族革命論孰爲喚起國民之責任心孰爲消沮國民之責任心乎……（四）立憲政體之不能確立其原因果由滿漢利害相反乎……（五）社會主義果爲今日中國所必要乎

頃以事故。無暇爲報中屬文者殆兩月餘。前此對於某報之論辯。同人多有詒書相告語。謂彼既詖遁。無取復與爭口舌者。亦有謂其邪說惑人。宜終折之者。鄙人以爲今方宜進行於實際。惟日不足。安暇嘵嘵作論爭。然對於第三者而盡說明之義務。亦實際的方面所宜爾也。乃更草此文以雜答之。過此以往。則予欲無言矣。　著者識

吾之論旨。始終以政治革命爲救國之唯一手段。而所謂種族革命社會革命者皆認

爲節外生枝無益於事而徒礙政治革命之實行故辭而闢之所以必辭而闢之者欲國民集精力以向於政治革命之一途國庶有豸也今茲之論亦爲第三者釋其疑非對於該報而欲角勝也乃更提出諸問題如下。

一　自滿洲入關後中國果已亡國否乎

此實最切要之問題也若中國果已亡國則吾輩今日當惟光復此國是務過此以往。皆不成問題而吾輩所日日號呼曰救亡救亡者亦無可言。何則惟未亡者可云救之。已亡者則安所用其救也按某報屢言我國民我國民就文義上觀之似認中國爲未亡國者。何也國民云者國之民也惟有國斯稱國民（澳洲美洲之土夷不得稱國民）既亡國則爲無國無國之人。不得稱國民也此就彼文義上言之也雖然彼輩所提倡者有亡國紀念會所印布者有亡國慘記而彼報第一號有云『彼滿洲者對於明朝則爲易姓而對於中國則爲亡國之寇讎』則是明認中國爲已亡也而此認識之當否則吾雖欲不致辯焉而有所不忍也近世學者言事實上國家之定義曰有國民有領土有統一之主權具此三要素謂之國家此三要素缺一而國家消滅我中國現在之領土則黃帝以來繼長增高之領土也其國民則黃帝以來繼續吸納之國民也其主權則黃帝以來更迭遞嬗之主權也中國之未亡抑章章也而歷代之帝王則總攬統治權者而已總攬統治權者乃國家之一機關而非國家也故中國自有史以來皆可謂之有易姓而無亡國若以總攬統治權者統系之交代而指爲亡國則中國之亡不啻二十餘次矣雖明之朱氏今之愛新覺羅氏吾亦認爲總攬統治權者之更迭司機關者之易人而於我國家之存亡絲豪無與者也

雖然更有一說焉彼報第一號又曰『以一王室仆一王室謂之易姓以一國家踣一國家謂之亡國』此似能知主權者與國家之爲二物也而認滿洲爲以彼國家踣我國家而我國緣此以亡也欲證其說之當否則當先審滿洲前此之果爲國家與否國家事實上之三要素曰領土曰國民曰主權三者缺一不得謂之國家小野塚博士曰『逐水草遷徙之游牧人民僅有土地而無有領土故僅有社會而無有國家』而前此之滿洲正其例也故滿洲決不可謂之國家既非國家則其非以彼國家踣我國家抑明甚也且滿洲豈惟非一國家而已今之皇室本起於建州衞建州衞則自明以來我

國之羈縻州也其酋長時受策命以統其部如雲南四川廣西之土司然今西南土司之人民不能不認爲中國之人民則明時建州衛之人民亦不能不認爲中國之人民愛新覺羅氏亦我固有人民之一分子而已然猶可曰當時國籍法未定羈縻之州。不能與內地同視也。然清太祖努兒哈赤在明曾受龍虎將軍之職此明見於史冊者史閣部復睿親王書所謂貴國昔在本朝曾膺封號者是也是清室之先代確爲明之臣民亦即爲中國之臣民鐵案如山不能移動矣清之代明則是本國臣民對於舊王統倡內亂謀篡奪而獲成功也決不可謂以一國家踣一國家也

難者曰。滿洲之爲游牧而無領土。此初起時爲然耳。若其後奠都瀋陽。建國號曰清。明清兩國。爲國際的對峙若干年。明代表中國。而清代表滿洲。明滅於清。則非滿洲滅中國而何也。應之曰。不然。清之始建國乃內亂進行之現象決不可與固有之國家同論也滿洲本無國但中國臣民中之愛新覺羅一族對於中央政府而謀革命其勢力既漸張乃割據中國固有領土之一部分曰遼陽者自設一假政府以與舊政府相對時其後此假政府之勢力著著進行遂取中央政府而代之也此如沛之劉氏本無國革

命進行中建漢國於巴蜀關中其後卒代秦濠之朱氏本無國革命進行中建吳國於金陵（明初號吳）其後卒代元若以瀋陽之清爲中國外之一國而謂其亡中國也則劉氏可謂以漢國亡中國李氏可謂以唐國亡中國朱氏可謂以吳國亡中國有是理乎故吾謂清之代明決非以一國家踣一國家也

難者曰。如子言。以滿洲本非國故而證中國之未亡。然則日耳曼蠻族。其始亦游牧而非國也。而史家皆謂羅馬亡於日耳曼者何也。應之曰。羅馬固已亡而中國固未亡也美濃部博士曰。『普通之國家消滅則失權力之統一是也即現在之政府已傾覆而無能代之之新政府以爲統一則國家於事實上失其存在焉矣』羅馬之亡蓋若是也故裂爲若干國而無復所謂羅馬者存中國不然清之興也領土如故國民如故主權之統一如故所異者則總攬統治權之一機關由朱氏之手以入於愛新覺羅氏之手而已故明之王統亡而中國之國家未嘗亡也

難者曰。印度之主權。今猶統一也。而世人皆認印度爲亡於英者何也。應之曰。印度之外固有英國也故今印度領土爲英之領土印度人民爲英之人民印度主權爲英之

主權而英國於印度之領土人民主權外別自有其領土人民主權也今者中國之外更有所謂滿洲國者乎中國領土人民主權之外更有所謂滿洲國之領土人民主權者乎夫在同一之領土範圍內必不能同時而有兩國家存立明也故今在亞細亞中部東部間苟有中國則必不容復有所謂滿洲國苟有滿洲國則必不容復有所謂中國而滿洲國之自始未嘗存在此吾所既證明也而此領土爲中國國家固有之領土此人民爲中國國家固有之人民此主權爲中國國家固有之主權又事實上之至易見者也吾故敢斷言曰中國自有史以來以迄今日皆有易姓而無亡國也

今之斷斷然寶其復仇主義之敝帚者其蔽安在曰無他始終爲君主主體說之謬論所穽認總攬統治主權者爲即國家所謂革命者革此君位耳所謂光復者復此君位耳一言蔽之則其心目中只見有一君位也吾之意則以爲君位者國家之一機關耳其輕重亦不過與他機關等（如國會）而此機關之形式苟國民程度而適於爲共和立憲耶則以選舉任之可也苟未適耶則因前舊而聽其世襲亦可也而世襲之中其某甲某乙享此特權皆屬不必爭之問題所爭者此機關之權限而已故如最近那威之

迎王於他國在東方諸國素認君主爲即國家者聞之若不勝駭焉若以近世國家之觀念君主不過爲國家之一機關則眞孟子所謂牛羊何擇也然則今之在此位者就使果非我族類而必須排而去之與否固非最亟之問題況其先代本中國人民之一分子而又經二百餘年之同化者耶。

或疑滿洲先代。雖可名之曰我國臣民。然名義上之臣民耳。其與我不同族、固章章難揜也。雖然其在宗法社會之時代彼固決不可認爲我臣民若以近世國家學者之觀念則國民者爲共同生活多數人類之集合而於其人數及其血統既已脫單純的家族及血族團體之狀態者也（美濃部博士之說）故日本北海道之倭奴。雖與日本人異種、而不得不謂之日本國臣民。中國西南之苗猺。雖與中國人異種而不得不謂之中國臣民。滿洲在朱明時代之中國亦猶是也

或疑滿洲入關。所篡奪者非直一君位耳。牽其族多數之人以占我權利焉。是以可疾也。曰、斯固然也。然此抑亦專制君位之附屬物耳。王充論衡曰。高祖之起則豐沛之邦。多封侯之人。明世復泗州濠州民。世世無所與。帝者之豐於所昵而與彼同里

居者。常得特權。中國歷史上之慣例也。但使專制政體消滅。則此種特權自不能以存矣。

讀者諸君。其將致疑焉。曰、滿洲果何德於梁某。而多爲說辭以爲之辯護也。噫、吾果何愛於滿洲。而爲之辯護者。而以諸君之心理。則無惑乎有此疑也。諸君之心理與吾之心理。所異者云何。諸君認君位甚重。故爭之。惟恐不力。吾則認爲甚輕。故所爭者不在此。而別有在。夫苟能注全力以爭機關之權限。權限定而機關良。機關良而國家受其利矣。不此之務、而不惜流千萬人之血。耗一國之物力。當此列强眈眈之餘。冒萬險擲孤注。而惟此區區不足重輕之君位之誰屬是爭。曾是智者而若是乎。夫使中國之國家而見亡於滿洲。則不仇滿洲者可謂其不忠於國家也。今則安徽人之君位見奪於建州衛人耳。諸君苟非欲自爲天子。或爲從龍之彥者。則抱持此節外生枝之主義。何爲也。

夫吾之主義與排滿家之主義不相容者何也。君主者國之一機關也。吾以爲當爭此機關之權限。而排滿家以爲必當爭此機關之誰屬。此其所以爲異也。彼排滿家之一部分。抑未嘗不認權限之當爭也。然以爲此機關之所屬未變易之時。決不屑與彼言權限。苟此機關屬彼不屬我。雖其權限若何讓步。而決不容許也。則其結果仍在爭所屬而已。而所屬之變易。不知經若干歲月之鼓吹而始可望成功。觀某報近日之言論。則彼固知種族革命共和立憲之非可驟致。而欲期以多數之歲月。使其思想普及於一般。養成共和國民之資格。然後從事矣。此可謂某報言論之進化也。然所需之歲月幾何。則吾不敢言矣。而尚有內界外界無數之危險隨屬於其後。而當所屬未變易以前。則權限問題置諸度外。任彼機關之專橫不一過問焉。若此者。其眼光果嘗注及國家耶。抑亦僅見有君主已耳。吾所最惡於彼輩者。徒以其舉權限問題置諸度外也。而排滿主義之結果。不能不且將此問題置諸度外。又勢使然也。一國中消極的人物。無望其爲此問題盡力。而一國中積極的人物。又爲彼謬論所誤。而將此問題置諸度外。是彼謬論之禍國家也。吾之不能不與彼力爭者以此。吾果爲滿洲辯護乎哉。夫攻擊滿洲。吾猶以爲無謂。矧乃辯護也。

二　今之政府爲滿洲政府乎抑中國政府乎

排滿家有恒言曰。「滿洲政府。」雖然。今之政府。果爲滿洲政府乎。抑中國政府乎。名實之間。不可不察也。若今之政府爲滿洲政府。則今之國家。不可不謂之滿洲國家。若今之國家爲中國國家則今之政府不得復謂之滿洲政府何也。政府者國家之一機關與國家一體相屬而不可離異者也如人然張三頭上之口必不能指爲李四之口若果爲李四之口則頭與軀亦匪復張三矣今之排滿家。未嘗不以中國國民自豪。獨至政府。則歧而遠之曰滿洲。試問滿洲國何在無國則安得有爲國機關之政府中國既號稱國而此爲國機關之政府乂潛匿於何所也故若稱滿洲政府則必須認中國爲已亡必須謂現今世界中只有滿洲國而無所謂中國。然世界中自古及今未嘗有滿洲國（萬歷四十四年至崇禎十七年間之有滿洲國猶至元二十四年迄二十八年間之有吳國耳）而吾中國自有史以迄今日未嘗亡則吾既言之矣則滿洲不能有政府而中國國內無滿洲政府存立之餘地章章明甚夫滿洲抑嘗有政府矣。自萬歷四十四年至崇禎十七年間。瀋陽之政府。則滿洲政府也。自茲以往則滿洲政府消滅而繼受明政府焉明政府則秦以來之一國中央政府也夫一聯隊於此。雖舉全隊之將校士卒。盡皆更迭。而聯隊之獨立體不變。一學校於此雖舉全校之教師生徒。盡皆更迭。而學校之獨立體不變。政府亦然中國自數千年來有此國家中國之國家自數千年來有此政府之一機關無論運用此機關之人若何更迭，無論其机關之或良或不良，而機關則終古不滅也，故吾謂今之政府，實中國政府，而非滿洲政府也。

夫吾所以又斷斷然辨此者何也。使今政府而爲滿洲政府，非中國政府耶，則以吾中國國民視之，亦如日本政府耳，如俄羅斯政府耳，其良與否，非吾之所宜過問，吾無爲監督之，以求其改良，使其實爲中國政府也，則監督之而求其改良者，非吾中國國民之責而誰責也。排滿家之恒言曰「吾誓不爲滿洲政府上條陳」。曰「滿洲政府愈腐敗，則吾革命之目的愈易達」。故凡監督政府改良政府之事業，皆誤認爲黨滿而指爲不忠於國家，豈知政府爲我國之政府，其良不良之利害，直接及於我焉，而我乃以之與日本政府俄羅斯政府同一漠視，等諸外人，明棄其固有之權利，放其應盡之責任，而猶以名節自矜焉，吾不知其何心也。夫政府者未有不藉人民之監督而能良者也，吾中國人民前此拘於舊說，未嘗明監督政府之大義，今幸已漸知之矣，又自舉其政府以贈諸人，而以不屑監督爲名高，以其永不改良爲得計，而政府果永以腐敗，終而危及國家矣，嗚呼，抑安得此不祥之言哉。

吾今請正告讀者諸君曰。滿洲政府四字實不成名詞也。今之政府。則我四萬萬人組成之國家所有機關也。其今後之能改良與否。則視我國民之認爲我政府歟。抑認爲日本政府俄羅斯政府之類歟。孟子曰。吾弟則愛之。秦人之弟則不愛也。孔子曰。愛之能勿勞乎。忠焉能勿誨乎。今之持排滿論者。認國家爲非我之國家。（謂中國已亡。則今之國家。滿洲之國家。而非我國家矣。）認政府爲非我國家之政府。無惑乎其不勞不誨。坐視其腐敗覆亡以終古也。而猶自命爲愛國。吾抑不知其愛之何屬矣。

## 三　政治革命論與種族革命論孰爲喚起國民之責任心孰爲消沮國民之責任心乎

彼報第八號之所以責我者曰、『導一國之人。以立於局外之地位。而爲無責任之言。是直增殖其倚賴性。而鋤除其責任心而已。』使吾所持之論。而果可以生此結果。則吾不敢辭其罪。顧吾見夫吾之論不足以生此結果。而彼之論乃反足以生此結果也。

夫吾之論。一面主張勸告開明。一面主張要求立憲。兩者同時並行。而收果有遠有近。勸告開明者。因立憲未能實行之時。監督政府之機關未立。而於政府之舉動。又不容默爾而息故從而勸告之雖似立於局外而無責任然以視彼黨一委國家之事於政府所爲視同秦越而不一過問者則有間矣若要求立憲則其精神全在求此監督機關之成立監督機關成立而國民乃始不立於局外之地位矣而合一國之人從各方面進行以促此機關之成立是即現在國民獨一無二之責任也夫吾謂此爲獨一無二之責任者何也。但使有監督機關自能限制執行機關而不致專橫而於近世文明國家之組織既已不繆矣其在已有此機關之國國民常不怠於監督夫斯之謂盡責任其在未有此機關之國國民注全力以期建設此機關夫斯之謂盡責任而豈曰必爭總攬機關之座位然後爲盡責任云也乃如彼報所言今之政府。滿洲政府也。待吾顚覆彼而自造焉。彼一日未顚覆。吾一日不屑監督之。公之顚覆彼渺未有期而彼以公不屑監督之故反驕橫而一無所憚公自怠於監督猶之可也而他人有以監督政府爲言者公且謂其黨滿而與之不兩立使國民皆從公之敎焉視現政府之舉動如秦人視越人之肥瘠拱手以待公新政府之發生耳則眞所謂鋤除國民之責任心者也夫此政府者明明我四萬萬人之政府也監督此政府以圖改良者明明我四萬萬人不可辭之責任也而公等輕輕加以滿洲政府之一形容詞欲導國民使與之斷絕關係則率國民而放棄責任者非公等而誰吾之所以惡於公等者正以此而不圖公等不自省而反以此誣我也

讀者諸君其勿以吾爲持消極主義之人也吾若持消極主義僅希望現今總攬統治權者畀吾儕以一紙之欽定憲法而已而亦何必衝種族革命論之最高潮以一身爲衆矢之鵠者吾確見夫正當之立憲非人民之要求末由得之而舉國人民要求立憲而終不能得正當之立憲者則亦無有而要求云者必持積極主義之人乃能任之而今之持積極主義者乃率皆蔽於感情昧於辨理爭其所不必爭而不爭其所必爭夫爭其所不必爭則徒費力於無用耳猶無傷也然緣此之故而不爭其所必爭則國家之進步其不知誤盡幾許矣一國中持積極主義之人者本居少數而其中之一部分既冥行躑躅以爭其所不必爭焉則此小部分之欲爭其所必爭者以力薄而爭之不能有力是以對於國家而功久不就也夫所謂不必爭者何也則君位之屬與滿洲人與否是也所謂必爭者何也則監督機關之建設與否是也換言之則彼乃種族的而

此乃政治的也諸君徒以不明要求之作用也則以惟排斥王統乃為積極的行動謂舍此以外更別無積極的行動然則今世各文明國之憲法惟法蘭西為以積極的得之而其他諸國皆以消極的得之乎必不然矣夫知排滿以外尚有積極的行動則可以知鄙人非持消極主義之人矣然鄙人雖自持此種之積極主義而僅以少數人不能使此主義有効亦猶排滿家雖持彼種之積極主義而僅以少數人亦不能使彼主義有効也夫是以各不得不訴諸第三者也而彼之手段則以起革命軍為唯一之責任者也而革命軍之起據彼自言則謂必在於國民主義民族主義大昌明之後也（見彼報第三號第七號等）則試問此主義之傳播達於若何程度而始為昌明耶自今以往更歷若何之歲月而所謂昌明者乃始得現於實耶此則彼之所無從確答也十年未昌明則革命軍十年不能起二十年未昌明則革命軍二十年不能起而彼既以舍起革命軍外更無盡責任之手段則此十年二十年間人民之對此政府更何所事事質而言之則放任而已彼報第七號亦言『國之大患在政府專擅而國民放任』彼而不知此義則無責焉耳亦既知矣曾亦思彼所持之論其結果乃正如是耶吾之論則不然人民

之對於政府無一刻而可以放任者也故以建設此完備之監督機關爲唯一之目的注全力以要求之此要求之所以爲責任也然無論若何要求而此機關之建設終不能一蹴而就而當其未就以前又不能於政府之所爲不一過問也於是乎有勸告此勸告之所以亦爲責任也要之彼之所謂盡責任者有所待所待未至則相率而立於放任之地位焉耳吾之所謂盡責任者無所待將來有將來之責任現在有現在之責任不以將來之責任妨現在之責任蓋無一時而立於放任之地位者也吾說與彼說之異點在是願第三者平心審之。

吾謂彼所待者未至則相率而立於放任之地位彼將不服曰我日日以鼓吹國民主義民族主義爲事吾之責任無一日而不盡也雖然所盡者不過鼓吹云耳而當革命軍未起或起而未成之時始終未嘗動政府之豪末於此時代間政府自政府國民自國民國民之對於政府實有放任而無監督也此其故全坐爲滿洲政府一名詞所誤認政府爲非我政府而因以漠視之而豈意無形之間已負放棄責任之重戾而不自覺也

大抵排滿家者流。亦自分兩派。其甲派則不揣善後如何。惟欲破壞者也。其論旨自不得不偏於急進。恨不得今日言之而明日行之。其乙派則破壞之後。更求建設者也。其論旨自不得不偏於漸進。知現在國民程度未足語於此。而懸一鵠以期將來之能至。該報近日所標榜。可謂其屬於乙派者也。夫乙派固視甲派有進矣。然僅恃筆舌鼓吹之力。而欲今日此等程度之國民養成其有能破壞能建設之能力。且少數猶未足。而必須大多數焉。吾雖不敢謂其必不能至。然所需之歲月當幾許耶。以吾揣之。最速則非三四十年年不能爲功矣。而此三四十年中。現政府之所以斷送我權利者。已不知幾何。逮夫論者所自信爲國民能力已充。可以實行革命之時。而國家抑已不知何在矣。而自玆以前。則對於政府而一毫不過問者也。夫無一刻而不監督政府。此國民應盡之責任也。而如該報之持論。則將有三四十年間不盡此責任矣。（即論者强爲說辭。謂無須三四十年之久。吾姑假借之。二十年耶。十年耶。五年耶。則亦既有二十年十年五年間之放棄此責任矣。）謂非鋤除國民之責任心而何也。夫同一排滿也。而急進與漸進。其豫備之手段。固不得不稍異。該報記者。其果主張急進耶。抑主張漸進耶。吾猶未敢斷言之。若主張急進。則直可謂之自然的暴動。吾更何責焉。若王張漸進則何所嫌忌而不於革命軍未起以前與現政府針鋒相對事事而實行其監督焉得寸則吾之寸也得尺則吾之尺也如是則自前之光陰不至擲諸虛牝而所得之結果抑何一不足以爲他日之憑藉吾不知該報記者果誠何心而必力與此種政策爲難也此無他故焉其胸中先橫亘一成見曰『我國民對於滿洲政府。義不當要求。』（彼報第四號之言）此吾所謂以感情朦蔽其辨理心者也而不知此政府乃我中國國家之政府而決不容以讓諸滿洲者也嗚呼。名之不正其流毒乃至是耶嗚呼。吾信排滿論者中。其眞懷抱熱血以救國爲目的者。固不乏人。若有能垂採鄙言者乎一面實行要求一面預備爲要求後援之武力要求而遂耶則武力戢而不用如天之福也（區區君位。抑何足爭。）若經若干年而要求仍不遂耶其時武力之預備已充實則一舉而顚覆之可也夫在最近十數年間武力之預備等之未充實也革命軍等之未能起也則何苦不利用此歲月效各國之成例而以要求先之也耶若持排滿論者而必深閉固拒此政策也則吾敢謂其實爲感情之奴隷而一毫不足以語於救國之事業者也使持排滿論者而肯兼採此政策也。則吾信自今以往數年間其結果必有可觀也而惜乎其蔽於感情而終不寤也」

夫此政策決非與排滿主義不相容明甚也使彼黨而肯兼採此政策也則可以與吾黨之手段甚相接近微相反而實相成蓋吾黨之手段一面要求立憲而當未實行立憲以前一面勸告以開明專制彼黨之手段可以一面要求立憲一面預備要求不遂時所用之武力要求同而與要求同時並行者不同吾黨以爲雖未立憲以前我固不可以不指導政府也故認勸告爲必要彼黨以爲局外之言無効力也故認勸告爲不必要彼黨慮要求之不易遂而必須有後援也故必預備革命軍之實力吾黨則以爲苟有大團結之民黨以從事要求也則迫政府以不能不受監督而革命軍之實力殆可以不用此所謂其手段大略相接近而微相反者也而吾黨做勸告開明工夫未必不爲彼黨間接生助力彼黨做預備革命軍工夫亦未必不爲吾黨間接生助力此所謂相反而實相成者也夫要求各國立憲前慣用之成例也英國以此得之德意志帝國內諸國以此得之日本以此得之即古代羅馬之平民亦以此得之而今俄羅斯之虛無黨且採用之要求果何害於名節耶而彼之拒此

說也。無過兩義。一曰要求必不我應。二曰。對於滿洲政府者不當要求、雖得君主立憲、而戴異族之君主。非我所欲。夫以第一說言之、則未嘗要求焉安知其必不我應吾以爲誠要求焉則非政府之能應而政府之不能不應矣以第二說言之。則滿洲政府四字吾固謂其不成名詞也而謂君主立憲必不如共和立憲則是未解立憲政體之性質不知君主與大統領同爲國家之一機關特因其或世襲或選舉而小異其形式也故吾以爲信能立憲則君主與共和可無擇也而君主之屬於某族某姓抑更不必問矣若謂雖能得完善之憲法而猶必滿洲之君主是排則苟非認君主即國家者吾苦不能見此主義之有何必要也吾此論本爲第三者言之也。若該報記者之盛氣咄咄。吾固不敢進言焉。雖然。吾終不忍以不肖之心待人。故吾仍認該記者爲有心救國者。信如是也。則請其平心靜氣。一察鄙言。若猶有幾微可採耶。則請一面雖鼓吹國民以預備革命軍之實力一面仍鼓吹國民使先革命以要求預備革命軍之實力此如列國之擴張軍備也先革命以要求則武裝的平和爲軍備不可無而非必用也有之則雖不用而其効力與用等矣信如是也則彼報與我報、可以相提攜、而共向針鋒、於政府可以相提攜以鼓吹國民使研究何術可以實行監督政府且迫政府使不得不受監督如此則勢力相加而其效果可以增倍徙焉不賢於今之嘵嘵論辨而勢力相消者耶、然信如是也則必多從政治上立論而少從種族上立論即革命軍之實力所以不得不預備者亦徒以其專制之不悛也而革之而非以其異族之在君位也而革之何則苟以其異族之在君位而革之則雖有善良之政體而決不許其存在也此則吾所謂節外生枝而極無謂者也該報記者而肯採此言耶。吾馨香祝之。雖然吾信其必不能採也。吾之願望殆虛也。則吾惟仍訴諸第三者而已。

（未完）

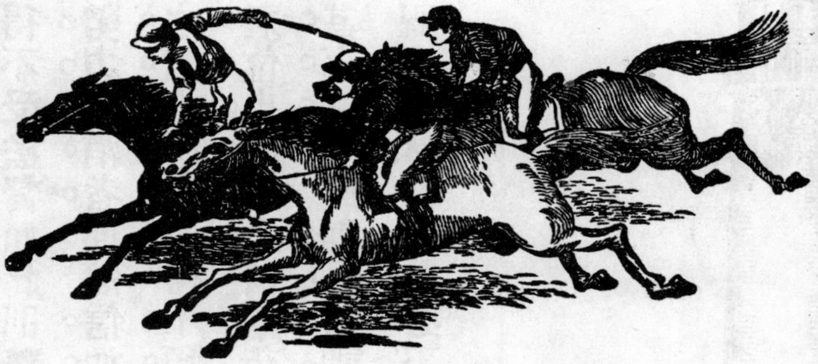

論著二

# 日本豫備立憲時代之人民（續第八十三號）

飲冰

## 五 自由黨之勃興

當國會期成同盟會之第二次大會也。（明治十三年十一月十日）其會員之一部分有謂僅以開設國會爲目的其主義太簡單而不能有力宜組織一自由主義之政黨使人民勢力得現於實者自由黨之萌蘖實發於是然同盟會多數會員大率仍主抱持舊目的期貫徹此目的後乃議他及於是其一小部分之人別擬所謂自由黨結成盟約者公布之。

第一條　我黨以擴充我日本人民之自由伸張保存其權利爲目的同此目的者相合以組織此黨。

第二條　我黨務求國家之進步增人民之幸福。

第三條　我黨信我日本國民之當同權。

第四條 我黨信我日本國以行立憲政體爲得宜。

其時立憲詔勅猶未頒。人心正洶洶。而法國主義之學者。復從而揚其波。侯爵西園寺公望者。日本之貴胄也。即現任首相者 久留學法國。恰以其時卒業歸。乃與松澤求策松田正久等謀。松田氏現任遞信省大臣 設一「東洋自由新聞」。而自爲其社長。前此報館主筆。率皆草莽下士。其勳胄貴顯。若西園寺。此舉實震動一世。於民權說之傳播。極有影響焉。政府大駭。乃忠告該侯。使辭社長。其新聞旋被封禁。松澤松田兩氏。以觸犯新聞條例下獄。而名士中江篤介。中江氏爲日本法國學派之鉅子世稱爲兆民先生以前五年去世 同時自開私塾。廣養生徒。又以獨力發行一雜誌。名曰「政理叢談」。專鼓吹盧梭民約主義。舉國靡然應之。初板垣輩之倡民權自由論也。僅就事實上立論。未嘗有學理以爲之後援。及西園寺中江等出。乃祖述泰西十八世紀末之法理論。壁壘森嚴。以與專制主義宣戰。嚮昔之言民權者。獲此奧援。勇氣十倍。此亦自由黨成立之一近因也。

國會期成同盟會。本期以明治十四年十一月開第二次大會。其年十月十日。開設國會之詔勅已下。參觀前號前節 於是以十月中旬全體一致決議。改爲自由黨。其盟約如下。

第一章　吾黨以擴充自由保全權利增進幸福改良社會爲目的。
第二章　吾黨宜盡力以求確立善美之立憲政體。
第三章　吾黨以日本國中與吾黨同主義同目的之人士一致協合組織而成。
其規則如下
第一章　於東京設中央本部。於地方置地方部。其地方部各冠以該地方之名稱自由黨某部。
第二章　黨中公舉總理(一名)副總理(一名)常議員(若干名)幹事(五名)管理關於自由黨全體之事務。其任期各一年。黨中設常備委員十名。其任期一年。但第一期由此次大會公舉。第二期以後由各地方選出。
第三章　正副總理。凡通常會及臨時會所決定之事件實行之。
第四章　常議員。評議關於黨中利害之重要事件。
第五章　幹事分掌會計及黨員之出入、文書之往復、所有品之監護等事。
第六章　常備委員。參本部之議事。翼贊本部之事業。且巡回於各地方。
第七章　總理及常議員。不受薪水。幹事以下之役員。畧給薄俸。
第八章　凡役員。連舉者連任。
第九章　地方部置對於中央本部之部理一名。其他役員。各從其使宜之。

日本豫備立憲時代之人民　三

第十章 地方部每年以六月十二月兩次調製其地方之黨衆名簿明其加除增減報告於中央本部。

第十一章 與吾黨同主義而欲新入黨者。當由其所在之地方部查察其人之族籍姓名身分乃容納之。

第十二章 欲脫黨者。須以文件聲明其理由屆出於本人所在之地方部。

第十三章 每年十月由地方部出代議員開大會議於東京。

第十四章 當大會議時。凡黨中一切應創辦事件應施行事件議定之又改選本部役員又由幹事報告前年度施行事件及其會計之決算又議決翌年度之會計豫算、

第十五章 遇有緊要事件不能待通常會議之期者。總理得臨時召集各地方之代議人開會議、

案此規則未足稱爲十分完善者。以其爲日本初有政黨時所定之規則。故錄其全文。以備吾國言政黨者之參考云。

同月二十九日。舉定第一期役員總理則板垣退助。副總理則中島信行。常議員則後藤象二郎、馬塲辰猪、末廣重恭、竹內綱、幹事則林包明、山際七司、內藤魯一、大石正已、林正明、。正僦屋於東京京橋鎗屋町。榜黨名於門。翌日而警察干涉起。蓋謂據其黨盟約第二條。此屬於政治結社。當遵集會條例第二條屆出於警察署。（集會條例第二條云講談論議及結社之關於政治者須於結社前將其社名社則及社員名簿屆出於所屬之警察署待其認可）以不屆出故。屢詰問辨駁。卒科罰金二圓。補屆出遂

無事。

先是本年四五月間、末廣重恭、大石正巳、淺野乾、本多孫四郎、佐伯剛平、西村玄道、原猪作、波多野承五郎、門田正經、高橋基一、堀口昇、鈴木券太郎、田口卯吉、馬場辰猪等、胥謀組織一國友會、常相集演說、發刊「國友雜誌」、號稱民權自由論之中堅。至是、盡入於自由黨。

是歲與自由黨相先後而興者有大坂之立憲政黨。其發起人爲草間時福、田口鎌吉、甲田良造、土居通豫、永田一二、小島忠里、古澤滋等、而豪農土倉庄三郎大貲助之。結黨之始、請於自由黨、聘其副總理中島信行爲總理。自由黨時方議開支部於關西、（西京以西謂之關西。）以中島氏爲之長、故猶豫未許。後以此立憲政黨亦不外爲本黨擴張勢力、卒許之。明治十五年正月黨規立、二月一日發行機關新聞。此黨與自由黨交際極親。其後遂合爲一黨。

未幾九州諸郡縣（日本西南別島謂之九州、即福岡熊本長崎諸市所在地是也）亦應之、組織一九州改進黨。箱田六輔、頭山滿、高田露等實發起之。合福岡縣之玄洋社、有明會、鹿兒島縣之自治社、公友會、三州社、博愛社、長崎縣開進會、先愛社、熊本縣之公議政黨等大團結而成之。此黨亦與自由黨同主義。其後遂合於自由黨。

自由黨總理板垣退助大爲該黨盡力徧游說於各地。三月十日至甲府臨自由黨懇親會席間演說題爲「自由黨組織大意」全黨所以能成立發達之精神蓋具於是焉。今譯其全文如左。

諸君我自由黨蓋猶未足稱完全之政黨也故今日鄙人應諸君之請。有所陳說亦不過親睦之會話而非黨中之政談。雖然於將來政黨之團結。大有所期唯諸君鑒之。夫大丈夫之處世建業也豫知其難而赴焉則其成之者將易先以爲易而進焉則其成之也將難孔子有言先難後獲士君子之任事者不可不察此至熟也今我黨發此宏願欲植自由之苗以刈自由之實則不可不先一望其應開拓之原野應芟夷之障礙知其業之難然後把耒耜以從事焉鄙人今所欲陳於諸君者則在此而已。

我國疇昔沿封建之制。其建國也。則仗羣雄之武力壓服民衆而統御之云爾。非以民衆共同之意建國以爲治也。民不參與國事。殆如奴隸。其視國家。則秦越之相視肥瘠。毫無共同觀念。其士。譯者案日本前此有士庶人之分。畫然爲兩階級。如我春秋時代然。故篇中屢分別言之。雖略有國民資格。亦惟以循君命爲本分。他非所知。坐是之故。舉國人各懷單獨之心。莫有公同之念。知有私己之自由。而不知有公衆之自由。國之所以不潰者。徒恃君臣之義以綱維之耳。此紐一解。則人心將潰散而不可復收拾。譯者案當時自由黨頗思建設共和之國體。故有此言。其所謂自由者。動則放縱慢恣。而詘己伸羣之良果。終不可得期。是其障礙一也。

封建之政。以專制爲治。故凡有爲之士。莫不欲爲治人者。而不識自治之宜有事也。以爲非處於治人者之地位。則一切無所施其力。乃相率以求此地位。爭此地位。緣求生忮甚。乃嫉人之功。賊人之名。此種風氣。上自宦途。下逮私交。莫不瀰漫。罔知所屆。是其障礙二也。譯者案以上兩條。皆就封建積弊立論。以日本前此爲封建制故也。然我國雖非封建。其弊亦恰與之同。蓋以專制之原因。自必生此結果。不問其爲何種形式之專制也。

有爲之士。既自欲爲治人者。以行專制。而不任人民以自治。其無力而治於人者。則以服從專制爲本分。養倚賴之習。而銷獨立之志。因人成事。莫或自治自衛。黨於其人而非與於其道我國承專制之舊此敝殆不可救是其障礙三也。

在封建之世其爲士者雖權利義務兩者咸有稍受教育智力略優自餘小民則惟出粟米麻絲作器皿共貨財以事其上不得蒙教育之澤雖財力稍裕而智力缺如坐此之故智力與財力兩相背馳不能調洽（譯者案日本前此學問智識。爲貴族階級所專有。平民莫得分其末光焉。此封建舊制之結果。其積弊甚於中國今日者也。中國自行科舉以來。白屋公卿。以爲常事。智力非一階級所能專矣。然彼有此士族之一階級。其智力既獨優秀。又與國家之利害關係相密切。故改革之業。士族實成始成終焉。我國則以四民平等之故。舉國人皆視國如秦越。此又我之地位不如彼者也。）且自海禁既開氣運急進而受此氣運之影響者在少壯爲較速在老輩爲較遲少壯醉泰西之文物老輩猶安封建之陋習故老輩所有之經驗與少壯所發之學識兩相乖離不能互協助以奏效是其障礙四也。

我邦自古政體分士民兩族士爲治人者民爲治於人者習以成風政權全歸治者之手其爲士者以常參與國政故雖饒有政治思想其爲民者以常被治故政治思想無自發生其間劃然分一鴻溝智者日益智愚者日益愚是其障礙五也。（譯者案此障礙爲我國所無。詳見前案語。）

我建國既歷二千五百有餘年物換星移政變亦既不少雖然或兩朝競統或羣雄

爭霸，未或能更革政治之大體。專制之政，千年如一日。以此誤國家上進之機。比諸泰西列國之進勢，其遲速蓋不可同年而語矣。夫未開之民，天然之氣性存焉，長育之原質不乏，如人之孩幼也。半開之民，被人爲之政法所斲喪，發成之力缺如，則如人之老大也。我邦人民，蓋非幼者，而已爲老者，是其障礙六也。

我邦之教，有神儒佛三宗，神道乃太古神政之遺傳，永爲王政之輔翼，佛教則自外鑠，非爲國教。然亦常與政治相緣，有政教一體之觀。儒教則政治與道德錯雜，合修身治國爲一途。政府以師父自居，以教導人民爲其責。坐是之故，政教之界分不明，官吏往往以政治干涉私人品行，又社會交際上以私交害社交，或以社交妨私交者，往往而有，是其障礙七也。

今也我黨所應開拓之原野如此，其荒蕪所應芟夷之障碍，如此其繁夥，以此思艱，艱可知矣。鄙人與諸君，不敢以綿薄自諉，而共力於開拓芟夷之業，則當以何者爲耒耜耶。此我輩今日所最宜講也。我黨欲建立憲政體，以全公衆之自由，則必人人去其自私之心，興其共同之念，相友相助之習慣，不可不養之於豫也。夫建國施政之本意、原在依衆力之結合以護各人之權利故人誠欲賴政治以享自由。則不得不割棄天然之自由以求取人文之自由使人可以違世獨立不藉公衆之力而能遂其性也。則自放自恣於天然之自由可也、惟其不然、故不得不互相容忍、以享人文之自由爲已足。故伸公衆之自由即所以全一己之自由而社會成立之本體在於是矣我邦人民乏共同之念、懷自私之心、不知詘一己之自由以伸公衆之自由。則專制之積弊使然也故欲矯正此弊惟在使人民有參政權得與於國家公同之事以明私利公益之無二致我黨宜率先全國各去其私。以興起共同觀念。此鄙人所望於諸君者一也。

我黨欲自治而不欲治人曷爲欲自治而不欲治人、夫治人猶易而自治實難避難趨易人之常也雖然以一世先覺自命者宜讓其所易者於人而力其所難者於已不憚擧世之毀譽。不顧一身之安危、毅然排天下之大難。立千古之偉功者。大丈夫所當有事也。凡業愈難而成之者愈寡。此正英雄立功之地也。若其業易而能成之者衆、又豈待我輩哉。人欲試其才用其智、則何往而綽綽無餘地而何必爲治人者乃始克自表見也。彼英國碩儒斯賓塞爾以進世道爲已任。自命爲坤輿之帝王。爲眞正之立法家。噫。大丈夫苟能超然立於自治之境。成難成之業。以進世道。施於有政。是亦爲政。而豈必在其位也。我黨宜以易者讓人。以難者自任。埽猜忌之念。懷公明之心。以創自治之業。此鄙人所望於諸君者二也。譯者案此論雖似稍膚淺。然甚足爲我國人之藥。我國人其屬於消極的者不必論。即屬於積極的者。亦以爲非當其位則不能行其志。殊不知凡人無論居何地位。而無不可以自盡其天職。即以政治方面論之。非特在朝而有政界人物。即在野亦有政界人物。知在野之人物。有可以左右政界之道。則亦何必以不得在朝自諉卸耶。

今欲鞏固我黨以摧敵黨。則各鼓其獨立之氣。以道義相爭。宜黨於其主義。而非黨於其人。夫我黨所飢渴載慕之自由。實天地之公道。非一人所得而私也。若黨於其人。是私黨耳。所信相同。而因以爲一致的行動。夫是之謂公黨。且人與人相黨。其力存於人。故不得不弱。以主義相結。其志存於已。故不得不強。三軍可奪帥。以其勇之在人也。匹夫不可奪志。以其志之在已也。苟不黨其人而與其道。其人雖亡而其道固存。苟不與其道而黨其人。其人亡而其道亦隨而息矣。故我黨宜有自恃之志。不黨其人而與其道。此鄙人所望於諸君者三也。譯者案此條論公黨私黨之別。最爲博深切明。日本人或論自由黨爲黨於主義。

進步黨爲黨於人。亦非無見、

我黨之急在集衆力。夫人之有智力者。率銳於進取之氣。有財力者。率偏於退守之性。有經驗者。率畸於持重之心。各有短長、不能相强、故目的大同者。宜勿問其小異。長短相補。以期於全。例如目的同在改革政體以求參政權。而或主一局議院。或主兩局議院。或主普通選舉。或主制限選舉。此待臨機實施時。乃研究其孰利孰害可耳。事機未至。而徒爭小異而捨大同。競意見而忘大局、是添足亡酒之類也。夫泰西諸邦。政黨對峙。其主義各有所存。絲毫不肯相讓。論者謂政爭之盛。實爲國家之利焉、雖然、彼守成之政黨。既已練熟。我創業之政黨。猶屬幼稚。若太事精覈。反有爭小誤大之虞。故我黨宜且勿爭精細之主義。而先爲粗枝大葉之運動。但求盡力以團結一大政黨。此鄙人所望於諸君者四也。

我黨團結之旨趣。在建設據輿論以施政之政體。夫輿論爲政治之樞機。政治之良否。則輿論之隆汚實繫之。今欲進輿論於隆美之域。以立善良之政。則宜使一般人民皆發達其政治思想。夫國之所以能行良政以完斯民之幸福者。全在被治者能以輿論之勢力牽制治者使不得擅權而已若被治者缺政治思想不知賴輿論以制治者之術雖有善政良法不旋踵而復陷於專恣壓制耳。而欲永享樂利。其道無由。蓋有良民斯有良政故欲改良政體以永謀國益。不可不先革新人心以育成良民。而上智下愚兩者之間政治思想之懸隔尤甚苟非接近而調和之則民心之革新終不可期故我黨智者宜退而導愚者。愚者當進而追智者。以期政治思想之浹洽。開國民康福之基。此鄙人所望於諸君者五也。譯者案。此文謂國之所以能行良政。全由被治者以輿論之勢力。牽制治者使不得擅權而已。可謂一語破的。我國人果能知此義。何憂政府之不改良乎。然何以能造成此對於政府而有勢力之輿論。則其途不可不審耳。

我黨既欲導此老大帝國使進於開明。則其進路自不得不視尋常稍異。譬之幼年夙學者。宜循常則以程功課。老歲晚學者。不得不據變則以求速成。夫人先修一身齊一家而后治一國。當然之順序也。若我邦晚達之人民。則當先求得參政之權。使與聞一國之事。知公私利害之無二致。然後乃可折而語及一身一家之事矣。泰西今日政度憲章之美。蓋自幼而長循一定之秩序以漸進。今以既老之我邦。欲與泰西並馳。勢不得不更求捷徑。夫人類社會者。活動之社會也。不可膠柱刻舟以求之。

故我黨不效腐儒俗士之見。勉圖國家之上進。以期凌駕泰西。此鄙人所望於諸君者六也。

我黨貴自由之政。而不願干涉之治。夫以政治而干涉私行。紊政教之分。混公私之別。干涉盛行則民慣於依賴而獨立之風將掃地以盡。故欲爲我黨者宜以正政教之分矯干涉之弊自任。其從事於我黨之團結而弘自由之道。此屬於社交而非屬於私交者也。故私交或不相洽而社交主義忻合。是即自由之良朋。宜相携以行其道者也。或私交雖相洽而社交之主義不相容。是即自由之仇敵。不能相携以行其道者也。我黨宜勿以私交害社交。勿以社交妨私交。互相寬容。能申能詘。此鄙人所望於諸君者七也。

如前所云。以鄙人所望於諸君者爲耒耜。持此以與諸君拓自由之荒原。冀穫自由之美果。鄙人固誠知其難也。雖然凡任事者知其難而氣不餒則雖難必成。不知其難而志驟驕雖易必敗。不見彼西鄉隆盛乎。彼固一世之豪也。其始也以匹夫起西海之濱。自任天下之重。豈惟知其難而已。凡自覺其業之殆終不成。蓋嘗與僧月照相率而自溺於薩洋之淵矣。幸獲拯救。保其餘生。復向難途而勉赴焉。而卒以成不世之勛。及其終也。謂天下之業易就耳。孟浪一擲。肝腦塗地。夫西鄉氏所以强於始而弱於卒者。成於其所難。而敗於其所易而已。故鄙人與諸君。今相携而欲張大此自由主義。毋狎其易而驕吾志。毋憚其難而餒吾氣。若是。其庶幾乎。夫自由者。惟至誠剛毅。爲能得之。而非區區權謀方略所能與也。世有淺薄者流。欲得自由而汲汲講方略求權謀。以吾觀之。其方略非方略。其權謀非權謀。實乃狼狽耳。吾黨所欲拓之原野。其障礙雖多。諸君如以至誠爲耒。以剛毅爲耜。沐雨櫛風。水耕火耨。則豈復苗而不秀。秀而不實之爲患也。諸君勉旃。

此會之畢。板垣氏復南面游說於濃州之岐阜。在公園開懇親會。會散而遇刺客。客爲相原尚褧。與板垣同縣。蓋其生平所持主義。與板垣相反。認板垣爲過激不忠之國賊。以爲斃此賊魁。則自由黨將全體消滅云。其事可疾。其志抑可悲也。板垣當遇刺時。大呼曰。『板垣雖死。自由不亡。』至今傳爲名言。黨員聞報。奔走駭告慰問者不絕於路。然負傷輕微。不久旋愈。而自由黨緣此益張。

按自由黨者日本最初之政黨而亦日本最大之政黨也今雖更名曰立憲政友會。其黨魁由板垣而伊藤由伊藤而西園寺。然其基礎固繼續以迄今矣。故吾記日本豫備立憲時代人民之舉動而於自由黨言之不厭其詳也。夫立憲政治必賴有政黨而後運用乃得其宜此不徒在政黨內閣之國爲然也蓋政黨者代表國中一部分之輿論以監督政府者也其在政黨內閣耶則一黨在朝他黨在野甲黨之舉動乙黨從而監督之矣其在不黨內閣耶（日本人謂之超然內閣）則諸黨俱在野交監督之矣或與一黨提携而他黨亦監督之矣故政府常不得以自恣而政治日良板垣氏所謂。被治者能以輿論之勢力牽制治者使不得擅權誠知本之言也夫誠有大政黨常與現政府相對峙而其勢力巍然其不可侮則政府雖欲擅權而勢固有所不可矣政府欲擅權而勢不可而政治猶不進者吾未之聞也問者曰吾以一大黨之力。革政府之命而代之不猶愈於監督乎。應之曰革命自爲一事政黨又自爲一事。即革命之後。亦不可無政黨。蓋政府無時而不待監督。非謂革命後之政府。可以毋監督也。然以革命的主義而組織黨者其性質爲與現政府不兩立故責效必在現政府既倒之後現政府一日尚存則一日聽其腐敗且利其腐敗得以爲倒之之口實以政黨的主義而組織黨者其性質爲與現政府相對峙故隨時可以責效而惟以改良政府爲期革命的主義之黨苟有勢力則政府畏之然始終與之立不兩立之地位非彼倒政府則政府摧滅彼故其性質爲暫時的政黨的主義之黨苟有勢力則政府亦畏之然可以與之立於相對峙之地位畏之則採其意見以免其責耳故其性質爲永續的此兩者比較得失之林也夫受治於惡政府之下者革命的主義之黨不能不發生此感召之理然也雖然憤政府之惡不得已而組織革命黨猶可言也幸政府之惡以冀革命黨之成立不可言也蓋革命者凡以求良政府而已苟其能良斯可勿革然政府無人民監督於其後則常趨於惡而不趨於良者勢也監督之而終不能良不得已而出於革古今各國之文明革命大率如是矣故欲爲革命者當革命未能實行之先組織一勢力對於政府而厲行監督焉此責任之宜盡者也其認革命爲不必要者組織一勢力對於政府而厲行監督務使勢力漸張而逼政府以不得不受監督之勢此尤責任之宜盡者也板垣所謂以輿論之勢力牽制治

者使不得擅權。如斯而已。如斯而已。而我國至今日尚不能見此種勢力之成立而舉國人民亦無或竭心力以求此種勢力之成立者此吾所以爲中國前途慟也因讀板垣氏演說。不能已於言。

或曰。子安得以當時之日本比今日之中國。今日之中國若欲組織一如日本當時之自由黨者。政府其許之耶。應之曰。子未知當時日本政府所以壓制政黨者何如耳。吾將於次章紀之。彼國志士能排此難關以成有力之政黨而謂我國不能耶。殆非然矣。

（未完）

◉前號本題　第一頁第五行　基礎誤刊基礙

# 譯述一

## 論法律之性質（日本法學博士奧田義人原著）

欽冰

此奧田博士法學通論中之一章也以其可供治法學者之參考故譯之　譯者識

### 第一節　法律觀念

#### 第一款　關於法律觀念之學說

卒然問曰。何謂法律。發問雖簡而作答殊難。故古今釋法律觀念者。言人人殊。學說如鯽矣。夫學說之變遷。即此學沿革發達之表徵也。是以古代法律有古代之觀念。近世法律有近世之觀念。而近世觀念中。學者亦各出其所信而言之有故持之成理。今通古今而臚其重要者如左。

(I)神意說　神意說者。謂法律或以直接或以間接受屬示於神天者也。直接云者。謂神天自制法而親授諸人類。間接云者。謂雖非親授而默相之也。謨罕默德(Mohamat)自稱入定深山。天使加布里埃下降。授以法典。名曰可蘭(Koran)。來喀瓦士(Lycurgas)自稱從十二神之一名亞波羅者受斯巴達法典。皆謂直接受牖示於神天者也。猶太之摩西(Moses)法典。印度之摩奴(Manu)法典。希臘之綿尼(Menes)法典。皆以同一之觀念而發生者也。我國稱天乃錫禹洪範九疇。亦其類也。此觀念起於最古。而有國莫不皆然。蓋由統治者欲壹其民。察彼之缺於智力而強於迷信也。利用此爲施治之政術。政術與迷信和合。而此觀念益確立焉。其後時勢遷移。根據漸弱。乃不得不稍更其說。謂吾之法悉循天心而立也。此間接論所由起也。雖然古今法學鉅子。其持此觀念以釋法律者。實不乏人。意之麥士德爾。法之佐波那爾。其著者也。惟欲立此觀念之左證。則宜先確知神天之有無。藉曰有之。其性質何若。睿不及此。則武斷而已。

(2)正義說　正義說者。或曰法律即正義也。或曰正義之一部分也。所說雖有出入。要之以正義爲法律基礎者近是。其在希臘。畢達哥士(Pittacus)曰。法律者正義也。栢拉圖曰。正義一稱法律。實箇人與國家兩有機體所同具之智勇節三德和合而生之原理也。喀來士布（Chrysippus）曰。法律者正不正之鵠也。大率以正義與法律視同一物。其在羅馬錫爾士（Celsus）曰。法律者術之公且善者也。哥克（Coke）曰。法律不外正理。其說亦率同希臘。夫正義觀念能包孕法律觀念。不俟論也。雖然。據此觀念。遂能定法律之爲何物乎。謂法律即正義。則反於正義之法律不應存在。然謂反於正義之法律則可敗不得適用焉。恐非學理所能許也。又如關於手續之法律。將由何道而以正義之觀念說明之乎。限期上控。何故爲正義。逾期不能上控。何故爲反於正義。雖有辯者。恐難索解也。況所謂正義者於何定之。伊誰定之。漠然亦安適從也。

(3)人性說　人性說者。謂以法律爲完復人性之鵠也。德儒倭兒弗（Christian Molff）曰。法律者所以使人履行其義務以復其本性之一手段也。是其義也。雖然。一切法律果皆可爲完復人性之鵠乎。藉曰可也。彼道德宗教何一非完復人性之鵠。然則若何之鵠命曰法律。若何之鵠命曰道德。命曰宗教。其界說抑難言爾。

(4)道德說　道德說者。或曰法律即道德。或曰道德之一部分也。虎哥曰。法律者强人於正而道德的行爲之規則也。佐讀曰。法律者以對外一定之權力付與人羣而道德上之規則也。是其義也。夫道德與法律。其爲人事之鵠一也。雖然。外形判焉。道德以心爲主。由內正外。法律以行爲主。由外正內。法律上規則。雖爲道德上規則之一部。然僅據此未足以明法律之觀念。信如此說。則必謂反於道德之法律皆非法律然後可。不甯惟是。如手續法。如憲法。如行政法。皆可謂之非法律。何也。此等諸法。其所含道德觀念實鮮也。

(5) 自然律說　自然律說者。謂法爲自然律之一節也。法也者。非天作之。非人作之。實一種天然之現象也。宇宙萬物。有倫有脊。既有倫脊。法自彌綸。日月星辰。循此以運行。春夏秋冬。率是以來往。豈其於人而獨能外之。人也者。自然界之一物也。故法也者。自然律之一部也。孟德斯鳩曰。法也者。以廣義言之。實事物本性必至之符。天帝有法。萬化有法。衆生有法。人類亦有法。是其義也。此學說以近世科學之進步。殆益證其不誣。雖然。以之釋法律。蓋有所未盡。蓋推其全體以言其一端。雖無剌謬。而此一端屬於全體之某部分乎。國家法律屬於自然律之某部分乎。苦難見也。

(6) 秩序關係說　此說頗與前說近似。謂法也者。則也。則也者。事物因果相嬗而有一定之關係者也。英國物理學大家赫胥黎（Hu×ley）曰法之本質曰秩序所以示有一定之原因者必有一定之結果也是其義也。雖然此亦推全體以言一端而此一端屬於全體之某部分未能言之

(7) 自由規律說　自由規律說者。謂法律所以定各人自由行動之範圍。一面爲天賦自由立制限。一面爲天賦自由施保障者也。康德曰。根據自由原理而立條件焉使各人之自由與他人自由相調和謂之法律。莎威尼亦曰。設規則焉示一無形之界綫而使各人之生存動作得正確之自由範圍謂之法律是其義也。當自由論全盛時代。此說殆披靡學界。雖然。斯亦未可稱篤論。蓋此觀念可適用諸法律之一部而未可以概全部也。何也。法律中有保障人之自由者亦有爲保障一人之自由而限制他人之自由者亦有無論何人咸不得自由者

(8) 民約說　民約說者。謂國家由人民相約而成。法律由民意一致之結果而立。申言之。則法律者民相約建國時所定之約章也。此說雖萌芽於古代。而大成之者爲盧

稜。其言雖辯。奈歷史上無一根據。適成爲空華幻想而已。國家法律。果成於人民之約法乎。歷史上曾見有先民爲玆約法者乎。法律以前更有約乎。祖父約法。何故以其自由意思侵縛子孫之自由意思乎。此皆民約論敗績失據之點也

(9)公意說　公意說者。謂法律所以發表當時人民全體之意思者也。莎威尼曰。法律非人力所能創作而發育於自然者也。人民於日用交際積久而習成焉。因醲之以爲法。故慣習法者最良之法律也。何也。彼直接以發表人民之所信也。立法者之制定法律。不過取人民所信加以形式云爾。實則人民公意間接而發現者也。此說與民約說略相似。其所異者。民約說謂初建國時相結契約。公意說謂當時人民全體意思。彼爲一時的而此爲隨時的。彼爲有形的而此爲無形的也。然以此釋法律義亦未宗。蓋此說若信。則反於人民公意之法律。當不得復謂之法律。不啻惟是。所謂公意者果由何道以形於外。抑太不分明也

(10)命令說　命令說者。謂法律爲主權者之命令。此觀念導源於羅馬法曹。而大成於英國之分析法學派。霍布士曰。法律者有權力之人命某部下以某事當爲某事不

當為之言語也其後邊沁阿士丁皆祖述之因曰法律者治者規定受治者之行為所頒命令也此說大得學者之贊同一時阿士丁之名震全歐法學界雖然亦非萬論也命令云者優强者所行諸劣弱者也劣弱者若不率則惡報隨之制裁是也信如是也則㈠憲法及行政法之一部可謂之非法律何也以其多屬於規定國家自身之行為者也於是德人邊達英遷就其說謂法律者對於國家及人民所發之命令也蓋謂如是則憲法行政法可納入而無礙也雖然發令者國家也自為發令者自為受令者毋乃矛盾矣乎㈡慣習法可謂之非法律何也彼非由命令而成立由承認而成立也㈢法律不得以權利為本位何也由命令而服從之關係生焉由服從而義務之關係生焉然則權利果何在也㈣人民行為有僅為法律所許而非必為法律所命者私法中數見不鮮焉故直以命令釋法律無有是處

(11)强行規則說　此說與前說相待謂法律者藉外界之制裁以强行之規則也無强制力不得謂法律德儒德瑪莎士曰法律與道德之別在制裁之有無其弟子康德陵曰法律者立一規則而以外界之苦痛懲彼侵軼者也伊耶陵曰强行者非徒為

實行法律之手段云爾。實法律之要素也。故無强行力之法律。謂之非法律。外此如英之邊沁、阿士丁。德之黎布匿、康德。其以制裁爲法律之要素也。皆同。雖然。制裁之觀念。言人人殊。此觀念不明。則此說無著。又無制裁之法律。時非無之。若憲法及行政法之一部是也。故此說亦未完粹也。

(12)共同生活要件說 謂法律爲人類共同生活要件之一部也。匈牙利之蒲盧士奇(Pulszkey)曰。法律者國家所認爲社會生存要件之規則也。英之坡洛(Pollock)曰。法律者。示人以人類共同生活之要件也。是其義也。夫法爲利羣而立。固無待言。然直以此爲法。則反於共同生活要件者。當不可謂之法律。夫反於共同生活要件。固惡法也。然以其惡故而謂之非法則烏可。

(13)行爲說 行爲說者。謂法律爲行爲之規則也。英儒荷爾郎曰。法律者。人類外界行爲之規則。藉政治的最高權力而强行之者也。法儒埃莎伯曰。法律者。人類外界之義務的規則也。是其義也。學者或難之。謂信如此說。則關於意思者。當謂之非法律。然法律固有制裁及於意思者。

### 第二欵　法律之實質的意義

綜上所述。互有短長。而行爲說。其最普及。且最適於近世之法律思想者也。今採之以立定義。曰、

法律者國家所制定所承認之行爲規則也

更分析之如下。

(一)法律者國家所制定所承認者也

行爲規則中。經國家制定承認者。謂之法律。制定與承認二者。法律之所由生也。其在成文法。則制定之。其在慣習法。則承認之。

(二)法律者行爲之規則也

法律所以異於道德者。一以其專屬於外界行爲規則。一以其必待國家之制定承認也。雖者或曰。以法律而示內部意思之規則者。未始或無。限以行爲。毋乃不周。應之曰。古代法律。其干涉或及於內心。蓋古者謂法爲神天所牖示。爲道德之一部。其不設內外之界宜也。雖然。法律者。進化者也。故其觀念。非必古今同揆。近世法律。惟

規飭行爲不制限意思章章明甚也故生今日而以行爲規則示法律之定義決無大過難者又曰若憲法若行政法等皆屬於國家機關內部之組織安得曰行爲規則應之曰此等非直接之行爲規則固也雖然其目的將以使行爲規則運用自如非於行爲規則外獨立而爲其用也故此等規則常與他規相須而不可離其不失爲行爲規則明矣

學者或附益以制裁之觀念謂法律者國家强制執行之行爲規則也雖然法律非皆主制裁者如憲法中國家自規定其行爲者是也又法律非皆用制裁者干法行爲則制裁之適法行爲則放任之也故附益以制裁觀念徒隘法律之圍範耳

抑吾更有一言法律者固國家所制定所承認也然制定與承認非必國家躬自爲之也凡規則之淵源於國權者皆可以當法律故國家以外之公法人所制定承認諸規則皆爲法律又非必一國家獨爲之也數國公同制定承認之規則皆可以當法律故國際法亦稱法律

## 第二節 法律與道德之區別

欲深明法律之性質。則其與道德之界線。最當三致意也。兩者之所由起。其鵠皆以利羣。故在昔先民。視同一物。即洎今代。而以法律爲道德之附庸者。尙比比也。自國家觀念發達。然後兩者之界線益明。蓋今世之法律。舍國家無所麗也。今請語其區別。

（一）法律所支配者。人類交涉之外界行爲。及與行爲有關係之意思也。道德異是。支配意思。而嚴監動機。爲申言之。則法律者外而制行。且緣制行而獲制心。道德者內而制心。且緣制心而獲制行。

（二）法律者國家之典要也。其成立必假援於權力。道德者社會之大經也。其成立不假援於權力。

（三）法律以假權力而制諸外。故其遵守之也。緣關係而無所逃。道德以不假權力而制諸內。故其遵守之也。各反其良心而負責任。

由是觀之。兩者之差別。可以略識矣。至法律果與道德全異其範圍乎。抑爲道德之一部分乎。學者往往嘵辨。然此殆不必辨也。法律上之規則。其大部分與道德上之規則相一致。無待言也。惟道德以意思爲主。延及動機。法律以行爲爲主。不及動機。此其最異者也。何謂動機。如殺人法律所禁也。報君父之仇道德所許也。然終不能以報仇故而不以殺人論。則法律之性質然也。不甯惟是。雖有窮凶極惡之規則。苟經國家制定承認。則不得不謂之法律。故專就法律論法律。竟謂之與道德殊科可也。其內容與實質。雖或從同。若其形體。則彼自彼。此自此也。吾非謂可重法律而輕道德。蓋二者相俟。然後舉利羣之實。苟缺其一。羣終不可得而理也。

# 心理學剖解圖說（續第八十三號）

譯述二

湯祖武

## 第三章 情的現象（感情）

一 感情總說（其二）

- 1 感情之意義及事例
  - 一 意義……即含有苦痛快樂之知覺也。
  - 二 事例……如看花則生美感賞月則生快感聞哭則生悲感者皆是。
- 2 感情之性質
  - 一……感情者主觀的也故最難于研究吾人之喜怒無常不于現象之際而研究之一轉瞬間心氣平和則喜怒之現象全行消去。即無從而研究矣。
  - 二……凡天賦教育經驗之如何即從身體心神之狀態而千差萬別也。
  - 附說……
    - 一 適度之活動所生之快樂之謂也適度之意義甚爲漠然。
    - 二 能增進生活机活之活動者可于一般生快樂之謂也此說尙非精確。

## 感情總說(其二)

- 1 感情之價值
  - 一 吾人活動之要素也(活動者常常快苦之動机也。)
  - 二 吾人幸福之基礎也(去苦痛欲得滿足快樂者人情之常也。)
  - 三 與味之根原也(與味者感情之狀態也。學術道德人情之源者與味也。)
- 2 教育上之注意
  - 一 感情者盲目的也。故不可不導之以理性。
  - 二 須誘導以成善良之發達。
  - 三 須抑制其有害之發達。
- 3 感情之分類
  - 一 感應……使感動五官者情的現象也。
  - 二 情緒……因于利害得失而起者情的現象也。
  - 三 情操……因于眞僞美惡而起者情的現象也。

- 1 意義……隨感覺而起之情也。故又謂之覺官的感情。
- 2 感覺之異點
  - 一……感覺增其强度。則感應亦從而變其性質。有由快感而成苦感者。如聞音樂然。音微則感快。音明則尙快。若音過强。即成苦痛之感也。
  - 二……感覺者因刺戟之作用而生別種之感覺也。感應者。則以此等之刺戟而生統一快苦樂痛之感也。(例如美音妙景。共爲快覺。)

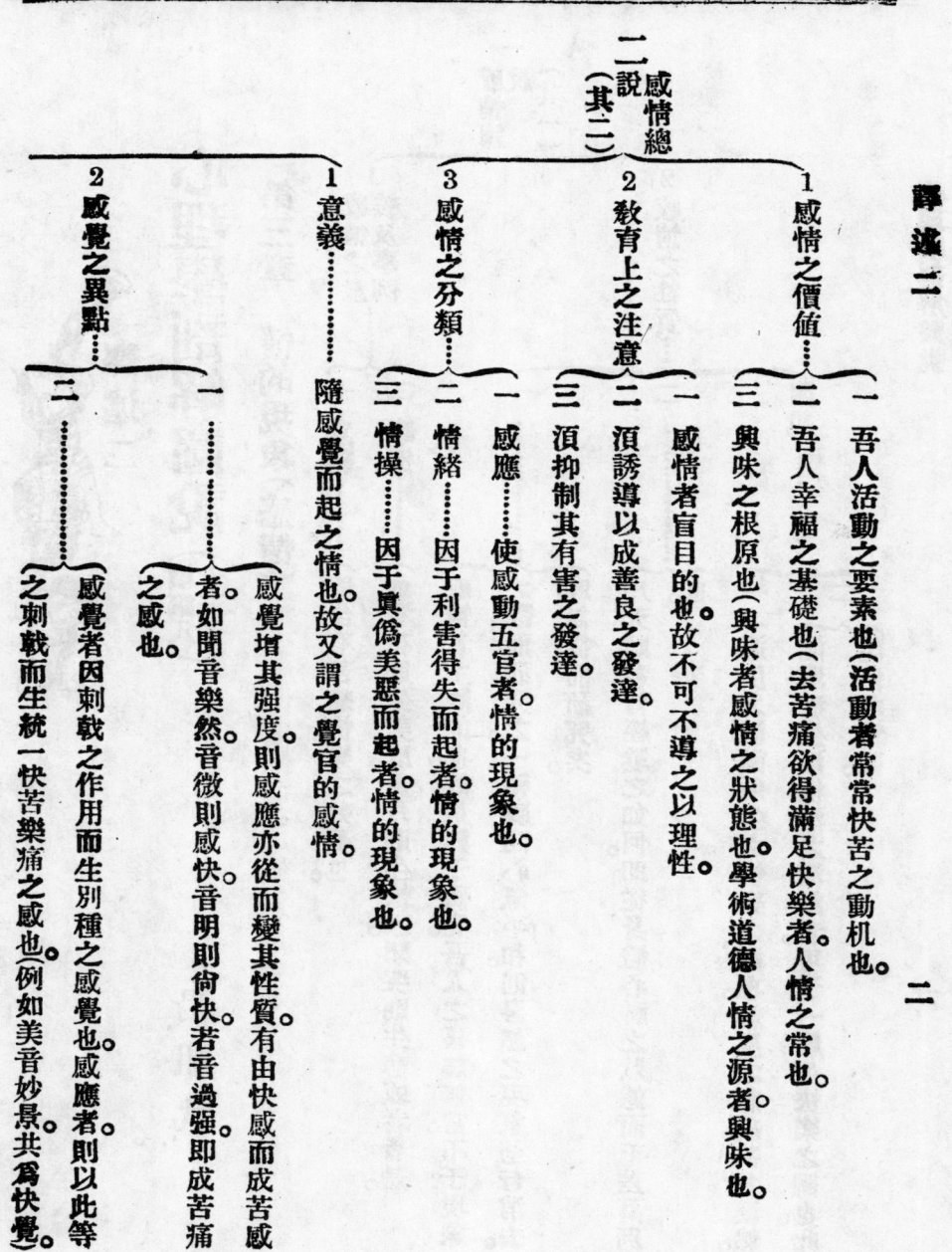

## 三 感應

3 種類

三 感覺者愈反覆則愈明確。感應者愈反覆則愈微弱。(或至于無感。)

一 依于外部感覺之感情

甲 味覺(于兒童最起苦樂之感。)

乙 嗅覺(于生長之物最易起感情如名香、香水等、)

丙 觸覺(與以一般之苦樂。如起柔軟平滑之快感。)

丁 聽覺 有最殊大之勢力。如調柔音使人心和。聽大音使人心壯。

戊 視覺 最爲高尙之感情。如明色則感壯大。薄色則感沈鬱。赤色則感强烈。綠紫則感平和。黃色則感暖快。青色則感寒冷等是。

二 依于外部感覺之感情 依消化呼吸循環營養筋肉之机能。則生健全勢力自由安固之感。否則起抑壓不安及薄弱之感。爲是之謂生活感情。(又名一般感情) 又謂之爲身體之晴雨表也。

一 幼兒先從味覺、觸覺、內部之感覺。覺其苦樂。然後漸漸能感嗅覺、視覺、聽覺高尙之感覺也。

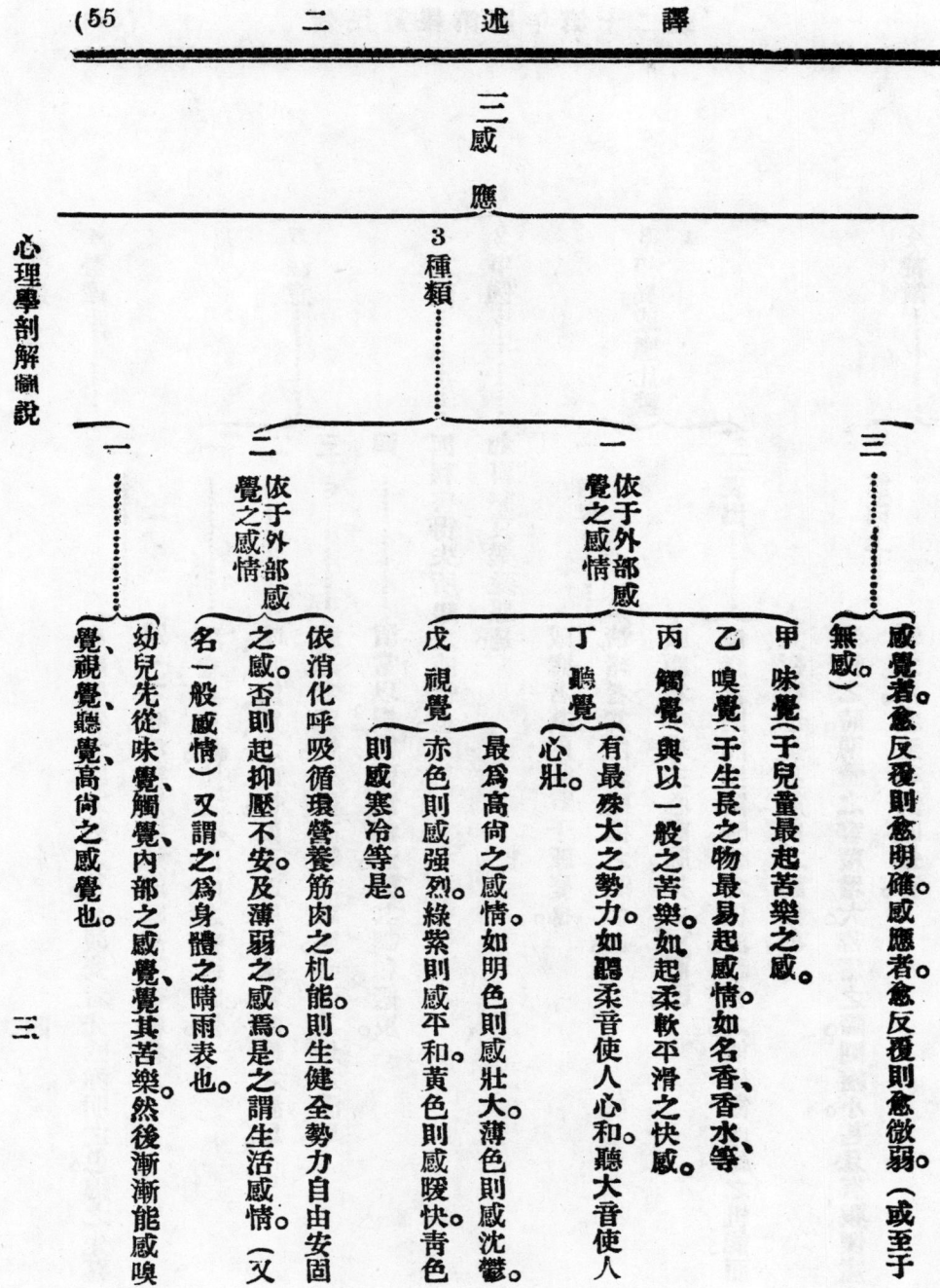

譯述二 四

4 發達……二……有聽覺者先感大鼓之音。有視覺者先感赤明之色。總之先喜單一之物。然後漸漸始能感高等複雜者。

5 注意
- 一……注意其身體使之有自由之普通感情。
- 二……味、嗅、觸、筋、之感情須于適度及適當時使之滿足。
- 三……視聽之感情皆係高等之感應、必使其最爲滿足。
- 四……須常以規律而節制之。使其調和適度。

1 意義……因利害得失所起之感情也、

2 事例……如喜怒哀樂愛惡是。

3 相異感應比較
- 一 內容
  - 感應者其內容單于感覺也。
  - 情緒者其內容種種之觀念也。
- 二 表出
  - 感應者不過主心動脉搏之現而已。
  - 情緒者則能擾亂神經之机能。詳言之能擾亂內臟之机能。而大影響于全身筋肉之動作也、

4 特徵
- 一 筋肉上……愉快之時。則體之容積增大。苦痛之際。則縮小。甚且有戰慄痙攣之疾。或至卒倒眩暈者。

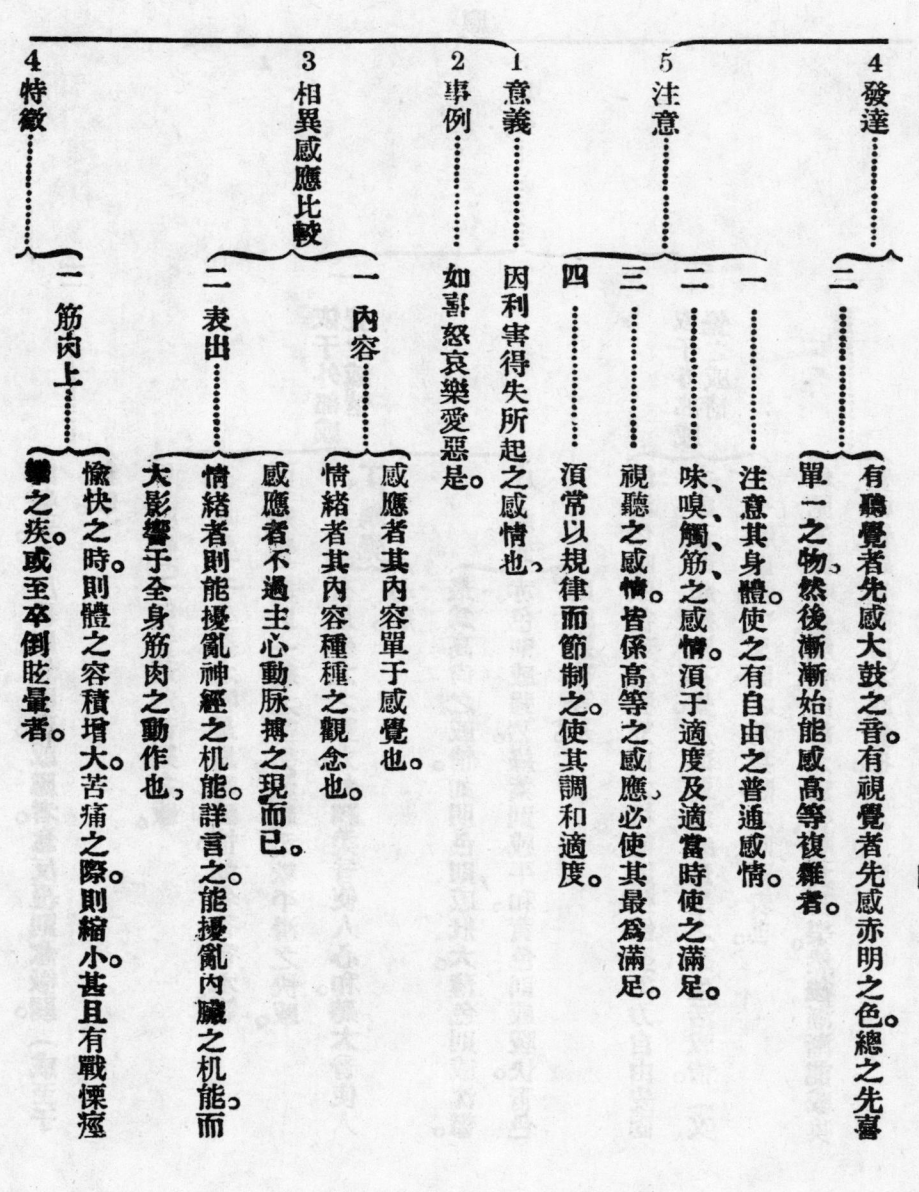

# 四 情緒

- 三 面相上……（容貌眼光上最爲顯著。可注視于喜怒哀樂之時。
- 5 種類
  - 一 私情
    - （甲）恐怖之情……恐危害之將及于己。則生恐怖之情。且多起于不能豫測將來之結果之時也。然亦係人之天性。如兒童之恐怖異人是。
    - （乙）忿怒之情……（起于受他人苦痛之刺戟而欲排除之時也。
      （附）其結果多成怨恨嫉妬憎惡等。
    - （丙）活動之情……（隨于身體之健康而生一種快苦之情也。
      （附）此情偶遇好敵手之激動。則愈强烈。謂之競爭之情。
    - （丁）自重及名譽之情……自己認自己之價値。謂之自重。他人認自己之價値。謂之名譽。自重之價値之度過高。則流于傲慢。若全無價値。則又流于卑汚。
    - （戊）愛情……起于自己受他人快樂之時。失此則生悲哀之感。
  - 二 同情
    - 甲 意義……（與他人之快苦同一性質分量之感之謂也。
      （1 好意、慈惠、義俠等之要素。

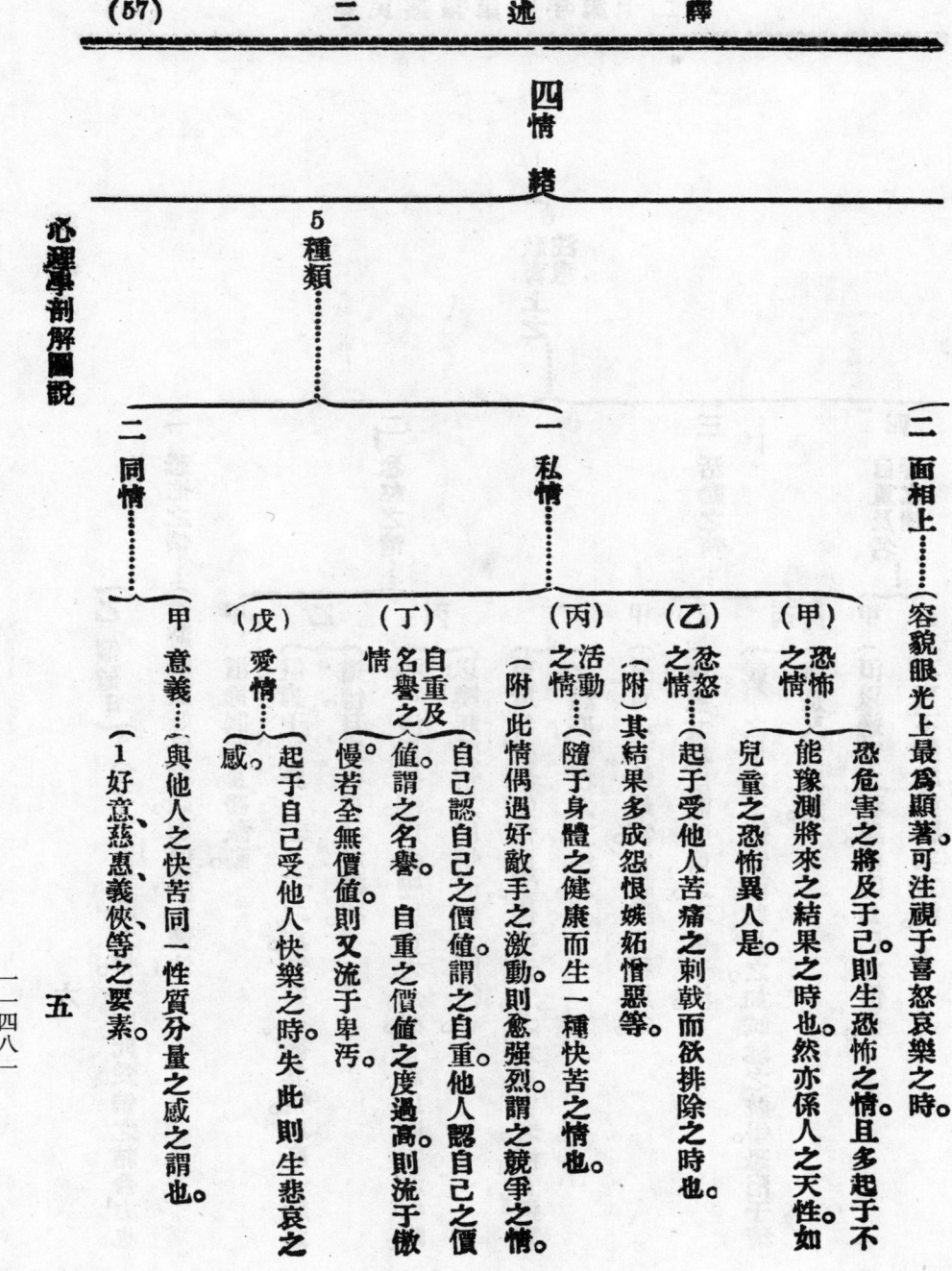

- 乙 價值……2 父子君臣愛國之情皆由此愛情之結合力也。

6 教育上之注意……

- 一 恐怖之情……當避幽靈妖怪之談。勿使陷于懦怯，
- 二 忿怒之情……
  - 甲 須抑制其暴發激動。
  - 乙 但對于外界不義不正之怒。無妨一發其情。以庇一般之道德。且以保自己之權利。
  - 丙 不可漫用抑制。以強壓兒童之忿怒。宜訴以制害之判斷。以喚起愛情及同情而使之服從也。
  - 丁 至於怨恨嫉妒憎惡等。係道德上之大有害者。極宜遏制之。然亦無根之方法耳。
- 三 活動之情……
  - 甲 兒童之天性最富。宜誘導而利用之。
  - 乙 相應其程度而弛與之。不可干涉。
  - 丙 競爭之情當于適當而助長之。如試驗之競爭。恐陷于猜嫉。是又宜注意。
- 四 自重及名譽之情……
  - 甲 須以適當之科業使認爲己之價值。
  - 乙 不可不指導獎勵其方法。

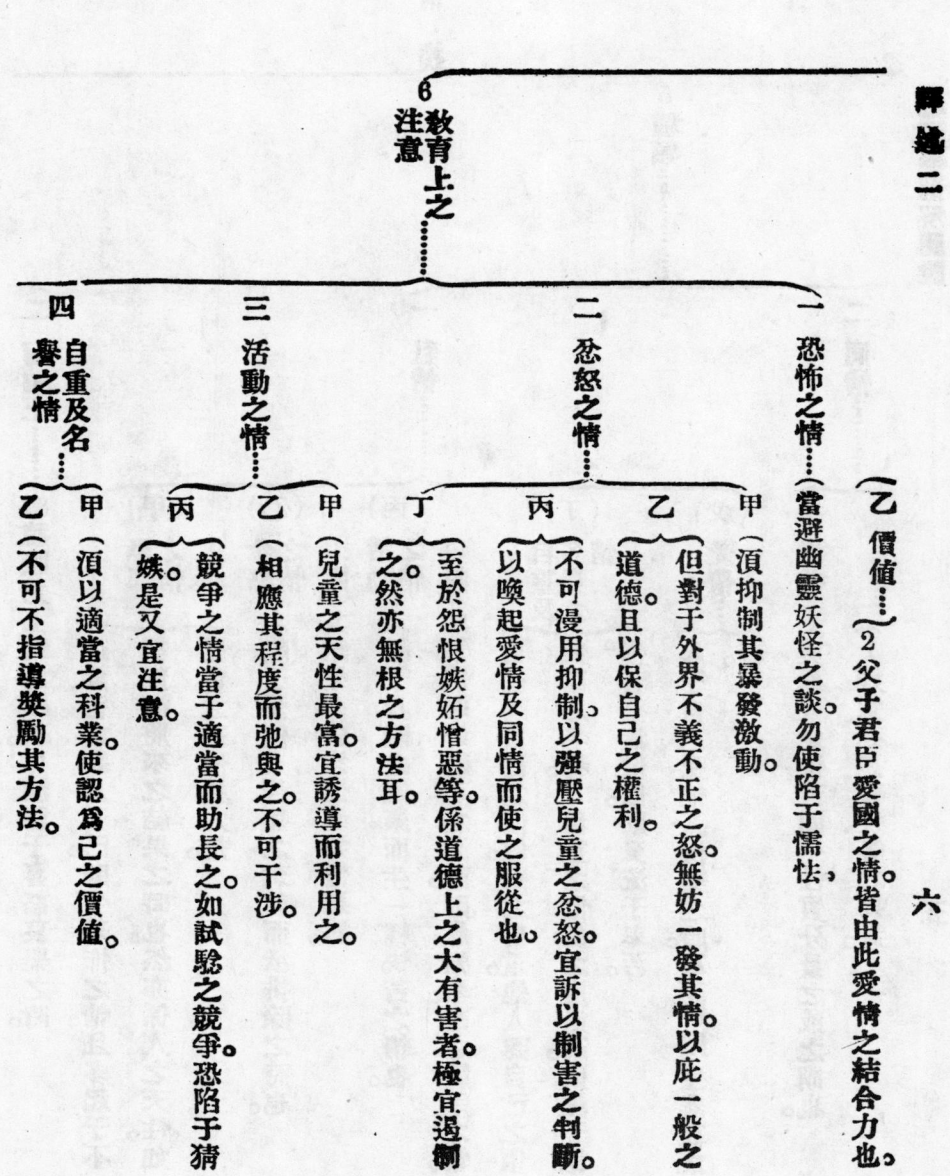

五 同情愛情……
- 甲（須毋忘其慈愛。）
- 乙（當必表同情之地方。）
- 丙（宜及于不具五官及窮民者。）

## 五 情操

1 意義……（無人我之別。超絕于利害之觀念使感事物眞正之價值之情也。）

2 相異（情緒比較）……
- 一 情操較之情緒其內容似更富于思想。
- 二 情操較之情緒其精神表出于身體不如情緒之激烈。

3 種類……
- 一 知的情操。（知識的感情）
- 二 美的情操。（審美的感情）
- 三 德的情操。（倫理的感情）

## 六 知的情操

1 意義……隨于知識作用之感情也。直觀記憶想像思想等之作用之時若得適確順調。則甚愉快否則生不愉快之感也。

2 事例……如ニユートン之重力發見。ハーヴエーノ血液運行之發見是。
- 一（解決一難題則生智識之快樂否則爲無識之苦痛也。故謂之爲好奇心。又謂之知的興味。）

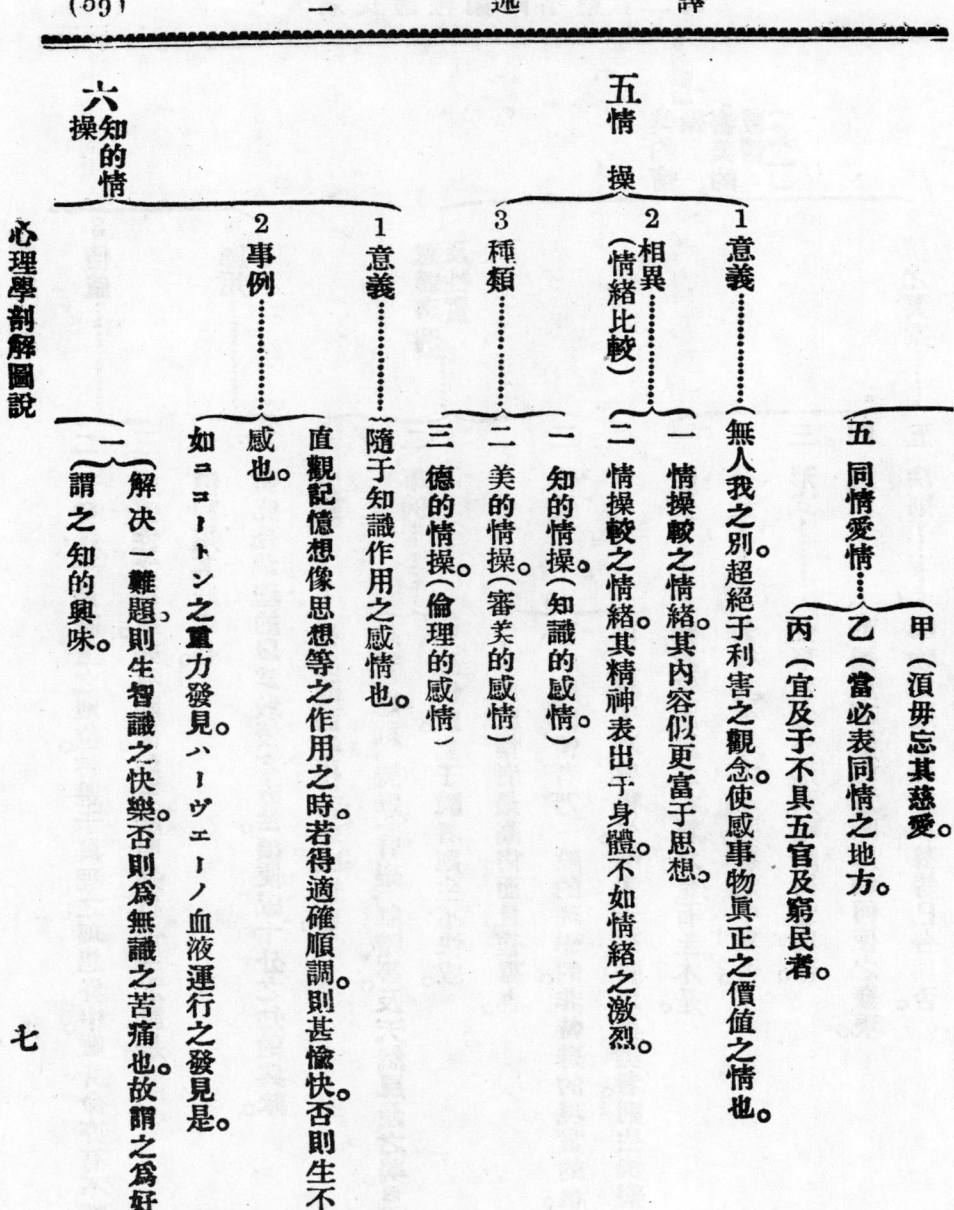

3 價值………
- 二 若發達于最高上之地位。神遊于眞理之理想界中。雖身命亦有不顧者。
- 三 於德性之發達。亦有關係。如王陽明知行合一之說是。

4 應用………
- 一 須利用其好奇心。
- 二 研究合教理的以爲教授之方法。須使感十分之知的興味。

## 七 美的情操 審美的感情（其二）

1 意義事例及性質………
- 一 意義………從美醜而覺快苦之感情也。
- 二 事例………繪畫、彫刻、詩歌、音樂、舞踏等、及天然風景之美。見之聞之則生快感。對于醜者則生不快感。
- 三 性質………
  - 甲 此感情者最高尚而且複雜也。
  - 乙 此感情者乃一般的理想的非特殊的現實的也。
  - 丙 離于利害得失。唯對于事物之眞美者。則生快樂之感。

2 美之要素………
- 一 體質………如建築彫刻之材料之金石土木是。
- 二 分量………如得其多寡大小强弱之中與否。
- 三 形式………如形狀之外形及輪廓得當與否。
- 四 意匠………如揣度事物之意味應如何使之發現。
- 五 法則………事物之遠近輕重和聲等已合與否。

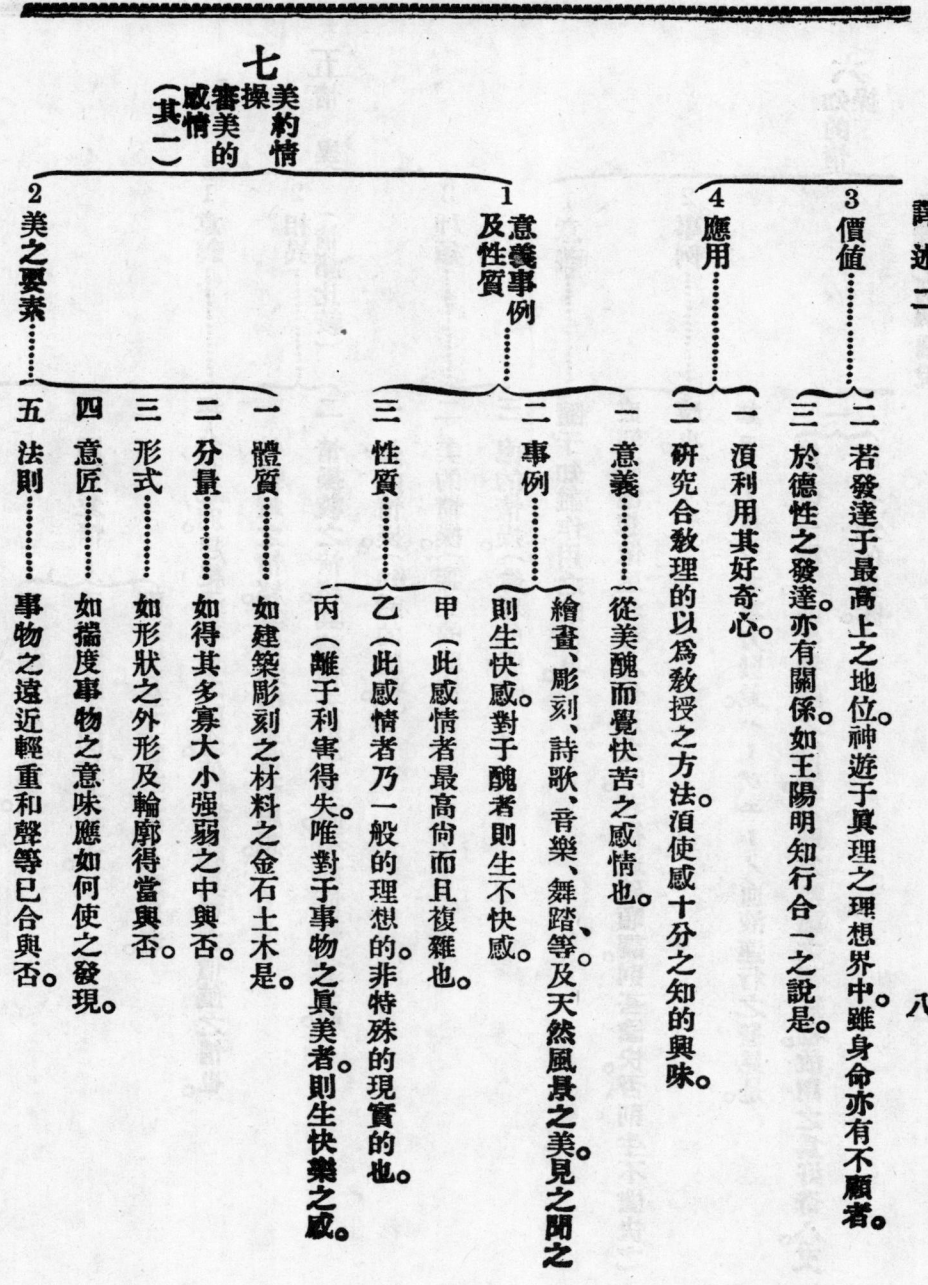

六 配合……以上之要素而連合之能生快感與否。

七 調和……須如何鈎合其形式。

八 均齊……與形式相應有同形同狀之謂也。

九 反對……與形式相應有變化異狀之謂也。

十 統一……統括前後中所有之形式之謂也。

## 八 美的情操（其二）

1 種類……

一 自然物……（春鳥、秋虫、日月、星辰之謂。

二 人工物……

甲 空間的美術。（視覺的）

(1)揷花築山。(2)建築(3)書畫。(4)彫刻。

乙 時間的美術。（聽覺的）

(1)音樂。(2)詩歌。

丙 空間及時間合同之美術。

(1)舞蹈。(2)演劇。

2 價值……

一……（供高尚之娛樂。

二……（由同情之交換而益增其快樂。

三……（使感罪惡之醜。及德行之美。

心理學剖解圖說

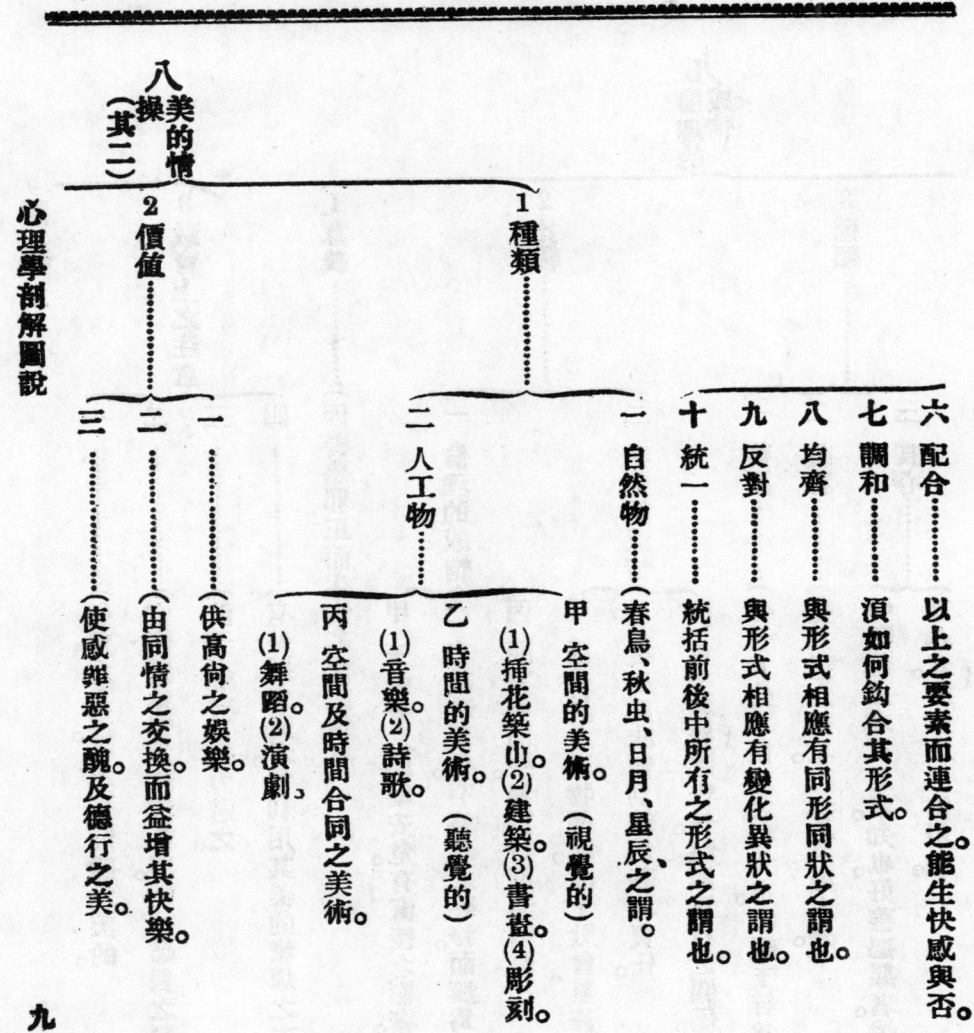

3 敎育上之注意
- 一……兒童之身邊。宜多置壯麗之美的。
- 二……宜使兒童習爲清潔秩序洒掃應對之習慣。
- 三……流于奢華。當努力避之。
- 四……有敎授之責者當利用其美的修煉之方法。

九 倫理的感情

1 意義……因善惡邪正而生快苦之感情也。

2 比較……
- 一 倫理的感情
  - 甲 于社會之禍福安危。有直接之影響。
  - 乙 有義務責任。有爲善之義務而無爲惡之責任。
  - 丙 隨實行而生。無實行則無價値。
- 二 審美的感情
  - 甲 因外界之事物而起。故于社會無甚影響。
  - 乙 徒有趣味無別等之義務責任。
  - 丙 見美術雖起快情。然無實行之關係。

3 種類……
- 一 善惡……合于人生之目的之行爲也。不離于行爲者善也。
- 二 義務……盡人道之謂也。（又爲盡本分）
- 三 良心……判斷善惡之行爲者。知也。好善惡惡者。情也。爲善避惡者。意也。良心者即三者之作用也。

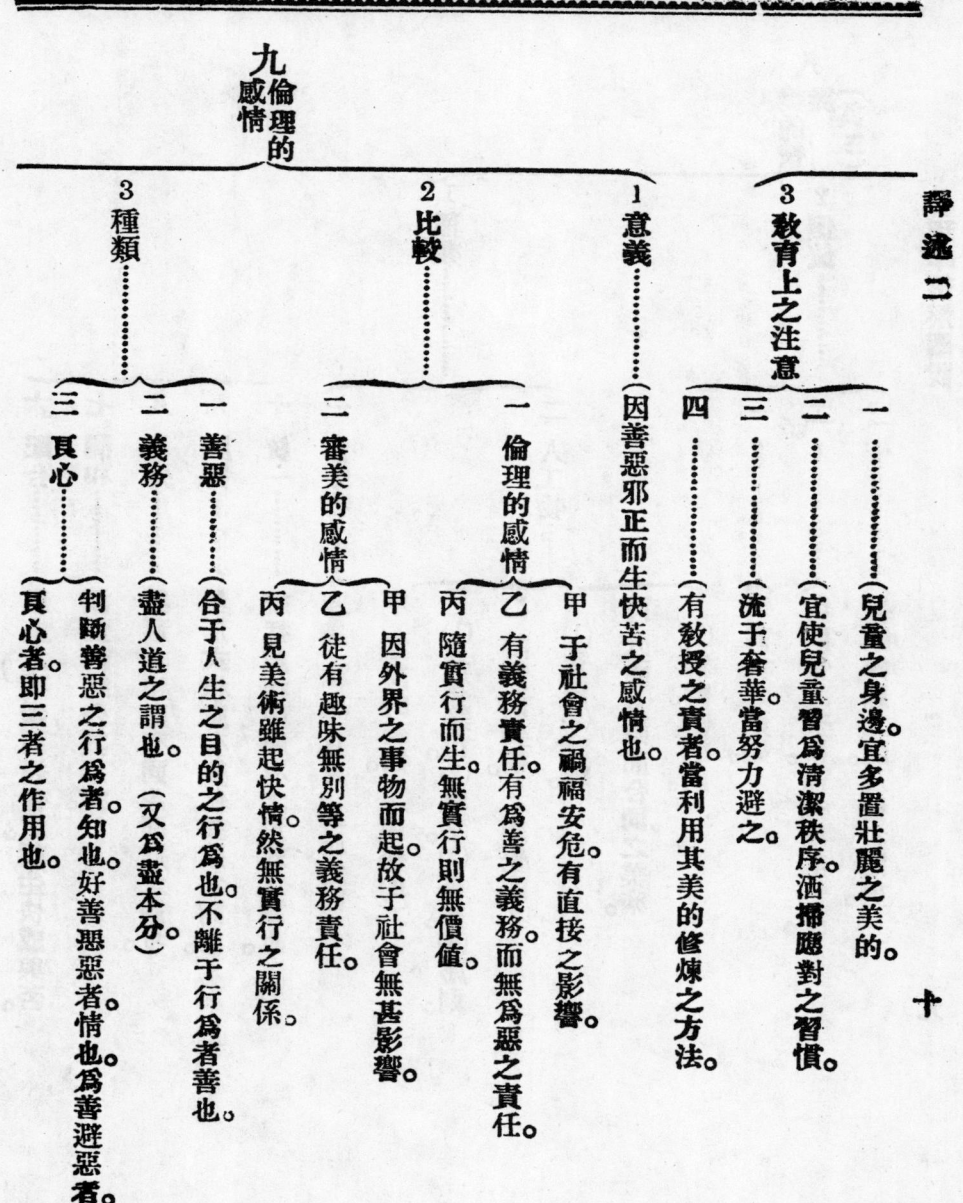

4 教育上之注意

一……（父母長上之言行。及社會之淸濁。最宜注意。

二……（凡一切敎科。使之常常練習。以啓發其智識。

三……（使知尊重私德及公德。

四……（須爲精神的訓練。

（未完）

記載一

# 英國政黨最近之政況

仲遙

(1) 守保黨之辭職
(2) 自由黨之入閣
(3) 勞働黨之得勢

## (1) 保守黨之辭職

沙侯最後內閣成立之歷史補述。今度辭職之巴爾法內閣。緣沙士勃雷侯最後之內閣而成立者也。當千八百九十五年六月。沙士勃雷侯組織內閣。時則統一黨與保守黨合。而統一黨之代表。爲樞密院議長德翁夏公及殖民大臣張伯倫。保守黨之代表爲首相兼外務大臣沙士勃雷侯。及大藏大臣巴爾法。統一黨者德張二氏以關於

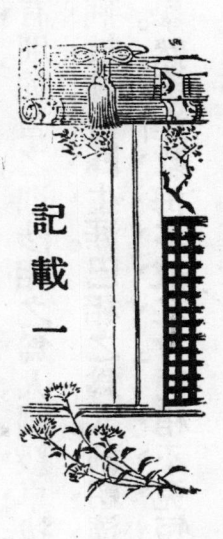

愛爾蘭自治案與格蘭斯敦所見不協故。自自由黨分離而組織之者也。其人之有力於其黨。及其黨之有力於其國。固不俟論。沙侯英國政界最負盛名之人。前此曾兩度爲首相。與格蘭斯敦相對峙。而巴爾法者。又保守黨中最重要之人物也。當時此四政治家。携手相扶。摩肩相並。於萬民謳歌聲裏。不旋踵而如錦如荼之沙勃雷內閣遂成立。

巴爾法內閣　沙士勃雷內閣成立後八年。(即千九百〇二年)首相以年高衰老之故。辭職。於是保守黨內閣中四政治家。頓失其一。雖然。所幸其他三政治家猶毫無間隙。共相扶助。保守黨之盛運。固猶未艾也。果也保守黨內閣復繼續成立。巴爾法爲首相。德張兩氏輔之。

兩首相人物之比較　沙巴兩首相之人物。要皆英國近時有數之政治家也。雖然。政治家中。固又有別。約言之。則沙相之爲人。剛毅卓拔。有創設的才能。於最困難之時勢之下。常能斬荊披棘。自闢生涯。巴相之爲人。則明達寛宏。當國家承平之日。能令政治修明。百廢具舉。然遭逢政海多故之會。則稍不免短於措置之才。且當其時。第一流之

活潑有為之政治家每有不屑立於其下之感蓋巴氏之為人雖亦不失為政治家然較之沙相之氣魄之雄毅才能之優敏則實非其匹敵也

**巴內閣不信任之徵兆**　巴內閣既成立後人民乃對之而漸生厭倦之狀態此徵兆也於各地之補缺選舉時見之試舉其例則如荷蘭選舉區如萊選舉區如烏威奇選舉區如諾士法馬那選舉區當行補缺選舉時政府黨之候補者靡不失敗而在野黨之候補者靡不制勝其他各地殆亦莫不皆然月暈而風礎潤而雨識者觀於此而有以識微知著矣

**德張兩氏之下野**　千九百三年即巴內閣成立後之第二年殖民大臣張伯倫樞密院議長德翁夏公兩閣員相繼辭職未幾亞羅費德利提爾吞氏襲張氏之位倫脫德里公襲德氏之位此辭職之原因則張氏者以己所唱之關稅問題為國中輿論所弗善翻然而去而仍寄同情於巴氏者也德氏者以首相對於自由貿易保護貿易兩政策皆執稜稜之態度致令己之自由貿易政策不能大得志憤然而去而表反對之意於巴氏者也要之張氏也德氏也皆巴內閣中至要之人物而內閣賴以成立維持者

也此二子去而已內閣之輿望遂將不支。

內閣之顚覆　自德張兩氏辭職以來巴首相以獨力經營閣勢煞費苦心然人心已去收拾不來乃於去年（即千九百五年）十二月四日提出辭表表上英皇許之於是十一年來雄據英國政治界之保守黨內閣至此遂顚覆。

顚覆之原因一　英國自由黨自格蘭斯敦卒後黨勢頗分裂不能得勢力其後乘與保守黨相提攜之統一黨之以關稅問題不洽輿望之際乃盛標示其所主張之自由貿易政策於是自由黨大爲人民所歡迎其四分五裂之黨勢突焉復合復成爲一大有力之在野黨而在野黨之洽輿望則即在朝黨不洽輿望之反影也

顚覆之原因二　巴內閣辭職前之所以能制議會之多數者全食統一黨之賜也故一旦統一黨與巴內閣絕緣則巴內閣不崇朝而必瓦解而張伯倫之所以於已辭職後而仍肯以己黨扶持巴內閣之故則張氏之爲人夙懷野心以爲己所主張之關稅意見不過暫時不能得輿論之歡迎而終必有可乘之機而其行此政策之時可共相扶持之他黨則惟保守黨爲善故張氏之與巴內閣相扶持者名爲助保守黨實自謀

也而不意巴氏以怯於黨勢分裂之故。（當時巴氏若取張伯倫之保護貿易政策則保守黨中之一部分必與本黨分離若取自由貿易政策則張伯倫所率之統一黨必立與保守黨絕）始終對於自由貿易保護貿易兩政策持模稜主義。及其既久。張氏以爲已之目的殆終無復可望。乃公然宣言已亦不能滿足於巴氏之政策。於是巴內閣從來制議會多數之勢力。遂以一落千丈。此又一原因也。

## (2) 自由黨之入閣

其成立 千九百五年十二月四日保守黨內閣既辭職後。英皇命自由黨領袖班那曼組織內閣。越六日午後六時。班氏入謁英皇於巴淸安宮奏呈閣員名冊。是夜深更。發表之。其職名如左。

| | |
|---|---|
| 內閣總理兼國庫大臣 | 班那曼 |
| 司法大臣 | 李德 |
| 大藏大臣 | 亞士奇斯 |
| 內務大臣 | 格蘭斯敦 |
| 外務大臣 | 郭列 |

殖民大臣　耶魯金侯
陸軍大臣　哈魯敦
印度大臣　摩利
海軍大臣　次威德摩士卿
商務局長　遮俄爾奇
地方局長　班士
蘇格蘭尚書　辛柯列雅
農務局長　加陵哥敦侯
遞信總監　巴柯斯登
愛爾蘭尚書　布萊士
樞密院議長　柯留侯
國璽卿　李奔侯
教育大臣　俾列爾

蘭加斯德爾尙書　法武那

以上列於內閣

愛爾蘭總督　亞巴經侯

愛爾蘭尙書　倭加

工務長官　哈哥德

以上不列於內閣

閣員小傳　此次自由黨內閣各閣員。率多社會中第一流之名士。此實有可研究之價値者也。分而言之。則總理大臣兼國庫大臣班那曼氏。於一八三六年。生於蘇格蘭。本年六十九歲。家巨富。父名堪俾爾。母名班那曼。自一八六八年以來。代表斯他陵選舉區。格蘭斯敦組織內閣時。曾兩度爲陸軍大臣。一八九九年。承哈魯苛特之後。爲自由黨領袖。以黨畧之巧妙。著於世。近年以來。自由黨凡三罹危難。即張伯倫所率之統一派分離之時。羅士伯里卿與哈魯苛特衝突之時。及南非戰爭之時。彼皆能奮其神妙不可思議之手段。以回復黨勢。彼非天然之雄辯家。亦無英人所理想之宰相之風釆然現今之以政黨戰術見稱於世者。殆無能出彼之右。司法大臣李德氏。爲屬於急進派之法律家。前此曾爲檢事總長。大藏大臣亞士奇斯氏。當羅士伯里卿組織自由黨內閣時。嘗爲內務大臣。其政治上之論文。膾炙人口。內務大臣格蘭斯敦。爲前領袖格蘭斯敦之子。夙據自由黨中重要之位置。今度入爲內務大臣。固必然之數。然或者亦謂彼不過食其父之遺賜。自身則無大才能。外務大臣郭列氏。當羅士伯里卿組織自由黨內閣時。曾爲外務次官。雖無外交上之深經驗。而品德高尚。性質冷靜實質。有思慮。故頗爲其國人所信賴。惟彼與羅伯士里卿深有關係。此次居於無羅伯士里之位置之內閣。其地位若難觀察。殖民大臣耶魯金侯。爲有盛名之印度總督。其父曾任中國公使。彼自一八九三年至一八九八年。皆爲印度總督。此次立於殖民大臣之位。以自由黨之小英國主義。當張伯倫之大英國主義。陸軍大臣哈魯敦氏。法律大家。且有哲學上之著述。又嘗英譯薛次彭荷耶爾之哲學書。其入閣也。全以與羅士伯里卿深有關係故。印度大臣摩利。富文名。嘗主筆於「利他拉里加色脫」「伯爾麥加色脫」「馬克密蘭」「隔週評論」數雜誌中。又嘗著有詩人幡喀傳、維魯提傳、盧棱傳、哥伯哥登傳等。爲人潔直。有政治才。海軍大臣次威德摩士卿。於最後之自由黨內閣改造之時。入爲國璽卿及蘭加斯德爾尙書。厥後爲自由黨幹事長。卓著偉績。商務局長遮俄爾奇氏威爾士急進黨之領袖也。地方局長班士氏。爲有名之工人代表者。自一八九二年以來。即爲議員。彼於夜學之外。曾未受他種之教育。然甚喜以演說及論文鼓吹社會主義。此次入閣。當拜命入謁英皇時。仍着平日樸質之衣冠。爲倫敦市民所大悅。彼所居之職之所司。爲衛生事務救貧事務等。皆與下級人民有直接之關係。其得意可知。然以英國之階級制度盛行之社會之事務。而一以委諸如彼之無經驗者之手。識者謂恐非今內閣之利。蘇格蘭尙書辛柯列雅氏。爲亞巴經侯之愛壻。侯任加拿大總督時。彼爲其秘書官。本爲軍人。入議院之日尙淺。農務局長加陵哥敦侯。爲英國之大地主。嘗爲烏西路士等地之知事。而其於政治。一方面則取近於民主論之急進主義。遞信總監巴柯斯登氏。前此曾草一關於俸祿問題之論文。見知於世。愛爾蘭尙書布萊士博士。今世界有名之歷史家及法律家。英國有數之學者也。其政治上之經歷。亦非淺少。一八八六年時。任外務次官。其後復兩度入閣。與格蘭斯敦及摩利同唱道愛爾蘭自治說。此次彼自擇居此職。必非無所期望。而與彼同掌愛爾蘭事務之亞巴經侯前此亦與愛爾蘭自治問題。非無關係。故彼二人任此職後。必將有事於其夙所自信之主義。可決言也。樞密院議長柯留侯爲羅士伯里卿之壻。善詩文。其家有貴重之圖書陳列所。自一八九二年至一八九五年四年間皆爲愛爾蘭總督。今在樞府殆能操縱貴族院之自由黨員國璽卿李奔侯。出自名門。至一八五二年。始入下院。其後迭次入閣。一八七四年。變宗加特力敎。爲英國腓里麥孫盟會長。敎育大臣俾列爾氏。爲英國之文士及法律家。曾任倫敦大學之法學敎授。後爲辯護士。其高尙的小說與其輕快的卽席演說。最爲世人所敬佩。彼極取進步的政治主義。故彼任此職後。英國敎育制度。必將大加改良。蘭加斯德爾尙書法武那氏。前此曾迭次入閣。有經歷。爲自由黨之老將。此次居此閑職。殆所以備首相之顧問也。

●●其政綱 自由黨內閣成立後十日。開大會於倫敦。首相班氏對於九千餘之聽者。爲新內閣之政綱演說。其言之屬於內政者。謂關於中國工人輸入非洲之事。其未來者。新內閣必禁止之。其已至者。則姑仍之。而其地之鑛山業與中國工人之關係之一問題究如何。新內閣當先爲精密之調查。次爲確定之處分。關於愛爾蘭自治問題。新內閣固夙認使各地之人民自監督其地方行政爲必要。如英革蘭即其往例。故對於愛爾蘭則亦俟機會到來之日。固不可不設同一之制度。關於國稅問題新內閣必始終採自由貿易政策。關於印度殖民地文武爭權之事。新內閣所取之態度爲左武右文之態度。其言之屬於外交者則謂日英同盟及英法協商問題。新內閣必極力贊成之。英德關係問題。新內閣深慶最近之親和運動。且新內閣對於其他各種外交問題所持之政策皆以與世界各國同生息於最良之關係之下爲主義。無論何種方面。必不取侵襲政策。其他演說之言。如關於土地運河學校職工同盟營業行政等諸問題之言及其所謂英國當盡力使世界之文明進步使仲裁裁判之効用日益發達以減殺各國之擴張兵備之熱心云云要皆非與其內閣之基礎有密切之關係。無取乎一一撮錄研究之也。

●評論　此次新內閣能網羅多數之知名之士入其彀中較之巴爾法內閣末年之情勢大相逕異。其必能得民意也吾蓋可必之然或者亦謂其各閣員間種種之政治主義多不相合。殆稍不免有駁雜之感。雖然。以班氏之沉鍊吾知其於諸小問題必有以處之也顧吾所代彼新內閣憂者則惟在彼所謂之愛爾蘭自治問題此問題之所關不惟彼議院中之八十餘名愛爾蘭議員所視爲向背之點抑且爲羅士伯里派中之人物如大藏大臣亞士奇斯外務大臣郭列陸軍大臣哈魯敦樞密院議長柯留諸人所堅持之政見之所存不觀夫班氏爲政綱演說時之言乎其所以含糊其辭者蓋有苦心所在也故吾以爲使他日者新內閣而不許其自治乎則彼八十餘名之愛爾蘭議員一去新內閣即必不能制議院中之絕對的多數使新內閣而許之乎則亞士奇斯郭列等諸人或將相率而辭去其位其他有無何種可轉圜之機。吾尚未能得知。要之以吾觀之。則此問題眞新內閣他日進退之問題也或曰。班氏爲英國政治家中之最富有經歷者。此問題殆亦必已有成算。雖然。此則非可以局外測度者耳

(3) 勞働黨之得勢

其沿革 英國勞働政黨之發生。距今僅三十餘年耳。先是一八七四年時。始有二人之勞働議員。見於下院。越二十六年。當一九〇〇年總選舉時。其數增至十二人。又越

六年至本年總選舉時。則驟增至五十一人。於是英國下院內於自由黨統一黨愛爾蘭國民黨三大政黨之外。復見一大政黨

內部之分子　勞働黨。一謂之勞働代表委員會。(Labour Representation Committee) 其內部所以組成之分子凡爲二。一同業組合。(Trade Unions) 一獨立勞働黨(Independent Labourparty) 是也。同業組合。爲勞働者勢力之所存。獨立勞働黨爲社會主義之所存。前者以人數及財力奠安黨基。後者以思想主義聯貫黨脈。而兩勢力之比較。則前者强大獨立者也。後者薄弱孤立者也。兩者相合。勞働黨乃成。

注　本年二月十三日倫敦泰晤士報所揭之圖可備參觀今錄之

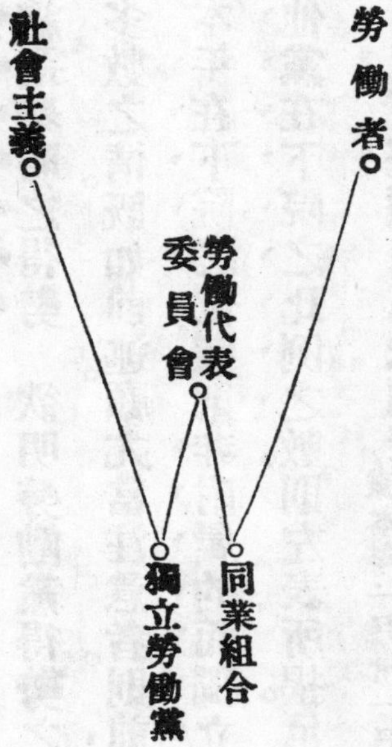

本年總選舉時之得勢　欲明勞働黨得勢之狀況。其下院議員歷年增加及本年驟增大多數之情。既如前述。顧尤當注意者。則前此彼黨在下院之位置。非獨立的而附屬的。本年在下院之位置。則非附屬的而獨立的之一事是也。而欲明歷年以來勞働黨與他黨在下院之比例之數。則左表所揭足以瞭如。

下院議員黨派別表（據本年一月卅一日及二月十五日之泰晤士報）

| 選舉區分類 | 議員數 | 一九〇〇年總選舉前 自由黨及勞働黨 | 國民黨 | 統一黨 | 一九〇六年解散前 自由黨及勞働黨 | 國民黨 | 統一黨 | 一九〇六年總選舉後 自由黨 | 勞働黨 | 國民黨 | 統一黨 |
|---|---|---|---|---|---|---|---|---|---|---|---|
| 英革蘭 | 四六五 | | | | | | | | | | |
| 內倫敦 | 六二 | 八 | … | 五四 | 一〇 | … | 五二 | 三八 | 四 | … | 二〇 |
| 市街地 | 一六四 | 三九 | … | 一二四 | 四六 | 一 | 一一七 | 九六 | 二五 | 一 | 四二 |
| 郡部 | 二三四 | 七八 | … | 一五六 | 九三 | … | 一四一 | 一五八 | 一六 | … | 六〇 |
| 大學 | 五 | … | … | 五 | 一 | … | 四 | … | … | … | 五 |
| 威爾士 | 三〇 | | | | | | | | | | |
| 內市街地 | 一一 | 八 | … | 三 | 七 | … | 四 | 一〇 | 一 | … | … |
| 郡部 | 一九 | 一八 | … | 一 | 一八 | … | 一 | 一六 | 三 | … | … |
| 蘇格蘭 | 七二 | | | | | | | | | | |

| | | | | | | | | | | | |
|---|---|---|---|---|---|---|---|---|---|---|---|
| 內市街地 | 三一 | 一五 | … | 一六 | 一八 | … | 一三 | 二三 | 二 | … | 六 |
| 郡部 | 三九 | 一九 | … | 二〇 | 二二 | … | 一七 | 三五 | … | … | 四 |
| 大學 | 二 | … | … | 二 | … | … | 二 | … | … | … | 二 |
| 愛爾蘭 | 一〇三 | | | | | | | | | | |
| 內市街地 | 一六 | … | 一〇 | 六 | … | … | 五 | … | … | 一二 | 四 |
| 郡部 | 八五 | … | 七一 | 一三 | 四 | … | 一〇 | 三 | … | 七〇 | 一二 |
| 大學 | 二 | 一 | … | 二 | … | … | 二 | … | … | … | 二 |
| 總計 | 六七〇 | 一八六 | 八二 | 四〇二 | 二一九 | 八二 | 三六九 | 三七九 | 五一 | 八三 | 一五七 |

**黨綱**

(甲)本年正月總選舉前。勞働議員候補者所宣言者。

(1)回復同業組合於達夫威爾事件判決前之法律上之地位。

(2)維持自由貿易制度。

(3)改正損害賠償法。

(4)改正教育法。

(5)制定年高者年金法。

記載一

(6) 課稅照土地之實價。
(7) 供給食物於小學兒童中之貧困者。
(8) 供給巳不能勞働者。
(9) 擴張實行國有主義之限度。
(10) 施行普通選擧制於成年男女。
(乙) 本年總選擧後。議會開會前。勞働代表委員會開年會時所議決者。
(1) 爲欲鞏固同業組合之地位。使勞働議員以必要之法律改正案提出於下院。
(2) 爲求職業而不得之諸勞働者之所以不得之理由在於土地資本歸諸私有之故。因而產業組織不與社會全體之利害相伴。而現今之失職勞動者法。(Unemployed Workmen's) 實不完全。故不可不關於此問題十分喚起議會及輿論之注意。
(3) 施行普通選擧制於成年男女。

(4) 改正租稅法。凡名爲社會的共同富源。而實則爲私人獨獲利益者。皆不可不執使其歸諸國有之方針。

(5) 關於教育之事。以能令兒童於被開發其能力時得均等之機會爲至要之宗旨。

**自由黨對於此黨之態度** 自由黨對於此黨之態度。純表同情。自昔以來。其例不可枚舉。其尤著者。如同業組合當格蘭斯敦執政時。深蒙利益。及今內閣對之之態度。皆是也。前者且勿語。請語今次。今次總選舉時。自由黨不惟於已黨之勢力範圍之選舉區內。容認勞働候補者之出現。且以與統一黨競爭之故。至令巴斯伯爾等勞働出身者。利用已黨之機關。而從來有名之工人代表者班士氏。竟得爲新內閣之閣員。不特此也。今首相班那曼氏之演說中。且屢述歡迎勞働議員多數出現之辞。而豫言社會政策的立法時代之到來。印度大臣摩利。亦言「已於議院內得聞勞働者之思想於勞働者之直接代表者之口。至爲可賀。」此外如本年二月十九日行國會開院式時英皇所發之勅語。亦頗足以見今內閣之施政方針。今期議會之議題之重要事件中。

如改正產業爭議解決法案。如改正勞働者賠償法案。如改正失職勞働者法案等。皆與勞働黨有至密切之關係。蓋今內閣頗重視勞働黨之所要求。(即其黨綱)而其意在欲以法令之力解決社會問題也。

**統一黨保守黨對於此黨之態度**　統一黨保守黨之對於勞働黨。其欲得其歡心也。亦與自由黨同。分而舉之。則張伯倫以市町村社會主義(Municip l socialism)實施於巴密根。巴爾法對於東曼節士達選舉區民發表之政綱中。盛陳述社會的立法之必要。皆其心之可見者。而二氏者。則在野黨之領袖也。此猶僅就最近之現象而言也。若夫保守黨自昔之政治家。爲欲吸收勞働者於己黨中而發表之各種改革案。殆尤不可縷述。就吾儕所已確考得者舉之。則如察奇爾昂所唱道之保守的衆民主義。(Tory-Democracy) 稽士列里所主張之新保守主義。(New Torism or Popular Torism) 皆足以相證者也。

**今後之勢力如何**　勞働黨今後之勢力。必日達於强大。此稍明英國政局者所能言也。顧吾窮其所以必日達於强大之理由。則首當注意者。在於盎格魯撒遜民族遺傳而來之特色之箇人自由之保護任意活動之信念等今在英國之政治界已漸歸於消滅而共同權力利用之渴望日益增加對於政府之權力之猜疑心日益減少故所謂市町村社會主義已見諸實際者不少而國家社會主義亦非如昔時之爲人所嫌忌非無因也不見夫十九世紀初勞働者之組合及十九世紀中葉時同業組合之悲觀乎及今思之固已有今盛昔衰之感矣抑十九世紀中之英國輿論約可分爲三大潮流以其時期排列之則初期有力之輿論爲布拉柯士敦的樂天主義及耶爾登的保守主義中期有力之輿論爲邊沁的箇人主義及自由主義末期有力之輿論爲共同主義及國家干涉主義是等輿論之效力其所及之範圍至爲偉大而其所及於政治上之效力又已人所共見此英國關於政府之職務之思潮之變遷之實亦不可不深長念也

（已完）

◎前號更正

| (題) | (頁) | (行) | (脫) |
| --- | --- | --- | --- |
| 最近世界大勢論 | 二三 | 二 | 抵禦下各國上脫「亞洲」 |

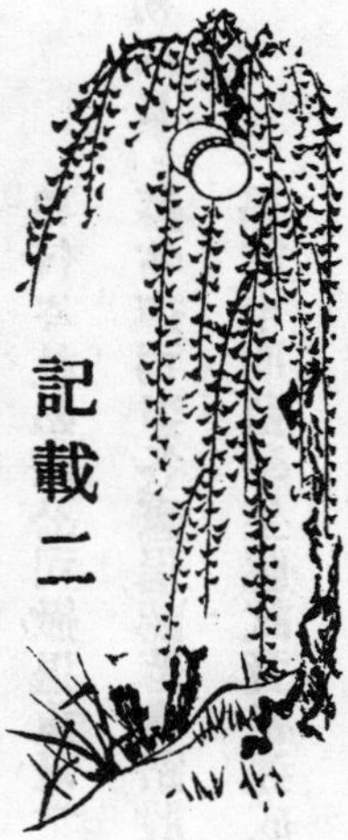

記載二

# 中國大事月表

## 丙午六月（補錄）

◎初一日　學部咨各省督撫廣設法政學堂
德國要求將膠州關稅銀兩交存德銀
行政府駁覆不允

◎初二日　學部奏派右參議林灝深等往日本考
查文部省規則
前閩浙總督許應騤在籍病故

◎初三日　外部照會俄使續議協約俄使照允
澤尚兩大臣是日午刻抵京即赴昆明
湖　覲見　兩宮覆命

◎初四日　稅務大臣唐紹儀以前開平煤礦公司
爲稅務公所業已開辦
南京徵兵與巡警兵交鬨刃傷多人
南京闔城警兵二千餘人均不站崗紛
紛告退

◎初五日　南京督署下令殺徵兵楊姓潘姓二人
以慰警兵學界大憤
廣東粵漢鐵路總辦鄭官應議聘京漢
鐵路所用之比國工程師
常州寺僧清海勾引日人稟設學堂擅
用全省字樣特符自衛闔州紳商學界
聯稟驅逐
政務處議覆粵督奏改新甯縣劃分爲
二添設廣海縣一節窒礙難行請毋庸

記載二

議奉　旨依議

◎初六日　奉天將軍託日商製造紙幣值銀六百萬元

戶部尙書鐵良編纂所得稅法

西幇票號公議設立銀行集本一千萬元因戶部駁覆商部奏設模範銀行其議遂寢

粵督岑春煊札拿時敏亞東兩報主筆時敏罰欵放人亞東卒被封禁

皇太后日前違和現已康復

粵省善堂行商聯數百人稟攻鐵路副辦黃景棠攬權專擅

粵督岑札鐵路公司撤退黃景棠

◎初八日　蘇省撫司道各憲倡認蘇省路股

學部申明留學生應試資格速成師範及中學以下均無庸赴京考試

◎初九日　南昌教案正犯一律正法

戶部印刷造紙局開辦籌備經費八十萬兩

蘇撫飭將與徵兵交鬥之募兵二名正法

◎初十日　政府徇直督之荐派周冕爲龍江洋務局總辦

浙江新城教案賠欵合同議結

◎十一日　巡警部擬收回東交民巷地方治權移咨外部與各使交涉

廣西京官反對省會遷往南寧之議

南京因殺徵兵後軍心不服組織臨時憲兵

奉天之日本軍政署是日裁撤

◎十二日 烟台華人因外人議設工部局集議反對
巡警部因咨調戶部司員戶部堂官不允彼此遂致參商
安徽霍山匪亂蔓延豫鄂交界三省會兵合勦
端戴兩大臣在滬分電各省總督商議立憲期限江督周奉天將軍趙粵督岑均覆電贊成

◎十三日 端戴兩大臣起程北上
江西新昌縣民因不允米穀出口圍殺義寧州人五十餘命

◎十四日 練兵處擬定官兵削半髮餘盤作髻形
今年秋季大操改歸北京練兵處承辦

◎十五日 商部右丞王清穆外放直隸按察使
警部奏定本部官升補章程及廉俸數目
政府電告各督撫留意日僧在內地傳道幷將屬下日僧查明具報
學部各司員議定女學教育章程

◎十六日 行刦西南輪船首犯經已拏獲
粵督岑派留日法政速成畢業生分赴各屬宣講法政
遼陽鐵嶺瓦房店三處之日本軍政署均已裁撤
日本於遼陽鐵嶺添設領事館

◎十七日 北洋外務部與日使妥議交還營口及大連灣設稅關兩事
京師仕學館舉行畢業禮
趙秉鈞補授巡警部侍郎

端戴兩大臣到津

上海會審公廨廻建女牢工部局禁令停工幷派差預備拆卸

◎十八日　戶部擬設置丞參各官

駐京英使要求撤退粵督岑春煊

◎十九日　粵省廣州花捐准商人承辦每年規銀四十一萬兩

稅務大臣電覆粵督商辦鐵路購料不准免稅

◎二十日　黔省畢節縣有紅燈教匪蠢動闖進貴西兵備道署斫傷多人

天津各學堂歡迎端戴兩大臣上書請速定憲法

袁宮保會商兩大臣奏改官制幷飭辦學各紳會議地方自治制度

◎廿一日　巡警部禁止租界外地方房屋租借與外人

端戴兩大臣抵京即赴　頤和園覆命

商部咨行各省路工訂用洋員須咨明本部查照幷繳呈合同存案

日本公使林權助與練兵處開議征勦滿洲馬賊及關於滿洲諸種問題

◎廿二日　商部頒行獨資商業注冊式

◎廿三日　鄂督張參劾江藩周浩請封產以賠公欵

廣東留美學生王寵祐應湘省聘歸辦湖南全省礦務

外部擬收回公使館租界內警察權已向各公使提議

商部改訂路務議員章程仍在督撫管轄之下已通咨各省查照

直督袁奏陳立憲預備宜使中央政府五品以上之官吏參與政務爲上議院基礎使各州縣名望紳商參與地方政務爲地方自治基礎

直督袁密電警部查拿巡官范某疑爲革命黨已嚴密鞫訊

◎廿四日　税務大臣編訂全國通行税則

兩淮運司派員出洋學習鹽法警察

學部示諭教科書審定之辦法

學部議定提學使權限章程奉　旨依議

商部通咨各省保護綱鐵利權

◎廿六日　政府與總稅務司商議用一有輕歷之西人爲西藏稅關稅司并與英使訂立西藏稅關特別章程

上海道電覆外部請力爭自闢閘北華界事

◎廿七日　香港總督命駐粵英領事照會粵督干涉粵漢鐵路擬用工程師事粵督辦理

◎廿八日　新疆土匪暴動而俄使照會本政府飭疆撫保護俄人

北京粵使行轅電氣瓶炸裂重傷副將姚某天津委員二人與機器匠僕役等均被傷

霍山土匪毀壞法教堂法公使向外部詰問

學部奏提學使應與藩臬兩司均有考核屬吏之權地方官補署舉劾均應會

載二

衘奉　旨依議

學部奏定教育全章八綱十五目奉

旨依議

◎廿九日　鄂督因秋操在滬由善後局向正金銀

行借款七十萬

學部議定取締留學生規則咨會各國

駐使及學生監督幷各省督撫

浙江土藥銑捐委員違章擾商全省土

藥罷市

督辦鐵路大臣唐侍郎移商警部徐尚

書所有鉄路警察請一律歸巡警部辦

理

直督袁又拿獲祕密通信黨四十七人

巡警部查驗各廳警官執照妨有革命

黨混入

◎三十日　端戴兩大臣面奏謂憲法請仿日本兵

農工商請仿日德兩國

政府擬請印度政府承允將輸入中國

之鴉片遞減以十年爲期

# 美人手

紅葉閣鳳仙女史譯述

## 第六十回　懷鬼胎會計生避道　對筆迹代書人上檯

却說瑪琪拖亞、同着霞那、離了伯爵府邸。歸到銀行。可巧圖理舍譽不在家、等了好一會。還不回來。瑪琪拖亞想道。不如直到賬房裡問問伊古那。順便把美治阿士的事情。先對他說知。絕了他的念頭。明知朋友之情。也狠替他難過。然也沒法了。想罷。便自跑到賬房來。不料伊古那公事已畢。也出去了。沒法兒。祇得再跑上樓來。吩咐霞那一人候着。自己要出去找着伊古那。問問舅舅所在。打算去迎舅舅回來。恐防夫人所約時期。兩不相遇。霞那點首會意。於是瑪琪拖亞三步兩步跑出街來。約行了兩箭多路。拐灣處。一小厮迎面踱來。滿身時式衣裝。呼道。瑪琪相公那裡去。瑪琪拖亞聞喚定睛一看。不覺道。啊喲。你不是助摩祖嗎。怎今天穿得恁排場。你身體可都好了囉嗎。助摩祖道。差不多都好了。記性也都回過來了。祇有這點精神。醫生說。還不曾十分復元。但我自己。也不覺得怎麼了。今早在那便橫街。同幾個孩子們打架。我還贏了他。被我打得他哭着呢。如今我要到行裡告訴主人說那鐵箱子是我做內綫引丸田夫人同牛田來偸的。早上夫人到我家裡來叫我去行裡認罪。賞了我這一套衣服呢。瑪琪拖亞見說。益感念夫人計畫周全。因荅道。是麼。夫人叫你去認罪麼。認了倒好。罪是沒有的。不說個明白。滿行裡把罪名都推到美治阿士身上。也不免太過難爲他。沒要緊。你祇管放着膽子去。萬大有我替你作保就是了。主人此刻不在家。我同你先去找找伊古那。問問主人那裡去罷。說着。拉了助摩祖。一同向伊古那的廨所來。將到門前。助摩祖指着道。這光景。伊相公也不在家了。你看纔進去那人。一轉身便出來。想也是來探望他的。摧他不着。故此沒精打彩的兩邊望着商量要走呢。瑪琪拖亞料不到助摩祖有這靈醒機智。點點頭。暗暗稱賞。留神一看。那門前站着的少年。原來就是昨夜上布街小酒店裡遇着那個哈理治。是時他正要走的光景。瑪琪拖亞急蹌上幾步。喚止他。哈理治聞喚。回轉頭來。一眼也就認得瑪琪拖亞。彼此遂攏近來。哈理治道。瑪琪君。可巧這裡又擱着鬧說伊古那居然陞做銀行的股東了近日爬到樹椏巴上頭連正眼也不大向我們回頭瞧瞧了。我來訪了他幾次都沒會面說是不在家眞有那麼巧從前他和我幾乎沒一天不會面先月裡。還涎着臉求我寫匿名書子今一旦便巴結不上碟子裡種瓜根性未免太淺了瑪琪拖亞聽說匿名書子四字不覺心裡大有感觸急問道伊古那托老兄寫甚的書子呀哈理治道他說有慈善金五千元要送與一個人但自已筆迹那人是認得的必不肯受故此托我代筆信裡說話是由他口授我照樣謄寫出來這封書子是寄去比勒達尼亞交一位世家美治阿士收的。瑪琪拖亞無意中得了這個消息。呆了半晌。默自想道。料不到這件事是由伊古那做出來。我一向還估量他是個老實頭。原來也是這樣險詐靠不住的。又自悟道。是了。他恐怕霞那弄不到手。先要把美治阿士名譽壞了。令人家疑美治阿士做賊。斷了霞那的念頭。這計也狠毒啊、好得了這憑據。那五千元的贓證有着落了。因對哈理治道。我想求你同着一道兒到行裡去見見舍親。我狠感謝你啊。哈理治道也好。我此刻正閒着只管陪着一道兒走走罷。瑪琪拖亞見說。不勝之喜。遂連着哈理治助摩祖三人。一同來到銀行。還未進門。恰好見伊古那施施然來也是將返銀行的光景忽擧首見瑪琪拖亞携着哈理治到行裡來心裡懷着鬼胎料事情已經敗露急轉身躲進橫街避了瑪琪拖亞也不追趕他一直進了銀行跟着蹤便聞軒軒輪蹄聲一馬車駛到門前停着見丸田夫人領着美治阿士已經到來瑪琪拖亞是時心裡祇是拍拍亂跳對着夫人及美治阿士點了點首示了個禮意便領着一衆人到樓上客堂坐着自巳轉身遂跑到圖理舍譽房裡見圖理舍譽早已回來正和着愛女霞那在此辯論美治阿士之事一見了瑪琪拖亞眼裡便冒出無明火來發話道。你這廝終日來煽惑霞那這時說美治阿士有罪那時說美治阿士無罪弄得那妮子日日來胡纏你這可惡東西從今以後不准到我家裡來甥舅之情從今日一刀兩斷了滾出去罷瑪琪拖亞硬着膽子道。舅舅。剛要往下說祇見丸田夫人已携着美治阿士助摩祖進到房裡來聞夫人道。不要嚷。圖理君你且聽聽我說是時圖理舍譽弄得滿心糊糊塗塗好像做夢一般望着夫人道啊喲。望着美治阿士道哼、又望了一望助摩祖那双眼睛不住的向他三人臉上打起滾來美治阿士和霞那那四隻眼睛是時也把兩對光綫交起點來彼此都露出一種歡愛的顏色維時丸田夫人、推攏助摩祖上前說道、圖理君、不必疑美治阿士了。我把個確實的憑據給你罷。圖理舍譽道、不必了。任是怎麼說、那五千元盜贓、美治阿士再也卸不脫了。還有僞書爲證、說着、從袋裡拿出那封書子來摔在桌子上道、請你看看瑪琪拖亞急閃身跑到客堂裡拉了哈理治進來對着圖理舍譽道、那書子是這位哈理治君所寫的、遂取過紙筆來道、哈理君、請你寫幾行對對筆迹。哈理治以爲銀行將聘他當個抄寫、要試驗他的書法、滿心歡喜、興興頭頭的拿着筆端端正正寫了幾行。瑪琪拖亞遞給圖理舍譽、一對分明是一人的手筆、無疑圖理舍譽不覺發起火來、厲聲喝道、你這東西與美治阿士朋比爲奸的哪、你做的好事、來替美治阿士串寫僞書子嗎。哈理治道、那……裡。這書子是伊古那托我寫的。圖理舍譽道、混說、伊古那斷不做這事的、你不要走、我立刻喚伊古那來對質、正鬧着要差人去傳伊古那、祇見外間侍役送進一書子來、說道、管賬伊古那適纔匆匆跑進賬房寫了這封書子、囑令呈遞行主、便匆匆跑了出去、看他神色狠與往常不同、不知甚原故啊。圖理舍譽接着一看、封面的墨痕還未乾、開封取出書子看來、祇見圖理舍譽臉色一時青、一時白、又一時紫漲、起○來○那○手○顫○得○幾○乎○不○曾○把○書○擲○裂、未知書中究竟說的甚麼。欲知其詳再看下回分解。

# 飲冰室詩話

文藝二

飲冰

有自署愛智廬主人者，以「中夜不寐偶成」八章見寄。天下幾人學杜甫，誰得其皮與其骨。此詩近之矣。爰不忍釋，錄入詩話。扣角悲長夜，迷陽發短吟。英雄欺世慣（漢高亦帝子之事。彼豈不知其僞，而班彪之乃稱王命，即欺僞也），聖哲誤人深（君親無將之說，荀卿本於孔子，繪者亦要所挾持以制後世，故豪傑之誤人淺，而賢聖之誤人尤甚於庸衆也）。地獄誰眞入，神州竟陸沈。如知稱盜跖，微意費推尋（莊周憤此既深，而玩聖人亦特甚，知後世繪者有盜跖之行而無盜跖之才，其藉聖人之言以自文不能自恣，故取孔子首攻。蘇軾謂盜跖等篇爲後人僞作，欺爲莊周諱，必欲瑑人於詩禮間耳，不免後世文士之見也）。湖海元龍氣，銷磨益日傷。淮南招隱士（孔教之綱，專制政體之下，必多隱逸。蓋從孔教則君臣之義無所逃于天地之間，所謂不仕無義也。而置身專制汚君之朝，又節俠之士所鄙夷而不屑，功人功狗皆不能爲，故獨有隱逸之傳史不絕書也。（廿四史中無隱逸傳者不過一二）），冀北想孫陽。不索胡奴米，終焚僧達床。作緣殊未易，今日憶眞長。」試數浮圖級，曾升第幾層。道心常淡泊，傲骨轉崚嶒。理解空文字，疏狂愧友朋。阮公時越禮，應

自遜孫登謂虎柔「未能爲善惡。生世太無端。夢覺殊難定。輪廻若是觀。圓球終混沌。方寸
有波瀾。何必靈椿壽。朝陽花名轉耐看」奇情聊自負。獨坐且揮琴。不有忘機者。誰知物
外心。龍蛇生大澤。斥鷃喜榆林。性質由來異。相逢譏賞音」現在原無我。人生定幾回。
多情期轉世。私語若鬬雷。美惡从心理。稱譏是禍胎。利害毀譽稱譏苦樂能動搖人釋氏謂之八風而孔子成春秋專以褒譏爲旨更倡爲
責備賢者之說於是中人之材既不敢出其範圍而賢者亦束縛於名教究之大奸大惡本非空言所能懼若下愚不移之小人又非褒譏之所得施故孔子以後無聖人而所謂亂臣賊子仍不絕於世吾國之退化毋亦聖人之過歟
華胥與烏托。惟待夢游來」悟道輸年少。孔子三十而立釋迦出家時年二十九皆少年也 繁華攬鏡看。耶穌多
霸氣。建部遯吾思想家年表云耶穌霸氣太稜稜恐不免禍甚 我佛富悲觀。掃蕩從根底。清虛到涅槃。生前與死後。來去
雨無端。佛言吾人生命之來無端實不可思議」萬物爲芻狗。無知愍衆生。孔尼空好禮。摩罕獨能兵。遜禍庸奴
少。達時處世輕。最憐平等義。耶佛罨同情。佛云衆生可愍互相吞食老云天地不仁以萬物爲芻狗王弼注曰不爲獸生芻而獸食芻不爲人生狗而人食狗
無爲於萬物而萬物各適其用殷又陵以爲括盡達爾文新理天演家開宗語也孔教講尊卑貴賤故重禮齊之以禮至會[illegible]旅之[illegible]之學[illegible]以[illegible]教[illegible]便於專制君既不尚武尤專制之所惡而[illegible]中國之一大原
因以視老子之深遠回教之精神固已遠遜若平等之義則瞠乎後矣
雪如以新無題十二章見寄。錄七。太陽與地隔。念七千萬程。不因相吸力。那得愛情生」

儂與郎相歡，時如地與月，時時繞郎行，掩蔽有圓闕」儂與郎相慕，如地與火星，暗中作標誌，對面未能明」朝朝電訊通，萬里亦何有，恨是郎語言，不是郎聲口」客從郎所來，遺我留聲器，是郎舊時聲，非郎今時意」郎情太纏綿，纏綿如春雨，絲絲復絲絲，積合乃成縷」郎情如春雨，春雨何纏綿，熱蒸與寒沍，嘗盡酸苦甜

文藝二

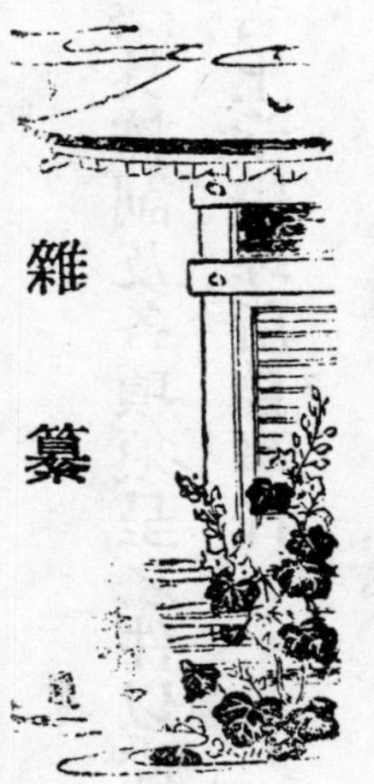


# 大淸刑事民事訴訟法（續第八十三號）

## 第四章　刑事民事通用規則

### 第一節　律師

第一百九十九條　凡律師俱准在各公堂爲人辯案

第二百條　凡律師欲爲人辯案須在法律學堂考取入格給有堪爲律師文憑該律師親自持往該省高等公堂呈請核驗並自行立誓槪無假冒情節且須有與該律師相識之殷實人二名立誓具保該律師品行端正文憑相符方准該律師在高等公堂或各屬公堂辯案

第二百一條　如該公堂驗明文憑並不合格或並無殷實人具保聲名平常者

可批斥不准

第二百二條　如該公堂允准之後該律師應照左列各項矢誓

一　不在公堂作僞或許人作僞

二　不故意唆訟或助人誣控

三　不因私利私怨傾陷他人

四　盡分內之責務代受託之人辯護然仍應恪守法律

第二百三條　以上各項既經遵辦然後該高等公堂將該律師姓名註入册內通知該省各公堂准其在各處辯案如該律師往他省公堂辯案應再呈憑照依以上各條如在初到之省一律辦理

第二百四條　律師在公堂應盡之責務如左

如爲原告律師

一　代原告繕具控詞及各項須呈之件以備呈上公堂

二　須同原告上堂辦理所控事件

三　於審案時將原告所控之事代爲上陳然後當堂質問原告及其證人如被告對詰該原告及其證人則該律師隨後亦可覆問（凡人到堂作證惶悚之下多茫然不能措辭應言不言不應言則言徒費時刻無益案情該造律師宜導之使言實情此之謂質問　凡人到堂供證類皆存袒於各該造之心致言過其實人之常情也是以被告律師須詳細研求如有虛張情節必使水落石出以免被告爲其供詞所害此之謂對詰　被告律師對詰時如該證人答詞與質問時詰所供前後稍有不符則原告律師可再問該證人爲其解說此之謂覆問）

四　被告或其律師向堂上伸辯後原告律師可將被告或其律師所伸辯之理由詳細向堂上解釋辯駁

如爲被告律師

一　代被告繕具覆詞詳細訴辯所控事件並檢齊有益於被告各証據以備呈上公堂

二　同被告上堂辯護其案及留心料理務使公堂審訊該案悉合證據依律裁判

三　代被告對詰原告及其證人

四　原告及其證人供詞已畢該律師須將被告辯詞陳其大畧然後喚被告之證人上堂供證

五　供證畢然後該律師將被告辯詞盡情援據例案伸論毋使屈抑

第二百五條　凡通商口岸公堂中外交涉之案有外國官陪審者亦可准外國律師上堂爲人辯案惟須驗有律師文憑且查明該律師經本國駐該地方之領事官已准該律師在該領事公堂辯案者方准上堂辯案

第二百六條　如律師有故意不敬或語言輕侮等情公堂可將該律師罰以三月以下之期限禁止上堂辯案如有唆訟誣告欺騙或他項重大不職情事該省高等公堂可立予黜革仍按所犯科以應得之罪並永遠不准充當律師

第二百七條　外國律師有犯上條情節照會該國陪審員或領事官禁止上堂辯案如有應科罪者由該國領事自行辦理

第二節　陪審員

第二百八條　凡陪審員有助公堂秉公行法於刑事使無屈抑於民事使審判公直之責任

第二百九條　凡公堂之有權裁判關於監禁六月以上或罰金五百元以上或徒流以上等罪之刑事案件及數値三百元以上之民事案件於未審以前經原告或被告呈請陪審者應用陪審員陪審

第二百十條　公堂設立陪審員淸册於每年正月更定一次由公堂承審官會同本地警察官一人或數人選擧該公堂境內所有堪爲陪審員之資格者將其姓名住址事業詳細載登册內

第二百十一條　該册宜鈔錄一分榜示署前俾衆周知如册內有應添應除之處報知公堂書記官照改

第二百十二條　公堂應派員一人專司人民請添除己名之事該員於此事須有全權如有適理之請可以獨斷添除

第二百十三條　堪爲及應爲陪審員之人如左

一　年在二十一歲以上六十五歲以下之人

二　休退之文武大小官員商人或公司行商之經理人士人教習學堂卒業人地主及房主

第二百十四條　不應爲陪審員之人如左

一　在該處或他處任官吏差使受薪俸之人

二　公堂人員

三　在該公堂境內辯案之律師

四　在該公堂境內營業之醫士或藥商

五　聾瞽及有廢疾者

六　曾因犯罪處監禁以上之刑或聲名惡劣者

第二百十五條　陪審員名冊既定後所有冊內之名須另簽分寫置存匣內遇有應用陪審員案件之時該公堂派員督同堂弁掣取四十名民事一千元以下案件掣取三十名於審訊該案之前一日用知單載明開審日期知會各陪審員屆時到堂訊審

第二百十六條　知會各陪審員之知單飭令堂弁分別面交如不能面交者則留其家屬轉交

第二百十七條　陪審員接奉知單屆時不到堂或到堂未經公堂允准擅自退出者經公堂查明並無合理事故可判令罰金一百元以下

第二百十八條　開審之日將傳到陪審員之名令書記官掣出十二名民事一千元以下案件掣出六名卽爲陪審該案人員惟該員等必須經兩造均無異辭方能陪審

第二百十九條　凡原告或被告不願其人爲陪審員者必須因左列各事

一　以其人年歲過老或過少或不符定章

二　以其人係與原告或被告有親屬相關

三　以其人先存成見與人評論該案時言其欲該案如何結果

第二百二十條　如有因上條請更換陪審員者卽將該員除出另易他人以補其遺總以兩造均無異辭爲定

第二百二十一條　陪審員中有自行請免充陪審員者經公堂細查確有合理事故即可准其所請

第二百二十二條　如所知會之陪審員中因有未到堂或到堂不合格者以致不能滿十二員或六員之定額則公堂可循原告或被告之請在堂上觀審人中擇合格者充數即有一造不願亦不能中止

第二百二十三條　陪審員既定於未審訊之前各陪審員須當堂矢誓表明一秉公正並無偏倚畏累及徇私等情

第二百二十四條　誓畢各陪審員均就座於承審官之旁靜聽審訊如供證有不明之處該員等可隨時請承審官代問證人

第二百二十五條　兩造證詞及律師訴辯均已聽畢承審官即向陪審員將該案所有證據再論一週并加評論如有律例問題務須逐一詳解使陪審員所議決詞與例相符

第二百二十六條　各陪審員然後退堂同至靜室密議將全案各情細衡輕重秉公

決定如確信被告委係有犯所控之罪則須覆曰有罪如原告證據不足或被告所犯情節間有疑義則須覆曰無罪

第二百二十七條　各陪審員密議妥後復回公堂維時承審官原告被告及各律師俱應在場書記官即向各陪審員詢問所議之決詞意見并被告之是否有罪由該陪審員之代表人當衆將決詞覆答

第二百二十八條　如陪審員決詞曰有罪承審官即將被告按律定擬若決詞曰無罪則立刻將被告釋放

第二百二十九條　如被告爲人所控不止一端陪審員可定其孰爲有罪孰爲無罪承審官即據所有罪之端以定罪名

第二百三十　條　無論刑事民事各陪審員決詞從多數而定但遇有重案關於死罪者必須衆議僉同方能決定

第二百三十一條　如陪審員退堂議久不決或意見各執者承審官可將該陪審員全行辭去依法另選陪審員復行審訊

第二百三十二條 陪審員自到堂迄決詞未定之先除公堂特許外不准他人與該陪審員語言或傳通信息或遞交物件如有陪審員因飯食或他故請自便則令公堂人員隨往監察

第二百三十三條 如所審之案一日不能完結次期再訊可令陪審員就署內或附近房屋居住務令暢適惟仍須派員監視刻晷不離並令該員當堂清心矢誓不准一切人等與該陪審員有通問及傳遞消息等事該員亦不得與之談論該案

第二百三十四條 民事案件決詞分爲尋常及特別兩種例如該案係爲爭債一千元陪審員查得被告確欠原告全數則決曰全數與原告如查得被告所欠非全數則決曰若干數與原告如查得被告毫不負欠則決曰被告理直此爲尋常決詞又如原告控被告違背合同情節繁瑣一詞難盡則陪審員須詳達承審官之問謂查得某事係實某事不實此爲特別決詞承審官均按照陪審員之決詞依律定案

第三節 證人

第二百三十五條 凡刑事民事各案之原告被告均可帶同證人到公堂供證并可

呈請公堂知會某人到堂作證公堂亦可酌量該案情形知會某人到堂作證

第二百三十六條　凡知會證人之知單須載明姓名住址事業及所限時日但不得用票拘傳

第二百三十七條　證人奉到知單之後卽須依限到堂如有疾病或不得已之事故不能到堂者必須豫向公堂聲明以便展期

第二百三十八條　若證人臨期不到又不聲明不到之原委者該公堂卽處以二十圓以下之罰金改用傳票往傳若再不到者照前加倍罰金並准用拘票拘提

第二百三十九條　凡證人到堂供證後聽其任便歸家若該案未結其人不願復來公堂或係案內緊要證人者可令具結取保保其於所定時限必到公堂但不得拘留

第二百四十條　承審官因使證人供證實情可帶領證人至犯事及其餘地方查勘

第二百四十一條　凡左列各色人等不得許爲證人

一　不能辨別是非之未成年者

二　有心疾者

三　有瘋疾者

第二百四十二條　凡職官命婦均可由公堂知會到堂供證但公堂須另置座位以禮相待若係三品以上大員爲證人者即由公堂遣員就詢

第二百四十三條　凡證人供證須以目覩或自知之實情不得以傳聞無稽之詞妄行陳述

第四節　上控

第二百四十四條　無論刑事民事案件經公堂裁判違律心不甘服者准其赴合宜高等公堂聲明原由申請覆審但須先向原審公堂呈明

第二百四十五條　凡上控期以裁判後一月爲限逾限不准若因天災或意外事變不在此限但須於呈內詳晰聲明

第二百四十六條　凡上控之案原審公堂應將案內一切文件憑証及判詞一併送

呈高等公堂並令原告或被告及各證人具結聽候覆審如慮恐其人不到可令取保保其屆期必到公堂但不得拘留

第二百四十七條　兩造鈔錄原審一切供詞並已呈堂之各文件及覆審時應行預備之各事原審公堂不得攔阻

第二百四十八條　凡刑事案內之被告所犯除第四十七條所載各罪不准取保外其餘各犯原審公堂應准其取保但承保之人能保其必到公堂聽候覆審方可允准

第二百四十九條　民事案件上控之人無論原告或被告公堂須令具結取保承保之數須足敷公堂已斷之數並訟費及上控各費

第二百五十條　高等公堂覆審後平反或更改原判者原審公堂之承審官除查有貪賄曲庇或溺職等弊確據照例懲治外餘俱不得申飭議處

第五章　中外交涉案件

第二百五十一條　凡交涉外國人案件俱依現行條約審訊

雜纂

第二百五十二條　凡外國人控告中國人之刑事民事案件公堂之承審官須遵中國現行法律並本法辦理不得有徇私及偏倚畏累等情悉憑公理裁判一若尋常中國人之訟案無異

第二百五十三條　中國人民無論信奉何敎俱屬朝廷赤子應一律保護如遇平民與敎民或敎民與敎民爭訟不得因敎歧視務須持平審判一若尋常訟案無異

第二百五十四條　凡刑事案件應治罪之人以法律明文爲斷如被控之事並非犯現行刑律或本法所揭罰則或該地方現行專例或巡警章程概不得將被告治罪

第二百五十五條　凡條約所准外國官員陪審之各公堂或在通商口岸或他處當中外所訂現行各條約未改之前審判一切案件俱依左列各項辦理

一　外國人控告中國人如係刑事案件承審官均依本法並中國現行法律審判

二　外國人控中國人如係民事案件承審官亦依前項審判仍可以兩造所訂之合例合同或兩造所共認之本地貿易習慣法爲準則務宜一秉至公不得偏袒

第二百五十六條　如原告或被告於公堂判詞有不甘服者准其依本法上控

第二百五十七條　如外國人在內地犯罪將該犯解交駐劄最近之該國領事官按該國律例治罪

第二百五十八條　凡中國人控告外國人之刑事或民事案件由被告本國領事官審訊中國官在堂陪審

第二百五十九條　如外國人在中國境內犯罪該犯之本國並未嘗中國訂立條約或未遣領事官駐劄者該犯由中國公堂拘拿審訊得實即按中律治罪

第二百六十條　前條所指之外國人在中國欠債被中國人控告時中國公堂有審判此等案件之權

附頒行例

第一條　本法俟奉旨批准後頒行各直省一律遵守嗣後如須增補與本法之要義不相背者仍可續增請旨核准頒行

第二條　本法頒行之後凡現行律例及各章程內有關訴訟者一概作廢

第三條　本法凡稱圓者以國家頒定之庫平一兩重之銀幣爲衡從前通用未收回

雜纂

之銀圓俱按原定分兩折算補足外國通用內地之銀圓亦同（完）

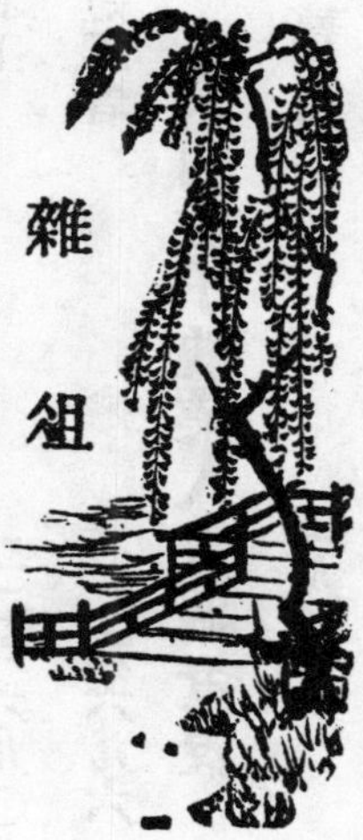


## 美洲執業人數調查表

| (執業者) | (人數) |
|---|---|
| 律師 | 二五一八四 |
| 工程師 | 一四〇五二 |
| 學校教師 | 七三九〇九 |
| 著作家及新聞記者 | 一〇九七三 |
| 伶人 | 六四七〇 |
| 牧師 | 五一六六五 |
| 藥師 | 二三五四五 |
| 建築家 | 一三五四四 |
| 醫士 | 二七五九五 |
| 美術家 | 一五二九四 |
| 漁人 | 六一五三七 |
| 印字工人 | 一二四一〇五 |
| 河工 | 一三七一九三 |
| 木工 | 三三八一七九 |
| 鐵路工人 | 三二〇五一四 |
| 縫工 | 四九二一四九 |
| 廠工 | 五九四七四二 |
| 礦工 | 九三七四八二 |
| 農人 | 一一五三一八五 |
| 鮮菓業 | 五二一四四 |
| 巡捕 | 六二四三七 |
| 傭僕 | 三四五八九三 |
| 商人 | 六三一九三三 |

## 美洲女子執業人數調查表

| (執業者) | (人數) |
| --- | --- |
| 工程師 | 二〇一七一六 |
| 學校教師 | 一三二七 |
| 著作家及新聞記者 | 六七九八 |
| 牧師 | 二六〇九八 |
| 鐵路工人 | 九〇三六四六 |
| 縫工 | 八六七二五九 |
| 業主 | 五八四七五 |
| 掌櫃 | 五四一八八 |
| 看護婦 | 七九〇四八 |
| 鋪夥 | 三三二五〇〇〇 |
| 洗衣工 | 二二一六六九〇 |
| 作短工者 | 一二二六六九六 |

## 美國女子執業人數調查表

| (執業者) | (人數) |
| --- | --- |
| 鐵匠 | 一九三 |
| 出賃馬匹及馬夫 | 一九〇 |
| 製造蒸汽機器 | 八 |
| 敷設屋上瓦面之業 | 八 |
| 製造鉛管 | 一二六 |
| 電氣工 | 四〇九 |
| 工程師 | 一〇四一 |
| 石磚工匠 | 一六七 |
| 木匠 | 五四五 |
| 油漆工匠 | 一七五九 |
| 裱糊匠 | 二四一 |
| 起造房屋技師 | 八四 |
| 領水業 | 八 |
| 船主 | 一 |
| 辦理鐵路事務 | 一七一六 |

| | |
|---|---|
| 機器技師 | 五七一 |
| 製麪粉 | 一八六 |
| 埋葬業 | 三二三 |
| 整容理髮 | 五五七四 |
| 醫生 | 八一一九 |
| 牙醫生 | 八〇七 |
| 美術技師 | 一一〇三一 |
| 報館訪事 | 二一九三 |
| 專門法律 | 一〇一〇 |
| 商鋪書記 | 一〇五五六 |
| 抄寫 | 八二二四六 |
| 管帳 | 七四一五三 |
| 買賣經紀 | 一五〇〇〇〇 |

其他如製火爐雕刻大理石者亦有數十人細數未詳至傳道者較前十年已增三十倍查以

美洲女子執業人數調查表

上所舉各業其在紐約魯治依蘇丹達工廠之機器技師爲監督者其管理部下計有一百餘人又有爲法律家專代人禀請商標者每年得進款美金二萬元美總統深喜女子執業之盛惟舉行婚事者甚少將來國中必有人稀之患又不覺引以爲憂云

雜俎

明治大學

# 經緯學堂學生招募

經緯學堂係我明治大學所創設教育清國留學生有年于茲成效卓著因望入學者日多今般於明治大學本校（在東京神田駿河臺）敷地更新築廣大校舍陽曆九月以後將警察科及其他專門科移轉于此稱爲經緯學堂專門部普通科及速成師範科則仍在舊日之校舍教授稱爲普通部設備極完全教授法等更加嶄新之改革雖多數學生入學亦能應之裕如茲擬於**陽曆九月中旬起開普通新班**（修業年限二年 學費每月四圓）**速成師範新班**（修業年限一年 學費每月四圓）**又既開班之警務科**（明年七月卒業）**及各普通班**（學費通譯費共五圓）均許隨時補缺入學凡志望來學者務於**九月五日**以前向本學堂學務課報名可也

明治三十九年八月

東京神田錦町 **明治大學經緯學堂**

發兌元　東京市神田區　合資會社富山房特約店　上海、天津、北京、其他各地書局

東洋 教育掛圖目 發賣

| | | | |
|---|---|---|---|
| 陸軍示教掛圖 | 自第一輯至第三輯 | 各一輯五張一組 | 各一輯金貳圓 |
| 海軍示教掛圖 | 同 | 同 | 同 |
| 天地現象掛圖 | 自第一輯至第五輯 | 各一輯五張一組 | 各一輯金貳圓 |
| 地文學示教圖 | 自第一輯至第二輯 | 同 | 同 |
| 世界地理示教圖 | 自第一輯至第三輯 | 各一輯七張一組 | 各一輯金貳圓八十錢 |
| 人體生理解剖圖 | 廿張一組 | 完結 | 金八圓 |
| 世界人體風俗圖 | 自第一輯至第三輯 | 各一輯五張一組 | 各一輯金貳圓半 |
| 工業示教掛圖 | 自第一輯至第三輯 | 同 | 同 |
| 農業教授用掛圖 | 拾張一組 | 完結 | 各一輯金四圓 |
| 家禽家畜正圖 | 自第一輯至第二輯 | 各一輯六張一組 | 各一輯金貳圓半 |
| 世界哺乳動物正圖 | 自第一輯至第四輯 | 各一輯五張一組 | 各一輯金壹圓半 |
| 植物正圖 | 自第一輯至第十輯 | 各一輯五張一組 | 各一輯金貳圓 |
| 喰蟲有感植物正圖 | 五張一組 | 全 | 金貳圓 |
| 有毒植物真圖 | 五張一組 | 全 | 金貳圓 |
| 救饑植物正圖 | 同 | 同 | 同 |
| 有益鳥真圖 | 三張一組 | | 金壹圓半 |
| 鳥類正圖 | 自第一輯至第二輯 | 各一輯五張一組 | 各一輯金貳圓 |
| 蟲類正圖 | 自第一輯至第四輯 | 同 | 各一輯金貳圓 |
| 稻作害蟲驅除法圖 | 五張一組 | 完結 | 金貳圓 |
| 農作物病害豫防法圖 | 五張一組 | 完結 | 金貳圓 |
| 漁業示教圖 | 五張一組 | 完結 | 金貳圓 |
| 養蠶示教圖 | 八張一組 | 完結 | 金參圓 |
| 爬蟲類及兩棲動物圖 | 自第一輯至第二輯 | 各一輯五張一組 | 各一輯金貳圓 |
| 甲殼類正圖 | 五張一組 | | 金貳圓 |
| 菌蕈類正圖 | 自第一輯至第二輯 | 各一輯五張一組 | 各一輯金貳圓 |
| 貝殼類正圖 | 二張一組 | | 金壹圓 |
| 前世界動物圖 | 三張一組 | | 金八拾五錢 |
| 魚類正圖 | 自第一輯至第二輯 | 各一輯五張組 | 金貳圓 |
| 海獸類正圖 | 五張一組 | 完結 | 金貳圓 |
| 熱帶植物圖 | 自第一輯至第三輯 | 各一輯五張組 | 各一輯金貳圓半 |
| 人體寄生蟲及黴菌圖 | 自第一輯至第二輯 | 各一輯五張組 | 各一輯金貳圓 |
| 下等動物圖 | 五張一組 | | 金貳圓 |
| 植物解剖掛圖 | 十張一組 | | 金參圓八拾錢 |
| 兒童眼病トラホーム豫防法圖 | 參張一組 | | 金壹圓貳拾錢 |
| 救急治療法掛圖 | 六張一組 | | 金貳圓 |
| 支那歷朝帝王御影 | 全一張 | | 金八拾錢 |
| 兵式柔軟體操圖 | 全一張 | | 金四拾錢 |
| 銃砲古今沿革全圖 | 二張一組 | | 金壹圓四拾錢 |
| 鑛石實驗標本圖 | 全一張 | | 金參圓 |
| 世界列國旗章正圖 | 全一張 | | 金五拾錢 |
| 列國帝王軍隊服裝圖 | 全一張 | | 金七拾錢 |
| 世界人種相貌圖 | 全一張 | | 金七拾錢 |
| 世界發明元始象列影 | 全一張 | | 金七拾錢 |
| 古今軍艦沿革圖 | 全一張 | | 金參拾五錢 |
| 貨幣古今沿革圖 | 全一張 | | 金參拾錢 |
| 帝國陸軍服裝圖 | 二張一組 | | 金貳圓 |
| 列國勳章精圖 | 全一張 | | 金八拾錢 |
| 物理學示教掛圖 | 自第一輯至第二輯 | 各一輯五張組 | 各一輯金壹圓半 |
| 博物集覽全圖 | 三十六張一組 | | 金七圓 |
| 萬國貨幣全覽 | 全二張 | | 金壹圓半 |

本館製造教育專門著色圖畫。備蒙帝室宸賞。名譽藉甚。亦技術巧妙。實良價廉。稱東洋無雙。無論日本全國。及朝鮮臺灣。大中小學堂無不採用本館圖畫者。本年更欲拓販路。特增設新工場。裝置精良大印刷機。準備已成。館運旺盛。特爲中國四方君子需。圖畫目錄大略如以上。東京造畫館主九拜

一本館書畫目錄壹冊。函致有命。不論遠近。即呈。來函一切要照左記本館所在地。書字無誤。

○日本東京市京橋區出雲町壹番地

東京造畫館

●電話新橋七百二十三番

十

此墨不須磨工。以筆沾水濃淡自如。且墨質純良永無腐敗之患。即置夏冬時令亦無融凍等慮。光彩燦然。遠勝唐墨。美麗。輕便。於行旅中最爲相宜。價廉物美。足爲文人之至寶也。即以水溶解亦可適用。如官衙書家大小學校銀行等。猶爲不可少之品。本舖開設多年馳名已久。教育品展覽會內曾得優賞。中國朝鮮緬甸等處亦屢蒙光顧。惟需覽標本請賜郵費壹角二分。即以墨一個呈閱。不誤。其他文具種類太多。恕不悉錄。故特另紙詳載標本。

二十世紀

大日本登錄商標

最大發明

田口精爾謹製

# 開明墨

開明墨製造元

合資會社田口商會

日本東京京橋區南傳馬町一丁目七番地

日本陸軍軍隊正式形

清國用雲龍模樣形附

◉今者弊店新鑄之劍以日本陸軍軍隊所用之劍爲模樣至其四圍之裝飾則用雲龍專爲大清國用品現將新式意匠登錄既得認可調製發賣如仕商光顧或託人代辦者不拘多少均能應命

若託商人購買數枝者亦有折頭

林軍刀店

大日本東京市芝區日蔭町通愛宕下町二ノ五

第三種郵便物認可
新民叢報第四年第十二號
明治三十九年八月四日發行

SEIN MIN CHOONG BOU
P. O. BOx 255 Yokohama Japan.

# 新民叢報

明治三十二年十二月二十七日（第三種郵便物認可）（每月二回發行）

第肆年第拾叁號

（原第八十五號）

光緒三十二年七月一日　明治三十九年八月二十日

新刊

# 新法英語教科書

洋裝精本

定價大洋五角

是書原名 Psychologicae methods ofteaching languages 英國學堂最新之課本也用新法課英文法於云謂介系之用三致意焉其法以實串編英語循序漸進有引人入勝之妙學者熟習乎此於英語文法思過半矣書經譯以華義並附有教授法誠學英文者最便之津梁也

三版來出

華英合璧 廿世紀新讀本 訓蒙第壹編每冊壹角半 訓蒙第貳編每冊貳角

袖珍本 華英學生會話每冊貳角 華英商賈會話每冊貳角

初級英文範 每冊五角

總發行所 上海棋盤街中市 廣智書局

經售所 內外地各書坊

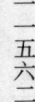

# 新民叢報第肆年第拾參號目錄（原第八十五號）

報資及郵費價目表

| | 全年廿四冊 | 半年十二冊 | 零售 |
|---|---|---|---|
| 報資 | 五元 | 二元六角 | 二角五分 |
| 上海郵費 | 二角四分 | 一角二分 | 一分 |
| 上海轉寄內地郵費 | 一元二角 | 六角 | 五分 |
| 各外埠郵費 | 一元四角四分 | 七角二分 | 六分 |
| 四川、雲南、陝西、貴州、山西、甘肅等省郵費 | 二元八角八分 | 一元四角四分 | 一角一分 |

日本各地及日郵已通之中國各口岸每冊一仙



編輯兼發行者　馮紫珊
印刷者　陳侶笙
發行所　橫濱山下町百六十番　新民叢報社
上海發行所　四馬路老巡捕房對面　新民叢報支店
印刷所　新民叢報活版部

# 教育學史

每部二册大洋八角

此書凡四編第一編古代教育學史第二編中代教育學史第三編近代前半期教育學史第四編近代後半期教育學史全書十五章都十五萬餘言日人所著教育學史未有若此書之詳博者也吾國當今急務當以振興教育爲第一義然不取各國歷代之教育制度及其數千年大教育家之學說博觀詳察何以爲取法之資此書之刻凡我國之辦學堂者爲教師者皆當一讀自能於泰西教育學之源流遷變燭照無遺矣

發行所　上海棋盤街廣智書局

# 政治原論

（每部大洋七角五分）

欲求政治術者不可不通政治而欲通政治
學者當提綱挈領先擇其通要者讀之本書
日本市島謙吉原著都分三卷上卷論政體
中卷論憲法下卷論行政廣搜衆說證論明
通凡國家機關所由組織之故讀此自能了
然其譯筆之條暢明達尤爲譯界中不易多
得

總發行所上海棋盤街廣智書局

法國大化學家羅威些

論著一

# 雜答某報（續第八十四號）

飲冰

## 四　立憲政體之不能確立其原因果由滿漢利害相反乎

彼報第五號謂「滿洲民族與我民族利害相反。欲其行正當之立憲。無異授人以刀而使之自殺」。悍然引申此義者凡數千言。吾友佛公評之。謂觀此段論文。知彼之良心已不知其何落。彼此共同之目的。不外救國。乃徒爲攻擊他黨計。不憚拋棄救國問題於九霄雲外。是何心理。（見本報第十一號）誠哉然也。盖該報記者憚現政府之果爲正當的立憲。則彼所持排滿主義。將如猢猻失樹。更無著落。故不惜爲此言以提撕之也。所謂其心可誅者也。吾於此義。別有所見。惟斷不肯如彼報記者之不顧大局。公然發布之。雖坐此失敗於詞鋒。所不辭也。但彼所言滿漢利害相反之點。誠或有之。然其間獨無利害相同者乎相同者何則中國亡而無漢無滿而皆無所麗是也而滿漢相閱其結果必至於召亡也吾以爲彼滿人者不計及其全族之利害則已耳苟計及其全族之利害則必能斷然擲棄排漢之政策而取同化於漢族之政策蓋非是決無以自存也

論者徒見此次之改革而鐵良榮慶最作梗焉。且彼明倡立憲利漢不利滿之說。因此指爲「立憲政體之不能改定實由滿漢利害相反」之明證吾之所見則不然鐵良榮慶果能有此宏識公德爲滿洲全族人計利害乎鐵良只知有一鐵良榮慶只知有一榮慶耳其他非所知也使彼二人而果有爲滿洲全族人計利害之心也寢假遇一事件焉而滿洲五百萬人之利害與鐵榮二人之利害適相反者而鐵榮能犧牲其自身之利害以徇彼全族之利害焉則可命之曰滿族之忠臣也已矣雖然吾有以知彼之必不能也然彼固明明昌言立憲利漢不利滿。一若甚爲滿洲全族計者。何也吾以爲彼之所以不願立憲者原不過懼緣立憲之故而失其本身之富貴權力惟此隱衷不能公言之也適值此排滿論正熾之時彼乃借此說以聳君主之聽託名爲忠於本朝忠於本族以自文其奸而不知本朝云本族云之名詞不過爲彼一私人所利用甚則舉國洶洶之排滿家皆爲彼一私人所利用而已鐵良榮慶之藏身固甚巧而排滿家乃爲其所仇之人作荆軻而不自知毋亦重可哀耶夫此次爲改革之梗者。固不獨鐵榮二人矣。即漢員之大僚亦居大多數焉。若彼者甯得謂其認改革爲利滿不利漢而因以梗之耶毋亦認改革爲不利於己一身之富貴權力而因以梗之耳質而言之。則箇人主義者今日中國膏肓之病也大局之利害與己身之利害相反則甯犧牲大局而顧本身漢人有然滿人亦有然而絕非能有種族的觀念參與於其間也有言責者誠欲以口誅筆伐剪國家之慝則當并全軍向於箇人主義以包圍之若枝蔓於種族問題則所謂藥不對症而反爲箇人主義者流寬其罪膏肓之疾終不得而瘳也吾以爲凡其人之眼光能計及一種族之利害者則導之而與計一國家之利害其必甚易矣夫以單一之種族組成一國家者。則種族之利害即國家之利害。自無分別之可言。若夫以二以上之種族組成一國家者苟其各族之人誠能有自愛其族之心也則當本族利害與他族利害相反時固不免先其族而後他族若當本族利害與國家利害相反時則自必能先國家而後其族此無他焉善推其所爲而已如愛爾蘭人與英爲仇、英皇室有慶至樹黑旂焉然使大不列顛國有國難則愛爾蘭人執殳前驅者相屬於道也此何以故。蓋人之在世也有私的生活有公的生活一身之利害則由私的生活而生其觀念者也一種族之利害一國家之利害則皆由公的生活而生其觀念者也惟淺識者流知有私的生活而不知有公的生活故常不肯以一身之利害徇一種族一國家之利害若其人而能知置重於一種族之利害矣則必其識見已能超越私的生活之範圍以入於公的生活之範圍而一種族利害之觀念與一國家利害之觀念則同屬於公的生活之範圍中者也故有見於甲者必能有見於乙無見於乙者必其並於甲而未嘗有見者也曷爲不能有見則以始終跼蹐於私的生活之範圍內以箇人主義尅滅其他之主義而已今中國無論漢人無論滿人皆坐是病吾輩惟當認此病爲國之大敵合全力以征討之自玆以外皆不對證之藥焉耳

夫今日滿人之爲梗者。則皆計一身之利害。而非能計全滿族之利害者也。使其能計全滿族之利害也則必能推之以進一解焉。曰漢人果可得排乎排漢主義而果爲滿人之利乎善夫上海時報之言也。曰、『滿漢民數相較爲百與一之比例使漢人死於

鬩者十而當滿人一則漢人犧牲其十之一而滿人已無噍類矣」又曰「故滿漢而毋相鬩則已耳不幸而相鬩則必鬩十次而滿人之勝利十次焉鬩百次而滿人之勝利百次焉然後可傳曰盡敵而反敵可盡乎此不啻爲滿人排漢者言之矣夫相鬩者不能歷十百而無一度之失敗此事理之不可逃避者也然今日以滿人而排漢雖九勝而一敗而一敗已不復足以自存」（見八月廿八日該報憲政解蔽篇）夫此乃事理之至顯淺而易見者也滿人果自爲其全族計者則不待上智但一轉念而即可有見於此矣故吾以爲今後滿人而誠欲其族之自存也則惟夙夜孜孜求所以盡同化於漢人者如北魏孝文之政策焉舍是無他途也今滿洲中能知此義者當亦非無人而彼之標排漢主義以爲名者非徒中國之罪人抑亦滿洲之蟊賊也實則彼甯知有漢甯知有滿箇人主義而已倘就箇人而加以恐怖焉使其權勢與其生命不能相容看彼肯舍其生命以殉滿洲全族之利益否也而今之持排滿論者反若幸滿洲之有此種人得以增我口實而一般之感情愈以漲奔焉自以爲我利用彼也而豈知彼方利用我而箇人主義之目的乃完全克達也彼此交利用而國家大事去矣

故吾謂滿漢利害相反非立憲政體不能確立之原因而現在有權力者之抱持其箇人主義乃立憲政體不能確立之原因也知病之所在即知藥之所在若藥不對病吾慮其雖瞑眩而不能瘳也

（附言）自前號報之出數日間而示威之函盈寸。僕雖懦乎。抑非此之可恫喝者。但就中一函。有謂我勸漢人以勿排滿。而不能禁滿人之不排漢者。又有謂前頗信我言。懸而待之。今則知吾言之不驗。而至於失望者。夫滿人排漢之一問題。以吾所觀察。則謂其動機全根於箇人之利害。當以別種手段對付之。排滿論則徒資之口實而張其燄耳。此義前文已明。不必再辯。若謂吾言不驗而因以失望者。其意殆指此次改革之有名無實耶。此則未深讀吾論而誤解吾意者也。夫吾所持者爲積極論而非消極論吾屢言之矣故夫吾之非勸吾國民袖手旁睨以待欽定憲法之發布甚明也吾之手段必曰要求使國民既有一强有力之機關以實行焉而政府終不我應且察彼已實無應我要求之餘望則吾言可謂不驗而無惑乎舉國人之失望焉已而試問我國民曾從事於此焉否也此次改革動機。

全起於出洋考察政治之五大臣。而五大臣考察政治之舉。吾固早謂其於中國前途無甚關係者也。（見本報第四號）僅一二在位摭拾耳食以爲陳說。而國民意思自始未嘗有所表現以參與乎其間。故此次之有改革。本出吾人意計外。而此次改革之不結果。乃實在吾人意計中也。夫操豚蹄以祝篝車。識者猶笑其妄。況並豚蹄之不持。而所希更有逾於篝車。天下寧有此絕無代價之物耶。觀日本所以得此區區憲法者。其國民用力之多寡何如。今我國民袖手以待之。不得則頹然失望焉。夫亦安往而不失望也。吾此論非以荅彼致書示威之人。特見夫近來失望者之愈益多。或益增其發狂。或竟流於厭世。兩者皆非國家之福。故更申吾要求之說以相勸厲云爾。

（此節已完全論未完）

## ◉前號本題正誤表

| (葉) | (行) | (誤) | (正) |
|---|---|---|---|
| 三 | 八 | 主權者 | 總攬統治權者 |
| 十四 | 五 | 而亦 | 則亦 |
| 十四 | 十二 | 屬與 | 屬於 |
| 十七 | 七 | 年年 | 年 |
| 二十 | 一 | 府者 | 府義 |

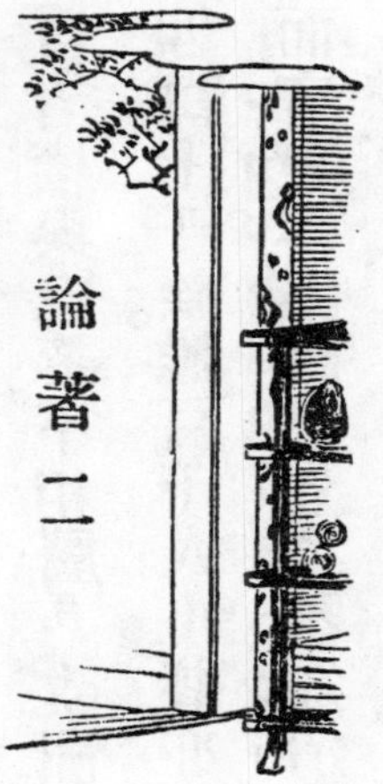

論著二

# 法國革命史論

明夷

法之召大亂也以初開議院之制未善也當時民黨領袖人望最高者莫如伯爵米拉名士伯利名將侯爵拉飛咽其宗旨不過欲改專制而行立憲耳乃心王室而擁護之忠忱固甚盛拉飛咽以助美自立仗劍成功吾遊美華盛頓故宅覩其遺像英姿颯爽未嘗不起敬其高義也然能成大功于助美而反貽大禍于祖國之法則以診病未審方藥誤發也其方藥之誤何也則拉飛咽以美國政治之平等致治有效欲以美國之政施之法國而不審國勢地形之迥異于是在美行之而治在法行之而亂也是猶醫者治病不審表裏虛實而以驗方施之其病在實在表者而效則病在裏在虛者必反而不效矣夫苟但執驗方而可以治病不待審夫病者之老幼强弱表裏虛實則天下

執一驗方新編人人可以爲名醫矣有是理乎。醫一身既無是理，況診一國之病得其表裏虛實其理尤難而謂可妄執他國之驗方以望瘳己國之痼疾其可行哉悲夫以拉飛咽之忠勇下愛同胞上忠君國一誤發身親經驗之美國藥方遂以大毒法國且自毒其身也以拉飛咽之忠勇至誠立功經驗天下士也少有不愼禍毒若是況無拉飛咽之經驗而忠誠不及拉飛咽者乎且夫拉飛咽所持美國之驗方實天下公理之至也其要旨曰。人權平等也、主權在民也、普通選舉也、此至公至平之理聖者無以易之實大同世之極則也然孔子早明太平世之法而必先以據亂世升平世乃能致之苟未至其時實難躐等拉飛咽不審先後緩急之宜見義勇爲遽發權理案乃以暴斃焉吁其可傷也以普通選舉故當時法二十五歲男子僅五百萬而選舉人已四百二十九萬餘人凡鄉市之吏任參議參政之職者多不能讀法令以此愚氓任官。安得不亂昔者地方各有自治權與巴黎不相屬乃改洲縣分全國爲八十三州三百七十四縣而市鄉官衙置四萬七千餘。雖百千人小鄉亦設理事官五人治之故全國之民三十人必有一官吏而官吏多不識字豈獨不知治獷悍橫行無所不至議員與官吏如此故釀成大亂也夫立法之學至深且遠以今日美國之久安長治而法吏刑官皆舉于民多議其不能稱職不若英國況于法國初變之時人才尤乏乎以其舉于民黨。故悍鷙之人。若羅伯卑爾馬喇段敦埃卑爾易伯爾諸人。皆以屠伯之性充法吏。故妄行殺戮。慘無天日。始以除王黨。繼以除異已。不擇善類。不論民黨。互相爭權。流血徧地、斷頭臺上。無能免者。首創變法倡始革命諸功人莫不戮屠無遺種以是釀成恐怖之世也夫議院之有上下。以互相制也田間少年勇悍之人與貴位老成謹重之識相劑而調之乃底中和而得中適宜今以主權在民只有衆議院而無上議院民權，既盛慓悍持權動輙屠誅人皆不保故賢士大夫不逃則戮即在民獻之夫良善皆誅而惟悍敢狡鷙之人可以在位故挾其獷悍之黨日以流血爲事無復義理之可言其兇橫有過于無道之秦政隋煬萬萬倍者以是諸因民權之害遂如洪水決隄浩浩蕩蕩懷山襄陵大浸稽天無所不溺亦若猛獸出柙無所不噬此則拉飛咽誤師美國之毒也夫萬法之對於人羣無得失是非惟其適宜譬猶藥之補瀉亦無得失是非惟其對病苟不對病則服人葠一斤者亦可發熱而死且藥必加製煉乃可用也不製之藥反可生病民權固爲公理然不知製之乃以不教之民妄用之此則誤服人蔘十數斤誤飲補酒百石只自速其死而已況于服砒霜飲烏頭而又無分兩之度限乎死矣死矣無可救矣法人既入于恐怖而拉飛咽部下皆入嫌疑刑之戮痛哉自作孽不可活之忠勇拉飛咽也

法未革命之始。先已毀教殺僧。民無教義禮法以服從其心綱紀蕩然如猛獸假于自由以恣兇橫無君無師無教無學無禮無義賊民興喪無日與之天下豈能一朝居乎觀法大革命七年中而恍然也自巴士的獄破衛軍撤。王以一身爲民擁遷于巴黎自是白龍魚服喘息需沙螻蟻噬之矣至是巴黎市會擁盜國權以法衙刀鋸駈除異己米拉伯雖欲解散民會仍擁王室路易十六君后亦肯降心相從后則約會于公園以釋嫌言好君則訂予俸還債以簡在爰立然新舊兩相之黨交擠之米拉卒不能執政以行其君主立憲之策而賫恨以死拉飛咽以督護國之大軍稍資擁護苟延旦夕然始則失意于后妃應得巴黎市長而失之于革黨伯書終則民黨漲大誅戮獷悍人心全變反以拉飛咽擁護王室爲非大功宿望因此頓失乃反軍而討之力已不逮進退失據卒爲降虜流離英倫而死。嗟夫以二子之才、望忠誠志在立憲以安君國豈有比哉。然行之無序遂以毒亂法國中欲轉移則能發而不能收夫破壞猶縱火也不戢將自焚也縱火之始所焚者僅欲在此而大風忽乘之則將倒焚無能自主且以自斃焉此豈米拉拉飛咽所預料哉嗟夫忠義人望若二子者亦可鑒也夫

西千七百九十一年四月。米拉死。王孤立亂民中。無所恃。六月乃走依布意爾侯，爲亂民截還。出走凡五日。民黨決廢之。幸拉飛咽以護國軍彈壓之。封雅各伯社。王室少安。君主立憲之機。賴此一綫。然捕亂民而法院畏不敢問。乃釋之。亂民無所憚。于是復熾。當王出奔時。搜得王之私書。多非難民會之語。用是藉口。至十月再開議院。不許用舊員。于是被舉者。民黨悍猛之人。充斥其間。而貴族、王黨、鮮敢舉者。其有一二中立之人。皆畏懦不敢與民黨爭。于是平野黨山岳黨出而大革命大恐怖之期至矣。拉飛咽以一木支大厦。欲以君主立憲定國。以中流人士執政。如捧土以塞孟津。無所濟矣。

平野黨者。及倫的黨也。羅蘭夫婦及伯書主之。此黨多福祿特爾門人。講哲學主無神者。人才最多。

山岳黨者。雅各伯黨哥爾得爾黨爲之。皆下流人士。而羅伯卑爾段敦馬喇諸屠伯主之。以主權在民爲義。昔者北勒達尾州議員會于雅各伯寺。因以爲黨名。漸徧全國。陷士的獄。脅國王。皆是黨之議也。馬喇自蘇格蘭習醫。後歸爲新聞記者。巴黎人心爲之大變。其言動曰。非盡殺貴族二十八萬人。不能變法。段敦猛厲。年三十。爲政社總理。羅伯卑爾出路易大學。雄辯而通哲學。實爲革命之主。是時州郡已變。畫地之制。皆聽命于巴黎。于是巴黎市會實執國權。拉飛咽既失市長。而革黨伯書得之。于是段敦羅伯卑爾馬喇皆爲市會議員。而斷頭臺上之機。人人無能免者。王侯螻蟻。蘭艾同焚。爲古今未有之慘焉。

當路易十六之被幽也。求捄于列國。法諸貴族。擬立王弟康對公于哥不倫德。亦求救于列國。歐土諸王。多法王宗戚。又慮革命之風潮。波于己國。于是咸止國爭。而助法王。澳普俄班及瑞典撒丁與日耳曼選侯之大國。咸同盟謀法事。自是列國聯軍七聯七解。凡二十四年。死人四百餘萬。皆爲法也。法革黨欲播民主義于全歐。路易十六度民黨必敗。亦謬爲決戰。王政黨欲拉飛咽得兵權。亦主戰。于是改新政府。增新兵九萬。與舊兵合十五萬。與普同盟軍十三萬。直開戰矣。是時法旣大亂。各郡邑不聽巴黎之令。各自募兵爭亂，類于無政府。舊伍皆逃。僅餘五萬。新募卒未經訓練。隊伍將皆無閱歷。法紀甚亂。而澳軍新破突厥。實爲百戰精練之師。于是諸將皆無戰意。紛紛棄歸。幸澳將持重太甚。與普王不協。然亦長駈而入。與巴黎僅隔大林。惜不敢穿林。普王自挑戰而敗。適全軍大疫。死者四之一。于是撤軍還。蓋革黨之不亡。法者有天幸焉。非人力所能保守也。若聯軍無疫。則革黨覆而全法分矣。

路易旣幽。諸將皆請幸其軍。而路易日夜冀援軍之入。皆謝之。亂民要其撤衛兵。又聽之護國兵。請以死衛王。皆謝之。專恃外援。民黨忿敵軍之入以救王。乃由散而合。益思速弑王以絕敵心。宜其死也。路易一誤于拒議會。再誤于撤衛兵。三誤于不用米拉伯。四誤于不倚拉飛咽。五誤于中廢及倫的黨。六誤于不聽諸將及護國兵。而恃援軍。于是身死國亡。爲天下戮笑矣。路易固仁厚。能開議院聽民權者。而卽以開議院聽民權。死施而不報。且以囚戮報。德民心之難與。亦甚哉。雖有護國兵四千五百。憲兵勤王家千餘人。瑞士親軍九百。然大勢全去。豈能救乎。卽護國兵帥曼達。不被市會之紿。亦無濟矣。至是也。拉飛咽。尙負其宿望。乃欲以單騎責議院。則被攻爲變節。布告爲公敵。又不挾兵攻亂民。而身反爲降虜。何其愞耶。當王之將戮而訊于議院也。從容慷慨。及倫的黨至是流涕嗚咽。力爭其死。即羅伯卑爾馬喇之酷橫。亦不能仰視。拒敵統帥杜馬利耶。廻軍欲救王死。而遲不及。然拉飛咽與及倫的。造端于先。勢必難收于後。至是一則詰難民黨。一則流涕力爭。拉飛咽杜馬利耶。挾數十萬之兵。不早平亂黨。至是乃憤。則人心已變。徒爲降虜。及倫的黨。被誣通敵助王。全黨受戮。究何補乎。故謂縱火者能縱之而不能收之。除互殺至盡。如鷸鶉之鬭。然無他途也。法之故事。可以鑒矣。路易之死也。道絕行人。市廛閉業。婦女寺僧。多憤死者。一書賈發狂。一理髮者自盡。人民多以巾拭王血爲紀念。則遺愛已深。非衆怒而衆殺者矣。

西千九百九十三年八月。既殺囚王之後。九月二十一日。開共和議院。則亂經三年。王政絕而民政始矣。于是各黨議員。皆從事革命之人。而主民政者。雅各伯黨號稱山岳黨。僅三十餘人。擁巴黎市會之亂民爲主。而最橫酷者也。羅伯卑爾段敦馬喇爲之魁。及倫的黨人才最多。兼有政府之權。伯書羅蘭路伯等主之。惡亂民之横酷而思保守焉。其中立之黨。則各郡縣選出之議員也。人數尤多。亦附之。皆深惡巴黎市會山岳黨之酷虐無道。思有以制之。然當大亂世。尤横暴者必銳敏。必得一時之勝。其稍有人心稍顧公理者。必瞻顧而近于懦弱。則必敗。故二黨皆終歸于齏粉。而山岳黨得全勝也。然以火濟火。亦同歸于盡而已。當開議院之日。兩黨即互攻。皆互以勤王相誣。及倫的黨路伯欲調兵守議院。及易市會議員。本黨衆情瞻望不盡贊成。僅設十二委員以控巴黎市會。乃執馬拉付之法司。而法司皆山岳黨人。釋之。于是山岳黨人益恣肆自喜。知及倫的黨之無能爲矣。夫及倫的黨當有議院多數。內閣大權之時。又爲全國郡縣所歸心。其視山岳黨人僅數十。僅有議院小數之權。若如路伯之議。去之易易矣。而不乘勢同心以力去山岳。則兩雄之爭。必有一敗。少敗則必不自保。事勢之常也。然而及倫的黨必不能以力去山岳也。蓋其黨人多名士學人。研哲理。知公義。行事賦刑皆審輕重。即其敢於革命。亦由于憐小民之壓制。而捨身拯之。蓋本于不忍人之心。而非以殘忍流血行恐怖法以攬權位爲志願者也。夫當兩爭之地。有此不忍之心。則必不能妄殺人。既不能殺人而不禁人不殺己。則必爲忍人所殺矣。于時大亂之餘。飢民無所得食相率從亂。山岳黨欲勒富民重捐。凡三百四十兆以濟之。及倫的黨不從。山岳黨乃造謠煽亂民。謀盡殺及倫的黨。事洩。十二委員會捕易伯爾囚之。山岳黨令亂民圍議院而請釋易伯爾。摔議長及倫的黨伊斯那爾于壇下。散十二委員會。中經兩日之暇。及倫的黨尚不同心恊謀以兵力去山岳黨。集議紛歧。乃揖讓而請退會。惟于釋易伯爾之事。尙爲力爭。于是慓悍之山岳黨人。夜擁巴黎二十八區之市民。部署民兵八萬。大砲百六十。以襲議院。盡捕及倫的黨人下獄。其伯書路伯等逃匿。皆被追搜而囚焉。于是全黨名士皆上斷頭臺。自殺巴爾德至伯爾及奧二十一名士。僅費時三十分。巴黎市長伯利首創革命。與法王弟痾爾良公及羅蘭夫婦同時並戮。平野黨議員七十一人爭之。亦死焉。葬之路易墳旁。吾輿過而見之。豈意革命諸名士。即從葬于弑王之旁哉。

是時法國革命之志士。才英民望。一朝盡矣。全法之八十六州。皆歸心及倫的黨者也。皆哀民望而憤山岳之無道。同興問罪之師。是時勤王黨率聯邦大軍橫壓法境。其于滅巴黎之山岳黨。亦至易矣。然與勤王黨宗旨不同。諸州主者。亦復意議紛歧。軍事散潯卒至敗績散去于是法革命正黨及倫的終而法之恐怖時代出大亂綿于八十餘年流血至于數千萬人不亡國幾希誰生厲階慘禍若是吾不爲羅伯卑爾段敦馬拉易伯爾埃卑爾等諸酷毒民賊責而深責及倫的黨諸志士也今夫奕至小數也能奕者不預知六七着不能圖勝也即僅知三四着可謂深遠矣然下棋立敗何況國政之深奧民變之奇幻其狀之深遠繁奧有預算千萬着而不能盡其害者今以中國數千年治亂興衰之多故其事變得失至易鑑矣既聚古今萬億聖哲以策之而防于此者失于彼所患猶日出于意外況大革命之事古今所鮮經常道所末由即諸志士當開議院抗王命之時亦未嘗逆計夫大革命之全局當革時之變狀若何既革後之變狀若何變若何來若何因應之且雖有智者欲逆計之而事變之來如風吹火焚實不能料則預爲因應之法亦無所施也夫以事變之奇幻欲逆計因應而不得而及倫的黨在當時實見寸行寸而爲之非有能預計將來者譬猶庸醫未識病症而敢妄用砒霜之毒藥大黃之瀉劑其不毒殺人者幸耳夫以及倫的黨諸志士其學術多出于福祿特爾以救民水火爲心能捨身破家以當大難以成其廻天蕩地之大業欲革命則革命

矣而革命之後坐視兇殘無術阻之遂以全黨投于灰燼而不能少救恐怖之禍身既不保生民塗炭法幾危瀕亡者數十年則非及倫的黨諸人所及料也當及倫的黨譁唱革命之時若預知後禍之恐怖流血甚于洪水同事之兇殘害民甚于猛獸吾度諸賢之必不敢高言革命也于何知之以山岳黨欲弑王。欲加稅。欲虐殺而及倫的黨皆爭之既不敵則全黨請退其正直光明之槪仁愛慈惠之心蓋實爲救國民而來而非爲爭權勢而起若宗旨出于救民不能救而且吮而食之豈惟吮食之乃令徧地流血才賢哲美蘭艾同焚無一免者則雖尼羅之暴臣民第度之屠猶太亦無若法革命之大禍夫及倫的黨以不忍于法民壓制之苦而惡其君而欲去之豈忍于山岳黨恐怖之兇而肯從之夫以路易之仁柔比之山岳黨之兇殘孰得失焉以法國君主專制之淫威比之民主羅伯卑爾專制之淫威孰爲得失焉夫以區區加富民稅之小害及倫的諸賢甯失民心舍全黨而爭之不肯從而謂恐怖狂戮賢哲同焚流血百二十九萬禍垂八十餘年之彌天大惡及倫的諸賢忍爲之乎故諸人革命實出于不忍民之心而未知適成屠民賣國之擧也諸人惡山岳黨之兇殘甯甘退會讓權而猶不忍調兵捕戮而謂肯忍屠殺全國之人宰割賢智同于羊豕以爭權勢乎豈知當大任臨大機者少有退讓禍敗隨之豈非所謂騎虎不能下者耶當猛獸對大敵不能克勝反爲呑噬豈非所謂當機不斷反受亂者耶然鄉曲自好之士猶不忍妄戮一人況于志士仁人乎夫凡能以救國救民爲志者必具有不忍人之心況于講哲學談公理至以博愛同胞令人人得自由平等者乎夫博愛同胞救擧國之人置于自由平等之地雖千歲以後大同之世至聖大仁猶難言之苟勿遽求其效但以此爲志便有殺一不辜而得天下猶不肯爲之槪堯舜猶病孔佛爲難即亦不責求志行義之實但旣高揭博愛同胞之號則仁心仁聞自觸于不忍之懷來已不能如梟鷙之英雄殺人不瞬漠然不關其心蓋凡稍言公理者必有仁質必有義心必有輕重之裁量而不肯襲殺無辜之全黨宋襄之不擒重傷建文之寬待燕棣所以敗也魯隱之不殺桓公陳宮之不殺曹操曹爽之不殺司馬懿我不忍彼彼將忍予卒反噬也故當大變非常仁柔之君子必以猶豫不忍敗悍毒之奸雄必以兇忍捷疾勝此古今之故事也及倫的黨旣藉亂民之兇以革王室矣旣日與猛虎遊矣而欲佩玉鳴琚以止張牙舞爪以小

惠大讓而當亂賊暴人其何異秣薪膏油以止大火之焚鑿孔決隄以捍洪濤之濫乎夫有救民不忍之心者必不能妄屠無辜既不能妄屠無辜必被反噬而失勢仁賢失勢則必屠伯悍賊執政必至各爭權位而互相屠戮內相爭屠則必多疑而立嫌疑之獄以羅織無辜則必猜忌而惡才賢之人以剪除異己積之既久偪之既極于是人人但思自保不復顧有人理而非常之殘殺隨之故同志同黨之必互殺恐怖流血之自然此非羅伯卑爾之性特慘酷乃事勢曲折導之使然也故夫人人以仁讓相處則安然可久矣人人以爭殺自保則慘息相對矣是故其始也立憲黨與尊王黨爭相惡而相殺王黨敗矣無王黨之敵則立憲黨與革命黨爭相惡而相殺及憲政黨亦敗革命黨全勝矣則中和黨與悍激黨相惡而相殺中和黨敗矣悍激黨全勝矣則悍激黨中又有極悍與不甚悍之黨爭而相殺夫既悍無人理者則必攬權植勢則雖同黨同心同功同難亦必以爭權相忌而相殺前者既作後者隨之迭代更殺無有已期朝懽暮戰附葉連枝飛蝗投火同歸燼期蘭玉碎焚流血橫尸億萬駢除獨令奸雄之起挾兵力而坐受之乃掃兇殘救水火民久疫于大難得蒙煦咻咸忘前事而樂戴依則復于一

君之專制而數十年數百萬之流血何爲覩于法革命乎始則名將拉飛咽杜馬利耶之仁心義望以欲行憲政附會革命黨而卒爲革黨所陷死中則及倫的黨羅蘭伯書伯利數十人首創革命至于成功而卒爲山岳黨所襲誅死終則山岳黨中段敦易伯爾埃卑爾爲羅伯卑爾所殺死以羅伯卑爾之雄卒爲黨人所殺而凡預于革命之役無仁暴智愚賢不肖無一人能免者百二十九萬人流血以去一君卒無所成只助成武人拿破侖爲大君復行專制而已嚮使拿破侖第一少戢梟雄愼保祿位則世君法國至今不改可也然則百二十九萬人何所爲而流血哉追源禍首及倫的黨諸志士仁人不慮事變妄倡革命大罪滔天無可逭也

且法國大革命之不亡其國也抑幸賴羅伯卑爾馬喇諸屠伯悍賊之酷毒絕無人理耳當聯軍之入討也苟非忍心盡誅勤王立憲黨不論賢智忠仁而皆殺之則聯軍功成而法可亡當大亂農工之皆絕財政之困匱亂民之叫囂也苟非忍心酷毒盡奪諸寺領僧產盡奪諸貴族富室大商之物業則必不足以支國用而給民食則食貨絕而法可亡當勤王軍與全歐各國聯軍入法全法八十郡縣及拉枉德郡農民義軍之環

攻革命軍也苟非忍酷毒駈十八歲至三十五歲之公民三十萬人人出戰不從者殺則法可亡盡誅豪富下及農工令舉國人皆無所措惟投足軍隊可救生命于是英猛之士咸樂從軍既有英猛壯士故可以靖內亂而抗外敵故法之不亡賴羅伯卑爾之妄殺以迫成强兵隊也乘聯軍之不和勤王軍與義民軍之不睦乃以極酷虐無道行其極酷虐無道之策四面完成故能自立此其間若稍存人理有一綫不忍之心則無以清內之異已無以充內之兵食無以聚內之猛士即無以拒外之强敵而法國必亡羅伯卑爾諸賊行其酷毒之極點故反得揚其革命除君主之討檄于全歐此如秦政隋煬之必有所成張獻忠李自成之必有所立彼固不雜不蕪故能堅成一體但飄風暴雨必不能久沸湯烈火旋即熄滅既背人道豈能有成破壞既盡一切空虛眞如佛所謂大刼焉少即滅亡徒爲他人作驅除難耳是其究竟者也而生際其時居于其國者人民何罪蒙此慘劇耗矣哀哉則及倫的黨與米拉拉飛咽杜馬利耶諸賢貽之禍也然則謂諸賢操刀以殺此才智無辜之百二十九萬人當亦諸賢所爲法受過也吾國久廢封建自由平等已二千年與法之十萬貴族壓制平民事既不類倡革命言壓

制者已類于無病而學呻矣好名之人一唱百和無賴之徒因勢謀利非有深知得失出于不忍而救民水火者也當平世羣居爭錙銖之利相怨相攻甚且造謠相殺盖無所不至矣上海相傳至有無三人之黨無十日之交盖僅空唱革命之談全未有分毫之事實而惡薄已如是之甚也羅伯卑爾馬喇段敦已觸目接踵矣奚待革命之成而恐怖之期必至矣但法國革命之時全歐機汽未行故革命之徒得駈市民以當列國今則兵艦砲隊皆經百練迥異法時我又爲黃種之獨國白人紛紛虎視逐逐莫妙于假定亂之名以行其瓜分之實恐吾國革命之徒雖酷毒至于極點人理可以絕無比羅伯馬拉而倍蓰之然必不能駈市民而當諸白之强敵也然則豈止流血百二十九萬哉不盡殺四萬萬人不止即幸能存者亦留爲白人之奴隸馬牛而已無論其不應革命及革命不成即使果成此則吾國革命後之效果矣然則啜啜言革何爲哉論者或謂革命可也惜無人才假得眞人義熱實心以救國救民爲事者則可矣惜吾國民智未開人格未至也以吾謂無眞人而假託革命謬談自由其爲不可不待言也假令吾國民智大開人格皆至才哲如林義熱實心救國之人無數以言革命則其禍酷必更烈

而亡中國愈速焉。吾國所謂民智人格義熱實心救國救民者。能得及倫的黨諸賢于願不已足乎。及倫的黨諸賢皆大哲福祿特爾之徒。一國之才秀人望歸之。故其敗也。八十六州皆爲興義師以爲復仇討罪。然益以增流血百二十九萬人之數。助成魚爛鼎沸而岌岌幾亡而已。若果如此類之仁賢愈多。則其愛心未除而必不能盡行無道之事。優柔不斷。駈策不前。夫經革命之後。全國散漫。控御無方。內亂並起而外侮乘之。中國之亡益速耳。蓋行歧道者不至。踏兩船者必溺。反不如羅伯卑爾等無道已極。尙能專制保國也。今僞慕革命者。心儀自由。畏稱專制。浮慕共和。謬事開議。雖操一舟不可行。治一家不可舉。而欲革一國之命。不其遠乎。手搖覆屋之大機。從容退讓以鳴和。而授羣賊以大柄。羣賊乃縱火燎原。同歸于盡。是誰之過歟。不深觀數着之棋而妄奕。猶不可也。無知小兒弄兵戲火。自殺自焚已而已而。吾觀今談革命之人。非無至誠義熱救國爲心者。亦頗有文學之士。不察知中外。從其扇動者。皆因目擊國弱。積憤牝朝。無所發紓。鬱極生變。蓋中國甫當開關。未經閱歷。盲者試步。非有眞知。人云亦云。蓋憂國至極。以爲舍此無由。故不得已而出此也。其愛國之心亦可原矣。然諸至誠義熱之人。

其才賢義憤能比及倫的黨諸彥乎。吾國事勢其比于法乎。才賢果能比于及倫的黨。吾國果類于法國。其事效亦如法而止。然已流血百二十九萬人。貽禍八十餘年矣。況以吾國比于法之不倫不類。而諸白强國之環伺眈眈乎。果能爲及倫的黨之賢而愛國也。其惡中國之壽而促之云爾。

及倫的黨旣殲盡。議院權亦失。于是兇悍之山岳黨握法國全權。無敢少睨視者。而以爭權勢來者。外爭旣盡。內訌即起矣。

山岳黨魁羅伯卑爾馬拉段敦。于是裂而爲三黨。又相競焉。馬拉者市民黨。先爲及倫的黨俠女哥爾底所刺。而其黨入埃卑爾旭墨及易伯爾代爲之魁。仍擁亂民而據巴黎市廳爲樞要。于山岳黨中最殘暴者也。凡破壞一切皆其黨所爲也。段敦者哥爾德爾社之主盟。稍平和。嘗惡同黨之暴。而與及倫的黨結。爲司法卿。有內閣之權。

羅伯卑爾久據雅各伯黨爲魁。尤梟鷙。自馬拉死後。負其資望。欲專制全法。而徐圖爲王。而與己並名者。惟有段敦。則尤忌之。旣有安利訶八萬護國兵爲爪牙。乃立國安委員會。掌全國權。在議會之上。使其幕僚十二人桑非古敦總委員會。掌政權。兼收海陸軍。又令哥羅德爾波亞入市廳以分馬拉黨之權。以都馬掌革命法院。又收地方自治權。乃造誹搆段敦與埃卑爾交惡而助段敦以殺市廳黨三月二十日。自埃卑爾旭墨諸渠及無政府黨魁十五人皆戮之。四月五日、遂誣段敦通王黨而阻革命。以兵脅議員皆畏之而畫諾。市民皆譁然終執而殺之並戮其黨人散其哥爾德爾祉羅伯卑爾旣剪除異己之政敵。又慮同黨人之圖已也以自保之故猜疑愈深。旣立嫌疑之刑。謀除向之同事自山岳黨議員及警保委員國安委員民政議會委員皆盡去焉。且揚言于議院而不著其名。于是同事人人疑懼于將爲段敦也。密謀之七月廿七日。于議院反執羅伯卑爾而誅之。並執其心腹護國兵帥安利詞革命法官都馬二十人與其親黨七十三人並誅焉。此則所謂惡毒旣盡將自斃必無幸逃者無得而議焉

渠魁旣除。又分爲二黨。殺羅伯卑爾者。爲其親黨哥羅得波亞比羅巴勒內等。專以悍殺爲事。又甚于羅伯卑爾者也。是爲恐怖之殘黨。擁國安警保兩會之權者也。段敦之舊黨收合議院衆黨。名爲焦月黨。平野黨久惡山岳。亦歸附焉。人數遂多。氣勢漸振。乃

逐哥羅得波亞而廢市廳。設警察財政二司。以代總巴黎市政。于是數年跳梁之酷毒之市民黨。乃得掃除焉。人心厭亂。于時有良家子編少年軍隊。與護國兵隊結合。以助議院黨。隨所在以勦亂民。既擊敗雅各伯黨。乃禁閉革命法院。與革命委員會殺酷吏之革命法院長甫幾坦比爾及難得斯郡守加利爾下恐怖黨魁哥羅得波亞十餘人於獄。亂民兩起救之。聚衆至三萬餘人。圍議院。盡逐議員。欲復恐怖之政。至夜少年軍隊救至。大敗亂民。殺山岳恐怖殘黨四十餘人。囚六十餘人。竄六十五人。于是七年兇殘革命之山岳黨。誅勦乃盡矣。其後王政黨再結雅各伯餘黨爭權。擁護國兵三萬而起。爲拿破侖所破。是爲西一千七百九十五年八月。自革命之事起七年。革命之黨派無數。不論窮兇極惡之山岳黨。平和義熱之及倫的黨。附和中立之平野黨。皆輾轉相殺。同歸于盡。亂黨亂民。無一免者。其始同託名于覆王政。其中覆君主立憲。其後則革命之中。互相屠戮。或同志而以異黨相殺。或同黨而以爭權相誅。于一黨之中。又分數黨。于小黨之內。又分親疏。異黨屠盡。則同黨相屠。疏者屠盡。則親者相屠。人人互相猜忌。人人自圖保衛。究則無同無異。無親無疏。不保不衛。一無所得。只有盡上斷頭臺以爲結果而已其究也合數十百萬革命軍之流血以成就一羅伯卑爾之專制民主合數千萬良人之流血以復歸于一拿破侖之專制君主然則所以大流血殘忍無道者果何爲哉且夫彼革命者之政論甚高揭博愛以爲名彼革命黨之政策無他以上斷頭臺爲實彼革命黨之言志甚俠皆以捨身流血救國救民爲詞而必日殺同志同黨左右至親以爲自保夫彼革命黨能捨身流血以救國民則不思自保可也而無如革命黨之徒思自保以殺人且至立嫌疑之獄捕至立殺也夫革命者果思自保則勿妄殺人或可保也既妄殺人而猶思自保必不能也汝妄殺人人亦將殺汝安能保也夫以革命者之必作亂也作亂者之必無秩序無理義而爭權也其必至同志同黨至親左右展轉相殺者勢必不可已也董卓之亂也卓既誅矣而李傕郭汜樊稠張濟爭而相殺矣洪秀全之亂也楊秀清思篡之于是其東南西北王殺楊秀清而又互相殺也豈惟亂人其諸學道者猶難之凡人談學則易共事最難雖有道義至交刎頸相與一至于共事則不能相容矣蓋名譽利害之切于身人人相反也人既相反不能不出于自爲則必相失矣十年道義之磨礪不及一事利害之反攻遠觀于陳餘張耳之交近

觀于曾文正左文襄沈文肅之事則聳然矣當曾左之互劾也、曾文正曰不意同里起平戈矛。石交化爲豺虎。幸而諸公非爲革命者耳。否則諸公必相殺矣。撥亂之舉事勢至難名分正而力足猶未易定亂況于革命之舉必假借於暴民亂人之力天下豈有與暴人亂民共事而能完成者乎終亦必亡不過舉身家國而同斃耳不能剖割之學見小病而動操刀其有濟乎謬意縱火豈能定大風之從何方來耶、夫當革命黨之舉事而語之曰救國而國將斃救民而民殆屠盡凡倡革者身必死彼必不信則何不觀法之往事乎夫既必死而不能救國則不如早自刎而勿害多人之少爲愈也。

跋

此南海先生歐洲十一國游記之一節也。以其論聳切懇摯。足以爲病狂熱者之藥。故錄諸報中。全論凡三萬餘言。其最博深切明者。爲末段論法國所以不得不革命之原因。而推求我國現在果有此原因與否。此俟第十五號乃能次第錄及焉。而右所錄諸段。其於法國破壞後不能建設之因果。固已若指諸掌矣。鄙人所以兢兢焉不敢坿和激烈派之破壞論者。亦正以此故。

本報前諸號。夫既屢言之矣。而論者或爲之說曰。建設之目的良。則破壞之現象亦良。建設之目的惡。則破壞之現象亦惡。據此以推論中國歷史上革命之陳迹。謂顚覆政府。乃其破壞之手段。而帝制自爲。則其建設之目的。革命之生內亂。非手段使然。而目的使然。於是得一結論焉。謂中國今後之革命。苟使爲共和制而無君位之可爭。則顚覆政府之後。革命家必不致相爭。爭奪不生。則內亂必不作云云。其言自以爲甚辯。不知此乃不許人反詰之一面的供詞而已。吾則還問諸彼。法國大革命時代。其革命黨所倡設之目的良耶否耶。此彼輩所日日謳歌尸祝者也。其破壞之現象惡耶否耶。彼輩雖有長舌。殆不能舉歷史上之事實而抹煞之也。夫當時法國諸黨。其非若我國歷朝鼎革之交。諸豪桀之爭爲帝王。抑章章矣。而何以更迭相屠。無一存者。禍且視爭帝者倍蓰焉。豈不以羣衆相集。其利害萬不能從同。況以一國之大。品彙萬殊。有緣所處之地位。而利害絕相反者。（不必貴族與平民也。即貧者與富者。乃至此省人與彼省人。皆有之。）不可悉舉。有緣學問見識之懸絕。同此一事。其利害本非相反。而此認爲利彼認爲害者。此最普通而最可畏。讀者當平心察勘之。故意見無論如何總不免於衝突萬事付之衆議則其衝突之程度愈甚而在平時之衝突則固有之法律及慣習恒足以制裁之若在秩序新破壞之時慣習蕩然舊法律全喪其効力而新法律未立即立矣而民未習効力無自而强於斯時也衝突之起非借腕力無從解决之質言之則能殺人者勝見殺於人者敗而已故欲實行其意見者非假腕力末由相屠之禍所由不能免也然此猶指彼實心公益無一毫自私自利之心者言耳若夫其中有緣託美名以營其私者又不在此論夫當破壞時代嘯聚種種社會其不能無此輩厠於其間則豈待問矣故法國大革命之惡結果乃事所必至理所固然非不幸而偶遇之也謂建設之目的良則破壞之現象必良者其何以自解於此論者又謂誠使今後之中國革命。盡力於民黨之調和而避其軋轢。則恐怖時代可以不復見云云。此語抑誰不能言者。然天下事非言之難。而實行之難。法之狄郎的士黨即此文之及倫的黨也。吾前譯皆通用此名。故今仍之。抑何嘗不絞心血以求調和而功卒不獲就者豈非以吾所謂學問識見之懸絕與夫假美名以營其私者必厠乎其間而終無可以調和之道耶中國人與法國人同爲人類同有人類之普通性豈其於此而獨能免之耆夫此文之言曰破壞猶縱火也不戢將自焚也縱火之始所焚者僅欲在此而大風忽乘之則將倒焚無能自主又曰謬意縱火豈能定大風之從何方來耶吾願世之狂奔於感情者勿易其言以禍國家也

飲冰埘識

論著三

# 中日改約問題與最惠國條款

飲冰

馬關和議後。我總理衙門大臣張蔭桓、與日使林董、締結中日通商航海條約於北京。訂以換約日起算十年期滿。期滿後六箇月內。任一國皆可提議修改。中間義和團戰亂後。雖復訂有新商約。然不過該約之追加條件而已。該約之効力。則尙在也。考該約之交換、在光緒二十二年。即明治二十九年陽歷十月二十日。至今年彼日。實爲期滿之時。今則又屆滿後一月餘矣。據該約第二十六欵。苟當此六箇月內。兩國各無提議。則此約將續行十年。夫此約成於戰敗之後。事事多所屈讓。其不利於我。無待言也。而今後十年間。能回復一二與否。則其時機全在此差餘之四箇月。此四箇月之關係。不可謂不重也。頃者旅居日本神戶橫濱長崎之華商。有電請外部提議改約之舉。駐劄三埠領事。聞亦有禀帖建議。此誠我外交界一活潑之徵。記者所深表同情也。因述此次改約之要點。貢其一得。冀外部當局者省覽而采擇焉。

外交通例。凡兩獨立國締結條約。其雙方之權利義務必平等。苟有一方不平等者。必其一方已失獨立之資格者也。日本自明治初年。即以改正條約爲一重大問題。朝野上下。萃全力以圖之。凡閱二十餘寒暑。至明治三十二年。然後告成。其所以爭之如此其亟者。誠以國體所在。非得已也。考日本當時所爭。其重要者有三端。一曰領事裁判權問題。蓋前此外國領事得行裁判權於日本。改正後則拒回此權也。二曰最惠國條欵問題。蓋前此日本與諸國條約。其中關於最惠國條欵者。皆爲片面的。改正後則爲相互的也。三曰國定稅率問題。前此關稅稅率。皆以條約定之。改正後則由主國自定也。此三事中。惟國定稅率一事。未能盡達其目的。（日本現在與英法德奧四國猶結協定稅率條約除四國外則行用國定稅率）自餘兩事。則可謂大成功矣。此日本過去之成案也。

我國與諸國所結條約。皆不平等條約也。與日本改正條約前之情形正同。日本所汲汲改正之三事。亦正我之所刻不容緩者也。雖然。領事裁判權。非俟法律大定。不能議拒回國定稅率則今者各國方以此爲商戰之盾不欲我行保護政策必注全力以反對我國力未充今且未能及此故以我國今日情形所能辦到而刻不容緩者惟最惠國條欵之一問題

最惠國條款英語謂之 The most Favonred notion Clanse 我國條約文中所稱最優待之國等字樣是也語其意義則甲乙兩國締結條約而約文中明列一條謂兩國中無論何國與第三國丙所立之條約其在或現在或將來所許予之利益甲當以許丙者許乙乙亦當以許丙者許甲也其起原自第十七世紀末至今日殆成爲條約上之通例蓋自交通大開以後國際貿易盛行使甲國對於乙國將特別優異之保護權利而丙丁等國無之則丙丁等國勢將不能與甲國對峙而商戰緣以劣敗故丙丁等國不得不要求乙國使其如所許於甲國者以相許此最惠國條款之所由起也

最惠國條欵有相互的有片面的何謂相互的甲乙訂約甲以此許諸乙乙亦以此許諸甲是也何謂片面的惟甲以此許諸乙而乙以此許諸甲與否不著明文是也夫兩平等國訂約凡一切權利皆宜爲相互的若最惠國條欵之性質更宜相互而不容片

面抑章章也。故歐美諸國之結約。其關於此條欵。無不爲相互的。其有爲片面的者。則自彼與東方諸國强迫結約。不以平等相待始也。

前此日本與諸國所結約。皆所謂片面的最惠條欵也。試舉其文。

日英舊約第二十三條云。日本政府將來有許與外國政府或臣民以特典之時。不列顛國政府及臣民亦應得同樣之免許。

日奧舊約第二十條云。日本天皇陛下所許與他國政府及其人民特別之權利。或將來所許與者。奧大利匈牙利之政府及人民得同樣之免許。

日德舊約第十九條云。日本天皇陛下所許與他國政府及其人民特別之免許或便宜。或將來所許與者。德國政府及其人民自此條約施行之日起應得同樣之免許。

此不過略舉其例。其他與諸國所訂約。大率類是。約文中明言日本所許與他國者。英奧德政府及人民得一體均沾。而英奧德所許與他國者。日本政府及人民得一體均沾與否。未嘗言明。此所謂片面的也。日人深以爲恥。乃以前後二十餘年間。萃全國人之精力以求從事於改正。卒乃自明治二十七年起至三十二年止。改正之功。次第完成。自玆以往。關於最惠國條欵。皆爲相互的。試更舉其文。

日英新約第十五條云。兩締盟國。其一方之通商航海。對於他之一方。總以最惠國之基礎爲主意。凡關通於商航海一切事項。其一方所許與別國政府船舶臣民或人民之一切特典殊遇及免除。或將來所許者。他之一方之政府船舶臣民或人民。即時無條件而許與之。(日德新約第十六條全同)

日墨新約第五條云。兩締盟國。於其一方之領地。關於通商航海旅行住居之事。許與他外國之臣民或人民之一切殊遇特權及免除。或將來所許與者。他之一方之臣民或人民。亦許與之。其殊遇特權及免除若對於他國之臣民或人民。爲無報酬而許與者。則亦無報酬而許與之者。有別種之契約而後許與者。則得以同樣之契約或有同一價値之報酬而許與之。

日俄新約第十六條云。此後有許與他國者。俄國即時得同樣之許與。俄國對日本人亦然。

日秘新約第六條云。秘魯國政府及人民。自此條約施行之日。日本國大皇帝所既許與於他國之政府及人民之權利殊典特例裁判權其他一切之利益及將來所許與者。應一切受之。日本政府及人民亦應受秘魯國現在將來所許與他國政府人民之一切權利殊典特例。

右所擧者。其一斑也。自餘若日美條約第十四條。日德條約第十六條。日嗹條約第十四條，日意條約第十五條。其文大率類此。不備擧。要之。日本與各國所訂約前此之關於最惠國條款者。皆爲片面的。自改正以後。今則皆爲相互的。兩相比較。顯而易見者也。

今徧考我國與各國所訂條約。其關於最惠國條款者。列其條文如下。

(道光二十三年與英國在虎門鎮所訂條約第八款)大清國大皇帝。將來無論因何事故。許與他外國之臣民或市民以特別利益。或增加之。英國臣民。即時照所許者擴充享受。(此條約現坊間通行各條約書失載此據英人布魯濟爾支那史下卷附錄五五九頁譯出也。)

(咸豐八年與法國在天津所訂條約第四十款)中國將來如有特恩曠典優免保祐。別國得之。大法國亦與焉。

(咸豐八年與美國在北塘所訂條約第三十款)現經兩國議定。嗣後大清朝有何惠政恩典利益施及他國或其商民。無論關涉船隻海面通商貿易政事交往等事情。爲該國並其商民從來未沾。抑爲此條約所無者。亦當立准大合衆國官民。一體均沾。

(咸豐十一年與德國在天津所訂條約第四十款　兩國議定。中國大皇帝今後所有恩渥利益施於別國。布國(案即普魯士也)及德意志通商稅務公會和約各國。(案即德意志帝國內各聯邦也)無不一體均沾實惠。

(道光二十七年與瑞典那威國在廣東所訂條約第二款)中國日後如另有利益及於各國。瑞典那威國等人民。應一體均沾。用昭平允。

(同治二年與丹麥在天津所訂條約第五十四款)一各國所有已定條約內載取益防損各事。大丹國官民亦准無不同獲其美。嗣後大清國或與無論何國加有別項潤及之處。亦可同歸一致。以免輕重之分。

(同治二年與荷蘭在天津所訂條約第十五款)一現經兩國所定條約。凡有取益防損之道尙未議及者。若他國今後別有潤及之處。荷國無不同獲其美。

(同治三年與西班牙在天津所訂條約第五十款)一各國所有已定條約內載取益防損各事。日斯巴尼亞國官民亦准無不同獲其美。嗣後中國或與無論何國加有別項潤及之處。亦可同歸一致以免輕重之分。

(同治四年與比利時在天津所訂條約第四十五款)兩國議定。中國大皇帝今後所有恩渥利益施於別國。比國無不一體均沾實惠。

(同治五年與意大利在天津所訂條約第五十四款)各國所有已定條約內載取益防損各事。大義國官民。亦准無不同獲其美。嗣後大清國或與無論何國加有別項潤及之處。亦可同歸一致。至各國如有與大清國有利益之事與義國人民無礙。義國亦出力行辦以昭睦誼。

(同治八年與奧大利在天津所訂條約第四十三款 今後中國如有恩施利益別國之處。奧斯馬加國亦無不一體均沾實惠。中國商民如赴奧斯馬加國貿易。應與奧斯馬加國最爲優待之國商民一律。

(光緒十三年與葡萄牙在天津所訂條約第十款)一所有中國恩施防損或關涉通商行船之利益。無論減少船鈔出口入口稅項內地稅項與及各種取益之處。業經准給別國人民或將來准給者。亦當立准大西洋國人民。惟中國如有與他國之益。彼此立有如何專行專章。大西洋國旣欲援他國之益。使其人民同沾。亦允於所議專章。一體遵守。

（同治十三年與祕魯在天津所訂條約第十六欵）今後中國如有恩施利益之處。舉凡通商事務。別國一經獲其美善。祕國官民亦無不一體均沾實惠。中國官民在祕國亦應與祕國最爲優待之國官民一律。

據右所列。則凡我國前此與各國所訂之條約。其關於最惠國條欵者。皆片面的也。惟前（後俄約不見有關於最惠國條欵者或吾所見尚未備耶）蓋皆僅言我所許與他國之利益。彼國應一體均沾。而彼國所許與他國之利益。我國能一體均沾與否。絕不言明也。不言明則我之不能有此權利。固在言外耳。就中惟葡約爲取有償主義。他約皆取無償主義（有償主義者謂有報酬然後得此利益他國之欲得此利益者亦不可不出此報酬也）然所謂有償主義者。亦不過片面的有償主義。蓋葡人雖取他國之報酬。然後給與利益者。我若以同樣之報酬而欲享葡人所予他國之利益。其得否尚非約文所明示也。又意約第五十四欵。亦稍與他約異。其云各國與大淸國有利益之事。義國亦當出力行辦云云。此所規定者。已不在最惠國條欵之範圍內。殆借以敷衍耳。且其語甚閃爍。不確定。毫不足爲權利之盾也。其中惟奧約。秘約。兼言及中國人一方面。比諸約稍具平等之體。然猶不能得完全之相互的最惠也。稍有心者。讀此諸約文。其果有動於中否耶。

惟同治七年與美國在華盛頓所結條約第六條云。

美國人民前往中國或經歷各處或常行居住中國總須按照相待最優之國所得經歷常住之利益俾美國人一體均沾。中國人至美國或經歷各處或常行居住美國亦必按照相待最優之國所得經歷與常住之利益俾中國人一體均沾。

此約可謂之純粹相互的最惠國條欵也。雖然。此不過美國當時欲墾殖西部急於招華工故爲此以相餌耳。迨夫鳥盡弓藏。至光諸七年光緒二十年兩次換約。甚乃下逐客之令。而前約成廢紙固已久矣

又光緒二十年與英國在倫敦所訂滇緬界務商務條約第十七條云。

兩國人民無論英民在中國地界或華民在英國地界凡有一切應享權利。現在所有或日後所添。均與相待最優之國一律不得有異。

此亦可謂相互的最惠條欵也。雖然。此不過行諸接界土壤之一局部而非及於兩國之全部若語於全部之利益。則仍從虎門鎭條約所規定依然片面的而已。

其眞可稱相互的最惠條欵者則惟最近於光緒二十五年與墨西哥在華盛頓所訂條約而已其第六欵云

中國人民准赴墨國各處地方往來運貨貿易與別國人民一律無異。墨國人民准赴別國人民所至之中國通商口岸往來運貨貿易。嗣後兩國如有給與他國利益之處係出於甘讓立有互相酬報專條者彼此均須將互相酬報之專條一體遵守或互訂專章方准同沾所給他國之利益

其第十七欵云。

中國人民在墨國有控告事件。聽其至審院控告。應得權利恩施與墨國人民或與相待最優之國人民無異

我中國自與各國訂約以來。其能保全國體者。惟此約而已。固由墨西哥注意墾殖利華人之前往。就範較易。亦由當局得人有國際法之智識。不輕徇人以自貶損也。其時訂約大臣伍廷芳上奏云。

此次訂約。臣先將歷來中國與各國所訂條約詳審得失。復將墨國與英美所訂條約。比類參觀。有可采者則用之。有窒礙者則去之。取益防損。酌理準情。歷經磋磨。務臻美善（中略）務期內裨商務外保僑氓。尤以崇國體馭遠人爲至要。（中略）將來與各國修訂條約。亦可視此爲衡云云。

誠哉其言之非夸也。即最惠國條欵一端。純然采相互的有償主義。後有從事改正條

約之業者其不可不首數之矣。

今當中日條約期滿可以提議條約之時。請舉日約關於最惠國條欵者徵之。我同治十年初與日本訂通商章程三十三條。其中無關於最惠國條欵者。殆由兩國皆不諳外交。不知及此也。及甲午挫衂後。繼馬關之約而有商約。即光緒二十二年在北京所訂之通商行船條約二十九欵是也。其第四欵云。

日本臣民准帶家屬員役僕婢等在中國已開及日後約開通商各口岸城鎮來往居住。從事商業工藝製作及別項合例事業。又准其於通商各口任意往返。隨帶貨物家具。凡通商各口岸城鎮。無論現在已定及將來所定外國人居住地界之內。均准賃買房屋租地起造禮拜堂醫院墳塋。其一切優例豁除利益。均照現在及將來給與最優待之國臣民一律無異。

其第二十五欵云。

按照中國與日本國現行各約章。日本國家及臣民應得優例豁除利益。今特申明。存之勿失。又大清國大皇帝陛下已經或將來如有給予別國國家或臣民優例豁除利益。日本國家臣民。亦一律享受。

由此觀之。此約文但言我所給與他國者日本得一律享受。而日本所給與他國者我得一律享受與否。絕不提及。此正所謂片面的最惠國條欵。與我歷來與各國所訂之約同又與日本前此與各國所訂之約同也夫領事裁判權與片面的最惠條欵兩者日人前此所受辱於各國而舉國人張拳切齒以相爭者也然彼在甲午以前猶不得以施諸我（前此日本在我國有領事裁判權我在日本亦有此權可謂爲相互的領事裁判權今則變爲片面的矣）及夫一勝之威則彼前此所不欲受於人者今悉以加我焉雖國力不逮無如之何然今昔之感我國民覩此何以爲情哉。

今屆改約之期。竊以爲他事雖或未能及。而此事爲國體所關。不可不提議力爭。而欲爭此事。固非漫無把握也。蓋此事之性質與領事裁判權異領事裁判權者彼享特別之利益於我相互的最惠國條欵者我享通常之利益於彼而已彼既享特別之利益於我欲從而撤銷之其事逆而難彼既以通常之利益與人欲從而均沾之其事順而易夫拒回領事裁判權則其人民之在我國者必須受治於我法律之下我法律或不完善則損及彼焉故彼非能輕於我應也結相互約最惠條欵則必其所能許諸各國者然後以許我夫一切之國皆可以相許則其事之必無損於彼也明矣豈其因並許我而遽有損焉必不然也故曰。彼逆而難此順而易也況日本近今政策常刻意欲與我交驩我若提此議而堅持焉其必不以此區區者傷害我全國上下之感情而貽國交以障礙此又可據情理而信之者也吾故曰非漫無把握而云然也。

且使日本而如美國如荷蘭。向來本特設苛例以待我民。則今者驟然要求以撤銷。其事抑非易。然日本不爾也。無論兩國國交上乃至吾民之僑寓於日本者日本之相待原未嘗比諸外國而有所歧視故就事實上論之雖謂我國已得最惠國權利於日本焉可也今茲提議要求則將事實上之權利變為條約上之權利而已故曰其事順而易也

問者曰。既有事實上之權利。夫亦可以相安矣。而更提議改正。毋乃多事。應之曰。不然。國際之有條約猶國內之有法律皆所以為權利之保證也凡事實上之權利非有保證焉而不能確實如我國人民於事實上固原有種種之自由權然非有憲法以為之保證則政府一旦剝奪之而無所據以相爭條約亦由是也苟不然則各國條約中必斷斷焉互以此最惠字樣著之明文毋乃不憚煩也且日本於平時固未嘗有所歧視於我民然遇一特別問題之發生以無此條約明文保證之故而不欲以各國所公享

之權利與我者則亦有焉矣其在光緒二十五年初撤居留地之時凡各國人皆許雜居於內地獨我國人則思特別限制之幸其時旅日僑商大運動彼之政黨及各報館盛倡反對論而此議乃中止苟有相互的最惠條欵者彼焉得爾也又八年前日本收家屋稅外國人之在舊居留地者一律徵之外國人不服卒提出於海牙仲裁裁判今年夏間判決日本政府敗訴乃將前所已收者悉還諸外人獨我橫濱長崎華商之在舊居留地者不以見還焉苟有相互的最惠條欵者彼又焉得爾也由此觀之事實上之權利不足恃也欲其可恃惟使之變成條約上之權利而已

此就人民利益一方面言之也。然最惠國條欵。通常皆有國家及人民字樣。是利益所關又不徒在人民也。況此事又不徒利益問題而實關係國體問題其緣此而能得利益與否且勿問然以兩不平等國相交際非此不足以完其面目然則更安可以悠悠視之耶

抑吾之爲此論。非徒對於日本一國而已。吾既認此片面的最惠條欵。爲國體之大辱。而現在吾與各國所訂之約。無一不然。則對於各國而皆須要求改正者也但必先得

一國承認改正則他國自易於就緒而日本現方刻意與我交驩而其事實上又本無歧視故日本之承認有較易於他國今又適當改約之時苟能以全力要求得之則將來各國改正之功皆自此發軔矣。莊子曰其作始也簡其將畢也鉅勿謂玆事小國家永久之名譽其或繫之矣

或曰。國恥之大者莫若領事裁判權。今彼之不能去。而惟此是爭。其無乃放飯流歠而問無齒決乎。應之曰。不然。天下事當以漸而幾得寸。則吾之寸也得尺則吾之尺也日本之議改正條約也前後凡亘二十餘年從種種方面以進行得一步乃進一步明治十二年。寺島宗則之爲外務卿。首與美國訂恢復稅權及相互的最惠條欵之約。其後明治十三年至十九年間。井上馨爲外務卿。則先從稅權著手。次從裁判權著手。幾經挫跌而後卒底於成若是乎此業之不易而不可不多爲其途以進也日本抑前事之師矣我今先從事於此誰曰不宜願我政府蚤圖之願我國民促我政府蚤圖之

論著三

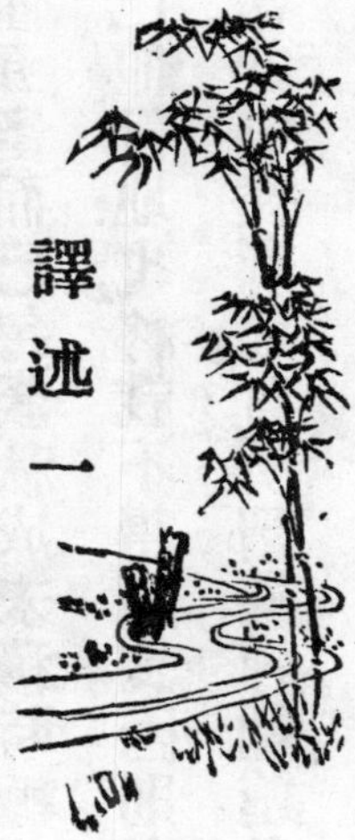

譯述一

# 最近世界大勢論（續第八十三號）

仲遙

## 第一章之續

### 第六節　俄羅斯

俄羅斯蓄橫飛四海之心據高掌遠蹠之勢且其爲地也具有完全之自立資格與美國之地理相類舉世界一切之產物莫不自有之此俄羅斯地理上之雄而世人所以且驚且羨且妒者也而惜乎其國之弱點殆亦不可縷計舉其大者而言之則(一)其地雖具有完全之自立資格然純在歐亞兩大陸之背陰沉闃寂於開明發華之象蓋甚缺焉其四圍之境線亦甚不良以是之故俄國與美國自此方面觀之遂純然立於反對之地位而俄國所以能爲陸軍的强國而不能爲經濟的强國實緣於此(二)俄國之土地雖極廣大然其人民不能如美國人民之有吸納他國人民之能力而利用之以

輿墾拓之業。（三）其國民未嘗參加於歐洲中世之變動而不得深沐文明之澤。故俄國民之文化程度較諸歐洲他國為低。（四）俄國之原族與居於俄國邊境之他種人民。常相反目。（五）其民間之明達志士與其政府互相衝突靡有寧日。（六）其農民之狀況自昔以來困憊已達於極度。而近者域提之經濟政策不能救之且反病之。

譯者案稽氏所舉俄國之弱點之第一至第五數事。稍明俄國情實者殆皆能知其概略。姑弗深論。顧吾儕所當亟為研究者。惟在其所舉第六事。是真俄國危急存亡之問題。而彼邦人所深自隱秘者也。今先言其農民之生活狀況。次言域提之政策。

俄國農民之數。居其國人口中之十分之八有餘。而其生活狀況。就里亞藏一地觀之。所號為最富者。每年雖一人所費亦不過僅三十四留。次者則二十八留。其至貧者則僅五留而已。每歲秋成未穫時。輒相率以乞食於他地。他地之人。亦恆周助之。為己他日地也。終歲不得肉食。困則以菌代肉。利其有滋養性。然至難消化。又傷身甚。其堪替縣地。有所謂饑饉麵麭者。蓋當饑饉時農民所食之食品也。

頃經堪替大學分析此種食品內所含之質。則知其中所含之質。爲灰七分六厘。水二分四厘。灰中含有多量之克羅列托屬礦物性。其他分子。則或爲各種穀物。或爲麥實之殼等。要之此種食品。傷身實甚。而一旦收穫不良。則數百萬人。又非仰此莫可得食。以是俄國農民之身長。及其體力。逐年減縮。識者謂關係於民族墮落之問題。甚非細故。其困憊艱難之情。有如此者。

以是之故。彼邦政治家。亦未甚不注意及此。然農民所以困憊如是之原因。實在於彼政府頻以侵畧爲事。而使農民負莫大之義務使然。不揣其本而齊其末。仍無當也。域提者。俄國人中之有政治才望者也。彼之政策。凡分兩事。(一)創國家專賣事業。(二)實行外債政策。其初着手以來。成績頗有可見。然行之既久。奏効亦難。且其流弊。反致使農民之體力日益削弱。而彼之所以去大藏大臣之位者。亦實緣於其政策失敗之故。要之俄國之侵畧野心。一日不戢。其農民之困憊。一日不止。此盡人所同認者。而農民之困憊不止。則其所生之結果。有最大兩事。

(甲)革命暗殺之禍終無窮期。俄國革命暗殺之原因雖有種種然原因於農民之困憊者實多其國中之加瓦流士克黨即專抱此目的者

●●●●●●●●●民族墮落之象日益顯著(見前不複述)

(乙)第七節　美利堅

美國之爲國也。有優點者四。弱點者三。弱點而未足爲病者三。其屬於優點者。(一)其地理超然立於歐洲之外。深備自立國之資格。(二)其國之原料及製造品。皆宏富靡盡。以是世界所以有前代未聞之經濟的侵略。推其原動力。悉在美國。(三)各國人民以豔羨美國之富力之故。自昔以來。其移殖於美國者。不可以數計。而美國社會之魄力雄毅博大。足以舉此等新來者悉吸納之同化之。(四)美國在西半球中。其人民最衆。文化最優。有含蓋一切吐納萬有之氣象。他日新世界全部之支配權。必落於其手。其屬於弱點者。(一)其地理之現象。雖便於自衞。然甚不便於爲侵畧的擴張。如彼之新帝國主義。其能得志之日。必僅在歐洲未統一。中國未覺醒之時期中。(二)其勞働者之勢力日益增長。於其經濟界中。生莫大之障害。(三)美人奢侈之風。達於極端。越是以還。自然的富源。將不能濟其人力的消費。其弱點而未足爲病者。(一)其國民中之一部分。如新英革蘭一帶地之人口。日漸減少。(二)其政治的腐敗之情。(三)黑奴問題。

譯者案美利堅。眞可謂今世列强中之最强者也稽氏所列舉彼之弱點。除以稽氏之識解判別其爲未足爲病者外。以吾觀之。即稽氏所指爲彼邦之弱點。殆亦未足以言遂足弱美國也特吾儕所當研究者。莫要於美國之能力究能宰制全美否之一問題。苟美國而能達此目的乎則豈惟稽氏所指爲彼邦之弱點不足爲美憂即美國他日之弱點更有甚於今日者抑又烏足爲美國病也吾今從各種方面論其事之前途如何。

美國欲宰制全美必不出於併吞而必出於聯合此有識者之公論也是故吾儕欲判決此問題。當最注意於彼所謂之南北亞美利加聯合問題。(Pan-Americanism)而此問題之內容。可分爲兩方面一聯合會議之歷史。一南美北美現今之相互關係之情狀。

(一) 聯合會議之歷史

甲 第一次 第一次之會議。以波里烏亞氏之提唱。開於巴拿馬。其時美國智利巴西等國。皆無使者蒞會。故未能得圓滿之効果。而其與會者。則雖

譯述一 六 一一六二四

協定一南北亞美利加諸國攻守同盟之約。然其後批准之者。惟一可倫比亞共和國其翌年(一八二七年)美國之代表雖復蒞會而以南美中美諸國之代表所主張過於頑强之故議卒不協。

乙 第二次 其後一八八三年復開第二次會議於委內瑞辣之京城其時蒞會者。惟美洲拉丁民族諸國。別一部分則開會議於布耶諾士葉那。議亦未得要領。

丙 第三次 一八八九至一八九〇年以美國大統領之所提唱開第三次會議於美京華盛頓當時之議題有商業的聯合仲裁裁判等問題。議皆不就。惟有當注意者則南北亞美利加縱貫鐵道之實地測量事業實此會議之結果其他如貨幣調查委員會之設立及南北亞美利加諸國國勢調查會之設立。亦由此會議議決而後行者。

丁 第四次 一九〇一至一九〇二年開第四次會議於墨西哥其議題之主要者。爲南北亞美利加縱貫鐵道問題及强制仲裁裁判問題。仲裁裁判問題所以成爲議題者。由於海牙平和會議時。南北亞美利加諸國中參列之而締盟調印者。惟美國及墨西哥兩國之故。此會議後因美國懷抱欲爲强制仲裁裁判長之野心。論議紛糾。不可名狀。會議成績。遂無多可觀。而約定越五年後再開會議。

戊 第五次 第五次會議。開於本年。今尚未得詳實之報告。惟聞美國此次所派遣之人物。盡深通拉丁民族諸國之情實之人。其野心固可窺而知之耳。

(二) 南美北美現今之相互關係之情狀

甲 商業上 南北美兩洲之面積及其富源。皆畧相等。惟南美洲中未開拓之地及未探見之地尚多。開發富源之業。較諸北美。實不逮遠甚。推原其故。原於拉丁民族之性質不善開拓者半。原於南美各國日從事於種族之見。朋黨之私。無暇開拓者亦半。故說者謂使南北美聯合事業成。則南美諸國之富源可以日開拓。而其平和亦可以維持。以是決聯合事業之可期速就。雖然。徵之事實。則尙未也。蓋南美諸國與美國之商業的利害。彼此常相反。如美國取保護貿易主義。則自南美輸入之砂糖。勢即不得不課以重稅。又如南美之物產中之重要品。如礦物、食料品。（穀物、肉類、等）等。亦與美國之產品常爲劇烈之競爭。又如西印度諸島各市場中之情狀。亦足見美國與智利、亞爾然丁等國之商業的利害。全立於互相競爭之地位。其他現象。不遑枚舉。要之南美諸國之利害。以商業上之利害爲第一。而其兩者利害相反之情。則有如上所述者。

## 乙　政治上

就政治上觀察之。美國之野心。昭然可見矣。今無事詳語。惟舉美國自來諸抱野心者之言論。即最足相證明。一八四五年。波克加爲大統領時。宣言曰。合併亞美利加大陸內之諸國者。合衆國之義務也。一八八一年。布靈氏主張謂合衆國當爲南北美間一帶之地峽之保護者。而美洲中拉丁民族諸國之紛亂。不可不由合衆國判決之。一八九五年。美國國務卿俄爾列氏聲言謂合衆國實爲亞美利加大陸之眞主權者。如英國之美洲殖民地。不過一時的。而決非永久的。第四聯合會議時。合衆國代表。復公言合衆國當爲其盟主。即美國現任大統領盧斯福。當前年十二月被選續任時。其所發教書中亦有言曰。吾輩所希望者。鄰邦之秩序與繁榮也。（中略）若其有暴行蠻舉。則文明國所不能容也。即吾西大陸。亦安能逃此文明之干涉。吾美國以奉行門羅主義故。苟有危及全美之秩序者。吾將行吾之國際警察權。蓋美國之志。不啻鳴鼓以自示於天下也。

綜上所言。此問題之眞相。畧具於是矣。然就其會議之歷史觀之。其事之日以進步也如此。就其相互之關係之情狀觀之。其事之難於期成也又如彼。然則吾儕遂無所據以決其事之前途乎。曰有。夫不見乎世界大勢日趨於統一之機乎。若美洲則亦安能外也。如是則第一步之問題可決。抑以美國之實力。其必能自達其目的。而必不許他洲之人代操其權。彰彰明甚。如是則第二步之問題又可決此兩問題既決。而猶曰不能不能者。未之聞也。雖然。若謂今尚需時。今尚需時。則

譯述一

吾亦固無言耳

（此章已完本論未完）

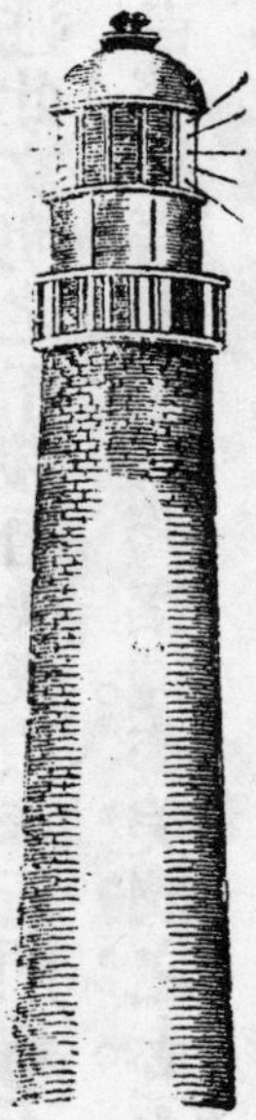

# 維摩丈室叢譯

譯述二

仲遙

余關於我國國民進步之順序之觀察。正認今日爲求知的時代。萬不能言行的時代。此就大多數而言若比較的已有所知者自當隨時自盡其天職故知而不行。自爲非眞愛國之人。屬於問題外。而不知而行。則雖有熱誠。亦必無所濟。尤可悲也。抑知之順序。余又以爲在於先使國民進常識爲最要。余不敢自謂已有所知。然余竊自信尙志在求知。乃今特爲此編。將剌取東西學者之樸實平易之言論。而我國人當以之爲常識者。隨時摘譯之。以紹介於國人。不取膚淺。亦不事高深。不分門類。亦不定次序。惟每篇標一從事之先後之符記於下。以有所自驗。若夫其他宏篇偉製。可供譯述者。自當另爲從事。歸於此編外。嗚呼。莊生不云乎。魚處於陸。相呴以溼。相濡以沫。苟我國人

能知此義。則余之願望。固非虛耳。　仲遙識

# 立憲君主政體與民主政體之差異（叢譯一）

日本有賀長雄博士著

世界之立憲國家。其政體凡爲二種。其一、如日本德意志英吉利奧大利。於封建時代有主權之君主。自以其主權制定立憲國家之編制法。即憲法者是也。其二、當革命告成時。以人民之力斃君主而奪其主權。而以民意制定憲法者是也。前者謂之立憲君主政體。後者謂之民主政體。此二種政體之國法之原則。各有相異。今列其要點。

（一）國家與憲法之關係之點之差異

立憲君主政體之國。以從來屬於君主之主權制定憲法。其君主之所以爲君主之權力。存於主權傳來之歷史。非依憲法而始生其權力。故國家之編制。存於君主之權力之編制。憲法不過明記此編制中之主要之部分。反之、如民主國。則從來之君權。已爲革命所斃。而其主權。爲人民所收。人民以之制定憲法。故國家之編制。惟存於此憲法之上。憲法以外。更無國家。

（二）關於權力所在之推定之差異

立憲君主政體者。方君主作其憲法。其前此之統治權。並非一旦廢棄。實依然保續其全部。而以關於其中之重要事項定爲憲法者也。故卽憲法中無明文之權力。尙能生存於君主所有之關係。卽非以憲法之明文委任於國家之他之機關（議會裁判所等）之權力。皆尙不得不推定爲存於君主。是謂之「權力所在之推定」存於君主之關係。例如日本帝國憲法中凡變更國境之權。領有殖民地之權。鑄造貨幣之權。派遣外交官及更迭外交官之權。皆一無所言。然此等權力於憲法之外。存於天皇之所有。無論何人。皆無疑義也。反之如民主國。則以民意所定之憲法之條項以外。無國家之編制。從而不見諸憲法之條項者。皆全屬不定。非至以民意新定條項。無論何人。皆不得行使其權力。

（三）關於統治權之分合之差異

於立憲君主政體。以君主之全權制定憲法。其間無有容認他之何人之意志之義務。故國家之總權力。君主全有之。惟以使行之事務。委任諸他之機關而已。反之於一旦打破君主之權力。而以民意新編制國家之場合。則國家諸機關。常使其互相箝制。以是統治權常分離於二個以上之機關。此兩政體關於此點相異之常軌也。此外亦有少數之民主國。以統治權委任於一人。然君主國則決無分離之者。

（四）關於憲法改正權之差異

立憲君主國之憲法。既由君主之全權制定之。故其改正之權。亦屬於君主之全權。即君主使議會爲改正之決議。然採用之與否。全屬於其自由。反之於民主國則不然。其憲法因係以人民之意志制定。故惟以人民之意志。乃可得變更之。假令即立君主。然此君主亦無是非之之權。

## 託辣斯（Trust）之利害（叢譯二）

(A) 託辣斯之利點

（甲）可以救小會社之分裂。避自競爭上所生之損失。

（乙）以其有大資本可資運轉。故其貨物常良好而低廉。

（丙）當急需用生產物時。有速供給之之能力。

（丁）能生產小工業所全不能生產之物。

(戊)以其事業一任諸少數之敏腕家故有統一敏活之益。

(己)以無內地同業者之競爭故常能注全力於海外貿易以壓倒外國市場。

(B)託辣斯之害點

(甲)其魄力常併吞小資本家至使資本少者不能新起事業及運用資本。

(乙)以其於實業界有專制力故影響所及往往能腐敗政治。

(丙)其生產既獨占實業界故一旦破產則使經濟社會受莫大之危害。

(丁)貨物之價值常爲其所左右。

(戊)其組織體大機械機關等必甚完備隨而役員及勞働者之數必著見減少故俄然企畫託辣斯時往往使前此從事於其業之役員及勞働者頓失職業因之貧民日衆使貧富之懸隔益甚。

## 國家 英(State.) 德(Staat.) 之意義(叢譯三)

自昔下國家二字之定義者以德人布陵邱里所言爲最善其言曰。

國家者以統治者被統治者之形體於一定之土地組成有機的及無形的人格之

人類之全體之謂也。

今為分析其意義如下。

(一)組成國家必以一定之土地為其基礎　此義謂、如遊牧民之團體。即使其有君長以統率之。有法律以制裁之。然不得稱為國家。何以故。以其無確定之領土故。

(二)國家以人類之團體為基礎　此義謂國家者。非無何等之聯絡而各個獨立之人類之集合之謂。而依一定之觀念又實質而被統一之一全體之謂。故國家之生命與作成國家之各個人之生命。毫無關係。即國家之分子之各個人有死亡變動之事。然國家猶依然存在。

(三)國家必須統治者與被統治者並存　凡國家。無論其國體如何。然斷無統治者被統治者二者中缺其一者。在昔民主國雖若國民全體皆握政權。然國民相合。則皆為統治者。相分。則皆為被統治者。

(四)國家者非以無生命之機械的組織作成之集合體。而有生命有活動之有機組織之生活體也。　此義有三。(一)凡一切之有機體。皆有物質精神兩方面。國家亦然。國家之精神國民之意思是也。國家之形體外形之搆造是也。(二)凡一切之有機體。皆有具特別之職務權能之各肢體。以備全體之生活之各需用。國家之搆造亦有各肢體。(三)一切之有機體皆自內而外以發達。其外形常有生長性。國家亦然。

## 國家之種類(叢譯四)

日本法學士 山本信博著

世界諸國家。大別之可分爲二種。一曰單純國家。二曰複雜國家。單純國家者。一國家獨立而其組織無有變體。如今之多數之各國家是也。複雜國家者。二個以上之國家。以有多少之相互關係而存立者是也。複雜國家之中。又可別爲甲乙種。甲種。二個以上之國家以平等之權相合者。乙種。其間有多少之從屬關係者。第一種單純國家之狀態。盡人能知之矣。姑弗具論。今惟語第二種。

甲種。

以平等之種相合之國家。再細別之。又可分爲兩種。(A)君合國。(B)政合國。

(A) 君合國。

本來二個之獨立國家。偶然戴同一之主權者。謂之君合國。此種國家。不獨其兩國之內部。各爲獨立之國家。即對外。亦全無共同之關係。惟不過皆戴同一之主權者而已。若其主權者去位。苟非別爲交涉再戴其後繼者爲兩國之主權者。則兩國之合同關係。至此遂絕。如孔哥國當創設時曾戴比利時王里泊德二世爲國王即是

(B) 政合國

政合國之性質。又有兩種。(1)聯邦。(2)合衆國。

(1) 聯邦

聯邦者。組織聯邦之各國家共同其主權之一部而行動之政治上之合同之謂。其對於外部。宛有一體之觀。然其內部實各國家相獨立而存立而各國家之關於自國一個之利害。則全爲獨立以與外國交涉爲使臣之交換。其議會雖以各國家之代表者組成之。然此議會。無立於各國家之上之政權。不過爲代表者相集爲一協議之機關而已。以是此議會之所議決。並不含强制命令其必行之意味。此種國家於北德意志聯邦嘗見之。今無其例。

(2) 合衆國

合衆國與聯邦相異之點有二。(一)對外關係各國家當全受合衆國政府之支配。(二)其中央議會有統治各國家之權。此種國家今之奧匈帝國昔之瑞典挪威即其明例。

乙種

乙種國家。亦謂之半權國。其中分爲三種。(A)納貢國。(B)從國。(C)被保護國。

(A) 納貢國

納貢國之性質。實如其名。謂其對於他國有按年進納貢物之義務之國也。

(B) 從國

從者。對於主之謂。此種國家有以自他國之君主受其領地以成一國而得名者。亦有以素與他國無關係之一地。後爲他國所承認以成一國而得名者。其對於其主國嘗爲相當之敬禮。且負一定之義務。蓋封建時代之遺物也。如埃及對於土耳其之性質。即在此例。

(C) 被保護國

一弱國受强國之保護以存立者。其弱國謂之被保護國。此種國家。可謂之爲一過渡國家。因其後非漸次實力充溢。成爲一完全之獨立國。則必漸次危弱。達於極度。以迄於亡也。

以上所列複雜國家之種類盡之矣。今更欲以一簡單之法明之。使讀者便於記憶。則列爲左表。

- 國家
  - 單純國家
  - 複雜國家
    - 甲種
      - 君合國
      - 政合國
      - 聯邦
        - 合衆國
    - 乙種
      - 納貢國
      - 從國
      - 被保護國

## 議會之性質（叢譯五）

山本信博著

近世文明各國。莫不使其人民參與政務。蓋國家之進步發達。必賴人民共同之力而欲收此効必有所以養國民之此心之精神而欲養之之道則當使人民參與政務此議會之所由來也。

使人民參與政務之法分爲兩種。一曰直接參與法二曰間接參與法直接參與法者。使有一定之資格之人民直接參與之者是也間接參與法者。使人民選出之代議士參與之者是也。其第一種之方法今者瑞士及其各州皆採行之。然各立憲國所採用者多屬第二種。

溯議會之起源。不自近世始也。其在古昔國家之組織未完整之時代。已嘗有武士團體參與政務之事。考其狀況即頗似今日之所謂直接共和制度。洎夫中世國家之組織較前鞏固。人民之間。有諸種之階級。從而遂有有參政權者與無參政權者之區別。其有參政權者。若大地主。若諸侯。亦嘗會合以議國政。是曰階級議會。及於今日。其組織則又一變即國民總階級之議會而以其代議士組織之者是也。

抑議會之性質。有可從法理上論之者。有可從政治上論之者。從法理上論之。則議會之性質。非代表國民者。不過爲國家之一機關而已。從政治上論之。則議會之性質實代表全國民而縮寫表彰其國之民情之機關者也。此種區別，亦宜注意焉。

譯述三

# 心理學剖解圖說（續第八十四號）

湯祖武

## 第四章 意的現象（意志）

### (一)意志總說

1 意義……對于外界之目的物。不僅生快苦之感。又必進而生欲得欲避之精神之狀態之謂也。

2 與他之心的現象之關係

- 一 知識……甲 客觀的也。乙 受働的也。
- 二 感情……甲 主觀的也。乙 受働的也。
- 三 意志……甲 主觀的也。乙 發働的也。

3 發達之順序……(一)白發運動。(二)反射運動。(三)本能。(四)衝動。(五)願望。(六)意志。

### (二)自發運動

1 意義……凡蓄積于有机體內之勢力皆有勃發之勢。

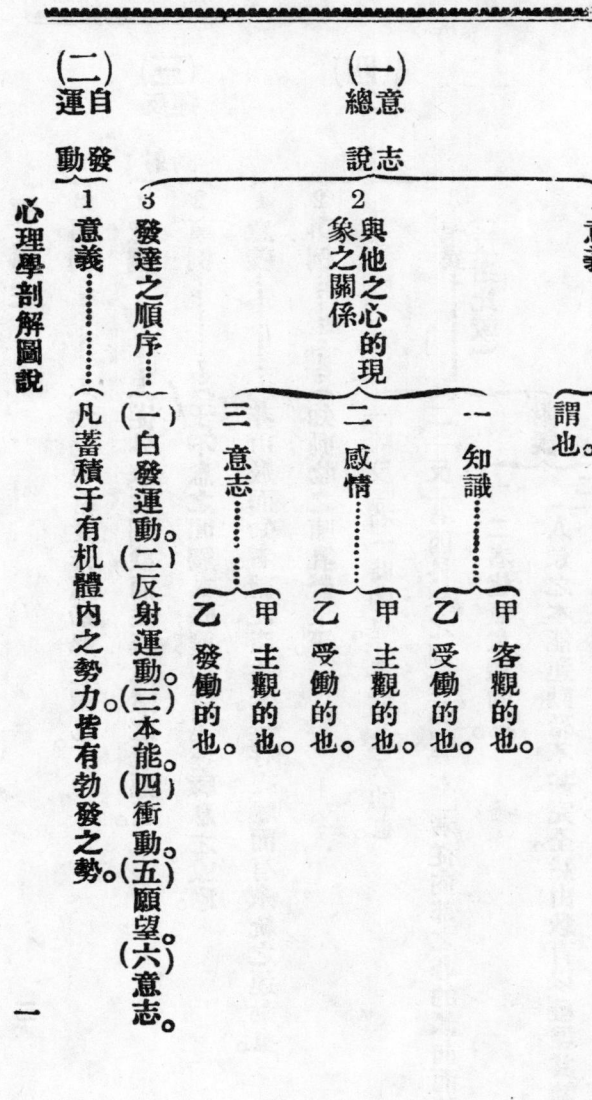

評述三　二

2 事例……(如幼兒常愛奔躍蹈舞之謂也。

(三)反射運動
1 意義……(從外來之刺戟而生無意識之感應也。
2 事例……(于不意之間觸其眼簾即生迅速瞬息之感應。

(四)本能
1 意義……(非由教而知者請從產生來保存經驗而有系統之運動也。
2 事例……(知動物之哺乳營巢等。
3 相異(反射比較)
一「反」者一時的也「本」者永久的也。
二「反」者因外來之刺戟而起「本」者從內部之心的傾向而起也。
附說
一 二者皆無意識的也。
二 人類之本能運動殆不甚完全然由教育以發達其精神使成無限之能力也。

1 意義……(基于心身之必要而起者盲目的(目的不明瞭)努力也。
2 事例……(如饑者不擇食渴者不擇飲靜則思動勞則思睡之謂也。
3 性質
一 不明之目的。
二 不定之努力也因不安于現在之狀態而將求他之狀態也。
三 自進而發動的非受動而爲之也。

四 又含有情的狀態。有妨害其遂行者。必感非常之苦痛。如得遂行。即覺愈快之感。與前章所說恐怖忿怒等感情有密切之關係。

## (五)衝動(又動向)

4 種類……
- 一 營養衝動 求飲食之衝動也。
- 二 活動衝動 求身心活動之衝動也。
- 三 模擬衝動 欲仿似他人之行爲之衝動也。
- 四 社交衝動 求交際于他人之衝動也。
- 五 智識衝動 求智識之衝動也。(即好奇心)

5 教育上之注意
- 一 須監督指導于正當者。誤程度失方法。則陷于邪惡。
- 二 要有規律節制。
- 三 要善良之習慣。須使慣于質樸淡泊儉素者。
- 四 須選朋友等之模範。
- 五 解決其疑問。須使滿足其好奇心。

1 意義……對于已定之目的而努力也。

2 事例……如小兒要求食物。當從其一定之目的而遂之。食料者非牛乳、即母乳、皆一定之目的也。

(六)願望(欲望)

3 種類……(種類頗多(一)衣服(二)飲食(三)家居(四)名譽(五)金錢(六)權力等也。

4 程度……因其願望之强弱永久之程度而明如左之階級。

一 偏向……(流于習慣之願望者如耽博弈是。

二 性癖……(永續之偏向即成第二之天性如好酒嗜烟等是也。

三 情欲……(願望極盛占領意識即支配一切之觀念使人爲其奴隸如吝嗇貪奢之類。

四 激情……(其强度之烈者于一時而生暴發漲溢之感即暴怒恐怖之情緒是也。

5 教育上之注意

一 有正當之願望當充足之有不正當者即斷然排除之。

二 有善良之願望者須利用之(如課以遊戲作業唱歌等)無使生耽惡戲之机。

三 當使次第至于高。

四 未陷于偏向性癖者須使得異常之中正。

1 意義……(執一達明瞭目的之手段以遂其運動行爲也。(或者決心而行之意志也)

一 動机……(謂目的之觀念也。(如欲登泰山之巔不可不明登巔之觀念。

## (七) 意志（狹義）

2 順序……
- 二 思慮……欲達目的。必用種種之手段以比較其利害得失之謂也。（如登泰山巔。必考四面之徑路何道爲最平近何道爲最險遠。而比較者也。）
- 三 決斷……于種種之手段中選定其一者之謂也。如登泰山巔。已決定走左方而上爲最平近。
- 四 猶豫……手段之觀念不精確者。苦於選擇之不定也。（又謂之優柔不斷）
- 五 早計斷定……（手段之比較粗雜只圖迅速決斷者。（此必貽後悔）
- 六 强固意志……（目的手段通皆明確。有難動搖其狀態者。

3 種類……
- 一 覺官的意志（欲滿足五官之慾望之謂也。（如欲得美味、佳香、美景、者是）
- 二 悟性的意志（欲得利害得失之實也者也。（如金錢名譽權勢等）
- 三 理性的意志（欲得滿足最高尚之意志。而爲眞善之標準。是之謂理性的意志。

4 方向……
- 一 決意……（有一定之精神作用之謂也。

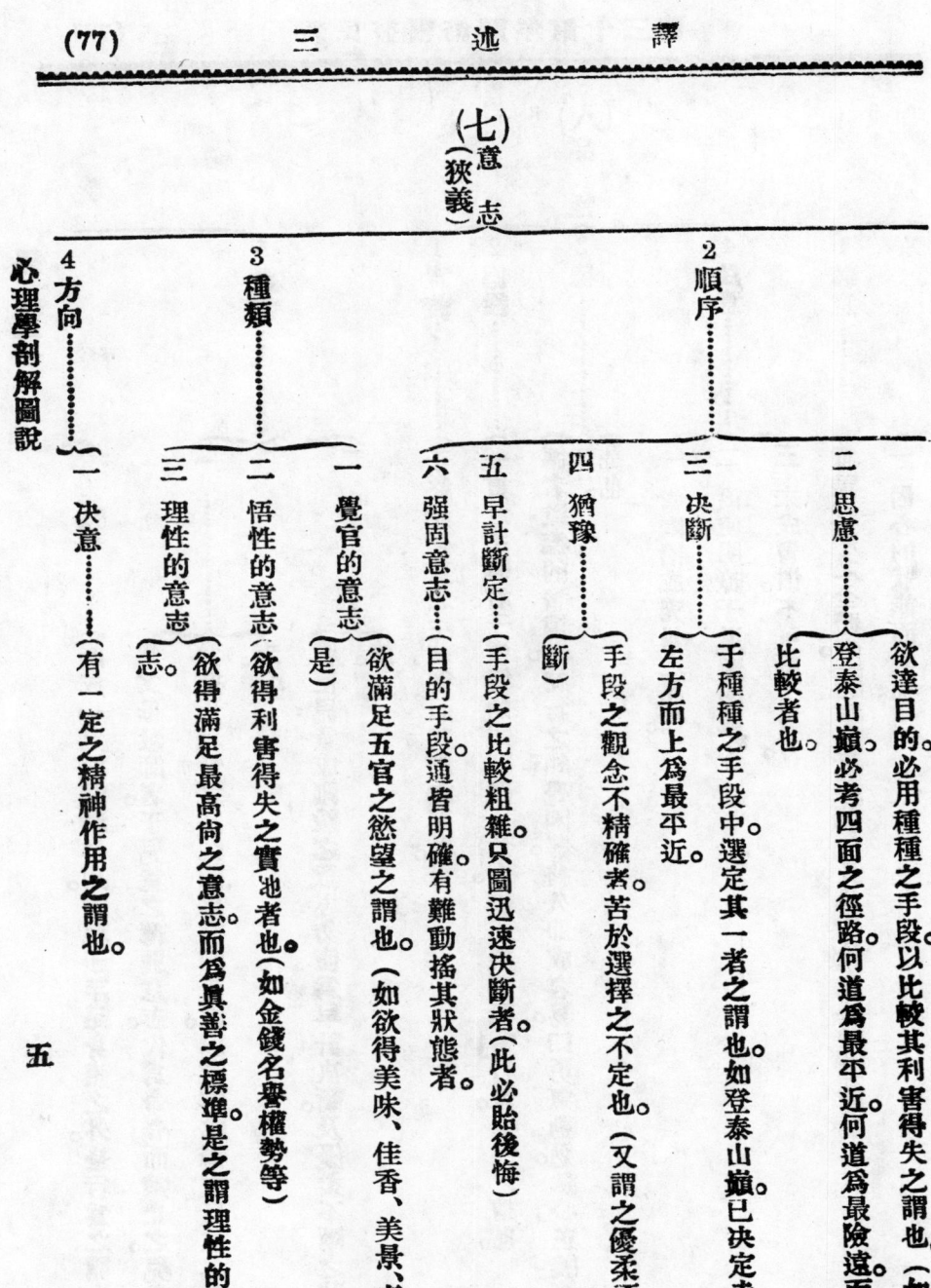

譯述三

二 行爲……既成一定之精神作用。遂現于手足身體之外。是行爲之謂也。

爲父母教師者。于兒童之薄弱意志。代爲命令而禁止之。兒童

5 注意……
- 一 ……當進于理性之時。從而忠言助長之。以遂其成獨立自裁之意志。
- 二 ……當使兒童成剛毅之意思。勿使爲早計決斷。及優柔不斷之狀態。

(八)品性
- 1 意義……于終始一貫之主義。從而爲之之謂也。
- 2 德性……一貫之主義者。于道德的規則而一致之。依此規則而實行者。德性之謂也。
- 3 德……德者道德的習慣也。初行之頗覺困難。終久即成容易。即勇氣勤勉熱心正義等是也。
- 4 注意……
  - 一 當陶冶成充足之品性。
  - 二 須使明瞭于道德的觀念。
  - 三 未成習慣。不可怠于努力。

1 義意……意識狀態之全體者。于各人決不能一致。此個性之全體之謂也。
- 一 因心的狀態而異也。

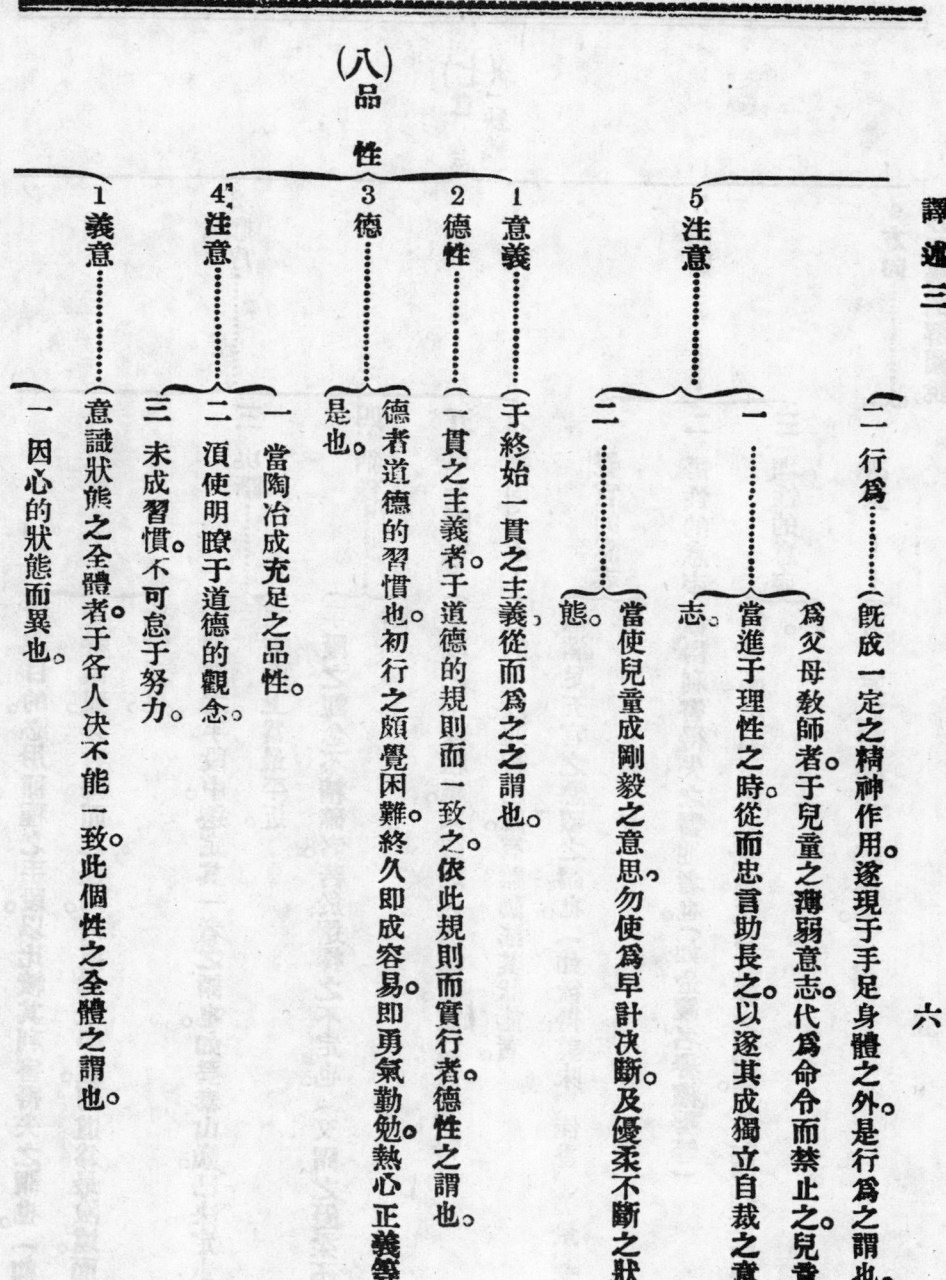

## （九）個性

2 要素
- 二 因年齡而異也。
- 三 因男女而異也。
- 四 因氣質而異也。

3 氣質
- 一 意義……（對于外來之刺戟因而分興奮之强弱緩急也。
- 二 種類
  - 甲 熱性（膽液質）興奮急而維持强。
  - 乙 鬱性（神經質）興奮緩而維持强。
  - 丙 浮性（多血質）興奮急而維持弱。
  - 丁 冷性（粘液質）興奮緩而維持弱。
- 三 年齡
  - 甲 幼年者浮性也。
  - 乙 青年者近于熱性。
  - 丙 壯年者熱性也。
  - 丁 老年者從鬱性而冷性也。
- 四 男女
  - 甲 男者熱性也又冷性也。
  - 乙 女者浮性也又鬱性也。
  - 甲 德人者熱性也。

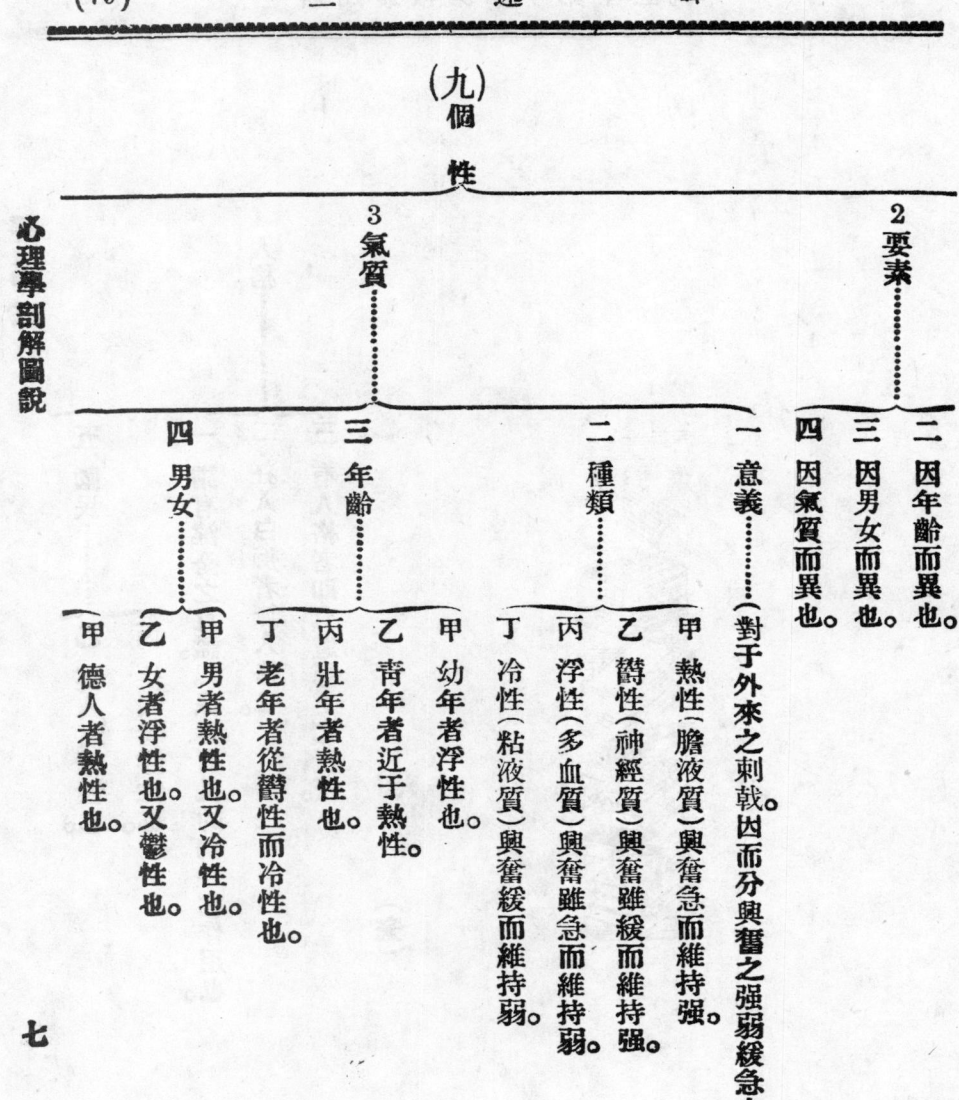

譯述三

五 國民……
乙 英人者鬱性也。
丙 法人者浮性也。

4 人格……
一 謂有健全之意識。以保存有机的統一之作用也。
二 狂人白痴者無人格也。
三 有人格者即有道德上之責任。

（完）

# 答精衛書

佛公

精衛足下。頃於貴報中。獲讀惠書。其志趣之孤遠。情詞之悲慘。令人不忍卒讀。且對于私人之交際上。觀摩也切。期望也殷。箴戒僕之過失也。亦公且允。可知世界無論黨派異同。說到性情上。無不可握手出肺肝相示。而暴慢驕恣之惡感。縱日前偶于辨駁憤切之時。流露舌底。然一轉瞬間。必依然破涕爲笑。閱墻禦侮。故僕之意見書中。雖有開罪貴報之處。而足下終消除意氣。執雍容之度態。賜書駁辨也。僕與足下雖未深交。然對于足下之性情學問。有何間言。

但惠書中推測僕之政見。多有未愜當之點。僕若不約略辨明。則匪獨無以對足下殷殷告勉之私情。且一副肝腸。不能白諸天下。而畢生之精神志願。悉付之迷離惝恍中甚或以一身爲同胞集矢之的而家國前途更湧起一度之雲霧僕之遺恨不長此終古耶故謹遵惠書糾問之旨意僕自將其心理一一說明之。

惠書責僕主張立憲之詞曰今茲所謂立憲固指滿洲政府立憲也。（惠書首頁第十三行）又曰何以既認民族主義爲救國之要素今又主張立憲漢人之民族主義與滿人之立憲其間是否可以相容。（惠書六頁第十行）

據此意義觀之知足下之所以不滿于僕者全由于足下之心理視民族主義爲絕對的不能調和于政治主義之中故謂僕之主張立憲爲望滿洲政府立憲也。

今請敬告足下曰僕之主張立憲者望中國立憲也望中國人民養成立憲國民之資格以爲立憲之主動也望中國人民無漢無滿皆平等生活于立憲政治之下而無分種族利害之界限也雖然知足下必有詞曰中國今日之主權現握于滿人之手今由滿人手中制定憲法是滿族立憲也今不能先排除滿人而主張立憲是望滿族立憲也按此種論據自單簡的種族主義觀之則能自成一說若所謂種族主義中尙含有政治之興味則此種論據直矛盾耳何也單獨的種族主義惟知挾本族之勢力以與

他族競爭。而無他種政治生活之組織，故與他之種族。亦無共同生活之組織。蓋上古時、人民之領土觀念。極爲薄弱。祇知集合部落。擁戴酋長。以保障本族生活上之私權。及後世國家學政治學分科研究以後。民族之規模仆。國家之法制生。由民族主義進而爲國家主義。再進而爲世界的國家主義。于是對于國內之統治。與國際上之交涉。以君主之名義。而不以酋長之名義。以國家之名義。而不以種族之名義。蓋國家組織既完成以後。領土確定。屬地主義繼屬人主義而發生。非復水草遊牧之舊生活，倘非以國權統治內部。則國內各種族。必依然各競爭私利。其國家必分離萎弱。不能爲國際社會之主體。故近數百年來。人合國。物合國。複雜國。合衆國。國家聯合。聯合國家。種種奇異之政體。種種駁雜之國法。紛紜殺亂于學者之腦中。而其勢不可殺。或以數民族而成一國家者。或以一民族而分爲數國家者。迄今歐洲各國。除意大利之二三國外。殆無單獨的種族之國家。故種族主義。今世學者不取爲獨立之政見。而其所以亦能達國家生存之目的者。有憲法以爲之保障也。夫憲法之性質。爲國內法之中心點。即其本法。故亦可謂之國法總則。（日本筧克彥氏憲法汎論）其効用雖君主亦被制限。而不能有違憲之行動。（按君主立憲國雖其憲法制定于君主之手然其大權作用之範圍亦甚受制限）故今世各國。苟其國內有精密的憲法。以爲根本上之規定。種族雖稍複雜。不成傾軋問題。（澳大利國內常有種族紛爭之患致國勢墮落然其裏面之原因甚多非徒在種族之不協）否則雖種族單純。而專橫制度。階級制度。橫生荊棘。全國人民競爭私利。可使家國立趨于衰亡。由是觀之。今世之種族問題。可以消化于政治問題之中。而無必俟種族問題解決後。始研究政治問題之理。乃足下責僕之主張立憲。爲與種族主義不相容。殊不知僕之所謂種族主義者。因滿漢權利不平等而發生。故即以滿漢權利能平等而消滅。安得謂僕之主張立憲。爲與漢人無關係耶。敬告足下。立憲政治。爲今世立國之通則。非滿人鈐制漢人之新法。亦非世界各種族互相殘害之新法。足下若因中國今日握主權者爲滿人。遂疑中國立憲。爲滿人鈐制漢人之術。然則今世除少數民主立憲國外。如英吉利、日耳曼、奧大利、匈牙利、和蘭、瑞典、挪威、西班牙、等國。皆不得謂其國家有憲法。而祇可謂其國內握主權者之某種族。有鈐制其他種族之法律。何也。以上各國。皆君主立憲國也。其國內人民。皆不僅一個之種族也。嗚呼。世界學者。又何必絞盡腦漿。創此陰謀詭計之憲法名詞。助野心家以殘殺生人之凶燄耶。

綜而言之。今世組織國家之團體員。決于限制于一個之種族。而掌握國家全部之最高權。又祇能限制于一個之種族。除民主政外雖聯合國家其君主之繼承問題亦皆爲固定的若必以皇位問題。爲競爭之論據。則世界各國家皆將一旦分崩決裂矣。故謂中國今日立憲爲滿洲立憲者。僕絕對的不承認者也。縱或他人謂滿漢人口之多寡。過于懸遠。不欲以多數人種服從于少數人種之下。然此不過爲角氣之心理。尤不足以助學者研究之興味。足下以爲然耶否耶。

夫我國人近來有一派流行之口訣。稱政府也。曰滿洲政府。稱官吏也、曰滿洲奴隸。見人之熱心整頓政界也。曰貪戀富貴。見人之開導政府也。曰扶助異族。其始也不過一二人。將此等口語。或用之于秘密書報中。或演說于私人團體中。其一時悲憤之談。固當共諒其心理。乃浸推浸廣。遂至多數人以此等意見。據爲政談。成爲黨論。皆謂滿洲政府之利害。與我族不相容。于是皆委棄國家于政府之手。而毫不知指揮監督之天職爲何物。甚或日夜禱祝現政府之事事失敗。意謂現政府衰亡之日。即新政府發現之日。滿人滅盡之日。卽漢人得志之日。殊不知滿漢兩族之關係。使猶是三百年前之關係耶。則我建國于中國。彼建國于滿洲。彼此固皆獨立國也。如此則滿洲政府對于我國之交涉。其權利若失敗一分。我之權利即增長一分。滿洲人種日就衰亡。我國人種即日益繁衍。何也。彼此立于自由競爭之地位。利害相反。鄰之厚。君之薄也。今則情實大變遷矣。兩族有共同利害之關係。已三百年。一切主權。皆彼所把。今尙未能脫離關係。而惟任其事事失敗。何不思彼所失敗之權利。皆我之生命之所寄託也。否則使我國之情勢。尙如百年前後之情勢耶。則劉與項。仆歷史上事如轉圜。一姓存亡。何甚礙于大局。況旗幟在光復耶。乃今日郵電交通。突飛進步。我國尤爲世界各國角逐之場。國內主權。一面爲對內之行動。即一面爲對外之行動。倘國際交涉。稍有失敗。則權利外落。如黃河之水。一去不復回。今日競爭路礦。明日租借港灣。今日勒索賠償。明日要求開放。駭浪驚波。不可思議。而耄老盈廷。頑劣塞路。雖國民日夜在野哀號。不承認滿洲政府之所爲。然彼則不須國民之承認。而自由行動矣。國際條約在時效中。當然有固定的繼續力。縱日後新政府發生。亦不過爲舊政府履行義務之相續人。然則國民之所謂不承認政府之所爲者。不全歸空想乎。足下責僕之主張立憲也。曰「立憲政治。尙遙遙無期，即最熱心希望者。亦第字之曰。豫備時代而已。離實施時代。不可以道里計也。』又曰『須知漢人一度失望之時。即一度水愈深火愈熱之時也。而足下之希望猶未已。失望且續來。如之何其弗思也。（惠書第五行）今請轉以此語奉還足下曰。革命事業。尙遙遙無期。即最熱心希望者。亦第字之曰。豫備時代而已。離實施時代。不可以道里計也。須知漢人一度失望之日。即水愈深火愈熱之日也。而足下之希望猶未已。失望且續來。如之何其弗思也。嗚呼。僕之襲取此文以奉還足下者。非如小家女之角口。必以受詈于人之語。轉以詈人。實因讀足下此文。悲感橫胸。不知向何人泣訴。默揣足下前日下筆至此。心中亦不知若何悲慘。旣而推想足下所主持之方法。其實行時代。誠遙遙無期。誠一度失望之時。即我輩水愈深火愈熱之時也。故將足下警僕之語轉以警足下。願足下深長思之。毋空迷未來之理想。拋棄現今之事實國家也。我固有之國家政府也。我固有之政府。或改造。或因仍。皆視吾人能力之所能及。何有於滿人。何有于滿洲政府。

且立憲者國法學上之名詞也。滿族者人種學上之名詞也。現今滿族爲我國內之一種族安得脫離我國範圍外而擅以種族之名義私佈憲法哉。若不經我國人民之承認（君主國之憲法雖不經人民直接承認然使大有反于國民之心理固得起而抵抗之）而自由頒佈，則一滿族家譜耳。皇室典範耳。何足以邀國民之一吟耶。足下爾日縱不屑反對。恐反對者、雷馳電掣。即以爾日而激成革命之風雲。亦未可知。何也。以國民有直接利害關係之事業。斷不容民賊之舞弄也。若果如足下之所云。曰是不過滿洲政府之立憲。!!!則此種憲法。對于土地之効力。祇能及于東三省。對于人民之効力。祇能及于五百萬人。（按此猶係指滿族有獨立機關之時言之耳若至今日則東三省者亦皆漢人足跡所徧之地其滿族五百萬人亦皆流寓于十八行省無固定的住所確實的人數）而我輩今以滿洲立憲之故。或歡迎焉。或哀悼焉。豈非夢耶。且滿洲既可以單獨立憲。則滿漢兩族。原非有不可脫離之關係。而近來排滿排滿之聲。震動耳膜。又豈非夢耶。

嗚呼、僕之所以不憚繁瑣。力駁「滿洲立憲」四字之非者。非僅對于足下而發。實因近來與足下同此等觀念者極多。故犯嫌疑冒不韙。發明意見。冀喚起第三者之研究耳。夫以現政府謂爲滿洲政府。則無怪足下之必俟種族問題解決後。始研究政治問題。僕以爲此等學說。若專爲對待滿人而發。此亦不過物極必反。悖出悖入之原理。誰敢反脣無奈全球競爭之視線皆畢集于東亞大陸之一隅。一髮牽全身。豈易發難。況足下所抱之方法。原在地方全局之破裂以共搗中央。尤不得謂爲一髮之牽。雖足下能據國際法原理言之鑿鑿。逆決外界之不至干涉。殊不知外界爲正當防衛起見。有不能盡泥干涉之事實者。願足下毋望地方全體之暴動（按所謂暴動者不過就爾日之動作而爲此形容詞耳非指名義上而言也）而惟挾自身爲主動。喚起一二黨派之能力。對于政府爲正當的監督耳。

按以上各節所論之範圍。括而言之。不外于申明今日我國之立憲爲滿漢共同利害之問題。不當謂爲滿洲立憲。且申明今世國家主義爲世界的國家主義。可以包孕種族主義于其中。縱有主張自族之權利者。亦不過對于他之種族求達政治上之平等生活而即止（此亦可謂之廣義的種族主義以權利平等爲目的不以權利獨佔爲目的僕即近于此主義）再括而言之。不外欲勸告今日之極端排滿者。折其精力監督政府。以達政治上圓滿之改革。毋拋棄政治問題。而以種族問題爲獨立之論據耳（足下之所謂政治問題在種族問題解決之後前後打作兩橛故新政府未發現以前足下終以種族問題爲獨立之論據耳今足下不得曰我非單獨的種族主義）

雖然、知足下又必有詞曰。據法理上立論。兩種族固無不可生活于憲政之下。但滿人

雜錄

猜忌漢人之程度已深。利害相反。縱漢人屈意要求立憲。然國民無監督之能力。日後須佈憲法。不過徒鞏固滿人之基業。故惠書有云。

僕所爲文雖累數萬言。然實根據二前提。其一曰凡立憲必以國民事實上之權力爲要素。其二曰既有國民事實上之權力矣。則當視政府之可以共事與否。如其可也。則爲君主立憲。如其不可。則當撲滅此政府而爲民主立憲。僕乃根據此二前提以察今日之現象。其一則國民事實上之權力尙未有基礎。其二則今之政府實不可與共事。以其爲異族政府。與我國民利害相反。不能並容故也。

夫足下如能據法理立論。謂世界各國必須同一之民族。始能立憲。或能更舉各國之實例。以證明非同一之種族不能立憲。則僕可結舌無詞矣。若既于法理上承認之。而徒于事實上歷舉滿漢利害相反之故。遂謂滿漢兩族不能立憲。則僕有不能不與足下一辨駁者。蓋世界立法政治之發達也。其先後之次序。莫不燦然陳列于歐洲歷史中。未見一國不因人民之屢次競爭權利。屢次脅迫立憲。熙熙臥治歌頌昇平。而君主忽須佈一憲文。制限自身之權力。授人民以監督政府之劵者。如英吉利、普魯士、意大利、比利時、日本等國立憲之歷史。尤其最顯著者也。風潮播蕩。無國不限制君權。頒佈憲法。直至近數十年來。除我國俄國及少數保護國外。無不成爲立憲政體。現今公法學者。幾至以憲法之有無爲是否成爲國家之標準。夫各國君主貴族。豈甘心被限制于憲法範圍中耶。實由于人民以鐵血盾夫其後也。足下日前所箸之「希望滿洲立憲者盍聽諸」一文中有曰

憲法之制定。莫不由於人民之力。其民權鋭盡而君權萎縮以至于盡者。佛蘭西也。其民權鋭進。君權鋭退。遂以相安于是民權之區域長君權之區域蹙者。英吉利也。其民權鋭進。而君權力禦之。卒乃稍示讓步。以求相安。于是君權之區域長。而民權之區域蹙者。普魯士、日本也。要之君權在專制時代。決不無故而自爲制限。其不能不制限者。以民權逼之使然也。(中畧)又曰聞因有民權而有憲法者矣。未聞因有憲法而有民權者。何也。以民權能製造憲法。憲法不能產出民權也。

夫世界各國憲政之成立。莫不以國民爲主動。君主爲受動。攷之英吉利等國之事實。既如彼。證之足下之言論復如此。足下今日又何故孜孜以國民無事實上之能力與滿

人利害相反爲慮耶。豈我國日後憲法頒佈後。雖君主神聖大權命令等等字樣充塞行間而國民亦俯首服從耶如此則何必要求立憲且政府見民氣之如此可侮又何至承認立憲僕謂足下之所慮者。皆係指專制時代之人民而言非指立憲時代之人民而言若既有立憲思想之人民則即有監督立憲之資格雖對於政府表面之詞曰要求立憲其裏面則實脅迫立憲使無最後脅迫之武力則何必搖尾乞憐向此冥頑不靈之政府而言權利言幸福言人道哉故有最初之要求即豫備有最後之脅迫是不妨曰脅迫立憲且人民之權力。如已發達彼頑劣之政府。不能一日安于其上。必屈意交驩。與人民相約共遵法律。當此時人民雖不要求立憲彼政府有不能不立憲之勢是更不妨曰。政府要求人民立憲故民權者憲法之母也民主國無論已。即君主國雖其憲法之形式。制定于君主之手。然其憲法上君主的大權作用之紳縮莫不隱隨民權之紳縮而定其程度例如日本之憲法上。其君權所屬之範圍甚廣而普魯士憲法上之君權作用則較狹矣而英吉利憲法上之君權作用則更狹矣民權進一步君權即退一步憲法條文即圓美一步君主斷不能大反國民之心理而徒頒佈一片務的欽定憲法也蓋其憲法。若不副一時國民之希望。則憲法頒佈之日即全國革命爆發之日觀之俄國去歲頒佈憲法之實例可以知其故矣。故各國君主如不能極力減削君權。俯察民意。則不如仍厲行專制之爲愈未有既承認立憲。而又特頒佈一大反民意之條文刺動人民之惡感致以生命投之于炸裂彈中者今可斷言曰憲法者。人民權力發達之結果物也再精而言之。憲法者人民智識發達之結果物也人民若有相當之權力與智識君主雖以雷霆萬鈞之力鎭壓之適以爲反動力之導火線而已日本美濃部達吉氏有言曰。立憲制度發達之結果可謂由君主壓迫力之反動而成。蓋君主愈壓迫人民之反動力愈大況苟且偸安全軀保妻子之政府並無所謂鎭壓之力耶。故我國人民今如洞悉立憲後。可以調和滿漢。拯濟國家。以奔赴精力于同一之範圍中則無論我國握主權者之爲異族與否皆不能不俯受人民之脅迫何也若對抗民氣。則彼之生命不能保。若順從民氣。則彼之權力不過略受限制。其憲法上之大權作用自若也。其君主尊嚴之體制自若也。前者爲生命問題後者不過權力問題何利何害何得何失彼若有人類普通性度未有不知所以自擇者。所慮者民黨議論紛囂各豎旗幟或彼黨運動一事于前而此黨即破壞于後互相犄角互相鈐制致政府得以高枕肆志耳故足下謂異族政府利害相反不能有圓滿之憲政者非探本之論也又足下有言曰（憲書六頁第一行）

夫君主立憲之國謂君主自以大權制定憲法也是故君主立憲之國必行大權政治。（英國有特別理由故爲例外學者謂英國與其謂之君主政體寧謂之民主政體此由歷史上來也比利時則爲代議君主政體尤當別論）大權統于君主以議會爲補助機關議會之力不足以屈政府也

夫君主立憲國之必行大權作用自不待言然其大權作用之範圍之伸縮隱隨民權之紳縮而定其程度僕既于前段文中論之矣我國將來之憲法果與何國同其程度今固無從豫决然此亦爲我國人民所急當研究之一大問題也夫世界君主立憲國之足以齒數于學者之口者其君權作用之大以日本爲最故各學者謂日本憲法爲純粹的君主國之憲法又有謂日本假立憲之名以行專制之實者蓋日本以天皇爲統治權之主體其國內之權力皆集中于天皇之一身觀其憲法第一條之所謂「天皇統治」與第四條之所謂「天皇總攬」即知其故矣故其議會之有立法權者係

由協贊天皇而來。裁判所之有司法權者。亦係假天皇之名義而來。其領土內他種機關。對于天皇。不獨無一部分之自主權。且無一部分共同執行之權。皆以天皇爲權力之淵源。而自身立于補助之地位。夫日本憲法。大權範圍如此之廣。而能推行無弊。人民不揚反抗之聲者。其原因甚多。其最顯著者。以其國內係純一種族之人民。與萬世一系之天皇也。其最當注意者。日本當日民權主義之所以發達。係由抵抗幕府專制而然。其對于天皇之感情。未曾破裂。且迷信心有極深者。而其天皇。又能英明奮發。撫綏民志。拔擢賢才。不使民氣過于決裂。故其憲法上之君權作用雖大。而人民亦可相安無事。若他國則決不適用此種憲法也。我國現今贊成立憲事業之各大臣。莫不曰。憲法規模。當倣日本。非獨一二人之私言。且形之于奏章公牘矣。然則我國將來之憲法。其不能更劣于日本。已有定議。雖然此猶係政府之言也。若再遲至十年後。我國民權之思想。較今日必逾數倍。而爾日之政府。其能堅持今日之所議耶。其能發佈一大違反國民希望之憲文耶。足下試細思之。乃足下謂君主立憲國。自以大權制定憲法。又曰大權統于君主。以議會爲補助機關。此事爲發明日本憲法之性質者也。夫君主國之憲法。有以君主獨斷制定者。有由君主制定而要求議會協贊者。（普國現行之憲法即由君主制定後召集議會議決而後發佈者也他不具引）至于由人民議定後。再要求君主承認者。玆尙不論我國將來之憲法。其果爲君主所獨斷與否不成問題仍當叩之于國民之自身若夫立憲後。其議會對于憲法上之位置。各國亦不同。非皆如足下之所云。爲君主之補助機關而已。例如普國之立法權。即由君主與議會共行之而英國無論矣。（英國立法權專屬國會其君主對于議會之議決案祗有否認權）而比國更無論矣。（比利時爲立憲代議君主政體其議會爲國家之最高機關大臣對于議會負責任）

足下謂議會爲君主之補助機關。議會之力。不足以屈政府。果指何國耶。夫政府之力果能屈議會與否。抑議會之力果能屈政府與否。皆因各國憲法之所規定而異其性質。非可以個人之主觀。憑虛判斷也。蓋世界立憲國之原則。莫不採三權分立之說。然所謂分立者。係國權作用之形式。而國權之精神。唯一不可分立者也。倘分立則是一國內而有兩個主權之行動。國即破裂矣。故各君主國之立法權。雖多以君主與議會共行之。然其最高權或操之君主。或操之議會。必無互相抵觸之理。而其規定最高權之所屬。則在憲法。縱或日後其國內權力消長之所繫。不免有此種機關奔突于憲法上常軌之外而壓伏他種機關然其最後勝負之所分莫不由於民權最後之消長而定觀各國現今憲法與事實分離之故可恍然矣而廻視我國今後民權之趨勢斷不至畏他種機關違憲之壓迫此主張立憲者所最當精察之點亦反對立憲者所最當精察之點毋徒囂囂然或主張或反對也

又足下謂英國與其謂爲君主國寧謂爲民主國。比國尤當別論。此亦非定論也。夫英比兩國原非純粹的君主國。此人人所承認者。然世界之君主立憲國除日本與德意志聯邦中之多數國外。無不含有民主的性質。故英比兩國之政體。日前各學者。雖有謂爲非君主國者。然亦未有能斷其確爲民主國迨今日則各學者皆謂確爲君主國。何也以其召集議會裁可法律改正憲法之權仍必自君主發動故耳故謂英比兩國爲民主國之說者。迄今不過爲研究憲法學者。反覆究詰之一波折也。據此觀之我國將來之憲法。或類似于普或類似于英或類似于日本亦惟視國民能力之所能及他人不得謂爲有違反君主國之性質而生阻力也可斷言矣何足下獨以日本憲法上君權作用爲例。遂訾議君主立憲政耶。

又惠書中（三頁第九行）引僕日前致新民報之意見書中之詞。謂僕之贊成革命事業。在立憲政治失望之後。因此足下遂斷定今日立憲已失望。訾僕之主張立憲、按此由于足下之誤論也、僕之用意。以爲我國今日革命論與立憲論之所以相持不下者。無非由于各自信其主義之確可救國。故排斥他種主義之進行。非有意氣存夫其間。故前日之意見書中有云。

倘主張立憲論者有此實力耶。則可杜絕他種主義之發生。不至甲論乙駁。甲是乙非。口舌兼疲、而終無最後之判決。且他黨有愛國心者。如見我一方面勢力進行。必不爭黨見。不挾夙憤。而依然友愛扶持。鬩墻禦侮。倘主張立憲者無此實力耶、則他黨之勢力。滔滔進行。何能施以抵禦。且又何忍施以抵禦。豈立憲政治。既已失望。而猶欲全國人民。垂頭喪氣。呼號宛轉于瘡痍水火之中。而不思所以自拔。必待種族靡有孑遺而後快耶。

僕之意。深以爲主張革命與主張立憲者之兩派。皆爲應于時勢之所發生。見政府之決不可與共事者。以爲非革命必不能得政治上圓滿之改革。故主張革命。見革命之未易實現于今日者。以爲政府雖腐敗。然國民能發生能力。以監督其政權。使政治有圓滿之改革。故主張立憲。夫此兩種主義之誰爲圓滿誰爲可以實行于今日誰爲合于現世界政治改革之趨勢。雖大有辨別。然今日兩派人中主動者。激于血忱被動者淆于審察。非各以其主義施行于事實後不能有同一之歸宿。故僕日前勸告主張立憲者。豫備實力。毋徒以筆舌相斫。兩種主義。將來或消滅其一。生存其一。或相呴相呼相醞相釀而和合爲一。皆自然必至之因果。斷無始終相反對相尅制之理。何也。兩種主義。皆以政治改革爲前提。政治若有圓滿之改革。則兩種主義。不過化爲歷史學上之一故事而已。故僕之意見書中謂立憲主義。如已進行。則革命主義可以消滅。否則革命之勢力。將汎濫破裂而不知其所終極。僕之言係爲我國大勢而發也。係就社會心理之趨勢而下觀察也。非自謂立憲失望後而再主張革命也。足下試再將僕之原文一展覽焉。蓋僕之主張立憲者。在于自身之發生能力。非仰治于政府。故無所謂失望。若立憲失望之日。即自身能力滅盡生命垂危之日。倘中途偶遇挫折。而即變遷其心理。以出此就彼。則他種主義上之事業亦決不能自我身而稍有建設。故僕之堅持立憲主義者猶足下之堅持革命主義也縱或異日有因時制宜之處然非確𡭗國家存亡之所繫不敢稍有所假借也至如足下。引政府此度改革之事。證為主張立憲者之失望。此尤非探本之論。蓋此度改革之原因。由于政府中二三人遊歷各國。略警醒其迷頑之見。而思有以發表其數月考察之新思想。非出于國民要求之結果。然而其所謂豫備立憲之諭文與夫官制上一二節末之改換。固已承認立憲事業。而授人民以要求監督之根據者。雖其功績不足以邀國民之一盼。然彼因循苟且積弊相仍之政府其程度亦不過如是如是若我輩即以此事為失望。則我輩自有國家思想以來。可謂無事不失望無時不失望也今何為尙以不堪入耳之立憲論瀆足下之清聽耶

僕之言止于此矣。本文之構結。係對于惠書之糾問。而逐次返答。故不能于篇幅中自闢蹊徑。破碎支離。敬乞垂諒。佈復匆匆。言不盡意。

再者僕學識謭陋。無卓越之政見。可以貢獻于前途。惟遇事好沈思靜悟。不敢苟為附和雷同之論。亦不敢妄開門戶攻擊之風。且尤喜與人為性情上之砥礪。縱

其人之學理政見。與我絕不相容。然其立身行事。若出之以精誠。僕無不與之推誠布公。融化形迹。故前與足下雖未晤談。然每讀大著。覺足下之血忱英采。流露行間。久已心竊慕之。及相見言論雖未能强合。私情上固毫無障礙。後足下對于新民報之駁論。過于决裂。僕實洞悉彼此論點。確無調和之隙。故有停止駁論意見書之作。其文中激于一時之客感。致語多開罪貴報之處。今足下既能見諒。而復以政論相駁折。則僕自不能不略發表其意見。其膚末自不待言。然字字出于血忱。此可自信者。足下賜覽時。當屏除成見。而後是非不難辨別。若開卷時。而即吹求罅隙。以為下筆駁斥之資料。則彼此之往復兩書。皆實以為惡感之媒而已。豈互相質問之始意耶。倘足下再有賜書。亦當按現在。憑事實。樸實說理。無取夫高深幽奧之說。則僕亦樂心虛心研究也。猶有一言者。倘足下以為僕之言論。過于背馳。則儘可不再賜返答。蓋足下前與飲冰子所辨論之文。不下數十百萬言。不獨無所調和。且愈辨論而心理愈相違反。而學理薄弱如僕者。其能更搆出新議耶。況僕現今多受他人之指摘。甚或齟齬之聲。常出于舊交之口。雖推誠相告不我喻也。僕默揣中國現今政治之現象。其足以助革命之氣燄者。無事不然。無時不然。眞心愛國者腦中如焚。其激昂悲壯之情態。自不易以理論相折。故僕近來亦甚不欲以逆耳之言。更生他人之一番惡感。夫僕今後固不敢輕于言論矣。然不能不推此意見以勸勉足下者。盖因足下各文中。屢以「毋易其言」之語責人。而大著每一下筆。或數千言或數萬言而未艾。豈足下之言。皆慘淡經營之所出。而他人之言。皆油腔滑調耶。願足下于淸夜時一思之。嗚呼。僕之心理。具述于此矣。彼此之方法雖異。而救國則同。足下若疑僕爲趨避利害保其生命之故。而反對革命。則僕畢生之言行。不能逸出于足下見聞所及之外。今亦無須急于表白矣。家國危亡。懸于一髮。所賴以對天地鬼神祖宗親友者。惟此方寸間之一赤物耳。其敢並此一物而亦喪失之。足下其能諒我否。

又惠書中謂憲法之果能得國民公意與否。繫于各個人主觀所認定。遂謂僕之標準爲曖昧不明。（惠書四頁七行）胡不思既稱爲國民公意之憲法。則良惡優劣。日後由國民總體所認定。非足下與僕之私見所能妄下判斷也。君主立憲政治國民總體對于憲法雖無承認否認之形式然精神上君主亦不能違反國民之公意也。

又僕之意見書中。所指貴報五號中一八一九兩頁之論文。謂爲阻碍許多進步者。因大著此段論文。性質複雜。不知果爲代表滿族立論耶。抑爲代表漢族立論耶。若謂爲代表滿族立論者。則足下所抱持之主義。固不爾也。若謂爲代表漢族立論者。則足下又兢兢慮彼族日後不能自由競爭。與紅夷黑蠻以俱盡。反覆推求。不明眞解。縱曲揣足下之意。以爲滿漢利害相反。故滿人決不與漢人平等立憲。然胡不思憲法者爲民權發達之結果物豈肯任彼之援據憲法以爲保障私利之護符耶。倘君主立憲之政治即全由君主之自由。則世界今日。恐無所謂君主立憲國矣。何也。因足下之意。以爲主治者與被治者其利害絕不能調和故也。利于此則不利于彼。民權勝則爲民主政治。君權勝則爲專制政治。然則世界之君主與人民。不始終立于宣戰之地位。必撲滅其一而後能生存其一耶。足下之意見胡偏激若此。今可斷言曰。滿漢利害之衝突。在今日毫無一根本法爲權義保障之時。則誠不免事事發生此問題。若憲法頒佈後。則此種不平等之事實。皆可據法文以消化之。盖憲法之原理。本係爲調和君民利害種族利害而始有也非爲增長此一方面之利益剝奪他一方面之利益而設也至若謂君主有違憲之行動可以蹂躪人民之權利則此又係別問題矣。乃我國人每以立憲後之利害問題爲持論之主點。此等人非不明憲法之精神即故作違心之論也。例如近來各樞臣心存滿漢利害相反之見而阻撓立憲遂使我國政治前途受一大挫。乃足下而亦爲此論。故僕謂足下爲阻碍進步。（但此語係對新民報而發若足下則惟恐立憲事業之或有希望者固不承認阻碍進步之實也）何足下徒以『提醒滿族』四字誣我並以浮淺二字相讓耶。若今日各樞臣持滿漢利害相反之論而阻撓立憲者。誠足以當膚淺二字之批評也。

按七日前曾將此稿寄往新民社。適十二號報出版而此文尚未及印入。故今日復補入此一段答辭以復精衛。

佛公識

◎第十一號更正

| （題） | （頁） | （行） | （誤） | （正） |
| --- | --- | --- | --- | --- |
| 勸告停止駁論意見書 | 七五 | 六 | 否主 | 君主 |

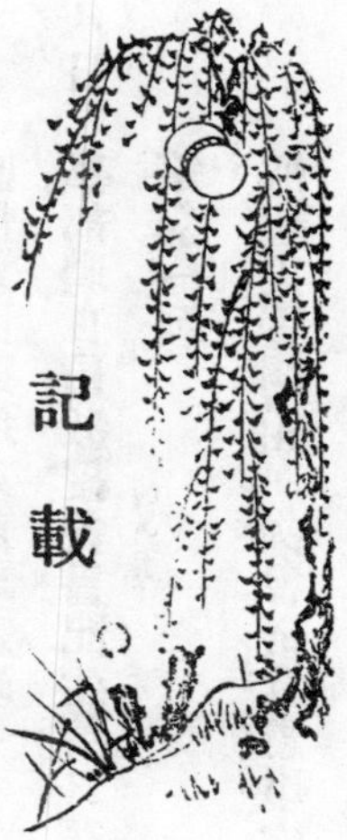

記載

# 中國大事月表

## 丙午七月（補錄）

◎初一日　戶部札飭各關道自今日起凡官場大員行李學堂書籍儀器軍營器械等件一概照例完稅不准用免稅專單

管理太醫院大臣議派學生出洋學醫限十三年畢業

◎初二日　京師大學堂是日行開校式

澤公進呈在法國所得　高宗御實兩顆



學部議釐定女學堂服制

湘撫因會黨有蠢動消息諭令戒嚴

◎初三日　端戴兩大臣上復命第一次條陳摺大意注重立憲

◎初四日　粵督岑春煊飭海關禁止日本鎗刀進口

澤公奏陳立憲請先除滿漢界限

駐劄歐美各欽使因　萬壽祝嘏之便合詞電請速定立憲大計以圖自強

◎初五日　上海各領事已允會審公廨建造新監獄

粵督岑電奏請嗣後無論何國未經官家允諾不准於中國境內擅行招工

◎初六日　端戴兩大臣上奏改官制摺凡二萬餘言

記載

政府議在張家口獨石口多倫廳三處各設一關道

◎初七日 奉 旨派醇親王軍機大臣政務處大臣大學士北洋大臣袁世凱等公同閱看考政大臣所上條陳各摺件請 旨辦理

駐藏大臣張蔭棠電告外部謂俄人欲來西藏傳敎請示辦理

政府通告各省凡創辦電話均歸電報總局辦理外人干涉即須拒絕

北洋創辦無線電報將情形奏聞並咨商部

直督袁世凱進京商議憲政

◎初八日 學部聘日員敎授各書記生英日語及筆算一科

醇親王等開第一次會議立憲事宜

◎初九日 爲立憲事開御前會議

戶部尙書張百熙上摺請改官制大致與袁端兩大臣同

政府從袁世凱之請擬禁吸鴉片烟四十歲以下限一年戒除六十歲耆聽違者有官職則革平民則入廢民籍

粵督岑春煊電奏請准將粵漢鐵路抗交大股之小股銀充公

粵人陳慶桐爲拘拿亞洲報主筆事赴都察院控告岑春煊

外部會同修律大臣沈家本訂定私造郵票及舞弊專律

總稅務司赫德將海關所用華洋人員名冊及薪水簿籍呈報督會辦大臣

◎初十日 外務部電飭各國駐使搜討外國近日

之訓條及條議章程編輯成書以便外交之補助

◎十一日 俄國教士在庫倫傳教沿途需索供應庫倫大臣電告政府請示辦法

雲南留日學生電稟政府請換滇督丁振鐸以救滇危

滿洲俄人强占遼陽大榆滯及各處華人所開之煤礦已由趙將軍向俄交涉

◎十二日 廣東粤路公司舉定董事查察查帳各員電稟商部

◎十三日 兩江學務處照會各屬學堂教員學生不得剪辮易服

端大臣獨上一摺請平滿漢之界

明降 上諭宣布立憲俟數年後察看民智程度如何再定年限



駐藏大臣張蔭棠奏請鼓鑄銀元以代印度紙幣

義大利開設財政商務會政府飭駐義使臣黄誥就近赴會

◎十四日 奉 旨派定各大臣先行更定官制為立憲之預備命各總督派司道大員到京會議公同編纂以慶王孫家鼐瞿鴻禨總司核定請 旨頒行

奉 旨端方調補兩江總督周馥補授閩浙總督楊士驤補授山東巡撫

◎十五日 政務處寄諭各督撫自後刑錢幕友以及稅局釐卡不准上官勒薦人員司事等

學務電咨各省飭派癸卯甲辰兩科翰林中書赴東洋學習法政速成科

記載

京師學界全體因　朝廷宣布立憲特開大會慶祝

◎十六日 學部咨照各省飭停京師肄業生津貼

奉　旨岑春蓂補授湖南巡撫龐鴻書調補貴州巡撫

◎十七日 直督袁委天津府凌福彭及日本大學畢業生黎伯顏會議撤回領事裁判章程

廓爾額國王派正使赴北京朝貢

商部電飭浙撫嚴查土藥苛擾事

◎十八日 駐海參威商務委員李家鰲電告外務部謂俄人不准委員公所懸掛龍旗幷不准干預公事請向俄交涉

更定官制大臣在恭王別墅開編制館派定提調及隨同編纂各員

四

外務部籌欵二十萬另建衙署蓋造洋式樓房

戶部造幣廠定議鑄造重一兩及五錢一錢之銀幣

奉　旨以楊士琦爲會辦電政大臣梁鼎芬補授湖北按使

◎十九日 學部咨行各省以後除陸軍將校各學堂外無論何項學堂均不得設寄宿舍以期教育普及

◎二十日 上海黃浦江開濬定廿二日開工

◎廿一日 上海總商會學會暨各省埠商界學界均開會慶祝立憲幷電請外部代奏

日本法政大學校長梅謙次郎到京商議展寬速成法政科學期

外部議咨調精通法律人員由部派往

新開各商埠充當裁判官

◎廿二日 稅務大臣定議崇文門稅法無論官商內外國人有應稅之物均一律完納

直隸試辦地方自治由天津設自治局先行辦理

英公使照會外部干涉廣東黃埔鐵路請令停工

◎廿三日 稅務大臣定議各海關稅務司選用中國人特札現任各稅司各舉一人

奉 旨岑春煊補授雲貴總督兩廣總督著周馥調補丁振鐸調補閩浙總督

江北提督劉永慶卒

◎廿四日 政府允准雲南自鑄銀幣

政府定議將廣西提督移駐南寧并奏改左江道爲關道均奉 旨依議

直督批准實行改良戲曲

◎廿五日 政府宣告安東大東溝商埠經已成立并設立海關

◎廿六日 廣東西南輪船刦案之犯處决七人

江北提督奉 旨著蔭昌署理

閩省紳商電請政府撤換閩督丁振鐸

◎廿七日 河南秋操派袁世凱鐵良爲閱兵大臣

俄公使允將黑龍江沿岸金礦交還中國惟中國須給以償欵

粤督岑春煊派員充當瓜哇全島勸學總董

◎廿八日 上海各報館大開茶會於張園恭祝立憲是日到者千餘人

澤公奏請裁撤內監

戶部奏請息借匯豐銀行英金一百萬

記載

磅開辦鑄幣刷印等事

學部奏派八月考試留學生試官圈出聯芳唐紹儀塔克什納蔭昌四員

學部編纂白話敎育歌頒發各省開發民智以爲立憲之預備

◎廿九日

政府與日俄兩使訂定滿洲南北均設稅關

紅葉閣鳳仙女史譯述

# 美人手

## 第六十一回　白罪狀伊古那遞書　受毒劑義士黨結局

却說圖理舍譽。拿着伊古那送來的書子。一面看着。一面氣得顫抖不迭。聽他讀道。久蒙恩寵。會計生伊古那。謹白罪狀於　主東足下。頃瑪琪氏率領哈理治助摩祖。到行拜見　主東。想生所犯罪孽。已無可逃飾於昭鑒矣。生再無顏見主東。更不敢一刻尙留故土。此書入呈尊案時。生已在瀛車中矣。生深悔一時情慾。迷塞心竅。被魔鬼侵惑。致負主東恩遇。其中惡機。實有意外原委。敢含恥奉述。乞於無可恕諒之處。稍輕減其罪焉。當日被胠篋者盜啓金庫。經主東點驗。除鐵箱外并失去五千元匯票一紙。時生在忙亂昏憒中。忘却此票。因來日侵晨應支之故。已於前一夜提取置諸案間抽屜。及後啓賬室抽屜。始見之。即欲持票啓白主東。時主東以事外出。未及稟陳。而是時方寸間。魔鬼之瑩惑至矣。歸座後。心如棼絲。自念職司會計。以此鉅欵。竟爾遺忘。若告主東。定受嚴飭。生庇宇下數年。幸無過失。得荷青睞。若爲此故。一旦以駑劣見棄。則此身將來所希望。都歸水泡。隱憂自咎。不知所從。繼欲私啓金庫。納置諸他項單件中。僞爲當日失檢。然竊念當日反覆檢對。皆已細經尊目。若被明察窺破。恐更加一重欺罔之罪。思維無計。乃於是夕懷歸寓所。而適其時美治阿士之一紙告別書來。言將歸比勒達尼亞省墓。省墓後將復歸巴黎。籌取旅費。且與令愛霞娘一會。而後投奔異國。生一時懊惱。遂懷妒念。竊計主東見愛東床。將以不才受選。而彼念念猶欲挑動令愛。若令愛知彼身果無罪。則心情所向。將永不能奪。是彼固吾愛情之敵。於吾希望甚相妨者也。不得已思求所以離間之法。以除銷阻力。然苦無計。忽憶此無着之五千元遺票。既可移罪名於彼身上。亦可濟其所急。而促之旅行。於是僞作匿名之書。郵付於彼。初不料有今日之敗。害人而反自害也。生悔已無及矣。生欺罔主東之罪。汚衊美治阿士之罪。知無可逭。今此敗露。蓋亦冥冥中示罰之報。生再不敢隱諱。以祈恕於上帝。函中或有未盡處。諒哈理治氏當已陳述。吾實欺哈理治。以祈中傷美治阿士。美治阿士實無罪。盜鐵箱之賊。諒與荷理大尉相厄者之所爲。行中可疑之人。除助摩祖外。所謂詭惡不正者。惟生一人而已。臨書惧罪。倉卒不文。伏乞恕諒。負罪出亡。會計生伊古那頓首謹上。

圖理舍譽把書子讀完。這段疑團。至此纔恍然冰釋。不覺這點又憐又愛又愧又悔的心事。移向他女兒和美治阿士。望着美治阿士道。你們可見個禮。美治阿士遂上前和霞那。懇懇切切。握了握手。喜得那瑪琪拖亞連眼淚也迸了出來。對着圖理舍譽道。不如此刻舅舅出個主意。和他兩人定了婚罷。於是圖理舍譽拉着他兩人。令霞那除下一個金約指。套在美治阿士指上。再令他兩人握握手。其時在傍立着那個丸田夫人。忽而顏色改變。咕咚一聲。栽倒地上。嚇得瑪琪拖亞手脚忙了。跑上前扶着問道。夫人覺得怎麼樣啊。夫人把眼睛晃了幾晃。有氣沒氣的勉强作聲荅道。已是不中用了。我已受了烏拉迓華的毒了。說罷。閉着目把手脚蹬了兩蹬。那女豪傑義士黨首領波蘭公爵女公子。變名丸田夫人的俠魂。已隨着金童玉女。到了西方極樂世界去了。圖理舍銀行。一時忙做一團。奉着恩人的遺軀。做了個喪主。自不必說。那霞那和美治阿士。

替他守了孝。過了一月之外。纔解除墨絰。擇吉成婚。瑪琪拖亞想設法替夫人報讎。到俱樂部各處。要找烏拉迓華的晦氣、時烏拉迓華。連平日往還的去處都避着。找了兩個禮拜。沒些兒踪影。漸漸也就丟淡了。夫人身後的遺囑。認定度璣姊弟二人。於義士冀勤勉有功。撥分一份大大的遺貲。吩咐助摩祖勿拋荒學業。所餘家貲及府邸。施作貧民病院。那手釧贈與瑪琪拖亞作紀念。因此助摩祖入了海軍學校。他祖母隱姓埋名。避到畢萊薩鄉裡住了。助摩祖的罪。圖理含譽恕了不究。助摩祖的姊姊度璣。得了這一注家貲。同着牛田。搬到美國去。嘉芝借劍術。流徙出地中海。過了土耳其。哈理治由瑪琪拖亞作薦。在銀行補了伊古那的缺。自經了這一場事故。瑪琪拖亞也把世事灰了心。帶着夫人那手釧。到世界各地漫遊去了。荷理別夫歸國後。盜失鐵箱之事。已被政府知到。把他降了職。不復再能到法國。從此以後。處無黨的秘密。再沒有人知到了。

（完）

文藝二

# 飲冰室詩話

飲冰

鄉人憾餘生以使事駐美洲之古巴。頃以「紀古巴亂事有感」十律見寄。且媵以牋云。「古巴民政兩黨因爭選舉搆亂。美國遽以兵艦相加。奪其政柄。雖以美總統盧斯福之義俠。或不致顯背萬國平和約章。古島容有珠還之日。然黨界之足以亡國。內亂之足以召外兵。則南美洲一帶諸國覆轍甚多。不獨古巴爲然。正不可不爲我國人警告也云云」此眞有心人之言。不能徒以詩目之。即以詩論。杜陵詩史亦不是過矣。亟錄實詩話。環島一萬二千里。紀年四百十四春。人傳羅馬舊遺種。地闢閣龍新殖民。突屹覇圖開鎖鑰。繁華夜氣洩金銀。劇憐海上田橫客。隸作秦王羈旅臣。幅員三倍我臺灣。尚有强梁起揭竿。半世紀曾爭獨立。（古巴五十年中革命軍凡三起）幾英雄已受招安。血流枯草無窮碧心死降旛、有底丹寂寞山城吹畫角王師高唱大刀鐶」魚麗于網雉罹羅。只怨嬴秦法太苛。鋋鹿失途終走險戰龍流血漸成河奇兒帳下頭顱賤

革命軍初起黨首爲西班政府捕逮者三百餘人盡以鳥銃擊殺

老將燈前涕淚多

一千八百十三年土人揭竿再起主動者多三十年前革命舊人蓋世代與政府爲讐者麥時母高摩斯與今總統巴爾瑪年皆七十餘

欲作包胥何處哭、那堪衢巷有笙歌

時西班督師巴蘭谷用兵鎮靜每夜公園陳軍樂游女如雲又開跳舞會以安民心

」一聲霹靂浪花飛鐵艦沉江召釁奇。

美國戰艦名棉者泊海灣城保護商民忽爲炸彈轟沉美班兵釁由此遂階

探穴遂成騎虎勢蹊田奚愜奪牛譏杯中影訝弓蛇現

美艦之沉美國以爲亂黨所爲而西班政府則謂美與亂黨有謀藉此遣兵相助至今猶存疑案

局外棋看鷸蚌持監國五年勤遠畧門羅主義至今疑」香花祝鼓迓兒童。鑄像巍峩紀戰功。政界脫離專制軛。國魂敲起自由鐘。歸元先軫都無恨。

麥時母高摩斯山度明古島人兩佐古巴革命軍土人自立後麥死輿櫬歸葬以總統之禮

殉國離騷尚可風。

古巴文豪河西瑪帝以民權獨立鼓吹國民卒爲西班所殺

憫煞共和開歲月蕭牆無故伏兵戎」強鄰戰舶急南行。爲踐當年白馬盟。

美古專約本有代平內亂之權此約即所稱勃勒阿緬文也

諭蜀相如偏有檄、

美總統盧斯福致書駐美京古使令其傳諭島人謂美之遣兵不得已也

出師諸葛豈無名。庸知臥榻滋他族誰遣開門召寇兵忽聽途人驚走告將軍舊部又從征。

美艦中多昔年美班戰時舊將盧斯福又諭前古巴總督胡德節制諸軍識者已知其有干預古政之意矣

」來朝走馬轉倉皇父老攀轅泣數行

美遣陸軍大臣塔扶監古巴國政古總統巴爾瑪退位後乘火車還鄉部臣議紳率國人送行途爲之塞無不泣數行下有議紳某竟哭至失聲

亡國大夫甯有勇鬩牆兄弟忒無良

四年紀念留殘碣半壁蒼茫賸夕陽忍聽軍前還奏樂黃塵不見舊沙場」報說城頭趙幟存。（塔扶傳檄島中仍留古巴國旂以示必交還意）部民猶感漢家恩。寒沙當日曾埋戟細柳今時復駐軍（美撤古巴駐兵僅三年耳）未必田眞歸鄆闡可憐車欲裂商君（副總統格勒提爲士人所憤每欲得而甘心之）魯連義士先逃海（將軍緬那嘉者辭官隱山寮中素爲民政黨所信服此次出而調和黨界美干預後已航海赴他國矣）誰與人間再解紛。」如此膏腴一片土鯨吞蠶食已分明。強權世界忘公理。天演生存起競爭。幾見中原還逐鹿。頻聞列國漸銷兵。頻年無限滄桑感。懶與閒鷗海上盟。」今古興亡付酒杯閒愁淘盡海潮來未歸遼鶴家何在已變沙蟲刼尙灰大地人才一鑪冶當年王氣半蒿萊夜來悽絕聞鄰笛故國山河更可哀

懺广復有灣城竹枝詞如干首。灣城者。古巴首都也。其詞亦感均頑豔。且可作地志讀。詞云。音樂亭西映夕曛。如雲士女集公園。香閨紀念哥崙布簇簇花毬挂墓門」衣香鬢影趁風斜十里沙堤賽瀛車到底玉顏怕吹皺桃花人面薄籠紗」夜涼愛納海邊風數騎香塵牡蠣宮（海旁新築馬路曰牡蠣宮蜿蜒十餘里夕陽西下游人如鯽夜深始散）不怯露寒怯月暈（島中婦女最畏月謂月曬人面目黧黑也）歸來一路上車篷」歌場散後不勝情羅綺叢中逐隊行生怕致郞見憔悴街前背立電

燈明」簾櫳望見屋如舟樓下居人臨街開窓行人從窓外望見臥室中陳設故雖小戶貧家其榻帳屏幃皆極整飾一笑嫣然阿帝優見面頌祝之詞言上帝庇祐也儂是小家名碧玉此間聊借築香巢」小立窗櫺月色明閨中人每黃昏時輒倚窓以待所歡之至至則立窓外談至夜深

喁喁私語口脂馨昨宵阿母叮嚀囑莫浪敲門喚妾名男女雖極相悅無父母命不得擅自訂婚男來訪則屏諸門外不許入室升堂也」

紘管清宵聒耳嘈大宮戲院月輪高院規模壯麗為城中戲院之冠風流裙屐花園角院前公家花園四面酒樓茶館林立紈袴少年獵豔其間終宵徵逐華人目爲花園角人物蓋輕之也 挽臂來餐慢地餻即英語埃士忌廉也花園傍某酒肆製者極佳歐美人來游者謂甲地球云」百萬青蚨不翼飛

繁華浪說小巴黎一衣竟耗中人產怪底街名散拉揮婦女衣飾店多設在此街」鄰家姊妹舞婆娑

鬭得纖腰一搦多況更弓鞋似纏足宵娘流毒較如何島中婦女自幼以極小革靴約足使纖如中國纏足者然」酥胸

微袒豔如仙長曳羅裙顧影翩跳舞歸來花露重繡巾斜搭護香肩」村姬爭羨效顰

姸別有生涯勝揀煙盼到明朝剛禮拜香囊積得買花錢煙行僱女工揀煙葉休息日則盡以所得傭值購粉奩脂盞及一切玩物華商業此者獲利頗厚」鬼臉佯裝諫那譁每歲二月間有節名諫那譁癡兒女皆戴面具作種種怪狀游行街市舉國若狂蓋鄉人儺之濫觴且姸媸摸索費疑猜是月城中俱樂部皆開跳舞會赴會者男女皆戴面具或以帕蒙首不使人見幽期密約掩耳盜鈴不知凡幾洵惡俗也車中果漫潘郎擲多少游人認易差接連十日紅男綠女游騎如雲皆以五色紙條或絲帶花果之屬逢人拋擲遇素識者擲之愈狂佻達少年以得女郎擲己多者爲榮」一徑寸朱唇齒雪般目光烱烱髮拘攣笑他漆曆塗脂澤粉本初臨墨牡丹當隸西班牙國時黑人最受約束足不許踏公園衣服不許麗都自主以後黑白平權矣而黑婦效顰尤足令人噴

飯」一燈光四壁整容堂一色玻璃大鏡鑲翦髮匠都渾解事多將香粉傅何郎（男子翦髮後以香粉搽面為他國所無）」「沉沉院落撤燈光（島中天氣溽暑人家夜靜雖客至不掌燈畏火氣薰蒸也西人戲謂婦女藏拙之道云）笑語深宵過隔牆吸到椰漿冰雪冷可憐風味似南洋（島中多椰樹人家多吸椰子漿以解渴）」「雪縠冰綃輭透風香肌熨貼轉玲瓏銷魂十字耶蘇架繡到閨人夾臂鬆（婦人內衣也奢侈之家製以紗綢刺花紋名字其上亦有刺作十字架形者示崇奉宗教之意）」「一丈紅牆覆落花美境居住最奢華。（城外十餘里地名美境多富貴人家住宅）小姑休道無郎慣昨與姨夫坐馬車（島俗閨女不許踽踽獨行每出入非父母則必有親眷男女相伴）」「有約來觀滄海門相將躍入華清池西風吹岸綠波皺知是楊妃出浴時（美境一帶跨海築室為浴堂盛夏時男女結隊平明而往海日東昇則浴罷而歸矣）」「妾住劍芾郎隔河（距城五十里外村落名劍芾有波羅園環居多小戶人家隔河為波羅機製酒工廠）荒畦十畝種波羅郎今愛啖波羅蜜怪底甜言餌妾多」「漫將夫壻問羅敷似海侯門鎖日趨嬌憨那知黃種貴上街人笑拜山奴（華人業負郎者謂之上街拜山奴猶言鄉人也先是華人與華人遇互相稱謂上人遂沿以為華人之名稱）」「家家閨閣供慈悲（人家閨閣供一女神像華人輒稱為觀音菩薩殊可笑也）盦鏤沉檀像繡絲一樣神權笑迷信豈惟中土有淫祠」「豐年景象自懸殊。誇說煙糖價有餘。座滿幾家涼水館閒談細嚼淡巴菰（灣城之有涼水館猶滬上之有茶館也）

# 英國憲法史

每部一元二角

自預備立憲之詔既頒國人皆知自強之道莫要於立憲矣英國爲憲法政治之祖國凡世界立憲國皆於此取法焉然則研究憲法莫要於英國雖然英國之憲法非以人力一時制作者也而自然發達逐漸成長者也故必尋其起源遷變發達乃能究其憲法之真相故欲研究英國憲法者不可不讀憲法史此書日本松平康國著早稻田大學出版在彼國中稱爲名著譯者麥君文名久播於海內與尋常譯本有天壤之殊讀者自能知之

總發行所上海棋盤街廣智書局

上海商務印書館

# 新譯日本法規大全出版預約廣告

日本法律之書以此爲最完全凡全國法律規則命令無一遺漏光緒二十七年盛宮保督辦南洋公學時曾屬管理譯書院海鹽張君元濟聘人翻譯是書成稿約十之八嗣以乏人修校未經印行越四年盛宮保復囑張君賡續成書允由本館修校出版惟原稿係據明治三十四年之本距今已久其增加更易者約十之二三且律學精邃出入所關甚鉅非有專家學者詳愼考核極易貽誤本館特聘日本早稻田大學政學士閩縣劉君崇傑躬赴日本總司編輯復就近延聘卒業帝國大學何君燏時卒業中央大學高君种卒業早稻田大學法政科舉人陳君威卒業早稻田大學梁君志宸及其他優等留學生各就所長分門擔任就明治三十七年最新之本精審校閱誤者改之缺者補之并與日本各法律專家詳加討論以期斟酌盡善惟書中法律名詞具有精義未必盡人能解因聘日本早稻田大學政學士法政科舉人董君鴻禕及錢念劬先生編成法規解字凡書中所有名詞皆詳加解釋按照康熙字典部首排列以便檢查計時二年糜金數萬始克卒事欣逢　聖上宣布立憲伏讀諭旨有云先將官制分別議定次第更張并將各項法律詳愼釐訂而又廣興教育清理財政整修武備普設巡警使紳民明悉國政以豫備立憲基礎著內外臣工切實振興力求成效俟數年後規模粗具查看情形參用各國成法妥議立憲實行期限再行宣布天下等因凡屬臣民敢不黽勉勤求以期仰副　聖明殷殷圖治之盛意此書於日本官制教育財政武備巡警等事言之綦詳且係同洲同文同種之國尤足爲我官紳士庶參考之用故特亟付手民從速出版全書分二十五類共四百餘萬言用上等中國連史紙印成凡四千數百頁分訂八十冊并附法規解字一冊裝入椐木箱年內可以出版每部定價二十五元凡豫約者其辦法如左

一豫約價每部銀十八圓　一豫約期限以本年十二月三十日爲止過期照定價每部二十五圓概不折讓　一豫約者應於期內先交六圓向本館及各分館購取預約券出版後將券交下并找十二圓卽可取書　一外埠購豫約券者請將銀六圓由郵局掛號寄上海總發行所收到後卽將豫約券由郵局掛號寄奉　一廣西雲南貴州四川陝西山西甘肅新疆八省因路途較遠展限二月如在明年二月底以前寄銀十八圓到滬者亦照豫約辦理本埠及近地不得援例　一欲本館將書寄奉者其郵費如下

（甲）上海城廂內外不取送力（乙）向各分館取書每部加運費六角四川省每部加郵費一圓四角（丙）輪船火車已通之處每部加郵費一圓（丁）輪船火車不通之處每部加郵費一圓二角（戊）陝西甘肅雲南貴州四川五省每部加郵費二圓四角（巳）日本國每部加郵費一圓四角（庚）歐美諸國郵費各不同應照實數計算不及細列（辛）躉買十部以上運費較廉當照實數收貲　丙丁戊巳庚五項因郵局包裹磅數有限全書一箱無從寄遞擬分爲十函用精美結實布套包裹以代木箱

◉注意　現已將譯例總目日本憲法全文印成樣本一冊如承　不棄請向本館總發行所或各埠分館取閱　遠地函索亦可寄奉

◎上海棋盤街商務印書館◎北京琉璃廠分館◎奉天同春福海利號分館◎天津金華橋分館◎漢口黃陂街分館◎廣州雙門底分館◎開封鼓北大街分館◎福州南大街分館◎重慶分館◎成都分館　同啓

# 上海商務印書館新出各種教科圖書

（分設）京師 奉天 天津 廣州 福州 成都 重慶 漢口 開封

學部審定 初等小學修身教科書十冊 每冊一角 教授法十冊 每冊一角 五彩掛圖 計二十幅洋裱六元未裱五元 ◯本書爲浙江蔡元培福建高鳳謙浙江張元濟諸君編輯採取古人嘉言懿行足以增進民德改良風俗者依次編入由淺入深循序漸進末數冊於合羣愛國尤爲再三致意全書十冊適供初等小學五年之用第一冊全用圖畫不著一字令兒童不生厭倦第二冊至第四冊每課一圖第六冊以下文漸增圖漸減每冊至少亦有十圖左右茲承 學部審定稱爲（斟酌取舍之間皆足見其精審）等語 教授法十冊按課編纂均注明出處詳列教法亦承 學部審定另附第一冊掛圖二十幅彩色鮮明最便講堂指授之用

◎學部審定 初等小學國文教科書十冊 第一冊一角五分第二冊以下各二角 教授法十冊 第一冊四角第二冊至第五冊各三角第六冊三角半第七冊四角 ◯本書爲福建高鳳謙浙江張元濟江蘇蔣維喬諸君合著悉心編纂一字不苟經營二年始克成書文章淺而不俗雅而不奧每冊附圖數十幅五彩圖二三幅尤爲精彩動人全書十冊適供初等小學五年之用發行以來頗蒙海內教育家許可銷流至數十萬冊疊版數十次茲經 學部審定稱爲（文辭淺易條段顯明圖畫亦富板本適中章句之長短生字之多寡皆與學年相稱事實則取兒童易知者景物則預計學期應有者並將一切器物名稱均附入圖中使雅俗兩得其當）等語 教授法一書專爲教員之用按照課數編次凡誦讀講解習問默寫聯字造句作文等法無不詳備名物訓詁皆加詮釋所引古籍西籍亦詳其出處以省教員檢查之煩此書亦承 學部審定

◎初等小學習字帖 第一冊一角第二三四冊各八分 ◯此帖與本館所編國文教科書相輔而行書中所有者無一不備書中所無者亦不攔入以便隨讀隨寫可助記憶第一冊用描紅第二冊以下用影寫

◎小學唱歌書一冊 價洋三角 ◯此書前半詳列教授法凡音調拍子趣味等法循序不紊後半列歌辭雅而不俗淺而不俚其於愛國思想尚武精神尤爲注意

# 上海商務印書館新出各種教科圖書

（分設）京師　奉天　天津　廣州　福州　成都　重慶　漢口　開封

學部審定 初等小學 **筆算教科書五册** 第一二册各一角半 第三四五册各二角 **教授法五册** 第一二册各二角半第三四册各三角半第五册四角 **五彩掛圖** 計十六幅 二元五角 ◯本書五册適供初等小學五年之用已承 學部審定稱爲（綱領備具條理細密步步引人在今初等小學教科書中洵無出其右者）又稱（多列圖畫足以引起兒童旨趣全忘習算之煩苦）又稱（中外度量衡比較法既習算術兼適應用則尤本書之特長）等語教授法一書亦經 學部審定稱爲（教員上課時手此一編可不致漫無秩序）等語

◎高等小學 **筆算教科書四册** 每册二角 **教授法四册** 第一册二角半第二册三角第三四册各二角半 ◯是編繼前書之後仍由加減乘除入手至平面立體求積而止全書四册適供高等小學四年之用 教授法四册按課演繹最便教員之用

◎高等小學 **筆算教本一册** 價洋四角 ◯是書共九編（首）加減乘除（一）諸名數（二）分數之簡易者（三）分數之繁雜者（四）小數（五）比例之簡易者（六）比例之繁雜者（七）利息（八）開方求積序次得宜繁簡適當解釋清晰詳又明暢

◎學部審定 初等小學 **珠算入門一册** 每部一册價洋四角五分 ◯此書經 學部審定稱爲（條流明晰階級秩如每課多列習題亦便於練習）等語且蒙 學部指定爲初等小學末一年之用即商業中人取而習之獲益非淺

◎**珠算教科書四册** 六角 **教授法二册** 每册價洋五角 ◯此書繼珠算入門而作詳明淺顯條理井然其教授法爲教員實際教授時所用解說詳明丁甯苦口教員但能手執是編依書演講當自知其運用無窮至於有志獨修者取而習之亦能粗窺門徑漸陟堂奧

◎高等小學 **理科教科書四册** 每部四册價洋八角 ◯是書爲山陰謝洪賚所著並由山陰杜亞泉參訂材料精當部次分明最便初學附印五彩圖及精圖三百餘幅書共四册每册四十課每星期教授一課以一年畢一册誦習既竣不患無普通之知識矣

# 上海商務印書館新出各種教科圖書

（分設）京師　奉天　天津　廣州　福州　成都　重慶　漢口　開封

初等小學**中國歷史教科書**每部二冊價洋三角◯是書爲初等小學第四第五兩年之用計一百六十課每星期授兩課以一年畢一冊起自上古訖於今日專取歷代大事及名人事蹟之足資觀感者以充材料簡要不繁文筆亦雅潔可誦另附歷代沿革圖一冊

◎高等小學**中國歷史教科書**每部四冊價洋七角◯上起五帝下迄　兩宮回鑾下詔變法之日凡分四冊共二百四十課約十萬言文辭雅馴體例精當並附歷代圖表尤便檢查

◎學部審定初等小學**地理教科書四冊**定價五角◯近來地理書多臚列府縣名字山川形勢物產風俗千篇一律陳陳相因味同嚼蠟是書改用游記體裁於童子之記憶頗足相助本國行程分爲七路外國分爲四路每路各附一圖行程所經識以朱線並附精圖百數十幅刷印鮮明每一開卷尤增興味本書業經學部審定

◎高等小學**地理教科書四冊**定價五角**萬國輿圖一冊**定價三角五分◯是書爲高等小學堂第一二年之用計一百六十課每一星期教授兩課適供二年之用前二卷論中國後二卷論外國皆按最近情勢立論敘次明晰詞旨簡雅可爲初學精本插印銅板精圖一百餘幅兒童讀之尤有興味另附五彩萬國輿圖印刷鮮明裝訂華美

◎**簡易課本**修身一冊價一角◯國文二冊價二角半◯歷史一冊價一角◯地理一冊價洋一角◯數學二冊價洋三角◯格致一冊價洋一角◯本館前編小學中學高等學堂各種教科書均遵奏定章程按年編輯出版以來謬承學界歡迎復思我國地廣人衆學制初定風氣未能遽開其有貧寒子弟過時失學或雖當學齡而迫於生計勢須兼治他業不能受完全之教育本館用特設變通之法謀普及之效編輯簡易課本爲修身國文歷史地理數學格致實業法制八種簡要淺明最易教授每冊中各附精圖數十幅以爲講解之助凡年長失學者得此書而肄習之一年卒業於立身之道應世之用亦可粗知梗概至半日學堂夜學堂星期學堂徒弟學堂不能受完全教育者以此爲課本尤爲適用茲已印成六種廉價發售

陸軍教授 依田雄甫先生著

# 漢文最新中國形勢精掌全圖

石印七彩地圖二十張 人物風景寫眞版十張統計表廿四頁

價貳元五角 小包郵費三角五分

是爲現今所存最良最美精圖。若以直隸總督袁宮保。前兩江總督魏制台。學部侍郎嚴大人。日本駐劄楊公使。軍機處存記品朱大人 直隸學校司參議丁大人諸公殷勤賜書稱賛不已。今寫諸公贈詞揭之卷首。是亦爲不易得。大方諸彥幸購一本閑窗披覽可臥遊于五大洲也

文學博士 重野安繹・河田羆兩先生同輯

# 支那疆域沿革圖

石印七彩 價參元 小包郵費……

陸軍教授 依田雄甫先生著

# 漢文世界分國讀史地圖

石印七彩 價貳元五角 小包郵費三角五分（揭圖製）

陸軍教授 依田雄甫先生著

# 漢文最近世界現勢精掌圖

▲石印七彩 價貳元五角 小包郵費……

文學博士 重野安繹先生著

# 漢文中國史綱

▲唐本形全八冊 價貳元八角 小包郵費三角五分

文學博士 服部宇之吉先生著

# 漢文論理學講義

▲唐本形全一冊 價六角五分 郵費六分

高等師範學校教授 黑田定治先生著

# 漢譯單級教授法

▲洋裝美本全一冊 價四角五分 郵費四分

發兌元 東京市神田區 合資會社 富山房特約店 上海、天津、北京、其他各地書局

十

# 東洋 教育掛圖 [illegible]

| | | | |
|---|---|---|---|
| 陸軍示教掛圖 | 自第一輯至第三輯 | 各一輯五張一組 | 各一輯金貳圓 |
| 海軍示教掛圖 | 同 | 同 同 | 同 同 |
| 天地現象掛圖 | 自第一輯至第五輯 | 各一輯五張一組 | 各一輯金貳圓 |
| 地文學示教圖 | 自第一輯至第二輯 | 同 同 | 同 同 |
| 世界地理示教圖 | 自第一輯至第三輯 | 各一輯七張一組 | 各一輯金貳圓八十錢 |
| 人體生理解剖圖 | 廿張一組 | 完結 | 金八圓 |
| 世界人體風俗掛圖 | 自第一輯至第三輯 | 各一輯五張一組 | 各一輯金壹圓半 |
| 工業示教掛圖 | 自第一輯至第三輯 | 同 同 | 同 同 |
| 農業教授用掛圖 | 拾張一組 | 完結 | 各一輯金四圓 |
| 家畜家禽正圖 | 自第一輯至第二輯 | 各一輯六張一組 | 各一輯金壹圓半 |
| 世界哺乳動物正圖 | 自第一輯至第四輯 | 各一輯五張一組 | 各一輯金壹圓半 |
| 植物正圖 | 自第一輯至第十輯 | 各一輯五張一組 | 各一輯金貳圓 |
| [illegible]隱花植物正圖 | 五張一組 | 全 | 金貳圓 |
| 有毒植物類圖 | 五張一組 | 全 | 金貳圓 |
| 救饑植物正圖 | 同 | 同 | 同 |
| [illegible]益鳥類圖 | 三張一組 | | 金壹圓半 |
| 鳥類正圖 | 自第一輯至第二輯 | 各一輯五張一組 | 各一輯金貳圓 |
| 蟲類正圖 | 自第一輯至第四輯 | 同 同 | 各一輯金貳圓 |
| 稻作害蟲驅除法圖 | 五張一組 | 完結 | 金貳圓 |

| | | | |
|---|---|---|---|
| 農作物病害豫防法圖 | 五張一組 | 完結 | 金貳圓 |
| 漁業示教圖 | 五張一組 | 完結 | 金貳圓 |
| 養蠶示教圖 | 八張一組 | 完結 | 金參圓 |
| 爬蟲類及兩棲動物圖 | 自第一輯至第二輯 | 各一輯五張一組 | 各一輯金貳圓 |
| 甲殼類正圖 | 五張一組 | | 金貳圓 |
| 齒囓類正圖 | 自第一輯至第二輯 | 各一輯五張一組 | 各一輯金貳圓 |
| 貝殼類正圖 | 二張一組 | | 金壹圓 |
| 前世界動物圖 | 三張一組 | | 金八拾五錢 |
| 魚類正圖 | 自第一輯至第二輯 | 各一輯五張一組 | 金貳圓 |
| 海獸類正圖 | 五張一組 | 完結 | 金貳圓 |
| 熱帶植物圖 | 自第一輯至第三輯 | 各一輯五張一組 | 各一輯金貳圓半 |
| [illegible]寄生蟲及[illegible]菌圖 | 自第一輯至第二輯 | 各一輯五張一組 | 各一輯金貳圓 |
| 下等動物圖 | 五張一組 | | 金貳圓 |
| 植物解剖掛圖 | 十張一組 | | 金參圓八拾錢 |
| 兒童眼病トラホーム豫防法圖 | 參張一組 | | 金壹圓貳拾錢 |
| 救急治療法掛圖 | 大張一組 | | 金貳圓 |
| 支那歷朝帝王御影 | 全一張 | | 金八拾錢 |
| 兵式柔軟體操圖 | 全一張 | | 金四拾錢 |
| 銃砲古今沿革全圖 | 二張一組 | | 金壹圓四拾錢 |

| | | | |
|---|---|---|---|
| 鑛石實寫標本圖 | 全一張 | | 金參圓 |
| 世界列國旗章正圖 | 全一張 | | 金五拾錢 |
| 列國帝王軍隊服裝圖 | 全一張 | | 金七拾錢 |
| 世界人種相貌圖 | 全一張 | | 金七拾錢 |
| 世界發明元始家列影 | 全一張 | | 金七拾錢 |
| 古今軍艦沿革圖 | 全一張 | | 金參拾五錢 |
| 貨幣古今沿革圖 | 全一張 | | 金參拾錢 |
| 帝國陸軍服裝圖 | 二張一組 | | 金貳圓 |
| 列國勳章繪圖 | 全一張 | | 金八拾錢 |
| 物理學示教掛圖 | 自第一輯至第二輯 | 各一輯五張一組 | 各一輯金壹圓半 |
| 博物集覽全圖 | 三十六張一組 | | 金七圓 |
| 萬國貨幣全覽 | 全二張 | | 金壹圓半 |

本館製造教育專門著色圖畫。備蒙各界賞贊。名聲藉甚。本技術巧妙。質良價廉。稱東洋無雙。無論日本全國。及朝鮮臺灣。大中小學堂無不採用本館圖畫者。本年更欲擴販路。對門增設新工場。裝置精良大印刷機。準備已成。館運旺盛。特爲中國四方對子貨需。製圖畫目錄大尊如以上。東京造畫館主九拜

一本館畫書目錄豐富。函致有命。不論遠近。即呈。來函一切照左記本館所在地。書字無誤

○日本東京市京橋區出雲町壹番地

東京造畫館

●電話新橋七百二十三番

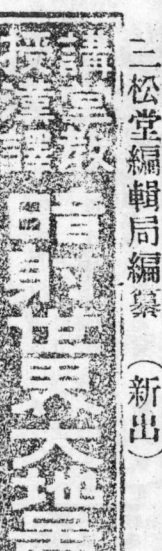

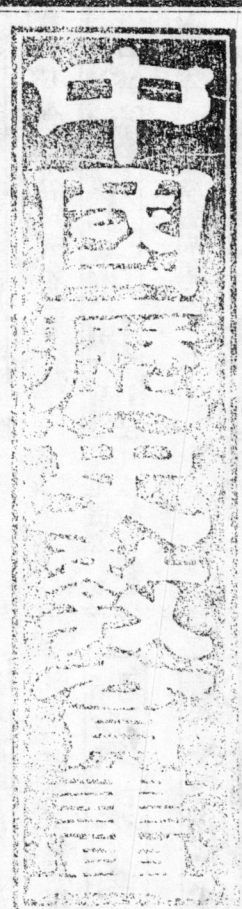

日本 小島彥七先生著
支那古今沿革圖
◉定價金壹圓廿錢

日本 三松堂書局編纂
大清國現勢地圖
◉定價金壹圓

日本 高橋屯先生著
漢譯人體解剖圖
◉定價金貳圓

日本 木野崎、小山先生同著
東語讀本
◉全三册

日本 水谷延次先生著
漢譯兩半球地圖
◉定價金貳拾五錢

日本 三松堂書局編纂
萬國練習用白地圖
◉定價金貳拾五錢

日本 三松堂書局編纂
大清國疆域分圖
◉定價金五拾錢

日本 三松堂書局編纂
改正漢文萬國地圖
◉定價金五拾錢

日本 赤松範靜先生著
最新東亞三國地圖
◉定價金四拾錢

日本 三松堂書局編纂
清國明細全圖
◉定價金拾五錢

日本 三松堂書局編纂
清國廣東省全圖
◉定價金壹圓

漢文地球儀
◉徑二寸五分 價金三拾錢
◉徑一尺 定價金四圓

發行所 東京京橋區弓町 三松堂書局

十五

善忍堂地圖調製所編輯部編纂

# 漢譯講堂教授地形圖

縱三尺五寸 橫六尺
石版加彩色
全一枚大揭圖
定價金壹圓五角

地理教育之進步地圖與地形圖相輔而行誠必要者無此種圖出版於教育上誠一大缺點敝堂爲學界起見特令編輯部精意製爲此圖以資學校地理教授之用若人置一篇則凡地形上理解難會處之用語按圖指點使瞭如指掌此誠學校最利用之品也

## 最新中國各省分圖

石版加彩色 美本
定價金七十錢

## 學堂練習用萬國地圖

石印美製全八張記號皆確實記入
定價廿五錢

## 國民必攜清國新圖

石印細密五彩印美物產詳記
定價廿五錢

## 漢譯萬國新圖

近刊

## 大清帝國全圖

石印細密六彩鮮美
定價六十錢

## 漢譯世界全圖

石印細密七彩鮮美
付各國旗章
定價四十錢

## 大清一統分圖

石印細密五彩印美
定價五十錢

## 支那帝國明細圖

石印細密配彩
定價廿五錢

## 兩半球圖

石印細密美彩
付各國旗章
定價參拾錢

## 中學堂清國形勢地圖

石印精密配彩
定價廿五錢

## 清國講堂練習用地圖

石印美製全拾張記號皆確實記入
定價參拾錢

教科用地圖發行所
大日本東京市京橋區三十間堀三丁目十九番地
大須賀善忍堂

一一七〇三

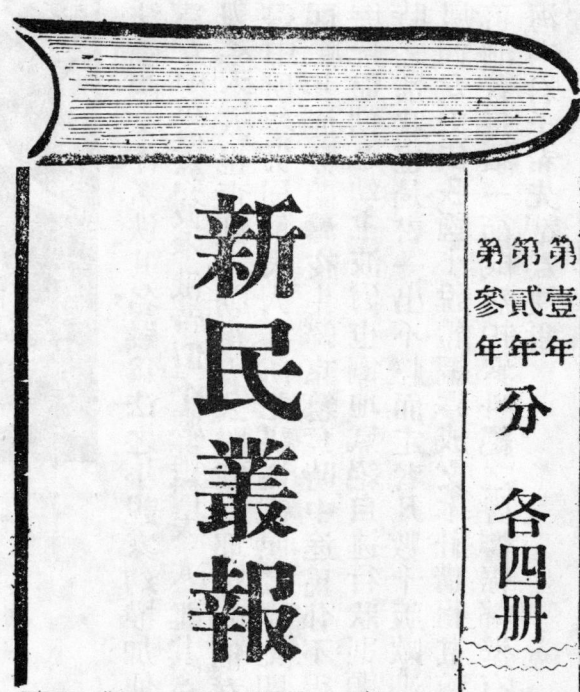

SEIN MIN CHOONG BOU

P. O. BOx 255 Yokohama Japan.

# 新民叢報

明治三十一年十二月二十七日（第三種郵便物認可）每月二回發行

第肆年第拾肆號

（原第八十六號）

光緒三十二年七月十五日　明治三十九年九月三日

# 代江蘇災民乞救廣告

江北徐海淮三府州自今春至夏無日不雨以至河水暴漲一片汪洋盡成澤國入秋以後亦晴少雨多田無寸穫居民廬舍均被水冲坍現在饑民載路沿江而下災區之廣長八百里闊五百里饑民約四百萬日餓死者不知凡幾此巨災實四十年來所無更慘於舊金山之地震滬上各報提倡賑捐西商創立華洋義賑公會皆竭力籌救本報同人迭得上海函電述此慘災心中惻惻謹代飢民呼籲冀海內外同胞慷慨助捐如寄交本報即可代轉滬上辦賑董理從速賑䘏惻隱之心人皆有之諒海內外同胞必不忍膜視也

丙午年十一月　初一日　香港商報　上海時報　廣州國事報謹白

# 新民叢報第肆年第拾肆號目錄（原第八十六號）

| 報資及郵費價目表 | 全年廿四冊 | 半年十二冊 | 零售 |
|---|---|---|---|
| 報資 | 五元 | 二元六角 | 二角五分 |
| 上海郵費 | 二角四分 | 一角二分 | 一分 |
| 上海轉寄內地郵費 | 一元二角 | 六角 | 五分 |
| 各外埠郵費 | 一元四角四分 | 七角分 | 六分 |
| 四川、雲南、陝西、貴州、山西、甘肅等省郵費 | 二元八角八分 | 一元四角四分 | 一角二分 |
| 日本各地及日郵已通之中國各口岸每冊一仙 | | | |

| 廣告價目表 | |
|---|---|
| 洋裝一頁 | 十元 |
| 洋裝半頁 | 六元 |
| 惠登廣告至少以半頁起算刊資先惠論前加倍欲登長年半年者價當面議從減 | |

編輯兼發行者　馮紫珊
印刷者　陳侶笙
發行所　橫濱山下町百六十番　新民叢報社
上海發行所　四馬路老巡捕房對面　新民叢報支店
印刷所　新民叢報活版部

瓜哇石山古跡全景

論著一

# 雜荅某報（續第八十五號）

飲冰

## 四 立憲政體之不能確立其原因果由滿漢利害相反乎（續）

（此條前號所論尚有未盡者今補入此一段）

或疑兩民族以上同棲一國。必不能得善良之憲政。引奧大利匈牙利等國爲例。而因以證排滿論與政治革命論之不能相離。其說若甚辯。雖然。吾以爲中國非奧匈之比也。大抵爲種族之標幟者。莫如語言。奧之與匈。其國語溝然相離。前此匈國國會。匈國軍隊。皆用奧語。而不得用匈語。匈人以全力爭之。去歲幾釀分離問題。至今未決。夫此等現象。在今日中國。固無慮也。然此猶就奧匈雙立國之組織言之也。若夫奧與匈各自有其政府。有其憲法。而其運用之皆不能良善。奧則尤甚。識者以爲實由國內種族不一。有以致之。誠篤論也。雖然。亦知彼之所謂種族不一者。其內容果何如哉奧國促於歐之中央自昔以來本非一民族所專有彼歐洲三大種族如條頓人斯拉夫人拉丁人皆各有分子於其境內故各地方各欲維持其舊組織各民族各欲保存其舊言語故今之奧國操德意志語者九百十一萬餘人操波希米語及其類似語者六百萬人操波蘭語者四百三十餘萬人操盧丁語者三百三十餘萬人操斯羅奔語者百餘萬人其他操塞爾維亞語意大利語羅馬尼亞語馬幾亞語者各數十萬人（參觀本報第十號譯述門「論奧大利立憲制之運用與民族之複雜」）地醜德齊莫能相尙夫一國中而有多數異言語異慣習之人種其於國家結合之基礎本已不固矣而最病者尤莫如地醜德齊使其中有一族獨占大多數而制優勝焉則固可以此族爲結合之中心點吸集羣小族而使之同化彼小族而能同化耶種界遂泯如天之福也其不能同化耶則其力不足以危及國家之結合猶無傷也以地醜德齊故各族莫能相讓莫能相化夫是以軋轢無已時如彼德意志族者與王統屬焉其族亦比較的占多數宜其可以爲統一之中心點矣然而不能者則以其雖比較的占多數然以全奧民數核之猶不及三之一若其他各族相結以與德意志族相對則德意志族反成

少數故也故種族複雜實與國膏肓之病雖和緩亦無能爲力者也惟匈亦然匈之總民數約千六百萬內馬幾亞人五百萬華拉焦人二百三十餘萬撒遜人百四十餘萬士羅域人二百二十餘萬格羅人百三十餘萬蘇格拉和尼亞人百萬其他盧丁人汚德人塞爾維亞人各數十萬馬幾亞族雖比較的占多數然亦不及全匈民數三之一若其他各族相結以與彼相對則馬幾族反成少數也一八四八年匈國之獨立所以不久而旋敗者以此問題梗於其間也故如奧匈者則誠以種族問題爲政治問題之障雖有善良之憲法而不能爲用如奧匈者惟恃舊世界君主專制之組織庶可以僅保其結合而得以自存若專制君主之政體既被進化的社會所淘汰而不能保持則此種國家前途之光榮亦將隨舊世界之政體而同歸歇滅已耳惟俄亦然惟恃專制爲能保帝國之資格專制一去帝國岌岌焉則亦與奧匈有同一之理由也若夫我中國則與彼大異漢族而外雖尙有滿蒙藏回苗諸族然漢族占大大多數卽盡合羣族以相對猶不能當我十之一藉此雷霆萬鈞之力無論何族而不得不與我同化卽不同化而旣立憲以後斷不能緣此而危及國家基礎

故民族複雜云者在奧匈可以成政治上之問題在中國絕不能成政治上之問題也。且更以最簡單之一語論斷之彼滿洲人所操者爲何語乎種族之鴻溝以語言爲第一標幟焉。今論者乃妄以奧匈各族擬滿漢何其太不倫也。夫使我國而果如奧匈之以種族問題爲政治問題障也則豈惟不能爲君主立憲將愈益不能爲共和立憲何也。苟於奧國國家組織分子之中而除去其所謂君主者則其現象將若何吾知其中之德意志人必合於德意志帝國馬幾亞人必合於匈牙利國波希米人必合於俄國意大利人必合於意大利國塞爾維亞人必合於塞爾維亞國羅馬尼亞人必合於羅馬尼亞國其餘各族人分屬於各國而所謂奧大利帝國者將粉碎虛空頃刻而變成爲歷史上紀念之一名詞矣。故使我國而果爲與奧大利同種類之國也則鄙人將並君主立憲且不敢主張焉而共和更無論矣何也。國家之能進步與否尚屬第二問題而國家之能結合不破裂與否乃屬第一問題也。今論者日高語共和而頻引奧大利爲我比例抑安得此不祥之言哉。夫惟我之與奧內容絕殊故君主立憲可也共和立憲亦可也無論出於何途而總不慮種族問題爲之

障所辨者則歷史上之位置及現時人民之程度以何者爲適宜耳此則吾所既屢言之而無復疑點者也

五社會革命果爲今日中國所必要乎

（前號總標題誤寫爲社會主義今更正之）

此問題含義甚複雜非短篇單詞所能盡也此略述其所懷若其詳則異日商榷之中國今日若從事於立法事業其應參用今世學者所倡社會主義之精神與否別爲一問題中國今日之社會經濟的組織應爲根本的革命與否又別爲一問題此不可混也今先解決第二問題次乃附論第一問題。

吾以爲中國今日有不必行社會革命之理由有不可行社會革命之理由有不能行社會革命之理由

於本論之前不可不先示革命之概念凡事物之變遷有二種一緩一急其變化之程度緩慢緣周遭之情狀而生活方向漸趨於一新生面其變遷時代無太甚之損害及

苦痛。如植物然。觀乎其外。始終若一。而內部實時時變化。若此者謂之發達。亦謂之進化。Development or Evolution 反之其變化性極急劇。不與周遭之情狀相應。舊制度秩序。忽被破壞。社會之混亂苦痛緣之。若此者謂之革命。Revolution 吾以爲歐美今日之經濟社會。殆陷於不能不革命之窮境。而中國之經濟社會。則惟當稍加補苴之力。使循軌道以發達進化。而危險之革命手段。非所適用也。請言其理。

**所謂中國不必行社會革命者何也。** 彼歐人之經濟社會。所以積成今日之狀態者。全由革命來也。而今之社會革命論。則前度革命之反動也。中國可以避前度之革命。是故不必爲再度之革命。夫謂歐人今日經濟社會之狀態。全由革命來者何也。歐洲當十七八世紀之交。其各國人之有土地所有權者。於法不過四萬人。於英萬九千人。於奧二萬六千人。合今日耳曼諸邦。不過二萬人。他國略稱是。而當時全歐總民數。既在一萬六千萬人以上。於一萬六千萬人中。而爲地主者不及二十萬人。蓋歐洲前此之農民。大半在隸農之地位。是其貧富之階級。早隨貴賤之階級而同時懸絕矣。幸而彼之箇人土地私有權發達甚遲緩。未全脫前此部落土地所有權之時代。（英國自一七六〇年至一八三三年凡七十餘年間。有所謂「共有地」者漸次改爲私有地其地凡七百萬英畝一英畝約當我四畝六分餘也）故貧民稍得以此爲養農業以外。則手工業亦頗發達其習慣有所謂工業組合者約如我國各工業之有聯行。政府之對於農業工業皆制爲種種法律以保護干涉之故雖不能有突飛之進步然亦相安而致有秩序此歐洲舊社會組織之大略也。及斯密亞丹與大攻擊政府干涉主義而以自由競爭爲楬櫫謂社會如水然任其自競則供求相劑而自底於平此論既出披靡一世各國政府亦漸爲所動前此爲過度之干涉者一反而爲過度之放任其驟變之影響既已劇矣同時而占士瓦特發明蒸汽（一七六九年）未幾李察又緣之以發明紡績器於是斯密與瓦特之二傑相提携以蹴踏舊社會如雙龍攪海而工業革命 The Industrial Revolution 之時代以届前此人類注其筋力之全部以從事製作雖或間附以牛馬力等然利用自然力之器械殆可謂絕無及汽機發明其普通者視人力加十二倍或乃加數百倍至千倍則試讅其影響於社會之組織者何如生產之方法劃然爲一新紀元以一人而能產前此十二人乃至數百千人之所產則其所產者之價值必驟廉前此業手工者勢不能與之競而必至於歇業前此執一藝者所得之利益自全歸於其手偶値其物價騰則所得隨而益豐但恃十指之勞苟勤儉以將之雖窶人可以致中產故於工業界絕無所謂階級者存及機器旣與無數技能之民驟失其業不得不自投於有機器之公司以求餬口而機器所用之勞力與舊社會所用之勞力又絕異前此十年學一技者至是而悉不爲用而婦女及未成年者其輕便適用或反過於壯夫而壯夫愈以失業前此工人自製一物售之而自得其値今則分業之度益進與其謂之分業毋甯謂之合力每一物之成必經若干人之手欲指某物爲某人所製渺不可得而工人之外復有供給其資本與器具者又須得若干之報酬故欲求公平之分配終不可期不得已而採最簡單之方法行賃銀制度即出資本者雇用若干之職工每人每日給以庸錢若干而製成一器所得之贏悉歸雇主而雇者與被雇者之間即資本家與勞働者之間劃然成兩階級而不可踰越此實舊社會之人所未夢見也夫物質界之新現象旣已若是矣使思想界而非有新學說以爲之援則其激變尙不至如是其甚前此在工業組合制度之下其物價或以習慣或以法律羈束之若有一人忽貶價以圖壟斷則立將見擯於同行而不能自存於其物之品

質亦然大率一律而競爭之餘地甚狹及機器一興生產額忽過前此數倍非低廉其價値改良其品質則將無消售之途適有自由競爭之學說出而爲援前此之習慣法律一切擺棄無所復用製造家惟日孜孜重機器以機器加改良以改良其勢滔滔繼續無限以迄今日一般公衆緣此而得價廉質良之物而社會富量亦日以增殖其功德固不在禹下然欲製價廉質良之物以投社會之好彼無資本者與有資本者競則無資本者必敗小資本者與大資本者競則小資本者必敗次大資本者與更大資本者競則次大資本者必敗展轉相競如鬪鶉然羣鶉皆斃一鶉獨存當其斃也則感莫大之苦痛犧牲無量數之資本犧牲無量數人之勞力然後乃造成今日所謂富者之一階級（大資本與小資本競而小資本至致虧耗故曰犧牲無量數之資本無資本者雖有技能不能自存此犧牲勞力者一當小資本與大資本競時各雇用勞力者及小資本失敗而所雇用之勞力者隨而失業此犧牲勞力者二故曰犧牲無量數人之勞力）嗚呼一將功成萬骨枯今日歐洲之經濟社會當之矣然軍事上一將功成以後處乎其下者猶得有休養生息之時經濟上一將功成以後處乎其下者乃永沈九淵而不能以自拔此富族專制之禍所以烈於洪水猛獸而社會革命論所以不能不昌也而推其根原則實由前此工業組織之變遷不以進化的而以革命

的如暴風疾雨之驟至應之者手忙脚亂不知所措任其自然遂至偏毗於一方而不可收拾而所謂應之失措者其一在政府方面其一在人民方面其在政府方面者則放任太過雖有應干涉之點而不干涉也其在人民方面者多數人民不能察風潮之趨嚮而別循新方面以求生活也美國經濟學大家伊里 R. T. Ely 曰『使當工業革命將至之前工人有識見高邁者能合多數工人爲一團置機器應時勢而一新其製造法是即地方之組合也即一種之協立製造會社 Cooperative Factory 也果爾則工業組織之過渡可以圓滑而推移而後此之騷擾革命可以免惜乎見不及此墨守其故終至此等利器僅爲少數野心家所利用馴致今日積重難返之勢可嘆也』Outlines of Economics 第一編第四章 其意蓋謂使今日勞働者階級當時能知此義則可以自躋於資本家之列而奇贏所獲不至壟斷於少數也此誠一種之探源論也雖然吾以爲當時歐洲之多數人民即見果及此而於貧富懸隔之潮流所能挽救者終無幾也何也彼貧富懸隔之現象自工業革命前而既植其基及工業革命以後則其基益鞏固而其程度益顯著云耳蓋當瓦特與斯密之未出世而全歐之土地本已在少數人之手全歐之資本

自然亦在少數人之手其餘大多數人業農者大率帶隸農之性質所穫差足以自贍耳其業工商者賴其技能以餬其口雖能獨立而富量終微逮夫機器興競爭盛欲結合資本以從事則其所結合資本中之多量必爲舊有資本者所占其餘多數中產以下者雖悉數結合而猶不足以敵彼什之一故彼工業革命之結果非自革命後而富者始富貧者始貧實則革命前之富者愈以富革命前之貧者終以貧也我國現時之經濟社會組織與歐洲工業革命前之組織則既有異中產之家多而特別豪富之家少其所以能致此良現象者原因蓋有數端一曰無貴族制度歐洲各國皆有貴族其貴族大率有封地少數之貴族即地主也而多數之齊民率皆無立錐爲生產之三要素其一已歸少數人之獨占矣（經濟學者言生產三要素一曰土地二曰資本三曰勞力）故貴族即兼爲富族勢則然也中國則自秦以來貴族即已消滅此後雖死灰偶燼而終不能長存及至本朝根株愈益淨盡雖以親王之貴亦有歲俸而無食邑白屋公卿習以爲常蓬蓽寒酸轉瞬可登八座堂皇閣老歸田即伍齊民坐此之故舉國無階級之可言而富力之兼并亦因以不劇也二曰行平均相續法歐洲各國舊俗大率行長子相續自法蘭西大革命後雖

力矯此弊、而至今迄未盡除夫長子相續則其財產永聚而不分母財厚而所孳生之贏愈鉅、其於一國、總殖之增加固甚有效然偏枯太甚不免有兄為天子弟為匹夫之患一國富力永聚於少數人之手此其敝也我國則自漢以來已行平均相續法（此事余別有考據）祖父所有財產子孫得而均沾之其敝也母財碎散不以供生產而徒以供消費諺所謂「人無三代富」職此之由、蓋擁萬金之貲者有子五人人得二千其子復有子五人苟無所增殖而復均之其子則人餘四百矣非長袖則不足以善舞我國富民之難世其家者非徒膏粱紈袴之不善保泰抑亦制度使然矣雖然。緣此之故生產方面雖日蹙促而分配方面則甚均勻、而極貧極富之階級無自而生此又利害之相倚者也

三曰賦稅極輕歐洲諸國前此受貴族教會重重壓制供億煩苛朘削無藝侯伯僧侶不負納稅之義務、而一切負擔全委諸齊氓及屢經宗教革命政治革命積弊方除而產業革命已同時並起無復貧民蘇生之餘地矣中國則既無貴族教會梗於其間取於民者惟一國家而古昔聖哲夙以薄賦為教歷代帝王稍自愛者咸凜然於古訓而莫敢犯蠲租減稅代有所聞逮本朝行一條鞭制而所取益薄當釐金未興以前民之

無田者終身可不賦一銖於政府勞力所入自享有其全部夫富量由貯蓄而生此經濟學之通義也而所貯蓄者又必爲所消費之餘額又經濟家之通義也然則必所入能有餘於所出而後治產之事乃有可言歐洲十八世紀以前之社會齊氓一歲所入而政府貴族教會朘其泰半所餘者僅贍事畜蓋云幸矣。中國則勤動所獲能自有之以儉輔勤積數年便可致中產故貯蓄之美風在泰西則學者廣爲論著以發明政府多設機關以勸厲而其效卒不大觀中國則人人能之若天性然亦其制度有以致之也勤儉貯蓄之人愈多則中產之家亦愈多此又因果所必至也凡此皆所以說明我國現在經濟社會之組織與歐洲工業革命前之經濟社會組織有絕異之點而我本來無極貧極富之兩階級存其理由皆坐是也。雖然我國今後不能不採用機器以從事生產。勢使然也。既採用機器以從事生產。則必須結合大資本。而小資本必被侵蝕。而經濟社會組織不得不緣此而一變。又勢使然也。然則歐人工業革命所生之惡結果（即釀出今日社會革命之惡因）我其可以免乎。曰雖、不能盡免而決不至如彼其甚也蓋歐人今日之社會革命論全由現今經濟社會組織不完善而來而歐人現今經濟社會組織之不完善又由工業革命前之經濟社會組織不完善而來我國現今經濟社會之組織雖未可云完善然以比諸工業革命前之歐洲則固優於彼故今後生產問題雖有進化而分配問題仍可徑此進化之軌以行而兩度之革命殆皆可以不起也（歐人前此之工業革命可謂之生產的革命今後之社會革命可謂之分配的革命）請言其理。夫生產之方法變非大資本則不能博贏而大資本必非獨力所能任也於是乎股份公司（株式會社）起此歐人經過之陳迹而我國將來亦不能不數之者也然歐人之招股而創此等公司也其應募而爲股東者則舊日少數之豪族也中國今日招股而創此等公司也其應募而爲股東者則現在多數之中產家也此其發脚點之差異而將來分配之均不均其幾即兆於是也夫歐人豈必其樂以股東之權利讓諸豪族。使如伊里所言。合工人以組織一協立製造會社者。豈其無一人能見及此。而無如其前此社會之組織本已分貧富二途貧者雖相結合然猶以千百之僬僥國人與一二之龍伯國人抗蔑有濟矣故昔日之富者因工業革命而愈富昔日之貧者因工業革命而愈貧（雖間有工業革命後由貧而富由富而貧者然例外也）何也。非大資本不能獲奇贏而公司則大資本所在也有股份於公司者則日以富無股份於公司者則日以貧公司股份爲少數人所占則多數人遂不得不食貧以終古也而中國情形則有異於是試以最近之事實證之粵漢鐵路招股二千萬今已滿額而其最大股東不過占二十五萬乃至三十萬耳其數又不過一二人其占十股以下者乃最大多數（每股五元）蓋公司全股四百萬份而其爲股東者百餘萬人此我國前此經濟社會分配均善之表徵亦即我國將來經濟社會分配均善之朕兆也誠使得賢才以任之復有完密之法律以維持之杜絕當事者之舞弊防制野心家之投機則公司愈發達獲利愈豐而股東所受者亦愈多股東之人數既繁大股少而小股多則分配不期均而自均將來風氣大開人人知非資本結合不足以獲利舉國中產以下之家悉舉其所貯蓄以投於公司生產方法大變而進於前分配方法仍可以率循而無大軼於舊則我國經濟界之前途眞可以安轡循軌爲發達的進化的而非爲革命的矣夫今者歐美人見貧富階級懸絕之莫救也以是有倡爲以公司代工人貯蓄將其庸錢之一部分代貯焉積以爲公司之股本他日公司獲利彼得分沾則勞動者兼爲資本家而鴻溝或可以漸圖消滅然在積重難返之歐美此等補苴不能爲效也而我國則此事出於天然不勞人力

蓋工業革新以後而受庸錢之人半皆兼有資本家之資格此殆可以今日之現象而測知之者也（其不能舉一切勞働者而悉有某公司之股份也無待言然舉國無一貧人則雖行極端社會主義之後猶將難之但使不貧者居大多數即經濟社會絕好之現象矣）此無他故焉現今之經濟社會組織其於分配一方面已比較的完善而遠非泰西舊社會所及由現今社會以孕育將來社會其危險之程度自不大故也而無識者妄引歐人經過之惡現象以相怵是乃所謂杞人之憂也然又非徒恃現在經濟社會組織之差完善而遂以自安也彼歐人所以致今日之惡現象者其一固由彼舊社會所孕育其二亦由彼政府誤用學理放任而助長之今我既具此天然之美質復鑑彼百餘年來之流弊熟察其受病之源博徵其救治之法採其可用者先事而施焉（其條理詳下方）則亦可以消患於未然而覆轍之軌吾知免矣所謂不必行社會革命者此也

## 所謂中國不可行社會革命者何也

社會革命論以分配之趨均為期質言之則抑資本家之專橫謀勞働者之利益也此在歐美誠醫羣之聖藥而施諸今日之中國恐利不足以償其病也吾以為策中國今日經濟界之前途當以

## 獎勵資本家爲第一義而以保護勞働者爲第二義

請言其理夫今日東西列强所以以支那問題爲全世界第一大問題者何也凡以國際的經濟競爭之所攸決云爾經濟學公例租與庸厚則其贏薄租與庸薄則其贏厚土地所得曰租勞力所得曰庸資本所得曰贏此嚴譯原富所命名也日人譯之曰地代曰勞銀曰利潤故擁資本者常以懋遷於租庸兩薄之地爲利不得則亦求其一薄者歐人自工業革命以來日以過富爲患母財歲進而業場不增其在歐土土地之租與勞力之庸皆日漲日甚資本家不能用之求贏乃一轉而趨於美洲澳洲諸新地此新地者其土地率未經利用租可以薄而人口甚希庸不能輕於是招募華工以充之則租庸兩薄而贏倍蓰矣乃不數十年而美澳諸地昔爲舊陸尾閭者今其自身且以資本過剩爲患一方面堵截舊陸之資本使不得侵入新陸以求贏而舊陸之資本家病一方面其自身過剩之資本不能求贏於本土而新陸之資本家亦病日本以後起銳進十年之間資本八九倍於其前國中租庸日漲月騰而日本之資本家亦病於是相與旁皇卻顧臨睨全球現今租庸兩薄之地無如中國故挾資本以求贏其最良之市場亦莫如中國世界各國咸以支那問題爲唯一之大問題者皆

此之由我國民於斯時也苟能結合資本假泰西文明利器（機器）利用我固有之薄租薄庸以求贏則國富可以驟進十年以往天下莫禦矣而不然者以現在資本之微微不振星星不團不能從事於大事業而東西各國爲經濟公例所驅迫挾其過剩之資本以臨我如洪水之滔天如猛獸之出柙其將何以禦之夫空言之不能敵實事也久矣兩年以來利權回收之論洋溢於國中爭路爭礦言多於鯽然曾未見一路之能自築一礦之能自開而日人南滿洲鐵道會社已以百兆之雄資伏東省而盬其腦而各處枝路尙往往假資於外人而各國製造品之滔滔汩汩以輸入盡奪吾民之舊業者又庸耳俗目所未嘗察也夫自生產方法革新以後惟資本家爲能食文明之利而非資本家則反蒙文明之害此當世侈談民生主義者所能知也曾亦思自今以往我中國若無大資本家出現則將有他國之大資本家入而代之而彼大資本家既占勢力以後則凡無資本者或有資本而不大者只能宛轉瘐死於其脚下而永無復蘇生之一日彼歐美今日之勞働者其欲見天日猶如此其艱也　**但使他國資本**

勢力充滿於我國中之時即我四萬萬同胞爲馬牛以終古之日其時舉國中誰復爲貧誰復爲富惟有於中國經濟界分兩大階級焉一曰食文明之利者其人爲外國人一曰蒙文明之害者其人爲中國人而已於彼時也則眞不可不合全國以倡社會革命矣雖然晚矣無及矣此非吾故爲危言以悚聽也夫寧不見今日全國經濟界稍帶活氣者惟有洋場而洋場之中國人則皆餕外商之餘也月暈知風礎潤知雨而況乎風雨之已來襲者耶我中國今日欲解決此至危極險之問題惟有獎厲資本家使舉其所貯蓄者結合焉而採百餘年來西人所發明之新生產方法以從事於生產國家則珍惜而保護之使其事業可以發達以與外抗使他之資本家聞其風羨其利而相率以圖結集從各方面以抵當外競之潮流庶或有濟雖作始數年間稍犧牲他部分人之利益然爲國家計所不辭也今乃無故自驚睡魘夢囈倡此與國家全體利害相反之社會革命論以排斥資本家爲務寖假而國民信從其教日煽惑勞働者以要求減少時間要求增加庸率不則同盟罷工以挾之

資本家蒙此損失不復能與他國之同業競而因以倒斃他之資本家益復懲羹吹虀裹足不前坐聽外國資本勢力駸駸然淹沒我全國之市場欲抵抗已失其時而無復紮寨之餘地全國人民乃不得不帖服於異族鞭箠之下以餬其口則今之持社會革命論者**其亡國之罪眞上通於天矣**　此非吾故苛其詞實則居今日而倡此不適於國家生存之社會革命論其結果必至如是也要之吾對於經濟問題之意見可以簡單數語宣示之曰　**今日中國所急當研究者乃生產問題非分配問題也**　何則生產問題者國際競爭問題也分配問題者國內競爭問題也生產問題能解決與否則國家之存亡係焉生產問題不解決則後此將無復分配問題容我解決也由此言之則雖目前以解決生產問題故致使全國富量落於少數人之手貽分配問題之隱禍於將來而急則治標猶將舍彼而趨此而況乎其可毋慮是也孔子與門人立拱而尙右二三子亦皆尙右孔子曰二三子之嗜學也我則有姊之喪故也夫歐美人之倡社會革命乃應於時勢不得不然是姊喪尙右

之類也。今吾國情形與彼立於正反對之地位。聞其一二學說。乃吠影吠聲以隨逐之。雖崇拜歐風。亦何必至於此極耶。夫無喪而學人尚右。不過爲笑。固匪害於實事。若病異症而妄嘗人藥。則自厭其壽耳。今之倡社會革命論者。蓋此類也。所謂不可行社會革命者此也。

## 所謂中國不能行社會革命者何也。

欲爲社會革命。非體段圓滿則不能收其功。而圓滿之社會革命。雖以歐美現在之程度。更歷百年後。猶未必能行之。而現在之中國更無論也。今排滿家之言社會革命者。以土地國有爲唯一之楬櫫。不知土地國有者。社會革命中之一條件。而非其全體也。各國社會主義者流。屢提出土地國有之議案。不過以此爲進行之著手。而非謂舍此無餘事也。如今排滿家所倡社會革命者之言。謂歐美所以不能解決社會問題者。因爲未能解決土地問題。一若但解決土地問題。則社會問題即全部解決者然。是由未識社會主義之爲何物也。（其詳別於下方駁之）近世最圓滿之社會革命論。其最大宗旨。不外舉生產機關而歸諸國有。土地之所以必須爲國有者。以其爲重要生產機關之一也。然土地之外。尚有其重要之生產機關焉即資本是也而推原歐美現社會分配不均之根由兩者相衡則資本又爲其主動盖自生產方法一變以後無資本者萬不能與有資本者競小資本者萬不能與大資本者競此資本直接之勢力無待言矣若語其間接之勢力則地價地租之所以騰漲者何自乎亦都會發達之結果而已都會之所以發達者何自乎亦資本膨脹之結果而已彼歐洲當工業革命以前土地爲少數人所占有者已久然社會問題不發生於彼時而發生於今日者土地之利用不廣雖擁之猶石田也及資本之所殖益進則土地之價值隨而益騰地主所以能占勢力於生產界者食資本之賜也如某氏演說稱『英國大地主威斯敏士打公爵有封地在倫敦西偏後來因擴張倫敦城把那地統圍進去他一家的地租占倫敦地租四分之一富與國家相等』須知倫敦城何以擴張。由資本膨脹故。倫敦地租何以騰漲。資本膨脹故。若無工業革命後之資本膨脹。則今日之威斯敏士打。亦無從有敵國之富也。其他同類之現象。皆可以此說明之。又況彼資本家常能以賤價買收未發達之土地而自以資本之力發達之以兩收其利是又以資本之力支配土地也美國人占士比兒。於二十年前。買收汶天拿省華盛頓省諸土地。而自築大北鐵路以貫之。彼時此等土地。皆印度紅夷出沒之所。殆不值一錢。今則其最鬧之市。地價駸駸追紐約芝加高矣。近今泰西資本家。率無不用此術。要之欲解決社會問題者當以解決資本問題爲第一義以解決土地問題爲第二義且土地問題雖謂爲資本問題之附屬焉可也若工場若道具（機器）其性質亦與土地近皆資本之附屬也質而言之則必舉一切之生產機關而悉爲國有然後可稱爲圓滿之社會革命若其一部分爲國有而他之大部分仍爲私有則社會革命之目的終不能達也然則圓滿之社會革命論其新社會之經濟組織何如以簡單之語說明之亦曰國家自爲地主自爲資本家而國民皆爲勞働者而已即一切生產事業皆由國家獨占而國民不得以此爲競也夫同爲勞働者也何以於現在則苦之於革命後則甘之誠以如現在經濟社會之組織彼勞働所得之結果地主攫其若干焉資本家攫其若干焉而勞働者所得乃不及什之一若革命以後勞働之結果雖割其一部分以與國家而所自得之一部分其分量必有以逾於今日且國家所割取我之一部分亦還爲社會用實則還爲我用而已如此則分配極均而世界將底於大同此社會革命論之眞精神而吾昔所謂認此主義爲將來世界最高尚美妙之主義者見本年本報第四號良以此也而試問今日之中國能行此焉否也其在歐美之難此主義者有自由競爭絕而進化將滯之問題有因技能而異報酬或平均報酬孰爲適當之問題有報酬平等將遏絕勞働動機之問題有分配職業應由强制抑由自擇之問題其他此類

之問題尙夥。不縷述。凡此諸問題。皆歐美學者所未盡解決。而即此主義難實行之一原因也。今中國且勿語此。惟有一最淺易最簡單之問題。曰既行社會革命建設社會的國家則必以國家爲一公司。且爲獨一無二之公司。此公司之性質則取全國人之衣食住乃至所執職業一切干涉之而負其責任。就令如彼報所言我國人民程度已十分發達。而此等政府果適於存在否乎。足以任此之人才有之乎。有之能保其無濫用職權專制以爲民病乎。能之。而可以持久而無弊乎。此問題絕無待高尙之學理以爲證。雖五尺之童能辨之。論者如必謂中國今日能建設此等政府也。則強詞奪理吾安從復與之言。若知其不能。則社會革命論直自今取消焉可也。夫論者固明知社會革命之不能實行也。於是鹵莽滅裂。盜取其主義之一節以爲旗幟。冀以欺天下之無識者。庸詎知凡一學說之立。必有其一貫之精神。盜取一節。未或能於其精神有當也。彼排滿家之社會革命論。自孫文倡也。某報第十號載有孫文演說。殆可爲其論據之中心。今得痛駁之以爲中國不能行社會革命之左證。

## 附駁孫文演說中關於社會革命論者

(原文)我們這回革命。不但要做國民的國家。而且要做社會的國家。這決是歐美所不能及的。歐美爲甚不能解決社會問題。因爲沒有解決土地問題。大凡文明進步。地價日漲。(中略)英國大地主威斯敏士打公爵有封地在倫敦西偏。後來因擴張倫敦城。把那地統圈進去。他一家的地租。占倫敦地租四分之一。富與國家相等。貧富不均。竟到這等地步。

駁曰。歐美所以不能解決社會問題者。因爲沒有解決資本問題。資本問題不能解決。則雖解決土地問題。而其結果與現社會相校。不過五十步之與百步耳。文明進步。地價日漲。固也。然地價所以日漲。實資本膨脹使然。質言之。則文明進步者。資本進步之謂也。能以資本土地。一切歸諸國有。則可以圓滿解決此問題。而無遺憾。近世歐美學者所持社會主義是也。若其未能。但使一國之資本。在多數人之手。而不爲少數人所壟斷。則此問題亦可以解決幾分。吾所希望之中國將來社會是也。若如孫文說。則並一分而不能解決也。詳下

(原文)中國現在資本家還沒有出世。所以幾千年地價從來沒有加增。這是與各國不同的。但是革命之後。卻不能照前一樣。比方現在香港上海地價比內地高至數百倍。因爲文明發達。交通便利。故此漲到這樣。假如他日全國改良。那地價一定是跟著文明日日漲高的。到那時候。以前值一萬銀子的地。必漲至數

十萬數百萬。上海五十年前黃浦灘邊的地本無甚價値。近來竟加至每畝百數十萬元。這就是最顯的證據了。就這樣看來。將來富者日富貧者日貧。十年之後。社會問題便一天緊似一天了。

駁曰。此所述情形是也。而其下文所言救治之法則非也。又彼擧地價之漲以爲將來富者日富貧者日貧之表徵。乃擧其果而遺其因。知其偏而不知其全也。蓋地價之漲。乃資本膨脹之結果。而非其原因。而資本家但使擁有若干之債劵株式。就令無尺寸之地。或所有之地永不漲價。而猶不害其日富也。孫文誤認土地漲價爲致富之惟一原因。故立論往往而謬也。此俟下段詳駁之。但如所述香港上海地價比內地高數百倍。孫文亦知其何爲而有此現象乎。痛哉。此外國資本之結果也。黃浦灘地。每放値百數十萬元。然除稅關及招商局兩片地外。更無尺寸爲我國人所有權矣。（其或我國人所有而掛洋牌者則不可知）孫文其知之否耶。孫文亦知中國沒有資本家出現。故地價沒有加增。然則地價之加增由資本家之出現。其理甚明。使資本家永不出現。則地價其永不加增矣。而曰革命之後卻不能照前同樣。吾不知彼革命之後所以致地價之漲者其道何由。吾但知資本家之一名詞。孫文所最嫌惡也。惡其富之日以富而使他部分之貧日以貧也如是則必壓抑資本家使不起然後民生主義之目的乃克達如是則以彼前說論之吾果不知革命後之地價何由而漲也吾則謂今日乃經濟上國際競爭你死我活一大關頭我若無大資本家起則他國之資本家將相率蠶食我市塲而使我無以自存夫所謂蠶食我市塲者非必其買收我土地建工塲於我國中而始能然也昔日本越後。有煤油礦所出頗豐。美國斯坦達會社者。世所稱煤油大王也。欲奪其業。乃拚著五百萬美金之虧衂貶價而與之競。越後礦卒不支。降於斯坦達而受其支配矣。使越後礦之力。能拚著虧衂一千萬美金以與之競。又安見斯坦達之不反降於彼也。吾以爲今後中國經濟上之國際競爭其浴血淋漓之象必當若是矣現在各國製造品之輸入我國者滔滔若注巨壑徒以我地廣人衆雖十倍其分量猶能容受而我國又未嘗自製造以相抵制故各國各占一方面以爲尾閭而未至短兵相搏之時一旦我國睡獅忽起改變生產方法以堵其進途彼時各國資本家必有瞠目相視攘袂競起挾其托辣斯巨靈之掌以與我殊死戰者我國如能闖過此難關。乃可以自立於世界以我之租庸兩薄求贏較易復鼓吹人民愛國心以助之則凱歌之奏固亦非難而其第一義所最急者則有大資本以爲之盾也不此之務而惟資本家獨占利益是懼鰓鰓然思所以遏抑之其結果也能遏抑國內之資本家使不起不能遏抑國外之資本家使不來無貧無富同即憔悴丈尋之潢龍鰕爭沫彼時噬臍嗟何及矣夫印度人民至今豈嘗有社會問題勞其解決者而其生計現象何如矣孫文欲印度我乎　**吾之經濟政策以獎厲保護資本家併力外競爲主而其餘皆爲輔**　苟持論反於吾之政策者吾必認爲國賊竭吾力所及以申討伐雖殉之以身亦所不辭

（原文）解決的方法社會學者（按此語誤豈有倡民生主義之人而不知Socialism與Sociology之分耶抑筆記者之陋也）兄弟所最信的是定地價的法比方地主有價值一千元可定價爲一千或多至二千就算那地將來因交通發達價漲至一萬地主應得二千已屬有益無損贏利八千當歸國家這於國計民生皆有大益少數富人把持壟斷的弊竇自然永絕這是最簡便易行之法歐美各國地價已漲至極點就算要定地價苦於沒有標準故此難行至於地價未漲的地方恰存急行此法所以德國在膠州荷蘭在瓜

哇。已有實效。中國內地文明沒有進步。地價沒有增長。倘若仿行起來。一定容易。兄弟剛纔所說。社會革命。在外國難。在中國易。就是爲此。行了這法之後。文明越進。國家越富。一切財政問題。斷不至難辦。現今苛捐。盡數蠲除。物價也漸便宜了。人民也漸富足了。把幾千年捐輸的弊政。永遠斷絕。漫說中國從前所沒有。就歐美日本。雖說富强。究竟人民負擔租稅。未免太重。中國行了社會革命之後。私人永遠不用納稅。但收地租一項。已成地球上最富的國。這社會的國家。決非他國所能及。這社會革命的事業。定爲文明各國將來所取法的了。

駁曰。嘻嘻、是即孫文新發明之社會革命的政策耶。吾反覆十百徧。而不解其所謂。請一一詰之。不知孫文所謂定地價的法。將於定地價後。而猶准買賣乎。抑不准買賣乎。彼既自言爲土地國有主義。則此問殆可無庸發。不過費索解已耳。姑舍是。則不知政府於定地價時。隨即買收之乎。抑定地價後。遲之又久。然後買收之乎。若於定地價時。隨即買收之。既買收後。即當不復許買賣。夫物之不可交換者。即無價格之可言。此經濟學之通義也。土地既非賣品。則初時以一千收入者。得强名爲值一千。以二千收入者。得强名爲値二千耳。而何從有將來價漲至一萬。贏利八千。以歸國家之說也若遲之又久然後買收之則何必豫爲定價其所以豫爲定價者恐此地於未買收以前因買賣頻繁而價漲而將來買收之費將多也殊不知既定價之後則買賣必立時止截如甲有地定價二千因交通發達而乙以四千購諸甲及政府從乙手買收時則仍給原定價二千耳如是則誰肯爲乙者故定價後遲之又久然後買收者謂以財政所暫不逮而姑爲先後斯可耳若既定價後則土地立失其有價值之性質而斷無復漲價至一萬嬴利八千以歸國家之理又可斷言也如是則國家欲緣此而於財政上得一時之大宗收入萬無是理而惟有責效於將來將來之效如何則國家自以地主之資格徵地代（租）於其民即彼所謂但收地租一項已成地球最富之國是也然收租之率將依買收時之價值而勒定之乎抑比例交通發達之程度隨時而消長之乎如勒定之則有昔沃土而後爲荒邨昔瘠壤而後爲鬧市者亘古不變安得謂平此於國計民生兩無利益殆非必彼之所取也如隨時而消長之則將以何爲消長之標準耶吾爲彼計厥有二法一曰國家自估價者如此地當買收時值價一千其地主歲收租一百今估量交通發達之後此地應值

價一萬則國家歲收租一千此一法也然官吏能無舞弊以厲民否耶民能服官吏所估之價與否耶夫現在各國之收地租大率以地價爲標準如日本所謂土地臺帳法是也政府略勘定全國之地價第其高下而據置之以收租經若干年地價旣漲則改正而增收之所謂地價修正案是也然必有交換然後有價格有價格然後可據之爲收租之標準而民無異言若土地國有後無復價格之可言則除估價之外實無他術而民之能服與否則正乃一問題也二曰參用競賣法國家懸一地以召租欲租者各出價價高得焉此亦一法也此法最公民無異言然豪強兼并必緣茲而益甚且其他諸弊尙有不可勝窮者要之無論用何法謂國家緣此得莫大之歲入可以爲財政開一新紀元則誠有之若繩以社會主義所謂均少數利益於多數之本旨則風馬牛不相及也何也必有資本者乃能向國家租地其無資本者無立錐如故也又必有大資本者乃能租得廣大之面積與良好之地段而小資本者則惟跼蹐於磽确之一隅也誠如是也

則富者愈富貧者愈貧之趨勢何嘗因土地國有而能免也抑孫文昔嘗與我言矣曰、『今之耕者率貢其所穫之半於租主而未有已農之所以困也土地國有後必能耕者而後授以田直納若干之租於國而無復有一層地主從中朘削之則農民可以大蘇』（一）此吾與足下在精養軒所辨論者莫賴也 此於前兩法之外別爲一法者也此法頗有合於古者井田之意且與社會主義之本旨不謬吾所深許雖然此以施諸農民則可矣顧孫文所率一國之民而盡農乎且一人所租地之面積有限制乎無限制乎其所租地之位置由政府指定乎由租者請願乎如所租之面積有限制也則有欲開牧場者有欲開工廠者所需地必較農爲廣限之是無異奪其業耳且豈必工與牧爲然即同一農也而躬耕者與用機器者其一人所能耕之面積則迥絕其限以躬耕所能耕者爲標準乎將以機器所能耕者爲標準乎如以躬耕爲標準則無異國家禁用機器如以用機爲標準則國家安得此廣土如躬耕者與用機者各異其標準則國家何厚於有機器者而苛於無機器者也是限制之法終不可行也如無限制也則誰不欲多租者國家又安從而給之是無限制之法亦終不可行也要之若欲行井田之意薄其租以聽民之自名田則無論有限無限而皆不可行何也。即使小其限至人租一畝而將來人口加增之結果終非此永古不增之地面所能給也。復次如所租之位置由政府指定也則業農牧者欲租田野業工商者欲租都市政府甯能反其所欲而授之若位置由租者請願也則人人欲得一廛於黃浦灘政府將何以給其欲也。是又兩者皆不可行也。此段所論利病。乃以吾昔日所聞於孫文者而反詰之。若孫文不承認其曾有此言或今日已變其政策則吾言皆爲無效。要之僅言土地國有而不言資本國有則其所生出之政策不出兩途其一則吾前所舉示之二法也。其二則吾所述孫文疇昔語我之一法也。使孫文能於此二者之外別有其途則請有以語我來。而不然者由後之說則四衝八撞無論何方面皆不可以實行由前之說則是國家營利之目的而於社會主義風馬牛不相及也

單稅論（即孫文所謂一切苛捐蠲除但收地租一項也）之主唱者爲顯理佐治。其所著「進步與貧困」一書之結論。曾極言之。後之論者認爲財政學上一種學說而已。若以解決社會問題。則未之許也。蓋社會革命家所以主張土地國有者以

凡一切生產機關皆當國有而土地爲生產機關之一云爾惟一切生產機關皆國有國家爲唯一之地主唯一之資本家而全國民供其勞力然後分配之均乃可得言而不然者生產三要素其土地國家掌之其資本少數富者持之其勞力多數貧者供之及夫合三成物得價而售其售所獲當以幾分酬土地之一要素而歸諸國家當以幾分酬資本之一要素而歸諸彼少數者當以幾分酬勞力之一要素而歸諸此多數者此其界限甚難分析（實無從分析）其究也仍不能不采現社會所行之地代（即租）制度與賃銀（即庸）制度不過現行之地代少數地主壟斷之土地國有後之地代唯一之國家壟斷之其位置雖移其性質無別也而資本家實居間以握其大權盖納地代而得使用國家之土地者資本家也給賃銀而得左右貧民之運命者亦資本家也夫歐美現社會所以杌隉不可終日者曰惟資本家專橫故使徒解決土地問題而不解決資本問題則其有以瘉於今日之現象者幾何也且社會主義之目的在救自由競爭之敝而已生產機關皆歸國家然後私人劇烈之競爭可不行若國家僅壟斷其一機關而以他之重要機關仍委諸私人國家乃享前此此機關主人

所享之利是不啻國家自以私人之資格揷足於競爭場裏而與其民獵一圍也是亦欲止沸而益以薪已耳是故以土地國有爲行單稅之手段而謂爲財政上一良法也是則成問題（能行與否應行與否又當別論）若以簡單之土地國有論而謂可以矯正現在之經濟社會組織免富者愈富貧者愈貧之惡果也是則不成問題也夫有朝衣朝冠而不韈不履者則行路之人莫不笑之孫文之民生主義正此類也孫文乎苟欲言民生主義者再伏案數年其可也。

孫文又謂歐美各國地價已漲至極點。就算要定地價。苦於沒有標準。故此難行。而因以證明社會革命在外國難。在中國易。就是爲此。此眞可謂奇謬之談。謂歐美地價漲至極點。孫文能爲保險公司保其不再漲乎。吾見倫敦巴黎柏林紐約芝加高之地價方月異而歲不同也。且謂價已漲者則無標準。價未漲者則有標準。是何道理吾國現在之地價。則漲於秦漢唐宋時多多矣。吾粵新甯香山之地價。則漲於二十年前多多矣。若因其漲而謂其無標準。則我國亦何從覓標準耶。若我國有標準。則歐美各國。果以何理由而無標準。吾以爲欲求正當之標準。亦曰時價而已。我國有我國之時價。歐美有歐美之時價。吾若不解其難易之有何差別也。若曰我國以價賤故。故買收之所費少而易。歐美以價高故。故買收之所費鉅而難。則何不思歐美國富之比例。與吾相去幾何也。要之孫文所以言中國行社會革命易於歐美者。實不外前此與吾言「大亂之後人民離散田荒不治舉而奪之」之說。此足下己亥七月間與吾在住吉亭三更擁被時所言。青眼虎（此綽號足下當能記之）在旁知狀。足下寧能忘耶。今抵死圖賴。不肯承仞。此乃足下羞惡之心。自知懺悔。吾方喜足下之進化。何忍責焉。而惜乎雖懺悔而仍不足以自完其說也。

孫文又謂德國在膠州。荷蘭在瓜哇。行之已有實效。而欲我中國仿行起來。嘻、非喪心病狂而安得有此言也孫文亦思膠州之在德國瓜哇之在荷蘭果居何等位置焉否也吾固嘗言以土地國有行單稅制爲財政上一有研究價值之問題政府壟斷生產之一要素自玆可無患貧爲政府計則良得但不知其影響於國民者何如耳夫德荷政府則朘膠州瓜哇之脂膏以自肥者也孫文欲膠州瓜哇我全國耶吾眞不料其喪心病狂一至此極也夫中華民國共和政府而憂貧也則所以救之者亦多術矣。而何必以僇亡之餘自擬者。

又孫文之言。尙有可發大噱者。彼云。『英國一百年前人數已有一千餘萬。本地之糧。供給有餘。到了今日人數不過加三倍。糧米已不敷三月之用。民食專靠外國之粟。故英國要注重海軍。保護海權。防糧運不繼。因英國富人把耕地改做牧地。或變獵場。所獲較豐。且徵收容易。故農業漸廢。並非土地不足。貧民無田可耕。都靠做工餬口云云』。謂英國注重海軍。其目的乃專在防糧運不繼。眞是聞所未聞。夫經濟無國界。利之所在。商民趨之。如水就壑。英國既乏糧。他國之餘於糧者。自能餉之。非有愛於英。利在則然耳。雖無海軍。豈憂不繼。若曰戰時不能以此論。則當日俄戰役中。我國人之以米餉日本者。又豈少耶。雖買十分有一之兵事保險（恐爲俄艦捕虜或擊沈故買兵事保險其價視尋常保險加數倍）猶且爲之矣。夫英國所以注重海軍者。一則因沿海爲國。非此不足以自存。一則因殖民地夥多。非此不足以爲守。此則雖小學校生徒類能解之者。而其不得不幷力於殖民地。又資本膨脹之結果也。如孫文言。豈謂英國苟非改農地爲獵牧地國內農產足以自贍而即無待於海軍乎此與本問題無關。本不必齒及。所以齒及者。以覘所謂大革命家之學識有如是耳。又彼謂英國並非土地不足。只緣以耕地改獵牧地。致貧民無田可耕。以此爲貧富懸絕之原因。此亦大不然。英國土地之大部分向在少數貴族之手即不改爲獵牧地而貧民之有田可耕者本已甚希夫隸農雖耕焉而不可謂有田也即非隸農而受人之庸錢以耕人田仍不可謂有田也彼美國之農地可謂極廣矣而耕者率立於一農業公司支配之下計日以給其勞力之値而已蓋自生產法一變以後前此之小農小工制度忽易爲大農大工制度兩者職業雖殊而變化之性質無別也夫受農業公司之支配以爲人耕田與受工業公司之支配以爲人制器兩者果何所擇而孫文謂。貧民無田可耕。都靠做工餬口。工業卻全歸資本家所握。工廠偶然停歇。貧民立時饑餓。且使全國無一工廠其大工悉舉其資本以爲大農而激烈競爭之結果終必有所廢乃能有所興而農業公司有停歇者貧民遂可以免於饑餓乎要之但使資本在少數人手裏而絕對放任其競爭則多數貧民自必陷於困苦初不問其以此資本經營何業也至英國以農地變爲獵牧地此自是彼資本家應於其國經濟之現狀見夫業此焉而可以得較厚之贏也則羣焉趨之此亦如荷蘭之資本家率業船比利時之資本家率業鐵凡以爲增殖資本之一手段而已而未嘗因其趨重何業而影響及於貧民生計也影響所以及於貧民生計者。以資本在少數人手之故，而非因其以此業之資本移於彼業。而遂生影響也。如孫文言豈謂今日英國但將獵牧地反爲農地而貧民遂可以家給人足乎吾以爲今日各國所通患者皆土地不足也匪獨英國而孫文謂英國並非土地不足可謂異聞夫土地之面積自數十萬年前既已確定造化主不能因吾人類之增加而日造新壤計口分以授之此瑪爾梭士之人口論所以不勝其杞人之憂也即使無工業革命之結果而人浮於地固已爲病歐人所以當四百年前即汲汲以殖民爲務其動機皆坐是也即如孫文所述英國今日人口三倍於百年前則百年前本地之糧供給有餘者而今日之需要三倍之其將何以自存即不改爲獵牧地而英民遂得免於饑餓乎夫英民今日得免於饑餓者雖謂全食工業革命之賜焉可也自機器出而英人首利用之英自此冠帶衣履天下各國之需要而英人供給之供給必有報酬而英人享受之英自是廢農不務英對於他國以械器易粟他國對於英以粟易械器交易之間而英大獲其贏所獲之贏資本家壟其泰半而貧民亦得饜其餘然無論所壟者所饜者則皆他國人所以餉英也夫英之所以有今日徒以廢農故也如孫文言。以廢農爲今日貧民饑餓之原因。寖假英人悉廢其諸業而復於農英政府復采孫文之土地國有策凡能耕者則授之以田斯可謂不病貧民矣然三倍於昔之人民能有三倍於昔之土地以給之乎百數十年後人民復三倍於今更能三倍其三倍之土地以給之乎毋亦日迫之於饑餓而已孫文所謂並非土地不足徒以貧民無田可耕者。吾不知其說之何以自完也。夫雖無工業革命。而土地已患不足。其理既若是矣。若夫工業革命以後資本日以膨脹然所操資本無論用之以治何業總不能離土地而獨立以國中有定限之土地而資本家咸欲得之爲業場競爭之結果而租必日增租厚則病贏而資本家將無所利於是益不得不轉而求租薄之地此殖民政策所以爲今日各國唯一之政策也而土地不足實爲之原吾又不知孫文所謂並非土地不足之說。果何以自完也。而謂解決土地問題即能解決社會問題吾誠不知其何途之從而能爾爾也且孫文所以徵引英國之現狀者。豈非以爲中國將來之比例乎。以彼所言則英地主改耕地爲獵牧地。乃貧民無田可耕之原因。洵如是也。則中國之社會問題，其永可以不發生矣。孫文得毋憂我中國面積四百餘萬方里之廣土至他日文明進步以後。將悉不爲耕地乎。如是則何不憂天墜之猶爲愈也。孫文何不曰將來之土地將悉爲大農所壟斷。貧民雖有可耕者而非其田。則其說完矣。然洵如是也則非解決資本問題而一切問題皆無從解決孫文之土地國有論則嫫母傅粉而自以爲西施也

吾反覆讀孫文之演說。惟見其一字不通耳。而不能指出其所以致誤謬之

總根本何在。蓋必其人稍有科學的頭腦。每發一義。能持之有故。言之成理。但其觀察點有一誤謬之處。故駁論者可以此爲攻。而持論者亦可以此爲守。若孫文則頭腦稀亂。自論自駁。無一路之可通。吾亦安從取其謬點之總根本而指之。無已。則有一焉。孫文其獨尊農業而排斥農業以外之他業耶其土地國有後之社會。殆欲斟酌古代井田之遺法耶。洵如是也。則古昔聖賢之言。而宋儒所夢寐以之者也。第不知其通於今後之社會焉否耳

又孫文謂。『行了這法之後。物價也漸便宜了。人民也漸富足了。』此語吾又不解其所謂。夫物價之貴賤。果從何處覓其標準耶。如就物之本體以言只能以甲乙兩物相校而觀其比價。如云近二十年來銀價賤。近一二年來銀價貴。何以知其貴賤。以與金價比較故也。故就他方面言之。亦可云近二十年金價貴。近一二年來金價賤。其他物品亦例是。如以米爲標準。十年前米百斤值銀五元。柴百斤值銀三角。某物某物百斤值銀若干若干。今米之

價如前也而柴百斤値銀五角矣某物某物百斤之價皆比例三與五爲加增矣則是百物之價增於米價也（或米價增至每百斤六元而其他百物皆以三與五之比例爲加增則亦可謂百物之價增於米也）從他方面觀之則是米價賤於百物之價也夫如是則有貴賤之可言然物物而比較之此以驗社會需要趨於何方則可而於物價貴賤之共通原理無與也若夫一切物品舉十年之通以較之而無一不漲於其前是則金價或銀價之趨賤耳而非其餘物價之趨貴也（若就他方面言之則即謂其餘物價趨貴亦未始不可然其理一也）何也物價之貴賤何以名以其與金銀之比價而名之耳此與貨幣政策有密切之關係今勿具論。若求諸貨幣以外則尚有一原則焉曰、物價必比例於需要額與生產費需要者多則物價必騰生產費重則物價必騰然文明程度高則人之欲望之種類愈增又文明程度高則庸錢必漲庸錢漲亦爲生產費增加之一故物價必隨文明程度而日騰又經濟界之普通現象也此其理由諸經濟學書皆言之無俟詳述。即觀諸吾國內地與通商口岸之比較。亦可以爲左證矣。今孫文謂行了彼土地國有政策後。物價必漸賤。吾眞不解其所由。若其行圓滿的社會主義將生產機關悉歸諸國家則此派學者所考案有謂宜依各人每日勞力之所直給以憑票其人即持憑票以向公立之種種商店換取物品者如是則並貨幣亦廢置不用只以種種勞力與種種物品比價而立一標準則物價無復貴賤之可言孫文若采此說也則物價漸賤之言爲不通也。而不然者土地以外之一切生產機關仍爲私有物價必隨文明程度之高下而爲消長物價而趨賤則必其需要之日減者也需要日減是貧困之一徵也否則庸錢趨微也庸錢趨微亦貧困之一徵也而又何人民富足之與有吾觀於此而益疑孫文之社會革命論除復反於古昔井田時代之社會無他途也舉農業以外一切之諸業而悉禁之以國有之土地授諸能耕之人而課其租現有四萬萬人苟國中有四十萬萬畝地則人授十畝焉數年以後民增而地不增則割所授於前人者勻其分量以授後人至一人授一畝或數人合授一畝而未有止若是則於孔子所謂不患寡而患不均者。洵有合矣但不知吾國民何以堪也。而不然則必孫文

封鎖全世界之金銀礦使永不產出否則以金剛鑽爲貨幣也舍此兩者外更無可以使物價趨賤之途

以上兩段。於本論論旨無甚關係。不過以其語語外行。令人噴飯。故附駁之。亦使聽演說而大拍掌者。念及此掌之無辜而受痛耳。

以上駁孫文說竟。彼報第五號別有「論社會革命與政治革命並行」一篇。吾擬駁之久矣。蹉跎不果。今吾所主張者。大率已見前方。雖非直接駁彼文。而彼文已無復立足之餘地。況彼文膚淺淩亂。實無可駁之價值耶。惟其中有一條不可不加以糾正者。彼論述泰西學者之說。『謂貧富懸隔之所由起。在放任競爭絕對承認私有財產權。』是也。而其所下絕對承認私有財產權之解釋。謂『無私有財產制。不能生貧富。固也。有私有財產制。而不絕對容許之。加相當之限制。則資本亦無由跋扈。即於可獨占之天然生產力。苟不許其私有。則資本所以支配一切之權失矣』云云。此所以證其言土地國有。而不言資本國有之理由也。此說社會主義論者中。固有言之者。然其論之不完全顯而易見。即吾前所謂國家自以私人資格插足於競爭場裡而分其一臠耳夫資本家固非必其皆有土地者往往納地代於他之地主借其地以從事生產而未嘗不可以爲劇烈之競爭土地國有後則以前此納諸私人之地代轉而納諸國家耳或變所有權而爲永代借地權或永小作權耳於其跋扈何阻焉以吾所聞加私有財產權以相當之限制者其條件則異是凡不爲生產機關者（如家屋器具古玩等）則承認其私有其爲生產機關者則歸諸國有而已必如是而後可以稱社會革命不如是者皆朝衣朝冠而不韈不履者也而此種之社會革命我中國現時果能行否此則吾欲求彼黨中人賜一言之確答者也

大抵今日之歐美。其社會惡果。日積日著。各國政治家乃至學者。莫不認此爲唯一之大問題。孳孳研究。而其論所以救治之方者。亦言人人殊。雖然。要其大別可以二派該之一曰社會改良主義派即承認現在之社會組織而加以矯正者也華克拿、須摩拉、布棱達那等所倡者與俾士麥所贊成者屬焉二曰社會革命主義派即不承認現在之社會組織而欲破壞之以再謀建設者也麥喀、比比兒輩所倡率者屬焉兩者易於混同而性質實大相反今孫文及其徒所倡果屬於何派乎吾苦難明初以爲公等必知之甚深然後言。及證以貴號前後十號之偉著。則公等所知。視「目不識歐文師友無長者」之梁某。且不逮焉。惟不知者乃易言之。乃夫子自道耶。若夫公等之四不像的民生主義。其甚深微妙則眞非我之所得知矣。

吾初以爲社會革命論、在今日之中國、不成問題、不足以惑人。故聽彼報之鴉蛙聒閤。不復與辯。謂無取浪費筆墨也。今彼報乃寶此燕石。沾沾自喜。且無識者亦頗復附和之。故不得不爲之疏通證明。非好辨也。雖然本論之對於彼報。亦可謂不留餘地矣。彼報見此。其將幡然悔悟。自知其擾擾之無謂耶、抑將老羞成怒。再爲狼嗥牛吼之態。折理不勝。惟事嫚罵耶。此則非吾所敢言矣。

以上據鄙見以解決「中國今日社會應爲根本的革命與否」之一問題已竟。今將附論「中國今日若從事於立法事業其應參用今世學者所倡社會主義之精神與否」之一問題。此問題則吾所絕對贊成者也。此種社會主義、即所謂社會改良主義也。其條理多端。不能盡述。略舉其概。則如鐵道市街電車電燈煤燈自來水等事業皆歸諸國有或市有也如制定工場條例也如制定各種產業組合法也如制定各種强制保險法也如特置種種貯蓄機關也如以累進率、行所得稅及遺產稅也諸如此類。條理甚繁。別有專書。茲不具引。夫鐵道等歸諸公有則事業之帶獨占性質者其利益不爲少數人所專矣制定各種產業組合法則小資本者及無資本者皆得自從事於生產事業矣制定工場條例則資本家不能虐待勞働者而婦女兒童尤得相當之保護矣制定各種强制保險法則民之失業或老病者皆有以爲養矣特置種種貯蓄機關予人民以貯蓄之方便則小資本家必日增矣以累進率行所得稅及遺產稅則泰富者常損其餘量以貢於公矣夫以我國現在之社會組織既已小資本家多而大資本家少將來生產方法一變以後大資本家之資本與小資本家之資本其量同時並進固已不至奔軼太遠造成如歐美今日積重難返之勢而右所舉社會改良主義諸條件又彼中無量數之政豪學哲幾經研究而得之者也彼行之於狂瀾既倒之後故其效不甚章我行之於曲突徙薪以前故其敝末由至夫歐洲所以演出工業革命之惡果而迫今後之社會革命使不能不發生者固由瓦特機器之發明驟變其生產之方亦由斯密放任之學說助長其競爭之燄兩者缺一其慘劇當不至若是之甚今我於生產方法改良之始能鑒彼放任過度之弊而有所取裁則可以食瓦特機器之利而不致蒙斯密學說之害其理甚明記曰。甘受和。白受采。我以本質較良之社會而採行先事豫防之方針則彼圓滿社會主義家所希望之黃金世界雖未可期而現在歐美社會陰風慘雨之氣象其亦可以免矣而何必無故自驚必欲攪翻現社會之根柢而後爲快也而況乎其所謂攪翻者又實未嘗能動其毫末而徒虎皮羊質以自擾擾也噫其亦可以知返矣

要之今之言社會革命者其未知社會革命論之由來及其性質而妄言之耶則妄言惑人之罪可誅其已知之而故支離閃爍張皇其詞以聳人聽耶則不過吾前者所謂利用此以博一般下等社會之同情冀賭徒光棍大盜小偷乞丐流氓獄囚之悉爲我用懼赤眉黃巾之不滋蔓復從而煽之而已其立心之險惡其操術之卑劣眞不可思議也而一般學子既年少而富於好奇心復刺激於感情以騷動爲第二之天性外之

既未嘗研究他人學説之眞相內之復未能診察本國社會之實情於是野心家乘之而中以詖詞致此等四不像之民生主義亦以吠影吠聲之結果儼然若有勢力於一時吾安得不爲此幼稚時代之國民一長慟也

## 結論

故吾以爲種族革命不必要者也社會革命尤不必要者也坦坦廣途獨一無二由之則至歧之則亡曰政治革命而已更易其詞以定其宗曰**今日欲救中國惟有昌國家主義**其他民族主義社會主義皆當詘於國家主義之下聞吾此論而不寤者吾必謂其非眞愛國也已

（完）

論著二

# 中國不亡論

飲冰

（再答某報第十號對於本報之駁論）

某報第十號有「雜駁新民叢報」一篇。其言支離謬妄。無一語能自完其說。每下愈況。本無再駁之價値。但彼附注一言云。『非承認則須反駁。』吾若不反駁。則第三者將以吾爲默認彼言耶。是故又不得已於辯也。

彼報標題第一條云。『自滿洲入關後。中國已亡國。今之政府。乃滿洲政府。非中國政府。』此命題之正確與否。即吾與彼論爭之要點也。故本文當專以此爲範圍。彼所論有涉及此範圍外者。則當別駁之。此從略也。

欲知今之政府。爲中國政府。抑爲滿洲政府。當先辨今之國家。爲中國國家。抑爲滿洲國家。國家之問題解決。則政府之問題隨而解決。此所謂前提正確則斷案必正確也。

故滿洲政府四字能成一名詞與否。不必論。**但論中國爲是否已亡國**我與彼所論爭者在此簡單之一語而已。

彼報謂不當根據法理以論亡國。此大謬也。國家之性質及其現象。惟以科學的研究。乃能爲正確之說明。此種說明。即所謂法理論也。而國家之滅亡。則國家現象之一種也。若何而爲滅亡。若何而非滅亡。不可不求學理以爲之根據。而所根據之學理正確與否。此不可不審者一也。學理既正確。而事實與此學理所命之定義相應或不相應。此不可不審者二也。今持此以衡彼說。

彼報共分六段。其第一段略謂民族與政治之關係。非常密切。使全國人民分爲兩族。利害相反。則政治象現無從得善良。故非解決種族問題。不能解決政治問題云云。駁之曰。**此乃以政治論攙入法理論也**　其標題既爲論滿洲入關後中國已亡。此論則全軼出於標題之範圍外。就令彼所言毫無差謬。究竟與中國已亡未亡之一問題。有何關涉。論者前誚我爲不知政治論與法理論之區別。今何爲復蹈之。夫國家有兩民族以上。利害相反。而因以釀成不善良之政治者。是誠有之。如俄羅斯是也如奧大利亦是也然此乃政治上國家利害之問題非法理上國家存在與否之問題也且國內之人緣利害相反而生出政治上之障礙者又豈必其爲兩族共棲而始有之云爾如前此歐洲各國貴族之與平民亦其例也如北美合衆國之南北戰爭亦其例也如近世各國資本家之與勞働者亦其例也凡此皆政治上之問題而於法理上國家存在與否之問題無與也（如美國苟緣南北戰爭以召分裂則其影響可謂及於國家之本體既不分裂則於本體絲毫無與）此問題之解決。非本論範圍。故不詳論。以簡單之語略說之。則無論何國凡屬政治上大小諸問題其所以恒有論爭者殆皆可謂之緣國內各方面人民有利害衝突之點而起而其衝突之發動力或自種族上生或自宗教上生或自階級上生或自地方上生或自經濟上生種種不同而無國無之謂解決種族問題即能解決政治問題者謬也謂不能解決種族問題即不能解決政治問題者亦謬也有並無種族問題之須解決而政治問題仍不能解決者如法蘭西諸國是也法蘭西本以一民族爲一國民無種族問題之可言而貴族平民利害衝突爭數十年而不決最近則政教分離案亦衝突之結果也有種族問題已解決而政治問題仍不能解決者如意大利是也意大利糾合星散之民族以建國而建國後爲敎會諸問題尙屢費衝突也有欲解決種族問題則將不能解決政治問題者如奧大利是也使奧之國民各主張民族主義則奧將分裂而更無復政治問題之可言也有將種族問題加入政治問題內一同解決者如英國之於愛爾蘭是也英愛殊族利害衝突然只認爲一通常之政治問題與他之政治問題同上議案各黨派贊成反對惟所擇也有不必解決種族問題而能解決政治問題者如美國是也美國人種複雜而不害其合衆以成國從未聞以種族問題致生衝突也我國種族問題與政治問題之關係於此諸國中最肖何國此非一言所能盡以非本論範圍且略之以待將來要之以國民利害有衝突之說而强牽入種族問題於政治問題者其言皆無當也

其第二段謂中國曾已建國今日雖亡失其國民之資格然追溯前日之曾爲國民與豫定後日之復爲國民故可稱爲國民如達官暫廢他日可以驟起固與臺隷有殊云云駁之曰**此非事實論非法理論無恥之言也**若曰追溯前日之

曾爲國民，故可自稱國民，則散居各國之猶太人可自稱爲猶太國民，分隸俄普奧之波蘭人可自稱爲波蘭國民，乃至前此腓尼西亞、巴比倫、希伯來、敘利亞之苗裔，皆可以彼之祖宗曾爲國民故而自稱爲國民。作者素以湛深法理自詡，此所據者誰氏之法理，願有以教我也。若曰豫定後日之復爲國民，故可稱爲國民，則據羈俄懷舊之作，今日阿非利加洲之黑人可自稱爲阿非利加國民，遵阿圭拿度派之志，今日馬尼剌諸島之土人皆可自稱爲菲律賓國民，乃至中國西南之苗，日本之蝦夷，南洋之巫來由，西伯利之諸胡，亦誰敢謂其千百年後必不能建國者。即吾輩謂其不能，又安知彼之不自豫定，以爲能者，則皆可以此之故而自稱爲苗國民、蝦國民、巫來由西伯利國民。

作者素以湛深法理自詡，此所據者又不知誰氏之法理，願有以教我也。夫達官而廢置則平民耳，若重而囚繫則罪犯耳。以平民罪犯而舉昔日之曾爲達官以自豪，戀中堂大人之號而不肯舍，非天下之至頑鈍無恥者，安得有此也。如曰將來可以起復也，則俟起復時稱之未晚，且尋常之平民罪犯，雖未經爲達官者，安見其他日不可以爲宰相爲督撫，則何不可豫以中堂大人之號自娛也。此其不衷於事實，雖五尺童子能知之矣。**要之本報認中國爲未亡故對內對外皆得岸然自稱曰我國民** 若彼報認中國爲已亡認滿洲爲已略奪我中國者則只能自稱曰滿奴自稱曰捕虜若欲稱國民者則請公等別建新國經列國之承認得爲國際法上之主體時稱之未晚若現在以亡國之人而自稱國民徒爲天下僇笑耳今請與彼報記者約務請將全世界法學家言有證明無國人民可稱國民之法理徵引焉以解我惑如其不能則請將彼報前此所稱我國民字樣悉行更正以後更絕對不許用此二字否則我終謂足下認中國爲未亡已耳（此段請賜答勿躲避不言）

其第三段以法理解釋亡國之意義吾一切能承認之雖然。**此無的而放矢也**。以一國家踣一國家吾固認爲亡國此覆讀本報第十二號之論文可以知之者。彼報引近世學者所示之觀念謂一方之國家失其國家權力他之國家代之而爲行使其權力者於是一方之國家消滅同時他之國家開始其權力行使云云此皆吾第十二號所已認者無勞彼報之證引而此觀念適用於明清嬗代之關係與否則吾與彼論爭之焦點也其第四段論此今請於下方駁詰明之。吾認滿洲非國家認滿洲人本爲中國之臣民此吾全論最要之點。彼所以相難者手忙脚亂全失依據自相矛盾。不復成文今逐段駁之如下。

（原文）夫建州之名得於胡元至明設營州中屯左屯右屯後屯五衛屬北平行都指揮使司。其右屯衛即胡元之建州。永樂二年右屯衛徙治薊州其餘四衛亦皆徙治內地諸縣則建州之地不毛久矣自是以後。保塞諸胡羈縻不絕至正統二年建州左衛都督猛可帖木兒爲七姓野人所殺其子童倉與叔凡察（原注范察爲滿洲遠祖）逋亡朝鮮。童倉弟董山嗣爲建州衛指揮無何凡察歸建州乃令董山領左凡察領右董山盜邊無虛月尋誅之邊備日嚴嘉靖廿一年建州夷李撒哈赤入寇巡撫禦之已復稍戢歷諸酋至覺昌安塔克世以犯邊伏誅塔酋子奴兒哈赤復受明左都督敕書封龍虎將軍其後始叛稱帝擾邊子皇太極孫福臨相繼立乘明亂據中國由是以觀滿洲自奴兒哈赤稱帝以前受天朝羈縻弱則戢服强則盜邊未嘗以齊民自居而明之待之亦以其爲殊方異類第綏靖之使不爲邊患而已其域既非內地其人復異齊民。

駁曰此不足以證彼說之正確而適足以證我說之正確也。我所主張者謂滿洲非國耳謂滿洲人爲中國之臣民耳就彼所考據則滿洲之非國益明范察既爲愛新覺羅氏之遠祖。而范察之兒爲建州左衛都督。都督。非明官耶。范察之姪董山爲建州衛指揮。指揮。非明官耶。是不待龍虎將軍之封。而其爲明臣民之資格久已定矣。若以受天朝羈縻。弱則服。強則盜邊。而指爲非臣民之據也。則中唐淮蔡諸鎭。何一非受羈縻。弱則服。而強則寇者。然則亦得以此之故。而指諸鎭非唐之臣民乎。必不然矣。若以其域非內地。而指爲非臣民之據也。則英國除英倫蘇格蘭愛爾蘭之外。其餘各地之人。皆非英之臣民。而臺灣人亦決不能謂之日本臣民也。若以其人異齊氓。而指爲非臣民之據也。吾不知所謂齊氓者以何爲標準。推其意殆必以種族也。然則在美國之黑人。不能謂之美國人民。（美國無臣民之稱故行文易此字）在日本之蝦夷。不能謂之日本臣民也。此其語語悖謬於法理。不待智者而辨矣。故滿洲之本爲中國臣民。雖百口不能動此鐵案也。（請賜答勿略過）

（原文）是故滿洲之稱臣於中國。乃以殊方異類之資格。而非以中國臣民之資格。此最易辨者。前趙劉元海之祖。自漢末已居河內。元海在晉仕至幷州刺史。安祿山生於營州柳城。史思明生於甯夷州。皆爲唐地。

祿山仕至尚書左僕射。思明仕至河北節度使。皆封郡王。非龍虎將軍擁虛號者可比。且雜居內地。又非遠在塞外別為部落者可比。然以民族主義衡之。則皆為逆胡。何則。為其以異族盜中國也。如論者言。則元海之於晉可比於三國鼎立。而安史亦不失為隗囂公孫述也。豈不謬哉。夫元海安史。猶不得不謂為醜虜。況滿洲耶。夫中國自明以前。包孕異類亦至繁矣。然必同化者乃眞為中國人。滿洲語言文字風俗皆不同中國。不得謂為中國人也。

駁曰。此段之心勞日拙。眞乃可憐。其意欲以滿洲前此之未同化。而指為非中國人。乃曰「必同化者乃眞為中國人」若如彼言。則彼所引例之劉元海受業大師。秉通五經。善能文章。常恥隨陸無武。絳灌少文。就彼之定義以衡之。正乃彼所謂眞為中國人者也。而復以虜呼之。何也。（此語請賜答勿躲避不言）彼謂以民族主義衡之。則皆為逆胡。誠哉然也。然民族主義所謂臣民。非必國家主義所謂臣民。論者之說。以施諸圖騰社會宗法社會可也。若我中國則二千年來已進化而入於國家社會之域。而論者欲退而圖騰之。不亦惑乎。若以國家主義言。則元海之於晉。誠可比於三國鼎立。而安史誠隗囂公孫述之類。吾言之何憚也。且即如論者之說。必同化者乃眞為中國人安史暫勿論若元海則按諸論理學而可決論者之已認爲眞中國人矣以中國人稱亂於中國與孫權劉備何異而謂其不能比於三國鼎立吾又不知其所據者爲何法理也而况乎謂必同化者乃爲中國人其論抑大謬蝦夷未嘗同化於日本得不謂爲日本人耶。（是否請賜答）要之自國家觀念發達以來由血統的政治變爲領土的政治凡領土內之人民苟非帶有他國之國籍自他國而來旅居者則自其出生伊始直爲其國之臣民此種觀念在歐洲發達甚近而在我國則發達已甚古論者徒以欲難吾所持滿洲人本中國臣民之說乃盡棄其所學而不辭吁、吾甚憐之。

(原文)例如印度非洲人不得爲英國人。若以印度非洲人主英國不得爲以英國人治英國人。不特此也。即使風俗略有相似猶不得謂爲同國。例如佛朗哥之主皆曾爲羅馬皇帝。不得謂以羅馬人治羅馬人也。况滿洲與中國風俗亦不相同耶。彼又謂今西南土司之人民不能不認爲中國之人民。則明時建州衛之人民亦不能不認爲中國之人民。夫建州諸胡之在明比於苗猺。是則然矣。然苗猺之於我使其耦俱無猜。則固可以相安。苟其爲患於中國則亦仇讐而已。誰云苗猺可以主中國耶。

駁曰。論者亦認滿洲之在明與今之苗猺正同比例耶。然則苗猺果爲中國臣民否。

請賜確答 苗猺誠爲中國臣民則滿洲人之亦爲中國臣民可無疑義矣彼謂誰云苗猺可以主中國夫苗猺可以主中國與否 **此政治上之問題也** 苗猺主中國則中國可謂之亡國與否 **此法理上之問題也** 就政治上論豈惟苗猺不可以主中國即中國人亦有不可以主中國者矣下而秦始隋煬上而漢高明太吾皆認其不可以主中國者也而何有於苗猺就法理上論則苗猺人本中國人之一分子雖以苗猺人主中國而決不得謂中國因此而亡此事理之至易見者也

請據法理以賜覆答 論者謂印度非洲人不得爲英國人此等怪論非淵學卓識如足下者無以詒我也今之普通地理書皆稱英國人民有三百四十五兆二十六萬二千九百六十人五尺童子能知之不知除出印度非洲人外安從得此數一言以爲不智吾不得不以此語還贈論者矣若問以印度非洲人主英國得爲以英國人治英國人否此就君主主體說言之可以成問題 **就國家主體說言之則不能成問題** 何則以國家主體說論則治英國人者乃英國而非英國內之某人也

故以英國人爲英國君主固可謂之以英國治英國人即以印度非洲之英國臣民爲英國君主亦可謂之以英國治英國人甚乃以法國德國人爲英國君主仍可謂之以英國治英國人豈必徵諸遠彼丹麥人之主那威則最近之事實耳其於以那威國治那威人無傷也如論者言得無謂爲以丹麥人治那威人耶（是否請賜雅答）論者常誚我爲持君主主體說吾固非持君主主體說者然如論者言不知國家主體說中之某大師教足下以發此奇論也夫印度非洲人爲英國君主固必無之事然固嘗有以猶太人爲英國大宰相者矣彼與格蘭斯頓齊名之的士黎里是也夫君主與宰相同爲國家之一機關而行國家之統治權者也如論者言則的士黎里可謂之以猶太人治英國人矣夫英國之大宰相其權且過於美國之大統領不過英國歷史上之結果留此君主之一席耳使英國而爲民主國則當的士黎里與格蘭斯頓競爭選舉時由論者之說惟格蘭斯頓當選時代乃爲以英國人治英國人若的士黎里當選時代便爲以猶太人治英國人也此又可求例於美國美國黑人中有一政治家襲其國父之名而自名華盛頓者現列爲議員大統領盧斯福特優禮之寖

假此黑人勢力增長其政治才爲多數國民所公認及選擧大統領時而竟當選焉則論者其將奔走相告謂以非洲人治美國人矣夫君主與大統領同爲國家之元首同爲國家之一機關其性質非有異也（異否請確答若異則足下之說尚有商量若不異則請全體取消之）故就政治上論印度非洲人爲英國之元首其於英國爲利爲害此屬於別問題若就法理上論則雖以印度非洲人爲英國之元首其於英國國家之存在無絲豪之影響此稍治國家學者所能知也今也因中國臣民一分子之愛新覺羅氏爲中國君主而指中國爲已亡是何異因的士黎里爲英國宰相而指英國爲已亡也愼矣要之論者之腦中全爲數千年來君主即國家之謬論所充塞驟聞一二學理而耳食不化舊思想擺脫不下又重蔽之以感情故陷於巨謬而不自知如本號之論文可謂無一語能自完其說同一葉中矛盾往往而見若其全篇之矛盾更無論其與前數號之矛盾更無論也。

（原文）彼又謂滿洲之始建國乃內亂進行之象夫滿洲既非中國臣民則其建國不得擬以內亂明甚。

（中略）何得與漢高明太之始建國相比。

駁曰。使滿洲誠非中國臣民。自不能擬以內亂。然滿洲爲中國臣民旣鐵案如山不能搖動則當其割據中國土地之一部分以別建國時與劉氏之漢朱氏之吳無所擇。其事甚明。

其第五段。摭吾所引美濃部博士之一語。指爲誤譯。指爲點竄。於犖犖大端角人不勝。而捃摭一二字句以相抵。此誠論者之慣技也。論者謂美濃部之說爲舉例。誠哉其言。又云「非謂舍此而外別無國家之消滅」其說亦甚當。雖然吾豈謂舍此而外別無國家之消滅乎。吾嘗謂印度雖統一而不得不謂爲亡國（見本報第十二號第五六葉）論者甯未見之耶。論者屢稱『一方之國家。失其國家權力。他之國家權力。代之而爲行使其權力者。謂之亡國』。若自矜其新發明者。吾之論印度亡國。不旣以此義爲論據乎（是否請論者確答）者謂我點竄東文以欺人。毋亦論者刪隱我文以欺人耳。且使吾實爲誤譯實爲點竄美濃部之說。全如論者所言。則固不足據之以難語所持中國不亡之大義何也。滿洲本爲中國之臣民。非以他之國家權力代我而爲行使也

其第六段復分七小段以駁我說。今逐一解答之。

(原文)(一)所謂亡國者。此國已亡之謂。非謂必尙有他國存在。然後此國乃可謂亡也。印度旣爲英所滅。則印度即爲亡國。使他日英國復爲他國所滅。其時印度仍然亡國也。

答曰。是也。印度以有英國之國家權力代之而爲行使其權力。故謂之亡國。設他日英國爲他國所滅。而復有他國之國家權力代印度以行使權力。則印度仍謂之亡國。然今日之中國非有他之國家以代爲權力行使也。故不得以現在之印度論。亦不得以將來之印度論。

(原文)(二)國家爲他之權力所侵入。而全失其固有之權力。則可謂之亡國。是故雖使未成國家之游牧民族。侵入甲國。奪其主權。則甲國亦謂之亡國。何也。雖其侵入之權力非他國家之權力。然已失甲國家之權力故也。是故不能謂必有征服之國家存。然後被征服之國乃爲亡國。

答曰。此說之當否。當以甲國家固有之權力喪失與否爲斷。盎格魯撒遜人之始入英國。在紀元後三百餘年。其確成國家。稱爲英倫。在八百二十八年。及一千六十六年。諾曼人侵入。威廉(即英王位號爲威廉第一)其血統直傳至今日(今之愛華德第七)猶諾曼人之冑也。諾曼人者。譯言北方人。蓋北方一族之海賊。自八百三十五年以來屢侵英國前後亘二百餘年而卒爲英王者也然史家未聞有以諾那曼人威廉第一之即英王位而謂英國爲亡於是時者且今世各國所艷稱所效法之大憲章即威廉子孫所頒定英人但以求得大憲章爲急不聞其以爭諾曼人之王位爲急也 **以諾曼人爲英國君主不得謂英國已亡則以滿洲人爲中國君主不得謂中國已亡**事同一律其理甚明是否請賜荅

夫諸曼人本非英國臣民而猶若是況滿洲人本爲中國臣民者耶

（原文）三征服本有二種一曰呑併二曰侵入而爲以一國踣一國則同今論者祇認呑併爲亡國而不認侵入然則設使朝鮮驟强侵入中國遣其國民駐防各省定都順天而以其本國爲留都論者亦將認爲非亡國。

荅曰不然朝鮮國家也而滿洲非國家朝鮮建國已千餘年雖中間屢爲中國所征服稱臣於中國然其國家自在滿洲只能與諸曼人爲例不能與朝鮮國爲例

（原文）四滿洲在塞外已建國號曰淸卽淸國者卽滿洲國之別名（中略）今者以淸國治中國何云以中國治中國。

荅曰。不然。明國即吳國之別名。不能謂以明國治中國。不能謂以吳國滅中國。

（原文）五今日之滿洲。謬以清國爲中國。而非於中國之外別立清國。此猶契丹爲遼。女眞爲金。蒙古爲元。皆以其名施諸中國。更不別立遼金元於其本部也。然遼金元終不得混於中國。

荅曰。以諾曼人王英之例例之。則遼金元皆非能滅我中國者。吾故曰。中國自有史以來。皆有易姓而無亡國。見第十二號第三葉

（原文）六如論者言。是檢其舊國之名而別建他號。以籠罩中國者。即可以認爲中國。然則無論何國侵入。皆得行此伎倆。而吾輩亦皆可謂之以中國治中國。

荅曰。不然。彼以國而來侵入。是有他之國家權力。行使於被征服之國家之上也。滿洲人之王中國則不爾爾。

（原文）七如論者言。是無國之人入主中國。即可云以中國治中國。然則晉世五胡。殆皆無故國者也。又使以猶太人入主中國。建國號曰某。亦可云以中國治中國乎。

荅曰。晉世五胡。大半皆中國之臣民。其亂象只與五季時代之十鎭等。安得云中國已亡。若以無國之人入主中國。就君主主體說。言之不能謂以中國人治中國人。就

國家主體說言之固仍得謂以中國治中國人夫以有國之丹麥人入主那威仍不失為以那威國治那威人其故可思矣若夫以猶太人入主中國此固事實上必無之事蓋一甲國人入主乙國必有其歷史上之關係如諾曼人主英有婚姻上之關係滿洲人主中國有臣民資格之關係也若猶太之一人而本為中國臣民者則亦與現在之滿洲人等耳其可以主中國與否則政治上之問題不能因此而謂中國已亡則法理上之問題也

吾之此論出吾知普通之排滿家讀之必將驚詫駭汗舌撟而不能下目張而不能翕髯戟而不能垂惟彼報記者駭詫當不至若是之甚但煩亂暴怒而已何也彼蓋嘗耳食一二師說而略解國家之性質者也而叵耐所受學理皆不適於解決此問題末由以自張其軍是學理之負論者非論者之負學理也 **要之欲證言中國之不亡必以國家非君主為前提欲證言中國之已亡必當以君主即國家為前提** 論者前因吾引波倫哈克學說則以君主主體說誚而自命為持國家主體說者今按諸此文**乃無一語而非君主主**

體說。所謂不自見其睫者非耶。即以君主主體說衡之。其持論亦不完。愛新覺羅氏以固有中國臣民一分子而篡中國之舊王位。若持君主主體說。仍不失爲以中國人治中國人。因此而謂中國已亡。則直是種族主體說而已。種族主體說者何。謂以種族爲統治權之主體也。質而言之。則國家即種族。種族即國家也。此以解釋圖騰社會宗法社會時代之國家。庶幾近之。而欲以施諸今日。是何異認殭石爲鴻寶也哉。吾之此論。非徒爲彼報記者下鍼砭。抑亦使一般國民因此問題。以研究國家之果爲何物。確知國家之性質。然後國家觀念乃得明。然後對於國家之義務乃得盡。予豈好辯哉。予不得已也。

由此言之。我國民之對於滿洲王統。只當如英國民之對於諾曼王統。惟併力以爭君主之權限。而不必分力以爭君位之誰屬。而種族革命論。實乃節外生枝。而徒阻政治革命之進行。雖有蘇張之舌。無以易吾言也。

嗚呼。以數千年有神聖歷史之中國。乃無端造作妖言。指爲已亡。不祥莫大焉。草此論已。乃重爲祝曰。胥寐匪禎。札闥鴻庥。祓除不祥。中國萬歲。

（附言）彼報於論文之末附數語。要吾反駁。若甚自鳴得意者然。夫吾則豈有所憚而不敢反駁者。彼報歷號之譫語。何嘗有一焉能難倒吾說者。徒以彼展轉狡遁。於吾所持根本大義。無一能答。而徒支離於瑣碎末節。瘈狗狂嗥。而羣蛙隨之爭鳴。故不屑與校耳。今之此論。於重要之點。皆爲注出。論者若能逐一再反駁之。則吾願聞。若躲躲閃閃。於此諸點不反駁。而更挑剔舞文於一二字句之間。則吾又安從再與若語也。

論著三

# 中日改約問題與協定稅率

遠公

頃據采訪。知我政府已與日本提議改約。此實我外交進取之一表徵。記者所歡欣而頌禱也。雖然其提議之條件。有涉及日本稅率者。竊以爲此乃節外生枝。必不能達其所希望之目的。而徒以阻他條件之進行。不如其已也。謹據事實以陳其利害。

駐日楊公使上外務部電。據稱呂盛兩大臣來電。以日本新稅則。所載諸國應享協定稅則利益。獨中國不與。受虧甚深。請趁滿約之時。刻日知照酌改。或設法預爲地步。楊使以請於外部。外部復電謂已照會日林使轉商日政府。請將稅額改照各國一律。仍望設法向日外務省磋商云云。我當局之注意此事。可以概見。雖然竊反覆繹此電文。而有不能索解者。夫謂自新稅則之頒。而我之進口商務大受虧。誠哉然也。至謂各國皆享協定稅則利益則未衷情實也今請先舉我受虧之點次乃與他國比較之。

日本自明治三十二年實施所謂關稅定率法者改前此之從價稅爲從量稅臚列物品若干種各種每若干斤抽稅幾何著爲定表行之數年及日俄戰爭起以特別稅之名義各有加增迨戰事告終方謂特別稅可從茲豁免不意新頒稅則其率視舊稅與特別稅之和且有加焉此各國商於日本者所同以爲苦匪特我也今將其稅表中我國所輸入之重要物品列其比較如左。

| (貨名) | (舊稅) | (特別稅) | (新稅) |
|---|---|---|---|
| 桂皮 | 每百斤 九角二 | 加 四角七一 | 三元五角 |
| 生絲 | 〃 七十九元七角一 | …… | 百六十四元 |
| 冰片 | 值百抽十 | …… | 每百斤 三百元 |
| 丁香 | 每百斤 一元七角二 | 加 一元〇四 | 七元二角 |
| 小麥 | 〃 一角五九 | 〃 三角七七 | 五角七 |
| 大豆 | 〃 一角三七 | 〃 二角八九 | 四角三 |
| 桂皮油 | 〃 十五元八角 | 〃 七元四角 | 四十五元 |

| | | | | | |
|---|---|---|---|---|---|
| 沈香 | 、、 | 十二元五角八 | 、、 | 十八元三角一 | 六十二元七角 |
| 鹿皮 | 、、 | 二元一角二 | 、、 | 一元九角四 | 四元 |
| 紅牛皮 | 、、 | 五元五角三 | 、、 | 一元八角五 | 七元一角 |
| 魚絲 | 、、 | 三十元〇七五 | | …… | 一百元〇八 |
| 銀硃 | 、、 | 十四元三角 | 加 | 七元四角 | 二十八元二角 |

此不過舉其槪也。然即以右表所列數目字較之。則新稅之視舊稅。少者增一倍。多者增四五六倍。商人之苦痛。可以推見。雖然。此新稅則非專爲苛徵我商而設也。其表中所列物品千數百種。有爲我國與他國所同有者。有爲他國所有。我國所無者。有爲我國所有。他國所無者。而其稅率無一不加。爲我以此責日人。日人不任受也。至其中有數國焉。與日本結有協定稅率條約者。此自國際上特別之關係。未易援以爲例也。考日本前此關稅。皆以條約定之。不能由本國任意增加。如我國現在與諸國所結之約。然。日人深以爲恥。臥薪嘗膽。積二十年。奏改正條約之功。於是始得變爲國定稅率。此殆與拒回領事裁判權。同爲一大事業焉。就中以條約協定稅率者。仍存四國。曰英。曰奧匈。曰德。曰法。惟與奧匈爲相互的協定稅率。其與英法德。皆爲片面的協定稅率相

互的協定稅率者甲乙兩國各指定其所產重要之物品以條約定其稅率在條約有効期間甲不得增徵乙乙亦不得增徵甲也片面的協定稅率者甲國對於乙國指定其所產重要之物品以條約定其稅率乙對於甲不能增徵而甲國對於乙國所產物品其增徵與否條約無明文也日本與奧匈條約其彼此協定稅率之物品各有八種此所謂相互的也其與英法德所結條約則英之物品輸入日本以條約定其稅率者三十九種法則十八種德則五十九種凡此諸品皆當條約有効期間日本不能任意增徵其稅者也而日本物品之輸入英德法者其所徵之稅率則惟從彼之國定率而未嘗以條約限之此所謂片面的也三國之中英國本爲自由貿易國凡他國貨物進口者皆不徵焉故其貨物之輸往他國者亦恒要求結協定稅率以相報酬此不足爲怪也若德法兩國本行苛重之保護稅獨其對于日本乃得享此片面的協定權利此則日人改正條約之業一簣未完而至今朝野上下引爲深病者也數年後修約期屆吾信日人其必竭全力以爭之矣準此以談則日本之有協定稅率乃其例外而非其原則也其與英國則緣彼爲自由貿易之故而有以相酬凡非自由貿易之國不能援

以為例無待言矣其與奧匈則基於彼此互惠之旨也其與德法則非彼所欲而前此屈辱之條約至今猶暫時履行也要之日本人之行國定稅率實幾經血汗而後得之今且益貫徹初志收圓滿之結果焉其必不能緣我之抗議而驟許我以協定稅率也洞若觀火矣故以此為要求吾敢信其要求之必無効也

要而論之定稅率者國法上之行為非國際法上之行為也凡在獨立主權國皆得以單獨之意思自制定之（其出於相讓互惠而結特別之條約者不在此論如日本之與英與奧匈是也）苟其對於他國之商品而加重征也他國只有「還重征彼商品以相報復」之權利而無「禁彼使勿重征我」之權利此次日本新頒稅則雖於各國商品一律增徵然對於我國出產大宗增之獨重焉（如前表所列）對於我之製造品增之尤重焉（如冰片桂皮油銀朱等）明欺我無自定稅率之權彼物品之輸入我國者一依值百抽十之從價稅為條約所束縛我無從還增徵之以相報復故彼得恣意重征焉以行其保護政略其手段之惡辣誠深可憤慨也雖然我若對於彼而抗議焉彼將曰此我國獨立之主權非他國所得容喙也則吾無辭矣且彼所重征之目的物其標題則物品之名稱

也並未嘗指名曰此物爲來自某國之故而重征之也我若責彼彼將曰無論何國有此物品輸入我日本我皆據此率以稅之非特有苛於貴國也則吾又無辭矣如前記外部楊使及呂盛大臣往復電文。謂請日政府將稅額改照各國一律。苟以此提議吾知日人必岸然相荅曰吾所徵貴國稅率除一二國有例外特別協定外本已與各國一律無所容改不知吾當局者何以難之夫源濁者流必不清幹悴者枝必不榮我政府乎我國民乎至今日緣此一問題乃始知吾之受虧甚深乎知其受虧而欲爭之曾不知今之受虧者乃其果也而所以致此受虧者別有其因焉因之不治而冀果之克除必無幸矣吾請正告我政府我國民曰。**回復稅權問題實我國將來經濟界生死問題**自今以往舉國上下宜處心積慮以求一伸者也何謂回復稅權即廢條約上限制之稅率而得以我國家之自由意思制定之是已信能如是則外國商品之滔滔侵蝕我市塲者我稍施操縱而自足爲國內諸業之保障不寗惟是外人憚我報復亦不敢爲無理之横斂以阻我貨之外流則如此次日本苛稅之問題何從生焉今未能回復此權而嘵嘵然與之爭此末節雖脣焦舌敝猶無當也雖然。

我國之稅權囘復實全地球經濟界之一大事也我國他日主齊盟於天下將恃此爲若欲得之其必在內治大修明之後藉一戰之威以爲聲援而決非張空拳運長舌之所能改也我政府我國民而感今日之受虧也則自今臥薪嘗胆忍辱負重念茲在茲而冀收效果於十年或十五年以後可也今未能爲積極的建樹而欲圖消極的補救吾知其無能爲役耳

若夫最惠國條欵問題。則與此異。彼其勢甚順。而其事較易吾固言之矣。故吾以爲今茲與日本提議修約。其精神宜專注於此一途也。**吾慮我政府爭其所不能爭者而不爭其所能爭者。**或致此提議無效而空逸機會也。故不惜重言之。

譯述

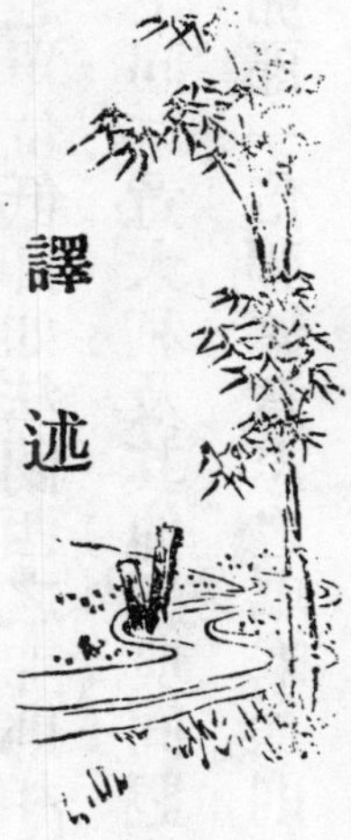

# 貨幣政策

劉冕執

此日本東京帝國大學法科敎授金井博士所講述也以其可供吾國改良貨幣制度之參攷因節譯之　譯者識

貨幣政策者關於貨幣制度之政策也英國舊派學者多以此於純正經濟學中論之。然於純正經濟學所論與於應用經濟學所論自異其點。純正經濟學所論在攻究貨幣之性質職分種類等應用經濟學所論在攻究貨幣制度之利害得失與對於此之手段方法此等後種之問題便宜上非不可於純正經濟學中論之但非學問上正當之攻究方法。

貨幣政策論可攻究之主要有三。一、關於貨幣單位之政策。二、關於貨幣本位之政策。三、關於貨幣鑄造之獨占政策。

(一)貨幣之單位謂價格計算之起點也標準也換言之即單位以上之價以單位之倍數計單位以下之價以單位之分數計也更具象的言之如日本現今貨幣之單位爲圓圓以下之計算以其分數算對於此分數附以錢或厘之名稱是所謂補助貨而圓以上之計算至百萬千萬尙均以圓計稱如此計算之標準謂之貨幣之單位。

單位之高低經濟上一見似無直接之關係其實關係甚深。何以言之。貨幣之單位比之社會經濟之程度失於過高則國民不知不識之間流於奢侈日本貨幣制度改革前單位之圓比於社會經濟之程度少失之高。改革前之圓以純金四分爲標準。其後之圓當純金二分。近年奢侈之風非常廣被。譯者按日本勤儉尙武已成俗化學者猶斥爲奢侈反觀吾國綺羅錦繡酣歌恆舞恬然不怪其謂之何其原因雖多盖貨幣之單位過高亦其一也。試舉歐美諸國之例以證之。歐美諸國生計之程度國民所得之分頭額等。固遠出於日本之上。而一般貨幣之單位除英國外。均較日本貨幣之單位低。即如法蘭西之弗郎相當於日本圓五分之一。(日本圓指改革前之圓以下同)意大利及其他羅典同盟諸國之單位與法蘭西同。和蘭之單位較法蘭西之弗郎一倍强。德意志之瑪嚕庫則當於日本圓四分之一。墺大利之古路的恩則當瑪噜庫之一倍。至北美合衆國之弗。雖與日本之一圓相當。(以金計算)然美爲現今世界最富之國日進月步殆無匹敵倣之以定單位其不適當又奚待言乎。

如以上所述日本幣制之改革。於此點眞可喜之改革也。然現今之單位比於法國等尙稍失於高。且該當單位之圓無貨幣之實際。於奬勵奢侈之心理的影響不無多少。雖從此點論之。一圓兌換券於日本之民度。尙爲必要。蓋單位若失於低則商業上之交易深爲不便要唯在單位之適合於民度與否耳當定單位之時豈可不愼重注意乎。

譯者按中國幣制複雜單位亦不定　朝廷銳意改良統一幣制乃聞所定單位以銀一兩計算是較美國貨幣單位猶重其不適民度固不待言交易上之計算亦殊不便奸商作僞流弊滋深是名爲整頓猶不整頓也日本近日貨幣分量屢變愈輕蓋依博士之學說也我國當道有欲留心幣制者其亦悟乎

(二)貨幣之本位謂得供支拂之用之金額無制限之貨幣之種類也支拂金額無制限之貨幣者雖一千萬圓一億圓不可拒受取之貨幣之種類也反之補助貨則不得用於一定金額以上支拂之貨幣之種類也但受取人不拒時。不在此限是可勿論。二者爲主之差異。其結果本位貨幣。鑄潰之爲地金賣買亦與表面記載之額同一。又殆不可不有同一之價格。換言之。本位貨幣之實價與聲價。不可不同一。反之補助貨。其含有地金之價格。與表面記載價格之間。大相懸殊。而當於定貨幣之本位。不可不基於一國經濟之程度。與前所述單位之場合。又無以異。

本位制度。宜單純乎。宜複雜乎。此一大問題也。單純以一種爲本位。以其他爲補助貨。是名單本位制。即以金爲本位者。爲金本位制。以銀者。爲銀本位制。其他銅紙幣。雖無不可爲本位。然今日貨幣之本位問題。實際僅歸着於金單本位制與金銀複本位制(或曰金銀兩本位制)之問題而已。

世之論者。往往謂世界之大勢。雖已歸着於金本位制。而實際尚爲未決之一大問題。學理上以反對金本位制爲占優勢。然實行之手段方法。宜如何而可。則各國之利害相異。不能遽決。單本位制論者。以爲複本位制。恰如度量衡有兩樣之標準。甚不便宜。此實爲誤解。何以言之。例如對於金一銀二十。定兩者之比價。兩者之分量。或稱弗。或稱圓。於金或銀之本體。非物價之尺度。弗或圓。乃尺度也。換言之。物價之標準。非有形之金或銀。而無形之價格也。此價格相當貨幣之實質。採用金與銀爲複本位制。故尺度之標準。非有二種。爲論者之誤解甚明。然歐美諸國既採用金單本位制者漸感其不便有認國際兩本位制之傾向貨幣本位之問題其不可輕輕論斷蓋如此矣。

(三)貨幣之鑄造。一國之政府獨占之不許國民絕對的自由鑄造此今日之通則也日本貨幣法第一條。即如此規定現今貨幣政策論雖於此問題。不必深加攻究。然英國學者哈琶托斯倍恩沙嘗論之云貨幣鑄造政府無獨占之必要蓋貨幣亦一貨物優者盛行劣者敗滅。氏於貨幣亦依優勝劣敗之原理任其自然成行則劣者亡優者存。貨幣之狀態。自然整頓。然貨幣與他貨物異不能以優勝劣敗之原理解說之氏固忘夫古列希呀母所唱導之法則耳。古列希呀母之法則有云惡貨驅逐良貨此而忘之。此氏之千慮一失。氏之說誠不足採然此議論既存在對於氏之名聲不可不一說及。且余於斯倍恩沙氏終欲以一言爲之辨護。氏於貨幣所云優勝劣敗。欲通於哲學系統之全體。所採進化主義使無矛盾而可成結果耳究之古列希呀母法則之所言亦於氏之進化論主義。實際無所異。經濟社會二種或二種以上之貨幣必不久存在雖據此法則。良貨以流通少。遂至全絕其跡。即可視爲劣者惡貨善流通即可稱爲優者。

古列希呀毋法則。與斯倍恩沙進化論。固毫無矛盾。此塲合之優者劣者。唯據二者之解釋如何耳。雖然。假令據優勝劣敗之原則。又何必論及貨幣之鑄造。政府不可不獨占之耶。

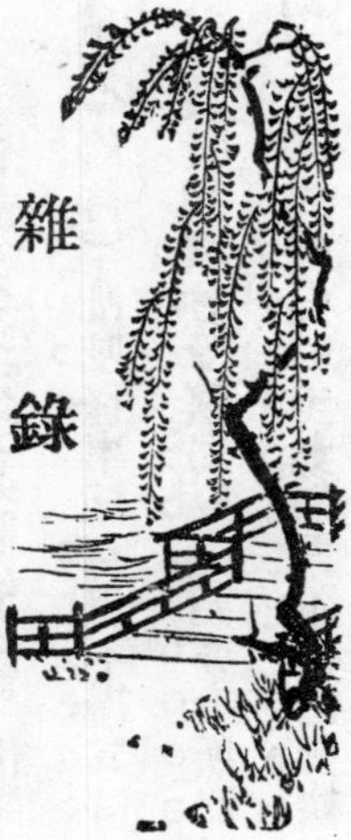

雜錄

# 南非洲虐待華僑慘狀述

警鑾來稿

南非洲。英國管轄之地也。曰急個郎呢。Bope Lolo-ny曰杜蘭士哇路。Yransvaal斯兩省、華人貿易其間。數十年於玆矣、一千八百九十九年以前。杜蘭士哇路。原未屬英、是時杜人暴虐吾儕備嘗其苦。殆不堪、言。然於暴虐之中。欲求不爲已甚者。猶有急個郎呢。一省焉職是之故。以英比杜、固不能不德英而怨杜也。孰意英自滅杜以後。苛例迭出。招我華工。禁我華商。種種凌辱。較甚於前。同胞有血。能無憤乎。

際此二十世紀競最劇之時代弱肉强食吾同胞不得平等自由到處如斯巴太連欵木屋欵工冊欵是非美洲所以虐待我同胞者歟吾讀新大陸遊記之書不禁痛我同胞竟與罪囚相等也雖然吾猶謂其壓制之手段魚肉之關係均未及南非洲之甚焉」去年急個郎呢頒行苛例卅六欵（全文附錄於後）我同胞因犯擅離地方之案被押回粵不知幾何人矣。且不計其人之有無生意也。押差忽然而到。即令起行所准帶者。少許行李耳吁、非値軍令戒嚴之日。竟有不准擅離地方之例。已屬可駭。然押解一事更爲苛待之尤號稱文明國者。畢竟如斯而已。雖然。三十六欵苛例所行者急個郎呢省耳。然則杜蘭士哇路則又如何。是又不能不爲我同胞一告也。吾儕之僑寓杜蘭士哇路似比急個郎呢而畧勝焉、然而查冊。爵禁飲酒電車不准搭火車不得與白人同房，即領事某某亦曾被逐一次矣，均是虐也。五十步與百步相去幾何，彼既行於急省，豈不能行於杜省乎。今者增添苛例之消息紛紛接諸耳鼓，雖經電達外部乞諭汪使力爭（電文附錄於後）不知果得垂聽否也。

嗚呼。商之受虐且達極點，謂礦工之得蒙優待，誰其信之。吾非工人，其中苦趣雖未盡知，然嘗聞諸工人之言曰：「吾輩眞苦矣。區區工金，入不數支，做不滿額。不特工籌不給，飯籌亦且不與，間有不堪其苦而自盡者。」一餘姑勿論，祇此使見一班，故吾於領事某達直督袁世凱之稟（見中國報七月十八日時報七月廿一日）與及入英京對某訪事之言（伊謂此地華人得蒙優待）咄咄怪事，誠百思不得其解也。久矣人言嘖嘖，謂其曾受礦局厚禮，殆亦有所聞歟，不然胡竟作礦局傀儡一至如斯。吾不得已拂袂而起。不避嫌疑，查其抵任以來，吾商民屢有所求，初則批謂到任未久，情形未熟，繼則委諸國弱，無能可為，甚至求摔一函且不可得。他如某西報大書其辮子為豬尾，且不與計，是皆怠於交涉之鐵證，昭然若揭，固無可掩。平心而論，所謂開通官吏保護旅民者實不應爾也。一般獻媚之流，仍偏頌之，吾恐不貽誤大局不止耳。願我同胞醒醒醒。

抑吾猶有說焉。約計吾粵旅民，散之於本洲者未及五千之衆也，所操之業極其微耳，彼都人士猶且不容。禁而絕之，苛以待之，視若眼中之釘，不即去則不快也。昧昧我思，俟歷十年，欲求一華商之足跡於此間，恐無有矣。同胞同胞，若不早籌抵制之方，未來禍害庸有已耶。苦哉。止招礦工，無任供其驅策，間接為牛馬。蕘務之獻，同胞其許我乎。

專衣士碧埠中華會館致北京外務部電　西

一九〇六年十月廿二號午發

外務部王大臣鑒苛待華商已達極點現哇政府又將增新例逼令華人再註新冊驗身印指視同罪囚欲歸國則貨物急難變賣留此則辱身辱國犬馬不如進退兩難乞向英廷力爭同感

南非洲杜蘭士哇省商民同叩

專衣士碧埠中華會舘致英京汪使電　西一九〇六年十月廿八號午發

汪使憲鑒昨西報接倫敦電云劉總領事晤撈打訪員謂並非苛待華人商等尙如此苛待何況華工顚倒是非乞憲台察奪

商民同叩

# 附錄急個郎呢苛例三十六欵如左

南非洲虐待華僑慘狀述

第一欵　此例經急省督憲與議院各議員簽允畫押施其實行之政策欲知詳細請看下文

第二欵　除入英籍之華人幷水師不計（外國皇家船人員或水手亦不在此例）凡別樣船隻倘停泊急屬各水埠凡船主水手登岸或開行該管例官有權查察若有華人該船主先要報明若干幷充何項職務　凡華人現有家室者如政府滿意與其往來之權不在此例　凡有家室幷本處冊帋與例相符者不計

第三欵　此例頒行後凡有華人不準到來急屬至於現在之華人須要討得本埠冊帋方准居住者無居埠冊帋必要一律出境

第四欵　所有居埠注冊帋俱照第一欵給發

第五欵　如華人討得留埠文凴限七月到判事官處注冊以便隨時稽查

第六欵　此例頒發後該管例人員盡將本埠華人注冊以便給發留埠帋但該華人確有材幹或入英籍者或有急屬出世帋俱照第二三欵辦理

第七欵　急屬總督必須將告文標貼幷登日報憲報一個月俾華人週知到來報名注冊

第八欵　倘有華人故意遷延不來注冊如因事遲來亦要到管例官處聲明否則以抗例論罰

第九欵　華人既過十八歲必要有留埠帋方許住埠若幼童未滿十八歲准其遲限三個月到衙門報名注冊如有故意迁延一被查出作爲抗例重罰

第十欵　吩屬縣官有權將該管之地方未滿十八歲之華童注冊給予留埠帋

第十一欵　管例大臣幷巡捕差役人員可隨時查驗華人之留埠帋或不能檢出及無此紙者嚴拿懲究

第十二欵　凡有此留埠帋之華人每年要往該屬之縣官處轉換一次至遲不得過西人正月十五號在衙門簽字盖印方爲實據如有遺失或被盜竊必要立刻報明方准再給

第十三欵　凡華人有居埠之文憑如該留埠帋有可疑之處必要徹底跟查是否拾人者盜竊者可傳該地方之華人一同察驗如有假冒定科重罪

第十四欵　如地方官查出有華人無留埠帋者該地方官是必通知巡捕查拿如疑有華人藏匿之處儘可隨時搜索別人亦准帮助一經搜出到衙按例懲治

第十五欵　如華人迁居隣近急屬之埠先要掛號取文憑帋係往某處殆到埠後又要到縣官處稟明居住門牌注册方准居住

第十六欵　凡華人或往別處數天者亦要掛號倘該處官員查問必要隨時檢出呈看倘係與原來之帋相符方准寄寓第期滿之日要返回原境

第十七欵　凡華人無留埠帋不論店舖與及小販生業例不給揸臣(即舖帋也)并不能享有急屬之權利甚至礦工農工侍役洗衣各工業亦須有留埠紙者方准居駐

第十八欵　凡華人無留埠帋者是故意違抗或過期而不轉換亦以違例論凡犯此例之人罰金壹百磅或監禁苦工一年或罰欵兼監禁

第十九欵　凡華人有犯此例者必須重罰或監禁後逐回中國若由外埠來必須解回原處

第二十欵　如有幇助華人者無論何項西人即爲犯此禁例兩人情罪悉均罰金可至一百磅若華人而不繳罰金者監禁不過兩年至於或罰欵或監禁或充作苦工悉由判官公斷

第廿一欵　凡華人賃屋賃舖該業主先要問明取出居埠帋查看如無居埠帋而賃屋與住者兩罪同均一同重罰

第廿二款　凡船隻停輪急屬船上有無華人必要報明以便隨時稽查如有隱瞞則罰金五拾磅無銀則監禁三個月

第廿三欵　凡船主船務公司車夫人等概不許暗載華人入急屬倘有帶華人入境者顯係抗例必科重罰該管大臣要將華人載還原處不得勒索費脚

第廿四欵　如有船主車夫及船務公司暗匿華人入境者該管例官要其具重保單如該罰欵不能繳出及無保單者該管例大臣有權上控或扣留船車或將船車轉賣以償罰欵

第廿五欵　凡巡捕差役火車公司人員均要助政府防限華人入境如有犯本例之第三欵倘無留埠帋不准出車籌并要將此人扣留以便擬罰若遇華人搭車不加盤詰草率放過該管事亦作犯例論

第廿六欵　凡有犯以上第十八廿一及三十欵例者即在治下兩英里內之地方官判斷并要將口供呈送管例大臣閱看

第廿七欵　凡犯此例者帶到衙署或按察均要報明該犯是否華人

第廿八欵　急屬總督有權將此例隨時增改倘有妙策更合本例之宗旨者隨在皆可補入例內

第廿九欵　急屬總督有權命選舉人員巡查各地方官有無怠慢頒行此例并將該例宣佈

第三十欵　凡華人不論犯本例之何欵總督有權至重罰至一百磅如不能繳充作苦工或羈禁一年統照本例之第廿一欵懲究

第三十一欵　所有例內之各欵并各選舉人員皆載在憲報俾衆週知另將原稿存案俟開議院每次呈入并不得逾三十天

第三十二欵　凡每次議院叙會之期該管例官要將華人之留埠帋發出若干并始終之情形詳細告與各議員知悉

第三十三欵　自此例頒行以後不準以英籍給與華人惟此例未頒行之前倘華人已有英籍紙或急屬出世帋者將來巡往別埠亦准其復回倘非英籍及非屬出世者由其離埠之日將伊之留埠帋繳回注銷嗣後不准其再回急屬

第三十四欵　凡非英籍之華人或毆人或聚賭或開娼寮犯罪兩次科罰後必逐出境永不準復回

急屬

第三十五款　凡非英籍之華人例不得享有選舉人員之權

第三十六款　本例係防華人之竄入急屬幷禁絕華人之足跡而設

南非洲虐待華僑慘狀述

雜錄

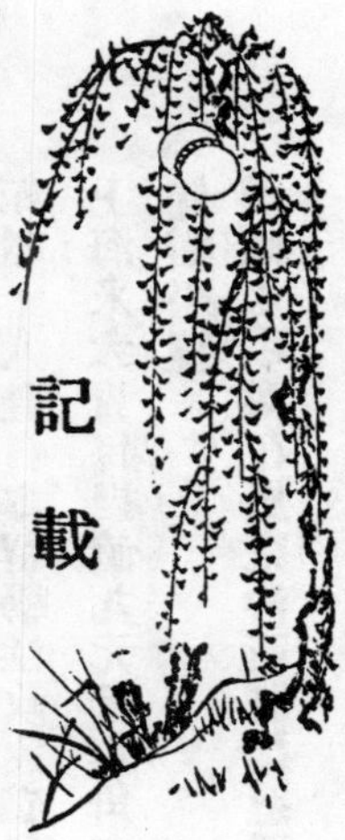

記載

# 中國大事月表

## 丙午八月（補錄）

◎初一日　唐紹儀七月廿八日在外務部與俄使開議中俄條約

程儀洛賞加四品京堂派充八省膏捐坐辦

警部派員外郎舒家驄赴各省查閱警兵

廣西鐵路奏定舉于式枚爲總理左宗蕃爲協理

編纂官制大臣上奏定官制宗旨摺



七月廿九日奉　旨派陳璧赴奉天江南廣東福建查辦銅元

香港暴風毀壞民船三千餘艘小輪船沉七十餘艘大輪船沉十艘重傷四十五艘塌屋百餘間溺斃人萬餘損失約值三千萬

浙江湖州屬烏程武康德淸南潯數縣因水災飢民暴動搶掠縣署吏役多家及穀倉等處

◎初二日　戶部電飭各省停止實官捐

英國新公使朱爾典　覲見呈遞國書

粵督岑派員赴台灣調查鴉片專賣辦法

練兵處訂定出洋觀操規則咨告各省

江蘇設立憲兵

## 記載

二

◎初三日 滿洲鐵嶺法庫門通江三處决定廿二日宣布開作商埠

奉旨禁食鴉片烟限十年內禁絕令政務處擬章程

商部咨催各省設立礦務調查局

◎初四日 廣東總商會及鐵路公司電稟政府請留岑春煊督粵政府不許

◎初五日 閩人電稟政府不認丁振鐸督閩並分電同鄉京官端午帥又電丁督請其自行量度浙人亦致電閩省願表同情

法屬安南總督因岑春煊調補滇督懼其對外强硬請法政府設法抵拒

◎初七日 學部選定進士館學生七十五人翰林館數十人赴日本留學法政速成科

上海米大貴每担值九元五六角官紳趕辦平糶

美國水手兵在廣東沙面將建造工人一名投諸水中幸水淺不死旋罰金賠償將水手監禁短期了結

◎初八日 烟台華商反對西人設立工部局聯稟外商兩部北洋大臣山東巡撫暨東海關道等請主持力爭

粵督岑札飭地方官駁斥領事干涉詞訟

趙爾巽電請外部應募南滿洲路股

◎初九日 學部考試東西洋留學畢業生議定不廷試不授職仍用舉人進士庶吉士名目上加以法理農工等科字樣試後分別錄用

吏部通飭各省自後選取仕途人員須將畢業學生與候補官並用

稅務大臣擬定小輪納稅辦法通飭各省

直督袁刊刻各國官制大略々組織之用意分送各王大臣及政界中人以免疑慮

◎初十日 給事中陳田奏劾慶王收取東撫楊士驤賄銀十萬由袁世凱過付詞連瞿鴻璣徐世昌二人奉 旨留中

御史王步瀛奏改官制宜仿會議江淮分省故事飭各京官條陳利弊奉 旨著照辦理

◎十一日 奉 旨發內帑十萬金賑邺大江南北災區

◎十二日 出使意大利大臣許珏具摺阻撓立憲

學部續派外部郎中張元濟會同林灝深赴東西洋考查學制并往南洋察閱華僑興學情形

日本公使在外部議交還營口照條約

中國大事月表

履歷并請將趙將軍更換

上海工部局允准華商體操會得用鎗操

北京中華報館被警部封禁主筆杭辛齋彭翼仲遞解回籍

◎十三日 鐵良反對改官制與袁世凱大肆衝突

澤公嚴劾鐵良阻撓立憲官制因之未能議決

閩省紳學兩界繼續聯電軍機處更請另簡閩督

特旨嚴催整頓八旗限十月內着該旗明白覆奏

京張鐵路由豐台至南口線路已成是日行開車禮

◎十四日 御史王步瀛奏漢京員請假回籍省親

## 記載

省墓請援滿員例予限三個月免開缺
扣資奉　旨俞允
廣東三水枝路本由三省合資贖回現
粵路公司稟商三省督撫請讓歸粵省
承受
新民府及安東縣兩處之日本軍政署
是日撤退

◎十五日
京師內城巡警廳議集股二十萬金設
公園於後十刹海地方
練兵處向日本議定每歲派學生百人
入日本士官學校幷准以後中國學生
得進陸軍大學校與日本學生一體卒
業
陳璧查辦各省銅元將各省鑄幣廠歸
併九局每省派留一會辦使部中預聞
局務幷議平錢價而便商民

粵督岑頒給南洋成立之學堂二十七
所扁額
商部奏定鐵路工程會計等項規則頒
行各省

◎十六日
學部新定京外官紳出洋游歷簡章頒
行各省

◎十七日
政務處電致各省查報種鶯粟處所以
便議禁
浙江南田開縣奏設專官已奉旨依議
政府擬定整頓滇省條欵七條交岑春
煊酌核辦理
陝西巡撫請加鹽價以充路欵戶部議准

◎十八日
學部新定章程凡外國人在內地設立
學堂不准立案亦無獎勵
蘇省高等學堂是日舉行畢業典

刑部堂官令司員編纂審判全書自二十七年起本部審判案件及各項批牘皆令編入

◎十九日 財政處奏准廣東改造一文銅錢請令造幣總廠并各省一律用爲祖模

學部新定獎勵製造教育用品章程七條咨行各省

陳啓泰補授江蘇布政使

◎二十日 學警兩部奏請停派速成警察學生分咨各省遵照

南洋華商設立師範傳習所

蘇州徵兵與巡警鬥毆重傷數人

◎廿一日 翰林院派定編檢十員赴東學習法政是日起程東渡

◎廿二日 廷寄川滇兩督四川建昌道趙爾豐簡授督辦川滇邊務大臣加侍郎銜

浙江甯波大火焚去房屋一百六十餘間

唐紹儀奏稱與俄使議約開放北滿洲一事俄已承諾

◎廿三日 日人在奉天設警察官分派管轄之所巡警局請其裁撤日人不允

警部電飭各省認眞辦理江面巡警

練兵處分咨南北洋令選派軍官在二等一級以下三等一級以上者每省二員送入京師法律學堂肄習軍律

◎廿四日 日本伏見若宮親王由津到京

◎廿五日 日本伏見若宮親王覲見 兩宮

◎廿六日 學部廿六廿八兩日考試留學生

閩督崇善電駐京法使請留福州法領事法使却之

記載

香港漢口輪船夜間由廣州抵港被焚斃人百餘名貨物被燬值六十餘萬

上海拿獲巨棍范高頭解蘇是日正法

英人照會外部欲設領事於喀什噶爾外部未允

政府電傳伊犁將軍速練馬軍以防邊患

◎廿七日 學部奏定設諮議官一等八人二等二十五人部員中不足另向各省奏調及在京奏留

◎廿八日 學部新章頒行各省凡駐防各學堂概歸提學司管轄

吏學兩部會訂新章凡司員肄業外省學堂者須報部立案幷將課程分數按年彙報學部以備查考如得畢業文憑回京亦由學部考驗咨明吏部准與在京人員一律較補

香港律師代美國合興公司向粵路公司追索鐵路未還之欵五萬元

◎廿九日 雲南留日學生電稟政府請力拒法人要索澂江府礦權

京師巡警總廳奉巡警部命訂立報律九條頒給京津各報

廣東粵漢鐵路公司擬聘美人士蔑爲副工程師

◎三十日 直督袁編成立憲綱要刊刻分派各屬

## 九月

◎初一日 粵省張京卿振勳所辦黃浦鐵路英人以有碍廣九路線屢次干涉商部電請

綏辦岑春煊抗電力爭

八月廿七日孔子誕辰廣東學界數千人大集學宮恭祝爲從來所未有

◎初二日 政府新章京外文武官如在官十年即給以官假半年准其回籍不扣資不扣俸假滿仍當原差以示體䘏

法商請成都開埠外部不許并咨川督力拒

◎初三日 日本伏見若宮親王乘兵艦回國

張京卿蔭棠在西藏被英兵官圍困政府電駐藏大臣查辦

政府派前浙江臬司王仁寶先往福建調查船政以備整頓

杭州土商反抗土藥局案議結

學部考試留學生發榜得最優等者陳錦濤等九名得優等者田書年等五名得中等者曹志沂等十八名

閱兵大臣袁世凱鐵良到彰德初五日開操

◎初四日 鄂省秋操費用二百萬兩以外

密旨派振貝子徐世昌赴奉天查辦事件

◎初五日 札薩克蒙古王私往哈爾賓向俄官借欵以地爲質趙爾巽阻之并貸以欵以絕俄謀

河南秋操南北兩軍騎兵在淮陰縣第一次激戰

達賴喇嘛起程回藏

駐京法使照會外部電飭各省禁止售賣南昌教案紀略書

八

## 記載

◎初七日 秋操軍大激戰戰線亘二十餘里北軍略較優勝

反對立憲者上摺參劾澤公主持立憲誤國病民封事十餘起 兩宮不爲所動

端午帥由秦皇島乘海圻兵輪南下到吳淞即轉往南京赴任

◎初八日 俄國允許中國將漠河金礦贖回北滿洲撤兵之約決議實行

秋操軍是日在彰德南大戰午刻停戰操事畢

閱兵大臣行觀兵式下午一時開大會宴內外賓一千八百餘人

學部通諭寺僧設學須悉照欽定章程如藉營別事或援引外國僧徒在京由督學局在外由提學司查辦

◎初九日 中國留學日本學生現計共有一萬三千六百二十八

中意商約在上海開議意使力索開紹興上海航路幷無錫安慶開作商埠議約大臣力拒之

浙江鐵路股東開大會議

粵督岑奏將周榮曜等子弟職銜永遠斥革不准開復幷通緝周榮曜

◎初十日 學部帶領引見考驗留學生

日本將交還營口外務部特電飭山海關道梁如浩入都議定辦法

戴鴻慈等奏陳導民善政宜設圖書館博物院動物園公園等奉 旨通飭各省興辦

御史王步瀛奏叅楊士琦請江督蘇撫查辦

閱兵大臣袁世凱鐵良回京覆命

◎十一日 商部電粵省查洋藥到港細數幷電令各省每月將所屬鴉片銷數列表報明由督撫三月報部一次

新舊粵督岑周嚴禁小圍姓賭博幷勒石永禁

◎十二日 新舊兩江總督是日交代

英俄之商標保護法是日交換由是英美俄德法義荷七國之商標條約了結

刑部奏定僞造外國銀幣刑法專條通咨各省

廣東議開辦烟膏專賣局

◎十三日 使德大臣楊晟電奏丁艱請開缺

留學生最優等者賞給進士優等中等者賞給舉人

吏部變通銓章自後歸班進士及候補主事中書凡由進士出身者改就知縣悉照庶吉士改知縣人員到班時儘數選用

北京中華報杭辛齋彭翼仲拘質警廳十二夜彭翼仲用槍轟傷朱委員十三日即綑解大興縣杭辛齋先遞回籍

◎十四日 粵督岑奏將己革知縣廣東儋州人王雲清就地正法奉　旨知道

◎十五日 蘇省鐵路股東連日大會議於上海公學舉董事查帳各員

◎十六日 編纂官制大臣將議定官制具奏

袁世凱由京回津

法公使照會外部謂霍山匪首張正金

十

記載

徧布揭帖仇教請飭皖撫保護幷嚴緝匪徒

荷屬華商因孟薩亞耳地方添抽四項苛稅稟請外部力爭現已派錢恂就近赴該處查辦

◎十七日 學部奏留學生賞給醫士者請改爲學人奉 旨允准

有英人在北京東城根夜間被人用槍轟斃

◎十八日 陝西藩司樊增祥密劾陝督升允奉 旨交川督錫良查辦

新任粵督周馥乘安平輪船赴粵履任

大學士孫家鼐奏陳地方自治辦法並謂府縣不可輕于改制

◎十九日 編制館將擬定外官制電致各省督撫裁酌

學部奏派羅振玉劉鍾琳田吳炤張煜全四員分赴直隸河南山東山西考查學務

◎二十日 政府因俄人允肯定將長春開作商埠

海州匪亂江北提督調兵赴勦

商部奏定創製新法新器各項工藝賞給商勳章程奉 旨依議

宣布釐定內官制軍機處仍舊無責任內閣各部尙書得參預政務除外部外每部尙書一員侍郎二員不分滿漢

鹿傳霖榮慶徐世昌鐵良皆開去軍機大臣專管部務慶王瞿鴻禨仍留軍機新補入世續林紹年二人

奉 旨裁缺各堂官以原品賞食全俸聽候簡用

◎廿一日 安徽鐵路日本工程自殺投水斃命

奉 旨簡授各新部尚書侍郎及內務府都察等院堂官

柯逢時補授廣西巡撫程儀洛接辦膏捐事務

大理寺正卿作正二品以沈家本補授少卿作正二品以劉若曾補授

嗣後大學士尚書侍郎均毋庸兼管都統副都統事務

◎廿二日 日本決議十月十六日交還營口

裁缺尚書侍郎改補各旗都統

◎廿三日 嚴復條陳學部代奏請設立國文館以教歐美留學畢業生

翰林院都察院各官均每年賞給津貼翰林院三萬兩都察院四萬兩

政務處著改為會議政務處

◎廿四日 廣東粵路總辦鄭官應辭職交卸總辦關防副辦黃景棠亦經岑督批准辭退

◎廿五日 上海領袖領事照會滬道允禁各國兵輪水手登岸打獵

外務部拒駁外人請給游歷勘礦護照

禮部咨行各省保送舉貢到京准明年二月內取齊會考

◎廿六日 粵督岑奏請革除廣東掛銷號稅

◎廿七日 日人要請中國實行商標法

戶部現存庫款及各省未解到之款共數約八百三十餘萬

御史李傳元奏請留學生補習中文

記載

新架坡華僑褫衣驗疫苛例粵省已接到准免明文出示曉諭

◎廿八日

吉林長春府出示禁止民間將屋賃與日人

廣九鐵路合同中英合辦經已簽押

外務部電咨晉撫無庸與福公司力爭礦權晉撫覆電力駁

山西留學生李培仁因福公司攘奪晉省礦權蹈海而死

福建廈門嵩嶼前賣與美商由厦道何成浩另購他地與之換回

江西南昌縣令江召棠奉 旨優卹贈太僕寺卿銜賞給雲騎尉世職

# 飲冰室詩話

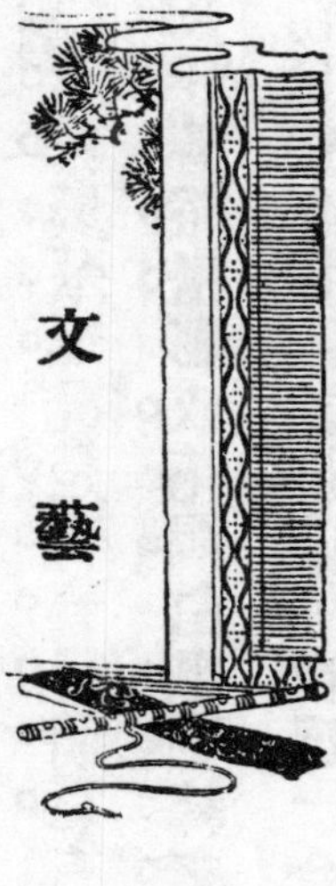


飲冰

曹民父以其友淮南劍客集昌谷十三律見寄。與民父集唐諸什。可稱雙絕。而昌谷集存詩既尠。近體尤寥寥。益復難能可貴也。亟錄之。津頭送別唱流水。家住錢唐東復東。白袷王郎寄桃葉。龐眉書客感秋蓬。飛窗複道傳籌飲。曉月當簾挂玉弓。我有迷魂招不得。明朝歸去事猿公」臺前鬬玉作蛟龍。曼倩詼諧取自容。雨冷香魂弔書客。蛾鬟醉眼拜諸宗。臨歧擊劍生銅吼。帳底吹笙香霧濃。莫道韶華鎮長在。幽愁秋氣上清峯」墜紅殘萼暗參差。曲岸回篙舴艋遲。桂葉水葓春漠漠。女垣素月角咿咿。願攜漢戟招書鬼。斫取清光寫楚詞。看見秋眉換新綠。金盤玉露自淋漓」左魂右魄啼肌瘦。白日長飢小甲蔬。嬴女機中斷烟素。衞娘髮薄不勝梳。報人義士深相許。索米王門一事無誰念幽寒坐嗚呃空將牋上兩行書」蘆洲客雁報春來。小白長紅越女腮。擲置黃金解龍馬先將芍藥獻妝臺濃娥疊柳香唇醉。籜落長竿削玉開。世上英雄本无主芒碭雲氣抱天回」何事還車載病身茂陵歸臥歎清貧。衰燈絡緯嗁寒素御水鵁鶄暖白蘋有酒惟澆趙州土今朝誰是拗花人可憐日暮嫣香落。屈膝銅鋪鏁阿甄。」草梢竹柵鏁池痕。寒入罘罳殿影昏。半卷紅旗臨易水獨攜大膽出秦門窗含遠色通書幌水灌香泥卻月盆垂霧妖鬟更相語。嫣紅落粉罷承恩。」勞勞誰是憐君者骨與牽人馬上鞍眼大心雄知所以。青錢白璧買无端。落花起作回風舞隙月斜明刮露寒共宴紅樓最深處香鬟霧髻半沈檀」彭祖巫咸幾回死顏回廿九鬢毛斑九州人事皆如此數子將爲傾蓋間自履藤鞋收石蜜高懸銀牓照青山崑崙使者无消息仙妾采香垂珮環」珠帷夜臥不成眠斫桂燒金待曉筵小玉開屏見山色。長繩繫日樂當年。橫楣麤錦生紅緯斷燼遺香裊翠烟況是青春日將暮有時半醉百花前」塘水漻漻蟲嘖嘖荒畦九月稻叉牙。芳谿密影成花洞白晝千峰老翠華試。向酒旗謌板地豈知斸地種田家主人勸我養心骨。自課越傭能賣瓜。」金魚公子夾衫長。禁苑懸簾隔御光。

落蒂枯香數分在楚腰衛鬢四時芳一泓海水盃中瀉十夜銅盤膩燭黃宮錦千端買沈醉。阿侯繫錦覓周郎」「玉壺銀箭稍難傾白日蕭條夢不成洛苑香風飛綽綽清渠醉眼淚泓泓御溝泉合如環素銀浦流雲學水聲憑仗東風好相送。雄光寶卝獻春卿」。

蜀人吳又陵虞以題吳鐵樵畫秋海棠三絕見寄。其一云。蕭瑟江關恨未窮春風不愛愛秋風一腔熱血知何用灑作氷綃數點紅其二云。金粉闌珊夕照殘風枝雨葉寫清寒他年若化萇弘碧定有英雄揾淚看其三云。蓬萊同調久飄颻原注謂譚壯飛海外金徽咽暮濤原注謂梁任公碧杜，紅蘅，寄幽怨，爲君重詠左徒騷，亡友固以餘技善畫。而余未得寶存其一縑。讀此絕無任泫然。

文藝

# 大理院審判編制法

## 第一節 總綱

第一條 本院權限除大理院官制所定之外大理院謹擬審判編制法請 旨施行

第二條 大理院在京直轄審判廳局有三

一京師高等審判廳 二京師城內外地方審判廳 三京師分區城讞局

第三條 自大理院以下各審判廳局均分民事刑事二類爲審判事

第四條 大理院自實行審判新章之日起凡於本院審判廳局一概遵新章辦理

第五條 凡自本院以下及直轄之審判廳局其有民事刑事訴訟在京師城內外者統有審判權限其附京郭及在鄉間者另有鄉讞局辦理以清界限

第六條 自大理院以下及本院直轄各審判廳局關於司法裁判全不受行政衙門干涉以重國家司法獨立大權而保人民身體財產

第七條 大理院及直轄各審判廳局關於証據事件須調查者可隨時逕由本院隨時會商民政部所轄巡警廳使巡警單獨或協同本院以下直轄檢察官調查一切案件平時亦可由本院會同該廳委派警察官爲司法警察官以備偵探之用

第八條 大理院及大理院直轄各審判廳局其署中辦理一切事務由各科各課從其事務性質擬定稟知本院長官酌核辦理

第九條 大理院京師高等審判廳城內外地方審判廳均爲合議審判以數人審判官充之至城讞局不妨以單獨之一人審判官充之

第十條 凡大理院以下之審判廳局其設立裁撤及更移管轄地段須會商法部隨時奏聞請旨施行

第十一條 凡大理院以下審判廳局均須設有一定員數以重審判之事

第十二條 凡大理院以下審判廳局均須設有檢察官其檢察局附屬該衙署之內

檢察官於刑事有起公訴之責

檢察官可請求用正當之法律

檢察官監視判決後正當施行

第十三條　各檢察局亦須置有一定之員數

第十四條　大理院直轄審判廳局其行政各事須稟承本院辦理各該廳局長官有指揮督理之責

第十五條　自大理院以下各審判廳局須置有承差若干人承差掌送達訴訟人票提及送達兩造原被告控稟並辦理審判衙署已審決之案件

第十六條

第二節　大理院

第十七條　大理院長官指揮大理院一切事務並監院中行政事務

第十八條　大理院分派事務並科員有事故時關於代理事務責任科員與科丞協議由大理院長官酌核定之

第十九條　大理院之審判於律例緊要處表示意見得拘束全國審判衙門（按之中國情形須請旨辦理）
第二十條　大理院於上控京控案件其各科判決意見有相反時科丞稟知院中長官由長官審察案件性質使民事科或刑事科或使民事刑事兩科會同審判
第二十一條　大理院因重大案件得爲秘密豫審其因案件本院開內部會議時記錄一切事宜不由錄事以防漏泄機要儻公開法堂及當堂宣告判決時其錄供與繕文等事則由書記官督同錄事爲之
第二十二條　大理院於左列事項有審判責任
第一終審案件　第二官犯　第三國事犯　第四各直省之京控　第五京師高等審判廳不服之上控　第六會同宗人府審判重罪案件
第二十三條　大理院於法堂審判事件時以推官五人爲問官其五人中以資高歷深者定爲問官長一人以審判案件
第二十四條　前條中會同審判案件其問官至少須以三分之二到堂始可審判其

問官長由院中長官認許後對於會審事宜有總司其成之權

第二十五條　大理院長官於大理院權限之內第一審事件得命審判官先爲豫審或因便宜亦可使下級審判廳局問官參預豫審

第三節　京師高等審判廳

第二十六條　京師高等審判廳爲京師合議第二審判衙署

第二十七條　高等審判廳置廳丞一員指揮廳內一切事務並監督行政事務

第二十八條　高等審判廳內每課置課長一人監督該課事務並分派各事高等審判廳內可酌設一課或二課以上之民事刑事課

第二十九條　京師高等審判廳於左列事項有審判責任

第一　地方審判廳第一審判決不服之控訴　第二　城讞局判決經過第二審判之上告

第三十條　高等審判廳以五人審判官編成一課其審問時亦以五人編制之公推一人爲問長但須該廳長官認許

第三十一條　高等審判廳內附設檢察局置檢察長一員

第四節　城內外地方審判廳

第三十二條　地方審判廳爲合議第一審審判衙署

地方審判廳內視案件繁簡得置一課或二課以上之民事刑事課

第三十三條　地方審判廳置地方審判廳長一員

廳長指揮廳內一切事務並監督行政事務

地方審判廳各課置課長一人監督該課事務及定其分派各事

第三十四條　地方審判廳於民事訴訟左列事項有審判責任

第一　第一審案件

除城讞局及上級審判權限以外之事項

第二　第二審案件

對于城讞局已判決不服之控訴

第三十五條　地方審判廳於刑事訴訟左列事項有審判責任

第一　第一審案件

不屬城讞局權限及大理院特別權限之刑訴

第二　第二審案件

對于城讞局已判之控訴

第三十六條　地方審判廳設有待質所一所如有案情重大者得拘留入所其有案情較輕者亦得拘留數日但經判决後須按刑律逕詳大理院移交法部監獄

第三十七條　地方審判廳於商民破產事件有審判責任

第三十八條　地方審判廳以三人編成一課其審問時亦以三人編制之公推問長一人但須由長官認許

第三十九條　各地方審判廳各檢察局附設于該廳之內檢察局須置檢長一人

第五節　城讞局

第四十條　城讞局審判事務以單獨一人審判官行之

城讞局亦可置二人以上之審判官但須一人爲監督審判並局中行政事務亦委

任之

第四十一條　城讞局於民事訴訟左列事項有審判責任

第一　二百兩以下之訴訟及二百兩以下價額物產之訴訟

第二　不論價額於左開之事項

（甲）田土疆界案件

（乙）占據案件

（丙）有僱傭調係之案件

（丁）旅人客店及飲食店主人間所起之訴訟旅人與運送人間所起之訴訟

第四十二條　城讞局於刑事左列事項有審判責任

第一　違警罪有不服者

第二　罰金十五兩以下者

枷號者

第三　婦女折贖在四十兩以下者

第四　徒罪無關人命者

第四十三條　城讞局審判官有事故或疾病時須請示大理院長官豫派代理審判之人

第四十四條　城讞局須附設傳問所凡有案件關係嫌疑者可暫覊留之並於事輕者可隨時質問取具保結釋去倘有認爲必要時不妨續傳至傳問所

第四十五條　各城讞局內附設檢察局

城讞局內之檢察局其管轄地段內之警察須聽其指揮

（完）

雜纂

上海商務印書館

# 新譯日本法規大全出版預約廣告

日本法律之書以此爲最完全凡全國法律規則命令無一遺漏光緒二十七年盛宮保督辦南洋公學時曾屬管理譯書院海鹽張君元濟聘人翻譯是書成稿約十之八嗣以乏人修校未經印行越四年盛宮保復屬張君賡續成書允由本館修校出版惟原稿係據明治三十四年之本距今已久其增加更易者約十之二三且律學精邃出入所關甚鉅非有專家學者詳愼考核極易貽誤本館特聘日本早稻田大學政學士閩縣劉君崇傑躬赴日本總司編輯復就近延聘卒業帝國大學何君燏時卒業中央大學高君种卒業早稻田大學法政科舉人陳君威卒業早稻田大學梁君志宸及其他優等留學生各就所長分門擔任就明治三十七年最新之本精審校閱誤者改之缺者補之幷與日本各法律專家詳加討論以期斟酌盡善惟書中法律名詞具有精義未必盡人能解因聘日本早稻田大學政學士法政科舉人葉君鴻韓及錢念劬先生編成法規解字凡書中所有名詞皆詳細解釋按照康熙字典部首排列以便檢查計時二年糜金數萬始克卒事欣逢 聖上宣布立憲伏讀諭旨有云先將官制分別議定次第更張幷將各項法律詳愼釐訂而又廣興教育淸理財政整修武備普設巡警使紳民明悉國政以豫備立憲基礎著內外臣工切實振興力求成效俟數年後規模粗具查看情形參用各國成法妥議立憲實行期限再行宣布天下等因凡屬臣民敢不黽勉勤求以期仰副 聖明般般圖治之盛意此書於日本官制教育財政武備巡警等事言之綦詳且係同洲同文同種之國尤足爲我官紳士庶參考之用故特亟付手民從速出版全書分二十五類共四百餘萬言用上等中國連史紙印成凡四千數百頁分訂八十冊幷附法規解字一冊裝入樟木箱年內可以出版每部定價二十五元凡豫約者其辦法如左

一豫約價每部銀十八圓 一豫約期限以本年十二月三十日爲止過期照定價每部二十五圓概不折讓

一豫約者應於期內先交六圓向本館及各分館購取預約券出版後將券交下幷找十二圓即可取書 一外埠購豫約券者請將銀六圓由郵局掛號寄上海總發行所收到後即將豫約券由郵局掛號寄奉 一廣西雲南貴州四川陝西山西甘肅新疆八省因路途較遠展限二月如在明年二月底以前寄銀十八圓到滬者亦照豫約辦理本埠及近地不得援例 一欲本館將書寄奉者其郵費如下

（甲）上海城廂內外不取送力（乙）向各分館取書每部加運費六角四川省每部加郵費一圓四角（丙）輪船火車已通之處每部加郵費一圓（丁）輪船火車不通之處每部加郵費一圓二角（戊）陝西甘肅雲南貴州四川五省每部加郵費二圓四角（己）日本國每部加郵費一圓四角（庚）歐美諸國郵費各不同應照實數計算不及細列（辛）躉買十部以上運費較廉當照實數收費 丙丁戊己庚五項因郵局包裹磅數有限全書一箱無從寄遞擬分爲十函用精美結實布套包裹以代木箱

◉注意 現已將譯例總目日本憲法全文印成樣本一冊如承 不棄請向本館總發行所或各埠分館取閱遠地函索亦可寄奉

◎上海棋盤街商務印書館◎北京琉璃廠分館◎奉天同春福海利號分館◎天津金華橋分館◎漢口黃陂街分館◎廣州雙門底分館◎開封府北大街分館◎福州南大街分館◎重慶分館◎成都分館 同啓

# 上海商務印書館新出各種教科圖書

（分設）京師 奉天 天津 廣州 福州 成都 重慶 漢口 開封

學部審定初等小學修身教科書十冊每冊一角教授法十冊每冊一角五彩掛圖計二十幅已裱六元未裱五元◯本書爲浙江蔡元培福建高鳳謙浙江張元濟諸君編輯採取古人嘉言懿行足以增進民德改良風俗者依次編入由淺及深循序漸進末數冊於合羣愛國尤爲再三致意全書十冊適供初等小學五年之用第一冊全用圖畫不著一字令兒童不生厭倦第二冊至第四冊每課一圖第六冊以下文漸增圖漸減每冊至少亦有十圖左右茲承 學部審定稱爲 斟酌取舍之間皆足見其精審）等語 教授法十冊按課編纂均注明出處詳列教法亦承 學部審定另附第一冊挂圖二十幅彩色鮮明最便講堂指授之用

◎學部審定初等小學國文教科書十冊第一冊一角五分第二冊以下各二角教授法十冊第一冊四角第二冊至第五冊各三角第六冊三角半第七冊四角◯本書爲福建高鳳謙浙江張元濟江蘇蔣維喬諸君著悉心編纂一字不苟經營二年始克成書文章淺而不俗雅而不奧每冊附圖數十白幅五彩圖二三幅尤爲精彩動人全書十冊適供初等小學五年之用發行以來頗蒙海內教育家許可銷流至數十萬冊疊版數十次茲經 學部審定稱爲（文辭淺易條段顯明圖畫美富板本適中章句之長短生字之多寡皆與學年相稱事實則取兒童易知者景物則預計學期應有者并將一切器物名稱均附入圖中使雅俗兩得其當）等語 教授法一書專爲教員之用按照課數編次凡誦讀講解習問默寫聯字造句作文等法無不詳備名物訓詁皆加詮釋所引古籍西籍亦詳其出處以省教員檢查之煩此書亦承 學部審定

◎初等小學習字帖第一冊一角第二三四冊各八分◯此帖與本館所編國文教科書相輔而行書中所有者無一不備書中所無者亦不攔入以便隨讀隨寫可助記憶第一冊用描紅第二冊以下用影寫

◎小學唱歌書一冊價洋三角◯此書前半詳列教授法凡音調拍子趣味等法循序不紊後半列歌辭雅而不俗淺而不俚其於愛國思想尚武精神尤爲注意

# 上海商務印書館新出各種教科圖書

(分設) 京師 奉天 天津 廣州 福州 成都 重慶 漢口 開封，

師範學校 **教育學** 二角 ◯是書分三篇共三十三章先通論次詳教育之目的及主義方法擇精語詳合乎初級師範學堂之用

◎學部審定 師範學校 **教育史一冊** 二角五分 ◯是書敍述東西各國教育之沿革與其變遷實足導我國言教育者之先路業經學部審定稱爲(凡小學教員欲考求教育之源流者必取資焉)等語

◎學部審定 師範學校 **教授法原理一冊** 二角 ◯是書分六編一曰緒論二曰教授之目的三曰教材四曰教授之原理五曰教授之方法六曰教授之形狀業經學部審定稱爲(言簡而賅意精而顯)等語

◎師範學校 **各科教授法** 二角 ◯是書分十科曰修身曰讀書曰作文曰習字曰算術曰歷史曰地理曰理科曰圖畫曰唱歌曰體操應有盡有賅括靡遺適合初級師範學堂及速成師範講習所之用

◎學部審定 師範學校 **學校管理法** 二角 ◯是書八章曰總論曰編制曰設備曰管理曰經濟曰衛生曰書籍曰教師業經學部審定稱爲(詳審精密條理井然定爲小學教員參考書洵爲適用)等語

◎師範學校 **心理學** 二角五分 ◯教育以心理學爲基礎故師範學校必列是科我國現時教育咸知注重師範是書凡二十八章皆詳關乎教育之心理簡要精審一字不苟

◎師範學校 **論理學** 一角五分 ◯論理學亦師範學校必要之科爲教員者不明論理學則教授時必不能勝任愉快顧是學精深廣大欲求簡核明豁合乎教科書之用者實鮮善本是書凡六章其中演繹歸納等法適於教授之用者皆詳略得宜

◎學部審定 **畫學教科書一冊** 七角 ◯是書爲圖百數十幅凡人物山水以及動植器用等無不具備末附本國各省總分圖數十幅業經學部審定稱爲(凡教習教授圖畫最要在善畫黑板使學生一覽了然爲功自易是編深明此法先以虛線作式而後畫爲圖形故雖不著論說而不至於模不模範不範也)等語

◎初等小學 **習畫帖八冊教員用一冊** 七角六分 ◎高等小學 **毛筆習畫帖八冊** 一元四角 ◎高等小學 **鉛筆習畫帖八冊** 八角 ◯以上三種習畫帖參照東西洋名家筆法所有人物屋宇器具皆按照中國模樣俾兒童一覽而知最爲便用

## 橫濱上海間航路船期

敬啓者本公司常有快捷輪船鎮安、金華、安徽、三號專往來上海橫濱間沿途順經長崎門司神戶三埠每禮拜開行一次依期不悞在橫濱上海皆灣泊碼頭以便上落至于船上房位之潔淨招呼之妥當更不俟言諸君欲附本船者請向本行及各代理處購取船票可也玆將船期開列于下

每禮拜六下午由橫濱啓行前往上海

每禮拜四上午由上海啓行前往橫濱

橫濱山下町海岸七番
上海法租界洋涇濱 太古洋行啓

代理處 東京神田區裏神保町三番 中國書林
日本橋小舟町三之一 本行支店

| | |
|---|---|
| 上海領事裁判及會審制度 | 二角 |
| 教育學剖解圖說 | 一角 |
| 心理學剖解圖說 | 一角 |
| 中國人種攷 | 四角 |
| 祖國女界偉人傳 | 二角 |
| 二十年目睹之怪現狀 五冊 | 一元八角 |
| 美人手 三冊 | 六角半 |
| 警黃鐘 | 二角 |
| 電術奇譚 | 五角半 |
| 九命奇冤 三冊 | 七角半 |
| 小說叢話 | 二角 |
| 說部腋 | 二角半 |
| 偵探案彙刻 | 二角 |

橫濱 新民社

東洋 教育掛圖[illegible] 無雙

| | | | |
|---|---|---|---|
| 陸軍示教掛圖 | 自第一輯至第三輯 | 各輯五張一組 | 各一輯金貳圓 |
| 海軍示教掛圖 | 同 | 同 | 同 |
| 天地現象掛圖 | 自第一輯至第[illegible]輯 | 各輯五張一組 | 各一輯金貳圓 |
| 地文學示教圖 | 自第一輯至第二輯 | 同 | 同 |
| 世界地理示教圖 | 自第一輯至第三輯 | 各輯七張一組 | 各一輯金貳圓八十錢 |
| 人體生理解剖圖 | 廿張一組 | 完結 | 金八圓 |
| 世界八種風俗圖 | 自第一輯至第三輯 | 各輯五張一組 | 各一輯金貳圓半 |
| 工業示教掛圖 | 自第一輯至第二輯 | 同 | 同 |
| 農業教授用掛圖 | 拾張一組 | 完結 | 各一輯金四圓 |
| 家畜家禽正圖 | 自第一輯至第二輯 | 各輯六張一組 | 各一輯金貳圓半 |
| 世界哺乳動物正圖 | 自第一輯至第四輯 | 各輯五張一組 | 各一輯金壹圓半 |
| 植物正圖 | 自第一輯至第十輯 | 各輯五張一組 | 各一輯金貳圓 |
| [illegible]植物正圖 | 五張一組 | 全 | 金貳圓 |
| 有毒植物圖 | 五張一組 | 全 | 金貳圓 |
| 救護植物正圖 | 同 | 同 | 同 |
| 有益鳥類圖 | 三張一組 | | 金壹圓半 |
| 鳥類正圖 | 自第一輯至第二輯 | 各輯五張一組 | 各一輯金貳圓 |
| 蟲類正圖 | 自第一輯至第四輯 | 同 | 同 各一輯金貳圓 |
| 稻作害蟲驅除法圖 | 五張一組 | 完結 | 金貳圓 |

| | | | |
|---|---|---|---|
| 農作物病害豫防法圖 | 五張一組 | 完結 | 金貳圓 |
| 漁業示教圖 | 五張一組 | 完結 | 金貳圓 |
| 養蠶示教圖 | 八張一組 | 完結 | 金參圓 |
| 爬蟲類及兩棲動物圖 | 自第一輯至第二輯 | 各輯五張一組 | 各一輯金貳圓 |
| 甲殼類正圖 | 五張一組 | | 金貳圓 |
| 菌蕈類正圖 | 自第一輯至第二輯 | 各輯五張一組 | 各一輯金貳圓 |
| 貝殼類正圖 | 二張一組 | | 金壹圓 |
| 前世界動物圖 | 三張一組 | | 金八拾五錢 |
| 魚類正圖 | 自第一輯至第二輯 | 各輯五張一組 | 金貳圓 |
| 海獸類正圖 | 五張一組 | 完結 | 金貳圓 |
| 熱帶植物圖 | 自第一輯至第三輯 | 各輯五張一組 | 各一輯金貳圓半 |
| 體外生蟲及黴菌圖 | 自第一輯至第二輯 | 各輯五張一組 | 各一輯金貳圓 |
| 下等動物圖 | 五張一組 | | 金貳圓 |
| 植物解剖掛圖 | 十張一組 | | 金參圓八拾錢 |
| 兒童眼病トラホーム豫防法圖 | 參張一組 | | 金壹圓貳拾錢 |
| 救急治療法掛圖 | 大張一組 | | 金貳圓 |
| 支那歷朝帝王御影 | 全一張 | | 金八拾錢 |
| 兵式柔軟體操圖 | 全一張 | | 金四拾錢 |
| 鉄砲古今沿革全圖 | 二張一組 | | 金壹圓四拾錢 |

| | | | |
|---|---|---|---|
| 礦石寶玉標本圖 | 全一張 | | 金參圓 |
| 世界列國旗章正圖 | 全一張 | | 金五拾錢 |
| 列國帝王軍隊服裝圖 | 全一張 | | 金七拾錢 |
| 世界人種相貌圖 | 全一張 | | 金七拾錢 |
| 世界發明元始家列影 | 全一張 | | 金七拾錢 |
| 古今軍艦沿革圖 | 全一張 | | 金參拾五錢 |
| 貨幣古今沿革圖 | 全一張 | | 金參拾錢 |
| 帝國陸軍服裝圖 | 二張一組 | | 金貳圓 |
| 列國勳章略圖 | 全一張 | | 金八拾錢 |
| 物理學示教掛圖 | 自第一輯至第二輯 | 各輯五張一組 | 各一輯金壹圓半 |
| 博物集覽全圖 | 三十六張一組 | | 金七圓 |
| 萬國貨幣全覽 | 全二張 | | 金壹圓半 |

本館製造教育專門著色圖畫儀器標本經理。賞。名聲遠播。亦技術巧妙。價值低廉。聲東洋無雙。無論日本全國。及朝鮮臺灣。大中小學堂無不採用本館圖畫者。本年更欲推廣販路。對門增設新工場。裝置精良大印刷機。準備已成。館運旺盛。特對中國西方需用者賞需。製圖畫目錄大略如以上。東京造畫館主九拜

一本館備有目錄壹冊。函致即寄。不論遠近。即呈。來函一切要照左記本館所在地。書字無誤

○日本東京市京橋區出雲町壹番地

東京造畫館

●電話新橋七百二十三番

十

此墨不須磨工。以筆沾水濃淡自如。且墨質純良永無腐敗之患。即置夏冬時令亦無融凍等慮。光彩燦然。遠勝唐墨。美麗。輕便。於行旅中最爲相宜。價廉物美。足爲文人之至寶也。即以水溶解亦可適用。如官衙畫家大小學校銀行等。猶爲不可少之品。本舖開設多年馳名已久。教育品展覽會內曾得優賞。中國朝鮮緬甸等處亦屢蒙光顧。惟需覽標本請賜郵費壹角二分。即以墨一個呈閱。不誤。其他文具種類太多。恕不悉錄。故特另紙詳載標本。

大日本登錄商標

二十世紀 最大發明

田口精爾謹製

# 開明墨

日本東京京橋區南傳馬町一丁目七番地

開明墨製造元 合資會社 田口商會

善忍堂地圖調製所編輯部編纂

# 漢譯講堂教授地形圖

縱三尺五寸 橫六尺

石版加彩色

全一枚大揭圖

定價金壹圓五角

地理教育之進步地圖與地形圖相輔而行誠必要者無此種圖出版於教育上誠一大缺點敝堂爲學界起見特介編輯部精意製爲此圖以資學校地理教授之用若人置一篇則凡地形上理解難會處之用語按圖指點使瞭如指掌此誠學校最利用之品也

## 最新中國各省分圖

石版加彩色

美本

定價金七十錢

## 練習用萬國地圖

石印美製全八張記號皆確實記入

定價廿五錢

## 清國新圖

石印細密五彩印美物產詳注

定價廿五錢

## 漢譯萬國新圖

近刊

## 大清帝國全圖

石印細密六彩鮮美

定價六十錢

## 漢譯世界全圖

石印細密七彩鮮美

付各國旗章

定價四十錢

## 大清一統分圖

石印細密五彩印美

定價五十錢

## 支那帝國明細圖

石印細密配彩

定價廿五錢

## 兩半球圖

石印細密美彩

付各國旗章

定價參拾錢

## 中學清國形勢地圖

石印精密配彩

定價廿五錢

## 清國講堂練習用地圖

石印美製全拾張記號皆確實記入

定價參拾錢

# 日本陸軍軍隊正式形

# 清國用雲龍模樣形附

◉今者弊店新鑄之劍以日本陸軍軍隊所用之劍爲模樣至其四圍之裝飾則用 **雲龍** 專爲大清國用品現將新式 **意匠登錄** 既得認可調製發賣如什商光顧或託人代辦者不拘多少均能應命

若託商人購買數枝者亦有折頭

大日本東京市芝區日蔭町通愛宕下町二ノ五

**林軍刀店**

第五回內國勸業博覽會名譽銀牌受領
戰捷紀念博覽會名譽銀牌受領
聖路易萬國博覽會名譽銀賞牌受領

# 獅子牙粉

謹啓者本廠專用化學製造各種上等牙科葯料精心修合煉成獅子牌牙粉香氣馥郁美味甘涼且能固齒清肺殺虫去穢長用此粉可免牙痛齒落之患居家閨閣不可一日或缺之物氣味常存永不變性誠耐久無比之良品也此粉久蒙紳商賜顧遠近馳名近因貪利之徒竟將低貨魚目混珠故本行另加仿單諸光顧者請認本行獅子牌號爲記庶不致悞

本行 東京市神田區柳原川岸
分行 大坂市東區博勞町二丁目
分行 清國天津日本租界旭街
小林洋行

牙粉廠主 小林富次郎謹白

中學世界地理教科書 第壹編

定價五角

世界地理教科參考書

定價一元五角

節本明儒學案

定價一元五角

中國人種攷

定價四角

上海 廣智書局

橫濱 新民社

SEIN MIN CHOONG BOU
P. O. BOx 255 Yokohama Japan.

明治三十一年十二月二十七日（第三種郵便物認可）
（每月二回發行）

# 新民叢報

第肆年第拾伍號
（原第八十七號）

光緒三十二年八月一日　明治三十九年九月十八日

恭賀新年

# 新民叢報第肆年第拾伍號目錄（原第八十七號）

報資及郵費價目表

| | 全年 廿四冊 | 半年 十二冊 | 零售 |
|---|---|---|---|
| 報資 | 五元 | 二元六角 | 二角五分 |
| 上海郵費 | 二角四分 | 一角二分 | 一分 |
| 上海轉寄內地郵費 | 一元二角 | 六角 | 五分 |
| 各外埠郵費 | 一元四角四分 | 七角二分 | 六分 |
| 四川、雲南、陝西、貴州、山西、甘肅等省郵費 | 二元八角八分 | 一元四角四分 | 一角二分 |

日本各地及日郵已通之中國各口岸每冊一仙

廣告價目表

| | |
|---|---|
| 洋裝一頁 | 十元 |
| 洋裝半頁 | 六元 |

惠登廣告至少以半頁起算刊資先惠論前加倍欲登長年半年者價當面議從減

編輯兼發行者　馮紫珊

印刷者　陳侶笙

發行所　橫濱山下町百六十番　新民叢報社

上海發行所　四馬路老巡捕房對面　新民叢報支店

印刷所　新民叢報活版部

# 新書出版

第一學年生徒用

## 尋常小學修身書

定價　角

一、我國奏定學校章程尋常小學校五年畢業今所編者故以五年爲斷

一、是書共分五冊每學年一冊男女學校皆可通用

一、本編共分二十六課前八課言學校之事是兒童初入學最要之點也次家庭四課社會七課個人五課皆擇兒童目前可實行者授之獨標孔子一課者亦以先端其趨向也

一、本編除孔子一課外皆是假設人物惟不設名字而用某生某甲等者恐貽杜撰之誚也

一、兒童初入學尚以識字爲難故本編于圖畫之外每課只用一字至六字取其易于認識也

一、本編別編教師用書一冊詳載教授之法以便教師之用實與本編相輔而行故教授此編者宜兼購教師用書

一、本編別製掛圖廿九幅以便教師按圖指示使兒童易于觀感并着以顏色欲令兒童喜于注目也惟書中圖畫則純用墨繪者免兒童偏注於一方也

第二學年生徒用

## 尋常小學修身書

定價　角

一、本編比第一冊言學校者減七課言社會者增五課言個人者增二課言家庭者同四課惟新增國民須知三課是因其學年而漸高其程度也

一、本編共分廿八課其排列與第一冊異第一冊以所授兒童須知爲主故從事項關係而配當之本冊以假設之人物爲主故排列德目不必拘一定之次序

一、本編仍別編教師用書一冊

第一、二學年教師用

## 尋常小學修身書

每冊定價　角

## 尋常小學修身掛圖

精繪彩色入　全廿九幅　定價　元

總發行所　上海　廣智書局

印度征服者斯丹里

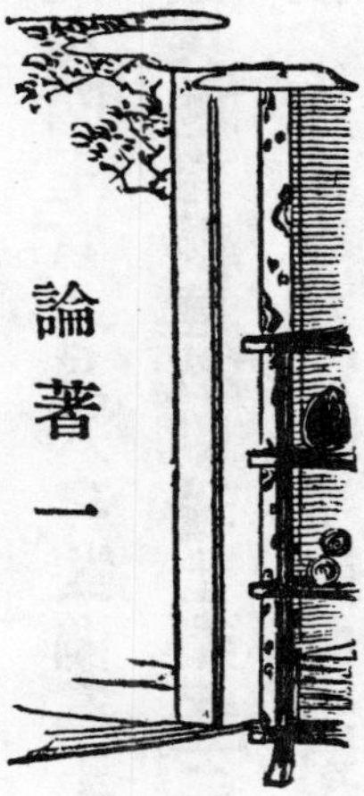


# 法國革命史論（續第八十五號）

明夷

法以革命故。流血斷頭。殃及善良。禍貽古物。窮天地古今之兇殘。未有比之。今略舉其大端。表之以爲前車之鑒焉。

西一七八九年。七月十四日。巴黎亂民。始創市廳。募市民四萬八千。焚官舍。燒關門。停百業，破巴士的獄。殺守將數人。已而亂民廿餘萬。成大兵團。氣焰益熾。虐殺首相弗勤隆及其壻。迫大農輸粟而殺之。凡巴黎貴族富豪有資財者皆殺。各州民效之。皆燒諸侯城。襲吏尹邸。殺掠之。中家人無罪。亦視爲貴族。皆殘殺而掠之。有一縣焚邸第六十七家。掘墳無算。于是富家豪族。皆走外國。議會不敢問。

十七日。王族皆出奔。王黨並從亡。其貴族留者咸被戮。于是十萬貴族。日日逃亡。八月四日。廢封建之議成、則數百年壓制旣掃除而亂可平矣。然亂愈甚、蓋亂民益昌。則不止如其向之求望而遂止也、十月六日。亂民鏖戰王宮。衛士皆死。挾王遷巴黎。商工半逃亡。財政盡壞。乃奪敎會地。占全國三分之一者。値二十萬萬法郎、定法官由民舉。于是狡毒橫恣之小人司民命、而恐怖生于是矣。于是燬全國寺院、崇塔巨刹皆燼、典禮廢、家族亂、法紀皆蕪而大亂成、法今寺院名勝不若羅馬者。爲是也。西一七九一年六月。王出奔。爲亂民截還。王權盡失。王黨二百餘人皆逃。亂民數萬起兵。幸喇飛咽以護國兵平之。死者無數。此亂殺無辜民三千七百五十三。焚屋無數。于是貴族敎徒擁康對公爲勤王軍。據來因河而內侵。以聯盟軍數十萬來。州縣亂民四起、馬賽則犯市廳、殺吏、老幼男女皆囚殺。囚六十餘人。投尸敎皇宮。六月二十日。亂民圍王宮。八月八日。斐蘭黨主救王。亂民擊斐蘭議員六百餘于道。流血呼號、護國兵總督曼達被刺。瑞士衛兵三百餘騎皆死。乃燒宮殿、破鏡器。焚古書。毀寶器。發陵廟。掘諸名相之墳。焚寺社。毀第宅。法國千年之寶盡矣。其王侯舊蹟至是一掃而空。

八月十九日。開革命法院。選酷吏主之。大索官商民家。有嫌疑于抗革命者。皆捕殺瑞士親兵都督巴隆巴塞曼侯。著名記者德羅索亞。並殺段敦。乃日以殺勤王黨爲事。行大索令。自八月三十至九月一日。按戶搜形迹可疑者。囚至巴黎者日五千人以屠者三百人爲一團。每屠者殺百數十人。襲殺亞卑獄。亦盡殺之。襲第宅寺舍。殺男女老幼。流血成河。殺瑞士殘兵五千四人。自三日至六日。殺孔西爾四二百八十九人。格拉勒舍丁囚三百人。他獄千一百二十二人。闡比塞德爾獄。皆非國事犯也。亦盡殺之。乃令各縣鄉。皆設革命法院。以刺客三百人充警兵。沒邸寺之財。搜掠富家。脅奪財寶。逢富人于道。則奪其金。白晝盜橫行。政府不罰。且與分贓焉。

西一千九三年。六月。主革命之及倫的全黨被執殺。八十餘州起問罪之師。山岳黨徵兵州縣。少壯皆從軍。圍里昻。糧盡城陷。凡富人有罪則殺。而焚其家。其無罪富人則錮而沒其財。無知勞民則逐之。毀全城市凡值七百萬。盡毀寺院。捕市民皆下獄。

投尸于河。水皆赤。又毀土倫城市。囚八十聾盲之老者。以其富八百萬也。拉杜德州人八十萬。歲爲勤王之舉。且守教甚篤。與革命黨不共戴天。募義男八萬。挈棒提小鎗以爲戰。革命軍以廿萬大兵破之。曼市之潰死者二萬餘。既困疾疫。渡河皆溺死。敗兵八萬。僅餘三千。乃派刺客自婦嬰悉殺之。令最兇惡者爲隊。任所欲捉人民。收產業。燒屋舍。乃至犬馬木石。皆仇視之。尚以行刑遲頓。置囚于大漏舟而沉之。名曰革命宣禮式。或對縛合年男女投水中。名曰革命結婚刑。凡臺刑水刑死者一萬八千餘。此外死者三萬餘。河流皆臭。二百里間水赤。鳥雀集啄人尸。魚含毒不能食。舟夫拔錨多獲尸。尸投海者。沙魚海獸嘬焉。

九月十七日。布嫌疑刑律九條。凡有非革命政府悲歎而播言者殺。不責王黨中立黨者殺。口言共和自由革命。而與貴族豪紳僧侶及溫和黨通交者殺。不喜新憲法者殺。不效力于巴黎市廳者殺。出入上級人會者殺。曾爲立憲黨喇飛咽部下者殺。不力求自由者殺。急言危論。聳人民者殺。凡涉此九者。革命法院皆捕而戮之。法院調査應殺者七十萬人。

于是慓悍無賴皆充委員亂民益擅殺戮。名將加斯丁以被疑通外敵殺王妃殺自王族貴族僧侶。凡有門地資望皆殺資主銀行大商及有才學者亦殺蓋以平等之說不容有才能階級富貧也農工商賈漂泊淪亡不在囚則逃域外發祠墓盡仆寺廟悉收其寶器移于市廳既主無神論大汰僧尼勒大僧正哥配爾去僧還俗皆令誓不信教改歷度廢禮拜葬送吊唁祈禱之事奉娼女美拉爾爲神立于議院壇上而衆議員拜之于是毀桑特尼之大廟掘太祖四賓之陵發顯理第四之墓寸斷其體掘法蘭西士第一及路易第十二之墳斷其頭及腕而拋之全國城塞宮殿及王侯名將相名士之像以及名寶皆毀焚無餘亂民賤婦踐踏帝王英雄之骨以爲快以自然爲敎一切無可信者故舉古今之信仰禮義皆掃除之道德廢盡男女惟淫亂有溫良純正者目爲敎徒或勤王黨非革命黨即及禍以服汚穢粗野之服行兇險亂暴之行爲愛國之據

吾聞上海愛國社言革命者皆服粗野而行險暴何其類法國耶。幸事未成而未至恐怖時耳 蓋言革命之人其氣兇兇皆掃除一切故不待導引而其歸必如此可畏哉。千聖敎之而不足。一二兇人一日抉 之而有餘也此如

服毒之怒發。無可醒解。其毒盡則己斃。旁觀視之憐之怪之。無如彼誤服毒。何也。若其清醒。豈肯盲從日發狂舞刀殺人。且以自殺哉。

當恐怖時國囚逾三十萬但巴黎已逾八千禁囚會談惟坐待死囚車晝夜載道被捕驚悸母子兄妹相抱而哭死別貴主名媛相繼屠戮法官皆兇徒不詳問北部求刑使勒班捕近縣民二千餘皆殺之西部加利爾更酷難得斯市囚常四千獄室空空僅鋪濕草男以賄女以淫僅得偷一日之生兒童則立斃當恐怖時始則刑貴族大僧中則及地主富室終則及于縫衣理髮靴匠農民但其他鄉市遇人即殺見物即焚刀所不及以火補之全法人民人人不保其生其最反異者日揭博愛自由平等爲徽乃假博愛之名以爲屠隊用自由之義以爲囚獄假平等之說以殺奪富貴剪除才望稱自然之美而縱淫盜一時之才子佳人名饗古物皆汎掃淨盡比之黃巾黃巢之禍尙遠過之而飾絕美之名以行其兇殘之實而人或信之至今吾國人尙妄稱法之自由平等而欲師之此則其欺人之甚而天下之人果易欺者也

當羅伯卑爾以嫌疑刑殺人時。日不下三千。法人民二千六百萬。巴黎六十五萬人。殺其四十分之一。初時四千六百一人。至五月。四八千二百四十一人。革命黨報自記之。

自九十二年九月二十一日至九十五年十月二十五被刑之數。表之如左。

| | |
|---|---|
| 在巴黎革命法院被處斬刑者 | 一八、六一二 |
| 內中 | |
| 貴族 男 | 一、二七八 |
| 貴族 女 | 七六〇 |
| 僧 男 | 一、一三五 |
| 僧 女 | 三六〇 |
| 工人及其婦 | 一、四六七 |
| 平民 | 一三、六二五 |
| 里昂 | |
| 九十三年五月三十一日之變被殺者 | 三一、二〇〇 |
| 攻圍中因恐怖飢渴而死者 | 一八〇 |
| 兵士侵入私家所殺者 | 四五 |

論著一　　　八　　一一八六八

| | |
|---|---|
| 姙婦之死者 | 三四八 |
| 死于七月廿九日反動變亂者 | 一四五 |
| 囚死者 | 三二 |
| 自殺者 | 四三 |
| 馬賽 | |
| 戰死者 | 六五九 |
| 囚死者 | 七九 |
| 土倫 | |
| 死于攻圍中者 | 九、〇〇〇 |
| 被虐殺及水刑者 | 三、〇〇〇 |
| 囚死者 | 一六〇 |
| 射死者 | 八〇〇 |
| 投入海中之婦女及兒童 | 一、二六五 |

南部地方　三、六〇三

拉杜德州

男　九〇、〇〇〇

女　一五、〇〇〇

小兒　二三、〇〇〇

村落之被盡滅者　二〇、〇〇〇

難得斯州加利爾爲州時屠毒數

兒童　五〇〇

水刑銃刑　一、五〇〇

女　銃刑　二六四
　　水刑　五〇〇

僧侶　銃刑　三〇〇
　　　水刑　四六〇

工人等水刑　五、三〇〇

| | |
|---|---|
| 四死者 | 八、〇〇〇 |
| 自殺者 | 四、七九〇 |
| 姙婦之死者 | 三、四〇〇 |
| 餓死者 | 二〇、〇〇〇 |
| 總計 | 一、〇二七、一〇六 |
| 此外因革命而發狂者 | 一五、二五〇 |

此表外。如九十三年九月二日被虐殺于佛巴黎亞瓦伊及加爾美等之牢獄者。死于克拉西爾亞威農者。在土倫馬賽被銃刑者。在比德安被鏖殺者。尚不在內。又由此表觀之。凡因革命之變故而死者概爲中下之人民而如貴族大僧仍居極少數也然則名爲革王侯之命實則革人民之命而已人民何辜遭此大革命哉

革命黨以自由爲名今將其壓制非常令民大不自由列表于下。

西千七百九十三年春。制定一切物價凡貨物非市塲不得買賣使吏嚴行監督如米穀帛牛酪穀粉肉類家畜車馬船舶木材等有關于軍用之貨物。無論其爲原料品。爲

製造品。總稱之爲軍需品，制定其價目。政府隨時買之。其價銀則僅發當時極低價之紙幣。强使通用。名是購買。實則與徵索無異。當時物價。較三年前之市價。增高十分之三。又禁囤積居奇。各商人皆將貯藏之物品。揭明目錄。卽一私人之雜物。亦不許暗藏。勞工取得之勞銀。亦與品物同視。較諸三年之賃率。增加十分之九。著爲定政府隨時起勞役。或造器船舶。或築道路橋梁。其銀亦皆强用紙幣。尋又因物價及幣價之高低不一。嚴禁爲投機業（投機商探市價貴賤賣貴以圖其利者也）視銀行家資本家貿易投機商等皆爲國賊。如經商于外國。或貯金于外國。均干厲禁。廢匯票。使法國之國產物及製造品不得輸出于外。苟有持英國所產之物品者。則科罪。

是時財政紊亂已甚。公家從豪强中奪得全國之地三分之二。悉行出售。得貲七十億萬圓。以支辦政費軍費。猶嫌未足。乃更增發三十五億萬圓之不換紙幣（卽中國所謂空票也）僅得救一時之急。尋又于全國之市村。如設革命委員會。所委任委員。無慮五十萬人。使搜求非革命黨。悉捕鞫之。此等委員。皆極激烈之雅各伯黨也。其日俸三鎖。計一年總額實二億三千萬圓。蓋法國當時各黨類。皆俊秀之倫。徒賴國庫以爲衣食。傲于四民之上而微弱凡庸者則蟄伏于下獨負擠納稅之重任觀財務卿加謨奔之所報告九十三年八月政府一月所支出之政費實爲一億二千萬圓而國庫之所收入者尚不滿其四分之一于是欲補足其空額不得不時時發行此不換紙幣在八月十五日紙幣流通總額已十五億一千萬圓而自革命起發以來所發行之總額實有二十億四千萬元之多後猶每月累增一億萬元因此生計非常惶恐幣價低落無所底止而物價愈騰民之生計倍窮時比塞格爾總督北軍月俸只得千六百圓其實獲現銀不過八十圓又總督拉枉德征討軍名訶斯者嘗欲購一戰馬而無財特請于巴黎政府發給云觀將軍猶如此則兵卒之窮困更可知矣政府財用不足發行十五萬萬鈔鈔價大落于是復下嚴令強禁紙幣與現銀之價格不得歧異有犯者罪禁錮六年因此負債者均以濫賤之幣償債債主得無用之紙幣不能有益于資產而負債者之數多于債主也受此怨憤無所告訴于是信用委地平昔之富民漸窘乏貨物之銷數頓衰工廠諸業殆全歇絕職工勞民失業無所得衣食

地方農民亦不願受此極低價之紙幣也（當時紙幣之價一圓只值十錢）囤積米穀不肯發售用是巴黎

食米愈缺警保委員會乃分遣吏員搜米商家且發行米票計人口限制食量于麪包店前擱以繩使買主鴈行而進且派警吏鎮其騷擾貧民皆不得飽食遂千百成羣赴市廳哀求給米市廳乃白其狀于民政議院求救助之策當時巴黎市廳藉此貧民爲其權勢故不得不救濟之議院亦徇市會請選拔兵士七千人編成革命軍隊分遣于各郡縣徵發糧食此兵士皆大猾劇盜以徵發爲名强奪民衣食有不順者加以苛責投之于獄政府更從議員中選出巡檢吏十八人分派各郡縣强徵軍馬軍器糧食被服等除馬匹爲農耕工作所必須者留之餘悉徵發供政府之用又收貴族亡命者宅第改爲造兵廠在巴黎更起一大造兵廠收全國之銕工玉工徵發各地之農產物以頒給巴黎市民其量實抵全收穫十分之九加之政府定麪包一封給價紙幣三錙分配于市民而給用低價之紙幣實與無價同不過徵商人以養多數之亂民耳又收全國寺院之鐘。改鑄一錙之小錢。益從民間强募政費軍費譬如歲入有二萬圓者勸捐至一萬五千圓餘如麪包酒牛肉米麥菜菓石炭木材乾酪金巾草綿衣等雜貨商有隱藏不發賣者或買占者皆處死各市村派公吏隨時入人宅搜索據商品目錄撿其物品拒其搜索者罪囚或死又隨意制衣物價以買巴黎市亂民之歡心而全國農工之窮蹙不計也因此財界生大恐惶全國商業相繼停閉工作中絕幣價益落買占盛行市僅餘劣貨於是入繁盛喧囂之巴黎如行墓地令人心意衰落而貧民之不得食者至大舉襲議院脅迫之曰今者民無所得食除食富豪之外無他法云

革命政府猶強壓。向來止查定製造品之價格者今復定原料品之價格凡原料品及職工皆收入官不得爲私用凡營商業在一年以上者禁無故廢業或被嫌疑者錮之此時無有合股公司銀行家大賈被送于刑場者日有所見富豪之徒皆畏縮潛蹤匿兌家門可張羅所謂自由者若是矣今吾國愚者不求其實而慕襲其名而主革命者倘以此誘人果如所願則不過如法之淒慘困苦而已勢有必至理有固然不能幸免其懸法革命之拓影以爲覆轍之鑒夫

法國何爲而起大革命也。法封建僧寺之貪橫。稅斂刑法之苛重。民困苦不聊生其可駭可悲實中國人所未夢想者也

吾國地大。古之封建。率千數百里。即極小之子男附庸。亦有地數十里。夫地大則民多。

即使封君稍無道。而多取于民亦易供給。且我春秋封建時。民稅于諸侯大夫者。王者即不稅之。又無大僧寺院之捐納。故民猶易支。若法地僅二十萬英里其視吾四川一省僅較大四萬英里耳此四萬英里作國王自領而全法國有貴族十萬是猶我四川百縣每縣有一千封建小國也夫每縣有一千小國則僅如一鄉之大而已法民當時二千五百萬是每封建國平計不過男女二百五十人而已及近革命之時侯封削除尚餘四萬。則每縣地尚有四百小侯亦不過一鄉而已平計男女亦不過千人其廿五歲以上之男子全國六百萬人則每侯國僅百五十人而已破碎微小僅如中國一小地主而貴族以公侯之號尊驕汰侈自侯族以外尚有家宰及治民羣官皆仰食于此數百之民其諸侯在此幺麼境內皆有專制君權設宰官張警吏稅官捕役法吏書記皆備牢獄絞臺生殺刑威皆自專之恣意征稅任情徭役按戶派金揣肥量瘠侯不自理委之宰官宰官不自理委之稅吏稅吏不自親委之差役層層中飽層層敲剝或故入人罪而沒收其產田十年不耕者亦沒收之江海船沈亦收其漂泊物其他營苑囿開道路築橋梁營城壘之事皆役其民不發工金夫以此數百之民而供應此尊侈之君侯、繁多之官吏寺僧、及君吏之妻子奴婢、其何以堪之、以故棄家行乞散走他國、山童田蕪凄涼滿目、民愈少而地愈荒、地愈荒而侯愈貧、侯愈貧而苛征愈甚、民困愈不可言矣、本領之封君征徭既如此、其甚也、此外國稅尚有免兵之征、後遂爲人頭之稅、雖無產業者亦復人征二十法郎、下至負販菜傭亦收四法郎、不少寬假、否則沒收家產器物以充公、其不出免兵費者、二十以下至四十歲者、皆充兵籍、輙終其身、故奸宄之人充斥焉、又有所得稅、凡生計所入取十之一、其鹽稅人二金、合一家衆口少者十圓、多有至八十圓者、歲分四期征之、其田穀所穫、領主之侯稅百之十五、寺僧稅百之十四、王國稅百之五十三、農民所得僅百之十九、王侯又時以鹽關雜稅制賣與豪家、並賜以刑罰牢獄鞭笞之權、豪家以重金購得稅權、必加重稅以取盈餘、不得則嚴刑以要之、或縱恣輕減其親舊、而加苛于怨嫌者、民是以沸怨焉、

其領主藩侯之待其部民、專橫無不至、有獵歸而焚其部民二人、以火熨其足者、凡部民嫁女、必先往領主陪宿、乃得與夫婚、爲王侯大僧權貴既多、皆有生殺刑威之權、夫人貴女、又與夫並小民、誤觸即犯刑網、王侯法例雜出、無所統一、一國三公、無所適從、

或以怨怒施刑或以豪強見劾或以異教見惡既投牢獄任施酷刑或傳背于輪首足屈垂或繫身于架膝股加鋸首碎號絕慘莫甚焉觸地犯罪術痛無訴吾遊巴黎蠟人院尚見革命前各刑具捫之心慴也

當是時法民衣破衣居敝屋食草根或黑麵包生計類牛馬其歲飢則餓莩載道雖以巴黎豪富在午前七時求麵包於市不可得一邑人民四千飢民仰賑者已千七百人巴黎人七十萬仰賑者六十一萬人一鄉戶僅十數男女不嫁娶者三十餘人有子不舉畀無以養也自路易第八時西千七百十五年以大飢死人二百餘萬去法人口三之一其後仍歲薦臻惡疫流行道殣相望人棄稼穡土地荒蕪即沃土亦隔歲一耕收穫愈少民困彌甚各州郡民有但以胡桃烏麥爲食者體羸血枯少女若嫗貧丐十百連羣各郡邑窮民仰賑皆以三四萬人即巴黎近郊亦復人烟稀少行路斷絕有行四十里僅遇四人更行二十里僅見三戶而無一人者當時民困既極生計闕乏自無知識百人無一讀書識字者法人民之顛連愚蠢可憫可憐殆中國人千年所未聞未見而未能夢想及之者也

吾以法國封建情狀推之。再中國無可比焉。當黃帝堯舜禹時。凡分萬國。至湯三千國。及周武時千八百國。此皆如今土司。重稅淫刑、當亦不可聞問。然未有大于吾四川一省而封建十萬國者。以禹會塗山執玉帛者萬國計之。禹貢九州。五倍于法國。則法封建五十倍于禹時、百六十倍于湯時。至周則通道于九夷百蠻。疆域益大。不止五倍于法境。法之封建三四百倍于周時矣。春秋戰國之大國、若晉楚齊秦。則與全法等。益不類矣。即計春秋初年二百餘國、春秋之末數十國、法之封建殆千餘倍于春秋時焉。然孔子生春秋時、已深惡封建之害民、日譏而去之。蓋凡有封建。即有公卿大夫士千百數皆食民而役民者也。雖以文王之號稱仁聖。然靈臺靈囿之築。已取于民力而不給工金。其他封君之淫用其民。視爲固然。不待言矣。故築城築臺。役兵爭戰。無國無歲不爲之。故孔子深惡而力救之。凡有力役兵役。皆譏之。貴卑宮惡服而戒峻宇雕牆。淫于原野。不得已而定制用民之力。歲不過三日。孟子亦頻稱不違農時。穀不可勝用而譏時君率獸食人。言之如此其痛切也。若夫稅歛苛重。尤痛言之。凡初稅畝作三軍。皆以爲大戒。哀公之時。十稅其二。有若猶令其行徹法。十稅其一。當時民有井田。皆由官給。孔子猶惡其二十稅一。稅過重。乃定十一之稅。與其徒大呼而欲改革之。孟子告梁齊滕諸君開口即言什一法尤夥詳矣漢既一統聽民買賣其田乃行三十稅一之法然民猶有傜役任兵之苦魏周隋唐復行口分授田之法每夫授田五十畝而分租庸調以征之及中葉授田之制不行楊炎行兩稅法亦仍三十稅一之制其後世有仁主代有減租以元代混一宋金而天下錢糧僅二百萬兩明萬曆時尙不過三百五十六萬兩然尙地丁分徵是時吾邑龐尙鵬爲福建巡撫乃創定一條鞭法將丁役應徵之庸攤于地稅我國朝康熙三十六年聖祖乃命全國通行之于是全國數百年永免丁役且定制後世不得加稅其羣臣有請加稅者斬後嗣帝有加稅者不得入太廟故至今二百年中國田稅不加分毫自江浙承宋世官田之稅畝有三四錢銀以上者爲至重矣即吾南海之徵併地方官吏一切之折色火耗幾加數倍然畝尙不過一錢八分耳若天津等處有畝僅收銅錢十三者是僅當各國一仙耳今以日本考之每田百元稅五元。地方稅不得過五分之二。則每田百元者。收七元。若吾國如新甯者。每畝價五百元以上。照日本稅應每畝三十五元矣而今新甯稅尙不及一毫八。是尙不及日本稅二十之一也夫日本之稅三十而一美稅二十二而一英稅二十而一德稅十七而一法税十六而一意税十五而一奥税十四而一西班牙税十三而一而吾中國税千分而一蓋以薄税而論即今美國尚遠遠不及我國況其他乎此何以故蓋自孔孟以來諸儒日諷其省刑罰薄税斂之言以爲至仁之政而世主亦統計朝廟會同設官養兵之用已足故聽其說而賦税得日以薄也然所以能若此者以封建既廢一統一君宮府之願欲易給設官甚少養兵亦極少故行極薄之税而綽綽有餘裕若聖祖薄税之制尤爲中國數千年所無亦爲地球萬國古今所未有而康雍乾百年間用兵于準回青海西藏者數四拓地萬餘里而戶部之庫尚常餘七千餘萬兩此正當法路易十四十五十六三朝我之一統薄斂而民安樂文學咸興與法之封建厚征而民困苦蠢愚相去何如也豈有道里可計而巧曆能算之歟法豈止不能如本朝又豈止不能如漢唐宋明以比之吾三代封建之世凡其封建十百千倍者其仁暴亦十百千倍民之苦于苛征暴刑者亦十百千倍當春秋之侯國孔子已深惡其刑斂之苛暴況之千倍苛暴于春秋時者乎以唐宋之征税比今法税已甚輕然陽城道州民詠杜工部三吏三別聶夷中賣新絲新穀之詩鄭俠流民圖其激切已如此若如法封建制征罰之繁

苛田稅至十分之八比之魯哀公之二十而五過之四倍民更何堪况又有人頭稅所得稅鹽稅及賣稅豪家之紛耶觀法封建征稅之苛重民敝衣敗屋草食餓莩相望若此其孰能忍此平等所由倡自由之說所以起革命所由生也試問中國有之乎中國旣無二十佛郎之人頭稅又無十一之所得稅又無夫家十圓之鹽稅又無百之十五之侯稅又無百之十四之僧稅國稅又無百之五十二之苛征而僅千分之一民生惟有田者納此區區之稅外此一切營業築室蒸酒皆無稅蕩蕩然自由若無田者即營商千百萬金尙不須納分毫於國又無賣稅豪家聽其苛重之事直至咸豐時兵亂始有征商稅千分之一民所怨苦者即此千分之一之稅而已而或者昧昧不察本末乃欲引法之革命自由以行於中國以爲無病之剖割其類否乎其當否乎

中國因苗舊制刑雖重然自漢文帝隋文帝後已改去肉刑法律統一舉國相同貴賤平等雖帝者無道誤殺尙畏史書其餘自親王宰相不得妄殺一人有者科罪訟事惟知縣乃得決獄佐雜官不許問焉違者罪之其知縣不平者可上控于知府知府不平者可上控于臬司臬司不平者可上控于督撫仍不平者可上控于都察院且叩閽焉

雖親王宰相督撫皆可控也又有御史可風聞入告以達民隱天子殺罪人須經秋審三次必須三宥不得已然後殺之近同治後督撫乃借軍興例殺人安有以稍大于四川省之地而有十萬侯可操刑殺之權令民無所訴者乎夫以法當吾兩省之地。吾問官僅二百知縣。二十知府。及臬道數人耳。近者多設讞局。派候補府州縣爲讞員。亦不過多數十人。計兩省可訊民訟行刑威者無過三百人而法則十萬侯之下有無數之刑司僭正皆操生殺之權是一法不止三十萬之作刑威者是刑官千倍于吾也其逞淫威所不待言況酷刑至毒而法律不一民無適從惟法官之意有以詈神小罪而遭屈首足于車輪之酷刑者夫以司刑者之多而法律之無所適民眞無措手足之地矣中國有司，非無妄施酷刑者。若企籠夾棍之類。固時有聞焉。然非法律所許也。只與私人相毒同科則無可議也故中國人苟非與人有訟可終身不至公庭只有教俗。乃所浹被所謂道之以德。齊以禮也。有司之政有終身不干及者況于刑乎即今萬國文明亦無能比以視十萬封建之法其相去何如哉若夫一侯出獵。熨足二人。民女將嫁。領主先宿。此野蠻之俗。尤中國有史數千年所未聞。間有豪强奪民妻者。雖在親王。刑誅無赦。昔澂貝勒以恭親王議政之尊。身爲其子。而以幽禁民妻囚禁。若在督撫卿貳有娶部民女爲妾者。立行革職。以吾所親見若陝西巡撫馮譽驥是矣。而安有民女將嫁領主先宿之蠻行若是者哉。地方官有妄殺一人。法皆徒死。夫以吾督撫之尊。國僅二十餘人。守令亦少。僅二千餘人。而不能少肆。若蕞爾之法國。即其國王亦與吾督撫等耳。而下有十萬諸侯。可先宿民女而行獵殺人。淫用非刑。淫暴壓制如此。此平等所以倡自由之說所以起。革命之亂所由生也。試問中國有此十萬諸侯淫暴壓制否乎。而或者不察本末。妄欲以法國革命自由之說施之中國。以爲無病之呻。其類否乎。其當否乎。

法之大僧數萬。貪暴專橫。奸淫婦女。佔奪民地。無所不至。當其十八紀之時。占法國田地三分之一。皆免稅役。而權要之官。乃至中職及兵官將校以上。皆爲貴族所充領。平民不得一官半職焉。夫同是國民。而以門族限人。此尤壓制不平之事也。貴冑據高英俊沈下。苗生山上。松屈澗底。不平則鳴。此豈能久忍者乎。況復蕞爾法國之王而徽賖喇之宮。費至二百兆。別苑二十九。雜宮十二。宮人萬六。宮馬四千。鹵簿二千。廐舍御厨各費數百萬獵巡無數侍從宮禁佞倖十萬歲費無謂之俸數千萬侈泰若此尤足買怨以秦始隋煬之一統猶以驕侈之故以數年之間大召革命之變以亡其國況如法者衆惡兼備過于秦始隋煬遠甚者乎此平等所由起自由之說所由倡革命之變所由生也夫晉室之貴族清談則石勒倚嘯咸陽之宮殿嵯峩則項羽焚燒此王衍所以遭排牆之禍而楊廣更先上斷頭之臺也孟子曰。暴其民甚。則身弒國亡。師曠曰。天豈使一人肆于民上。故首懸太白之旗組繫軹道之旁革命之變乃義所在湯武豹變應天順人劉邦李世民應運而興除暴拯民君子所與此吾國故事最古而最多不煩遠引之于法國者也若使吾中國而有十萬淫暴之諸侯占國地三分有一尊橫之僧寺舉中國平民不得任權要之職則鄙人必先奮筆焦唇而倡自由攘臂荷戈而誅民賊革命吾國自有之義豈待譯書之入先盧騷福祿特爾而力爲之矣然試問中國有此否乎。國朝禮樂文教。皆述周公孔子之餘。政治法度、皆循漢唐宋明之舊。八股弓石之愚民因乎明制。科舉選補之用吏。多屬漢人。將鎮皆可起徒走而致。公卿皆可從科舉而得。尚慮宗室親王之恃勢凌民。至禁不得出京三十里。封爵極少。間以大功得爵。只有祿位而無土地。亦無僧寺之能縱橫。雖乾隆之世帝權最尊。壓制最甚。時有焚書禁論之苛忌。而亦多蠲租興學之仁政。我中國乎凡法壓制之苛害蓋皆無之我之大革命蓋在秦世我之享自由蓋自漢時凡法政之苛暴大約在我中國三四千年前各土司之世或間有之而有書傳以來侯國巳大滅神權不甚迷巳無有如法之十萬淫暴侯者矣

昧昧我思之。佛蘭克起于深林游牧之野蠻。甫成國土。即分爲部落。所謂封建者也。當客特裘維之建國分封。如匈奴蒙古諸汗之分諸部名王云耳。其後漸入羅馬法律宮室什器。乃始稍有文明之制。乃以縱其奢淫。益加精麗。此如鮮卑氐羌契丹女眞蒙古之入主中華。亦復有汰侈絕倫者。非有道德也。微賒宮雖窮奢絕麗。與高洋建鄴宮二十六丈之銅樓同耳。石虎之建築宮寺。何嘗不極麗。即今遼金蒙古之遺宮殿寺廟。何嘗無極壯麗者乎。然究于文明之治法何關也。蓋凡迷信神道者宮廟必極壯麗自埃及之啓羅巴比崙之尼尼微希臘之哥林比亞印度諸佛回之寺皆然而緬甸之野蠻尙有黃金廟數所大者一塔至高三百尺爲全球所無豈得以緬甸爲文明耶歐土在

彼中世千年黑暗。彼亦自言之矣。當此時之人民。食色之外。不知讀書識字。惟事佞神野戰。純乎吾蒙古及緬暹之俗。即十二三紀時經十字軍輸阿喇伯文明而少變。宮廟器物。稍有精美者。然緬暹人雕刻甚精。惟讀佛典。則亦緬暹人之比而已。終不能脫野蠻之俗。至明末班葡荷蘭。驟闢新地。國驟以富。製作日精。新器日出。新理日創。至十六紀路德既創新教。倍根笛卡兒出後。哲學日盛。然在國初時。路易十四方覇之世。英機器未出之先。各國雖有學校。但其貴族學之。未及平民。議院既開。則辯護士設于京都。中等之民。漸有知學者。終不能及于外郡僻邑以及小民。當其時全歐皆封建貴族。法貴族既十萬。英貴族一萬五千。奧貴族二萬。普及日耳曼各國三十萬。除此四十三萬五千貴族及數十萬大僧外。其餘數千萬人。皆佃民奴隸。無立錐之地。無入學之事。蠢蠢男女。衣食如牛馬。政不逮下。學亦不逮下。一切人權不逮下。內事壓制。民不聊生。外事戰爭。殺人盈野。此三百年中。歐洲始破蒙昧。雖有新器新學。僅比吾戰國之世。皆不能比吾中國一統時之文明也。吾中國二千年。改郡縣後。既無世諸侯大夫。人人平等。無封建之壓制。民久自由。學業宗教。士農工商。皆聽自爲之。外不知兵革徭役。上可爲公卿將相學校偏于全國僻壤窮鄉亦多讀書識字者儒教成俗人知忠信禮義而不待密為法律以治之至今歐美人皆稱吾國人之信義抑于道之以德齊之以禮雖未至耶亦庶幾近之其宮室器物之不精外觀似甚愧于歐人然不足愧且更有可矜焉統天下而考之凡迷信神道者宮室偉麗凡多立貴族者器物精奇苟非若今機汽盛行治尚平等教以道德者勢必尚儉既以深惡諸侯世卿之汰侈而虐取于民則必矯之以苟完苟合故楊綰為相豆粥蘆簾雖功臣郭子儀才臣黎幹之奢為之屏姬侍罷騶從毀樓閣宋賢講學皆以敝車羸馬為美德冠敝不更室壞不修則以為賢其奢汰者則必小人之歸者也無鬼之論既以哲學而大明科舉之行又為大夫而不世迷信神權封建貴族之世皆過之已久平等自由若今惟美國有三少能比我但異于一民主耳美當今日機汽盛行。工商致富。故宮室器用亦精麗。然試考美國五十年以前。未有鐵路之先。一切正與我國等耳。吾別有詳証考之。今淺人以美今日之富强。動稱其文明自由。亦愚而不知考矣。是知我之宮廟不麗器物不精者益以見我國之無神道之迷信無侯國之壓制尚道德而貴廉讓耳比之歐土之舊豈不益見進化之高乎吾聞桂滇諸土司。惟其子弟得考試服官。而禁民不得讀書。故土司人少識字者。賦斂繁重。惟意所欲。子弟甥舅。縱橫貪虐。民有財產。輒謀傾陷。或假以罪法而沒收之。故富民有貲不敢令官親知之。諸官親橫刑苛暴。苟觸其怒。或失其左右之意。皆投之獄。或以鞭杖非刑致死。民之妻女有姿首者。土司取之。次及其親。亦有將行新婚。而必伴土司宿者。故民貧困。敝衣破屋。如牛馬。吾聞安南緬甸之政。亦有同者。及遊南洋瓜哇。考巫來由諸王。若吉德彭亨吉隆大小霹靂與竹淡井里汶諸王。其貪橫淫暴之政。與吾土司正同。今吾國人爲大地主于瓜哇者。部民尚有七日之役。惟所命。有法堂以訊訟。見則屈身長跪。尚有其餘威焉。吾國人未知法國百年前之俗。未知歐土五六十年前之政。可遊滇黔及南洋瓜哇。觀巫來由諸王與土司治民之政俗而同。一縮影也。其治法與我中國何啻天淵。此吾國人所以數千年自負爲文明上國。而以夷狄鄙夷一切國土之由來也。彼大進化乃在數十年來耳。以言工藝。則自華忒之後。機器日新。汽舟鐵路之交通。電光化重之日出。機汽一日一人之力。可代三十餘人。或者能代百許人。于是器物宮室之精奇。禮樂歌舞之文妙。蓋突出大地萬國數千年之所無。而駕而上之。

以言政治則經道光十年道光二十八年法國兩革命之變歐土各國咸生民變貴族盡倒道咸之後各國皆開議院而與民權于是比意自立德國合并皆在我生數十年前後之間嗣是歐土戰爭少戢文學大興小學行強迫之教偏于國民才俊與政議之選不限貴族立法出自議院公衆之論民訟皆有陪審辨護之人人民皆預聞國政有選舉議員之特權國王皆隸于憲法無以國土人民爲私有醫院公園聾盲啞校博物院藏書館都邑朴望公館壯麗獄舍精潔道路廣淨爲民之仁政備舉周悉法律明備政治修飭彬彬矞矞光明妙嚴工藝之精美政律之修明此新世之文明乎誠我國所未逮矣今且當舍己從人折節而師之矣然此之新文明者乃皆開于道光之世盛于咸同之時僅數十年之間耳若我同治中興時變之比于諸國未爲晚也今雖稍遲然我數千年冠絕大地之文明視彼數十年之精美其何有焉取其長技擇其政律斟之酌之損之益之斷之續之去短取長一反掌間而歐美之新文明皆在我矣以我文學聰敏之人忠信禮義之教順而導之一則後來居上故事簡而功多一則地大物博故舉輕而成速一則我舊俗本平等自由蓋無新舊教之爭之攻無封建貴族之逐之去

一片白地光明錦受和受采在加繪畫故不勞而成不煩而治但行憲法講物質一轉移間而國有霸業之基民有富樂之實兵船旌旗既橫于海外宮室什器自美于國中天下强治之易未有若中國者也以吾文明之本皆具自由平等之實久得但于物質民權二者少缺耳但知所缺在物質民權則急急補此二者可也妄人昧昧不察本末乃妄引法國夙昔野蠻之俗壓制苛暴之政以自比而亦用法國革命自由之方藥以醫之安平無憂而服酖自毒强健無病而引刀自割在已則爲喪心狂病從人是庸醫殺人鄙人八年于外。列國周遊。小住巴黎。深觀法俗熟考中外之故明辨歐華之風鑒觀得失之由講求變革之事乃益信吾國經三代之政孔子之教文明美備萬法精深升平久期自由已極誠不敢妄飲狂泉甘服毒藥也凡萬國政俗之初更志士學人閱歷必淺既寡書傳又未親遊但憤于積弊恥于國弱發憤太過張脈怒興故未及深思輕爲舉發故皆欲先行破壞而後徐圖建設之功即法之盧騷福祿特爾諸人亦不無閱歷短淺輕于言論之咎夫舉事能規其後發言能見其極論義能得其平懿惟艱哉况夫法之暴政壓制實非人道諸人執筆發憤不極豈能撥亂世而反之我中國平等自由已甚與法全反立憲之後恐更有加重征稅密增法律之事吾恐革夙昔自由之命而國人一切舉動益不自由耳有慕法之革命自由者其深思明辨之

春秋之譏潞子也潞子之變法也離乎夷狄而未合乎中國狄民怨之中國不救是以亡也今世之變法者其不爲潞子者幾希也俄帝亞力山大第二之與民權也大反其先帝尼古拉專制之政大赦奴隸聽報論學士之言論自由也始則頌之繼則攻之帝不堪而易其令則弒之矣故論者謂亞力山大也猶自決堤而自淹也夫人心之願欲至無已也得隴望蜀其求無止既求果矣則求又以食之求又而不與則怨之既與又矣又有求而不應則反戈焉此必至之勢也當法之公選舉議員于人人也至公至平有若美國大付之于無階級無資產之民于是桀悍之亂民得厠其中矣彼庸知美國至平之事即召法國流血成河之事乎夫美法之新舊至相反也美起于新地毫無舊積一片白地舉用平民至公也法妄用之則爲大亂大災矣故同病同方而異效視乎其體之少老强弱也創議者但知召集而未定決議之法又未審國民之情狀黨派之内容宮府之志願必不同上下之所求必相反而不知預計之以此合衆必潰而無成豈惟無

成必亂而生灾。法王路易十六。有愛民之心。而無決斷之才。依違宮府。號令數易。既召一國之望與謀變政。忽乃行專斷而散之。則反覆足以失人心。既調重兵以彈壓之。乃忽而受衆偪而解兵。則孤立足以釀亂偪。夫龍之騰也。乘風雲而翻海波。其在沙也。則螻蟻制之。將之威也。擁士馬而秉斧鉞。其獨行也。則一夫擒焉。國王何以異此乎。人心失矣。重兵解矣。王之立於民上。猶土梗塊壘耳。敬神者跪坐拜之。不敬神者則拋擲碎棄之。經此數變。於是法之大革命成。而君弒朝亡矣。自西千七百八十九年五月五日（乾隆五十四年）始開議會。以王散會故。巴黎編義勇四萬。刦武庫鎗砲。亂民十餘萬。以七月十三夜破巴士的獄。射殺守將及巴黎守長。脅法王撤兵。擁之至巴黎。而巴黎六十區亂民。合成市會。無級序。無條理。無政才。不過求食之飢民。悍者假藉之以掠奪貴族之財及權而已。全國鄉邑。皆仿巴黎。逐官吏而舉人自治。招鄉兵二十餘萬。亂民自推舉將校。工人貧婦。白晝持刀。首相林勒薩被殺。官吏皆逃。貴族富豪皆被殺。燒領主之宮城。焚吏尹之衙署。有一二州數日間燔第宅六七十家。掘墳墓無算。舉國大亂。國民議會畏而徇之。不敢問。十七日王族及貴族富家。挈眷亡外國。王黨不避亡者。盡殺焉。

當時雖極亂無理。而千年封建壓制極惡之政。藉此盡滅去之。國會議定廢藩權。凡人役稅隸農盡免。舊藩狩獵權裁判權皆停止。罷寺僧十一稅。停賣爵。令凡公民皆得爲文武官。減死刑。去長子嗣產制。取寺產二十萬萬佛郎爲國費。聽民領其地。保護財產。聽信敎言論書版之自由。限制國王虐殺刑。於是舊日藩下之農工皆脫壓制而得自由。貴族平民皆得平等。小民皆得有地。至今法國有三百五十萬地主。國民議會開兩年。掃陷廓清。等於新朝之更革。改定凡二千五百五十事。此其最大端而大有益於國民者也。法後雖改民政。然實益於國民者。除民權選舉外。豈更有過於以上數者乎。此法人所日夜大呼。以無量英雄之血購得之自由平等者也。而平等自由之四字空文。又今吾國新學所終日大呼者也。然試問法人所以無量血購得之自由平等若以上諸事者。若廢藩權。停舊藩之狩獵裁判。免隸農人役稅。民得爲文武官。則我國秦漢時已久去其弊。久得此平等自由。二千年在羅馬未現之先。六朝寺產彌天下。經唐武德沙汰僧尼。已盡奪寺產矣。在日耳曼混一之先。其餘保人民財產。聽諸子分產。聽信敎自由。聽書版言論自由。則自漢晉唐以來。法律已具有而久行之。故佛道景敎大行於六朝之時聽人信仰書版言論之過悖謬者非不有時而禁而數千年無有立文部檢察人書版之事則比今立憲國號稱聽人自由而仍有文部檢查者且更寬矣是故空言之自由平等無界者我不知之然萬國皆有法律實無一切聽人自由者若法人所矜誇以無量血購之平等自由則我國久得之而忘之騎牛覓牛不知何求也今新學師法人言革命自由者請無以其名而以其實則何不一考法人所得平等自由之實物乎法人得此亦既全國二千五百萬人稱萬歲我國人以孔子經義之故經秦漢大革之後平等自由已極今知之應大呼孔子萬歲應大呼中國人在地球萬國先獲平等自由二千歲而已

凡呼號而求食者必飢人呼號而求衣者必寒人凶年荒旱餓莩載道則其呼號求食尤甚若其食前方丈八珍充腹必無有呼號求食者矣諸生考試夢想科第艱難負笈若既通籍則不復再以科第爲念薄宦筮仕家貧親老則求差求缺捧檄欣然若拜相封王則不復再有升官之喜若必再求進焉則楊再思之欲作一日天子死亦無憾也人人欲作帝王而帝王只有一則只有相殺而已今法人之求自由乃凶年荒地之餓

夫求食也老名場之諸生求科第也吾中國之不復求自由則富家之饔飧已飽學士之科第已成也而妄者引法國以動中國人是已飽而再强食勢必裂腸而死已極位人臣而再進必爲楊再思而後可也今後生少年不知其由慕自由之便於己也亂舞傞傞至以絕父母攻師長爲維新能事此則誤於服藥而毒中於身矣是非後生之過而庸醫不審病惟妄開方藥之殺人也於自由平等之外法人欲以美國之政理行之於法國乃提出權理案。曰人權平等。曰主權在民。曰普通人民有權選舉。此三者誠公理之極也但法人行之則太速也法當時舉國之民讀書識字者尙少豈獨不知政學乃至不能識國會布告之法令以若斯之人格而聽其握選舉之權握政議之權又令司法之官皆聽民舉則又握法權焉彼惟有縱其悍戾貪橫之性以仇異己强者肆其殺戮貪者肆其刼奪而已夫以政學之博大法意深遠之專門碩學名臣老儒猶或難之古今才人曾有幾見而謬戾百出不可勝指焉乃以付諸不知學未經教之人暴狠恣睢有同猛獸只有攫食人肉而已此法大革命所以生恐怖期所以至而流血自二十九萬所由來也法人若少知止俟全國人皆學乃漸求進焉則可免恐怖之大禍而得隴

望蜀冐進不止貪求無厭不知別擇己之宜否妄慕美國之人參而法人服之化爲烏頭也

夫天下之同病異藥者多矣吾見有日服附子有若果餌者而病瘳此虛症也有日服羚羊角爲茶飲而疾瘳者此實症也然病症之爲虛實至難辨也若使實症而誤服附子則必斃矣吾叔父玉如公以誤日服附子而死也吾至今痛之若使虛症而誤服羚羊角也吾一族弟又以此而死矣若法之與中國其病本易見也而庸醫猶誤引之者則未嘗望問診切而僅以數萬里傳聞之一二遂發方藥其奇謬狂愚不可思議安得不令服藥者發狂而將斃耶嗚呼

論著二

# 日本之政黨觀

與之

政黨者奚自而發生乎曰以對於議會故對於議會奚自而發生政黨乎曰在團結無數之個人棄其不一致之意見而趨於大綱大主義以實行其政見故今世立憲各國。殆莫不有政黨占政治界優勢之地位。發表政治上之意見其立於朝也堂堂正正以實行其所主張者。其在於野也。亦必監督當局者或攻擊當局者。間接使當局者行其政見政府視若敵國。民間仰爲先覺。隱然有不可侮之現象。夫是以能促立憲制度之發達完代議政治之運用。而確定國家政治的基礎也。雖然政黨者非依據法律的勢力而明定於憲法之上乃占有事實的勢力而進行於政治之中自十九世紀以來其勢力日益膨脹雖將來政治之發達人人抱共同之目的爲共同之行動或竟無須於

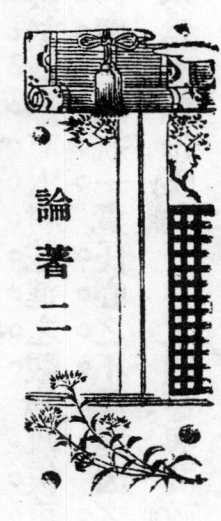

組織政黨亦未可知然自今世之政治狀態觀之則政黨者應於時勢之所要求而必不可少者也

有政黨內閣之國。有超然內閣之國。政黨內閣之國。多爲二大政黨。具有反對之性質。（例如英之保守黨自由黨）而更迭以組織內閣。超然內閣之國。多因小黨之分裂。而組織內閣者。爲政黨以外之人。是二者之良否。不能絕對的承認其一而否定其一。因視其國家之程度如何人民之政治智識如何其所取捨者亦因之而異大抵政治智識發達之國有政黨內閣之傾向反是則有超然內閣之傾向夫政黨內閣之所長在於平時之政治經驗既熟一旦組織內閣揭櫫其同一之主義以定施政之大方針其對於議會也善則同升過則同退負有明確之責任而其所短即在於前後內閣主義之矛盾前後閣員更迭之不常一國之政治非繼續的而一時的而國家因以受其敝超然內閣之所長在於選舉既不限於政黨有人材並進之觀施政復可博採衆長無黨同伐異之弊而其所短即在於內閣之缺統一責任心之不發達因之其影響及於憲政由是言之二者互有得失。唯英爲立憲母國。其公共之道德。與其政治之智識。不唯士大夫有之。且普及於一般國民。故其政黨內閣之發達。能利用其交讓之進化。而無激急之變遷。有非他國之所能及者。有政黨內閣之利。而無政黨內閣之害。英國者。不獨爲憲政之模範國。其政黨組織之完善。抑又在各國之上矣。

日本之政黨。以幼稚聞於天下者也。此不獨旁觀者批評之言。即日人亦自承認之不諱者也。然則吾何以述。述之以爲吾國之結政黨者鑑也。夫世之覘政黨者。每以其能組織內閣與否。定其國政黨之優劣。蓋一政黨必有一政黨之主義。即其所標示之政綱。能實行其政綱之所主張者。厥唯內閣。政黨組織之目的。在於政見之實行。而決非僅立於議會之地位。監督政府而止。然則求其政見之實行。舍握最高政權而外無他途焉。且匪獨此也。以一政黨組織內閣。聚同主義同抱負之人。執行政務。內閣之基礎既確定而不搖。則其對於議會之責任。亦明劃而嚴正。以一政黨立於反對之地位。凡事補偏救獘。使其有所忌憚。則無攬權專恣之虞。夫是以一國之政事。相劑相和而日底於平。政黨內閣之偉績。迺以昭著。今日本不然。自有憲法以來。即取超然內閣主義。而政黨內閣。不過如曇花一現。轉瞬即逝。（即大隈板垣共同之內閣）推其所以致此之由。則日本維新之功多出於藩閥故當時之政府非長人即薩人政府之實權久握於藩閥之手一旦頒布憲法無異於撤藩閥之墻垣遂唱所謂超然主義者以擁護歷年把握之政權而作對抗政黨之計畫觀於憲法發布之際首相黑田清隆訓示地方官曰「以政府置於政黨之外」一是爲超然主義之起因自是以後藩閥與民黨互相攻擊而最後之勝利卒歸於藩閥藩閥之勢力日益鞏固而民黨之勢力日以微弱延及今日攻擊藩閥之聲雖喧騰於朝野人士之間而藩閥之攬權柄政則依然如昔也

夫其政府對於政黨之政策既如上所述矣而起視其政黨之態度則何如者政友會之前身爲自由黨憲政本黨之前身爲改進黨自由黨一見率於板垣伯自改爲政友會以來而伊藤侯西園寺侯先後爲之總裁若憲政本黨者始終奉大隈伯爲首領之二黨者有二十餘年之歷史有龐然之大團結至今猶占議院之大多數非他黨所能及宜其能實行政黨政治以步武英國之後塵矣顧何以其勢力日趨於萎靡衰殺而莫克自振哉西園寺侯之率政友會以引受內閣也僅內務大臣原敬及司法大臣松田正久爲其本黨之分子其餘有藩閥派焉有官僚派焉原氏爲內閣之中心西園寺

之謀主銳意欲攬政權於政黨之手而以郡制廢止問題藩閥刼以爲動搖內閣之具卒致逡巡失態不敢遽提出於議院松田則居司法之閒職爲伴食之宰相日人之嘲西園寺內閣者謂爲代辦內閣其意以爲代理前任桂內閣不久仍歸於桂也桂太郎者爲山縣系之驕子藩閥政略之先鋒而政黨之大敵西園寺內閣一切之行動必秉命於山縣而桂實操縱於其間故又名蹈襲內閣言其蹈襲舊內閣之政策不敢稍涉更張也然則政友會多年唱道之主義政見果一一行之於西園寺內閣乎吾有以知其不能也且其黨人獵官漁利之運動時有所聞是政友會之不振已可概見矣返而觀之於憲政本黨其組織之分子多知名之士視政友會之合政黨吏黨官吏實業家爲一鑪而冶之者則愈矣其黨派所處之地位多在野之時故能求主義之進步無盲從之患視政友會之爲政府黨或與政府相提攜一味附和政府者則愈矣且其所推戴之首領爲日本第一流政治家常能鞭策其黨員而求所以擁護憲政指導人民者在日本政黨中洵可謂夐絕者哉雖然近日以來對外則與政友會絕其提攜黨勢孤立徒留一片反對之聲於議院中而毫無效力對內則禍患起於蕭牆改革派之氣燄

日張總理之辭任已決。而所謂黨務之刷新黨勢之擴張者。尚不知俟之何日。且改革派之所唱者果出於誠意毫不挾排擠之意乎總理辭退之後幹部派與改革派果能同心壹德以圖黨派之發達乎是尚為二疑問也觀於大隈伯辭職之演說有曰。「使諸君重視責任。而與以活動之餘地。亦願諸君與我以自由」箴之乎抑讚之也然則大隈去憲政本黨。我深為本黨惜矣。嗚呼。東洋唯一之憲政國。而其政黨之不振若此豈政治之天才為歐人所獨擅與我觀於日本政黨之情形我不禁悚然於我中國將來之政黨也

居常謂日本人者。富於固有之道德。浸潤於武士道之餘風。而有尚義敢死之概。固由於其立國於孤島。舍尚武不足以圖存。而實由於其人民之血管中。含有一種剛健勇猛之特質。故日本國者非政治國而武力國也其陸海軍軍人之名譽輝耀於五洲而政治家闃寂無聞焉即日本人者亦僅謳歌軍人頌禱軍人而置政治家於不足齒數甚或攻擊之不遺餘力（如前年日俄議和之時。輿論之激昂可見。）彼號稱政治家者亦自知其力之不足與軍人敵舉國唯軍人之命是聽夫日本人者果其缺於政治上之智識無一毫稱述之價

値哉毋亦政治家之長才敏腕爲軍事家之所掩而不足以自見也不觀之維新之初乎有民選議院論有民權自由說有國會期成同盟會政客如雲壯士如鯽叱咤而生風雲奔走而求同志政談之演說政治之運動相與喚起國民之責任心以求必達參與政權之目的雖政府以雷霆萬鈞之力臨之曾不稍露一毫屈退之色卒以定憲法之基礎開國會之先聲設使與當日諸人百折不回之志氣終始一貫之精神則今日之日本猶在專制政體之下國民失其自覺政府怙其威權安能戰勝强俄一躍而伍於六七大國之間哉或有謂日本之立憲爲無血之革命吾則謂使一國之政治生一大變化者未有以無血致之者革命有然立憲亦何獨不然特其所流之血有分量上之差異而已嗚呼天下豈有無代價之物哉吾國政府近唱所謂預備立憲者此其意不出自人民而出於政府之自唱夫政府果何所畏於吾民而必出於讓步之一途使吾民安享參政上之權利若果由此立憲豈非世界憲政史上之一創例而日本之所不能得者反以得之於吾國乎雖然若由今之道吾有以測其結果之所必至其一則政府藉口於人民程度不能立憲永無立憲之期若曰是人民程度之問題不能以之責政

府也其一則即使立憲終等於土耳其之憲法博一立憲國之美名且使吾民不自起而謀之而待政府之代爲謀之則其結果終不能出是二者之外何則以非自動的而被動的非積極的而消極的也淺者見此次官制改革遂至於失望。而反對黨亦以爲此立憲黨之失望也。若中國立憲事業之成否一繫於此次改革之結果彼旁觀者不足責若立憲黨而亦慷慨欷歔若不勝其失望者則中國立憲之事業乃眞無望矣夫吾國今日所處之地位實在世界政治潮流之旋渦中各國之政治家對于中國絞其腦筋揮其手腕以解決此世界之一大問題故今日之世界實政治競爭最劇烈之世界彼軍事競爭經濟競爭皆恃政治競爭以爲之後援今世界日趨於平和軍事競爭不過以爲武裝的之用即經濟競爭今日不過發其端緖尙非在最劇烈之時期故今日之競爭實以政治競爭居於第一位而政治競爭又以政權的競爭爲其最重要之點試觀各國選舉運動之劇烈議院政治之勃興皆代表政權的競爭之現象而迴顧吾中國。政府昏憒無能。坐令國權之墮。人民沈酣如故。失其自覺之心。而民間之黨派又復歧而爲二日周旋於此疆彼界之中不注全力於政權競爭之一途遂致政府得攬權以自恣。人民不知公權爲何物。舉國中無一公民。即可謂全國無一國民。以如是之現象。而欲與世界之國家本位主義相角逐於二十世紀之舞臺。欲其不劣敗得乎。他國立憲之歷史。姑置勿論。若吾中國而立憲。必不以日本之欽定憲法爲滿足。而更求所以進於日本者。然吾國今日之時勢與人物。較之明治維新之時。則皆勿及。微特勿及而已。其時勢之危險。其人材之消乏。寧有百倍於明治維新之時者。以日本之時勢與人材。僅得一欽定的憲法。然則吾國以百倍於日本之艱鉅。又有滿漢種族之感情。革命立憲之紛擾。以爲之障礙。果欲得一完滿無缺之憲法。其可不出萬死排萬難。以吾人之血爲代價。而購得此憲法哉。

如右所述。則日本之政黨。決非可以厚非者也。吾之欲吾國人取法之者。尤在明治二十三年憲法未布以前。蓋當時反對諸黨派。雖未有政黨之名稱。而實具有政黨之雛形者也。且吾國今日在以國民之公意製出憲法。而不容政府之自專。是組織立憲以前之黨派。而非組織立憲以後立於議會之政黨。立憲以後之政黨。不過有監督政府指揮輿論之權能。而立憲以前之黨派。則有代表國民公意製定憲法之責任。其難易之程度迥不相同日本人優於爲其難者而劣於爲其易者吾則欲國人效法其難者而改良其易者彼之黨派在明治維新之初其艱苦卓絕之歷史何一而非令吾人可歌可泣之事業可崇拜可模倣之典型豈其於未立憲以前能以民力製出憲法而於既立憲以後反不能增長黨派之勢力以收憲政之効果哉今攷求其黨勢不振之故。有外部之原因。有自身之原因。請先言其外部之原因。

(一)基於憲法上之規定　各國之憲法。雖未有規定政黨之明文。然政黨活動之本旨。在於議會。與議會有密切之關係。因之議會權限組織之規定。其影響常及於政黨。自孟德斯鳩唱三權分立說以來。駁之者謂國權爲不可分。立法司法行政雖立於平等之地位。仍必有最高統一之機關。其在共和國。以議會爲統一之機關。其在君主立憲國。以君主爲統一之機關。(君主以行政最高之機關、同時爲立法司法最高之機關、唯英國爲例外、其君主可包括於議會內、)故君主立憲國之議會雖對於君主居於獨立之地位而君主實爲議會活動之權源若日本之憲法則有一特別產物焉曰君主大權作用其大權政治實貫穿於憲法之全部其大權政治之範圍既極廣大則議會權限之範圍自以縮小故日本之議會可謂爲君主補助之機關且匪獨君主之補助機關自事實上徵之不啻爲行政之補助機關日本之議院政治尙未發達則議院所需要之政黨亦隨之而幼穉者勢也然則日本政黨內閣之組織不獨於事實上無所希望抑亦不適於法理矣。

(二)基於事實上之勢力　所謂事實上之勢力者即與政黨不相容之勢力也。此其勢力有二。

(甲)武人政治　此派以山縣有朋爲代表。謂之山縣系。如桂太郎、山本權兵衛等。皆其系中之最强者近方與西園寺內閣。激鬬於暗潮之中。有問鼎輕重之意而其所竊以爲目的物者即內務大臣原敬原固政黨中有望之人物也武人派之勢力自日俄戰役以後滔滔進行於政治界中政黨固不敢與之抗顏矣

(乙)官僚政治　此派以伊藤博文爲代表。謂之伊藤系。其系中網羅極廣。大概各省次官以下。及各文官多屬於此系。其爲政也、治事一依於例牘、有蹈常習故之風、超擢一依於經歷、有循資按格之弊。行政之腐敗行政之缺統一行政之不負

責任皆自此派釀成之日人之譚行政整理者無不指摘官僚政治而官僚政治盛行之時代即爲政黨不能得勢力之主因俄國行官僚政治是以激成國內各派之騷動德國行官僚政治是以起中央黨之反抗皆有妨害於政黨之明證也

以上二者。皆爲外部之原因。所謂自身之原因者。無他。即兩黨各以掌握政權爲其最終最大之目的於掌握政權一事以外殆不復顧其所主張之主義政見或甲乙兩黨互相提携。曰唯政權之所在故。或甲黨與政府相提携。而乙黨立於野。甲黨固與政權相接近。乙黨亦即謀所以接近政權。終日營營於此圈域之中其能謀國利民福者幾何也夫其眼光不遠者其器局必不宏專計本黨自身之利害而措置一切於不問微獨其經營政權孜孜私利足以阻黨派之進步防國家之發達即其所標榜者爲黨則之改良或黨勢之擴張無一而非吸收多數之團體向於政權之的以進行進步黨議員合田福太郎曰。「政友進步之二大政黨。其盛衰得失之迹。舉繫於接近政權目的之達與否一事。而其盛衰得失。毫無促政黨發展活動之動機。而無不陷於萎靡不振之結果者。」可謂知言矣。夫政黨之組織也第一在於政見第二在於政見之實行

一一九〇八

（即掌握政權）今未嘗以其確定之政見發表於當世以求實行於政府徒欲攬權自恣藉黨力以遂私圖是對於政黨組織之宗旨已有本末顚倒之處又安望其爲輿論所依歸爲政府所畏憚也哉雖然日本之政黨今雖遭此不幸之厄運而憲政之基礎已立黨派之經驗亦多一旦有人焉改造而變化之樹公明之旗幟爲建全之運動吾固知其發達之不遠也

今欲使中國之國民同負國家之責任則必先與以參政之權使明責任之所在雖然國民程度不足之時猝與以政權不驚且走則亦顚且蹶而已譬之久餓之夫驟之使飽未有不以暴食致斃者然則欲造就公民之質格使其有運用政權之能力不可不喚起國民之責任使其知個人對於國家之地位夫世界政治發達之國無不以輿論政治爲立憲政治之基礎今吾國國民既不知所謂責任自無所謂輿論則造成國民之輿論以監督政府之行爲者非吾輩之責而誰責乎造成輿論之機關維何黨派其最先者也數年以來中國之政界稍呈活動之觀近則派黨之組織已有萌芽顧吾之所最以爲慮者政治之智識既已不足而政治之道德復不注意一經組織黨派其

攘奪政權之現象將有更甚於日本者人人各存一黨魁之見黨黨皆挾一握政權之心省界之衝突也階級之競爭也選舉之紛擾也議場之騷動也恐各國最良之議院政治移而植之於吾國反以得不良之結果若夫其未慣於法治之組織而妄肆衝突未受法政上之教育而但知盲從此尤其後焉者矣故吾願吾國之投身黨派者第一宜注意於政治道德所謂政治道德者。無他卽公明正大表白其所主張之政見而以國民之輿望爲其政治的勢力之基礎也。嗚呼吾黨今日所處之地位對於政府爲一大敵對于反對黨復爲一大敵處此危疑震撼之交國家存亡絕續之頃非以有死無貳之志盤根錯節之才出之以正而持之以久欲求其稍自樹立以對抗政府而指導國民者寗有幸哉。大隈氏曰「政治者余之生命也」。又曰「困難者余之友也」。謹以此二言。爲組織黨派者勗

按以外國人之眼光。評判日本之政黨。其隔靴搔癢之處。自知難免。但吾國之黨派。組織伊始。故聊述其所感。以爲對鏡之資，非爲日本人娓娓譚政黨史也。閱者諒之。

譯述

# 關於教育界之輯譯

知白

舉國所重視之教育。迄於今日。未聞有一統合傾向之方針者。固由於地廣民衆。風氣不齊。抑根本之改革。未全無以作全國之民氣而整齊之耳。雖然。教育者。緩性葯也。又其切要者。使國人皆有常識。養成普通法律思想。俾將來有法制國民之資格也。是故不能求速効矣。爲問今之身任教育者。果盡有常識乎。能解法律之意而實遵行之。爲國人先導乎。且對於救國前途。就所任之事業。果取何等方針。爲進行之軌步乎。不敢謂無其人。然亦不敢謂其人數之正多也。用是自責自勵。欲以盡心教育者。爲救國之一助。於修學之頃。輒有譯述。或附加己意。旁事推闡。立大綱二。曰教育行政。欲以研究學制者。藉以參攷法制。鍛鍊法律知識也。曰教育主義。將就於我國社會程度風俗土宜。本其所習之東西教育家學說。參附比例之有所折衷。酌其方法。為輸入常識於我國民之導體也。循是精研。或亦不無所得。願與我國有志教育者共此研究之時代。竭慮而深求之焉。

輯譯者識

# 學部官制與日本學制之比較（輯譯二）

## 日本教育行政機關之組織

### 第一項 中央行政機關及其補助機關

第一 文部大臣。立於教育行政機關之首位。為單獨制之行政官廳。自憲法上言之。則與內閣及各省大臣同為輔弼機關。稱國務大臣。而以副書法律勅令為職務。自行政上言之。則立於官制所定之地位。發省令處分行政。其職務也。今依文部省官制說明文部大臣權限如左。

一 就所主任之事務。須依法律勅令而時有制定或廢或止或改正者。則具案而提出閣議。
二　就所主任之事務發省令。
三　就所主任之事務。對於地方官廳。發訓令及監督之。凡地方官之命令或處分有違法越權及害公益者。得取消之。或停止之。
四　監督所轄之官吏。而選置判任以下各官。
以上所述文部大臣權限槪畧如此。但有同爲學校。而在文部所轄範圍之外者。如管理海軍大學校兵學校機關學校。則屬海軍大臣。管理商船學校。則屬遞信大臣。處理學習院華族女學校。則屬宮內大臣是也。
文部大臣之補助機關。有議事機關。與執行機關之分。如此等者。非官廳也。故只於內部有補助作用。而對於外部。不得行使權限。其行動於法律上不生効果。今述執行機關之種類及職務如左。
一　執行機關者爲次官局長參事官秘書官書記官屬。
(一)次官　(一人勅任)　佐大臣整理省務。監督各局部之事務。

(二)局長 (三人勅任) 承大臣之命掌理其主務及指揮監督局中各課之事務。

(三)參事官 (專任三人奏任) 承大臣之命掌審議立案或因便宜兼勤局課。或承臨時之命助其事務。

(四)秘書官 (專任一人奏任) 承大臣之命掌機密事務又承臨時命助各局課之事務。

(五)書記官 (專任二人奏任) 承大臣之命掌大臣官房之事務或助各局之事務。

(六)視學官 (專任五人奏任) 就一定之事項掌學事之視察又屬於各局分掌其事務。或就於左記之事項得陳述意見

一、牴觸法令事項

二、省議之決定事項

三、凡特受指命之事項

（七）圖書審查官　（二人奏任）　掌圖書之審查

（八）編修　（專任一人奏任）　掌圖書之編修

（九）技師　（專任三人奏任）　掌關於建築事務

（十）庶務屬　（四十九人判任）　承上官之命從事庶務

（十一）技手　（專任八人判任）　助技師之事務

（十二）教員檢定委員會　以會長一名主事一名常任委員臨時委員若干名組織之屬於文部大臣之監督。掌理關於教員檢定事務。

二議事機關　屬文部大臣之監督應其諮詢其名目如左。

（一）高等教育會議　每年一回應文部大臣之諮詢審議一定之事項及關於教育事項得建議於各省大臣其他有國語調查委員會掌國語之調查。

以上所述中央官廳之文部大臣地位及權限既明矣。其事務之分掌各大臣官房及專門普通實業三學務局各節從畧之。

我國有所興革。一意模倣日本取其章程之便於鈔錄也。來往之交通便利也。殆全國已奉爲先事之師。是無可諱言者矣。年來京師頒有學部官制一小冊。所定職守。約與日本教育行政組織相同。在京之學部。即中央行政官廳也。夫日本維新四十年。上下戮力。仿效歐美之長。奮起直追。遂以有今日。其所定官制。槪經營慘澹。臻於完善。其間不知歷幾何日月。幾許經驗。始克有此。今我國取而倣行之。不過數十日。即條文頒布。彬彬滿紙矣。試就其內容比較而審酌之。殆取日本文部省之所長。而猶有不免狃於我國之舊習者也。夫單獨制之行政官廳。有所行動。於法律上生効果者。其性質不容稍有複雜及顢頇不明之處。此官制之要點也。今觀於學部定制。首左右丞。而尙書侍郎。未明其權限焉。且置侍郎二人。置其下之丞參參事等官共八人。丞之職務。其文曰。佐尙書侍郎。整理全部事務。并分判各司事務。稽核五品以下各職員功過。參議職務。其文曰。佐尙書侍郎。核訂法令章程。審議各司重要事宜。參事官職務。其文曰。佐左右參議。核審事務。尙書侍郎。巍然据其上者三人也。而其下有丞二人焉。又其下有參議二人焉。又其下有參事四人焉。日本文部省。臨首位僅大臣一人者。中國以三人臨之。而行次官一人之職務者中國則八人行之中國幅員誠廣事務誠殷矣然何不於日本文部省所定次官以下之各職增其職焉而以一尚書當文部大臣以一侍郎當次官以丞參四人者劃中國各行省之學務各分數省掌理之乃必强分階級實則性質不明徒有疊床架屋之累是果何爲者也參事者日本以之審議立案任至重也中國則置之參議之下而命之佐參議核審事務仍其名而不舉其實是又何爲者也試即文部省官制互較之有以知階級之見奔競之風我國欲其稍寢焉以羣趨於綜核名實之一途共舉維新大業未知其何年也况教育行政者所舉之職所任之事又皆至純潔而貴有操守至閒永而貴能守耐不容以希圖陞轉借爲過徑遂其一生之利祿功名者也

學部官制有所謂機要科者。其職務掌理機密文書撰擬緊要章奏及關涉全部事體之文件函電稽核京外辦理學務職官功過及其任用升黜更調幷撿定教員掌理傭聘外國人及高等教育會議學堂衛生等事務所舉各職。約同於文部省之大臣官房五課，而檢定教員一職。則文部省有教員檢定委員會其制爲最善。以此事非一二人之心思材力所能判決。故必集若干之委員而始從事焉。今以之列於機要科。失其旨矣。

專門普通實業各司。所舉各職。均倣日本。其中則有今日雖列名目。然萬無程度能實行者。然有一事可異者。專門普通司乃有權干及地方行政財政之關係。此而不舉之機要科或所謂丞參等職中而列諸此。所未解其何義者也。考日本文部省官制。如三局之職務。絕無權及地方行政財政。惟實業學務局。有關於實業教育費國庫補助一條。是非地方財政也。其餘如大臣官房之會計課。亦但有關於本省所管之經費及諸收入之豫算決算幷會計事項一條。此外惟高等教育會議。有關於教育得建議於各省大臣一語。是議事機關所爲。而又非補助機關所得有者也。或中國此時草創。有不能畫一者歟。

高等教育會議及設諮議官各條。皆其制之善者。會議之議員。選派本部所屬職官直轄各學堂監督各省中等以上學堂監督及京外官紳之學識宏通於教育事業素有閱歷者充之。制亦善矣。而未盡美焉。觀於此知中國階級之見蓋無時不流露而於興事非有實事求是之心也嘗攷之德國教育行政矣其高等教育會議員則由大學中學小學及師範學校中之各教員選充之以德國爲地球學務最盛之國而未嘗輕視小學且亟獎厲小學之建設日求普及而未遑也何中國初有萌芽但知有監督官紳而於教員則藐之也

第二項　地方官廳及其補助機關

第一　府縣知事於一方爲自治團體之代表者同時爲國家最上級之地方官廳雖然此上級官廳者止於其地方認之若以國家官廳資格繩之則各省大臣之下級官廳也以其權限事務言之則屬內務大臣之主管以其身分言之亦服內務大臣之監督然各省大臣者亦得以其主任之事務監督之

府縣知事者地方長官也其權限得於管轄區域內施其行政作用關於教育行政之事務在文部大臣監督之下有處理之職權

府縣知事亦單獨制之行政官廳而有補助機關今述其關於教育之機關如左

(一)事務官　一人奏任充第二部長承長官之命指揮監督部下之官吏掌理關

於所部之教育學藝，及學事視察。其第一部長者。掌理所部之事務。又監督各部之事務。故於教育行政。亦有關系。

(二)庶務屬　判任。承上官之指揮。從事庶務。

(三)視學　承上官之指揮。從事學務視察。及其他學事。

(四)小學校教員檢定委員會　以會長一名。常任臨時委員若干名組織之。會長者整理會務。報告其成績於府縣知事

其餘如北海道廳長官。畧同於府縣知事。

第二　對於府縣知事廳長官而有下級官廳之地位者。如郡長島司支廳長。關於教育行政。皆設郡視學。島廳視學。以視察學事。

地方長官。如臺灣總督者。爲行政之最高官廳。雖受內務大臣之監督。然對此之監督權。比諸對普通地方官迥異。其廣有權限。如

一、代法律發命令之權。

二、統帥軍隊及軍事行政權。

三、司法權。

此等權限依憲法之規定。行政官廳所不得有者也。獨對於臺灣總督委任之。故執行其權限而置總督官房民政部陸軍幕僚海軍幕僚。其民政部則置總務財務通信殖產土木之五局。關於教育行政總務局分掌之。對於總督有下級官廳之地位者。則分臺灣爲二十行政區。置地方行政官廳。謂之廳長。

第三　市町村長同於府縣知事及郡長。爲自治團體之代表者。同時於市町村內。爲國家處理行政之機關。然此市町村長者比諸府縣知事及郡長。反居自治團體機關地位之主要。且非國家之官吏。而自治團體機關之公吏也。市長與町村長之位置權限雖不同。然關於國之教育行政。則爲同一。且屬於自治團體之教育事務。有市參事會所管。而市長不能單獨處理之者。

依市制第六十條及第七十二條第二項。則於東京京都大阪三大市置區。而有區長。受市長參事會及市收入役之指揮命令。凡關於教育事務區長亦得處理之。

所謂公共團體者。其定義則云

公共團體在國家監督權之下其目的則爲從法律處理屬於自己之國務而有自治權有人格之團體也

今分析此定義。且舉其性質則

第一 公共團體者有公法上之人格之團體也

第二 公共團體者。行自治行政機關之人格者也

第三 公共團體者有從法律處理屬於自己之國務之義務且以處理國務爲其存立之目的者也

公共團體之事務通常區別之爲固有事務與委任事務之二種。蓋自國法認公共團體之存在又自國家與公共團體以自治權則其事務皆自國家授之。若公共團體。本無固有之一種者。然以予輩（著者自稱）之見解。則謂固有事務者以公共團體存立之目的必包含之於內。而無待推求於以外。則自國家爲他之團體而特與以委任者。故有委任事務。

市町村者。雖共爲最下級之地方團體。然市與町村又自異其情事。今自現行法。舉其

所異之點如左。

一 異其監督官廳 即町村者。第一次受郡長之監督。第二次受府縣知事之監督。反之若市者。則第一次受府縣知事之監督。

二 異其執行機關 即町村以單獨之町村長爲執行機關。而市則以合議體之市參事會爲執行機關之差異也。

三 異其議決機關之組織 市會議員者。自三級選舉之方法。町村會議員則自二級選舉之方法之差也。

市町村之教育事務。則有必要事務。與隨意事務之二種。必要事務者。依小學校令第六條。市町村於其區域內凡學齡兒童足就學之數者。有設置尋常小學校之規定。同第十四條。市町村得以區之負擔設置高等小學校。但其設置與否。任市町村自由之判斷。所謂隨意事務也。

市町村關於教育之管理權。依小學校令第六十條。市町村長及町村學校組合長。掌管其國之教育事務。屬於市町村及町村組合者。管理小學校立於市町村者。以小學校之管理。與國之教育。明區別之。故其管理權者。可謂市町村之機關之職務也。

譯者於此。不憚舉市町村制。喋喋言之者。實有見於欲小學之遍興。必獎成地方自治團體之組織也。頗聞吾國行省大吏。藉口於國民程度過低。謂地方自治。不能即行。謂官制改革。不宜太驟。夫國民程度。當以如何者。而後適於自治。而地方自治者。又必有如何之國民。而後可謂之及程度乎。且彼庸詎知地方自治與國民進步。爲幷行之軌綫。而非立於相待之地位乎。由彼之說。程度高矣。而後能自治。是有所待於前者。始能有所行於後也。是相待之說也。由此之說。則一方面促其自治。即一方面見其程度之高。不使之出於任事經驗之途。即不能望其有智識開明之効也。是幷行之說也。特難語於今日頑梗塞路。賄賂公行之政府。及視地方若傳舍。謀私囊之充肥諸官吏耳。

又見近日報章。則謂政府將分各行省爲二大區。以推行地方自治。所謂第一區。則沿江各省。通商最早者也。其無自治之資格者。如陝西雲南貴州等省。是蒙則以爲政府此舉苟信然。是可謂大誤者也。夫地方自治。非以染洋習開風氣先者爲貴。而以風俗習慣有一長之可取推察地方團體不及聞於朝不及聞於官者獎厲成之督之以理治假之以事權而以盛興學務改良風習俾之漸進於開明爲事也。嘗慨我國官吏懵懂。綱紀廢弛。一入於辦公之衙署。則腥穢四塞。慘無人境。鬼面猙獰狼子跳躑無復可以人道相待者。轉而游其市都。入其鄉里。猶得見所謂某某公所。某事公議者數數行字於牆壁間。其來往耑耑。是皆屈於虎狼之下。受其屠毒。而仍有不能泯沒其公民之性格圖生存於自相維繫者故徵之於古。州有黨里有閭。其固然矣。徵之歷史則所謂行保甲行社倉者何一非地方自治之根本。吾湘人也習見吾鄉居之團練甲長者出而排難解紛。有災害。則某都某團者興羅穀焉而都與團以外之人有未行者則聞風興起矣。有慶祝。則醵金於閭。而演劇於廟者。必某行者所舉之値年爲之。家喻戶曉。無難焉。亦無阻焉者。是又非自治根本出於公民固有之天職乎。至於城市之商工勞働者。其種種團體。立約尤至嚴。而賞罰尤公允。特患官吏之魚肉爲多事耳。湘人如此。豈他省獨迥異於此乎。特屈伏於專制政體之下。牢籠於科舉榮辱之中。不學無術。坐是智識短陋有自保性而無進取性有苟免性而無自尊性不能共白種馳驟於世界專制政體爲之也蔑天理之官吏爲之也豈我國民眞無自治能力乎故謂今日苟圖教育普及非地方自治發達則無由實行而催地方自治之進行即置身學務者亦得與間接之効力何以言之。先於學部置地方團體調查委員總會令各省設分會而此省又設分會之支會董其事者但舉紳不與官與聞焉（或提學使爲之）董事以置身學務者充之於其縣也有若何區若何里區與里之間所謂鄉祀報賽者所謂公所値年者雖陋亦調查列入之鄉以是達其縣縣以是達其省省之總董事以學部之意旨擇其名目之公行爲之正者即與以諭紙奬厲之而於法律上認爲與官吏有直接辦公事之効其陋者全縣之董事設法以維持改進使之亦達於直接辦公之程度於其間畫學區籌經費計學齡兒童設尋常小學若干所即就所認之團體與以管理權由是法推行之陝西雲南雖陋亦斷可爲無疑也通商較早之域。如滬上。如漢口。余每至不能安一日之居。私怪其五方雜處其民囂薄無復有天性地方自治能與樸野之鄉事農桑者爭進境乎次則於學部設國民生業調查研究委員總會其推行之法如前。但此事較難。且非眞有學識者。無從辨別苟有其人。試一行之。則某省之某縣其鄉人富者若干中人資者若干詳記其職業貧民幾何其以何生業自活者幾何不能自存流爲游惰盜賊者幾何表以明之綱以揭之而因是定設學校之多寡焉是亦一道也。尤有進者。人生與地理之關系。約可分三部。即山居之民。平原之民。近水居之民。所居各異。其生於斯長於斯。聚族於斯。老死未相往來者。皆土著業農者爲多。其子孫能讀書非仕宦亦不常遠徙。國中人類此者率十之六七。其生活程度。率視其地產爲等差。今欲調查而研究之。宜設一地學研究會。夫地學二字。含義甚廣。今目的在適用於研究國民生業。爲教育普及計。則地文學之精者。與地質學。均不議及。惟於人文地理一層。集有學識者。倣西人地學法。舉全國所謂省界府縣界。暫廓除之。惟就山川自然之脈絡。經緯度之區分。覘其氣候。別其土宜。而詳其物產生殖之種類。人口增減之確數。期以數年。會中委員。周歷全國內外部各地。集會於京師一次。以商定學區分置法。既粗有規模矣。乃就某地之人民生業物產。宜於何種科學。注入者。則即所調查之地方團體。約有尋常小學校十所。高等小學校五所。尋常師範二三所者。則設一專門實業學校。就其所習見之物。教以理科智識。俾利用天產。發展人工。夫如是則地無棄利。人無棄材。不過十年。而小學必因之增殖無窮矣。雖然。是特就一時權要之法言之。若根本至計。則非地方官制改革。有一度摧陷廓清之猛力。由國家直認公共團體爲處理國務之一要素。昭示大信。宣告全國。亦不能推行盡善也。凡事惟眞圖治者。爲能悉其本原。亦惟至誠豁達者。能語於天下之大計。今之政府。所以不絕其希望者。實大勢所趨。危難日迫。不得已而取較穩之策。以圖補救於萬一耳。余尤願有心人。審擇乎日本公共團體之法。試厲行之於吾國。何省何鄉焉。知其効必有影響若眉睫者。

學部所頒之各省學制。則與日本迥殊矣。提學使既爲督撫屬官。復由學部請簡放。此中性質。蓋難擬議。就日本言之。地方長官有特權。如臺灣總督者。則教育行政之官。其補助機關也。尋常地方官廳。如府縣知事者。則受文部省之監督。而處理其教育行政者也。今以吾國各行省例之。其性質既混淆不明。故提學使一官。

之位置謂之單獨官廳不可也謂之爲補助機關亦不可其影響及於教育行政者但有膠轕阻窒一循敷衍舊習是不待智者而知之矣。

日人清水直義著有實驗學校行政法其論學校長之主義有二說足與余所議國民生業調查互相發明者。今譯其說如次。

圖教育之普及而不能適應國家之現況者非策也。夫一國之人民程度必有其相差之點焉。其相差也即其缺陷之不可不彌縫者也。於是乃切於研究材料供給之法。或有以舒其心。或有以健其身胥視其國內人民所缺者補充之發展之。例如知國民團結力之弱少者。則勉爲團結力養成之教育法。患體力之不能壯健者。則大獎勵適宜之體育法。蓋教育者所以發達國家生存之主義而成熟其進行之目的也。是安可不多其研察也。」「又謂普通教育。雖隨處可實行。然不察土地之情況有以劑其緩急之宜亦未爲得也。蓋教育之眞趣。有重於實業的。而於保國民之秩序。進國家之富强。皆有其効者。例如於商業地方。則取商業的教育法。農業地方。則立農業的教育法。是皆以適土地之宜。而應人民之急需者也。」

余前議擬設地學研究會者。正以我國土地之廣漠。民俗之參差。物產之富饒。人口之充殖。平日得之於耳聞口述者。但有大略的觀念。絕未嘗有確據之採查。及證明之表說。欲有所研究。反恃歐人之地誌。供翻擷之需求。今日舉事有出之甲部而乙部得均受其利益者。即地學研究會之設是也。夫檢查戶口生業。民政部之要事也。以興學之故。學部先得人發起而立行之。其爲後事甚無數便宜之策自無俟言。而於教育根本之實施。如廣興小學。及强迫教育。宜莫重於此矣。事有以一勞而獲無窮之美果者。未可以舉事稍涉繁重而憚行之也。況於地學一門。有實地之經驗調查。則於此類科學。雖未必能進於精深。亦足供講學者之採擇。教科之材料。其爲益尤更永乎。

第三項　帝國大學總長及學校長

今行政學者。所縱橫論議。非有關於學校及教員性質之一事乎。夫官立學校之教員。其爲官吏。學者間已無異論。所未決者。公立學校之教員。得視爲官吏與否。尙一問題也。又學校長者。爲國家之機關。關於教育行政。乃立於處理國務之地位。然其性質。尙徬徨於曖昧不明之間。是不可不注意以研究者也。蓋普通處理國務之官廳。其性質。其權限。既已研究而明瞭矣。安有關於教育行政各學校長者。遂無研究之價値乎。

帝國大學令第五條曰。大學總長。總轄帝國大學而保持內部之秩序。

京都帝國大學官制第二條曰。總長受文部大臣之監督。從帝國大學令之規定。掌一切之事。以統督所屬職員。但於高等官之進退。須具狀於文部大臣。其關於判任官者。則專行之。

文部省直轄官制第七條。及同校長職務規定。同於大學師範學校官制第三條。則學校長受府縣知事之命。掌理職務。而統督所屬教員。且視察府縣內所屬小學教育。又中學校高等女學校及他同校。其校長得以特別法爲入學退學之許可。及懲戒之處分。

小學校長依小學校令第三十八條。得停止兒童之出席。及同第四十七條。爲懲戒之處分。又依小學令施行規則第二十條。乃至第廿四條。爲處理國務。整理校務。統督所屬職員諸事。

綜上所舉知文明國之始事有序而成事可觀者恃有維持秩序之法令而已雖然吾國以人行法人亡則法亦無所用焉文明國則立法以繩人人之變遷數以千萬法則愈修而愈善是豈有他哉推本世界之公理以立法而已又必使國人之常識能解法意而自由行動於其中乃益以審度法之利弊期於推行無窒即學制一端凡建學者蓋無不能舉其綱要者也今既引其概畧於前更即其辯解要義者條舉譯之以供吾國熱心建學者攷擇之一助

夫既各有其權限而又明有執行之權以處理國家事務矣則不僅可發生法律上之效果而且非止一自治團體之機關也今就行政官廳爲比較則帝國大學總長及其他之學校長依主權者之委任就於教育行政事務之一部有法律上之決定權其同於行政官廳可斷定言之也雖然各學校之教授教諭書記官等雖謂之爲補助機關亦無不可。

學者或有謂學校之組織爲國家及公共團體或私人之營造物。營造物者。謂關於經濟上之營造物即鐵道電信電話道路等是關於衛生之營造物。如病院公園是。其各役員即爲其組織之分子。而不得以官廳目之爲此說者。其於營造物之觀念。先自誤解者也。夫爲人的及物的設備以給公共之利用則於其組織之人其有如何之地位權限自可無須限定有自官廳組織之者有自數官吏組織之者或有以雇傭之關係爲使役之人組織之者此營造物之性質畧如是也若大學總長及各學校長之可爲官廳夫豈持反對論如營造物者所可同年而語乎

山田邢彥氏於所著學校教育行政法有曰。公立小學校者。施行教育行政一種之官廳也。其說明此義。則謂公立小學校以一定之技術。施行關於普通教育上之國家意思此一義也。依小學校令第一條之目的。則公立小學校兒童及其保護者。如學校長及教員。得以其職加教訓及督促於違背命令者。此亦一義也。且此命令者。基於小學校令。即不外基於國家命令。而於主觀上得行使國家權力者也。此又一義也。若以純粹之營造物比之。其性質不大異乎。雖然山田氏之論。有可是認者。亦有未可盡贊同者。夫謂小學校令即基於國家命令是矣。然謂兒童之保護者。遵此而行。設有再違反之者。將於法律上發生何等救濟之効果乎。所謂教訓。所謂督促。指爲法規命令不得

也。指爲處分令。亦不得。是不過爲處分前之勸告耳。於法律上未能確指其根據。則亦不免道義論與法律論之殊途。此而以權力行使一語加之。未爲得也。

我國學校。於以上所舉論點。未遑及焉。無俟言也。雖然。校長之性質及地位權限不明。則影響及於全學校之組織。所關匪淺。況我國立法。如政府者。今日猶居極幼稚之時代。而各地學校。則日有增加。不能一日不進行。則不可不先求解晰辦事者之權限。使主持此校事務者。能解畧法意。其施行必較有秩序。而可免於風潮之叠起焉。是亦學界之幸福也。至語其大者。非法規完整。舉國淸明。安望其能推行盡善哉。余之津津語此者。尤有說焉。我國興學之始。主持者盡屬冥行。今雖稍愈於前。然以行政機關之組織未全。其衝突之點。即常伏而易發。今畧舉之。則地方官之與學校。其地位不明。一也。學校長對外之處置未明。則對內之行動亦因而隔閡。所謂教員事務員者。其身分職役各有其不相下之勢。二也。官紳之分隔別最嚴。官之莅此地也。視同傳舍。紳之對此官也。級高者不屑逢迎。秩卑者聽其驅使。而學校長之一職。雖覔盡能稱位之人。三也。教育行政。視諸一切行政機關爲漲縮府縣知事其制度既未進於文明其以次各官仍相沿舊習則學校長之地位介於官紳雜處之地高下等差一無定分對於教育上之行政必生諸種阻窒四也。學校長因外界之阻窒而引起內部之動搖無以統督教員諸執事爲之學生者雖耳熟自治之訓言迄無實行之模範乃以起諸種放恣之萌焉五也况今日者立憲論與革命論雜出種族革命之叫囂尤易刺學生之感情誤青年之意嚮血氣者僨興無所宣洩乃以其革命之手段施諸教習逞其破壞之宗旨對於學堂致教育之緩性葯無從奏効爲之校長者亦禁令之無從而勸戒之舌敝勢居狼狽非辭職遠遁無以自全六也。舉其概畧雖有如是。綜其細故。不問可知。然余之從事輯譯。乃全就他人國內成効之事實。文明之典章。喋喋言之而望我國學界能幾一於此焉其可得乎。雖然前因言之矣非政府爲一度廓清摧陷之猛舉顧即頭痛醫頭脚痛醫脚者施之模倣一二文明官制更其名以粉飾之謂是足以爲富強之基而期教育之普及斯固三尺童子信其不能也顧余猶津津述之者。教育勢力之所及有必官制改革完善。而後能暢行者。亦有即今日之成局得數熱心者確抱方針而潛移默化望少數人盡力於將來者即他人國內所已行者而取精用宏以施於權力所及之範圍內焉語乎其大雖未能也然盡心力於此而効果有適發生於彼者是則教育勢力之異於他類行政而主持之者所以必就已成之法而善得其用以爲吾國教育行政之一利導也雖然根本之改革未厲行一部分人之心力其爝火曙光乎抑亦杯水車薪之誚也

輯譯一已完

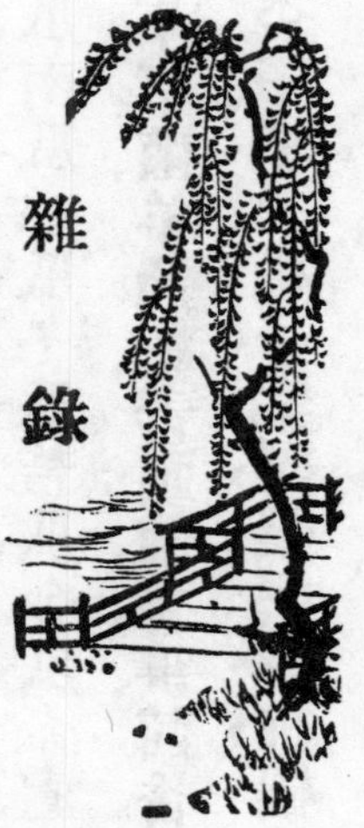


# 雲南騰越廳屬物產種人礦廠調查

騰越楊發銳

(甲)物產

騰越廳地盡大金沙江內外。幅幀廣二三千里。人口衆一百餘萬。有沿江各省數府之大。其原界內戞鳩、蠻暮、孟密、孟養、木邦、孟拱各宣慰司地。皆萬寶鱗集之淵藪。銅、鐵、鉛、煤、煤油、金、銀、水銀、光珠、玉石、琥珀、玭瑉、水晶、紫英、琉璃、柯蟲蚌珠、孔雀、翠羽、犀象、象牙、猩猩、貂、虎、豹、熊、鹿茸、熊膽、蟒膽、麝香、樟腦、無不備產。故廳城八保街有百寶街之稱。蓋以八保為百寶出產總匯所也。噫。今則已矣。所產百寶最可愛之各宣慰司地。概為大不列顛人於不知不覺之中。攫取而強有之。非復騰越廳屬土地矣。僅存其名曰。玉石產自騰越也。寶石、琥珀、產自騰越也。即犀象、象牙亦無不產自騰越也。我中土人士。無有或及知之者言之心慟定界以來騰之土地僅存其半而英之勢力則更擴張數十百倍岌岌乎有舉全騰土地而入英版之勢蓋由地居邊遠與中土聲息不通故我同胞莫悉騰越之所以爲騰越茲先就現在騰越新定界內之出產調查報告如下以冀我憂心邊土之同胞。一寶愛之庶潞江爲界之政策。或終不至見諸實行。

●穀類　稻（有紅、白、糯、旱、穢、豐等十餘種）麥（有大麥、小麥、燕麥、玉麥四種、現又加有洋麥一種）蕎（有甜蕎、苦蕎兩種）黍（有黃黍、白黍兩種）粱（有飯、糯兩種）稗（有飯、糯兩種）芝麻（有黑、白兩種）豆（有白豆、黃豆、紅豆、飯豆、豌豆、蠶豆、扁豆、刀豆、合包豆、百日豆等類）。

●蔬類　花椒、薑、芥、韭、葱、蒜、薤、蔍茭、茼蒿、白菜（有大白、小白、蓮花白之別）青菜、油菜、莧、菠菜、豌豆菜、滑菜、蕨、薺、春頭、麥蘭芮、芹、香菜、香椿、莈瓜、茄、山藥、芋頭、蘿蔔、萵苣、紅蘿蔔、菜瓜、黃瓜、南瓜、絲瓜、冬瓜、苦瓜、金瓜、壺盧、瓠子、雞蘂、木耳、香蕈、白森、樹窩、松菌、柳菌、芝麻菌、茅草菌、羊乃菌、青頭菌、薯、筍、茴香、

●果類　梅子、杏子、李子、桃子、棠梨、梨、櫻桃、柿、楊梅、枇杷、橄欖、山楂、葡萄、棗、木瓜、石榴、

栗、榛子、松子、核桃、訶子、銀杏、橘柑、香櫞、蓮子、甘蔗、菱芡、慈姑、西瓜、香瓜、無花果、波羅蜜、羊乃、蘿果、芭蕉果、麻蘿、牛肝子、佛手柑、橙子、桑子、白酒果、落花生、苹果、黑果、酸芭、

●木類● 松、杉、柏、楠、漆、栗、桐、榆、刺桐、楸、槐、椿、楮、樗、柳、櫟、白楊、黃楊、冬青、樺、桃、青皮、趕檀、降香、藤、女蘿、皂角、樟、黃心柞、柘、桑

●竹類● 濮竹、(俗名大竹圍三尺餘大可受一斛)荊竹、(一名金竹)刺竹、紫竹、攢竹、苦竹、毛竹、龍竹、黃竹、花斑竹、(產瀕瀕灘外為多) 觀音竹、鳳尾竹、豬頭竹、實心竹、(分水嶺產一名藤條竹)無節竹、(沙木籠產又名通天竹)東坡竹、水竹、麻竹、(其質綿軟可為繩為箍製紙)藤竹、(細者可為繩大者可為杖凡百器皿皆可以為往日騰越稱藤越者即以此名焉)

●花草類● 牡丹、山茶、梅、桂、杏、桃、李、梨、海棠、芝、丁香、(高五六丈)芙蓉、杜鵑、(五色雙瓣)茉莉、石榴、櫻、繡毬、紫薇、薔薇、玉蘭、木蘭、荼蘼、唐棣、芍藥、山丹、(一名映山紅)刺桐、(又名鸚哥花)木香、粉團、佛手、夜合、瑞香、十姊妹、荷、菊、(有黃白紅十餘種)鳳仙、雞冠、素馨、報春、虞美人、蕉花、葵、燈籠花、玉簪花、蛺蝶蘭、上花、魚子蘭、串珠蘭、剪春蘿、

雪蘭、百合、木瓜、西方蓮、西方菊、燈盞花、粱薑、菖蒲、蘋藻、荇葦、蘆茅草、虎掌、紫草、馬鞭、青蒿、薜荔、鳳尾、通草、燈草、鍋鏟草、象鼻、一把傘、仙人掌、金剛纂、芸香草、（相傳爲武侯所遺種子、可治瘴、）老少年、白芷、紅花、藍、萍、苔、佛甲草、

●藥類● 黃連、茯苓、沙參、桔梗、黃精、黃芪、天麻、遠志、雲羊藿、仙茅、玄參、地榆、荆芥、茵陳、地骨皮、五加皮、槐角、青皮、枳殼、枳實、粉葛、桑白皮、天花粉、羌活、黃栢、山查子、紫草、三七、白頭翁、柴胡、前胡、防風、獨活、升麻、當歸、川芎、香附、藿香、薄荷、紫蘇、艾、益母草、半夏、天南星、烏頭、附子、大黃、牛蒡子、蔴黃、地黃、牛七、車前、欵冬花、連蕎、五味子、覆盆子、天門冬、山豆根、威靈仙、木通、金銀花、

●礦類● 金、銀、銅、鐵、鉛、水銀、煤、硫黃、天生黃、

●石類● 紫石、青石、（可爲碑碣）河石、（其質軟而潤）象塘石、（一名芙蓉石、產古勇關外、）蔴石、火燒石、雲母石、石灰石、寶砂、（產疊水河）白石、墨石、寶石、玉石、琥珀、水晶、紫英、琉璃、則概已淪於英人矣、

●鱗類● 鯉、鰤、鱔、鰍、金魚、細鱗魚、白條魚、青魚、蒿同魚、老虎魚、蝦、蟹、

羽類　雞、鴨、鵝、鴿、鷹、雀、燕、鳩、鵲、鴉、鷺、鷓鴣、子規、鸚鵡、山呼、黃鸝、白頭翁、翠鳥、布穀、鴻、鷗、梟、鵁鶄、鸕鷀、啄木、冠隼、□巧婦、偸桑、鵬、鴛鴦、拖白練、白鷴、秧雞、

毛類　虎、豹、狼、熊、野猪、鹿、麂、獐、巖羊、兎、猩猩、猿猴（有十餘種類）狐狸、獺、野猫、竹鼦、松鼠、牛、馬、驢、騾、羊、猪、犬、猫、鼠、

蟲類　蠶、蜂（有蜜蜂、土蜂、葫蘆蜂、等十餘種之別）蝴蝶、蟬、蟋蟀、白蠟蟲、蛇、（有青蛇、麻蛇、水蛇、綠蛇、白蛇、花蛇、等十餘種）龜、蠔猪、蠅、蜘蛛、蝙蝠、蚊、蝨、蚱蜢、蜉蝣、蜻蜓、螳螂、蜴、蝦蟆、蝌蚪、蠐螬、蝸牛、蚯蚓、蟻、穿山甲、

食貨類　酒（有燒酒、白酒、黃酒、雙料酒、南甸酒、東方酒、等類、皆用糯米、或糙米、或玉麥釀之。）茶（產蒲窩練及滇灘關外小茶山境、）油（有菜油、茶油、麻油、桐油、蘇油、核桃油、罌粟油、臭油等類。）煙（有水烟、旱烟、草煙、葉烟等類、）鴉片（河東河西兩山產尤多。每年約百餘萬。滇省以雲土之名聞全國。而騰越之鴉片占其大半數。騰越之爲害於全國者亦鉅矣。　醬油（以南甸城出者爲最著、）餌絲（出胡家灣、）磁器（出碗窰、）田具（出娘孃廟、）蜂蜜、鐵鍋（出大西練、）斗棚帽（四首練城保所出最

多。且極精緻。）雨傘（出界頭）、蘆子（龍江、練北、練三、練、盞達司、皆產）、白蜡黃蜡布（以猛連河東出者爲大宗）斜紋花布（出各土司地）、被錦（出各土司地）、紙（觀音塘界頭製造）、

（乙）種人

騰越沿邊種人、據父老口碑。不下百餘種。今確實調查。僅得十有六種、餘則循天演例矣、此後人羣愈進步、淘汰愈酷烈、諸種人能留片影於地球上、爲吾人歷史之一研究料與否、尙在不可知之數。吾調查諸種人。吾不禁爲吾種人悲、徇是以往、十年二十年、後、吾恐吾種人之對皙種人、亦如此日諸種人之對我種人、可懼哉、且諸種人亦久爲我所卵翼者也。代謀其生活。促其進化。實端資吾族自謀謀人責任。不綦重哉。

蒲人　蒲人卽古百濮。周書與微盧彭俱稱西人。散居山谷。永昌以西。騰越戶撒臘撒兩司地所在多有。形貌粗黑。男裹青紅布於頭。腰繫青絲小綵繩。多爲貴。賤者則無。衣花套長衣。膝下繫黑藤。婦人挽髻腦後。戴青綠珠。以花布圍腰爲裙。上繫海貝十數圍。繫莎羅布於肩上。勤力耐苦。事耕鋤。種蕎豆棉花。知漢語。通貿易。合永騰所

在人口約計五七萬。(新興、阿迷、蒙自、開化、景東、錄豐、鎮南等州縣。亦間有此種人。特形質裝束稍異。)

爨● 雜居大沙金江內外。內分七十餘種。性剽悍。喜居高燥地方。以生畜射獵為業。凡蟒膽、熊膽、鹿茸、虎骨等類、多自該種人購得之。人口約在十萬以上。

僰● 雜居大金沙江內外。內分百餘種。性柔弱。以紡織耕種為業。人口約十餘萬。

擺夷● 凡各土司地方。不論官民。皆統呼之曰擺夷。不知擺夷者。乃各土司地方土著人之一種。土司官與其族目。皆係前明從征將士。分封世守其土。如南甸刀土司。其祖乃江南人。龔姓。干崖刀土司。其祖乃江寧上元人。郗姓等類。皆純粹的漢人種族。非擺夷種也。此中不可不詳辨。按實在的擺夷。有水旱兩種。居平壩炎熱之地。男子裝服如漢人。女子短衣窄袖。髻帕高聳。脛掛金銀圈。耳嵌金銀筒飾。脛圍統裙。性柔懦勤儉。務耕種紡織。間有習小販賣者。以立春前數日為燒白柴。以清明前數日為潑水。以六月為覓擺期。俗崇佛教。聽僧誦經頂禮最虔。近頗多讀漢書通禮義者。故風俗大半同化於漢人。騰越此種人口約二十餘萬。合永昌一府統計約五十餘萬。近數十年來。被奸商以極重利息盤剝。加之土司及各土司族目又復苛征濫派。每年全家苦力耕織所得。尙不敷繳漢商利息及納土司門戶銀兩。以此生活極形艱難。人口亦漸自減少。而搬移入緬甸歸化英國者亦絡繹不絕。

●野人 騰越諸種人中之最頑梗者也。各土司地凡深山極箐中。留其種人所居。故北起尖高山。南至火焰山等。練山邦欠山等。延長二千餘里。總名之曰野人山。皆以此得名也。約計人口不下四五十萬。貌醜惡。如黑漆。性兇悍異常。涉險峻如履平地。[illegible]獵捕禽獸。有寨落。出入必持利刀梭標長予鳥槍。每伏要路殺人搶掠。行商獨人經過其地。多被其害者。

●羯些 種出孟養。流入猛卯各土司地一帶。男女皆貫耳佩環。綰髮爲髻。性喜服華彩衣。勇健倚恃象銃。敢戰。喊聲如犬吠。人口約有二三萬。

●阿昌 性畏暑濕。好居高山。刀耕火種。婦人以紅藤爲腰飾。嗜犬嗜酒。背負不擔。弗擇污穢。今戶撒臘撒隴川南甸多此種人。約在五萬以上。據父老傳聞。此種人口以十年前比較。減少十分之三。因生計艱窘故也。

緬箐石灰廠

芭蕉關沙石廠

老楊河沙石廠

峯寶寺沙石廠

蠻剛靑石廠

此外如孟密宣慰司之寶石廠銀廠、孟碤宣慰司之玉石廠煤油廠、鉛廠、猛養宣慰司之琥珀廠、黃果漿廠金廠、則槪淪於英人、述之徒增悲憤感慨而已。

附同府（永昌）屬（保山縣永平縣龍陵廳）礦廠調查

潞江金廠　在龍陵廳地、康熙十六年總督貝和諾開採、照例抽課、乾隆十五年封閉、

三道溝銀廠　在永平縣地、乾隆四十一年開採、照例抽課、今猶零星以土法開採。

募迺銀廠　在永昌府轄孟連地方、雍正九年開採、係土司刀派鼎自行抽收、解課銀六百兩、總督鄂爾泰奏咨在案。

●茂隆銀廠　在永昌府屬猓猓地方。乾隆四十二年開採。奏准立案。每銀一兩抽課銀九分。

●邦發銀廠　在保山屬地、嘉慶五年開採。嘉慶十年因事封禁。

●芒市銀礦　在龍陵屬內。

●猛戞銀礦　在龍陵屬內。

●礦箐銅廠　在永平屬內。康熙四十九年總督貝和諾奏咨開採在案。

●青陽銅廠　在永平屬內。乾隆十三年開採。乾隆三十八年封閉。

●大象銅廠　在永平屬內。乾隆三十九年開採、卽於次年封閉、

●羅漢山銅廠　在保山屬內。乾隆二十三年開採。於次年封閉。又於道光五年開採。撥歸甯台廠管理。

●肆洪銅廠　在保山屬內。乾隆三十五年開採。旋卽封閉。

●戶蒜銅廠　在保山屬內。乾隆四十年奏咨開辦。額銅二萬七千八百斤。嘉慶六年。因事封禁。

核桃坪銅廠　在保山屬内。嘉慶十六年開採。

雙河銅廠　在保山縣内靖邊鄉。光緒九年開採。

遮放銅礦　在龍陵屬内。

禾木樹銅礦　在龍陵屬内。

東山鐵廠　在保山屬内年納課二十五兩。

官乃山鐵礦　在保山屬内。

漾濞鐵礦　在永平屬内。

四甲鐵礦　在龍陵廳内。

瑪瑙廠　在保山縣内西山久封閉。

西里硃砂廠　在永平縣地康熙四十四年總督貝和諾奏咨立案開採每六斤抽一斤該課銀一百七十五兩二錢九分六釐遇閏加銀十二兩五錢。

鎭安所寶沙廠　在龍陵廳地近開採出額甚鉅。

煤廠　三屬地方統計現在開挖之煤廠以抵作日用柴薪者不下四十餘處皆秕

良的石炭質。泥炭質亦多。則在平原田野之區。

以上礦產。俱係就已經開採。及已開採多年而又因事封閉者報告之。其未經開採發見者。當以次詳細調查。（完）

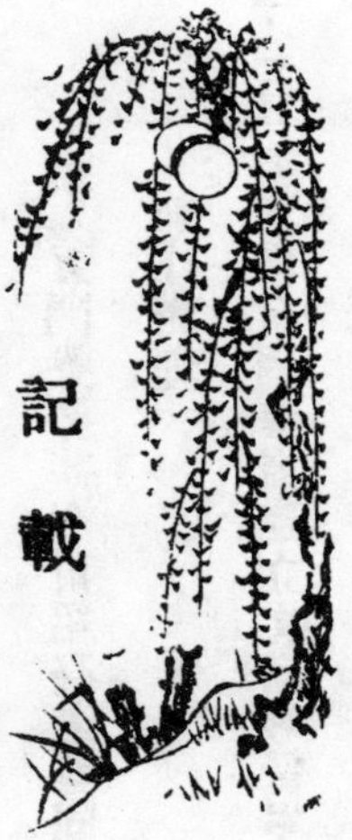


# 中國大事月表

## 丙午十月（補錄）

◎初一日 吉林長春府於九月廿九日開作商埠

長崎領事及華商電稟欽使政府謂中日條約期滿請於續約聲明以最惠國相待又因日本不發還華商家屋稅請欽使及外部力爭

◎初二日 奉錦山海關道梁如浩與津關道梁敦彥與日本開議接收營口事

山西紳士學生因福公司礦案開會演說力爭英使照會外部請咨地方大吏保護彈壓

練兵處議定先派陸軍學生七十八赴東留學自後每年派一百八由各省咨到京合派

商部咨駐法欽使承允中國入巴黎萬國商會常年經費約二千佛郎

◎初三日 商部咨行各督撫發給外埠華商回籍護照章程

前粵督岑派員黃厚成赴澳洲調查商務以備奏設領事

◎初四日 南洋練軍大操

◎初五日 學部定章敎會設立之學堂不准立案

◎初六日 直督袁世凱奏請將所有兼差八項一律開去督練各鎮兵除第二第四兩鎮

記載

外均改隸陸軍部奉　旨兪允

◎初七日　政務處議訂嚴禁鴉片烟章程十欵即日具奏奉　旨依議

澤公將在中西洋蒐集之書四百五十四種及編輯書六十餘種初三日咨送政治館初七日以最要之三十種進呈御覽

◎初八日　日本向外部力索臺灣籍富商林謀昌外部電飭厦門道將人交出

◎初十日　廣東潮汕鐵路行開車式觀禮者數萬人

浙江臺洲府臨海縣天主耶穌兩教民入互門聲勢甚洶甯紹臺道會同鎮軍前往辦理

◎十一日　南洋荷蘭華商建立文廟粵督岑代奏立案

營口交還事件議將巡警衛生交還中國辦理電話則出資購回凡錢債細故事華官不得翻改如關於房屋產業及重要事件不在此例

學部咨飭各省自後各學堂管理員均由提學司札派

◎十二日　山西福公司礦約事晉撫與晉紳力爭外部電飭照約晉撫力駁不允

◎十三日　法部大理院奏請由度支部每年撥帑貼銀五十萬兩奉　旨依議

豫陝兩省京官連名具稟郵傳部擬會豫陝兩省之力籌築洛潼鐵路

◎十四日　郵傳部右侍耶胡燏芬因病出缺

◎十五日　張伯熙奏請自後考驗學生廢去舉人



二

進士名目

廣滬粵人分電外部郵部及周督總商會請力爭九廣鐵路合同

學部奏請設日本副監在公使之下將各省學生監督一律裁撤

◎十六日　駐京英使照會外務部謂中國若實行禁烟英國亦贊成此舉

烏里雅蘇臺將軍馬亮　陛見奏陳俄國南下之勢日漸增長

外部咨行各省自後新開商埠無論華洋各物除照定章徵稅外均額外加徵碼頭稅以償開辦經費餘款即爲辦理地方公益之用

是日接收營口華人高懸龍旗祝賀

◎十七日　外部因義使要求自滬至浦口之鐵路敷設權議以嚴詞拒絕

◎十八日　刑部右侍郎伍廷芳在籍電奏請開缺及辭修訂法律差奉旨　俞允

◎十九日　鄂督張之洞奏請將練兵改隸陸軍部并請開去參預政務大臣兼銜

廣東粵路股東大會公舉查帳員即日查核鐵路公司收支存放數目

御史蔡增源受賄賣摺被堂官參劾奉旨交法部嚴加審訊

豫撫張通飭各州縣查禁洋商在鐵路附近違約購地

◎二十日　吏部新章照例　引見之員均須考試

交還營口條約兩國委員是日簽押

粵人因九廣路約失權大集會議擬自行籌欵建築不借英欵

## 記載

山西紳士學生倡議收回大學堂自辦不復由外國人辦理

慶王奏請將兼差開去以專責成

御史王步瀛奏請飭各督撫查明以前與各國所訂鐵路合同草約已經逾限應行撤廢者趕緊極力議廢以收回主權

粵督周馥將周榮曜之家屬分別省釋

◎廿一日 川督錫良奏請將將軍署自成都遷至巴塘以資鎮壓

江西萍鄉縣會匪暴動勢甚猖獗湘鄂贛三省皆派兵赴勦

◎廿二日 粵督周馥設立鐵路公局委藩司胡湘林爲總辦候補道沈鳳樓爲會辦以備查驗鐵路公司存放股銀揭示幷提儲銀行一面調停紳商以安人心

◎廿三日 雲南鐵路公司議派學生赴比國學習鐵路工程以六年爲期又擬派學生至日本以三年爲期官給學費咨學部立案

◎廿四日 上海憲政研究會成立在愚園開第一次正式大會

◎廿六日 俄使要請將新疆巡撫所設之茶務公司撤去謂其與俄國茶商有損

政府命滇督派員到京會同與英使參議滇緬界約

美國因廣東連州教案仍堅索賠欵五萬

政務處續奏請官員戒烟限六個月戒絕

政務處奏准縣丞可以兼管民事

政府議准伊犁將應攤賠款四十萬提爲練兵經費

◎廿七日　英國委員在滇緬交界之南卡江重修界碑丁振鐸電請外部核示

各國駐使照會外部謂戶部已改度支部請將從前借欵合同改換

吏部奏准捐納京官仍照舊例掣籤除農工商外部郵傳部不准雜入捐班外餘均一律照辦

法國已允中國學生入海軍學校政府先選派七名前往

◎廿八日　東三省照中日條約開埠十六處計奉天六處吉林六處黑龍江四處准於十二月一日先行宣布吉林哈爾賓滿洲



里等處開埠日期

開放張家口議定立案五條(一)張家口稅務歸稅關監督管轄(二)邊境設防備兵(三)設戶部銀行分行(四)劃地另開租界(五)京張鐵路告成後撤去稅關監督另設稅關本部

◎三十日　萍鄉亂黨用白巾札頭白旗書革命軍約七千人匪目爲龔姓蔡姓等屯於瀏陽上栗市率衆圍攻醴陵

## 十一月

◎初一日　諭飭各督撫推廣農林限一年內詳查地方官民各荒幷氣候土宜繪圖造册報部訂章辦理

江北飢民麕聚淸江浦四十餘萬官場

## 記載

設圩留養過六十餘間上海紅十字會亦定議到浦施賑

近一禮拜內香港洋紗商倒帳至二百餘萬元

學部訂立京外各學堂征收學費章程咨行各省督撫

◎初二日 萍鄉會匪兩次爲湘軍擊敗斬獲千人

袁大化補授河南布政使

駐京美使仍向外部要求招工往開巴拿馬河外部照覆拒絕

江西巡撫與重熹補授郵傳部右侍郎

江西巡撫以瑞良補授

◎初三日 學部酌定京外官紳出洋游歷簡章咨行各省督撫

外部電飭粵督照給連州教案恤欵

奧荷兩國公使請中國派員入該國農務會外部轉咨出使該國大臣照行

江北紳士籌築江北鐵路以工代賑

◎初四日 郵傳部與法公使商議借欵建築松花江三姓歸化城等處鐵路工程師用日本人鐵路材料購自日本

中國留日武備學生一百四十名離東京分往各師團學習

順直及廣西實官捐一律停止

◎初五日 廣東學紳商界公電政府力爭九廣路約擬自行建築

粵督周馥重禁香港各報上省

日本駐使楊樞奏准設留學生監督總監督自任之副監督以參贊任之

◎初六日 上海道示禁各烟館六個月內一律閉

歇並照會各領事請租界內照辦

◎初七日 修律大臣議覆前江督周奏請禁革買賣人口一摺應准照行並擬辦法十條

郵傳部與鄂督電商贖回京漢鐵路辦法

◎初八日 江海關查獲由東洋運往宜春之貨炸藥十五箱短槍一百六十枝棍內暗刀一百把

奉旨徐海淮安饑民大集著蘇省截留漕折銀三十萬兩並由度支部撥庫帑銀十萬以辦賑濟

◎初九日 皖省宣城縣饑民閧鬧縣令憤殺二十餘人幾釀大禍

袁世凱派步兵三營馬兵一營赴湘贛助勦亂黨

陝西藩司樊增祥與陝督升允互劾有旨令樊增祥開缺聽候查辦

◎初十日 山東曹州土匪勢頗猖獗東撫電請陸軍部派第五鎮常備兵赴勦

◎十一日 杭州商會稟請農工商部力拒日人在省垣營業

南京徵兵因統帶杖責官兵交閧

◎十二日 駐俄使胡惟德電告政府海參威應償華人損失之款准明年三月辦理

◎十三日 旅美華商電請內地紳商再行停銷美貨幷勸人勿應巴拿馬河工

閩督電告外部謂官腦局與英商交涉事議結幷未索償

◎十四日 廣西巡撫柯逢時開缺以侍郎銜督辦各省土稅程儀洛幫辦土稅事宜

## 記載

張鳴岐補授廣西布政使署理廣西巡撫

◎十五日　前粵督岑奏請獎勵南洋華僑辦學員胡國廉敎習林奎等

◎十六日　政府决議以遼東渤海浙海粵海四處為海軍區域於四處設立軍港

度支部議定所有本部統轄之銀行造幣廠各總辦均一律改作實缺

◎十七日　山東曹州土匪竄至河南歸德各屬

廣西南寧商埠是日開放設關

政府定收新開商埠碼頭稅惟非永遠施行擬按若干年收足即行停止

江督端方奏定放賑員司如有侵蝕賑欵者查確後不論多少將該員司就地正法

◎十八日　軍機處改制領袖章京食三品俸歷八年外放提學按察鹽運各司幫辦章京食四品俸八年外放通商洋務要缺道員均不兼差

萍鄉匪首蕭克昌拿獲正法

德國請在膠州灣興築船塢作永遠屯駐海軍之地外部不允

◎十九日　俄國允交還漠河金礦是日各委員由天津往接收

政府通飭各省查禁無約之國不准載運鴉片及嗎啡等物入口

◎二十日　杭州拱宸橋新埠大火焚去市屋三百餘間

學部議定京師師範畢業生服義務五年方准轉入仕途

◎廿一日 湖北臬司梁鼎芬召對面參慶王攬權納賄

江督通飭自本月起至年底止凡由各處運米麥赴江北無論有照無照一概免完釐稅

學部通咨各省督撫學堂於各科學外宜設立品行一門以注重德育

振徐兩欽使是日回京

◎廿二日 江督電奏清江浦已資遣飢民八萬餘人賑欵已支用一百三十餘萬

◎廿四日 外部新章出使各國大臣均作實缺使大國秩二品小國秩三品參隨定額大國七員小國五員頭等參贊視參議二等視郎中三等視員外隨員繙譯視主事參隨各員不准自行奏調均由部派或由儲才館遴充

前粵督岑春萱奏准裁免粵海關號寄稅

江督端方疏濬奏淮河以工代賑

◎廿六日 振貝子摺奏東三省中樞喪失朝議擬將處置滿洲之法歸列國會議向各國探聞意見

外務部德文繙譯德海夜間被人戕殺全家六命

廣州商民復倡拒約美領事照會周馥嚴禁報館提倡并拘押主持之馬達臣派委將拒約存欵提充善舉

◎廿七日 安徽都司姚敦裕赴任至岳州遇盜全眷被害

都察院奏准自後保送御史京員實缺

記載

五品以下至中書外官實缺四品以下至州縣均可保送如有濫保爲原保大臣是問

◎廿八日 政府命南北洋大臣各派委員四名赴新加坡偵探革命黨舉動

郵傳部與直督庫倫辦事大臣決議撥京津京漢兩路溢利五十萬兩建築張家口至庫倫鐵路

陸軍部派哈漢章良弼等八員分往直隸兩江兩廣河南等省調查軍事

◎廿九日 萍鄉匪亂大定前時避難之西人均還原處

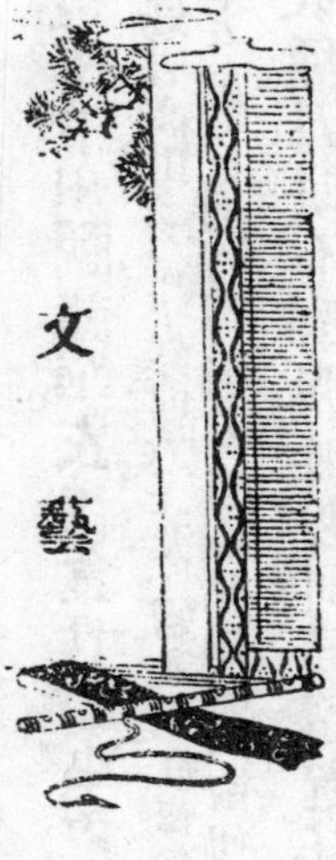


# 飲冰室詩話

飲 冰

騰越李根源（字印泉）以學軍留東在聯隊。志士也。以其同里楊發銳（字貢誠）所輯關於騰越之詩歌若干首見寄。或足供種俗之調查。或足補歷史之殘缺，皆瓌寶也。乃錄入詩話以廣其傳。且志搜討之勤。

王堯衢詠騰越邊地種人詩十首(1)

麼些（麼任大金沙江內外。有七十餘種姓。剛悍。好居高躁地。以生畜射獵為業。）

麼字彝經蝌蚪精。也知天象斷陰晴。覘蟠若用雞為卜。何似天臺禱太淸(2)。

妙玀玀（妙玀玀皆七縱官舍之裔。與黑白諸倮玀迥異。耳圈環。常服白棱羅布。婦人衣胸背粧花。前不掩脛。後長曳地。衣邊滿山如旗尾。無襟帶。上作井口。自頭籠罩而下。桶裙細摺。專資射獵為生活。有喪則闔寨醵資為助。）

官娜營長與諸蠻。胸背粧花婦女顏。跣足踏歌眞倜儻。妙蘆笙吹罷舞衣還(3)。

爨彝（爨彝任入金沙江內外。有百餘種。性柔弱。好居旱地。火炙肉食。不求其熟。或取蜂糟而食之。習緬字。器用無磁。以紡織稼穡為業。）

酋長之妻數百多。竹樓茅舍緊

嬌娥。鴿鶊不用療蘇妬。奈爾中華獅吼多。(4)●●蒲人蒲即古百濮人。誤濮爲蒲。騰永西南一帶所在多有。形貌粗黑。男女皆束髮爲髻。男以青布裹頭。腰繫線繩。膝下繫黑藤。婦人腦後戴青綠珠。以花布圍腰爲裙。上繫海貝十數圍。繫莎羅布於肩上。皆勤力耐勞。苦事耕作。所種苦蕎綿花黑豆等類。知漢語。滿貿易。微廬彭濮載周書。百濮爲蒲西徼居。貴者看頭繩百結。那堪賤膝黑藤餘。(5)●●緬人貝葉傳經金字光。椰漿樹酒共傳觴。國人盤首皈依佛。花落香臺顧象王。(6)●●猓些子猓些子種出孟養宣慰司地、以象牙爲大環。從耳尖穿至頰。以紅花布一丈許裹頭。而垂帶於後。衣半身衫。而袒其右肩。米肉不烹而食。勇健熟鏢刀敢戰。喊聲如犬吠、鳥喙何如古越王。可縫尺布不成裝。出關若事當年事。也傍雞鳴學孟嘗。(7)●●野人野人居無屋廬、多有茅棚、好遷移赤髮黃睛。以樹皮毛布爲衣、掩其臍下。首戴骨圈、插野雞毛、纏紅藤。執長矛勾刀獵捕禽獸。食蛇鼠、性兇悍。涉險峻如平地、居茶山里麻之外。有離騰越一二千餘里者。有離騰越二三百里者。統計此種人口。不下二三十萬。猳人無甑竹筒炊。採取蛇蟲佐饌奇。木葉蔽身林作屋。授衣刮盡樹頭皮。(8)●●地羊鬼地羊鬼短髮黃睛。性奸狡嗜利。習邪術。出沒不常。居猛密木邦兩土司地一帶。慣行妖術勝尸蠻。木石能移人肺肝。任爾通身渾是鬼。可能換我寸心丹。(9)●●遮些遮些綰髮爲髻。男女皆貫耳佩環、性喜華彩。衣僅蔽體。戰鬭長於弓矢。倚恃象銃、與緬人同、孟養宣慰司一帶皆其種類、佩鬟綰髻性豪奢。也學中州鬭麗華。衣綵食甘騎坐象。種人叢裡五侯家。(10)●●阿昌阿昌。一名娥昌。耐寒畏暑、喜燥惡濕、好居高山、刀耕火種、嗜養犬、婦人以紅藤爲腰飾。採野葛爲衣。嗜酒。背負不擔。覓禽獸蟲豸皆生啖之、弗擇污穢、今戶撒臘撒隴川南甸四司地。多此種人。約有十餘萬。生平畏濕好居山、火種刀耕不暫閒、無似阿昌隨處好。紅藤腰束葛衣斑。其餘種人猶有白玀玀黑玀玀擺夷崩竜猓玀克猔戞喇縹人莽人卡瓦小伯夷等數十種類云。

又火把節古風一篇云。火把節。亦名星回節。漢代元封間。葉榆有曼阿娜。爲漢裨將郭世忠所害。並欲得其妻阿南。南約以三事。一設幕祭故夫。一焚故夫衣易新衣。一令國人遍知郭以禮娶。郭皆如其言。於六月二十五日。聚國人。張松幕。置火其下。阿南俟火熾。焚夫衣。遂躍入死焉。國人哀之。每歲燃炬弔之。其後唐開元間。有鄧賧詔者。六詔之一也。南詔欲併五詔。因星回節召五詔會飲松明樓。鄧賧詔妻慈善。懼難止夫勿行。不聽。乃以鐵釧約夫臂而別。比至南詔火其樓。諸詔妻尋夫骸不可識。獨慈善以釧故得其骸以歸。南詔異其慧以幣聘之。善以夫未葬爲辭。既葬。乃攖城自守。南詔以兵攻之。三月食盡。善餓死。南詔尋悔。旌其城曰德源。今雲南六月二十四五兩日。比戶斫松爲燎。高丈餘。入夜爭先燃之。用以照田祈年。以炬之明暗。卜歲之豐歉。戚友會聚。割牲飲酒。全省皆然。間有知兩烈婦故事者。

六月廿四日金鴟墜西崑。維南赤熛怒。是夕臨朱幡。引以絳
玉節。融風自翩翩。燎薰羃四野。芬茀騰九閽。下乃燭六幽。牽連導孤魂。阿南抗前旌。
慈善扶後軒。玉貌宛無恙。雜佩鏘璵璠。故衣尚堪著。不辨殘燒痕。皓腕約單釧。應自
臨別存。城郭已非是。何處尋荒窀。時見烈焰中。閃爍青燐昏。村甿聚歌哭。血膋盛瓦
盆。不知漢與唐。遺事信口論。上言阿娜妻。次及封德源。一如蒼松枝。乃以松自燔。一
甘絕粒死。至今芳草滋。生未噉賊肉。地下含煩冤。我與赤手劍。視此羔與豚。照田歲
有例。婦孺咸趨奔。寒食吊介子。競渡招屈原。再拜兩嬋娟。惠我禾黍繁。蘿笠轉悽咽。
爇火彌騰掀。我亦坐達旦。醉來舞蹲蹲。作詩紀舊俗。未肯同陸渾。曰覘民力勤。曰勵

民風教。

明陳珹正統七年從征麓川入騰衝一律云。路入騰陽望眼賖。壯懷激烈不須嗟。時聞鬼嘯兼聞鳥。鮮見民居頻見花。廢寺荒凉啣落日。空城寂寞鎖殘霞。天戈奮迅邊塵靜。六合車書總一家。

明盧瑄從征麓川宿騰越龍江驛一律云。駐馬龍江日已闌。江皋風靜渡舟閒。參差雲樹山重叠。零落村居室幾間。戍鼓、遞敲來木枕。野霜、飛冷透邊關。明朝擬上平蠻策。萬里淸塵按轡還。又夜聞麓川賊思氏就擒一律云。譙鼓初敲月上時。三傳邊報決羣疑。生俘獻捷歸明主。遠地觀光習漢儀。霹靂軍聲威海徼。星馳露布達京畿。師旋樂奏平蠻曲。制作中慚雅頌詩。

王景昭咏尙書營云。（尙書營在騰越廳城南五里來鳳山後。明兵部尙書王驥征麓川時屯師處。）我聞尙書營不識尙書面。殺聲雷震來。虎豹皆股戰。營高壓麓川。營長亘緬甸。麓川如振槁。緬甸如掣電。七縱儼天威。南中永不變。更拂平蠻碑。依稀如公見。

明陸芸騰越龍洞河一律云。古樹青松最上頭。荒原白骨動邊愁。石根僧定雲常護谷口龍眠水不流日落草黃平淡淡風長溪碧去悠悠天涯杯酒成何意塞上音書謾未休。

明史旌賢悲蠻暮一律云。蠻暮屬騰越州六慰三宣之一。在大金沙江內。田土饒沃。風俗與隴川猛密同。東有等練山。環以那暮江。直走金沙江。當滇緬水陸要衝。萬曆間墮爲緬甸莽氏所陷。萬里雄藩計轉非瘡痍滿眼淚沾衣千秋天地龍堪臥百戰河山鴻未歸。白骨陣雲横睥睨青燐瘴雨失霏微似聞蠻暮歸侵地幾得休戈更被圍。

明張文耀遊寶峰寺一律云。絳節摹仙綵閣雄。孤峯一眺大荒空西天日月消兵氣。南紀山川漸帝風細路白沙瑤草合危崖蒼蘚石壇通淮人鴻寳何人握咫尺雲璈下八公。

黔國公沐璘軍至緬甸望西海一絕云。蛇首樓船十丈長船頭鐃鼓樂笙簧篙師百櫓齊搖出阿瓦城邊水似湯。

漆文昌復過沙木隴一絕云。斷崖巉石水流溪。曾與將軍指路迷。今日重躋思剗創。陰風暗雨暮雲低。

明童蒙正賀滇撫周嘉謨中丞平定隴川一絕云。蠻烟起處咽悲笳。十月南天雪不花。漢相遙揮白羽扇，乘風一夜渡金沙。

劉綎字省吾。少豪縱。軀貌雄偉。眉宇若神。能用鑌鐵刀。重百二十觔，馬上輪轉如飛。時稱劉大刀，裝束臨陣。神彩忽變。如俗所畫關壯繆像。自結髮從戎。所著戰功甚多。而其平隴川木邦蠻暮孟密諸夷。直抵緬都阿瓦。受緬王莽瑞體之降。尤爲第一偉勳。綎平定緬甸後凱旋。大會文武於永昌。晏集賦詩，以屬綎，意謂其不能也。綎吮筆輒而書云。祖習干戈未習詞，諸公席上命留題。瓊林宴會君先到。關塞烽烟我獨知。剪髮接韁牽戰馬。折衣抽線補征旗。貔貅百萬臨城下。誰問先生一首詩。一座皆驚。後綎由騰越調遼東。與滿洲戰。陣亡。世傳其死時。猶著形天干戚之異云。

明鄧子龍。萬歷間緬甸犯邊。子龍爲參將。詔移赴永昌。爲金騰參將。耿馬罕虔與兵鳳通。犯姚關灣甸。景宗眞等助之。子龍大破賊於攀枝樹下。斬宗眞、虔。會劉綎亦俘兵鳳父子以獻。進子龍副總兵官。緬復入寇。孟密（孟密爲騰越六慰三宣之一）把總高國春大破之。以犄角功。子龍優敘。旋爲總兵官。值猛硔土司思仁烝其嫂甘線姑。欲妻之。勿克偕。其黨丙測叛入緬。爲邊患。蠻暮土司奔等練。子龍擊敗之。復猛硔蠻暮兩土司數千里地。子龍老將。愛與文人交歡。其在騰越築萬華館居之。自稱武橋主人。嘗於九日登萬仞關題云。邊關不見白衣來。萬仞崗頭獨舉杯。西望浮雲遮落日。南來蜃氣出樓台。自憐短髮酧殘骨。誰說長纓負將才。何處西風催鋏馬。敗髏衰草不勝哀。又別清平洞云。開爾清平記六年。許多盤錯破中堅。梅根挂壁全無土。石乳爲門別有天。釋子好看池上樹。莽生休據洞前田。我去莫敎碁石爛。有山亭上月段圓。題下關萬人塚云。天寶南征已捷聞。誰憐枯骨臥黃昏。惟有蒼山公道雪。年年披白吊忠魂。又病中聞西騰兵挫云。病眼慵看老莫邪。西南轉運不勝嗟。誰憐十萬長平恨。只爲當年說趙奢。蓋悲指揮吳繼勳等之敗也。時衛所不足用。故以趙括譏之。當劉綎平緬露布之傳也。師凱旋而莽應裏復叛。子龍有憂之。登鎭南樓題云。丈夫生世間。豈爲兒女謀。綱常七尺軀。何不覔封侯。仗劍眼空天下事。浩然之氣淩青霄。百戰身被數十瘡。手開雙石三奪矟。義胆忠肝格鬼神。叱咤咆哮走雷電。醉來解帶大樹眠。詩成落筆楊雄辯。君不見滇南財竭苦用兵。遐天耳目遙金殿。永平夫少婦運多。騰越米貴彝金賤。潞江初瘴鳥不飛。猛林舊壘烏欲啼。曉傳露布晚報警。平民疲困何時醒。願將一陣百蠻空。笑譚顛倒乾坤整。大抵傷邊臣之怯懦。朝廷不知所謂遐天耳目遙金殿也。其征緬時。緬驅象進。子龍足起蹴一象即死。緬大驚奔潰。世傳鄧將軍一脚踢死象。蓋知象膽之所在。傷即斃也。

明馬繼龍蘭滄江懷古一律云。孤城鐵鎖跨長虹。鳥道從天一線通。樹響龍來陵谷雨。山空猿嘯石樓風。百蠻南詔襟喉地。萬木荒祠鼓角中。象馬何年歸貢賦。士人猶說武侯功。慰留鄧子龍將軍一律云。萬里驅兵入不毛。橫谿毒水瘴烟高。風霆一鼓空蠻壘。雷雨千山洗賊巢。衆口任教讒薏苡。南人直解頌功勞。邊庭見說還多事。誰許先生解戰袍。

明張含謁方忠毅都督祠一律云。都督祠堂秋可憐。蕭蕭落木石城邊。山河空抱孤臣恨。勳業從教太史編。鐵馬有時嘶漢月。偏師何處哭蠻烟。忠魂千載風雲護。況及金貂奕世傳。又蘭津渡二首云。(1)山形宛抱哀牢國。千崖萬壑生松風。石路眞從漢諸葛。鐵柱或傳唐鄂公。橋通赤霄俯碧馬。江含紫烟浮白龍。魚梁鵲架得未有。絕頂咫尺樊桐宮。(2)黑水之西哀牢東。岧嶢山色開鴻蒙。魚龍戰鬭日月暗。鶴鵠喧呼烟霧濃。水閣倚石架朱鳳。鏁索橫空飛彩虹。江流迸激待禹鑿。百蠻琛贊梯航通。

明郭春雷哀牢故縣一首云。駉馬南斷欲盡天。哀牢城外吐番連。空江暮雨沈虹影。古洞春流雜蜃涎。高下人家多傍箐。尋常客路半侵烟。相逢莫笑無拘束。續草耕山亦自便。

明曹遇諸葛營一絕云。孟獲生擒雍闓平。永昌南下一屯營。僰人也解前朝事。立向斜陽說孔明。永昌詞一首云。漢武窮邊開永昌。哀牢部落散丁當。流人不學蠻花語。城郭風烟半建康。永昌故哀牢國也。明初流配獨多吳人。故語言風俗。宛似南都云。

又竇井詞一絕云。緬中花落滿蠻山。千兩鵶青馬上還。寒食雨飛防瘴癘。漢人不敢出姚關。竇井在姚關數千里外。猛密土司界內。鵶青寶石重一兩三錢。約値黃金三十貫云。又白石寺一絕云。點蒼山勢如游龍。踏破烟霞第幾重。十九峯連青欲滴。深藏一朶玉芙蓉。

吳執齋先生先生名璋。騰越人。嘉靖時。過浙聞學於王陽明先生之門。居三年。所養益邃。歸。倡明理學於邊城荒服之中。敎人以致知力行爲主旨。學者稱執齋先生。高黎貢山一首云。高黎貢山花正紅。千岫萬岫烟雲中。險道岧嶤鎖眉黛。絕巘突兀摩穹隆。鷲聲鶻聲滿丹巇。遠色近色皆蒼松。記取此景付形管。豪吟野眺生春風。毘盧閣一首云。好山齊立玉欄東。老眼閑凭興不窮。地僻暑收晴雨後。人幽凉墮晚來風。古城鶴去青松獨。方丈雲歸翠嶂空。幾度吟成下樓去。滿身花露月明中。來鳳寺一首云。雲散烟消萬境開。一天清氣擁樓臺。小橋送客攜壺過。幽境尋僧煮茗回。流水似龍隨化去。遠山呈鳳欲歸來。夕陽莎草遊人醉。幾點寒鴉落古苔。

明李定國其先本滇人。初從爲賊。張獻忠死。與其黨孫可望劉文秀艾奇能白文選馮雙禮等由蜀奔滇。既擒沙定洲。與孫可望迎永明王於粵。封定國爲國公。後永明爲可望所制。駐安籠。密封定國爲晉王。使來迎。時定國在廣西屢敗。以得王密勅。赴安籠奉王西行。至滇與劉文秀共輔之。孫可望既投誠於長沙。大清軍營進貴州伐滇。定國屢大敗。奉王走楚雄永昌。時戊戌十二月十五日也。又走騰越。先令王宮眷出三宣六慰地入緬甸。定國督兵三萬餘人扼磨盤山。在騰越分水嶺古關之北與趙布太吳三貴力戰十餘晝夜。敗績。兵士死傷殆盡。定國曰。吾焉從。從帝而追及之。俱死無益也。乃入孟艮。屢舉不克。及愛興阿吳三貴大兵攻緬。緬自顧國弱。不敢與抗。殺永明宗室吉王松滋王瑞王及黔國公沐天波敘國公馬維興等六百餘人。從臣宮眷等殉難者。一千餘人遂獻永明帝。吳三貴縊之。定國在景線蹦踊號哭。自擲於地百十次。不食者三日。兩眼惟流血珠。至七日而死。後有騰越人劉彬弔之云。凜凜孤忠志獨堅。手持一木欲撐天。磨盤戰地人猶識。燐火常同月色鮮。定國墓在景線地方。至今寸草不生。諸種夷人過者。必稽顙拜跪。大呼李將軍三聲而後去。故至各邊地一帶。有擧定國事實問者。即婦孺亦能道之。

又劉彬讀殘明遺事漫紀十二首之五云。(1)倉促乘輿異域巡。每從草莽認君臣。中原尙少藏身地。緬甸誰爲報國人。(2)航海勤王事事空。將軍血淚灑西風。彝歌緬酒朝朝樂。何用飛章達帝聰。(3)憫國欺君死尙遲。釜魚几肉竟無知。不思出險扶危計。國璽能充幾日飢。(4)休從緬甸憶中華。舍死全身事可嗟。當日香魂猶在否。至今誰弔漢嬌娃。(5)萬里投身虎口中。身亡國破兩成空。可憐忠義同時盡。血濺番城歲歲紅。餘七首不傳。蓋必有觸新朝之事。惜哉。

陳佐才哭黔國公沐天波七絕一首云。天波從桂王奔緬。愛與阿追至緬。緬酋殺之以獻清軍。戰馬嘶歸還漢地。將軍枯骨在蠻城。招魂惟有沙洲水。日夜嗚嗚作哭聲。

昆明王思訓夾江二士歌云。（夾江舉人王運開與弟運閎以文章氣節相砥礪。明崇禎末。運開舉弟來官永昌推官。値鼎革。無兵不能任戰守。人情洶懼。咸以降請。運開誓不屈。操符命。自縊死。運閎曰。吾素師吾兄。兄旣爲國死節。已成仁矣。吾忍負兄地下乎。亦投滄江而死。人哀而葬之。題曰夾江兄弟之墓。）錦江水何漭漭。走萬里入蘭津。蘭津扞羅些。突遭鬼彈過毒焰。能焚山。觸石無不破。誰能攖其鋒。虛聲犯坎坷。王生兄弟魚凫來。徒手扶天恐其墮。兄握金騰符。雄懷視虜如嬰奴。家無罷虎噬銅馬。裂冠怒髮空拳呼。詈虜投繯畢臣志。身騎箕尾遊天衢。厥弟書生可勿死。不忘夷也西山孤。杜衡薜芷埋蜀客。梁鴻長伴要離側。歸然雙塚峙江潯。月明時聽塤箎音。夾江高寒杳歸計。夜夜猿啼招望帝。又三忠墓云。（在保山城東北官坡明鼎革時死國者。）天柱西傾日欲黑。破碎金城不留尺。亂離荒遁勢莫支。寸鐵何人持拒賊。金齒慘寂殺氣橫。虎豈入城肆威逼。大夫抱篆哭向天。背裂髮指憾無力。血戰不可守不能。惟有一死報君父。雙忠遙結瀘江魂。孝廉凜凜偕殉國。當日承恩盛儒服。奮臂幾人誓馬革。守土義當不顧身。誰肯輕身埋異域。三仁慷慨成一心。身落南荒心向北。至今合墓起悲風。三百年間增壯色。

# 新智識之雜貨店

▲去歲一年間。乘輪通過蘇彝士運河者。共二十一萬零八百四十五人。其中八萬一千四百三十一人係兵士。

▲去歲一年間。通過蘇彝士運河之船舶。凡四千一百十六艘。

▲自蘇彝士開通之後。由歐洲來東洋之哩數。縮短四千哩。

▲英國海軍經費。比過去十一年間增多二倍。

▲每年移住英領加拿大之人。由美國往者五萬六千。由英國愛爾蘭等處往者四萬五千五百人。



▲馬之值最廉者。莫摩洛哥若。一頭平均約一元一角。

▲日本東京日刊新聞有二十三種。其餘週刊月刊等各雜誌。有四百四十號。

▲英國屬地人民所信奉宗教。試別之如下。印度教二億零八百萬人。回回教九千四百萬人。基督教五千八百萬人。佛教一千二百萬人。其他雜宗教有二千三百萬人。

▲英國人身體高額平均男女五呎八寸五分。

▲德國常備軍有六十六萬五千人。法國常備軍有六十四萬五千人。其差僅二萬。

▲法國人一年使用石鹼。每人平均約六磅。英國人約十磅。

▲英國屬地人口凡三億六千五百萬。其中三億在亞細亞。四千萬在阿非利加。其餘則在加拿大與

## 雜俎

澳洲

▲英國屬地面積。比法國屬地面積多十六倍。德國四十倍

▲意大利國。不能書不能讀者不與選舉權

▲世界大小輪船。每年沈溺者平均約二千艘。損害人命約一萬二千。財產約二億圓。

▲現在德國皇后在各國皇后中所持各種寶石最多。其價總在二百五十萬元以上云。

▲以音響而報時刻之鐘。八百年前發明於波斯

▲歐洲始用煤炭在紀元八百五十年。

▲歐洲製造金銀貨幣始於紀元前八百六十二年。

▲玻璃瓶在千五百五十八年。始製於英國。

▲日刊新聞。英國有八百零九。法國有七百。德國有八百零二。其次則意與西班牙俄羅斯希臘瑞西云。

二

法國巴黎每年所消鷄卵占四億五千萬以上。

▲俄國敷設鐵道始於一千八百三十七年。此時僅得十六哩。

▲美國印刷所始於一千六百三十九年在哈佛地方。

▲法國新聞始於千六百五年。英國始於千六百二十二年。

▲一千八百四十年時。歐洲新聞紙種數。只有二千四百六十。迄今日則越二萬二千以上云。

▲現今動物學者所知之昆虫其總數殆有二十四萬以上云。

▲十九世紀一百年間由英國經手頒布於世界之耶蘇聖經。不悉其數若干。但其量有三萬七百噸以上云。

上海商務印書館

# 新譯日本法規大全出版預約廣告

日本法律之書以此爲最完全凡全國法律規則命令無一遺漏光緒二十七年盛宮保督辦南洋公學時曾屬管理譯書院海鹽張君元濟聘人翻譯是書成稿約十之八嗣以乏人修校未經印行越四年盛宮保復屬張君廣續成書允由本館修校出版惟原稿係據明治三十四年之本距今已久其增加更易者約十之二三且律學精邃出入所關甚鉅非有專家學者詳慎考核極易貽誤本館特聘日本早稻田大學政學士閩縣劉君崇傑躬赴日本總司編輯復就近延聘卒業帝國大學何君燏時卒業中央大學高君种卒業早稻田大學法政科學人陳君威卒業早稻田大學梁君志宸及其他優等留學生各就所長分門擔任就明治三十七年最新之本精審校閱誤者改之缺者補之并與日本各法律專家詳加討論以期斟酌盡善惟書中法律名詞具有精義未必盡人能解因聘日本早稻田大學政學士法政科學人董君鴻禕及錢念劬先生編成法規解字凡書中所有名詞皆詳加解釋按照康熙字典部首排列以便檢查計時二年糜費數萬始克卒事欣逢　聖上宣布立憲伏讀諭旨有云先將官制分別議定次第更張并將各項法律詳慎釐訂而又廣興教育淸理財政整修武備普設巡警使紳民明悉國政以豫備立憲基礎著內外臣工切實振興力求成效俟數年後規模粗具查看情形參用各國成法妥議立憲實行期限再行宣布天下等因凡屬中民敢不黽勉勤求以期仰副　聖明般般圖治之盛意此書於日本官制教育財政武備巡警等書言之綦詳且係同洲同文同種之國尤足爲我官紳士庶參考之用故特亟付手民從速出版全書分二十五類共四百餘萬言用上等中國連史紙印成凡四千數百頁分訂八十冊并附法規解字一冊裝入椐木箱年內可以出版每部定價二十五元凡豫約者其辦法如左

一豫約價每部銀十八圓　一豫約期限以本年十二月三十日爲止過期照定價每部二十五圓概不折讓　一豫約者應於期內先交六圓向本館及各分館購取預約券出版後將券交下并找十二圓即可取書　一外埠購豫約券者請將銀六圓由郵局掛號寄上海總發行所收到後即將豫約券由郵局掛號寄奉　一廣西雲南貴州四川陝西山西甘肅新疆八省因路途較遠展限二月如在明年二月底以前寄銀十八圓到滬者亦照豫約辦理本埠及近地不得援例　一欲本館將書寄奉者其郵費如下

(甲)上海城廂內外不取送力(乙)向各分館取書每部加運費六角四川省每部加郵費一圓四角(丙)輪船火車已通之處每部加郵費一圓(丁)輪船火車不通之處每部加郵費一圓二角(戊)陝西甘肅雲南貴州四川五省每部加郵費二圓四角(己)日本國每部加郵費一圓四角(庚)歐美諸國郵費各不同應照實數計算不及細列(辛)臺灣十部以上運費較廉當照實數收貲　丙丁戊己庚五項因郵局包裹磅數有限全書一箱無從寄遞擬分爲十函用精美結實布套包裹以代木箱

◉注意　現已將譯例總目日本憲法全文印成樣本一冊如承　不棄請向本館總發行所或各埠分館取閱遠地函索亦可寄奉

◎上海棋盤街商務印書館◎北京琉璃廠分館◎奉天同春福海利號分館◎天津金華橋分館◎漢口黃陂街分館◎廣州雙門底分館◎開封路北大街分館◎福州南大街分館◎重慶分館◎成都分館　同啓

# 上海商務印書館新出各種教科圖書

（分設）京師　奉天　天津　廣州　福州　成都　重慶　漢口　開封

**學部審定** 初等小學 **修身教科書十冊** 每冊一角 **教授法十冊** 每冊一角 **五彩掛圖** 計二十幅已裱六元未裱五元

◯本書爲浙江蔡元培福建高鳳謙浙江張元濟諸君編輯採取古人嘉言懿行足以增進民德改良風俗者依次編入由淺及深循序漸進末數冊於合羣愛國尤爲再三致意全書十冊適供初等小學五年之用第一冊全用圖畫不著一字令兒童不生厭倦第二冊至第四冊每課一圖第六冊以下文漸增圖漸減每冊至少亦有十圖左右玆承　學部審定稱爲（斟酌取舍之間皆足見其精審）等語　教授法十冊按課編纂均注明出處詳列教法亦承　學部審定另附第一冊挂圖二十幅彩色鮮明最便講堂指授之用

◎**學部審定** 初等小學 **國文教科書十冊** 第一冊一角五分第二冊以下各二角 **教授法十冊** 第一冊四角第二冊至第五冊各三角、第六冊三角半第七冊四角

◯本書爲福建高鳳謙浙江張元濟江蘇蔣維喬諸君著悉心編纂一字不苟經營二年始克成書文章淺而不俗雅而不奧每冊附圖數十百幅五彩圖二三幅尤爲精彩動人全書十冊適供初等小學五年之用發行以來頗蒙海內教育家許可銷流至數十萬冊疊版數十次玆經　學部審定稱爲（文辭淺易條段顯明圖畫旣富板本適中章句之長短生字之多寡皆與學年相稱事實則取兒童易知者景物則預計學期應有者幷將一切器物名稱均附入圖中使雅俗兩得其當）等語　教授法一書專爲教員之用按照課數編次凡誦讀講解習問默寫聯字造句作文等法無不詳備名物訓詁皆加詮釋所引古籍西籍亦詳其出處以省教員檢查之煩此書亦承　學部審定

◎初等小學 **習字帖** 第一冊一角第二三四冊各八分

◯此帖與本館所編國文教科書相輔而行書中所有者無一不備書中所無者亦不攔入以便隨讀隨寫可助記憶第一冊用描紅第二冊以下用影寫

◎**小學唱歌書一冊** 價洋三角

◯此書前半詳列教授法凡音調拍子趣味等法循序不紊後半列歌辭雅而不俗淺而不俚其於愛國思想尙武精神尤爲注意

# 上海商務印書館新出各種教科圖書

（分設）京師　奉天　天津　廣州　福州　成都　重慶　漢口　開封

**學部審定** 初等小學**筆算教科書五册** 第一二册各　角半第三四五册各二角 **教授法五册** 第一二册各二角半第三四册各三角半第五册四角 **五彩掛圖** 計十六幅二元五角 ◯本書五册適供初等小學五年之用已承學部審定稱爲（綱領備具條理細密步步引人在今初等小學教科書中洵無出其右者）又稱（多列圖畫足以引起兒童旨趣全忘習算之煩苦）又稱（中外度量衡比較法既習算術兼適應用則尤本書之特長）等語教授法一書亦經學部審定稱爲（教員上課時手此一編可不致漫無秩序）等語

◎高等小學**筆算教科書四册** 每册二角 **教授法四册** 第一册二角半第二册三角第三四册各二角半 ◯是編繼前書之後仍由加減乘除入手至平面立體求積而止全書四册適供高等小學四年之用　教授法四册按課演繹最便教員之用

◎高等小學**筆算教本二册** 價洋四角 ◯是書共九編（首）加減乘除（一）諸名數（二）分數之簡易者（三）分數之繁雜者（四）小數（五）比例之簡易者（六）比例之繁雜者（七）利息（八）開方求積序次得宜繁簡適當解釋清晰詳又明暢

◎**學部審定** 初等小學**珠算入門二册** 每部二册價洋四角五分 ◯此書經學部審定稱爲（條流明晰階級秩如每課多列習題亦便於練習）等語且蒙學部指定爲初等小學末一年之用即商業中人取而習之獲益非淺

◎**珠算教科書四册** 六角 **教授法二册** 每册價洋五角 ◯此書繼珠算入門而作詳明淺顯條理井然其教授法爲教員實際教授時所用解說詳明丁甯苦口教員但能手執是編依書演講當自知其運用無窮至於有志編修者取而習之亦能粗窺門徑漸陟堂奧

◎高等小學**理科教科書四册** ◯每部四册價洋八角 ◯是書爲山陰謝洪賚所著並由山陰杜亞泉參訂材料精當部次分明最便教授附印五彩圖及精圖三百餘幅書共四册每册四十課每星期教授一課以一年畢一册誦習既竣不患無普通之知識矣

# 上海商務印書館新出各種教科圖書

（分設） 京師 奉天 天津 廣州 福州 成都 重慶 漢口 開封

師範學校教育學二角 ○ 是書分三篇共三十三章先通論次詳教育之目的及主義方法擇精語詳合乎初級師範學堂之用

◎學部審定 師範學校教育史一冊二角五分 ○ 是書敍述東西各國教育之沿革與其變遷實足導我國言教育者之先路業經學部審定稱爲（凡小學教員欲考求教育之源流者必取資焉）等語

◎學部審定 師範學校教授法原理一冊二角 ○ 是書分六編一曰緒論二曰教授之目的三曰教材四曰教授之原理五曰教授之方法六曰教授之形狀業經學部審定稱爲（言簡而賅意精而顯）等語

◎師範學校各科教授法二角 ○ 是書分十科曰修身曰讀書作文曰習字曰算術曰歷史曰地理曰理科曰圖畫曰唱歌曰體操應有盡有賅括靡遺適合初級師範學堂及速成師範講習所之用

◎學部審定 師範學校學校管理法二角 ○ 是書八章曰總論曰編制曰設備曰管理曰經濟曰衞生曰書簿曰教師業經學部審定稱爲（詳審精密條理井然定爲小學教員參考書洵爲適用）等語

◎師範學校心理學二角五分 ○ 教育以心理學爲基礎故師範學校必列是科我國現時教育咸知注重師範是書凡二十八章皆詳關乎教育之心理簡要精審一字不苟

◎師範學校論理學一角五分 ○ 論理學亦師範學校必要之科爲教員者不明論理學則教授時必不能勝任愉快顧是學精深廣大欲求簡核明豁合乎教科書之用者實鮮善本是書凡六章其中演繹歸納等法適於教授之用者皆詳略得宜

◎學部審定 畫學教科書一冊七角 ○ 是書爲圖百數十幅凡人物山水以及動植器用等無不具備末附本國各省總分圖數十幅業經學部審定稱爲（凡教習教授圖畫最要在善畫黑板使學生一覽了然爲功自易是編深明此法先以虛線作式而後畫爲圖形故雖不著論說而不至於模不模範不範也）等語

◎初等小學習畫帖八冊教員用一冊七角六分 ◎高等小學毛筆習畫帖八冊一元四角 ◎高等小學鉛筆習畫帖八冊八角 ○ 以上三種習畫帖參照東西洋名家筆法所有人物屋宇器具皆按照中國模樣俾兒童一覽而知最爲便用

休甯程家檉先生纂著　日本伊藤繁延先生案圖

# 中國歷史教育畫

外附漢文說明書一
冊全部二十頁已經
出版定價金五圓

圖一國之精神。有如堅石。有如煉鋏。別無他道。世莫不稱曰國民教育。然其爲國民教育之利器者。則非歷史一科不爲功。中國歷史。浩如煙海。興亡之故。固不難藉教科書以傳之。而國民之眞精神。縱懸河之口。其無圖書以相輔助。則終莫由而顯也。休甯程韻蓀先生。其經史之學。夙已蜚聲於禹域。自弱冠而負笈吾邦。前歲畢業於大學。其在東京。實留學生之最久者。以應敝局之請。爲著是圖。聯絡古今。貫串倫類。其數雖不過二十。然內準之中國社會之心理。外以合泰西教育之方法。由其精博之心胸。而出以卓越之識見者也。至其描畫神情。幾於頰上三毫。躍躍若活。呼之欲出。足令人可哭可歌。起慕起敬。誠宇內第一之歷史畫。而心乎教育者之不可不先睹爲快者矣。特此廣告。務宜家備一編。

講堂教授…漢譯　**暗射清國大地圖**

◉縱五尺　橫七尺全幅大掛圖

◉石版加彩色　定價金參圓五拾錢

發行所日本東京市京橋區弓町三松堂書局

十一

此墨不須磨工。以筆沾水濃淡自如。且墨質純良永無腐敗之患。即置夏冬時令亦無融凍等慮。光彩燦然。遠勝唐墨。美麗。輕便。於行旅中最爲相宜。價廉物美。足爲文人之至寶也。即以水溶解亦可適用。如官衙畫家大小學校銀行等。猶爲不可少之品本舖開設多年馳名已久。教育品展覽會內曾

大日本登錄商標

二十世紀

最大發明

田口精留謹製

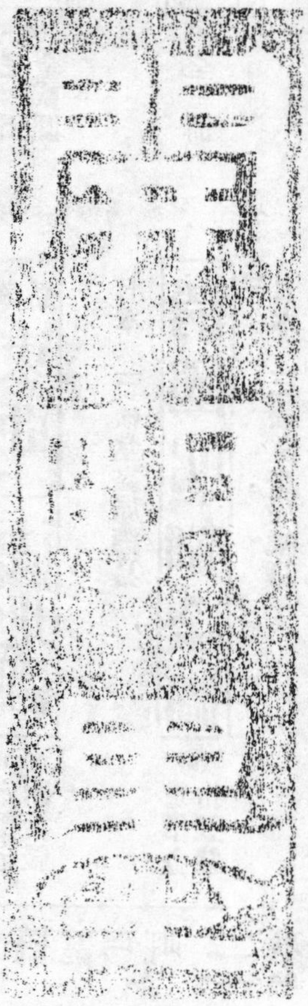

得優賞。中國朝鮮緬甸等處亦屢蒙光顧。惟需覽標本請賜郵費壹角二分。即以墨一個呈閱。不誤。其他文具種類太多。恕不悉錄。故特另紙詳載標本。

# 開明墨製造元

合資會社 田口商會

日本東京京橋區南傳馬町一丁目七番地

善忍堂地圖調製新編輯部編纂

# 漢譯講堂教授地形圖

縱三尺五寸 橫六尺
石版加彩色
全一枚大揭圖
定價金壹圓五角

地理教育之進步地圖與地形圖相輔而行誠必要者無此種圖出版於敎育上誠一大缺點敝堂爲學界起見特介編輯部精意製爲此圖以資學校地理教授之用若人置一篇則凡地形上理解難會處之用語按圖指點使瞭如指掌此誠學校最利用之品也

## 最新中國各省分圖

石版加彩色美本
定價金七十錢

## 學堂練習用萬國地圖

石印美製全八張記號皆確實記入
定價廿五錢

## 國民必携清國新圖

石印細密五彩印美物產詳汁
定價廿五錢

## 漢譯萬國新圖

近刊

## 大清帝國全圖

石印細密六彩鮮美
定價六十錢

## 漢譯世界全圖

石印細密七彩鮮美
付各國旗章
定價四十錢

## 大清一統分圖

石印細密五彩印美
定價五十錢

## 支那帝國明細圖

石印細密配彩
定價廿五錢

## 兩半球圖

石印細密美彩
付各國旗章
定價參拾錢

## 中學清國形勢地圖

石印精密配彩
定價廿五錢

## 清國講堂練習用地圖

石印美製全拾張記號皆確實記入
定價參拾錢

教科用地圖發行所 大日本東京市京橋區三十間堀三丁目十九番地 大須賀善忍堂

十三

# 日本東京 合資會社 富山房書局告白

文學博士 服部宇之吉先生著

## 漢文 論理學講義

全 價六角 郵費四分

高等師範學校教授黑田完治先生著

## 漢譯 單級教授法

全 價五角 郵稅四分

文學博士 上田萬年先生
文學士 上田敏先生 合編

## 最新英和辭典

譯語新新 熟語豐富 新語意明瞭
價六角五分 郵費六分
寸珍美本

## 近刊圖書預告

理學博士 三好學先生落

### 漢譯 新訂植物學講義

理學士 酒井佐保先生著

### 漢譯 最新物理教科書

文學士 鈴木暢幸先生著

### 日華會話辭典

欽差出洋考察政治大臣載澤殿下題字
陸軍教授依田雄甫先生撰修

（印刷中） 十一月發行 十月發行

文學博士 瀨川秀雄先生著

### 漢譯 西洋通史

地圖 繪圖 人 十月發行

### 大清帝國全地圖

印刷中

### 地文人文 全地球圖

印刷中

### 日語大文典

印刷中

## 告白 學生諸君

敝社今回更擴張業務增設販賣部坊間刊行圖書極廉其價特招聘貴國人爲管店專司其任故無復彼此語言不通之苦且社員皆懇切正直極有禮貌若承台命無不即遵辦伏祈惠顧爲禱

十四

日本東京 合資會社 富山房書局告白

陸軍教授 依田雄甫先生著

漢文 最新萬國形勢掌圖

是爲現今所存最良最美精圖。是以直隸總督袁宮保。前兩江總督魏制台。學部侍郎嚴大人。日本駐劄楊公使。軍機處存記一品朱大人。直隸學校司參議丁大人諸公殷勤賜書稱賛不已。今寫諸公真蹟揭之卷首。是亦爲不易得之大方諸彥幸購一本閑窓披覽可臥遊于五大洲也

石印十彩地圖二十張 人物風景寫眞版十張 （統計表廿四頁）

價貳元五角 小包郵費三角五分

文學博士 重野安繹 河田羆 兩先生同輯

漢文 支那疆域沿革圖

石印三彩 價叁元 小包郵費三角五分 （附圖說）

[illegible]教授 依田雄甫[illegible]著

漢文 最近世界現勢掌圖

石印七彩 價貳元五角 小包郵費三角五分

依田雄甫 河田羆 兩先生著

漢文 日俄戰記

口繪并地圖入 價二元 郵費三角五分

上野巽 吉田寅藏 兩教習合著

漢譯 兵式大全

價一元五角 郵費八分

寺尾博士監修 藤森温和先生著

[illegible]

價一元 郵費一角

東京鐘淵病院長 橋本善次郎先生著

漢譯 衛生一夕話

價六角 郵費六分

宏文學院教授 佐村八郎監修

日語新讀本

價六角 郵費六分

富山房編輯部編纂

中國電綫鐵路圖

價五角 郵費二分

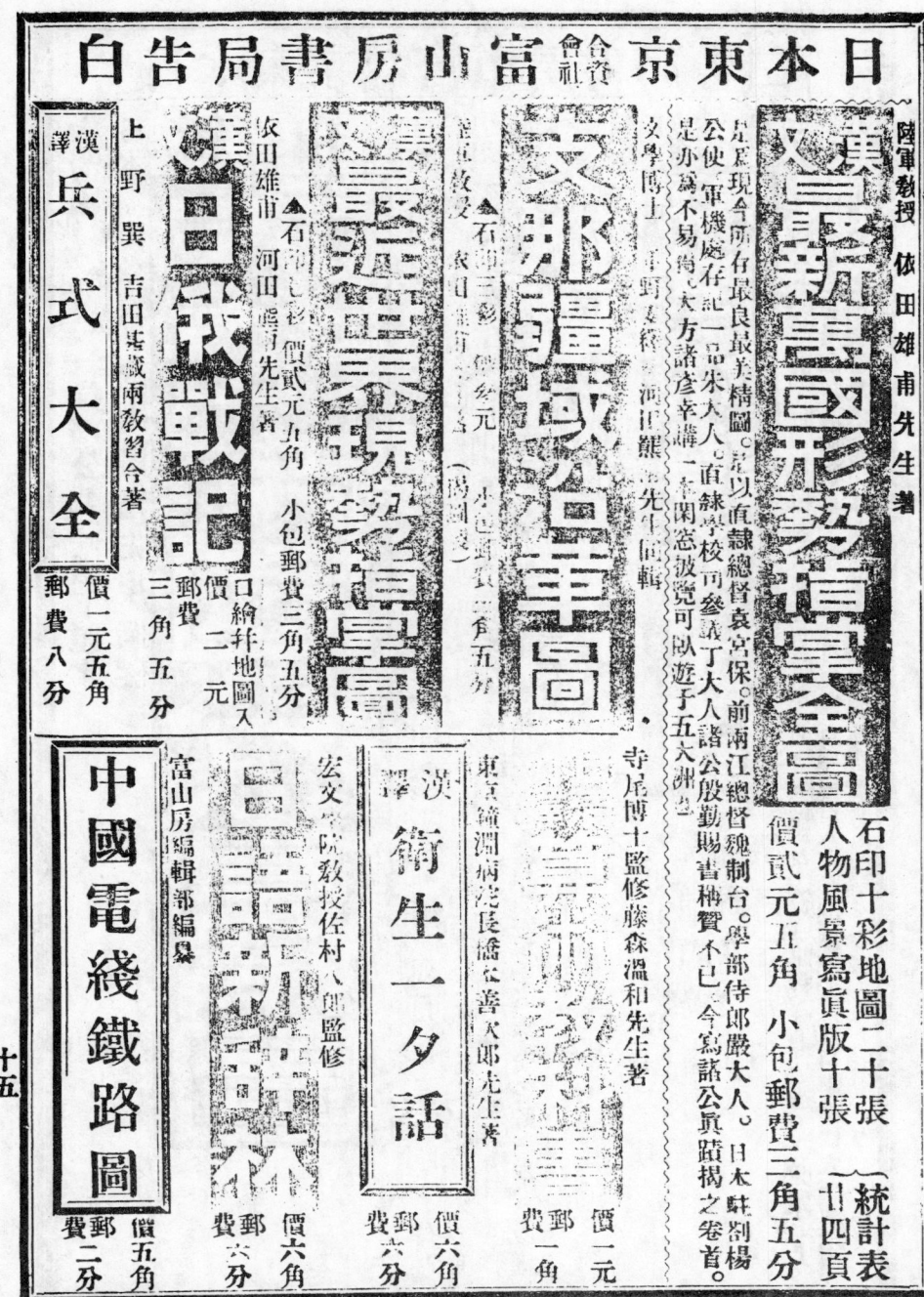

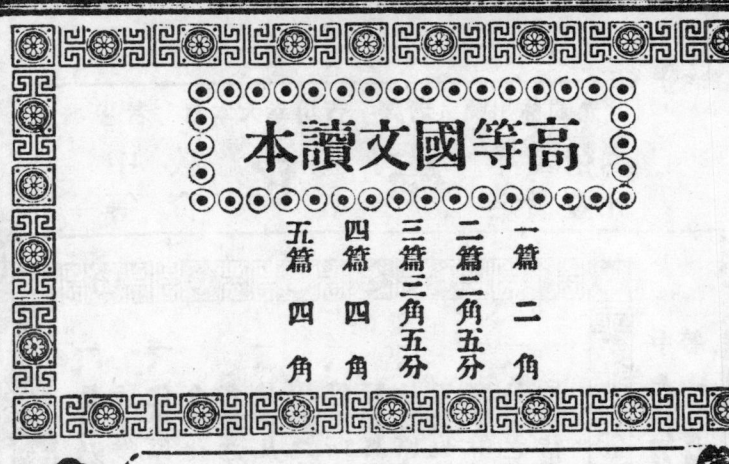

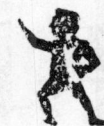

著者 日本大幸勇吉　譯者 岡州林國光

# 中等教育 化學

洋裝精本 定價壹元

一、是書乃日本理學士大幸勇吉所著彼邦中學諸校今日最爲通用出版未幾已翻印十五次此本爲最新出屢經改訂者

一、化學原質名稱我國固與歐美日本不同即舊譯各書彼此亦互相異今因化學鑑原所譯名目爲最通用故是本以之爲主而以別書之譯名注之其新發見之原質按例補入

一、是書凡化合物名稱悉從新法爰附化合物命名法一篇于卷首以資學者之參考

一、卷末所附英語索引一篇原本以片假名分類不適于我國之用今另行編纂而以首字之字體分類

一、是書原爲日本學校用書其中不適于我國學校之用者不少玆一切皆爲改訂原書所闕而必不可闕者悉補入

一、書中算式悉從新法凡分數上子下母

一、是書之譯者曾留學日本專門學校研究有年故書中之圖極其完備所不待言最可貴者字句明達令學者披而讀之易于領會

## 中等植物教科書

定價四角半　寄售所（廣智書局及各書坊）

總發行所 上海廣智書局

**SEIN MIN CHOONG BOU**

**P. O. BOx 255 Yokohama Japan.**

明治三十一年十二月二十七日（第三種郵便物認可）

[illegible]（每月二回發行）

# 新民叢報



第肆年第拾陸號

（原第八十八號）

光緒三十二年八月十五日　明治三十九年十月二日

中學世界地理教科書

第壹編

定價五角

世界地理教科參考書

定價一元五角

節本明儒學案

定價一元五角

中國人種攷

定價四角

上海廣智書局　橫濱新民社

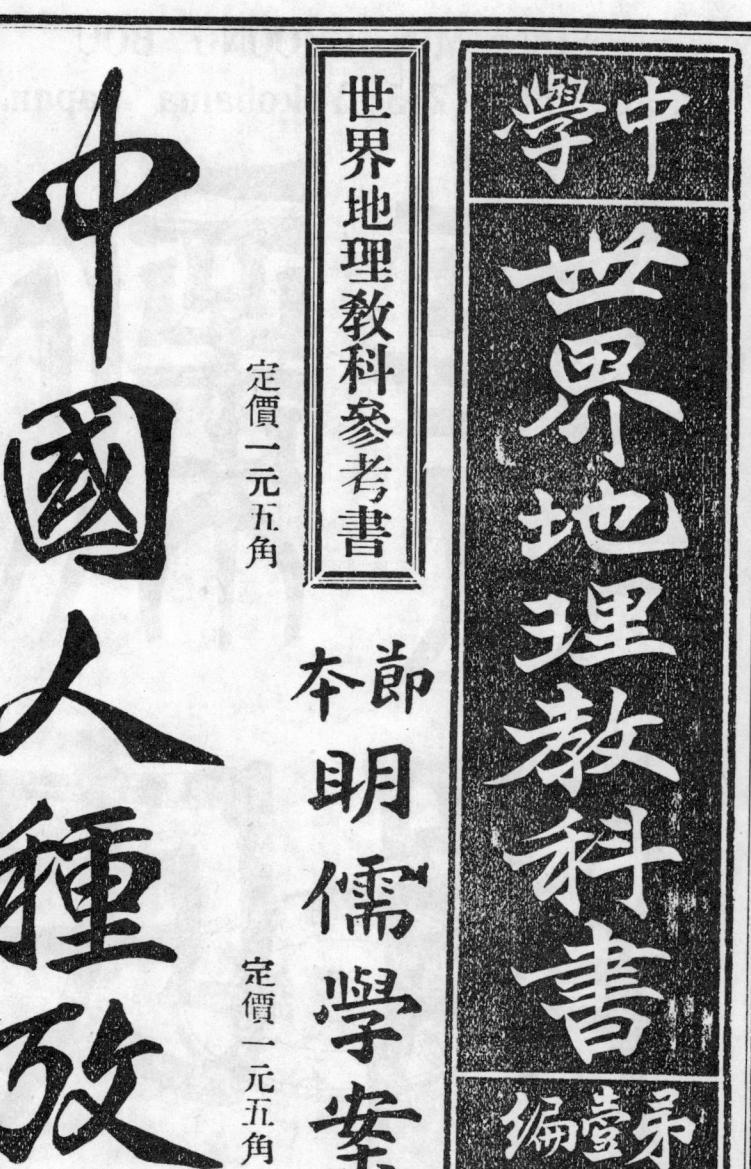

# 新民叢報第肆年第拾陸號目錄（原第八十八號）

| 報資及郵費價目表 | 全年廿四冊 | 半年十二冊 | 零售 |
|---|---|---|---|
| 報資 | 五元 | 二元六角 | 二角五分 |
| 上海郵費 | 二角四分 | 一角二分 | 一分 |
| 上海轉寄內地郵費 | 一元二角 | 六角 | 五分 |
| 各外埠郵費 | 一元四角四分 | 七角二分 | 六分 |
| 四川、雲南、陝西、貴州、山西、甘肅等省郵費 | 二元八角八分 | 一元四角四分 | 一角二分 |
| 日本各地及日郵已通之中國各口岸每冊一仙 | | | |

| 廣告價目表 | |
|---|---|
| 洋裝一頁 | 十元 |
| 洋裝半頁 | 六元 |
| 惠登廣告至少以半頁起算刊資先惠論前加倍欲登長年半年者價當面議從減 | |

編輯兼發行者　馮紫珊
印刷者　陳侶笙
發行所　橫濱山下町百六十番　新民叢報社
上海發行所　四馬路老巡捕房對面　新民叢報支店
印刷所　新民叢報活版部

海底電線發明者力可路布

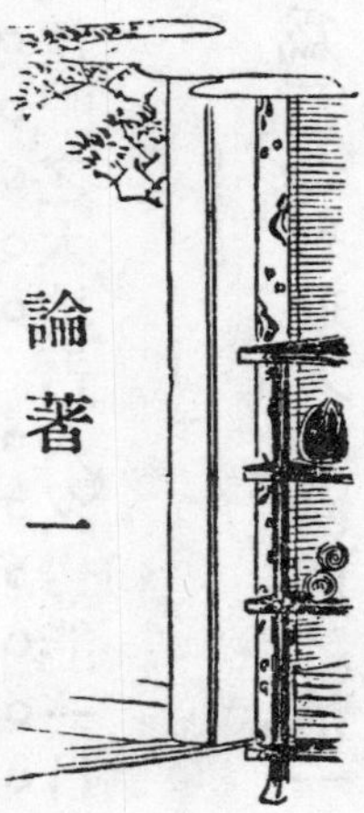

論著一

# 精神修養論

蔣智由

## 第一章 第一節 精神總說

以體力及器官之構造而論。彼萬物亦固有勝於人類者。然則以何而獨稱人爲萬物之靈長耶。曰以精神之發達。萬物實皆不如人類。故謂人物之所以分。即分於精神程度之有高下可也。而於同一人類之中。野蠻之人。其精神之發達。又不如文明之人。故欲據以定人民文野之差。其第一要件。亦必先數精神上之事焉。精神之足重如是。

精神之發達也。必以教育鍛鍊而成。試思之有高等之精神者。無不從讀書明理而來。使於精神上素無陶濬之功。則亦惟知奉其飲食貨利之事。以終世已矣。嗚呼。使號爲人而不過如此。又豈有一毫人類之價値耶。

精神上之事。舉其要者有三。曰情。曰智。曰意。是也。言心理學者。多以智情意之三部。爲心理全體之分類法。而作者之言心理也。以情爲主。若智與意。不過完全情之作用已耳。（作者所抱之見解如此其詳別論之）故下先言情。而繼言智意之事。

## 第二節　情

使問人之生也。果何爲乎。其將爲衣食乎。爲居住乎。爲目有見。耳有聞。膚有觸。神經之有感覺思慮乎。曰不然。夫爲是等而生。則人生竟無何等之趣味。然則人之生也。果何爲乎。曰爲情而已。夫惟有情。而後父子相親。夫婦相愛。兄弟相友。朋友相善。以及國家社會之相維持相救助。推而廣之。於全世界之人類。而有人道主義焉。又推而廣之。於全世界之物類。而有愛物主義焉。皆一本乎情之所發生而已。試問吾人所與居者。但有草木金石。而無人類。此乾燥之乾坤。吾人豈能一日安乎。又使雖有人類。而徒相殺相殘。而不相愛。此慘酷之天地。吾人又豈能一日居乎。然則人生之義。無他。一言以蔽之。曰爲情而已。

情之範圍。常分而爲二。一普通大範圍內之情。一特別小範圍內之情。普通大範圍內之情。對於人人物物皆不可不用之特別小範圍內之情則以特別之故而結契甚深若所謂知己性命之交是也此兩範圍之中。一則外延廣而內容狹。一則內容深而外延短而與吾人之噏合力最強有之而精神有凝一歸集之處無之直泛泛然於天地間而無所依着者則小範圍內之情之於吾人爲尤切也。雖然是兩種之情。實不可不兼有之。蓋有大範圍內之情此世界之所以有仁慈公正之行有小範圍內之情此世界之所以有生死患難之友也且也以利害密接之故小範圍內之情爲人人之所易有而大範圍內之情非大人物不能有之此有共同感情者之所以可貴也要之必對于公衆則有大範圍內之情以見其情之溥而對於親密復小範圍內之情以見其情之篤則可謂能完全情之作用而各當其道者也

世界有至美之一物而爲人類之所必不可少者何乎則人情之美是也今夫山川之妍麗。風月之清佳。草木之芬芳。此所謂天地間自然之美也。設天地無此自然之美而天地幾乎無色然使徒有此自然之美而無人情之美則人世果有何等之興趣乎夫所謂人情美者。吾今不能以言語文字形容之。何也但予人感而不予人道者此美之

至者也。故夫自然之美。吾人雖各自得於感覺之間。而猶能以繪畫顯之。詩歌詠之。至於人情之美。幾不能假何物以道其狀。故本書雖欲言而終不能言之。雖然。此人情美之物雖爲言語文字所不能道。而實人人之對於此人情美其感覺也獨銳。試視赤子居於父母之旁。雖不言而已通其感覺。而知父母爲最愛我之人。吾人與世間之交際亦然。相助相愛相救相恤。悉本於其至性而出。則怡怡然融融然於性情中每若有無限之安慰與愉快者。則人情美爲之也。嗚呼。世路嶮巇。人情反覆。各鬬其機械之心機夢魂間猶覺寒心。當此時也。一遇夫人情美之境。直若於人世間而有樂土天國之思此實可謂人心中一至美之事也。夫道德實亦美中之一物耳。使人心中而無此人情美。則道德亦必無發生之時。蓋道德之本根實在此人情美之中也。吾人欲望世間道德心之發達。又安能不望世間人情美之發達也耶。

若夫修養人格。亦有必賴夫情者在。蓋人格中有一最要之點。則不可無慈祥愷惻之心。溫柔敦厚之行是也。而是固非篤於情者不能有之。夫吾人之無人交對於暴戾酷虐殘忍刻薄之人。不免畏之若虎狼。避之若蛇蝎。而一得依於慈祥愷惻溫柔敦厚者。

之旁常若有和風甘雨之思則此二者之間。自他人視之。其人格之美惡。果何若乎。而探其故。實不外一爲無情之人。一爲有情之人。故夫吾人之論人也。常以愛情之有無爲一條件。蓋天下必無無情之人物。彼愛情不備之人。其人格亦必不能完全無缺憾者無疑也。是又修養人格者首當自審其情之隆薄、果何處也。

於情之中。又有第一必當養成之者。則道德之情操是也。道德之情操者。吾人性情之中不自知其何故。常嚮於道德之一方向而行。而有所不容已。不見夫仁聖賢人。彼其見道德而赴之也。雖蹈白刃。臨水火。而有所不辭。夫豈不知白刃水火之爲害哉。道德之念。強而無物可以抑之故也。此在無道德者視之。幾不知其何故。方以謂其心事殆難於索解。不知彼之不解。正由彼但知富貴生死諸事。而不知有道德之情操耳。有道德之情操者。其於爲道德也。亦猶饑者之於食。饑者之於食也、得食則快。不得食則不快。有道德情操之人。而欲使之爲不道德。必生種種之不快。而不能安於心。至於爲道德而後其心始快而安。故無所往而不求合乎道德。雖欲使之不爲道德而有所不能。是道德情操之效也。所謂士窮見節義。世亂識忠臣。當世俗披靡。疾風板蕩之中。而得見有中流砥柱之人不與流俗同其軌轍者固以其人有此道德情操故爲此道德之情操實爲凡有國家社會者之所不可一日無。蓋以無此道德情操之人即可至國家社會無一道德之人無一道德之人則其國家社會可至於滅亡也能不懼哉能不懼哉我中國今日亦幾有此危險之象矣稍有愛國家社會之心者可不知此道德情操之要而思所以養成之乎

人類之所以有價値者實不外性行志節事業與夫文辭之事而是數者無一不出之於情試視古來有性行志節之人。足以感天地泣鬼神而頑廉懦立雖自世下對於其人而猶有興起之效凡其能有若是之性行與志節者。有不本於至情之所發而能然者乎。又試視古來有事業之人。能出民於水火躋世於衽席而功勳爛然炳若日星千載下猶諷歌之凡其能有若是之事業者。又有不本於熱情之所發而能然者乎。至於文辭之間實所以寫吾人之性情。而最能動人之感慨者。吾人試讀古來之述作。而見其歌也有思泣也有懷每不覺掩卷太息流涕無從以爲是人所作何其能移吾之情至於如此乎。又豈有不本於作者有甚深獨至之情。而能然乎。嗚呼。此乾坤亦甚寂寥

此日月亦甚淡薄實賴有吾人之性行志節事業與夫文辭之事以莊嚴而絢染芬芳而悱惻之而其故必本於人之有情使無情則凡性行志節事業文辭必無有能動人之精神者在進而言之謂無情則世界即可至無性行也無志節也無事業也無文辭也可也然則情者性行之基也志節之本也事業之母也非特此而又文辭之源泉也則甚矣情之效用爲甚大也。

於情之中。而有二事之當注意者。其一。則情者不可不眞惟其眞也故能通乎人之精神而其動人之力也至大不然。故作有情之面目而非發自本心則人早有以窺其微而識其情之僞矣而動人之力何有矣

其一。則情者不可不久惟其久也故念舊懷始事愈遠而情愈篤情之所可恃者此也不然因時間之經過而情亦從而消失則其情也直一無可恃人固未有不惡其薄情者又烏得稱爲有情之人乎

雖然。人既知尊情矣。而或以情爲無惡將一任情之所爲而不加裁制於其間則其事又未有不誤者也蓋情之爲物也亦正善惡兼含邪正互具稍一不慎。不出於善而出

於惡。不屬於正而屬於邪者。事固時時有之。昔人知其如此也。因欲絕情。雖然。情者。與生俱來人性之所固有不能絕也。欲絕情則必并情所發生之美德而俱絕之矣。而豈可乎。吾人方欲以情爲基礎而凡人類間所有之美德一切皆建設於其上。又豈可厭棄之而不道乎。惟知夫絕情不可。而任情又不可。蓋絕情則不足資以爲善。而任情又不免放而爲惡。而用情至善之法。則有一焉。曰高尚其情好是也。蓋情好者。庸人有之。聖人亦有之。其情好同。而其所情好之物大不同。此即人品之所以分高下也。舉其最易見之例言之。如有人焉。專以讀書爲樂。則讀書其情好也。有人焉以賭博爲樂。則賭博其情好也。而一則爲下流之事。一則爲士君子之事者。則以其情好之物不同故也。彼聖賢之與流俗。不同其情好者。猶人之與牛馬不同其食性。然故人之於情也。不可不抑止其卑劣下等之事而進於高尚。庶乎有善而無惡。有正而無邪。而可謂善用其情者矣。

## 第二章　第一節　智

人者有求智之性者也。不觀小兒乎。對於其所不知之物。必舉而問之於人。曰此何乎此何乎。此卽有求智之性之萌芽也。至於就學之士。茍有當知之物而不知。每不勝其懷慚之意。故夫學問之道無他。有一不知之事。必欲考而知之。及夫此事已知而彼事復有所不知。又欲考而知之。由是不知之事無窮。而求知之心亦無窮。於萬有之內。舉其所得知之一部分而言。是卽今日之所謂學問者是也。學問者卽由人有求智之一性而起。若人而無求智之心。卽謂人類間不能有學問發生之事可也。此求智之性。所以學者名之爲智識慾。人惟有此智識慾也。而後乃能超萬物而先進化。蓋人類之所以高於物類者。非以其體力之過於物類。而實由於智識過於物類之一事而已。然則智識慾者。非人類之所以爲人類一至要之事耶。

吾人身體之所以生長者。必賴乎食物。使無食物之事。而身體生長之機絕矣。夫精神上亦豈能獨無食物而生長乎。精神之所以賴以生長者何。則知識是也。吾人日以知識供給精神之需要。知識之新陳代謝。是卽吾人精神所以能發生而成長之機也。故曰知識者精神之食物也。

智識者所以處事也。夫一事也。不知其利害禍福之所在。而謬然行之。其爲害也甚矣或未敢即行而徘徊於利害禍福之間此境亦最能困人或遂有決之於蓍蔡者雖然蓍蔡者其事茫漠而不能明言其理此豈吾人所可信耶惟出吾人之智識以斷之使利害禍福無復有可遁之形而後乃能取最善之一策以從則智識之賢於蓍蔡也亦遠矣吾不恃吾之智識而豈可反恃蓍蔡以處事也乎故夫吾人之於事也不可無自覺之心與夫自信之心而此自覺自信之心必皆由智識充足之後而後能得者也況乎先見之明亦爲有時處事者所必要先見者觀微察隱而知其敗壞點之所在蓋事當未經敗壞之前其補救也易爲力防禍於未發弭患於無形此處事之上策也而是固非具過人之智識者不能有之則甚矣處事之大賴於智識也

智識者所以度理也夫人常有求眞理之心雖然眞理者伏於至高尙之處往往爲謬誤之迷雲所蔽非加以辨別比較之力則眞理終無發見之一日因眞理不發見之故則道德學問人間一切之事皆若築室於虛土之上時不免崩潰搖撼之憂蓋眞理之中心點一移則萬事皆當因而改變故也且夫自古至今人之於事也。莫不曰此合理乎否乎蓋不合理之事必爲人心之所不能安凡其所謂已安者必自以爲合理者也特無如前所視為合理之事至智識進步之後仍發見其有不合理者在常若人之智識進一步焉而眞理亦因之而進一步以智識逐眞理而眞理每在前而不可及吾壹不知夫眞理之境固若是其無窮者哉然則無他道也亦惟有為求眞理而仍鼓吾人之智識以進已矣

智識者能使社會進於開明之域者也夫當太古之時。人民之迷信甚多。而迷信實每與開明之事為敵。例若信風水之說。則不敢開礦。是其例也。蓋迷信之所以為害者以天下之勢力莫大於人心人心者實世間一切行為發生之源也以一極謬誤之說盤踞於人心之間而反信為正當之理由其行事有不日趨於謬誤者乎故非謬誤之說去則眞正之理不出而開明終不可得而見凡迷信之所以為世害者率皆由是理也而欲破人心間之迷信則必有待於人民智識增進後也

智識者又能使文化達於高尚之境者也何言之。天下至可寶貴之物。以野蠻無智識故而為其所湮沒者多矣。文化之長囿於卑野者。固以此也。蓋社會之通性凡為社會之所重者人皆趨而為之凡為社會之所賤者人皆爭而遠之若野蠻殘殺之社會雖

或偶有仁廉之行。世皆不以爲可重。從而行仁廉之事者益寡。雖然。其不重仁廉者實其智識不知仁廉之爲美也知仁廉之爲美則仁廉重仁廉重而爲仁廉者日多矣譬之今有一金鋼鑛於野蠻部落之中。彼野蠻人固不知金鋼之可貴也。而視與糞土同價則亦無有人也開採此金鋼鑛者矣。嗟乎。因社會文化未高之故坐使世間至可寶貴之人皆從而失其價值以馴歸於絕滅之途者夫豈少也耶試視文化未進之社會中凡抱絕技異能之人。旣多歸於不傳。而一二賢人君子身懷瓌奇之行則亦以不合社會之故而黃鐘毀棄瓦釜雷鳴以歸於淘汰之列此實社會不能長進之一大原因也而皆坐於人民智識之不足爲之蓋人民智識之不高尙斷未有能使文化達於高尙之境者故欲高尙其文化則必先高尙其人民之智識而後可也

智識者又今日世界交通競爭存立之一大要件也蓋當野蠻之世人民之所恃以爲競爭之具者。大都在力。力之不勝。則個人不能與個人爭。而一部落亦不能與一部落爭凡成爲最强之部落與一部落中成爲最强之一個人必也以力爲最大之原因而今也不然。其賭勝敗最大之一事曰智。凡個人之與個人。一國之與一國。一言以蔽之

曰有智識者勝無智識者敗縱今之世亦非全不恃乎力要之智實居於力之上以智運力而後其力始有用固未有徒恃力而無智而不敗於今日之世者也試視我國今日之維新。亦無非爲爲求智識之得勝於人、而謀存立而已。則甚矣智識爲今時代當王之物而人民之首當注重於此也

若夫道德亦多有賴乎智識而後能成者何言之蓋人之行事其有善惡之一辨別固在其人已有智識之後辨別善惡之一智識既生而後善不可不爲惡不可爲之一智識亦因之而生由此言之。則人之去惡行善也實一智識上之產物而已善行之必先有善念固以此也因此之故。而吾人遂得發見一勸人進於道德之術無他即啓其有智識之明是也視於世人之有道德心者必多有恃乎詩書誘導之功此非明徵智識有引起道德之一能力也耶不然則聖經賢傳父訓師箴亦皆屬無用之物而欲鼓舞人有道德之法幾窮今之能勸誘道德而有效者則仍不外乎假徑於智識之一途故對於愚昧之人驟欲使之去惡從善未見其有效也先使之明理則惡不期其去而自去善不期其行而自行矣。或曰開人之智識。其如人即有假此以作惡者何、曰是固有

之。雖然。吾以爲如此之人。必其智識之尙未完全。祇可謂爲小智之人而不可謂爲大智之人。若夫人之智識。完全而可稱爲大智者。則爲惡之非吾人之利。必深知之。知之而爲惡之策。自有所不取。況乎既日啓其靈明之性。則其於善惡也。幷不待何等利害上之計算。而自必欲植其躬於有善無惡之途。而後其心始安者也。故智識之事。畢竟非與道德相背馳。而實有相援助之理。不特此也。夫人雖有道德之心。而以智識未進之故。反有以不道德之事爲道德。執行之而不知其誤者。此類之事。於迷信宗敎。及拘泥一國之風俗習慣之人。往往有之。吾人所嘗慨歎。以爲是等謬誤之害。必待之智識增進之後。而後能去者也。況乎道德之目的。有時必賴乎智識。而後能達。因智識不足之故。往往有懷抱道德之盛心。而以事之無成。遂有不能許爲道德者矣。故竊以爲智識不備。則道德亦不能爲圓滿之發達。而欲求有完美之道德者。必在智識充足之後。則夫欲謀世人道德之進步。又安可不先開拓世人智識之界限耶。

若夫情則亦有賴於智者在。蓋情者。實一盲目之物。知進而不知退。知存而不知亡。知得。而不知喪者。則情之性質也。故任情而不任智。則前有禍害而不知。後有患難而不見天下之危險豈有逾此者乎非特此情之爲物每與理性不能相容故當感情至激烈之時其思慮必致缺乏一往而不可制遂有不顧利害輕重之舉者矣如盛怒之餘。即易犯此者也。又爲感情一偏之所蔽則於論事論人之際亦有爲感情所左右而失公平正直之處置者矣是又偏好偏惡人人之所常見者也。而能救情之弊者惟智。蓋情爲熱的智爲冷的情之性開張的而智之性收斂的情猶君也而智猶相也以相正君則君可不至於惡以智正情則感情能不脫乎智性範圍之外而能常保其中正之度是又智之大有造於情。而篤於情者。固不可不長於智者也。

## 第三章　第一節　意

意者行爲之主也蓋行爲之事。今學者分之爲二。一意思所決定名爲內部之行爲一意思所發顯名爲外部之行爲（本德國學者惠林古之說）。蓋行爲之先必有意思而可分之爲二者。例若吾舉手欲挈一物當吾之決意欲舉手而挈物也。吾雖有此意人不得而知之故謂之內部之行爲及夫我已舉手而挈物。則吾之意思已發顯於外而爲人所共見故謂之外部之行爲。雖然不問行爲有二種之別。而出於吾之意則同故行爲之解釋無他即意思之發動是也此論行爲者所以不能不先論意思而意實爲行爲之主者也故夫人之行爲可得而名爲善惡者即善惡其意而已。無論以道德論則外部內部之行爲兼得而論及之。若所謂原心誅心者。即論及內部之事者也。而以法律論。但得糾及外部意所發顯之行爲、至內部意所決定之行爲、非其所問、然發顯之行爲亦爲意之所存故法律上固非絕不重意者誠以行爲上得認定其爲善惡之事必先認定其有意在若無意則善與惡幾不可得而知故除特例之事外。以通常言之。則人必有意而認其有一人格之存在即認其有一意志之存在有意志而後得加其人以善惡之名者也

由是言之。故意志不可不自由蓋意志而非出於自由則是奴隸而已例如他人之欲吾殺人也。而吾亦將殺之乎。他人之欲吾盜物也。而吾亦將盜之乎。吾知人之不可殺。而必不殺。知物之不可盜、而必不盜。雖或有人迫之而必不從。此即吾自由之意志有此自由之意志也而後乃有道德。不然吾欲爲道德而以無自由之故。不免爲不道德。吾欲不爲不道德。而以無自由之故。又不能不爲不道德。則道德直無存立之地矣此

吾人不可不爭意志之自由而又不可不尊重他人之得意志自由也

若夫以意之效用言之凡動作者必有賴於意者也夫天下事必爲之而後有效不爲之則必無效者也故動作力弱者可直斷其無事之可成而古今所謂成功之英雄必具有一最大過人之本領曰人之所不敢爲而我爲之人之所不能行而我行之是即可謂有至大之動作力者也而動作力之發生實由於決意蓋意之不決而在搖撼游移之境則動作力必不能發生於其間天下事往往不敗於事後而敗於事前之不能決意終之何事不爲是眞可謂之坐敗而行事之大忌實無過於此者古人之所爲以需爲事之賊也若夫意强之人不然當機立斷而不惑於轉念不搖以羣疑故其人乃能直起而有功蓋決意之至鬼神避之決意者成功之母也此有動作力之可貴而必屬之稟性中强於意者之人焉

持守者又必有賴於意者也蓋人之嚮道也不可無一堅定之性不然而今日爲善明日可爲不善則心未與道凝而道將終不爲我有矣此學者所以貴有持守之功也能持守者無搖惑無變遷一與道齊終身不改雖歷外境之紛紜蕃變隨在能撼吾之所

守而吾之內心常能制之以不爲外境之所乘而有浮雲身世改孤月此心明之境焉至其極則雖蹈水火嬰白刃而有所不避盖其執念之强至對於人生所最畏懼死之一事而不能動則眞不能動之矣孔子所謂守死善道者此也而非强於意者固不能如是也

若夫禁戒之事亦不能不有賴乎意禁戒者何。見有害之事。而欲避之。而節制約束吾之行爲是也擧其淺而言之。若知酒之害。則當戒酒。知煙之害。則當戒煙。凡道德中須禁戒之事甚多。茲不及枚擧。雖然。以禁戒之難也往往吾自禁戒之事吾自蹂躪之禁者戒者吾而破此禁破此戒者亦吾如是而禁戒終歸於無效盖禁戒之事之所以不可能者其一必以有此事爲吾之所甚樂不能勝其樂之欣慕則不能禁戒矣其一必以無此事爲吾之所甚苦不能勝其苦之困難則又不能禁戒矣必也一決之餘而能割大樂忍至苦則禁戒之事以成夫禁戒之事貴乎有自制力今攷之。凡人腦力之健全者。其自制力亦强。故大人物無不富於自制力者而腦力不健全之人反是。此則又可徵非强於意之人不能善守其禁戒也至若不懼患難不畏困苦者、人生至要之行也而亦不能不有賴於意夫吾人或爲事業或爲道德。懸一目的以進則其進行之程途中必無坦坦平平之路若必求一順境而行設不遇順境將自此而裹足焉則吾所期望之一目的終不可得而達而已入乎競爭退敗之列天下寧有可爲之事耶必也立意以定吾之所嚮。雖有若干之障礙吾必排而去之雖有若干之艱屯吾必忍而受之蓋天下不能求一無患難無困苦之境惟吾心有能勝此患難困苦之術在斯遇患難困苦而無傷吾之行事且得因此而磨練能力以爲成事之本焉彼英雄志士之所以有成就夫豈有他道哉亦不外不懼患難不畏困苦之一事爲能異於庸衆已耳而是又必屬之強於意者之人而後可也

綜意之性質而言之。意者有決斷之性質者也無之而失於狐疑者有之意者有敢往之性質者也無之而失於姑息者有之意者有忍耐之性質者也無之而失於搖移者又有之意者。有主張命令之性質者也無之而失於依阿順從者又有之故夫人格之中曰志曰氣曰節操曰膽畧曰剛勇曰堅貞曰自主曰獨立凡有若是諸美德者則皆意之所產出者焉則意爲修養人格之必要可知也

故夫以意與情與智合而言之。則意固大有補於情與智。而有爲情與智之所不能離者。蓋情非意則不達。而智非意則不成。設無意則雖使其人之感情若何熱誠。其人之智識若何淵深。終不能一顯於行爲之間。而情與智且歸於無用。彼世之有感慨有思議而無事實者。則皆短於意志之故也。知夫情與智必待意而後能完其用。此意之所以足重。而當與情與智並立而爲三也。

雖然。意之足重固然。而亦不能謂意之盡善而無弊也。何則。意之爲物。固少變化通利之性者也。設也有一決意而行之事。而不明察其理。豈能保其事之果無誤乎。而尙意之人。多不知此。往往有確執己見而不揆乎時勢。不度乎情理。遂有失之於執拗而不通。頑固而不化者。則意之有害於事也大矣。蓋意而用之於識見充足之人。固能收其用而盡其利。反之而若識見尙未充足。固有未可專任其意而行之者。例若人當尊重其意志之自由者理也。而當年幼之時。則凡有所欲行之事。不能聽其自由。而當以父毋主之。蓋即恐其以識見未足而或至有害於事故也。此當防意之弊者也。蓋聞之孔子絕四。而其一曰毋意。則意之不可膠執也明矣。惟能取意之長而用之。而又能知其短而避之。庶乎其能收意之效矣。

## 第二節　結論

以精神與形體比較而言。則精神尤重於形體。蓋以精神上加修養之功。而精神直有改變形體之能。是也。試視怒則力增。而當心志專一之時。雖寒暑亦若不知。又當形體之力窮。而得假精神之力以濟之者。其事多有。（今時若遠感作用及催眠術等皆假精神上之力）昔人所謂鬼神來告。蓋即由精神之能力爲之。聞之昔時有英國之將軍某。指揮其軍以與敵人戰。已受致死之傷矣。而不死。至聞捷報而知敵軍之敗也。始死。是即由精神之力能延其形體之生命也。精神之作用。顧不大哉。亦姑不必言此。凡人所有之精神。實無不顯之形體之間。如有仁慈之心者。必現仁慈之相。有兇惡之心者。必現兇惡之相。雖使其人欲自掩抑。而無如精神之上。卒不可祕。孟子所謂胷中正則眸子瞭焉。胷中不正則眸子眊焉。是皆由其精神影響於形體間之理也。故夫學者欲改換其人格。必先改換其精神。始蓋既改換其精神之後。則形體隨之而後人格自從而殊異焉。如昏惰放蕩之人。或一變而爲勤謹之士。則容貌之間。亦見其有清新之氣象。然是非精神有改變形體之能之徵者哉。精神之有關於人格若此。故夫今之言教育者。曰體育。曰智育。曰德育。而又有之曰情育。形體上之事居其一。而精神上之事居其三。亦可知精神之事之多於形體矣。蓋形體固不可不重。而精神則尤為吾人之所當重者也。

由是言之。吾人欲修養其人格者。必不可使精神上有缺陷之憾。如於情而有缺陷焉。則其人直可謂無情之人。吾人可不懍然以此為缺陷之大者乎。蓋人之所以為人者。實合形體與精神之兩部分而成。形體之不全。則人謂之不成人。若不全於精神。又豈得謂之為成人乎。特形體上之不全。如盲目缺脣等事。人皆得而見之。而精神上之不全。若或欠於情。或欠於智。或欠於意。人不得而見之。雖然。人苟有欠於情智意之三者。則其人必不能造為完美之人物。固可知焉。夫吾人對於形體上事。固不可不謀發達保全之道。此衣食運動醫藥等事之所由起焉。而於精神之事。多忽焉而不講。豈可謂能知事理之本末輕重者耶。蓋形體實為載精神之物。使無精神。則形體雖存。與夫糞土木石又何殊焉。故凡所謂欲發達保全吾人之形體者。無非以形體不具。則精神亦將無所附麗。而欲藉形體之保存。以謀吾人精神之發展耳。固非徒為吾人之形體計而曰此外其遂無餘事焉由是理而推之則精神上之不可使其有缺陷也。實較之形體上不可使有缺陷爲重。形體上之缺憾。苟無傷於精神之發展。則吾人直可不較。獨至精神上之缺陷。致有害於人格。則直爲人類所不可不補之事。且也形體上之缺陷、或有不可不補者。如手足之斷。不能復續者是。而精神上之缺陷。苟教育進步。尙未見有必不可補之事。則夫補精神之缺陷者。非人類間第一重大事哉。

故夫精神上之事。若情智意三者能臻於完全發達之域。則其於人格也。亦無何等之缺陷。彼稱爲神聖之人。即最能發達此情智意三者之精神者也。余嘗論人謂不可無愛情、無智性、無勇氣。而孔子之教。每連言智仁勇之事。是亦無他。不過能發達情智意之美德而已矣。

夫人若能全於情智意三者之精神。固善之善者也。雖然凡人之稟賦。殆不能皆無所偏。彼若下等之人。情智意三者皆無。固在無可取材之列。至若三者之中。果能獨長其一。已爲翹然出衆之才。然而細察其性情。非短於情則短於智。非短於智則短於意。蓋人類間精神之發育。其不能達於完全之境。固如是也。

於是吾人得自省之法焉。夫學者之欲完全其人格也。莫要於有自修之功。然而自修之難也。即在吾不能自知其爲吾而於性質之短長茫然莫覺。更何從而施補弊矯偏之力乎。若懸情智意三者以求。則吾性質之所欠者。固在何所。易得而知之。而後可加鍛鍊之功焉。是大便於自省而有益於修己之事者也。

於是吾人又得相人之術焉。夫欲交友其人與欲施教育於其人者。首不可不知其人之性質。蓋所謂有交友與教育之益者。即在與其人之性質相接觸。於精微之處而加以磨礱之功。自不覺生一種苦快之感。而後其性質上之長可得而發育之。性質上之短可得而矯正之。此交友與教育所以有入神之功也。而固非深知其性質者不爲功。

今分人性質者。曰膽液質。(剛執性)神經質、(沈鬱性)多血質、(感發性)粘液質。(冷靜性)是四者。固爲知人之一法。而欲言交友與教育者。多有取於是。然若以情智意三者驗之。則其人所蘊藏之性質。亦不能逃。而欲利用其性質上之所長與補救其性質上之所短。其言皆切中深入而易有功。是又大便於相人而有益於交友與教育之事者也。

以情智意關於道德之事而言。吾則以爲情者體也。而智與意者其用也。蓋情爲道德發生之本。使無情則智之燭察意之執行皆不免以無意味。終此所以當先情於智意而以情爲道德之體也。雖然。智者所以度其情之可用不可用。使無智則用情之當否不可知。而所謂道德者固非徒指有情之謂。必有情而善用之。而後可冠以道德之名者也。若夫意者又於智所已分明之事而斷定其從違。使無意則雖有欲用其情之處而意不得。又何從而付以道德之名乎。故夫以一貫言之。則情智意三者實有體用之別。而從其界畫言之。則情智意又若鼎足之三各有其領域之所在。不可偶缺其一者也。此情與智意分合之理也。學者欲對於一己而發達其精神。以爲修養之本。則夫情智意三者。可不先講明其理哉。

(完)

論著一

# 幣制改革略談

論著二

劉冕執

嗚呼。現今世界各國其貨幣之複雜蓋至吾國而極矣。曩者余既述金井博士之貨幣政策。而社友周君復述岸根佐氏之中國貨幣改革難。以餉吾國之留心幣制者矣。余於二者之外。本尚欲有所陳述。徒以日課太繁無暇也。頃閱日本報紙。見北洋準備鑄造金貨。乃益促余以欲言之動機、夫北洋之準備鑄造金貨。誠是也。但北洋則北洋耳。此事責任不在北洋而在中央政府。使以中央政府所宜行之事委任於北洋一隅、或欲由北洋推布於各省。勢均不至仍歸於補苴罅漏不止。於貨幣舊制複雜之中更加入一成分。於事究屬何益。故就此事之實際而論。中央政府宜善自爲之。或終放棄。亦願北洋以此督促中央政府而不必自爲其不可能。鄙人愚昧。以爲屬在北洋則無可言。屬在中央政府則有可進之說三。

一曰形質之劃一。改革幣制。關於斯點。似無待言。然體察吾國情形。近年以來。朝野上下。非不汲汲於此。乃聞所出新幣。有一兩銀貨之制。吾國從前使用貨幣之秤量制度。System of money by weight 近來參用貨幣之個數制度。System of money by tales 兩者混合。不便孰甚。一兩銀幣。似可漸廢貨幣之秤量制度。而移於貨幣之個數制度。然此等銀貨。以之爲單位則過重。以之爲算則過繁。即其不以爲重。不以爲繁。而將置銀圓於何地。將驅除銀圓。盡用此等銀貨乎。則不特於理論有所不可。即事實亦將不能據關於貨幣形體大小一般之原則言之。一、不可過大。大則運搬不便。二、不可過厚。厚則包裹維艱。一兩銀幣均背此原則。又據貨幣性質必要之條件言之。其表裏兩面必刻種種紋章。以防僞造濫造。切斷之弊。且使易於認識。其側面必刻段紋。以防削取。緣邊之弊。此等紋章彫刻。泰西各國。經古來多少之變遷。始漸見今日之完備。一兩銀幣。能較其精徽與否。固不俟言。而欲以劣貨驅逐良貨。其將何能。故中國貨幣不欲改革則已。必欲改革。非將以前銀貨。極力釐正。是猶拔樹而折枝。去草而蓄根也。欲其就緒。烏可得耶。雖然。一國習慣。驟難變更。百年遺傳。乃疑國粹。一兩銀幣之鑄造。其用心毋亦在此。不知泉刀古制。久已就湮。物質變更。惟期適用。日本幣制改革之始。於貨幣之形狀。價格之名稱。及貨幣之算則。均無改變之意。明治二年三月四日。參與大隈八太郎造幣判事久世治作二人以爲本國貨幣舊制方型攜帶不便宜從各國之圓形又舊制金銀貨幣其價名朱分兩之數於計算上不便宜廢舊稱而改十進一位之價名朝議從之。遂以臻今日之完善。日本之善變既如此。我國何獨愔焉。且我國銀圓流通亦久。何必避簡便之坦途而趨繁重之棘道耶。此不能不望政府之速加統治者也。

二曰本位之選擇。吾國幣制。本無所謂本位貨補助貨。但巨額之受領支給多數用銀。故不得不謂之銀單本位制國。今後改革。關於本位之選擇。固首宜研究之一最重大問題也。不此問題解決。雖欲改革。其道無由。對於此問題。凡具普通之智識。能略窺世界經濟之一般者。於銀單本位制。固期期知其不可也。不採銀單本位制。將採金單本位制乎。此近世文明各國之通例。似屬可行。且日本政府。最初亦以墨銀爲模範。以壹圓銀貨爲本位。而採用銀本位制。其後伊藤博文至美國考究財政。以歐美諸國多主張金本位。東洋諸邦。不可不採用之。明治三年。寄書於朝。朝議遂變。翌年五月。乃發布金本位之新貨條例。而自改革法案通過以來。至今日本經濟之進步發達。已大收金貨本位之利益。我國倣之。庶乎其可。然橫覽列國之大勢。則金本位爲佳。內顧本國之隱情。則銀本位難缺。無已其惟金銀複本位制乎。雖然複本位制。完全實行自有必要之條件。條件維何。即世界強大國同盟。採此制度。約限期間。定金銀之比價。期間經過。若有必要。更據列國會議之議決。以改定從來所公定之比價。吾國地位。雖獨於此事。有可以向列國提議之資格。然列邦眞正貨幣同盟之問題。今尚絕無影響。（一千八百六十五年十二月二十三日之拉丁貨幣同盟其範圍與列國無關係不得指以爲例）待此盟約之成立。蓋有難言者矣。或謂萬國貨幣同盟。雖不可恃。然複本位制。本有抑制變動之作用。謂之複本位制之矯制作用。Compensatory Action 操縱由己。何不可用之乎。解之曰。發揮複本位制之利益。固以實行矯制作用爲必要。然非國家經濟之敏活。則無絕對之效力。而從種種方面以觀察吾國之情實。又實非可以驟進於極圓滿之地位。複本位制恐尙難行。然則將如何而可。曰其惟跛行本位制 Limping Standard。或併行本位制 Paralell Währung 乎。跛行本位制者。近似複本位制。究與複本位制不同。與金本位制則大異。其特質以金銀兩貨並爲無制限法貨而不聽銀貨之自由鑄造且銀貨不依實價依對於金貨之比較而定此法固因避本位銀貨處分之困難偶然演此事實非學理上所公認爲完全之本位制。然自千八百七十三年以來世界有力之商業國如法蘭西德意志美利堅比利時瑞西等其不採此便宜方法者幾希矣於此曰併行本位制併行本位制者本屬銀單本位。有時鑄造金貨對於本位銀貨準市價而流通。然用之者甚稀。學者稱此場合不曰銀單本位制而下一併行本位制之名稱行之。吾國於相沿之習慣上或尚相宜且改革之影響於經濟界變動之程度亦淺但倡改革而取此方針。余亦自知爲大方家所目笑。然在改革之初期事實究不可爲理論所誤且余近以擎求眞理之結果。發見人事原則固無絕對的整理祇有相對的整理耳。幣制改革毋亦在此範圍之中乎。

三曰法律之修明。吾國幣制改革者數矣。南皮張宮保督制兩廣時。請倣外國錢制鑄造大小銀圓。政府從之。遂有廣東福州安慶南京天津吉林奉天武昌等八廠之設。似將本位定而補助貨亦通行矣。乃流布國內者。銀圓既有種類之殊。價格亦有大小之異紛紜錯雜漫無限制固由秤量制度之習慣相演而成抑亦貨幣法之未有規定遂以致是泰西各國無論矣日本明治三十年頒布貨幣法凡貨幣之種類九曰二十圓十圓五圓此爲本位之金貨幣曰五十錢（即中國銀圓五角以下類推）二十錢十錢此爲補助貨之銀貨幣曰五錢（即中國之半角）此爲補助貨之白銅貨幣曰一錢（即中國之當十銅錢）曰五厘（當中國之銅錢五文）此爲補助貨之靑銅貨幣除此九種之外概爲地金不得通行即舊幣不適於此規定者限期與政府交換過期不換亦以地金目之不得通行新幣既出舊幣胥除吾國不知出此以故銀圓雖鑄而銀塊銀錠猶充仞於市場是豈貨幣之咎哉國家無干涉之手段耳不但貨幣之種類然也其他如算則如品位如量目如制限如形式如公差如鑄造如地金等皆莫不有規定就中爲吾國所最缺乏莫如制限一端日本惟本位金貨其行使無制限若補助貨之銀貨幣則以十圓爲限白銅貨幣靑銅貨幣則以一圓爲限故補助貨之實價雖低於聲價而絕無折扣補足等流弊吾國不知出此無論何項貨幣必以實價爲準故演出岸根氏所謂中國之無形貨幣乎（見新譯界第一號第二號中國貨幣改革難）苟其

改革之方法。面面圓到。何至有此現象。岸根氏固可謂能悉吾國幣制之情狀矣。然使其所謂不難者。完全改革。則其所謂難者。自逐漸剷除。此君所言。毋亦極形容複雜之狀態耳。師人之法度。宜師人之精神。竊其一端。而遺其全體。未有可以通行不悖者。貨幣固不全恃法律。然改革貨幣制度而不同時改革貨幣法律。豈得謂爲能改幣制者乎。吾故亦不惜贅詞及之也。

以上所舉。僅就吾國幣制改革史之缺點。略識其大端。實未盡幣制改革之手續與方法。當爲學者所嘵然。因其淺近而忽之。又必終無改革圓滿之望。昔日本幣制改革之始也。勅令設調查委員會。總會議者七。特別會議者四十有一。閱時二十有二月。始得以明治三十年三月。將改革法案通過於上下兩議院。其會員爲官吏及學者及實業家。而又非一會合併研究數事。乃順序分析而研究之。何如此其愼也。蓋以幣制改革之良否。關係一國經濟界之生死。故不得不詳審焉。反觀吾國。朝廷下一令曰改革。大臣各具萬能。即遂委任一二屬員。充當總辦。開局鑄造以應命。亦曰改革。何如此其易也。雖然、國民之智識幼稚。政體又習爲專制。凡事莫不如是。豈獨改革幣制然哉。

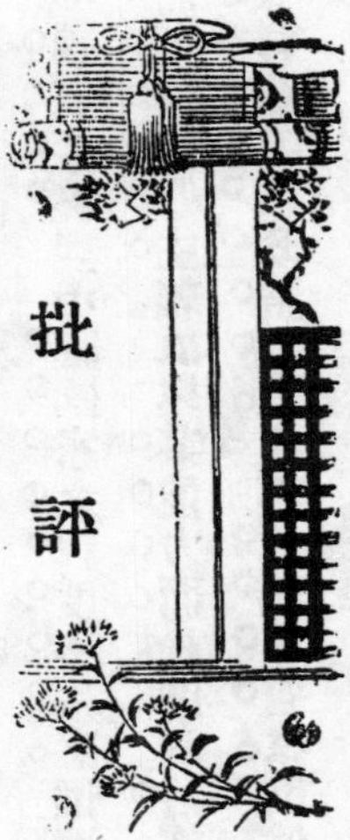


# 新出現之兩雜誌

飲冰

吾國出版界近一年來奮迅發達。即其定期出版之雜誌。以東京學界一隅論。陸續出現者已逾十種。且爲分科發達之趨勢。不可不謂進步之良現象也。以吾所見。其認爲最有價值者得兩種。一曰純爲政治上之性質者。湘潭楊氏所主任之「中國新報」是也。一曰純爲學問上之性質者。香山何氏所主任之「學報」是也。今略下批評。

## 一　中國新報

中國新報者。一種純粹之政論報也。其叙文如下。

今地球上以大國被稱者十數。而中國居其一。雖然、以中國之大言之。固有非各國所能及者。若以言乎富與強。則反在各國下數等。此其故何也。則以中國之政體爲專制之政體。而其政府爲放任之政府故也。何謂放任之政府。則以對於內惟知竊財。對於外惟知贈禮。人民之生命財產。非其所問。一言以蔽之。即曰不負責任之政府也今中國之談政治者率多依賴政府之心日注意於國民所以被治之途而不從事於國民所以自治之道此不惟不通治體抑且增長國民之放任心而減少國民之責任心於國家之進步必有損而無益矣是不知政府之所以不負責任者由於人民之不負責任使人民而愈放任斯政府亦愈放任矣於此而欲求政府之進步是猶欲南行者而北其轍也故謀國者之所宜主張者惟國民責任論而已矣雖然國民之責任亦不可以空言而負也尤必有能力以附之今試問中國國民中之能力如何則其程度至不齊一而其所以爲差異者則大抵由於種族之別合同國異種之民而計之大抵可分爲漢滿蒙回藏五族而五族之中其已進入於國家社會而有國民之資格者厥惟漢人若滿蒙回藏四族則皆尙在宗法社會或爲游牧之種人或爲耕稼之族人而於國民之資格猶不完全蓋極東西通古今之人類社會無不經蠻夷社會宗法社會之三大階級而以次進化者蠻夷社會無主義宗法社會爲民族主義軍國社會爲國家主義此西儒甄克思所發明一定不移之公例無論何種社會而莫之能外者也今世西洋各强國國家之程度皆已入於完全之軍國社會而以中國之國家程度言之則其自封建制度破壞後由宗法社會進入於軍國社會者固已二千餘年惟尙不能如各國之有完全軍國制度耳而國民之中滿蒙回藏四族則皆猶在宗法社會之中有民族主義而無國家主義與中國國家之程度不相應惟漢人則手創此中國者其程度乃獨高而與國家同有國家主義而無民族主義故以其能力而論則政治能力經濟能力軍事能力雖在今不能及於西洋而自古無敵於東洋當其內政整理時而與他民族遇也則他民族必劣敗於其軍事能力之下當其內政不

理時而與他民族遇也則他民族雖偶優勝於軍事而旋必劣敗於其政治能力經濟能力之下漢族數千年來之歷史可以此數語包括之蓋進化者優勝而退化者劣敗宗法社會之族一遇軍國社會之族而立敗民族主義之種人族人一遇軍國社會之國民而立敗此自然淘汰之理而中國爲東方數千年惟一之國家漢族爲東方數千年惟一之人種者即以有此惟一之特色也而其可一蹴以躋於完全軍國社會者即在乎此吾人欲言國民責任則必取其能力足以組織完全軍國者而與之言勢不能不於國民中後滿蒙回藏而先漢族以漢族負此先憂後樂之義務焉此亦事勢之不得不然者也夫吾人之所以欲國民負責任者乃欲以國民之能力改造一責任政府耳其所以欲改造責任政府者欲使中國成一完全之軍國社會以與各軍國同立於生存競爭之中而無劣敗之懼耳雖然今世各國雖曰軍國然豈其專以軍事立國爲無意識之戰爭者乎蓋皆以經濟之爭而有軍事又以軍事之爭而有經濟不僅爲軍事國又已爲經濟國合言之則曰經濟戰爭國又曰經濟的軍國非此則不足以自立於世界故吾人所欲建設之完全國家乃爲經濟戰爭國故吾人之主義乃世界的國家主義即經濟的軍國主義以此主義可以立國於世界而無不適故也然欲成一經濟的軍國則不可不採世界各軍國之制度而變吾專制國家爲立憲國家變吾放任政府爲責任政府然一言立憲則有一問題發生即立憲云者君主立憲乎民主立憲乎因此問題而又有二問題發生即其一爲君主立憲與民主立憲所須國民能力之程度孰爲多寡乎其二爲君主立憲與民主立憲所得之國民幸福孰爲多寡乎是二問題者吾人以一語解決之曰國民所須能力之多寡不以君主立憲民主立憲而異國民所

得幸福之多寡亦不以君主立憲民主立憲而異其有異者以憲而異而非以主而異也其能力可爲民主立憲國之國民者即可爲君主立憲國之國民可爲君主立憲國之國民者即可爲民主立憲國之國民此其所同者也而君主國民之幸福有多於民主國民之幸福者如英之與法是也民主國民之幸福有多於君主國民之幸福者如美之與德是也同爲君主國民而幸福之多寡有不同者如英之與德是也同爲民主國民而幸福之多寡有不同者如美之與法是也此其所以異也蓋幸福者民所自取而非主所畀與則所問者在憲而不在主矣然則中國宜爲君主立憲乎抑宜爲民主立憲乎曰是不當以理論決而當以事實決又不當以他日之事實決而當以今日之事實決若吾人之所主張者則以爲今日中國之事實但能爲君主立憲而不能爲民主立憲此於理無可言惟據勢以爲斷耳其勢如何曰若爲民主立憲則有困難之二問題一曰滿蒙回藏人之文化不能驟等於漢人二曰漢人之兵力不能驟及於蒙回藏人蓋共和國民於憲法上有人人平等之權利今滿蒙回藏之人方言民族主義國家觀念最爲淺薄欲其與漢人並立五族平等共選舉議員共選舉大統領此其事他日或能行之而今時必不能也今既不能則漢人組織共和國家滿人無復有地土之可守必以反抗而盡敗滅蒙回藏之人則必以民族主義而各離立是非謂滿人爲君主則可以統制之漢人爲君主則不能統制之也又非謂漢人爲君主可以統制之漢人爲民主則不能統制之也乃以舊政府初滅新政府未强之際其兵力必不能制服各族使仍爲我領土而蒙回藏者持民族主義者也無欲與漢人同立於一國家一政府之下以爲生活之心則必乘此以解紐而各離立是其時必以漢蒙回藏四族分爲四小中

國此四小中國中其始終能立國者惟漢人而蒙回藏皆不能若有一不能者而爲强國所併則世界諸國中所倡支那領土保全各國勢力均等主義必被其所破壞而生各國之紛爭於時俄必得蒙與回英必得藏法德日本等必下手於二十一行省其影響遂波及漢人之國亦就滅亡以內部瓜分之原因而得外部瓜分之結果此皆欲成民主國所必至之符也是一言立憲則以就現有之君主立憲爲宜而以滿漢平等蒙回同化以實行國民統一之策焉故吾人之所問者不在國體而在政體不爭乎主而爭乎憲果能爲立憲國則完全之軍國可以成而與吾人之經濟的軍國主義無悖矣然而立憲之事不可依賴政府而惟恃吾民自任之世界中無論何國之政府未有願立憲者此不必希望亦不必責怨希望之與責怨皆倚賴政府之性質也凡立憲之國家無不有責任之政府者故吾民今日之事業惟有改造責任政府爲惟一之事業而改造責任政府之方法則有一至重極要之物爲必不可缺者其物爲何則議會是也夫議會者所以代表人民監督政府之機關使一國無此機關則欲政府爲責任政府不可得也是乃吾民今日所最急者然反對此者必有二說焉其一爲人民程度說以爲今日人民程度尚不足以爲此也然吾人以爲進行一步即程度高一步鼓其進行即所以養其程度若不進行而待程度之足雖再歷萬年猶將不足也且中國人民之程度與中國政府之程度爲對待而非與各國人民之程度爲對待也今謂中國人民程度尚爲未足而中國政府之程度乃爲已足其理如何可通自吾人觀之則非因人民程度之不足之故而政府不必進行實因政府之程度不足之故而人民不得不進行耳此人民程度說之非也其二爲政府勢力說以爲政府可以爲人民進行之阻力此不知

中國之政府之能力既不足以爲開明復不足以爲野蠻惟能爲放任之政府此其與俄羅斯等之專制國異者也觀其竊財贈禮則其放任之情狀可見天下惟放任者最易劣敗此進一步則彼退一步有退讓而無抵抗今中國之權利以政府之放任而遍地皆是人民但羣起而自取之斯其勢力已足於左右叱咤之聲中而促政府之倒矣蓋天下易倒之政府莫中國政府若有武力固可即無武力亦易易耳此政府勢力說之非也有此二者故吾人以爲國民未有自負責任之心以改造責任政府耳不然何難之有夫以責任之人民改造責任之政府是之謂政治革命居今日而謀救中國實以此爲至易至良之惟一方法而吾人之所篤信欲有以此貢獻於我國民者此中國新報之所以作也吾人惟以二三之同志無黨無勢而與政府宣戰雖以若何無能力之政府亦豈無方法以禦之然國家之事人人有責吾人亦以此爲盡吾少數人之責任以冀國民之或聽之而有起而共謀吾國者嗟我同胞其盍聽諸。

此報之宗旨全在喚醒國民使各負政治上之責任自進以改造政府成完全發達强有力之立憲國家以外競於世界比年以來政論騰沸入主出奴要其指歸不外兩派。一曰以種界爲立脚點者二曰以國界爲立脚點者惟以種界爲立脚點故不得不斷斷焉爭君位之誰屬不得不以漢主易滿主而既滅絕現今之君統則舉國中無復一人一姓有可以爲君主之資格不得不强易以民主而國民程度之能相應與否有歷史上之事實以爲之源泉與否所不暇問非惟不暇問抑亦不能問也以此之故非煽動人民之奸亂性舉現在秩序而一切破壞之則不能達其所欲至之目的又見夫無恒業無學識人之居國中之最大多數而煽動之亦較易也乃不得不別闢一塗徑以買其歡心於是乎壓抑資本家之謬說起凡以爲實行其種界主義之手段也故有民族民主民生三主義同時提挈之說惟以國界爲立脚點故惟選擇適於國家生存發達之政體而求其實行使國家種種機關各有權責盡其職以發達而元首一機關之爲世襲爲選舉可勿問其屬於國中某族某姓之人可勿問而常審察世界之大勢及吾國在世界上所處之位置以研究所以外爭自存之道知非獎厲生產事業則國家將以乾腊而亡也故必注重於資本毋使國民所資以自養者盡爲人所攘又知夫內亂擾攘則民力消耗更無復殖產興業之餘裕也故苟其可避則勉避之又知夫欲以產業立國不可不以軍事立國以爲後援也故常欲厚一國之軍實以對外而不欲以之對內凡此諸端皆兩派絕異之點根本觀念既異其枝葉自無一而能同而其對於中國孰適孰不適則非有眞學識者不易別擇也近者排滿黨之某機關報即主張前派者

也。而中國新報。則主張後派者也。

中國新報論君主立憲民主立憲得失之問題。謂不當以理論決。而當以事實決。又不當以他日之事實決。而當以今日之事實決。吾前此論中國不能行民主立憲制之理由。曰國民程度不相應也。曰無歷史上之根據也。而中國新報則謂。就令漢人之程度可以爲民主。而滿蒙回藏之四族決不能。不能爲而我新民主國之勢力。又未足以馭之。其勢必解組。以畔中國。而彼又無自保障其獨立之實力。則必爲强國所併。而以召中國之瓜分。此實最博深切明之言。而予排滿革命派以至難之返答也。夫中國之始建國。雖由漢人。然滿蒙回藏諸族之加入其間。其久者將歷千年。其近者亦數百歲。已成爲歷史上密切之關係。今日而言中國國土。則本部十八省與東三省內外蒙古新疆青海西藏之總稱也。今日而言中國國民。則漢滿蒙回藏苗諸族。凡居於中國領土內者之總稱也。而不察之徒。其言中國也。則惟知本部而幾忘卻其他諸地。其言國民也。則惟知漢族而幾忘卻其他諸族。故持論往往而繆也。以近世世界大勢推之。惟擁有大國者。乃能出而與列强競。以立於不敗之地。故各國紛紜求殖民地。講帝國主義若恐後焉我國於歷史上幾經變遷統合乃始能舉亞細亞之小半冶爲一爐以成此厖大之領土此天然之資格各國所艷羨而不能得而我所宜兢兢保全勿俾隕越者也夫使僅以我漢族保守此本部十八行省雖亦未嘗不可以立國且尙不失爲一偉大之國然長袖善舞較諸合諸部而爲一固既有遜矣況乎此種現象在昔日猶可言在今日則必不可言蓋使滿蒙回藏諸族所居之地自始各自爲國而至今未與中國合併則世界列强之對待之也不以加入於所謂「支那問題」之一範圍中雖其地位生若何異動而或可不至牽及中國今則歷史上混成爲一國家者已數百年他國之視其土地則中國之領土也視其人民則中國之國民也使一旦而今日國內之位置組織忽有變更則牽一髮而全身動其危險將追及於全國而民族主義者則擧中國而內自分裂之而因導外人以分裂我之機者也民族主義者之言曰凡兩民族棲息於一國家之內利害相反休戚不相共則善良之政治末由發生此其言未始非含一面眞理之言也雖然使一切之國家而皆如日本然以單獨之一民族組成一國民其勢豈不至順然無如除日本外擧世更無第二之日本而凡有兩民族以上之國苟其國

中諸族皆各懷排他之觀念而不許他族之與己並棲則國家之結合其何一日之能繼續也故吾以為使國家不幸而有兩民族以上焉則為政治家者惟有以混成同化之為目的即其未能遽同化者亦當設種種手段使之循此方嚮以進行以收其效於方來而斷無挑之使互相排之理故滿人中之持排漢論者其罪固不容於誅漢人中之持排滿論者其愚亦不可及滿人之持排漢論者出於擁護箇人之私利而因以誤大局。故可誅漢人持排滿論者昧乎事勢之所當然雖竭其力而無補於大局或且有害事故可憫也。故今日我國民之對於此問題惟當合力黽勉思所以取滿人之持排漢論者排其箇人而去之亦不可復持排滿論以與之相角若以此角焉則其智識亦不過五十步之與百步已耳。夫所謂只當同化而不當相排者何也。夫兩民族以上之同棲既已成為歷史上之事實矣事實固不可泯滅者也語曰。鳧脛雖短。續之則悲。鶴膝雖長。斷之則憂。舍同化之外亦安有術焉能變其複體以為單體者不同化而欲變複體以為單體則非取國家瓜分之而各族各據有一部分焉固不可也今使漢族而據民族主義以處理中國也則人之欲私其族誰不如我豈惟滿族蒙藏回苗皆將各持其民族主義以相對抗我不願受他族之支配而謂人願受我族之支配乎以人道平等之理想衡之抑何不恕凡既認兩民族共棲爲政治上之魔障即强合容納復何所取故既持民族的國家主義則不能不聽滿蒙回藏諸族之各自立國理則然矣即不欲聽之而當新革命後舉國擾攘綏定本部猶且不易更安所得餘力以及遠是不得不聽滿蒙回藏之各自立國又勢使然矣就令滿蒙回藏能各自立國而自維持之然分一國而爲五國與合五國而爲一國其以之競於世界也孰利而爲中國之政治家者以今日領土之全部爲舞臺與劃取今日領土之一小半以爲舞臺其設施且孰難而孰易孰悴而孰榮也而況乎彼諸族必不能自建國即建矣而必不能自維持之其實情實如中國新報序所云云也而持褊狹的民族主義以爲根本觀念其所生之結果必至如是是何異怵他人之不瓜分我而倒太阿以授之柄也若吾黨之持國家主義者則異是民族二字在政治上不成問題能支配者惟有國家所支配者則爲國民而所謂某族支配某族某族支配於某族之說皆謂之不詞而凡斷斷然爭此者皆如癡人之自捕其影也夫最近世界史中固嘗有以民族主義興其國者矣若意大利若

德意志皆是也。彼以其民族各自散立。故揭櫫此主義以統一之。由民族主義而得紐衆小國以建一大國焉。我中國歷史上之事實與現在之情形。恰與彼立於正反對之地位。由民族主義而得裂一大國以爲衆小國。同一藥也。善用之可以已疾。而誤用之亦可以殺人。此類是已。中國新報其灼有見於此也。但彼據此以爲中國不能行民主主義之理由。吾以爲不如據此以爲中國不能言民族主義之理由。二者雖相因。而一乃直接。一乃間接。若夫中國之不能爲民主立憲。則吾所主張者。仍在人民程度問題與歷史上事實問題。彼滿蒙回藏諸族程度之不足。亦中國國民程度不足說中之一義也。何也。言中國國民不能屏彼等於範圍外也。質諸中國新報記者。謂爲何如。

## 二 學報

學報者。普通學界之饋貧糧也。其敘例如下。

中國不能以今日之現狀自安。洞若觀火矣。舉國無智愚賢不肖。皆相與嗟咄曰。革新其宜哉。雖然。國家每與舉一事。環顧國中。其才之足以任此者闃焉。以名實不相副而事廢置矣。非惟大事有然。小事亦有然。國家每革一舊。而國人失其業者。不可勝數。欲就他業。而一無所能。旁皇於生計。而無以自贍。非惟民之駑下者有然。

即其優秀者亦有然。由前之現象言之則我國家其終見淘汰於國際競爭也由後之現象言之則我國民其永爲世界之僇民也夫吾國在法非劣敗之國。吾民在法非劣敗之民抑章章也。今胡以若此無他。事無大小。人無才愚。固未有不學而能不學而知者。吾中國前此非無學也而所學不與外界周遭之境遇相應。夫處澤國者而學樵薪隱林箐者而學競渡。生長都會而學構巢營窟之術。身被章服而學綴毛結葉之工。於此而欲用人者歎無可用之人。用於人者歎人之不我用。豈不悖哉。而不幸於我中國前此之所學。正有類於是今之。稍有識者亦既知學之別有其道矣。而興學之聲洋溢於國中則學校其選也。雖然。學校教人以學。而必教者先自有學教者之學非學。則學其學者安得謂學吾不敢謂今之教於學校者其學皆非學。其奈鳳毛麟角。不能充社會之需於萬一也興學之效不睹。其原因一也凡肄於校者非徒聽受而已足必益之以自習。而自習則於師說之外必有所參考引申而後能盡其蘊今也末從。躑躅冥行。囫圇吞剝。雖有良師。猶慮所受之不固況良者行數郡國不一遇也興學之效不覩。其原因二也學校所以養成未來之國民也。入而受學者下自六七歲上至三十歲止矣。其出而活動於社會。遲者當在二十年以後速者亦在四五年以後然社會不能一日而不理者也。又非可以未來之國民未及其活動期而暫以今日之現狀自安也。故言興學者不當徒爲未來活動之國民計當並爲現在活動之國民計而現在活動之國民。則年行已長大。且劬瘁於公私之職業不能。如學僮之挾卷而伏案也而坐此遂無復得新智識之途。社會將來之能進步與否未可期而現在先墮落而不可救。興學之效不睹。其原因三也學報何爲而作也爲供給此三種最急之需要而作也。爲學校苦於無良教師學校教師苦於無良教科書故是故有學報爲學校生徒苦於無良參考書不便復習故是故有學報爲中年以上之人或限於境遇不能入學校者無自修自進之途徑故是故有學報學報果能對於社會而無負此責任乎未敢云自信也雖然懸此鵠以自勗其或克至儻能以涓埃之力貢獻於社會而裨造國家於萬一則學報之榮幸何以加焉抑猶有一言學也者世界之公物也非一人一國所得而專也學也者又人類發達之天產也非一時代所得而畫也故言中學西學者妄也言新學舊學者妄也學報所介紹之學謂凡生於今日而爲中國國民之一分子爲世界人類之一分子者所不可不學云爾此而不學其終淘汰也已矣與！與！！與！！！我國民光緒三十二年十二月學報主任者香山何天柱澄意敘

例一、學說者大率前人所已發明者也就令所發明未盡而即此已足爲社會用故本報惟忠實以介紹世界學者之學說不敢妄矜創作

例二、學術上之原理原則通世界而共之者也然應用此原理原則以研究一局部之學則各國學者分擔此義務焉其關於我國之一局部他國學者語焉不詳故以撰箸而不以譯述如中國歷史中國地理其選也

例三、學問之道博矣僅一科學著作且汗牛充棟而不能盡其義矧乃欲舉諸學科而悉紹介於一小冊故本報所述惟取其最普通而最適用者本報非欲以養成博士欲以養成國民而已

例四、言之無文行而不遠翻譯之作每詬爲病文明輸將之所以滯也本報行文務取達雅述深邃之學理尤力求其平易

例五、本報所述者盡人而當學者也。然雖盡人而當學，非盡人而能以其學導人。故報中各學科。皆乞國中耆宿及東西留學諸彥之專厥科者任焉。

例六、諸科中有宜首尾完貫由淺入深者。如英文論理學等科是也。單篇片論。將使學者索塗不得也。故以教科書之體行之。有宜鉤元提要。或專提一義。暢為發明。以備參考者。如歷史地理等科是也。若全部纂述。非惟卷帙浩博。不成體裁。且亦寡趣味也。故以論說之體行之。其他諸科。準是為鵠。非自凌亂其例也。

例七、恒言區學科為普通專門兩大別。此不過取便教育云爾。非學科自身劃然有此兩性質。以為之鴻溝也。如歷史科。尋常所謂普通科也。然固為獨立之一科學。專門家踵起焉。法律科經濟科。尋常所謂專門科也。然各國以列於中學課表矣。故普通專門者。非客觀的性質之異。而主觀的程度之差耳。本報所述。以本報主任所認為國民不可不學者為標準。故內容各科。雖大略本中學校課目。而亦間有出入。

例八、有關於學之總體。不能專屬一科者。署為通論。冠每冊之首。

例九、歷史為人類過去之跡。未來之鑑。為中國國民之一分子。不可不知中國歷史之真。為世界人類之一分子。不可不知世界歷史之真。本報所述。專以陳文明進退之跡。說明其原因結果。鑑昔以善今也。

例十、坤輿摶摶。造物以錫倮蟲。不私一族。善用之者保有之。本報地理科。多就其與人生關係者立言。誨善用也。

例十一、偉人之言論行事。其予社會以感化力者最大。故布魯特奇之英雄傳。能鑄羅蘭夫人。能鑄拿破侖。能鑄維廉第三本報置傳記一門意乃在是。

例十二、物皆有象象皆有數通象與數乾坤無餘蘊矣形上爲道形下爲器數學幾何他國五尺之童罔不習焉本報所述數學自代數以上幾何則起初級或闡其公理或釋其難題。

例十三、博物理化所謂物質的文明也泰西富強強半基是焉本報所述在其普通應用者及其新發明者。

例十四、居今世而不通他國之一國語殆猶面牆矣其在東方英語之用最廣本報所述欲使未學者可不外求師授方學者可以得最良之顧問音讀義訓由淺入深不厭其詳更以新機軸自編文典且別擇難字難句加解釋焉以爲學此程度稍高者之助繡出鴛鴦金針盡度矣。

例十五、論理學學者或稱爲羣學之鑰蓋導人以用思用辯之公例也記稱學問思辯此足以當之矣苟未治此則發一言立一義無往而不誤謬本報取泰西碩儒最新最良之作譯焉惟其義例奧博故其譯詞特趨曉暢。

例十六、學所以活用於社會社會現象之最複雜者政治現象與經濟現象也政治思想不發達無以爲立憲國民經濟思想不發達則全國生計將見淘汰於今後之世界日本中學學科近增法制經濟一門誠知其普及之爲急也本報所述取其要略爲國民所萬不可不知者介紹之。

例十七、樂者樂也而可以正人心我先王以爲敎今萬國敎育家所有事也故本報備音樂一科。

例十八、古人云登高能賦可以爲大夫今人云登高能圖可以爲士故本報備圖畫一科。

例十九、個人之強弱則國家之強弱繫焉欲繕性自繕生始故本報備生理衛生一科生命保險之顧問也。

例二十、竹頭木屑牛溲馬勃巧者撫之皆吾用也談言微中說詩解頤収彼奚囊歸諸雜俎。

例二十一、報名學報不涉政論然不周知四國聾旨而已附錄時事資省覽焉。

例二十二、本報既欲供給社會之三種需要如叙所言則應於下問而竭所知以奉答亦責任所當盡也附錄質疑一門每冊以質疑殘賸焉。

其叙文中謂應於現今社會之三種需要而作。今觀其第一號之內容可謂能踐其言也。凡人類莫不有求智識之慾望而愈有以助長之則此慾望愈發達而社會之文明亦愈進。所以助長智識之慾望者其道不一。而書報則最有力者也。泰西日本諸國其關於學術上之報章特盛。各種科學莫不有其專門之雜誌且每一科之雜誌動以十數百數計。我中國前此則雜誌既寥寥。即有一二而其性質甚複雜不明。政談學說莊言諧語錯雜於一編中。而純粹為學術上之研究者未有一焉。此雖辦報者之幼稚。亦由社會需要之程度未及此也。學報者可謂中國學術上報章之先河也。其中門類略以中學校學科為主而損益之。欲先饋國人以普通之常識。然後得有基礎以進於專門高深之學理也。其視各國分科之學報。固有所不逮。然以比諸日本之「中學世界」「中等教育」等雜誌。蓋有過之無不及焉。其中文字多出知名士所撰述。皆於此科確有心得。然後擷其菁華。絜其綱領以立言。非徒教師學生最良之參考書。抑亦凡一切學者所當各手一卷也。

其中最精采者。尤推英文及論理學兩門。英文純導人以自修之法。取著名之讀本及文典。以新法解剖之。得此者誠可以不外求師。而學校學生。循是塗以行。亦可以事半功倍。其論理學則英國大哲耶氏之作。從英文譯出。原著之嚴明。與譯筆之達雅。可稱雙絕。視嚴譯之名學。其裨效於始學。過彼遠矣。其國史一門。亦多能發前人所未發明。自餘各篇稱是。每月厖然一巨帙。亦前此雜誌界未有之偉觀也。吾覩此報之出現。吾爲中國學界前途距躍三百焉。

# 教育行政法之基本觀念

日本檮苗代著　（輯譯二）　知白

附譯日本文部省本年一月帝國議會豫算分科演說

## 第一章　教育行政

### 第一節　國家行政作用之形式

國家以爭自存圖發展之故。將以手術增進國民精神上之利益幸福。於是有助長行政之一部。則教育行政是也。然欲明其性質地位之如何。不可不先說明國家作用及行政作用之概畧。

第一　國家作用之種別　爭自存圖發展，將欲達其目的。必爲各種行動之具。自法律學上觀察之。則制定此法者。以共同生活爲標準。以依據此法。維持適用而直接達其目的爲作用。而制定之人。則有國家主權各君主者。自其機關之參輔者爲之。於立憲國。則譬之由腦髓之指揮。手以持物。足以步行。五官以承感覺。以三種獨立機關。各神其作用。以此理想就君主國言之。則君主爲中樞機關如腦髓。依議會之協贊而制定法規。其解釋此者而適用之則裁判所也。政府則於法之範圍內直接以求達國家之目的者也

此以生理學喻國家作用。即小野塚博士國家原論(所謂心理的有機體說之)一類。又國家學鉅子伯倫知理常舉人體十六種機關與國家之機關對照。然小野塚氏於有機體說。亦未盡贊同。又筧博士講國家之性質。歷引柏拉圖亞里士多德諸有機體說。而謂其說有可批難者二。一凡物有精神者必有感覺。今還問諸國家自身其有感覺乎。二凡物之由分佈而統一者。必有物質以連結之。今連結分子而形成統一之國家者。其物質究誰屬歟。以人體喻國家。其說未圓滿。如此。今禱氏著。適取是說。指爲國家實質上之區別。故爲引諸氏之說附此而不及述其詳。

由上所述。是立憲制度之基於想像者耳。自實際行之。則不能以如此嚴格分配其權

利。今各國爲立法作用所設之議會。其性質上之權限。何嘗盡依據以行。即司法及行政之機關作用亦然。故國家作用得爲性質上與形式上之區別。以性質則如上述是矣。以形式則各從其國法所定。

日本憲法第五條曰『天皇者經帝國議會之協贊行立法權』。故帝國議會。如參與其全部。然同三十七條則曰『凡法律必經帝國議會之協贊』。依所規定。則帝國議會之協贊。非立法作用之全體。而對於其一部法律之制定耳。於次之說明。可參照之。憲法第九條規定者。『天皇爲執行法律或爲保公共之安寧秩序及增進幸福。發必要之命令。又使頒布』。此命令者。其爲共同生活之標準法規。固不俟詳言而可明。即其實質。均爲立法作用。而置諸議會參與之外者。又憲法第八條規定者曰『天皇爲保持公共之安全及避災厄因緊急之必要。於帝國議會閉會之時。可代法律發勑令』。此亦立法作用。在議會協贊權限外之一端也。

如上述之議會。非參與立法作用之全部。然其權限。又不僅參與法律制定已也。凡議定歲出歲入之豫算。及起國債定豫算。又以國庫之負擔爲契約。是皆性質屬於行政之作用。而不能不經帝國議會之協贊者。憲法六十二條及六十四條所規定是也。其他爲上奏受請願性質上之行政作用也。議員資格審查決定性質上之司法作用也。而皆屬之議會權限。是不獨有立法作用明矣。又裁判所非司法作用之全部。而限於民事刑事之一部。依憲法第五十七條六十一條可見。

帝國憲法第一章列記數多之事項。爲天皇親裁之政務。於立法司法行政之外。爲統治權行使之一格。學者謂之憲法上之大權。

此憲法上大權者。天皇親裁之要素也。所謂親裁者。不經議會協贊。不從裁判所。又不附行政官廳之權限。而天皇直接攝行者也。當大權行使之際。關於國務之詔勅。而爲之副書者。依國務大臣憲法第五十五條應輔弼之任者行之。其對於親裁。必注意審度之無俟言也。

日本憲法除立法司法及憲法上之大權。凡國家作用屬於行政機關之權限者。形式的行政也。故屬於議會裁判所及憲法上之大權諸事項。非行政。而其內容。寔亦複雜不能盡舉。其主要之部分。則謂爲性質上之行政作用。而以發行政機關之權限命令者。爲立法作用。以行政裁判所審別之者。爲司法作用。

以上所論。約言之。則雖謂日本憲法其形式上之行政不屬於議會裁判所之權限復不屬於憲法上之大權而在於立法及憲法上大權之下被委任於行政機關之權限而爲國家作用者可也。

禱氏謂立憲制度有性質與形式之區別斯言也固今世學者對於行政學所共研究之點也孟德斯鳩倡三權分立之說。歐洲各國雖盛行之。然其可分者行使之權限耳其不可分者則統治權之必畫一實質上之相貫注行政與立法與司法條件之互爲出入皆與孟氏說不能無衝突處蓋孟氏出之以理論而各國取以見諸事實其不能盡融貫焉斯有待於後之學者研究補劑之矣孟說出後一千八百年之初。有丙賈敏孔斯坦氏者。於三權之外。認國王當有調和權。又以指揮兵馬締結條約。授與勳章之君主所有事者。非可入立法司法行政中。皆謂之曰政府行爲。此義出而學者證以各國立憲事實。又生廣狹二義。廣義者大權行政作用如禱氏指日本天皇有憲法上之大權者是也（廣狹二義本諸筧博士講行政法大意） 夫欲考日本憲法之性質。宜先觀其憲法前文。即憲法之序文。述其大體之精神。凡條文皆本此爲規定者也。其文凡分六節。(一)『朕承祖宗遺烈。踐萬世一系之帝位云云。』此則明示帝權之所自出。有特異之點者也。(二)『國家統治之大權。朕上承祖宗。下傳子孫。朕及朕之子孫。將來守此憲章。勿敢或愆云云。』明示此統治權者。天皇一家世襲之。而非他人可得覬覦者也。(三)『朕重臣民之權利財產。計其安全而保護之。憲法及法律範圍之內。使享此權利財產者。勿或損害云云。』(四)『明治二十三年召集國會。即以其時定爲憲法有効之期。』(五)『述憲法改正之法。』此全文中最要之文字。今述其改正變更時所當具之五事。改正某條。不得變更憲法全體一也。苟非極要之時。不得改正二也。提出改正案。屬于皇帝及其繼統之子孫三也。改定者須依帝國議會之决議四也。議會中决議改定憲法。須依憲法所定之要件五也。(六)『憲法執行之責任。固屬在廷之大臣。現在日本臣民。及其子孫。尤當遵此憲法云云。』以此六節與各國憲法較。所謂萬世一系者。固日本所獨具。盡人知之矣。猶有異點者二。則憲法改正發議之權掌諸天皇而不存於帝國議會及議會決議與通常法律案不同是也致之英國其改正憲法與改正法律無殊普魯士則依憲法第百七條云「憲法改正則以制定法律通常之法爲準但極少須隔廿一日兩次投票又須過半數之同意改正案提出之權國王及各議院皆有之與通常法律無異」此在君主立憲國其互相差異如此若民主立憲如法美二國者其不同於日本固無俟言是蓋由一國之歷史風習相沿以成研究憲法者所貴熟察本國之情形爲因應去取之宜者矣

第二　行政作用之種別　國家行政之作用得自種種方面區別之

(一)因國家之目的爲行政之種別　如處理國際間之交通則有外務行政對於國家之內外維持生存則設兵備而有軍事行政維持國家法規之秩序而有司法行政供給國家之資力有財務行政防禦國民物質精神上之危害進而以積極的增長國民物質精神上之利益者有內務行政此五類之中於內務行政則有警察行政與助長行政之別警察行政專以消極爲事防止一切弊害者也助長行政則積極的作用

事以增進國民幸福爲事矣。然其間猶有分類者存焉。即於助長行政中有經濟上與精神上二類是也。其關於精神者則有宗教及道德行政與教育及學術行政。而教育方面即本著所重視而詳述者也。

(二)基於法規之關係爲行政之種別　所謂行政者。非僅以執行法規而遂畢其作用也。夫事物之來也。有千態萬狀。雖以綿密之立法。一涉於行政作用之瑣末。有法規所不能制定者矣。於此遂得區別爲羈束行政與裁量行政。前者於法規限定其作用之範圍。於官廳行政無裁量之餘地者也。後者則於法規之範圍內得以一己之意見酌量其適合於公益者爲行政之餘地者也。試爲譬之。如市町村長調製學齡簿。發就學之通知書於被保護者。此羈束行政之意也。於就學之有困難情形者。得許可免除之。此裁量行政之意也。

(三)基於權力之關系爲行政之種別　此全出於事實之作用。而於法律上不發生効果者也。蓋國家以其固有之權力。而以行爲不行爲二者命令臣民。其相隨以發見者。乃有此事實也。例如國家修繕道路。供官廳之用。乃與建築之役。或以買入物品爲營業。此於私法上與臣民有對等之關系。然悉以達其行政之目的爲手術。故汎言之。亦得謂爲行政之作用。

雖然僅以事實爲行動者。於法律不生効果。不得爲法之對象。故非可以法學論斷者也。即不得屬於行政法之範圍內也。又私法的作用。雖爲法之對象。然以支配此者有特種之法規。故亦在行政法之範圍外。於行政法範圍內可論者獨權力作用之行政耳。然此等作用。純然自國家以一方的權力命臣民以行爲不行爲及納賦者也。而其作用又可分爲二。一則國家保持公共之安寧。命臣民以行爲不行爲時。則有警察權。一則國家得以收入爲目的。而命金錢之納賦。或爲保障其納賦。命臣民以行爲不行爲。則有財政權。或者自國家供給臣民種種之利益。而責其代償。因命臣民以義務。則爲開於營造物之行動。除右之外。國家以自身之利益。課臣民以特別之義務者。則有公用徵收及官吏與兵役二者。是爲財產與服勞之義務。然名爲徵入於國家。實則以保護臣民。而課此以代償耳。

此外則爲指揮監督之權。對於行政行爲之違法或不當者之作用也。救濟手術之裁定權。則爲命令之停止及取消。爲訴願之裁決。爲判決行政訴訟諸方面之作用也。凡如上述之觀念皆解教育行政之豫備楷梯所不可不置論者也。

今將本節所述爲便解晰。揭圖解如左。

國家之作用
- 立法作用
- 司法作用
- 憲法上之大權作用
- 行政作用
  - 因國家之目的爲行政之種別……
    - 外務行政
    - 軍務行政
    - 司法行政
    - 財務行政
    - 內務行政……
      - 警察行政
      - 助長行政……
        - 關於經濟的助長行政
        - 關於教育的助長行政
          - 宗教行政
          - 道德行政
          - 教育及學術行政
  - 基於法規之關係爲行政之種別
    - 羈束行政
    - 裁量行政
  - 基於權力之關係爲行政之種別
    - 事實的作用
    - 法律的作用
      - 私法的作用
      - 公法的作用即權力作用
        - 國家一方的作用
          - 警察權
          - 財政權
        - 關於營造物之作用
        - 課特別義務之作用
          - 公用徵收權
          - 關於官吏及兵役之權

## 第二節 教育之意義及種類

論教育行政之豫備。前節已言之矣。玆則一言教育之意義。亦議論之順序。所不可止者也。夫教育之意義。惟教育學者爲能詳之。今勿贅述。但就字義的解說。及今日普通所信之學說。入本論爲前提耳。依是以解教育。可下一定義。則教育者。爲成熟之人使未成熟者近於已得趨一定之方向進行。以是爲効果者也。然教育本來之性質。則教者與被教者之關系。由道德及慣習上發生。而非由法律上施以强制的方法。蓋純然爲對等之關系也。故熊谷文學士於所著大教育學。謂教育者徒從事於壓制束縛。是未知他種法令之効果。乃爲是誤謬耳。

既以教育俾未成熟者得効果爲目的。則達此目的之法。必非出於一途。而必以多其途者。分教育之種類。是可斷言矣。故施之於家庭者曰家庭教育。於學校者曰學校教育。於社會者曰社會教育。於此三者之中。尤以學校教育。别程度也至嚴。爲類也亦甚雜。今約擧之。則大綱有四。曰普通教育。曰專門教育。曰守業教育。曰師範教育。

## 第三節 國家與教育之關系

今之人耳熟國家之名、而有未詳國家之事實者。試爲說明之。則以一定之土地人民。組織社會團體而以唯一最高之主權行動者是也其分子之人民發達進步即其分子之集合體所成之國家亦隨而進步故欲望國家永遠富強之基則不可不盛興教育以此重要之行政若放任於家庭及社會烏能望其振行即有數私人之營業及善舉所成之學校亦未爲滿足也故必於公共團體。命其從義務以設備學校。涵養國民之德性在此、啓發其智能亦在此。至養成有爲之才幹。負遠志而肩重任者。胥於此乎望之。往昔以人民之私事淡焉漠焉處之者今已深明此義特以加入國家之範圍教育行政權之所以發動也以從來對等之關係因行政之効力轉爲權力服務之關係故近代國家鮮有不傾全力以獎厲教育事業者矣。雖然因時與地之異。又自教育之階段懸殊、國家之對於教育。遂生三種之主義。

第一種　自由主義　以教育爲私人之事業任其發達之自由

第二種　獨占主義　國家專有教育而視爲已身直接之行政或公共團體之行政。

第三種　折衷主義　於敎育之區域。一方面任私人事業之自由。一方面由國家建設學校以維持之。

此三主義者。不僅因對於國家之觀念及其國之內容而有不同。於敎育之程度。亦有未能盡同者。夫英國之自由主義。德國之獨占主義。今已成歷史之遺物。絕對不復行。此吾人所目擊者也。然此三主義之適否。亦自各階段而有差異。爲列述於次。

(一)初等敎育　其授業既簡易。則於家庭及私立學校受敎育者。良亦甚便。故兒童之須保護者。以便於此等敎育。則國家自無强以入公立學校之理。故雖採强制主義之國。無不認可家庭及私立學校之敎育者。雖然。以不能將是事望諸貧民。則國家亦不能不爲應時之設備。是採用兩極端之主義。於初等敎育所宜實行者也。

(二)中等敎育　此而任諸私人之事業。非如英國之富於財。有以助其自由之發達。是亦非他國所易倣行者也。況中等敎育。一任富豪子弟專有之。坐令乏資產者。失求學術以就生業之機會。是豈策之得哉。雖然。任其自由不可。而亦無獨占之必要。故國家爲之設備。所以便貧乏者以求學爲生存。而任私人之自由。同於初等敎育。亦以其圖

畫一之程度關於必要者尙低故任其自由未爲不可耳

(三)高等教育　就其本質上言之比諸中等教育益當任其自由蓋學術者原非可以强制獨占之物也其所以必有國家之設備者以所費甚鉅有私人所不能經營者故國家視營設此等學校爲實際上最大之關係然仍不採獨占主義者即如前述之理由而欲於學術上廣人以自治權凡屬於科程多任其自定此國家之法規採不羈束之方針而以取折衷主義爲著者日本現行制度蓋本之也

## 第四節　教育行政之意義

一國教育之盛衰關於其國運之消長近世文明諸國爲自存發展之故不敢置是爲後圖誠有所見於國民教育之重要矣雖然舉全國教育事業悉國家獨占之是非教育本來之目的也其所望者在於程度之畫一與普及耳故教育行政直以干涉爲能而非以獨占爲務由是推之則此等行政有可類別而見其各不相同者(一)對於個人所私營之學校圖書及家庭教育(二)對於公共之學校及圖書館(三)國家以國費直接設立之學校圖書館即對於以上各等圖其程度之畫一與普及其於私立學校

也以其利益在保護兒童則與國家之自衞同有切要之義務故於設置廢止則任個人之自由而國家對之爲適當之監督其有弊害也則除之其資金缺乏也則補助之所以盡扶持誘導之任者爲普及之是務耳至公立學校發命令使設立則與個人自由者殊矣定使用之方法命盡職之教員而從其所定之教科於特定之時間必使達特定之目的國家則爲職務執行之監督以視私立學校僅盡扶持誘導之任者其輕重固有別也以國費設立之學校則官立而官維持之制定使用之法規任命官吏當教育之任及掌監督事務與公立學校之出自地方團體者其規模又迥判也凡關於此等之行政或任命官吏教員使員盡職之義務而供給其代償或於臣民供給身體精神發達上之利益爲取其代償而命之以義務自其行政權發動之實質上言之則關於營造物關於課特別義務及監督此類行爲皆其行政之作用也自其形式上言之則內務行政中爲增進國民精神上之利益幸福出以助長行政者是也若求其根據於憲法。則同第九條有增進臣民幸福發必要命令之法條。非同一意旨乎。其任命官吏教員。則同第十條天皇定行政各部之官制。及文武官之俸給。與任免文武官。豈異其設施乎。學者或謂文武官之任命。爲憲法上之大權。當在行政範圍之外。然以余輩所見。則天皇雖謂屬其親裁。即憲法上之大權。然得以之委任於行政機關。則因其有委任之一端。即可確信其屬於行政機關之權限。今日之判任官被任命於各省大臣及府縣知事。非可爲明證者歟。

從上所論。而於今之教育行政下一定義。則謂教育行政者在於立法及憲法上大權之下。而被委任於教育行政機關之權限爲國家有權力的作用可也。

本節臨終。乃復論及屬於內務行政之道德宗教行政者。以其可以比附觀之。益得以明瞭教育行政之觀念。未可目爲無用之業也。

第一欵　道德行政與教育行政

何以謂之道德行政乎。國家教育制度之設。用以啓國民之智能。促道德之進步。雖強制一般國民。受高等教育。爲不可能之事。然一方面以積極的促國民道德程度之高。即一方面以消極的防止其道德程度之降。故於紊秩序害社會之安寧者。或以警察權或以刑罰權防止其行爲。取改過遷善之政策。爲國家行政之作用。惟刑罰權者。關於刑法特別之法系。不與行政法相混。故在本論範圍之外。然道德行政。即藉是等之權力防止違反道德之行爲。因而間接進國民於良善之修飾。是誠足以輔敎育行政之未逮者也。

### 第二款　宗敎行政與敎育行政

何以謂之宗敎行政乎。夫謂宇宙有人力萬能之神。常存在而支配於人間。以監視下界之行動。於現世爲善行者。則來世以善報酬之。否則不免得惡報。欲以是動人心而勸善行。凡此多出自偉人之唱道。而其勢力之偉大。有時足以凌駕政權。反藉爲政治鞏固之利。萬國史不常有以敎吾人乎。其既往現在之制度。亦多端矣。今舉其主要者。(一)政敎一致之制度(二)政敎分離之制度(三)敎會公認之制度然亦隨地隨時而異。其對於敎育之關系。誠復不淺。於西洋信敎自由之國。其儀式禮拜等。常於國民敎育之學校行之。其修身科。多用聖書。是其因襲既深遠。固有不易分離者在也。於日本則國勢與敎宗同時採分離之主義。既於明治五年學制明之矣。廿三年十月三十日下賜敕語。確立國民敎育道德敎育之基礎。且憲章第二十八條『日本臣民不妨安寧秩序不背臣民義務者有信教之自由』關於宗教行政。必以是爲基礎。即離宗教者既以履行臣民義務維持秩序安寧爲目的矣。而對於信教者、加入於制限之範圍內。不得强制信教。亦不得制限轉教。及禁止信教。從上述觀之。則日本國法上宗教與教育全屬分離者也且有宗教屬內務大臣掌管教育屬文部大臣掌管之差。

第五節 教育行政之範圍

第一欵 總論

今將定教育行政。與他行政之界限。然必先就教育行政內容之界限。一詳論之。夫國家設機關以主持教育事業。果以至於何境。而始於何點。彰其事實行爲乎。其向於各種方面。而以法令及他之法則形式著其詳細者。則分見後之各論中。今於此舉其概要而論述之耳。

第二欵 教育之目的與行政

教育爲以人及人之影響。期於發達被教育者之身體精神。夫既前述矣。然就所期者論之有其用而能爲與有其義而不得不爲其要點果何在乎是所謂教育之界限及其目的。當分二個之問題說明者也。其界限有如何之問題今暫置不論。惟就目的問題先述之。古來教育學者。議論不一致。而學者持議有先異其根原。遂各異其見解者。如教育之目的。有謂宜從個人的方面觀察。有謂宜從團體卽社會的方面觀察。此卽因其觀察之點不同。而持議遂不能一致者也。斯賓塞爾氏則謂人類無完全之生活。斯社會無善良之狀態。教育者所以豫備得完全生活者也。此就社會方面立說也。海爾巴脫氏則謂道德的品性陶冶。在於發現完全之五道念。此就個人方面立說者也。笛脫斯氏則以海氏說爲未完全。而謂人生宜盡本務。以發達身體精神爲目的。此與海氏寔同一方面。但海主唯心。而笛主唯物。是其異也。其他學者。騰口振筆。議論尙多。然以供教育學之研究與立法。則是等學說。誠爲備參攷之要矣。若國法上之教育目的業已確定。而爲之教員者。雖覺其與一己所主之學說相違。仍不得出其意見爲自由之裁量。何也。蓋就行政上言之。則有教育之任者。但就已定之教育目的依法行之。而不許有幾微之取捨斟酌。是卽前所謂羈束行政。而非裁量行政也。其目的爲何。小學校令第一條定之矣。卽留意兒童身體之發達。定道德教育國民教育之基礎。幷授以生活必須之普通智識技能是也。爲必達其目的。由小學實行之者。夫既有施行規則第一條乃乇第十五條之確定矣。然由中學以至帝國大學。所謂施行規則。所謂敎授要目。所謂師範敎育令高等學校令大學令。靡不有分條之嚴密規定焉。凡有實際敎育之任。及欲就其職與在監督之地位者。但從國法所命之目的。爲之朝夕詮索焉。爲之攷究施行手術焉。周回於法之指示範圍中。應用敎育之原理。以期奏効。斯則任敎育者無論居何地所應實行者也。若就已定之目的。而爲如何之論說。欲以斟酌法文。或違反法令。曠廢其職務。生所謂責任問題者。是皆年少英氣之敎育者所易陷之事。講敎育學者。及於敎員養成之學校。宜大注意於檢定試驗。斯無俟言者也。

就藹氏所述。吾有所感而滋疑焉。以行政法論之。斯固以守國定之目的爲正式。夫何疑矣。此藹氏於其所身受。進步如日本。上有勵精圖治之政府。下有蒸蒸日善之國民。而又有日新月異精撰之法典。第循軌以行。斯則可矣。反之而身受者。不如藹氏。政府不如國民。不如以言法典。則尤身墮黑暗。無復有一隙之明可言者。其又將何從矣。此譯者行筆至此。心搖搖以慘淒。欲爲吾國敎育目的下一言。謂禱氏所說非我今日之教育界所能取法遽行者也。

海爾巴脫氏之五道念蓋本以倫理學心理學二者定教育之主旨而以誠意完全好意正義報償爲五大道念各條釋文甚長今不備錄容俟諸述教育主義時詳言之。

第三欵　教育之材料與行政

達教育目的之材料教科書。小學中學諸學校以文部省檢定合格者使用於全國。是所謂法定而通行者矣。雖然有法定之材料而謂以外之材料適用者均不得用之蓋無此禁令也。不見乎各種法令之法條有斟酌其土宜爲教育方術之明文乎。是以補法定材料所不足而行活教育法。能於法定外自由行動。所不待言者也。故於法定目的之法定材料以上有能以其適宜材料施教術者是謂獨立之職務執行雖郡視學縣視學無能干涉之斯屬於自由裁量之範圍於行政界不能不許容之也

如上述乃關於普通教育者。若自高等及專門以至大學材料選擇。一任自由。斯固教育之性質。有不得不然。於國家與教育之關係。曾言之矣。

## 第四欵　教育之方法與行政

教育之方法、各種學校達教育目的之手術也。自實際論之。可別之爲教授管理訓練三項。於教授方面言之。從教則而編成教授細目及作教案是也、於管理訓練方面言之則制定規條而執行之是也。皆屬於方法之類者也。

於小中高等女學校、則學校長制定教授細目。從小學校施行規則第廿二條。及關於中學校高等女學校教授要目之訓令而定者也。小學校猶有自府縣知事命教員作教案之規程。雖然有遵法令而行者。即有與法令不違得於範圍內自由者。教授細目之編成。教案之製作。苟從法文所定行之。則此外即無可干涉。此蓋行政作用與職務上事實行爲之界限。有由法令所不及。即屬於自由裁量之範圍者。即令其方法偶有不當。亦非於行政法上發生如何之効果也。於管理訓練。亦各從其目的。一遵文部省之省令訓令。府縣知事之命令訓令。其他之町村立學校。則依郡令郡訓令。以管理其學校。訓練其兒童。但於法文所命之範圍。即行政作用所及之界限。此外則所謂教育技術之範圍矣。惟其節目甚繁。非本欵所能詳述。容至他論更及之。

# 第二章　教育行政法

## 第一節　法之觀念

教育行政法者。如名行政法之國法然。亦公法之一部也。欲知公法爲如何乎。則不可不明法之觀念。但非詳言之。不能明確。本節所可述者。其概念耳。其本質與淵源。并關於發達之研究。當讓之法理學及法學通論。

所謂法者。果何自而起原乎。有人類斯有共同生活而社會之團結始焉。於其中有一切之行爲。則不能無一定之秩序。法者。蓋即維持秩序之規律也。夫人類者。生物之一種耳。則支配人類之原理。其與支配生物全體之法則。同出於一原。是無可疑者也。夫支配生物全體。果爲如何之法則乎。即生存競爭之結果。適者生存之原則是也。其生存者繼續而爲發達之狀態。是謂之進化。

研究動物進化之跡。其子孫之巧於繁殖者。則日進於欣榮。否則必歸於澌滅。故其子孫之善自生存者。即於競爭之場。所謂適當者也。本此以攷覈人類之歷史。其始也。以夫婦之感情綿延爲親子之統系。即以其相愛相親者。爲團結之基礎。而原始社會之種族。於以分立焉。斯時也。種族幷立。能於中增殖其子孫者。其爭存之力。即足以凌駕他種族之上。而以親子相愛之情。遺傳而有同胞共恤之意。遂以同出自一祖先者。生血族團體。夫而後依進化之原則。發達而生國家政治團體。其能爲如此之組織者。即其於社會中占優勢者也。有優勢則强力生焉。又其能於社會中擴權力者也。夫權力果何由見乎。能强制他人之意思服從於命令之下者是矣。夫有國家者之必須有權力。果爲何意。有權力而必不容其濫用。又果何說乎。夫未有不能維持自體之秩序而能得圓滿之完存者。故權力者所以保護共同生活之條件。所以强制毀損條件者之暴行。國家一以是爲責任。將於保護與强制定其界限。而因以表示其意思焉。是即法之意義。

由上所述。以分析法之觀念。則得爲實質與形式之區別。實質者。國家將欲維持秩序完自存之發達。而表示其意思。則先定個人及國家與臣民意思之界限。爲共同生活之標準者是也。形式者。國家有社會中占優勢者命令强制之權力是也。必二個之解釋相待。而後法之關係始明。故等此共同生活標準之法則。若無强制之權力。則不得謂之法道德宗教之流傳以充實質之要素則可也然以缺形式上之重件則不能以法之一字比之惟其如此故於國家能以權力維持表示其意思以外無自然法之可存自然法者爲羅馬時代補十二銅表之解釋而起者在今日之法治國不得存爲觀念者也

又有所謂慣習法者於私法上認之即共同生活之標準而不得與表示國家意思之法相混同者也故前此所說明法之意義不得因有慣習法之一種而其說遽爲所動

第二節　法之種別

自性質上區別之得爲公法私法關於區別之標準古來學者議論不同今試畧述之或自法之主體區別之謂國家與臣民之關係爲公法私人間之關係爲私法此一說也或自法之目的區別之謂關於公益之規定爲公法關於私益者爲私法此亦一說也而猶有指關於團體者爲公法個人之干係爲私法者紛然雜出實成其爲學術上之辯論而無一足採以余輩之所見則仍自前節所述之意義推論之凡社會之秩序

有相互平等者有服從權力命令爲不平等者此平與不平之關係即區別公法私法標準之所存夫國家與臣民之間有爲平等之關係者例如國家爲貨物之買賣則無幾微之地可以施其權力仍一依私法之所規定至其可用權力時則從公法之所規定而行動矣此余輩所目爲正當明確者也。

## 第三節　教育行政法之意義

公法爲規定權力關係之法規。既如上所述矣。而其中有國家對於毀損生存條件者。規定之刑法。及其他刑事民事訴訟法。且爲民刑事之裁判。定機關之組織行動而有裁判所構成法。是皆於公法沿革中。爲異常之發達。而各有特別法系者。公法中有稱廣義國法者。除此等法規而言者也。其稱狹義國法者。即行政法。又自廣義國法中除憲法而言者也。蓋行政法與憲法。兩者之區別。頗不能精密言之。關於行政機關之組織及行動是爲行政法關於國家之組織及其行動之法則是爲憲法然二者之界限。其性質無殊。特於其分量有異耳。即於行政法所論者。於憲法亦不能不論之。故欲定兩者大體之區別。即謂憲法於國家之組織及其行動爲定大原則之法規而行政法於所定機關之組織行其細目者可也。本此論之則謂教育行政法爲定其機關之組織而隸於行政法之細目者亦可也。

爲參攷以上所述便宜計揭圖解如左。

法
- 規定平等之關係者……私法
- 規定權力關係者……公法
  - 爲特別系統之發達者
    - 刑法
    - 訴訟法
    - 裁判所搆成法
  - 其他之公法
    - 憲法
    - 行政法

附譯明治四十年帝國議會豫算第一分科會之演說（文部省所管）

一月三十一日午前開會。牧野文相之說明幷政府委員之答辯如左。

教育之現況　四十年度豫算併經常臨時兩項。約七百六十萬圓。比之前年。約增九十萬圓。此中之幾部分。俟目下提出之大學特別會計法。幷各學校公立圖書館特別會計法之確定。以追加豫算要求之。夫當此說明四十年度豫算增加。有不能不更進一言者。關於教育之現況是也。高等教育與普通教育。於其間非敢故爲輕重。然其進步之情形。則頗有參差者。普通教育。今雖未得語於完全。其增長之數比之二十一年。則迥殊矣。於二十一年就學兒童數。全體計之。不足十分之五。至今日則爲百分之九十五弱。由此觀之。非就學之盛况乎。中學則二十七八年頃。不過八十餘校。至今日則一百八十餘校焉。其卒業生。前者僅一千四百內外。今日則一萬四千有餘焉。然高等教育。語其實質。固云進步。而於其範圍。則不得認爲相當之發達。高等教育機關。於二十一年頃。定其基礎。初爲大學所直轄之學校十有五。在當時入此等學校者。爲數已甚衆。不得已乃設豫備校。爲養成生徒之法。至二十七八年後。生徒漸次增加。至三十年。於大學校不能收容高等學校全體卒業生。又中學校以上之學校。乃至對於有志望者。百人中不能收容二十人。年復一年。群至訴設備之不足。二十七八年以後。中學以上之新設校。不過二十內外。何擴張之遲遲也。際此編製四十年度之豫算。於高等教育機關。有不可不注意者矣。茲者要求二大學五專門學校之創立費。此計畫學校擴張所不容緩者也。

**學生之薰育**　普通教育最宜注意者。關於學生之薰育是矣。當局者就於此點。今後爲一層之嚴重。期得有効之結果。於高等師範及各師範學校設置專務之學生監決要求其費用。

實業教育之獎勵　既日有進步矣。於今日已達一千九百之高等普通實業學校。於各地尙有新設擴張者。是實可謂時運之所向矣。故政府獎勵之新要求國庫補助額之增加。

美術獎勵　雖然有美術學校、期美術家之養成。然獎勵之方法。則缺如也。夫美術者。爲工業之基礎。美術工業之發達。不能不待純粹美術之盛興。各國皆示其例矣。以是於四十年度之豫算。乃次第計其費用。

今後之直轄學校收容人員　依三十九年度則通各直轄學校。一年間不過收容四千人之學生。今回之豫算成立。自四十年度更增加一千人。爲收容五千人之計畫。(澤柳次官說明)

新設學校設立地之助置　松村政府委員。對於佐藤氏之質問。福岡大學則自福岡縣助置十五萬圓。與建築地三萬餘坪。東北大學。則自宮城縣助置十五萬圓。其他札幌大學之十五萬圓。則自札幌。鹿兒島高等農林之十萬圓。則自鹿兒島縣。小樽高等商業之二十萬圓則自小樽區敷地則自同區有志者。新潟醫學專門之三十七萬圓與敷地一萬七千坪。則自新潟縣及其市內。米澤高等染織之十萬圓。則自秋田縣敷地二萬坪。則自米澤市助置。奈良女子高等師範。爲縣立高等女學校之附屬。自同縣助置市立小學幼稚園自同市助置。以上皆對於質問之答說。

**學制改革** 牧野文相對於石田委員之質問以修學年限失之過長。爲有同感。其原因者。(一)爲現在大學課兩外國之語言。雖以今日之年限。其成績猶覺不足。是授業法及學級人員之過多。故其弊至此。(二)因從來學校之不足。遂至延學生之修業期。就於短縮其期之改良。此則居現任者所必先人熟慮。期學制改革之行於早晚。蓋無可游移也。

**新設兩大學之維持費** 就於福岡仙臺兩大學之維持費。澤柳次官所語者。則完成後。於政府支出十萬圓以維持福岡大學。六萬圓維持仙臺大學。

# 英國民之特性

譯述二

遇虎

此爲日本文學士下田次郎所講演載在丁酉倫理會倫理講演集第四十六號中移譯之亦聊欲以供我教育界之參考云爾

自余於明治三十五年之末歸朝。未久。曾以余自教育一方面以倫敦爲中心。所以觀察英國者。題曰倫敦之教育觀。載之教育學術界雜誌中。今於彼已及者。不復贅。但述其所未及者。惟英國民之特性。欲語其全體。亦非所能。今止及其一部分。則請先自運動言之。

英國民大率喜運動。故運動者。實英國國民生活之一要部分也。其運動方法至多。而其流行最盛者。則蹴鞠 Foot Ball 與打毬戲 Cricket 二者。是自秋接春一期。蹴鞠最盛。自春界夏一期。打毬戲最盛。語其界限。則在彼所謂運動者。非如我日本爲兵隊與學生所專有事也。無貴賤上下老幼男女。皆挾無窮之興味。從事於競爭。殆有舉國若狂之風。若語其所以盛興致此之由。則不僅使身體敏捷强健。於個人有直接之利益也。即於社會上。亦有莫大之影響存焉。考蹴鞠爲英國民之特技。而其盛行若今日者。實不過近四十年來始然。然英國者。實世界中工業最發達之國也。因之資本家與勞働者之間。較之他國。宜有最激烈不可當之軋轢。然於事實上則工業界後起者若德國者流。軋轢甚盛。而英顧反是者。雖有其他種種之理由。然調和兩者之間而爲其事實上之一原因者。則蹴鞠是也。蓋彼中有識者及僧侶教育家。嘗有見於社會階級所生之間隔不可不破。而其感情不可不調也。於是假其途於運動。就蹴鞠鼓舞而提倡之。蓋運動者。爲人所知。非必有學問而後能。又非必上流貴族而後能之者也。但其身體手足。足以自由動作。則不論其人爲誰何。皆得與爲之。故不問其爲貴族乎。抑資本家乎。抑或勞働者乎。雖相逐爲運動可也。故嘗有居倫敦上流社會中人。往各地方。與其地方之人。或其勞働者競遊戲相逐爲運動者。故至今日。於其社交上道德上。有莫大之影響焉。即此遊戲之中。而貴族與資本家及勞働者之間。相與融和愉樂而無爭。蓋馳騁競爭之運動場。實不啻一社交俱樂部。故蹴鞠球戲之所以盛行。而工業界之所以不生衝突者。實以此。昔羅馬人爲遊技時。觀者達於極盛。惟其時觀者不過凝望演者之演技相與稱道其能。從旁喝采而已。英人則不然。其觀者非徒佇立凝望而已也。蓋即嘗以競技者爲其模範。而身即登場演之未有以旁觀者自已也。且若佛蘭西國人者。亦好運動之國民也，然與英殊異者。蓋佛人運動。率喜用機械。若自轉車競走。自動車競走。依機械力而爲運動之類者。佛國之所盛行也。英人則惟恃其體力或腕力足力從事於筋骨之競爭。而謂非此則不得謂爲眞運動。故當事之急也。英人率以沉勇著。昔佛國新聞中嘗有一人評英人之球戲曰。英國人之運動前世紀之運動也，抛球競走。皆見廢於我佛百年以前。而今則英人爲之。其時英人對于此一番之嘲弄。則爲之辭曰。惟佛人之抱此理想也。則嘗聞巴黎有一劇場火起。多數之佛婦人。以無救罹慘死。使佛人平時能鍛錬其身體。有沈勇之實者。則於彼時拔婦人而出之。殆非難事。而惜乎其未能也。又爲之冷語以答之。且如球戲等陸上運動。英人非僅於其國內爲之。即其殖民地。殆無不遍及。而以此彼我往來者亦不絕。其他又有與外國爲此等運動者。亦皆挾無窮之興味。不遠千里而奔走其間。蓋不僅國民的運動。而又有國際的運動焉矣（譯者案。頃閱報紙。載倫敦電報。倫敦富者夥寔以特列死後。其家族以金一萬磅寄贈諸病院及諸慈善事業之外。又以五千磅從事于蹴鞠球戲競漕及游泳等競技事業之奬勵。蓋彼中視若一重大事業若此。我國百廢待舉。每苦無貲。安有能力及此。百年之後。或有此事實乎。）

蹴鞠球戲之外。則馬術競走。亦英人運動中盛行之一種也。英人善相馬。雅能辨勇怯。又善馭馬。無不馴者。其跨馬上而馬之被其操縱也。圓轉應和。無不如意。故彼等常擇地勢之削銳險阻者。相與馳騁爲樂。其他競馬等亦被盛行。盖馬最富于彈力性。故敏捷活潑。而英人實持有彈力性之体軀。而敏捷活潑之尤至者也。

阿克士夥得大學。及見補利特二大學者。實運動界之中心是也。始自競漕 Boas-rasing 以及其他種種之運動。無不具備。蓋彼二大學實學生運動界中之模範。凡有學生。他日欲入此二大學者。則必先抱持一理想。即被選爲運動選手是也。又英人好旅行。其旅行也。無遠勿屆。非僅周遊於其國內。故英民最多横行於世界者。且嘗有一種之會社。募集旅客。使巡遊世界。例若往那威北。觀夏夜中日出。或跋涉埃及。乃以日河。或往巴力斯坦。或登阿爾魄山。或巡環世界一周。種種奇境。無不有爲之者。其冒險也。或狩虎於印度。或狩獅於亞非利加。而不測之事見於新聞者。則或某被虎噬。或某以登山竟不歸者。往往有之。如我日本居夏時。亦多有以海浴至溺死者。其爲不測之變雖同。然其原因則與英殊異者。蓋彼等不測之事。皆自冒險所生故也。觀彼中豪傑有爲之士。其曾爲運動家冒險家者。比比皆是。蓋運動冒險者。其効果固非僅及於身體。而於精神上亦有莫大之影響故也。

觀於我日本學生之情狀。則維新以前。尚有所謂武者修業者。或跋涉山野。逐狠而治之。或有遇熊而與之角者。種種冒險。其足以養成胆力之機會。蓋嘗不少。今之學生。則大都日居四疊有半之書齋。讀新聞或小說。其他又或耽於空想。顏色青白。不事運動。所爲修養膽力之時會殆無有。觀於英國民所以冒險以養成其胆力者。一若平生所學問。必經此一度之險阻而後得携以用於世者。于是政治家者。儼然成爲政治家。若不幸而死于冒險時代。則其人之不幸耳。今英殖民次官恰豈日昔嘗與于脫蘭斯窪之戰。其他皇族中亦有多之。其他又有身爲滊船之火夫。或坐于滊車首部滊罐車。以試旅行者。近頃英皇太子嘗爲一題。曰彼最初之虎者。圖之雜誌中。蓋彼嘗于印度旅行時。獵虎射虎而止之者也。蓋人類者。非經危險之境遇。則膽無由定。今我日本青年。

若維新以前足以養成膽力之方法者既無之。此後如能將冒險的風氣遍及於書生間。日本內地固無論。即樺太千島台灣朝鮮滿洲支那濠洲。令足跡無不到。試爲冒險事業，以求所謂修養胆力之機會者。實余所深望也。譯者案。日本學生于運動。固已可謂普及矣。競漕蹴鞠之會。報紙中時有所見。劒術柔道。習之者亦多。學校中亦多率學生爲修學旅行。去夏休暇中。學生旅行滿洲者。達數百千人。在我等觀之。固已可感服矣。

如前既述。英國民所謂運動者。決非兵隊與學生所專有事。無貴賤上下老幼男女。無不爲之。故歷觀彼中名士。其善運動喜冒險者至多。若格蘭斯頓。十九世紀中大政治家善倒木。以此助其人望。大詩人瓦資阿斯。爲健脚家。瓦資阿斯。十九世紀人。十八世紀英文學中衰。起而成一種眞摯之文學。實爲近世詩界之祖。蘇格以敏捷之狩獵家著。擺倫善泳水。者十九世記大詩人。理學者欽達日爲登山家。畫家之米列特。亦十九世紀人善射一種似雉子之鳥名曰格魯特者。政治家爵恩不來特好釣鱒。凡此諸類。非獨其少壯時代爲之也。即年既老。其所嗜未嘗肯忘。如經濟學者夫惡寫特。目雖盲。猶嗜競馬與氷橇戲。文學者安卯卯鋪。雖老年時。目昏瞶無所見。而猶喜狐狩。政治家拔而馬敦。以年老。身體不利。然不倦於狩獵。當耶普沙門競馬時。上馬時曾一借助於人。跨馬後安然抵其地。哲學家斯賓塞爾。于心理學原理最奧微之部分。每於習

Racks 一種打毬戲。歇手時剖記之。且彼復長于擊庭球。善釣。其他類此者。不可枚擧。

蓋凡英國政治家及文學者之中。無不各有運動之歷史者。

英國人之於運動也。盡出其全力以爲之。或勝或負。非瞭然判決。未肯輟也。然其時有最可感之一事者。則勝者雖勝。未嘗有矜喜之色。故嘗有評之者云。彼等若惝然不樂而運動焉者。謂是也。夫所謂勇氣與胆力者。決非自然生長之物。非有人造。殆無由發達。然蹴鞠等運動。以何故而可與精神上以利益乎。德人烏匪爾曼曾有言云。蹴鞠者。實足以使人富于冒險性質。而與機敏決斷。嚴守正當時間。與服從規則等同其活動。而足以養成種種善良習慣之一物也。故余對於我國人而尤望其輸入者。實爲蹴鞠。誠以其實際足以裨益身心故也。此英國民之運動。及其效果之事也。

次即英人交接上之儀節言之。則英人者。實一種無客氣之國民是也。彼其所好惡。直捷言之。言之而或不見喜於人而重難之者。英人無是也。彼其所懷挾之意見如何。則瞭然道之。未嘗有必竊覗人之意向而後言者。蓋彼等於不然。No 之一語。敢然道之。然此不然一語。其較諸不由衷之唯唯 Yes 也。爲有價値。故凡始與英人交際者。未嘗不疑其若傲慢不可近者。及其久而後知彼固不道虛僞。且又親切之至者也。且英人不苟笑。其發笑也必毫無虛僞。而其事有可笑之實者。以此諸點觀我日人。則虛僞客氣多而輕于發笑。不必有感于愉快而後笑。又不必感可笑而後笑。蓋一種之癖則然。且日人之笑也。尤近于頑鈍。人方儼然持異同之見。而日人亦以笑對之。又其笑也。或牛於慙愧。或出于感謝之情。或以示改悔之意。皆囫圇于其中。在他國人絕無能明辨其爲屬于何種之原因。自非日本人。則未有能心知其意者。蓋我國民實一種發不可思議之笑之國民是也。英人則適成絕對的反對。且英人之惡詐言也。如有以道僞語一語加諸人者。則若加人以莫大之重辱。其被人之加以此語者。則亦以爲莫大之不名譽。蓋彼等無不以至誠相交接。於日常之交際有然。於事業上之交際亦有然。蓋英人者。實利主義之國民也。詐僞之爲損害。知之甚明。故嘗以爲詐僞者實無異於精神上之自殺。爲詐言者。社會交際上不許與焉。昔嘗有拔呑其人者。嘗占星象。預言其死期。及期猶無恙。乃自殺以中其預言。此雖一極端之例。然亦足以代表英人一般之傾向矣。又若其遵守道義。如置行李于汽車。貯貨幣于銀行。托最重要視之時辰表於商廛。使之整理。托者受者皆惟托焉受焉而已。所爲受取證者無有也。蓋群以爲詐騙者非人類之所應有。故如有以此爲請者。則亦以爲辱而莫肯與。即此一事論之。全國中於所謂受取證者。未嘗一勞其時日費用。即其所得當何如邪。且修身一科。學校中所最重要視之者也。然以何道而得畀其實益于學童。言之。則與其托之空言也。毋寧實行以示之。使有所矜式。故彼中効力之大。實較徒用教科書者遠甚。彼其用人也。亦持此道以行之。又凡營事者當事其所事之時。誠一不苟。目未嘗一他視。且吸烟談話且兼營事業者。未嘗有也。且若我日本商廛。入而觀之。則往往見賣者推敲算子。故裝形態。買者固求減直。兩造爭持。有如外交談判者。勉得就緒。猶且計較失得。蓋雖一錙銖之事業。在我日人必浪費無數可貴之時間與精神上之勞力。英人無是也。日人之交際。則往往道彼也僕之至友。此亦僕之至友。若一人而竟持無數之至友者。英人亦無是也。蓋彼等惟以不事虛文之故。則不易苟事人。親惟既覺其可信者。則其親切也亦逾甚矣。且凡始相見。必需紹介。雖每日相見共食。或久不接一語。非其所知。則無紹介狀者不與近。彼其紹介實無異一宣誓焉。在我日本則有被人窘困而無如之何者。則不得已爲紹介狀導諸其友以困之。豈惟不負責任。實所以逃責任者焉。又觀彼中、商業、社會。則自近者倫敦泰晤士社以百科全書販賣事。對于一日本無所知之人。與以最便益之條件。蓋實我日本商人即對于其本國人亦不能賴此信用而與之者。而彼竟慨然出之。且若佛蘭西人之舉事也。必幾度計較名譽與光榮之所在而後爲之。英人則此非其所計而惟持一種義務觀念爲之始終。故所爲皆確實正當無所爲欺飾。且凡所謂英人者。各有其面目。各執是以進行。而其少雷同。故欲以少數代表其國民全體而有所不能。葉馬孫有言。英國民者。具備無數種之人格之國民也。蓋卓然能确立於其靴上者。實英吉利國民是也。人人各如其所居之島國。具確然獨立而不倚之勢。龜之爲物也。遲緩而确能進行。而英人實似之。其發言也。非以其唇舌。而以其全身之力爲之。人類之性行也如是。則於其物品亦然。與其外觀之美。毋甯求其實質之堅也。若我日人之物品。則其間雖非無堅牢可用者。試入勸工場。求一褻衣。望之若甚美。乃不數日而紐釦脫。又未久而破綻矣。凡皆以肆其一時之欺飾則有餘。不必久而遂歸于無用。如以此爲我日本國民性質之表徵。則固不得不謂爲可悲之現象耳。

且英國民。又富于保存之特性者也。凡物之舊者。則特別重要視之。例如服飾。以彼等素爲實用的人民。率以用鳥打帽者爲多。即學生自大學校以至小學。無不用此者。惟登禮式之場。則必惟古式是尙。冠服外套。形狀奇妙。儼然古代威儀。苦英皇擧戴冠式時。有佛蘭西人見之者。曰、使我巴里市長服今倫敦市長赤色之衣。巡迴于街市。巴里人殆將笑煞云云。然英人則儼然鄭重以臨之。此英人之所以可貴也。英人之保存古物如此。故雖裁判所之判事。劇場之番人。無不有由來已久之服飾。倫敦古牢屋之番人。亦服古之服飾。佩一物。狀若鎗者。又如貴族名家。指陳故物。歷示其歷史於子孫。守而藏之。不敢輕易以新者。國會中議員之數。多於其坐席。亦仍之而未嘗增置。又議場中有一赤色緋羅紗几。君主或貴族坐之者。必依其定則。又郵便遞信人入郵件於一袋。背負之而行。疑亦彼國舊式。要之英國。實一尙保存之島國。其國民實皆好古家之胎卵。且英人非獨喜保存其一己所有也。亦且盡全力搜羅世界故物。廣設規模弘大之美術館圖書館。故貯蓄至多。夫所謂歷史者。雖若何富有。非可以金錢購得者也。亞美利加之爲國。成立未久。故歷史甚少。惟我日本於此點。則在世界上可謂特有最古之歷史者。惟不能無遺恨者。則古先物式未嘗保存流傳至今是也。近者國家亦嘗注意於此。尤望個人各盡其力。且不僅於其一家。而並以廣事搜羅爲務耳。惟既尙保存。或易使人流爲退嬰主義。或保守主義。則因是而擯新者於不用。害亦甚大。一方保守。而一方進取。兩者並行。固非必有相悖之理由也。譯者案。我國人最乏保存性。近世新說流行。古先道德要旨。群有唾棄不顧之勢。觀于此亦可以自反矣。

英國民。又最富于獨立性之國民也。彼其於己國所有。若無不善者。對於世界。則若英吉利。實爲其中心。且英人但有使他人同化於彼。而決無同化于他人者。彼惟施其法律于他人。而決不受他人之支配。惟我日本亦然。驟而觀之。則若易被同化者。其實不然。蓋皆但爲所謂立法者是也。且英人之於他國。其已爲英國人。已爲本國人。而其所居之國爲外國人之觀念。未嘗或忘。昔嘗有一英國貴女子。旅行至獨逸之來因河。有獨人呼彼爲外國人者。則答之曰。我非外國人。實吉利人是也。如君所固非外國人乎。如此女者。蓋足以代表英國民之精神者也。且英人固拙於外國語。惟即有能者。亦必惟操其國語是務。在我日本。則適爲其反對。而務操外國語焉。且彼等稱讚之詞。如有他國豪傑之士。則必曰有英國人之風。反是則知其爲毀之矣。又於物之美者。必問曰。此汝國產乎。無人無物。其對於他國。必曰有英國風。蓋人則惟英國人。物則惟英國製。以及其他無不以英國所有爲第一流之觀念。時在其腦中。此雖若一種偏頗固陋之見。然其自信之堅确力。蓋亦大國民中一不可少之元素矣。且彼等既以英國爲世界中中國爲本國。而於其各個人。又有一已爲小中國爲一小本國之精神。其異者惟英國乃我之大者。已不過一我之小者耳。故又自其英國人莫不善之觀念。推及於其一已。而絕無有欲摸擬他人之心。蓋其自視也重。決不欲以摸擬他人自薄待也。葉馬孫有言。英人雖於外貌血統產地或有瑕疵。決不自隱。且或禿其頭顏。或青或赤。足或拘曲。或面多疵痣。腹或前挺。或發聲如鴉。當不惟不以自慙。又若以爲其中有適合當世時態。或又恰與其人有相適合之處存在焉者。此雖形容過甚之詞。然此種意嚮。英人殆實有之。故不隨人爲唯否。而惟以一己腕力之所能爲者。以求其自立。此所謂獨立主義是也。有時此主義達於極端之點。則有父母與其子。坐視其困難而不相救恤者。以我等觀之。或不免以爲非常可怪。要之此獨立主義行。則於國家之繁榮有無窮之影響。英人之能自立如此。不隨人爲唯阿如此。故亦不以己干涉他人。是又其絜矩之道也。

以此之故。英國國民。乃甚自由。無論發何種言論。固自其人之言論而有其自由權。即發一議反對政府。亦固其人之言論也。試於日曜日（即禮拜日）遊行各公園。則多有演說者。多數人惟竚立靜聽。決無防礙之者。時或以意見不一。互相討論。皆各盡彼方之所欲言而後自表其意見。肆意攻擊辨論。終竟不合。則各是其是。而決無及于亂暴者。故英人常以其國中無政治上之暗殺自誇。蓋輿論極其發達。則有足以制裁人羣之能力。武暴之手段自無所需。暗殺之所以被行者。以輿論之力微弱。而受輿論攻擊之人尙靦然立於其位而不加悛改也。觀於英國之無暗殺。則其輿論之制裁力。固可想見。而政治上。固有不得不秩然整理之勢矣。惟英人一方面自由之發達。雖若彼。其他一方面則昔時社會的階級。猶依然存在。勞働者之子孫。仍各忠於其所事之子孫。鴻溝界限。劃然不紊。雖以格蘭斯頓之偉才。不能反對選舉區之貴族與爭選舉。惟貴族雖嘗勞働其地方之人民。然其在地方也。則盡力于殖產興業教育等。以盡其應盡之務。有若互爲酬報者。余觀于彼而望我日本諸貴族亦能效彼。毋但居于東京各歸其藩地。以經營其種種應盡之事業。且或往遊彼國。一觀彼中貴族之生活與其所經營。蓋亦其應爲之事業之一也。英人之忠於所事如此。故于其國皇也敬愛尤篤。往年今皇舉戴冠式時。適其數日前患盲腸炎疾。其時適有同罹此病者。每以己與其國皇同一病自喜。蓋其爲愛也如此。

獨立自存等精神上之事。雖發達如此。其同時又有不可缺者。則物質上的事是。換言之即經濟問題是也。借貸者足以喪失人之獨立與自由。故借貸非英人之所願。及其至不得已。則持一必償之念爲之。用按月納金法購買之物。如百科全書及自轉車之類。非有如期繳納之志。則無持徼幸之心以爲之者。納爾遜有言。財產缺乏之者。劣敗於競爭之罪惡也。有胥多列斯米斯者嘗云。窮乏之者。英人之不名譽也。汝其乞食一語。非輕蔑最甚之時。不敢出諸口。故英人嘗以欲保全其體面與獨立性。故不得不擴充其生計。故專心一志以事其所事。一夫所業。往往足以敵三人。且于人力之外。又能利用機械。故於壯大之業。無不能之者。蓋對于天然而有所謂不能之事者。英人實未嘗聞。

例如錫蘭之可倫波。施以隄防工事。而成極繁盛之港塲。香港氣候最惡。熱疫流行。一經英人之締造經營。亦遂成有數之商港。且彼中政治家。無不即兼有富人之資格。無職無產遊食之政治家者。絕無之。蓋必有資產而後足以圖大事。妙手空空。安足有爲。且若些須之金錢事業。不過足以聊濟一時。至於壯圖弘業。則非其生活安全。決無由締造。推而及於教育。亦莫不然。我日本往外國之留學生。率多富者。故彼等所費。約皆使用其財產之利息耳。至於文部省所派遣。則多有張背水之陣爲之者。然外人不知。往往多以前者一例視之。故頗有女子以結婚爲請者。其實不然。國內教育。亦多類是者。此雖無甚不善。要之教育一事。固不能無賴于大資產者也。惟欲營大資產。不能無大規模。英人凡營一事。無不持世界的目的爲之。即觀其各種商業廣告。其性質非僅英國一國之廣告也。實世界的廣告焉。各埠停車塲廣告張貼之多。至于欲窺一停車塲所揭示之地名而不可得。又若乘合馬車。所書其車所指之地名。亦爲廣告所掩。不能盡辨。其他若學校浴堂汽車出發時間表。無不揭示。蓋惟見廣告之觸目而已。近者我日本廣告。亦漸盛興。惟規模尙小。不逮彼遠甚。且彼等忙勞之景狀。試一觀朝夕向倫敦之汽車。殆無不手新聞一紙者。我日本人每自謂匆忙。以與彼較。殆猶可謂安暇無事者。且歐洲諸國。與他國爲直接的激烈競爭。在英則必使人盡用英商品而後已。廣告中亦嘗對于其本國人而記之云。愛國者不可不用以英國資本與勞力所造之物品云云。其實凡英之物品。雖無外飾。然堅牢可用。此則雖無廣告之揄揚。固有可貴之實者也。

英人爲實用的國民。在其個人。如碌碌無一長。若有玷於彼所謂英國民者。故無不欲以一藝自見。福澤先生有言。能倒立者固不得謂之藝也。然英人則實持有有用之藝者。且英人强于忍耐力。其力所能至。則勇然爲之。故彼嘗以第一流自命。有時此種理想。每爲事實上之障礙。以致生種種之不利益。然大國民之氣質。端亦在是。葉馬孫嘗有云。英人者。保守的國民。又愛貲產。愛貴族。愛自由的國民是也。殆不誣矣。

觀于教育之事業。而英人之精神。可謂發攄殆盡。而無餘蘊者矣。蓋其敎育之目的。在欲造成高尚而能適用于當世之人物。而獨立自助主義。亦充周實現於其間。蓋無論大中小學校。其所謂最完全之學校。大都所謂私立。出於民間之經營者。阿克士夥得及見補利特二大學。皆屬私立國中之敎員檢定試驗。率在此兩大學。或倫敦大學舉行之。其所頒免許狀。最爲世所信用。其効力殆與我日本自政府給與之敎員免許狀者無異。又如高等女學校。則有一儲百萬餘圓之資本之學校會社。以倫敦爲中心。建最完善之高等女學校三十餘所于各地。以會社組織法行之敎育事若不經。唯英人凡事。皆以此法行之。且彼等喜自由獨立。凡人自成丁而後。自事其所事。不欲絲毫有所賴於政府。即敎育事業。亦多不欲求助於政府故也。我日本近有早稻田慶應義塾等私立學校。日形發達。實事之最可喜者。所望者。惟在健全之發達耳。且所謂英人保存癖者。即其學校。亦可窺見。如阿克士彩得及見補利特兩大學以及其他成立已數百年之學校。其校舍有自其成立時流傳至今。未嘗改造者。壁上蔦蘿瀰蔓。古氣森然。且其寄宿舍中。昔嘗有名賢偉士生活於其中。則足使今日居其間者尙友之志益切。即於其志性之修養。極有所裨益。然在我日本。於此一點。殆可謂絕無。亦可遺恨之一事也。又彼學校中食堂陳設精潔。曾自其學校出身之名士。則懸其油畫。見之者莫不肅然起敬心。若我日本所謂食堂者。往往氣味齷齪。故終食者往往投箸急趨。彼中則不然。蓋即食堂。亦教化上社交上一至善之修養塲也。以彼學校之保有古歷史與古建築而崇尚之若此。故凡學校務以不改其舊爲佳。建築物無論在校已久之教師。非至其老耄則不輕去。下至僕從亦務惟用其舊者。至紀念物則保存尤力。蓋以其使人於他日足生無窮之感想故也。且如教科書者。教育上極有重大影響之一物也。在我日本。則舍舊而尙新。而彼亦有仍其舊者。要之舊者之中亦實非無佳者焉。且當此競爭激烈世界中。所居往往飄然無定。欲求適于生活。而又欲保其久住不遷之目的。往往難於兩全。然在英人。則亦惟以不易其居是務。蓋屢度遷移。則其家庭生活之歷史。亦不能無屢生變象。且一人所自生之鄉里及童子時所釣遊。長保持不變。則幼年歷史如在目前。在生活上既有無窮之趣味。在精神上亦有無形之利益存焉。否則徘徊故里。廬宅已屬他人。則一種桑田滄海昨是今非之感。若不勝欷歔感慨之情者。其於學校也亦然。蓋學校者。亦實人生生活之一部分。英人嘗有一種雜著。叙述種種學校生活。至有趣味。蓋此種歷史。實足令人懷慕感想而不忘者。此英人之所以務欲保持而弗失也。又英人不喜空理論而務尊實際。尙實用。教育方針。執此進行。以作育陶冶其國民。學科選擇。各任其自由志願。又學校之外。圖書館博物館等陳設至多。使一般人士得從事於學問。蓋彼社會實全以教育的性質成全焉。細而觀之。彼其教育上現態。如自由太甚。不能有統一之致。又以富者與貧者有階級之差。各異其學校等。固不能無缺點。惟余今所述。多自其善良的一方面言之。而其所短缺。則姑不及。方今日露戰爭。我日人之所以勝者。實教育之賜之一問題。方爲世界所研究。當此之際。我日本適與英國同盟。其爲慶幸。固不待言。同盟者非他而獨爲英國。其於軍事上及經濟上利益如何。始置勿論。惟自教育一方面論之。則固至可慶者。有志之士。對于彼國民。就其風俗習慣宗教及其他一切方面。盡力研究。蓋有不可不盡之責焉。余之所述。不過居彼中數月間之觀察。及稍嘗從事讀書之所得。斷鱗殘片。蓋無足珍。他日完全之研究。實余所尤跂望者也。

# 足尾銅山暴動三日記

主父

余於去歲來足尾銅山實練。迄今已數月。忽躬際鑛夫暴動之舉。此等勞力家與資本家之戰爭。在世界文明。固不足奇。然由此可考見東西人民之性質之程度。歐美勞動問題。疊見新聞。皆不外同盟罷工。資本家不得已。聽其要求。始行就職。其性質文明。手段從容。而其收効也大。東亞人則異是。一則罷工無所就食。勢必同歸餓殍。二則終屬武士性質。如唱大花面者扮小旦。雖極力撿點。終露粗莽。三則程度不齊。唱之者爲一二有思想之人。和者大半爲無賴之子。一旦決發。不可收拾。以致不但不能收效。而反自害。今足尾全山。已來軍隊三百餘。警察五百餘。而暴徒被逮者已二百餘。勢已鎮靜矣。迴思本月初四日至初六日。三日間暴動之迹。有足令人寒心者。今已不復記其詳。

雜錄

惟舉其大致以爲我國實業家前途之鑒焉。

先是有北海道夕張炭山鑛夫南助松其人者。開勞動至誠會支部於足尾。咸鼓唱同盟罷工之說。謂美國某炭山同盟罷工者兩月。大統領卒聽其要求。我東亞人當做法云云。去歲十二月。開會兩次。本歲正月開會兩次。開會之前。散布檄文。聲言鑛業所長南挺三之不法。其登壇演說者。無非敝衣塗面之鑛夫僕役等。其所攻擊者。無非某職員如何無理。會社如何刻待。全社人尙未關心也。至本月初二日。乃聞有約於初四日集衆毀見張所坑場之說。（見張所在坑內。如通洞坑內分爲四區。曰第一區。曰第二區。曰第三區。曰第四區。每區有一見張所。凡鑛夫入坑。必交名牌於此。事務員按其名牌登記於簿。出坑時。亦取名牌於此。坑內職員皆在此辦事。坑場在坑口。全職員辦事之所也。）

初四日午前七點鐘。將入坑矣。同學日比野君（爲現場員。巡遊坑內與鑛夫交涉之員也。凡間代、定目皆由現場員講定。閱五日一往視。觀其石之軟硬。所定價之合法否。而改正之。間代者屬開坑。（即無鑛石之處）每掘進長十尺。高六尺。寬四尺。其價爲若干元。定目者屬採鑛，及拔掘。（即有鑛石之處）每日應納鑛石若干於會社。所餘者歸本人。會社出價買之。每貫五錢。即我國之五十文也。但採鑛定價。必以長十尺高六尺

第一圖

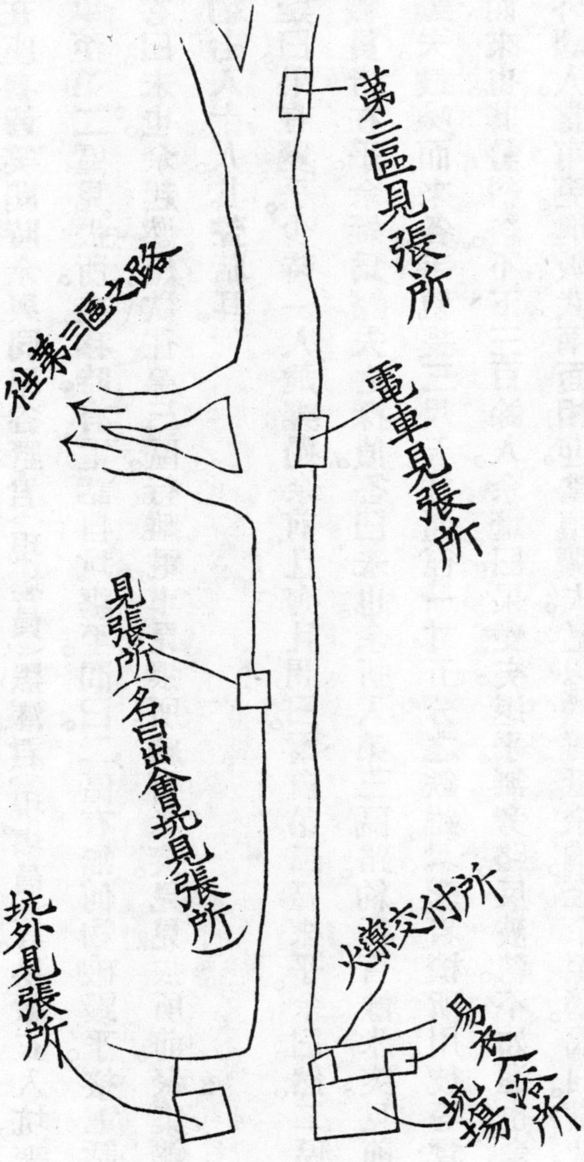


而論。（其寬則隨鑛脈之寬狹。亦有間代者。若鑛石甚富。則無間代。而反納定目。拔掘

則不問其長。不問其寬。不問其高。惟視鑛脈之所有而盡掘之。故鑛脈小處。其所掘之穴。必蛇行始能入。日本之古法也。惟定目無間代） 笑曰。今日非鑛夫毀見張所之日乎。在座者皆笑。閱時余與同學谷野君（現塲員）黑澤君（現塲員）等。易敝衣入坑。乘電車至第二區見張所。坐移時。有電話自坑塲至。問曰。二區有無何物破毀乎。接電話者答曰。未也。余起燃燈。欲往第三區。行離電車見張所。約百米突。見見張所前。聚集鑛夫。約七八十人。其聲聒耳。

余疑曰。果有變乎。少時一人飛奔過余前。且奔且問曰。爾自第二區來乎。余曰。然。二區諸職員皆在乎。余疑爲鑛夫之探偵。答曰、未也。余折入第三區路。約行百餘米突。見前面鑛夫。鼓噪而來。各手執長三尺五寸通徑一寸五分之鉄錐。（鑿岩機所用）彼等奪之而來也。其勢糾糾。不下三百餘人。余驚曰。果變矣。退乎無旁路。反被執。不如進也。余爲外國人。當可免。進數武。兩面相迎。當頭鑛夫。猛以鉄錐抵余胸。竪余至壁。喝曰。貴樣(キサマ)何處(ドコ)行(イ)グンデス。打殺(ウチコロ)スゾ。後面鑛夫鬨聲相應曰。ヤレヤレ。余此時知無法。惟大聲答曰。我(オレ)外國(ガイコク)人關係(ジンカンケイ)ヤシナイ。御前(オマヘ)區別(クベツ)ナク亂暴(ランボウ)スルジヤ。イガン。幸旁立一知余

之工人。喝曰。御前外國人ヤルジヤ命ハナイヨ。渠乃釋余。喝曰。速ク行ケ。緩クジヤ、打ディ。忽聞電車聲自遠而至。渠等一鬨而追電車。余乃乘機而逸。至大坑。風大。飛行數武。燈即熄。其黑如漆。不辨咫尺。電車爲鑛夫所追。全力飛逸。余懼爲電車所蹶。復慌張不知避至何處。幸一工人。扯余至旁。蓋抱賬簿書類而逃者也。余乃就其燈。得出坑。出坑則兩岸峙立。鑛夫如山矣。入坑塲內。衆皆慌懼。不知所出。時而兩岸鑛夫鬨聲大起。以爲當毀坑場矣。少時避難職員逃出坑外者。陸續而至。亦有自坑內逃至小瀧者。亦有自坑內逃至本山者。蓋鑛夫皆持有爆藥。(鑛內爆石用)此所最恐也。先是鑛夫至第四區見張所。投巨石。破其玻璃電燈。切斷電話。繼投爆藥。次毀第三區見張所。次毀第二區見張所。次毀第二區內橫間步第三竪坑進鑿見張所。其運動排水器、空氣、搾壓器、捲揚機、諸職工。被鑛夫剝其衣。蹴之地云。次毀出會坑見張所而出。幸未破壞排水器。午後五點鐘。聞有本夜九點鐘焚合宿所。(職員有家眷者住役宅。無家眷者住合宿所。合宿所內住二十餘人。余亦居於此) 次焚役宅。次焚坑場之信。余與谷野及塚谷君等避至魚龜屋。(酒樓)一路見諸役宅。紛紛負器用衣服。寄往民家。妻子皆避至泉屋。(大旅館)是夜千餘人集坑塲兩岸時而閧聲震天。復起。大小拳石。投入坑塲內窗上玻璃皆虀碎。亦有中石者。

初五日簀之子橋見張所被毀。職員皆自坑內逃至通洞本山坑內見張所亦被毀。亦有二職員自坑內逃至通洞。風聲愈熾。人心愈惶。是夜鑛夫投爆藥於坑塲內者三三次皆半途而爆。坑塲幸無恙。過飯塲之側。(鑛夫所居者爲飯塲有第一飯塲第二飯場等名目。)則聞其高歌醉舞。時而演說。時而拍掌。是時警察已來百餘人。毫不能制。

初六日午前八九點鐘頃本山鑛業所長南挺

第二圖

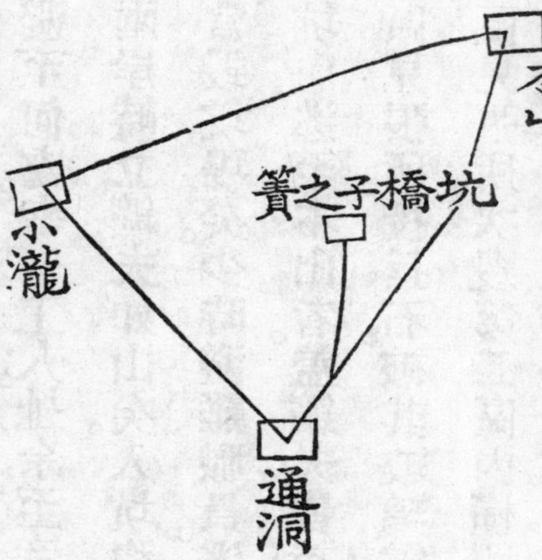


三宅。爲鑛夫所毀。所長匿至椽下。鑛夫閧曰。放火放火。所長不得已。匍匐而出。哀求之。鑛夫不聽。以鉄錐扑其頭。所長昏倒。復亂擊之。負重傷。抬至病院。繼聞課長木部君亦負重傷。次聞本山坑內第四區區長高橋君爲鑛夫所殺。繼聞某職員之妻爲鑛夫五

人所姦。繼聞役宅百餘被焚。繼聞第二合宿所被焚。繼聞選鑛塲被焚。繼聞火藥庫炸裂。繼聞鑛夫數百亂入民家旅館大搜職員。繼聞警察負傷甚多。繼聞勞動至誠會首領南挺三被捉。而鑛夫有追至通洞。欲行奪回之說。而通洞之風聲愈嚴。

是日午膳時。有宇都宮派來之撿事判事二人。住通洞泉屋。正用餐時。突聞鑛夫襲來。二人倉皇割鬚易服而逃。有新聞訪事三人。爲鑛夫所追。入民家伏匿牀下。亦至割鬚。

午後六點鐘。余與日比野君黑澤君三人。避至魚龜屋索酒。有難色。繼而持酒出曰。是處不可居。少時鑛夫必大搜索。速飲宜避往他處。繼而主人持一電鈴安置柱上曰。鈴響則速開後門逃。倉皇飲畢。黑澤君去。余二人向主人索僕役衣二件。盖於上。傍晚時。避至大阪屋。坐移時。其僕倉皇報曰。鑛夫來矣。速避速避。二人倉皇復逃至醫院。渠知本山醫院。爲鑛夫所蹂躪。欲放火。以病人哀求始免。此醫員聞之。甚爲憂慮。謂余等曰。少時鑛夫必來搜索職員。我不能逃。君等宜速避。二人無法。逃至選鑛所。選鑛所閉門不納。力搥不應。二人計議。惟有逃往鄉村一法。但路過鑛夫之宅。恐不能免耳。日比野君有鬚。雖着僕役衣。不似僕役。我則更甚。幸數遇鑛夫。皆以夜中昏暗。未能辨。廻顧本山火光半天皆紅。殊堪寒心。行十餘中里至一民家。叩門而入。一職員已先携眷避難於此。烹茶出酸蘿蔔。焚柴取煖。十二點鐘時。二人索借一被共眠。（是日警察已來三百餘。尚不能制如此）

初七日。朝七點鐘。歸通洞。見有警察百餘人。登山大搜鑛夫。所擒甚多。至合宿所。聞昨夜有一鑛夫。咆哮而至。索酒食。與以酒。傾飲而醉。合宿所主人乘其醉。執而毆之。送至警察署。又聞通洞坑塌洞內。一鑛夫燃爆藥。轟然而鳴。全市皆驚。視之。惟一鑛夫。乃爲黑澤君所執云。是時已有警察五百餘矣。午後一點鐘。見二警察。追鑛夫四十餘人至山上。復至山下。昨日何如此其雄。今日何如此其餒。殆聞暴徒被捕者二百餘。而軍隊亦將至乎。三點鐘時。余與倉山君聚談於合宿所樓上。聞馬車之聲。轔轔而至。號筒之聲。都都而鳴。開窗視之。眞軍隊也。不禁狂喜歡呼。慶今夜可得安席。（移時看護婦二十餘人亦來）

記者曰。足尾鑛夫暴動之因。不得不歸罪於至誠會。然辦事諸公。亦有微瑕足論者。請舉其大畧。以爲我國實業家之鑒焉。足尾鑛夫之所不平者。工銀太少。定目太多耳。足尾鑛山所用職工。分爲二類。一爲本番。每日工銀五角。（鑛夫）一爲受合。工銀雖未定。但以六角五分爲標準。如此處開一坑道。其石之堅爲若何程度。言定每長十尺。寛四尺。高六尺。爲若干元。豫定每日所用火藥爲若干。其費皆自間代內除出。每五日一往視。量其所掘若干尺而算之。不足六角五分則加之。多於六角五分則減之。法至善也。然其流弊有二。一則世界愈進。不無皆進。近時電氣事業擴張。需銅甚鉅。銅價昂漲。其所贏餘。必倍往昔。而食用之品價亦昂貴。非復往昔可比。由是觀之。工銀之宜加也。勢所必矣。若資本家日進一日。而鑛夫猶守六角五分之舊。每月十九元五角。除本人食用十元外。何能贍其家室乎。況外如雜夫支柱夫。每日均平四五角。選鑛所用女工。纔得角餘也。一則毋論如何。皆限以六角五分。庸詎知鑛夫有强弱。工作有勤惰。技術有巧拙。前之鑛夫。每日始能掘進五寸者。今之鑛夫每日能掘至七寸。現場員見其過於標準。而減其賃。是買鑛夫之不平也。

其次爲頭役之流弊。（工頭）凡鑛夫必有組。組有組頭。凡鑛夫必住飯塲。飯塲有飯塲頭。足尾會社規則。凡頭役有代鑛夫領工銀之權。領出工銀。組頭每月抽取五步。即每月工銀二十元者抽去一元也。飯塲每月飯食五元五角。其菜另出錢向飯塲買。買指頭大之魚。取錢三錢。即每月二元七角。合之爲八元二角。此外無物不貴。無事不刻。既無招呼。復無茶飲。夜則七八人睡一小室。而頭役取此等膏肉汗脂之錢。挾妓飲酒。買娼登樓。或高襟艷服。遨遊街頭。會社於合宿所。則有專人取締。於飯塲。則明知之而不過問焉。是何痛癢無關之甚也。况會社明與頭役以權利。鑛夫雖腹非背詈。終不能脫其範圍。前在橫間步見張所。見一僕頗文弱。詢之。曾爲小學敎員。因病失職。詢及飯塲名節。不禁太息流涕。

次則鑛夫對於現塲員之猜忌。曰其受賂也。曰其鑒定無識也。曰其居心刻薄也。最可笑者。余初入坑內。與日比野君。巡視各處。每至一處。鑛夫必嗷嗷請加間代。謂南京米已食厭。今囘亦宜食我等以日本米。千口一辭。竟成口癖。盖南京米廉。日本米貴。南京米每升一角五分。日本米每升一角九分。故以是爲言也。（南京米實不及日本米。一則易餓。二則不如日本米之柔軟有粘性。）今以鑛夫所常歌者。錄之於左。可見其大概焉。

(一)何(ナン)ノ因果(インカ)ナ我我(ワレワレ)ハ　謂我等以何因果。

日本ニ生レテ支那ノ米　牛於日本而食支那之米也。
黑處テ稼テモ　雖在黑暗之中服工。
ソレデモ借金ガ山ニナル　尚積債成山也。
(二)御前ハ何ガ貧乏ニスル　謂爾何如是之貧乏乎。
解ナ知ナキヤ談ソカ　不知者不足與道也。
現場員ダロ區長ダロ　如現場員如區長、
賄賂ガ欲ガルダニガオル　皆貪賄賂如牛蝨之吮血也。

賄賂之說雖屬疑心暗鬼。然亦非事出無因。如前此之鑛夫開坑於此。其技術拙劣。每日止得掘五寸。以致間代昂至二十元。後之鑛夫技術優卓。每日豫定能掘至八寸。但恐現場員減其間代。或於是時行賄賂術者亦有之。但其事秘密。不得傳至於鑒定之難。尤不易言。自非錬達老手。鮮能敲其岩石而定其價銀。以致現場員謂鑛夫爲惰。鑛夫謂現場員爲刻。其間齟齬。叠見重出。至巧詐鑛夫。則行其狡術。混朦一時。如某處間代爲十四元。豫定每日掘進六寸。出鑛石四貫。合得一元零四仙。除爆藥二發。每發一角

雜錄

五分。火藥一發。七分外。鑛夫贕得六角七分。毋如所掘鑛石。暗藏不繳。硬求加價。現場員見不及標準加之加之不足復再求加者有之。或閒臥僻處羣集笑談。每日纔作兩點鐘工。惟俟加價者有之。或甫入坑。即稱病而出（入坑則會社有米發。其米五日一領。每人限定若干。價較外廉也）者亦有之。其中情僻錯雜繁複。正未易除也。

次則鑛夫對於會社之怨詈。會社定例。每月勤愼不缺工者賞。服勤至若干年者賞。其所賞或不無遺漏之處。抑或不無不平之處。有一等支柱夫。技術甚優。復甚勤愼。謂余曰。余所受賞。終始不出二等。或未蒙賞及之時亦有之。又聞鑛夫之言曰。某人服勤足尾三十年。合計所得賞金。不足六十元。我等復何望云云。又會社定例。服工誤傷至死者。有撫卹金。去歲有一鑛夫。在出會坑見張所前。感電氣而死。醫生斷其爲腦溢血。鑛夫無不大憤。謂醫生受賂而誇云。又會社定例。鑛夫本月工銀。必至下月初十日始給。此等鑛夫藉口之處頗多。不得謂非白璧之微瑕也。以上就其大畧舉其所能記憶者書之。其不能記或記而不詳者畧之。語曰。以鏡爲鑑。可正衣冠。以人爲鑒。可正行止。足尾暴動。與我國無涉。亦不俟某之喋喋。書其後。今爲此者。特取借鏡之義。爲我國實業家之小補耳。

記載

# 中國大事月表

## 丙午十二月（補錄）

◎初一日　吉黑兩省商埠及齊齊哈爾商埠是日開放

江南徵兵因統帶棍責閧鬧一事江督着從寬辦理僅將爲首兩軍士罰坐營倉停禮拜作罷

日本中國公使館自是日起不發學生速成科介紹書

◎初二日　黑龍江新開商埠赫德派定稅司每口岸二人英俄人各一

振徐兩欽使面奏東三省情形長春以南在日人勢力範圍之內長春以北在俄人勢力範圍之內

孔廟升爲大祀由學部行走姚大榮條陳學部代奏

上海法國電車公司又在西門外婦孺醫院等處設軌並擬通至徐家匯滬道照會法領禁阻法領嚴詞駁拒

◎初三日　奉天將軍因日人私販岸鹽入境照會關東總督議全數由官買入以杜其弊

◎初四日　日人在杭州內地開設經理店杭商會稟農工商部設法禁阻

◎初五日　英公使照會外部謂山西紳董所設之礦務公司侵害福公司之礦山租借權

且有故意衝突之勢
俄國將占領之吉林銀元局交還中國
陸軍部在保定設立通國武備學堂悉照日本振武學校章程每省保送學生百名肄業

◎初六日 軍機章京議定額設三十員不分滿漢領班章京作爲三四品京堂
清江浦飢民三十七萬餘一律遣散回籍

◎初八日 河南衛輝府鄉民閧鬧學堂兼牽涉敎堂有會匪乘機煽動
印度英總督往新疆甘肅等處游歷
英人李提摩太辦理山西大學堂有效奉 旨賞給頭品頂戴

◎初九日 江蘇商辦鐵路公司行開工禮
各國公使至外部聲辯官場電傳革命黨聯絡外人得外人承認等語實屬虛誣
外部嚴定洩漏官電規條緊要者軍法從事尋常者監禁十年知情不舉監禁五年告發者賞銀千兩
學部奏請以後凡各省經奏派之學務議長無論京外官均免扣資停俸

◎初十日 陸軍部奏派第一鎮統制官鳳山總統一三五六四鎮兵奉 旨允准
浙撫咨民政部擬舉籍紳濮子潼爲全省地方自治會議長
汴洛鐵路工竣開車
農工商部侍郎顧肇新因病出缺

◎十二日 廣東商人承辦興築鐵橋由省河北通過河南

政府允許築造四川之西藏鐵路并開放西藏各地

江西鐵路公司擬向比利時借欵四百萬兩以築九南鐵路外部駁斥不准

江督端方派留學生在東洋偵探革命黨舉動

楊士琦補授農工商部右侍郎

◎十三日 河南開封府南關開作商埠

江西九南鐵路舉行開工禮

哈爾賓之中國稅務司決定任用俄人

上海美界靶子路附近一帶屬寶山縣境工部局擬在該處築馬路滬道照會阻止

◎十五日 陸軍部咨各省軍隊統帶等職又陸軍各學堂總辦應以學問才幹委用不必拘定官階

各港暴風大雨且下雹沉沒小艇溺斃十餘人

廣西人力爭法人承辦桂路之議

曹州亂匪竄至徐州沛縣官兵痛勦大敗之匪勢頓衰

◎十六日 駐日欽使楊樞密派員二十名分往各學校偵探留學生之倡革命者

萍醴匪首王勝就獲

各國公使諭飭上海各領事將在租界拿獲之會黨黃易張賓卿交還中國是日轉解南京

◎十七日 度支部新章自後各省解餉領餉一律改由戶部銀行辦理

◎十八日 學部札行學堂改定暑假年假日期年

## 記載

假減爲二十日署假增爲五十日

◎十九日 英公使催結上海大鬧公堂案(一)索賠償(二)懲首要(三)歸罪於前滬道外部電咨江督與英委員交涉

◎二十日 學部通飭各省調查地方情形以便分區設立勸學所

江督派員大修淮河以工代賑

◎廿一日 農工商部通咨各省查禁誘招華工往巴拏馬河

◎廿三日 美商法諾蒙在奉天設公司販賣中國食鹽趙爾巽拒之美領事爭執甚力

駐奉天各國領事請以奉天全市開作商埠不肯劃地作租界外部駁之

奉天火車站又出有日本人殺斃華人案

◎廿四日 奉天各國領事抗拒中國在中日條約所載之新開商埠徵收厘金

◎廿五日 外務部電咨出使大臣調查各參隨人員及留學生造名冊咨部以備儲才館選用

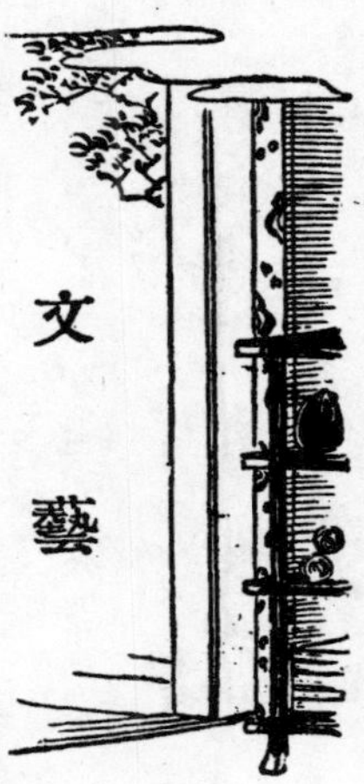


飲冰

# 飲冰室詩話

曹民父以近作五律見寄。竝醇厚娟妙。其一爲「假休期中內渡返里喜晤伯時出示近作讀而好之卽和其重客江甯韻」一逢君言笑情猶昔開卷詩篇墨未乾雙袖攜來春海月十觴醉遣夜堂寒蛙緣藻井紫鬱吹鳥敵風沙損健翰物外閒吟祗隨分黃鐘高調且休彈其二爲「日京客中聞天津報紙見載有同人所作諸什根觸舊游遂成一律卽寄諸子」一小別經年罷唱酬。流傳佳句到瀛洲。清樽讀曲淮[illegible]月細雨橫舟白下秋欲挽去塵還迅電空餘孤海感浮漚何時重把故園酒。同醉湖頭續舊游。其三爲「日京旅居秋興」一午夢空齋睡起初開簾斜日曬殘書客來酒渴茶逾好鳥散煙銷樹更疏懶覓眞游人事外暫排飽食野行餘親朋尺素今如束窮海差堪一慰余。其四爲

「休日獨登芝區丸山」久思散髮白雲間纔得拋書一日閑扶步短筇能伴我入山秋色便開顏丹楓的的和霞鬭素瀑濺濺引澗環稍喜此時足狂放翛然盡興不知還其五爲「旅夜苦雨感作」山館宵多雨村醪醉尚寒殘燈心上影斷雁夢邊翰索寞虛芳序支離念舊懽書城枯坐裏和墨涕痕乾。

民父又以其友淮南劍客詩見寄詩品亦頡頏民父其一爲「重客江寧感作」誰知重客江城日躡屐無聊雨不乾春枕夢回花獨笑風窗燈燼曉逾寒奇鶬九首驚嬰孺大鳥三年短羽翰霄漢雖遙蓬顆在蒯緱珍秘莫輕彈其二爲「贈某君」三年消息杳人海一笑蒼涼傾酒巵畫地指天仍故態建牙吹角總無期江城寥闃憐君在春鬢飄蕭愧劒知可惜黃衫成淚著不曾勳伐但新詩（其人頗亦好爲詩）

上海商務印書館

# 新譯日本法規大全出版預約廣告

日本法律之書以此爲最完全凡全國法律規則命令無一遺漏光緒二十七年盛宮保督辦南洋公學時曾屬管理譯書院海鹽張君元濟聘人翻譯是書成稿約十之八嗣以乏人修校未經印行越四年盛宮保復屬張君賡續成書允由本館修校出版惟原稿係據明治三十四年之本距今已久其增加更易者約十之二三且律學精邃出入所關甚鉅非有專家學者詳慎考核極易貽誤本館特聘日本早稻田大學政學士閩縣劉君崇傑躬赴日本總司編輯復就近延聘卒業帝國大學何君燏時卒業中央大學高君种卒業早稻田大學法政科學人陳君威卒業早稻田大學梁君志宸及其他優等留學生各就所長分門擔任就明治三十七年最新之本精審校閱誤者改之缺者補之并與日本各法律專家詳加討論以期斟酌盡善惟書中法律名詞具有精義未必盡人能解因聘日本早稻田大學政學士法政科學人董君鴻禕及錢念劬先生編成法規解字凡書中所有名詞皆詳加解釋按照康熙字典部首排列以便檢查計時二年糜金數萬始克卒事欣逢　聖上宣布立憲伏讀諭旨有云先將官制分別議定次第更張并將各項法律詳慎釐訂而又廣興教育清理財政整修武備普設巡警使紳民明悉國政以預備立憲基礎著內外臣工切實振興力求成効俟數年後規模粗具查看情形參用各國成法妥議立憲實行期限再行宣布天下等因凡屬臣民敢不黽勉勤求以期仰副　聖明殷殷圖治之盛意此書於日本官制教育財政武備巡警等事言之綦詳且係同洲同文同種之國尤足爲我官紳士庶參考之用故特亟付手民從速出版全書分二十五類共四百餘萬言用上等中國連史紙印成凡四千數百頁分訂八十冊并附法規解字一冊裝入楇木箱年內可以出版每部定價二十五元凡豫約者其辦法如左

一豫約價每部銀十八圓　一豫約期限以本年十二月三十日爲止過期照定價每部二十五圓概不折讓

一豫約者應於期內先交六圓向本館及各分館購取預約券出版後將券交下并找十二圓即可取書　一外埠購豫約券者請將銀六圓由郵局掛號寄上海總發行所收到後即將豫約券由郵局掛號寄奉　一廣西雲南貴州四川陝西山西甘肅新疆八省因路途較遠展限二月如在明年二月底以前寄銀十八圓到滬者亦照豫約辦理本埠及近地不得援例　一欲本館將書寄奉者其郵費如下

(甲)上海城廂內外不取送力(乙)向各分館取書每部加運費六角四川省每部加郵費一圓四角(丙)輪船火車已通之處每部加郵費一圓(丁)輪船火車不通之處每部加郵費一圓二角(戊)陝西甘肅雲南貴州四川五省每部加郵費二圓四角(己)日本國每部加郵費一圓四角(庚)歐美諸國郵費各不同應照實數計算不及細列(辛)臺灣十部以上運費較廉當照實數收費　丙丁戊己庚五項因郵局包裹磅數有限全書一箱無從寄遞擬分爲十函用精美結實布套包裹以代木箱

● 注意　現已將譯例總目日本憲法全文印成樣本一冊如承　不棄請向本館總發行所或各埠分館取閱遠地函索亦可寄奉

◎上海棋盤街商務印書館◎北京琉璃廠分館◎奉天同春福海利號分館◎天津金華橋分館◎漢口黃陂街分館◎廣州雙門底分館◎開封路北大街分館◎福州南大街分館◎重慶分館◎成都分館　同啓

# 上海商務印書館新出各種教科圖書

（分設）京師　奉天　天津　廣州　福州　成都　重慶　漢口　開封

初等小學**修身教科書十冊**每冊一角 **教授法十冊**每冊一角 **五彩掛圖**計二十幅已裱六元未裱五元

◯本書爲浙江蔡元培福建高鳳謙浙江張元濟諸君編輯採取古人嘉言懿行足以增進民德改良風俗者依次編入由淺及深循序漸進末數冊於合羣愛國尤爲再三致意全書十冊適供初等小學五年之用第一冊全用圖畫不著一字令兒童不生厭倦第二冊至第四冊每課一圖第六冊以下文漸增圖漸減每冊至少亦有十圖左右茲承 學部審定稱爲（斟酌取舍之間皆足見其精審）等語 教授法十冊按課編纂均注明出處詳列教法亦承 學部審定另附第一冊掛圖二十幅彩色鮮明最便講堂指授之用

◎學部審定 初等小學**國文教科書十冊**第一冊一角五分第二冊以下各二角 **教授法十冊**第一冊四角第二冊至第五冊各三角第六冊三角半第七冊四角

◯本書爲福建高鳳謙浙江張元濟江蘇蔣維喬諸君著悉心編纂一字不苟經營二年始克成書文章淺而不俗雅而不奥每冊附圖數十百幅五彩圖二三幅尤爲精彩動人全書十冊適供初等小學五年之用發行以來頗蒙海內教育家許可銷流至數十萬冊疊版數十次茲經 學部審定稱爲（文辭淺易條段顯明圖畫美富板本適中章句之長短生字之多寡皆與學年相稱事實則取兒童易知者景物則預計學期應有者并將一切器物名稱均附入圖中使雅俗兩得其當）等語 教授法一書專爲教員之用按照課數編次凡誦讀講解習問默寫聯字造句作文等法無不詳備名物訓詁皆加詮釋所引古籍西籍亦詳其出處以省教員檢查之煩此書亦承 學部審定

◎初等小學**習字帖**第一冊一角第二三四冊各八分

◯此帖與本館所編國文教科書相輔而行書中所有者無一不備書中所無者亦不攔入以便隨讀隨寫可助記憶第一冊用描紅第二冊以下用影寫

◎**小學唱歌書一冊**價洋三角

◯此書前半詳列教授法凡音調拍子趣味等法循序不紊後半列歌辭雅而不俗淺而不俚其於愛國思想尚武精神尤爲注意

# 上海商務印書館新出各種教科圖書

（分設）京師 奉天 天津 廣州 福州 成都 重慶 漢口 開封

學部審定 初等小學 **筆算教科書五册** 第一二册各一角半 第三四五册各二角 **教授法五册** 第一二册各二角半第三四册各三角半第五册四角 **五彩掛圖** 計十六幅 二元五角 ◯本書五册適供初等小學五年之用已承 學部審定稱爲（綱領備具條理細密步步引人在今初等小學教科書中洵無出其右者）又稱（多列圖畫足以引起兒童旨趣全忘習算之煩苦）又稱（中外度量衡比較法既習算術兼適應用則尤本書之特長）等語教授法一書亦經 學部審定稱爲（教員上課時手此一編可不致漫無秩序）等語

◎高等小學 **筆算教科書四册** 每册二角 **教授法四册** 第一册二角半第二册三角第三四册各二角半 ◯是編繼前書之後仍由加減乘除入手至平面立體求積而止全書四册適供高等小學四年之用 教授法四册按課演繹最便教員之用

◎高等小學 **筆算教本二册** 價洋四角 ◯是書共九編（首）加減乘除（一）諸名數（二）分數之簡易者（三）分數之繁雜者（四）小數（五）比例之簡易者（六）比例之繁雜者（七）利息（八）開方求積序次得宜繁簡適當解釋清晰詳又明暢

◎學部審定 初等小學 **珠算入門二册** 每部二册價洋四角五分 ◯此書經 學部審定稱爲（條流明晰階級秩如每課多列習題亦便於練習）等語且蒙 學部指定爲初等小學末二年之用即商業中人取而習之獲益非淺

◎**珠算教科書四册** 六角 **教授法二册** 每册價洋五角 ◯此書繼珠算入門而作詳明淺顯條理井然其教授法爲教員實際教授時所用解說詳明丁甯苦口教員但能手執是編依書演講當自知其運用無窮至於有志獨修者取而習之亦能粗窺門徑漸陟堂奧

◎高等小學 **理科教科書四册** 每部四册價洋八角 ◯是書爲山陰謝洪賚所著並由山陰杜亞泉參訂材料精當部次分明最便初學附印五彩圖及精圖三百餘幅書共四册每册四十課每星期教授一課以一年畢一册誦習既竣不患無普通之知識矣

# 上海商務印書館新出各種教科圖書

（分設）京師　奉天　天津　廣州　福州　成都　重慶　漢口　開封

師範學校**教育學**二角◎是書分三篇共三十三章先通論次詳教育之目的及主義方法擇精語詳合乎初級師範學堂之用

◎學部審定 師範學校**教育史一冊**二角五分◎是書敍述東西各國教育之沿革與其變遷實足導我國言教育者之先路業經學部審定稱爲（凡小學教員欲考求教育之源流者必取資焉）等語

◎學部審定 師範學校**教授法原理一冊**二角◎是書分六編一曰緒論二曰教授之目的三曰教材四曰教授之原理五曰教授之方法六曰教授之形狀業經學部審定稱爲（言簡而賅意精而顯）等語

◎師範學校**各科教授法**二角◎是書分十科曰修身曰讀書作文曰習字曰算術曰歷史曰地理曰理科曰圖畫曰唱歌曰體操應有盡有賅括靡遺適合初級師範學堂及速成師範講習所之用

◎學部審定 師範學校**學校管理法**二角◎是書八章曰總論曰編制曰設備曰管理曰經濟曰衛生曰書籍曰教師業經學部審定稱爲（詳審精密條理井然定爲小學教員參考書洵爲適用）等語

◎師範學校**心理學**二角五分◎教育以心理學爲基礎故師範學校必列是科我國現時教育咸知注重師範是書凡二十八章皆詳關乎教育之心理簡要精審一字不苟

◎師範學校**論理學**一角五分◎論理學亦師範學校必要之科爲教員者不明論理學則教授時必不能勝任愉快顧是學精深廣大欲求簡核明豁合乎教科書之用者實鮮善本是書凡六章其中演繹歸納等法適於教授之用者皆詳略得宜

◎學部審定**畫學教科書一冊**七角◎是書爲圖百數十幅凡人物山水以及動植器用等無不具備末附本國各省總分圖數十幅業經學部審定稱爲（凡教習教授圖畫最要在善畫黑板使學生一覽了然爲功自易是編深明此法先以虛線作式而後畫爲圖形故雖不著論說而不至於模不模範不範也）等語

◎初等小學**習畫帖八冊教員用一冊**七角六分◎高等小學**毛筆習畫帖八冊**一元四角◎高等小學**鉛筆習畫帖八冊**八角◎以上三種習畫帖參照東西洋名家筆法所有人物屋宇器具皆按照中國模樣俾兒童一覽而知最爲便用

# 橫濱上海間航路船期

敬啓者本公司常有快捷輪船鎮安、金華、安徽、三號專往來上海橫濱間沿途順經長崎門司神戶三埠每禮拜開行一次依期不悞在橫濱上海皆灣泊碼頭以便上落至于船上房位之潔淨招呼之妥當更不俟言諸君欲附本船者請向本行及各代理處購取船票可也茲將船期開列于下

每禮拜六下午由橫濱啓行前往上海

每禮拜四上午由上海啓行前往橫濱

橫濱山下町海岸七番
上海法租界洋涇濱　太古洋行啓

代理處　東京神田區裏神保町三番　中國書林
日本橋小舟町三之一　本行支店

上海領事裁判及會審制度　二角

教育學剖解圖說　一角

心理學剖解圖說　一角

中國人種攷　四角

祖國女界偉人傳　二角

二十年目睹之怪現狀　五冊　一元八角

美人手　三冊　六角半

警黃鐘　二角

電術奇譚　五角半

九命奇寃　三冊　七角半

小說叢話　二角

說部腋　二角半

偵探案彙刻　二角

橫濱　新民社

五

# 教育掛圖

| 品名 | 張數 | 定價 |
|---|---|---|
| 陸軍示教掛圖 | 自第一輯至第三輯各輯五張一組 | 各一輯金貳圓 |
| 海軍示教掛圖 | 同 | 同 |
| 天地現象掛圖 | 自第一輯至第[illegible]輯各輯五張一組 | 各一輯金貳圓 |
| 地文學示教圖 | 自第一輯至第二輯同 | 同 |
| [illegible]示教 | 自第一輯至第三輯各輯七張一組 | 各一輯金壹圓八十錢 |
| 人體生理解剖[illegible] | 廿張一組完 | 結金八圓 |
| 世界人種風俗[illegible] | 自第一輯至第三輯各輯五張一組 | 各一輯金[illegible] |
| 工業示教掛圖 | 自第一輯至第[illegible]輯同 | 同 |
| 農業教授用掛圖 | 拾張一組完 | 結金四圓 各一輯 |
| [illegible]家[illegible]正圖 | 自第一輯至第二輯各輯六張一組 | 各一輯金[illegible] |
| [illegible]圖 | 自第一輯至第[illegible]輯各輯五張一組 | 各一輯金[illegible] |
| [illegible]物正圖 | 自第一輯至第十輯各輯五張一組 | 各一輯金貳圓 |
| 實驗[illegible]正圖 | 五張一組 | 金貳圓 |
| 有毒植物[illegible]圖 | 五張一組 | 金貳圓 |
| [illegible]植物正圖 | 同 | 同 |
| 發[illegible]圖 | 三張一組 | 金壹圓半 |
| 鳥類正圖 | 自第一輯至第三輯各輯五張一組 | 各一輯金貳圓 |
| 獸類正圖 | 自第一輯至第四輯同 | 各一輯金貳圓 |
| 稻作害蟲驅除[illegible]圖 | 五張一組完 | 結金貳圓 |

| 品名 | 張數 | 定價 |
|---|---|---|
| 農作物病害[illegible]防法圖 | 五張一組完 | 結金貳圓 |
| 蔬菜示教圖 | 五張一組完 | 結金貳圓 |
| 衛生示教圖 | 八張一組完 | 結金參圓 |
| 肥料類及[illegible]標本圖 | 自第一輯至第二輯各輯五張一組 | 各一輯金貳圓 |
| [illegible]類正圖 | 五張一組 | 金貳圓 |
| [illegible]類正圖 | 自第一輯至第二輯各輯五張一組 | 各一輯金貳圓 |
| 貝殼類正圖 | 二張一組 | 金壹圓 |
| [illegible]世界動物圖 | 三張一組 | 金八[illegible]五[illegible] |
| 魚類正圖 | 自第一輯至第二輯各輯五張一組 | 金貳圓 |
| [illegible]類正圖 | 五張一組完(一) | 結金貳圓 |
| [illegible]帶植物圖 | 自第一輯至第[illegible]輯各輯五張一組 | 各一輯金貳[illegible] |
| [illegible]生[illegible]圖 | 自第一輯至第二輯各輯五張一組 | 各一輯金貳[illegible] |
| 下等動物圖 | 五張一組 | 金貳圓 |
| 植物解剖掛圖 | 十張一組 | 金參[illegible]八拾錢 |
| [illegible]機械[illegible]法圖 | 參張一組 | 金壹圓貳拾錢 |
| [illegible]治療法掛圖 | 六張一組 | 金貳圓 |
| [illegible]歷朝帝王御影 | 全一張 | 金八拾錢 |
| 兵式柔軟體操圖 | 全一張 | 金四拾錢 |
| 銃砲古今沿革全圖 | 二張一組 | 金壹圓四拾錢 |

| 品名 | 張數 | 定價 |
|---|---|---|
| [illegible]石實寫[illegible]本圖 | 全一張 | 金參圓 |
| 世界列國旗章正圖 | 全一張 | 金五拾錢 |
| 列國帝王軍隊[illegible]圖 | 全一張 | 金七拾錢 |
| 世界人種相觀圖 | 全一張 | 金七拾錢 |
| [illegible]界[illegible]明元[illegible]影 | 全一張 | 金七拾錢 |
| 古今[illegible]沿革[illegible] | 全一張 | 金[illegible]五拾錢 |
| [illegible]十古今[illegible]圖 | 全一張 | 金參拾錢 |
| [illegible]國陸軍[illegible]圖 | 二張一組 | 金貳圓 |
| [illegible]國[illegible]圖 | 全一張 | 金八拾錢 |
| [illegible]示教[illegible]圖 | 自第一輯至第二輯各輯五張一組 | 各一輯金壹圓半 |
| [illegible]物[illegible]全圖 | 二十六張一組 | 結金七圓 |
| [illegible]圖 | [illegible]二張 | 金壹圓半 |

此墨不須磨工。以筆沾水濃淡自如。且墨質純良永無腐敗之患。即置夏冬時令亦無融凍等慮。光彩燦然。遠勝唐墨。美麗。輕便。於行旅中最爲相宜。價廉物美。足爲文人之至寶也。即以水溶解亦可適用。如官衙畫家大小學校銀行等。猶爲不可少之品。本舖開設多年馳名已久。教育品展覽會內曾得優賞。中國朝鮮緬甸等處亦屢蒙光顧。惟需覽標本請賜郵費壹角二分。即以墨一個呈閱。不誤。其他文具種類太多。恕不悉錄。故特另紙詳載標本。

大日本登錄商標

二十世紀最大發明

田口精爾謹製

# 開明墨

日本東京京橋區南傳馬町一丁目七番地

開明墨製造元

合資會社田口商會

善鄰堂地圖調製所編輯部編纂

# 漢譯學堂教授地形圖

◉縱三尺八寸　横六尺　全一枚大揭圖

◉石版加彩色　定價金壹圓五角

地理教育之進步地圖與地形圖相輔而行誠必要者無此種圖石版於教育上誠一大缺點敝堂爲學界起見特命編輯者精意製爲此圖以資學校地理教授之用若夫山脈之凡地形上理解難明處之用語每圖指點仔細如指掌此誠學校最利用之品也

善鄰堂地圖調製所編輯

# 最新中國各省分圖

◉石版加彩色　美本　定價金五十錢

## ◉漢譯教科用地圖廣告

**大清帝國全圖**　石印細密六彩鮮美　定價六十錢

**漢譯世界全圖**　石印細密七彩鮮美　付各國旗章　定價四十錢

**大清一統分圖**　石印細密五彩印美　定價五十錢

**支那帝國明細圖**　石印細密配彩　定價廿五錢

**兩半球圖**　石印細密美彩　付各國旗章　定價參十錢

**學堂中清國形勢地圖**　石印精密配彩　定價廿五錢

本圖爲清國學堂教科用而發行者也故凡地形山河及地名皆爲確實至其既成未成之鐵道亦詳細調查一一記入極便於地理研究者請速爲購取

發行所　大日本東京市京橋區三十間堀三丁目十九番地　大須賀善忍堂

最新 精密詳細 廣東省全圖

橫四尺八寸 直五尺八寸（布裱木軸 定價四元半；布皮摺本 定價三元）

邇來廣東地圖刊行于世者夥矣然欲求一精細詳密足以供我國人之研究者誠莫此圖若也此圖爲美國路渣君所繪君乃專攻測量學曾在廣東二十餘年親歷各地精心測繪竭力以成此圖歸而刊印（該圖原價美金六十元）且不肯輕予發售彼都人士屢視爲珍寶焉今本店主人馮君以數年之經營不惜重貲購得之亟譯漢文加入新甯鐵路粵漢鐵路等路線尤爲詳實眞近日第一佳圖也圖印無多廉價出售每幅只取回紙張印刷等費以便國人之購求耳現已出版

總發行所 橫濱山下町五十六番 致生店

代售處（廣智書局及內外地各書坊）

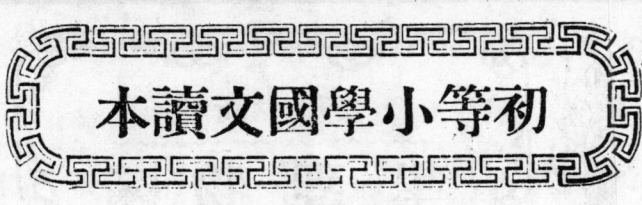

第三種郵便物認可
新民叢報第四年第十陸號
明治三十九年十月二日發行

SEIN MIN CHOONG BOU
P. O. BOx 255 Yokohama Japan.

# 新民叢報

明治三十一年十二月二十七日第三種郵便物認可（每月二回發行）

第肆年第拾柒號
（原第八十九號）

光緒三十二年九月一日　明治三十九年十月十八日

# 新民叢報第肆年第拾柒號目錄（原第八十九號）

| 報資及郵費價目表 | 全年廿四冊 | 半年十二冊 | 零售 |
|---|---|---|---|
| 報資 | 五元 | 二元六角 | 二角五分 |
| 上海郵費 | 二角四分 | 一角二分 | 一分 |
| 上海轉寄內地郵費 | 一元二角 | 六角 | 五分 |
| 各外埠郵費 | 一元四角四分 | 七角二分 | 六分 |
| 四川、雲南陝西、貴州山西、甘肅等省郵費 | 二元八角八分 | 一元四角四分 | 一角二分 |
| 日本各地及日郵已通之中國各口岸每冊一仙 | | | |

| 廣告價目表 | |
|---|---|
| 洋裝一頁 | 十元 |
| 洋裝半頁 | 六元 |
| 惠登廣告至少以半頁起算刋資先惠論前加倍欲登長年半年者價當面議從減 | |

編輯發行者　馮紫珊
印刷者　陳侶笙
發行所　橫濱山下町百六十番　新民叢報社
上海發行所　四馬路老巡捕房對面　新民叢報支店
印刷所　新民叢報活版部

論著一

# 日本預備立憲時代之人民（續第八十四號）

飲冰

## 六　改進黨之勃興

日本自明治以前。爲封建國。諸藩各植勢力。及覆幕府而建王政。則薩長土肥四藩功最高焉。故廢藩以後。而此四藩之藩士握中央政府之實權。薩藩則西鄉隆盛大久保利通。長藩則木戶孝允廣澤眞臣。伊藤博文。土藩則板垣退助、後藤象二郎。肥藩則大隈重信副島種臣江藤新平。其代表也。及征韓論分裂以來。見第二節 西鄉板垣後藤副島江藤先後辭職。朝列爲空。自是政權全集於大久保木戶二人之手。由薩長土肥政府漸變爲薩長政府。日本直至今日。猶是薩長政府。蓋日本爲富於軍事能力之國民。而薩長人又日本國民中之尤富於軍事能力者也。其時薩長以外之人。惟大隈氏與大久保深結託。得安其位以有所設施。及西南之役。即西鄉之亂事在明治十年。木戶盡瘁以薨。大久保見鉏於兇俠。明治政府。失其棟梁。大隈伊藤輩。乃以第二流人物起而當其衝，適值民間國會請願之運動。風起水涌。見事敏捷之大隈，欲乘此機以擺藩閥專政之燄。（藩閥謂薩長也。至今猶以爲通名。）乃竊游說左大臣有栖川親王右大臣岩倉具視。（此二人皆直接於皇室有關係者也。非藩閥中人。）以國會開設之不可以已。期以明治十五年召議員十六年開國會。（時明治十三年也）

大隈此計畫，未嘗與薩長諸參議謀。彼等乃指大隈爲行跡詭祕。圖以陰謀覆政府。同時適有北海道官物拂下事件起。（見第四節）民間以爲攻擊政府之材料。輿論鼎動，而政府內自持反對說與民間應和者。則大隈也。故其見猜忌滋甚。夫大隈非有戰陳之功也，又非有藩閥之後援也。惟恃自己之才力以製出自己之地位。而其畢生之目的在摧破藩閥政治。以建設國民政治。始終以之。以如此之人物。如此之懷抱。而立於當時如彼之地位。勢固有岌岌不可終日者矣。果也明治十四年之末。薩長諸藩士合謀排斥大隈於政府以外。故其年十月。立憲之詔勅方頒。同時而大隈辭職。以大隈辭職之故。純粹之薩長政府緣茲成立。而民間一最有價值之政黨亦緣茲發生。實日本政界中一大事也。

今日之憲政本黨。在十年前曰進步黨。其初起時曰改進黨。實大隈之軍隊所挾之以與藩閥政府血門者也（大隈於兩月以前。已辭憲政本黨總理之任。今此黨非復大隈所統率。此其理由甚長。容別論之。）其黨實合四派強有力之分子以成。一曰嚶鳴社派。二曰東洋議政會派。三曰鷗渡會派。四曰官僚派、嚶鳴社者。沼間守一率之。以每日新聞爲其機關。初沼間與河野敏鎌、益田克德、須藤時一郎、小畑美稻、大島貞敏等。共設一法律講習會。及西南亂平。民權自由論勃興。彼乃一變其組織。改稱嚶鳴社。大開演說會。討論時事。許一切人傍聽。爲時河野敏鎌方爲元老院幹事。每屆會日。輒要該院議長有栖川親王往就傍聽席。親王蒙其感化力頗多。乃明治十二年。政府忽下令。凡官吏不得爲政談集會。嚶鳴社社員大半屬官吏。且創始之沼間。亦元老院權大書記官也。緣此命令不能自由以立於演說會場。彼乃毅然脫官籍以下民間。執該社牛耳。又知報紙爲政治上一大勢力也。乃買收橫濱每日新聞。而移之東京。改題曰東京橫濱每日新聞。據之以爲開發國民思想之一機關。彼實嚶鳴社中第一之雄辯家也。且其爲人多霸氣。精悍而有幹事才。當國會請願之大運動起。彼挾嚶鳴社及每日新聞爲之後援。自投於國會期成同盟會。爲其最有力之指導者。尋與同盟會中人謀組織自由黨。以意見不合。終成分離。此實後此改進黨一強有力之分子也。

東洋議政會者。矢野文雄率之。（此人又爲日本之大小說家。著有經國美談。淸議報嘗譯之。又嘗任中國公使。今已退隱。不復與聞政界事。）藤田茂吉、犬養毅、（此人爲該黨二十年來始終最有力之指導者。）尾崎行雄、（此人亦盡力於該黨垂二十年。後脫黨而入政友會。旋又脫政友會。今爲東京市長。）箕浦勝人（此人今尚爲該黨之重要人物）等。凡慶應義塾出身之俊傑屬焉。以郵便報知新聞爲其機關（此報今日尚爲該黨機關每日出報十二萬紙）初大儒福澤諭吉。高尙不仕。自開一慶應義塾。專以英美穩健之思想。牖其國民。日本政治界實業界之人才。多由玆出。而矢野其最早達者也。大隈之在政府也。百事每咨福澤。其爲大藏卿也。就福澤訪人才。福澤以矢野薦。用爲書記。委諸重任。拔茅連茹。犬養尾崎輩。同在要職。及大隈解綬。相率連袂以下野。乃組織一東洋議政會。與嚶鳴社桴鼓相應。爲東京論壇之重鎭。此又後此改進黨一强有力之分子也

鷗渡會者。當時大學中之七少年。小野梓率之。（此人爲專門學校之創造者。日本第一流之政治家也。不幸短命。於開國會之先已卒。專門學校。即今之早稻田大學也。）高田早苗、天野爲之、山田一郞、山田喜之助、岡山兼吉、市島謙吉、砂川雄俊等屬焉。（諸人大率皆與專門學校有密切之關係。）在當時社會中。其最有新頴之思想。英銳之意氣者。端推此輩。大隈之在政府謀改革官制也。彼等雖一介書生。已卓然以國事爲已任。常會於小野之家。講求所以建立憲政之策。乃因其地名。名曰鷗渡會。時小野方任一等撿查

官。世目爲大隈之智囊。大隈一切設施。半由小野獻替。而小野所憑藉之資料。則鷗渡會同人所供給也。故鷗渡會不啻爲大隈間接之顧問會焉。會員之數雖寥寥。亦後此改進黨一强有力之分子也。

其他尙有大隈直屬之官僚。統計院小書記官牛場卓藏。外務權大書記官中上川彥次郎。農商務大書記官牟田口元學。外務權少書記官小松原英太郎。農商務權少書記官中野武營。文部權大書記官島田三郎。權少書記官田中耕造。大藏權少書記官森下岩楠等。與矢野、犬養、尾崎、小野、輩。隨大隈同日辭職。未幾驛遞總監前島密（此人有大功於日本郵便事業。）判事北畠治房。農商務卿河野敏鎌。繼之。於是政府中無復大隈派之片影。翩翩羣集於草莽。此皆後此改進黨强有力之分子也。

彼嚶鳴社與東洋議政會。自其初組織時。固已爲政黨之準備。鷗渡會者亦養精蓄銳。待有同主義之政黨起。從而加入者也。適立憲詔勅方下。自由黨以一瀉千里之勢奮迅成立。而大隈及其素有關係之人。又同時出政府。於是人人皆感結黨之必要。時機已熟。於是乎最有價値之改進黨。遂不坼不副而產出於政界。

自由黨成立後之十旬。即明治十五年三月十四日。立憲改進黨與。此實日本國中有歷史之兩大政黨。而其發生之時代。殆可謂之同一者也。改進黨之趣意書曰。

明詔渙降。立憲事定。我帝國臣民。際萬世一遇之盛時。果當立若何之計畫。盡若何之職分。以求無愧爲帝國臣民耶。曰。惟結一政黨。相應相求。以表我輿論而已。我兄弟其來猗。結我政黨。副我職分猗。

幸福者人之所欲也。雖然。少數專有之幸福。吾黨所不與也。吾黨所希望者。皇室之尊榮。人民之幸福也。雖然。曇花一現之尊榮幸福。吾黨所不欲也。吾黨所希望者。無窮之尊榮。永遠之幸福也。以是之故。苟其一二私黨專我帝國。蔑王室之尊榮與人民之幸福。偷目前之苟安。忘永遠之禍害者。我黨必目之爲公敵。我黨欲集全國中與我同希望之人。以結此政黨。我兄弟其來猗。結我政黨。表我希望猗。

政治之改良前進。我黨所最渴望也。蓋不求政治之改良前進。而空希冀無窮之尊榮永遠之幸福。此必不可得之數也。雖然。急激之變革。非吾儕所欲。蓋不循順序而侈謀變革。則紊社會之秩序。卻妨政治之進行。以是之故。彼競於躁急務爲激昂者。吾黨所不與也。吾黨欲以順正之手段。改良我政治。以着實之方便而前進之者也。今定約束二章如左。

第一章　我黨名曰立憲改進黨。

第二章　我黨以帝國之臣民有如左之希望者結成之。

一　保王室之尊榮。全人民之幸福。

二 主內治之改良及國權之擴張。

三 省中央干涉之政畧建地方自治之基礎。

四 隨社會之進步以伸張選舉權。

五 對於外國務省政略上之交涉厚通商上之關係

六 幣制採硬貨主義。

按趣意書之第二段是對於政府宣戰也其第三段則與自由黨立異也改進黨之精神在此。

於是行莊嚴之結黨式推大隈爲總理河野敏鎌爲副總理小野梓、牟田口元學、春木義彰爲掌事而黨以成乃連日開演說會解釋其黨綱及論政治家之資格與夫英美各國政法之美點傍聽闐坐民氣大張。

改進黨既集一時知名士以成其黨員皆富於學識老於閱歷贍於辯才而復以如焚之熱誠運用之故一舉而聳全國之觀聽彼自由黨經板垣等七八年之鼓吹有愛國社國會期成同盟會爲之先河而改進黨崛起平地一轉瞬間而勢力與之相埒當此之時兩黨殆中分日本上自通都大邑下逮山陬海澨其支部所在發生人民相與偶

語者非言改進則言自由不爲黨人者幾自覺於國民資格有不具焉此可謂日本政界上最活躍之時代也已而政府之側目於人民也亦自是滋甚

按改進黨者日本最高尙之政黨也其黨員皆中流以上之人士富於健全之常識常爲秩序之行動忠於主義百折不撓受無量之壓制而未嘗爲一度之解散累歲處於逆境而節操曾不少渝以視彼自由黨之聚散無常方針屢變則彼雖常制多數而接近於政權而價値盖遜此一等矣今者雖其黨員中一部分漸喪此精神以致見棄於其黨首然就日本政黨史上觀之其光芒猶閃爍千古不可誣也要之日本政黨之價値不在其立憲以後而在其立憲以前盖日本之有政黨凡以摧藩閥政府之專制而已立憲以後藩閥政府雖勢力依然然一切行動受憲法之限制無可容專制之餘地故政黨之對之也常若爲消極的監督而不能盡爲積極的猛攻此其價値所以稍遜於前者一也又立憲以後日本屢用兵於外故國民之視武人也常重於政治家而武人大率薩長產也坐是之故藩閥之勢力有日長而無日消

黨人之欲行其政見者乃不得不遷就焉而與藩閥相結托此其價値所以稍遜於前者二也若夫當明治十四五年之交則風馳雲捲氣象萬千其黨人之言論行動皆可以動風雨而泣鬼神自由改進兩黨其手段雖殊其精神則無二也夫日本之所以有今日則何一不食當時之賜質而言之則日本今日之地位日本國民自造之也今我國之言政者動曰法日本吾以爲日本而可法也則亦法其國民已耳則亦法其明治十四五年間之國民而已

又按熟察日本民權之所以發達政黨之所以成立於其間有一大消息焉曰大政治家在野是已夫政治家以實行政見爲期而非掌政權不能實行政見然則大政治家不在朝而在野似非國家之福雖然凡善良之政治不可不求其基礎於國民而欲求政治基礎於國民則非有在野之政治家不可此在憲法久定之國其行政黨政治者則常有兩大黨焉一在朝一在野其政治自能受支配於輿論不待言矣若在未立憲之國人民固不知政治爲何物非有富於政治上之學識及經驗之人從而提挈之則國民未從得政治上之思想更未從爲政治上之生活於此而欲國

民政治之發生此未胎而欲求子也未華而欲求實也國民政治不發生而欲國家即於盛强是又欲入而閉之門也故大政治家在野實國家所以致盛强之一要素也徵諸日本則自西鄉板垣副島江藤後藤之下野而政治現象開一新紀元焉自大隈及其屬僚之下野而政治現象又開一新紀元焉則試問此諸君子者其在朝也與在野也於日本孰利吾必曰在野利於何知之前後同是人也而其在野之事業視其在朝之事業偉大且十倍夫是以知之日本政治家知在野之可以爲政治生活也故不必斷斷焉以在朝與否爲重輕在朝小不能行其志則翩然以下然又非如小丈夫悻悻之爲也又非如厭世者流賦歸去來而消極以自晦也不以下野爲其政治生活縮小之徵而以下野爲其政治生活開展之徵如板垣大隈皆其人也即後藤副島江藤前島河野治問矢野小野犬養尾崎輩亦皆其人也我國人之思想乃大異是彼駑馬戀棧豆者無論矣即其稍上焉者亦爲不在其位不謀其政之舊說所困以爲一去官職即與政治絕緣而無復盡瘁於國家之途此等謬想實政治不進步之一大原因也試以近事比附論之項城袁氏西林岑氏豈非世之所謂賢

者。而有可以指導國民之資格者耶。岑氏左遷寔貴。頗不得志。袁氏以改革官制。爲反對黨所排。欝欝尤甚。此與明治六年之板垣。明治十四年之大隈。其地位蓋相若也。使以日本之政治家而處今日袁岑之境。則有挂冠神武門以去。訴同情於國民已耳。苟袁岑而出此。吾信我國民之所以待之者。必不讓日本國民之待隈板。明也。而袁岑所持之政治意見。必緣此而得實行。其勢且倍易於日本。何也。今之尸權力於政府者。其才非大久保木戶伊藤伍也。而袁岑顧不出此。即舉國中人亦無或懸擬希望其出於此者。其本非有眞愛國之心。非以改良政治爲己任耶。則亦如吾前者所謂駑馬戀棧豆之類。夫復何責。若其猶有此心也。而不敢出此。則必以爲印綬一解。而即無復爲政治事業之途也。夫在我國古代之理想。以國家爲君主私有物。以官吏爲君主私人。則失官即無以自效於國家。固也。而袁岑生於今日。乃不知國民政治之不容不發生。不知所以求政治基礎於國民。是其智不逮大隈板垣遠也。夫吾之此論。固非勸告彼二人之辭職也。吾知彼二人之不足以語於斯也。所以比附論及之者。則以我國人不解在野可以爲政治事業之理。爲至可憫也。此種迷見。非惟官吏有然。即人民亦皆有然。雖有如焚之熱誠而終不能離官職而以自力造出政治上之地位彼非有所憚而不敢爲蓋信其不能爲也若明治初年間自由改進兩黨之手段吾國人所未能理解也。於何證之。於革命黨之言論證之。於立憲黨之行動證之。革命黨非不愛國也。非不以改良政治爲目的也。而其手段則謂必撲滅現政府後。然後政治上乃有可言。此斷案何自生乎。其前提則曰既撲滅現政府後吾代之爲政府吾乃得所藉手以從事於政治生涯也。此其迷見正與官吏同。質而言之。則謂非在朝者不能爲政治事業而已夫政治家以握政權爲最終之目的。此何待言。然謂非握政權則不能爲政治家此東洋錮蔽之舊思想而非可適用於今日明矣使大隈板垣而懷此迷見也則當其不得志於政府也非學江藤新平西鄉隆盛之舉動將無從行其政見以報國家而試問多益三四人之江藤西鄉多演三四次佐賀鹿兒島之惡劇於日本果有何裨益而使無板垣無大隈則日本之政治現象能有今日焉否也今革命黨員中雖其有政治上之學識者而莫或爲政治上之活動則其所見有蔽之者故也若夫有信革命之不可而主張立憲者。似能直接以改良政治爲目的。而非若革命派之假途於間接矣。宜其急起直追以行其所信。而亦未聞或如是。不過謂政府立憲吾表同情云爾。夫政府而果立憲則公之表同情與否曷足爲輕重政府而永不立憲則公之同情毋乃僅得表諸他之憲政國也然則公亦多此一表而已。雖然。吾今責彼以能空言不能實行。彼將不服。彼其意當若曰。吾非謂徒言爲已足也。使吾爲政府吾將舉吾所主張之立憲政體而立即實行之而無如吾之不爲政府何也此其迷見。又正與革命黨同。質而言之。亦謂非在朝則不能爲政治事業而已。信如彼言。則日本之能爲政治事業者在昔惟有大久保木戶伊藤之流在近今惟有桂西園寺之輩而大隈板垣惟當學安石之東山絲竹淵明之三徑菊松也。信如是也。則日本之政治現象又果能有今日焉否也。要而論之。我中國今日無論爲官吏一派與夫民間之革命一派立憲一派雖趨舍異路而其不知在野政治家之性質則同坐此之故而在野政治家遂永不出現上焉既無板垣大隈中焉復無河野廣中片岡健吉沼間守一矢野文雄之徒下焉復無景從自由改進兩黨之無名的豪傑於是全國之人可分之爲二級一曰現有政權而抵死欲保守之者二曰現無政權而抵死欲攫奪之者其所以抵死保守抵死攫奪之故或爲箇人之私利耶或藉此以謀國家之公益耶雖可不一概論要之汨閼國民政治使失其發達之途厥罪均也舉國中既認政治爲政府當道之專有物其不在政府當道者莫或思分其一席而政府當道則又皆不知政治爲何物者也以一國政治而全委諸不知政治爲何物之人則夫政治之永不改良而國家之日即憔悴也其又誰尤中國前途之有瘳與否吾將於其能發生在野之政治家與否焉卜之。

又按甚矣。學問之影響於人心者深也。又私人事業苟其爲積極的進行者無論進行於何方面而皆可以裨國家也日本當明治初元。其政府固未知注重於教育而高等教育更無論。時則有福澤諭吉竊慕英國學風。開一慶應義塾網後進英才而教之。其所授者在英國政治學說。而尤注重門治斯達派之經濟論。遂爲日本言政治經濟之先河。其門下士後此率皆投入改進黨。爲其健全之分子。改進黨之能成立則慶應義塾功最多焉。其後大隈與小野梓輩。設專門學校。以爲黨員之製造塲。

猶斯志也。同時有中江篤介者。沈醉盧梭民約之說。亦開一私塾以鼓吹之。則自由黨之所以張也。復有箕作祥麟者。亦開一私塾。而專以研究法律為務。未幾其私塾遂改為帝國大學。則國權論於茲昌明焉。其私塾之生徒。後此多為立憲帝政黨員。（立憲帝政黨。雖非有大政黨之價值。然亦與自由改進兩黨先後起。詳次節。）此三塾者。一則代表英國學派。一則代表法國學派。一則代表德國學派。遂使日本之思潮。朝暉夕陰。氣象萬千。漸演漸進。以成今日之國勢。然則日本之政治政黨造之。日本之政黨私塾造之。此亦其預備立憲時代人民之所有事也。

## 七 其他諸黨派

改進黨成立後旬日。而有所謂立憲帝政黨者興。其性質頗曖昧。或謂實當時政府之傀儡。所以抵抗兩黨者也。倡之者為福地源一郎、丸山作樂、水野寅次郎、三人。亦一時知名士也。福地當幕府時代。已治西學。文章辯才。皆橫絕一世。初在官籍。挂冠而為報館主筆。首創東京日日新聞。實為日本報館之嚆矢。特受木戶孝允之信用。常為政府辯護。故有御用新聞之目。至是組織此帝國憲政黨。其宗旨在保存萬世不易之國體。

鞏固公衆之權利康福。擴張國權。對於各國而保光榮。循漸進步。不泥守舊。不爭躁急。恒秩序進步以保國安云云。其黨綱十一章。今不備錄。要之亦堂堂然爲一公黨之行動也。但其爲政府黨之事實。則亦自白不諱。其黨綱衍義有云。

我黨既定黨綱後。以寫本呈諸內閣大臣參議諸公。質以今日內閣主義與此黨綱有無異同。諸公答以盡同。此我黨員所共聞而亦深信之者也。然則今日之內閣雖未公然爲政黨內閣。然既與立憲帝政黨同主義。則就實際論之。雖謂爲帝國憲政黨之內閣可也。夫以主義合亦以主義離。主義同則贊成之。主義異則排擊之。此政黨所宜爾也。苟於離合之間無挾私憤謀私利者存。則其離合實可謂公明正大之舉動。自今以往。苟內閣諸公不食其言。常執此主義。則我黨雖不欲阿政府。而以我黨主義之故。不得不擁護之。若諸公二三其德。違此主義。則我黨雖欲爲政府辯護。而見制於我黨主義。亦辯護末由。

就此觀之。其爲當時之政府黨。蓋已甚明。故當時福地等開演說會。雖聽者塞座。而非笑之聲盈耳。然彼等意氣不衰。且日游說於四方。黨勢亦頗張。

按當時日本政府。因憚民黨之勢。且暗中使嗾數人別樹一黨。爲己之傀儡。以抵抗之。此似屬卑劣手段。雖然。即此益可以見輿論之價值焉。輿論苟相團結而成勢力。則政府決不能抵抗。藉欲抵抗。亦仍惟訴諸輿論而已。夫至政府與在野黨交起而互訴諸輿論則彼此立於兩造之地位而裁判之者乃在國民兩造各欲求勝則兩造不能不出種種方便以冀博裁判者之同情夫政府日與在野黨爭國民之同情而政治現象猶不進者吾未之聞也。故曰日本政府此手段雖似卑劣。然緣此益可以見輿論之價値也。且天下惟有主義者能與有主義者爲政友亦惟有主義者能與有主義者爲政敵日本當時政府雖專制然有主義之專制也故當其使嗾私人樹一黨以與他黨戰也亦能標出其主義堂堂正正以立於陣頭若我政府而能達此程度乎吾國有豸矣

於時三大政黨鼎峙於東京。筆舌之戰。沸羹蜩螗而其爭之最烈者。則主權所在之一問題也。自由黨之機關報曰。天下非一人之天下。天下之天下也。國家自人民而成。故主權宜在人民。帝政黨之機關報曰。日本人民自建國以來。即爲天皇之臣民。即憲法之制定。國會之開設。亦屬於天皇之大權。故主權宜在天皇。改進黨則折衷之。謂君主專制之時代已去。而共和政治亦不適。故在制憲法設國會以後。主權宜存於君民之間。國會則天皇與人民共組織而成者也。（按改進黨當時全以模倣英國爲主。故有此說。）故主權宜在國會。此等

論爭彼此各累數十萬言。經數月不息。由今日觀之。誠見其學理之幼稚。然當時以此論爭故傳播種種政治思想於多數國民腦中。功蓋不在禹下。

三大政黨鼎鎭於東京。而條跗於各地。其在自由黨方面。於大坂則有立憲政黨。於靜岡有岳南自由黨。於高知有海南自由黨。於但馬有但馬自由黨。於淡路有淡路自由黨。於愛知有愛知自由黨。於參河有三陽自由黨。於近江有大津自由黨。於石見有石陽自由黨。於越後有頸城三郡自由黨。於越中有自治黨。於東北有東北州自由黨。其在立憲改進黨方面。於兵庫有兵庫改進黨。於靜岡有靜岡改進黨。於茨城有水戶改進黨。於福井有若越改進黨。於越中有越中改進黨。於大分有大分改進黨。於秋田有秋田改進黨。於新潟有新潟改進黨。於福岡有柳川改進黨。其在立憲帝政黨方面。於丹後有宮津漸進黨。於東京有立憲中正黨。又有扶桑立憲帝政會。於岡山有中正會。於山梨有立憲保守黨。於土佐有高陽立憲帝政黨。其他不與三大政黨連絡者。有熊本之紫溟會。及公議政黨。有金澤之立憲眞正黨。有筑前之立憲帝政黨。有能登之能與自由改進黨。有鹿兒島之博愛黨。有越前之慮愛會。有靜岡之先愛會。有愛媛之扶植會。有和歌山之同友會。有福井之知憲會。莫不標主義申約束。以割據於一方。就中紫溟會。爲參事院議官安場保和。太政官大書記官井上毅所倡。其團結稱最堅固。三大政黨外最爲有力。而其主義與自由改進兩黨甚齟齬。與帝政黨接近。亦政府一強援也。今譯述其檄文。

能興國者政黨也。能亡國者亦政黨也。將顛而扶之。既危而安之者。亦政黨也。國之禍福。亦視政黨之制多數者何如耳。今天下競沈醉於政論。政黨之勢漸成。天若相我國。其庶產一中正之政黨。制全局之多數。期永遠之大計。漸進而有所定。不幸而激昂熱疏之徒。占勝於一擲。一變而煽爭亂。再變而覆社會。國之淪亡。可期日而待也。 今我輩亦既立此旋渦之中。當此之時。將阿時好投時機。附和雷同以買名乎。將左推右就如風中之旗。以與世推移乎。抑亦求眞理之所在。屹立於大中至正之域。以挽頹波而持百世之公論乎。更約言之。則我輩將爲興國之政黨乎。抑將爲亂國之政黨乎。此不可不愼察也。詭激之政論。實濫觴於歐洲。謂國家起於民約。謂主權存於國民。謂法律成於衆庶之好欲。其言神奇痛快。於刺戟煽動最便。以故風靡一時之人心。潰奔溢軼。不可遏抑。恣殺伐而日買自由。躬弑逆而日行天討。黨怨慘澹。展轉相仇。遺毒百年而未有已。若火燎原。鄰鄰相煽。舉寰宇大小之國。希有不被其禍者。我國久孤立東洋。外交之局新開。而歐洲詭激之政黨。先決防而入。數年之間。以非常之速力漫延都鄙。寖成羽翼。醫家言曰。初染疫之土。其病必烈。此自然之勢。無足怪者。夫勢之所趨。用激最便。平易眞實之說。往往不足以感人。聚衆結黨。尤以神奇之論爲易入。今時勢既已若玆我輩亦何苦冒難險逆時流獨執中正之議乎蓋大有所不得已也。今我日本帝國實當非常之奇局丁陽九之險運。蓋數百年來寰宇之大勢日新月異。百般事業白種悉已著先鞭橫行東西有如長蛇我國既失機於前今以蕞爾介列國之間携錙銖以入千金之市引寡弱以馳萬軍之中其勢如肉處羣虎之林永懸烈日之下今誠欲擴張國勢轉危爲安以保全獨立是無他道亦曰壹國民之心力而已勿懲小部之害而廢大局之利勿以箇人之私而誤全國之謀。智者致其謀勇者致其力。凡我同胞無朝無野皆當審一世之大勢以謀一世之大事其何暇故爲激昂之論以圖頃刻之快意也哉。比利時國旗之銘曰能合斯强。有味乎其言之也。（下略）

按讀此檄文。則當時革命論之盛可以想見。蓋自由黨之大部分畸於此也。此檄自明所以反對革命論之理由。謂全由世界大勢所壓迫岌岌不可終日宜勿爲內競乃得蓄其銳以從事外競誠知本之言也顧吾別有所感者。日本當時革命論如此其昌。殆視現在之中國有過之無不及焉。而夷考當時日本政府所以待彼之革命黨者與今日中國政府所以待我之革命黨者。其手段乃絕異。日本則予以新希望而解散之迅速實行立憲是也中國則增益其不平而助長之羅織淫行殺戮是也此兩政策者極端反對而不能相容而日本昔日之政策已收良結果成功以去矣。

而中國現在之政策其結果將若何反而觀之夫豈待蓍龜也

當政黨勃興之際國人爲好奇心所敺於是更有一不適時勢之詭異政黨興焉曰東洋社會黨倡之者爲樽井藤吉赤松泰助二人結黨後僅二月遽爲警察所干涉解散

按社會黨當二十年前在歐洲亦始句出萌達耳而日本當時乃已有和之者其腦筋之敏銳易感受蓋足多焉然以今日之日本猶未至社會黨浡興之機運乃於二十年前而倡此與時勢不相應之論即微警察干涉吾知其決不適生存旋以消滅已耳

（未完）

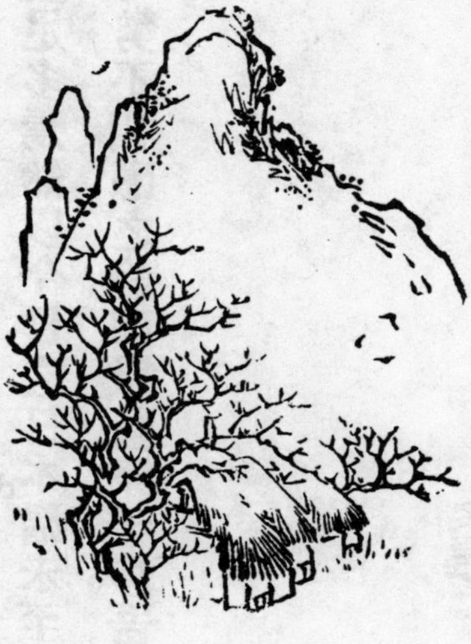

論 二

# 現政府與革命黨

飲冰

漢唐宋明之主。餌丹藥以祈不死。死於丹藥者項背相望也。而踵而餌之者亦項背相望也。夫天下有共知爲鴆而偏飲焉而甘焉者。昔吾不信。今乃見之。現政府是已。革命黨者。以撲滅現政府爲目的者也。而現政府者。製造革命黨之一大工塲也。始焉猶以消極的手段間接而製造之。繼焉遂以積極的手段直接而製造之。舉中外上下大小官僚。以萬數計。夙暮孳孳。他無所事。而惟以製造革命黨爲事。製造之之原料。搜羅焉惟恐其不備。製造之之機器。擴張焉惟恐其不足。製造之之技術。講求焉惟恐其不良。工塲日恢而出品亦日富。吾誠不知現政府果何愛於革命黨而厚之有加無已若此也。夫天下有注其心思材力之全部以製造撲滅已之黨者。昔吾不信。今乃見之。

現政府是已、

革命黨何以生。生於政治腐敗。政治腐敗者。實製造革命黨原料之主品也。政治不從人民之所欲惡。不能爲人民捍患而開利。則人民於權利上。得起而革之。且於義務上。不可不起而革之。此吾中國聖賢之教。其微言大義之存於經傳者。不知凡幾。不俟觀述先民之循此教義以行。其事實之現於史乘者。亦既屢見不一見。初無待泰西之學說始能爲之鼓吹也。而今之革命論。其旗幟視昔若益鮮明。其壁壘視昔若益森嚴。其光芒視昔若益旁薄者何也。則以人民於政治上之認識。有以進於前也。人民於政治上之認識。有緣觀察之精確而進於前者。有緣關係之痛切而進於前者。有緣識想之普及而進於前者。所謂緣觀察之精確而進於前者何也。同一政治也。有在昔不以爲腐敗。而在今以爲腐敗者。非不腐敗於昔。而腐敗於今也。本腐敗而未之知焉。如黴菌之病。自醫術未進步以前。已存於人身。而莫或知也。及近世學說昌明。人民漸知爲政府者。當負若何若何之責任。其不盡此責任者。其腐敗者也。又飫聞他國之政治。內返而與之比校。人之政府所有事者若何。我之政府所有事者視人若何。恍然曰。是固腐敗於彼什伯也。此其認識之進焉者一也。所謂緣關係之痛切而進於前者何也。疇昔政治腐敗之結果潰於內耳。潰於內則猶有戡定恢復之可期。楚弓楚得。於全體之利害不至生異動。今則舉其國出而立於世界物競之衝。我退則彼進。而彼既進即無復我駢進之地。我敗則彼勝。而彼既勝即無復容我再勝時。之於經濟上之權力有然。於政治上之權力亦有然。人民之所以資生者。日削寸焉。月削尺焉。憔悴困頓。剝於肌膚。行愁坐歎。莫識所由。還觀夫外人之與我接者。則挹之若不竭。乃知彼蓋紾我臂而奪之食也。而土地之日蹙百里。與夫同胞父兄子弟之見係累而爲奴虜者。又歲觸於耳目也。雖在中智。亦能略措思而察其所由。曰政府宜爲我捍患者也。今若此。誰之罪也。此其認識之進焉者又一也。所謂緣識想之普及而進於前者何也。前此政府腐敗之實狀。非必其能自掩覆也。而人民之注意以諷之者少。即有一二。曾不足以自張其軍。及夫交通漸闢。智識交換。有所聞見。奔走相告。地極之山陬海澨。人下至屠豎販夫廝。不曰有所知。傳諸十口。而政府腐敗之跡。雖欲揜覆而末由。此其認識之進焉者又一也。坐此三因。故人民之不信任政府。且怨毒政府也。其程度日積而日深。其範圍則日熸而日廣既已習聞先聖昔賢誅民賊仇獨夫之大義又熟睹歐美近世史奮鬭決勝之成效故革命思想不期而隱湧於多數人之腦際有導之者則橫決而出焉而其最大之起因固無一不自政治腐敗來也

次於政治現象而起者曰種族問題滿漢之同棲一國而分彼我實製造革命黨原料之從品也夫在遠識者觀之此固不能成問題而人類之腦識簡單者多而緻密者少感情衝動之力視他種力劇什百焉且種人社會之思想根於千百年來之遺傳雖隨進化之運以淘汰而汰之迄未能淨盡今既有兩族之名詞存於國內而君位又爲少數之客族所尸以中國之舊理想舊制度則君主與政府實一體而不可分疇昔政治腐敗之實況不甚劇怵於人民之心目故種族感情亦閱久而漸忘及怨毒政府者日深緣政府與君主之關係一聯想間而種族感情隨之而起政治上之利害非盡人所易明故就政治而言革命者其受動之人也少一旦因聯想以及於種族則於腦識簡單之人不煩理解小熸即動於是懷不平於政治上者利用此爲一手段而其燄益以滔天此雖曰從因而其力之所披靡視主因猶或過之

然則吾謂現政府始爲以消極的手段間接而製造革命黨者何也。夫種族上之惡感。非自現政府始也。其因實種諸數百年以前。即政治腐敗之醜態。亦有所襲受。謂前此並不腐敗。至現政府而始腐敗。此刻深之論。吾不爲也。雖然世界大勢既推移以至今日腐敗之政治非刷新之斷不足以措國家於安全而種人社會之理想已屬過去之殭石非摩洗淨盡亦不足以繫國家於不潰爲今之政府者必認定此方針以積極的行動赴之乃可以應時勢之要求而慰天下之望。蓋此兩種舊現象實爲製造革命黨固有之原料政府而無所愛於革命黨也則宜急取此固有原料而消滅之顧不出此維持其舊現象而不改保存其固有原料若惟恐其損耗恢恢之業而以冥冥墮之刑法家言。稱有以不應爲而爲之故而犯罪者。謂之作爲犯。有以應爲而不爲之故而犯罪者。謂之不作爲犯。政府昔日之舉動則對於中國之「不作爲犯」也。所謂消極的製造革命黨者此也。

謂其以積極的手段直接而製造革命黨者何也。則吾言之有餘痛有餘憤焉。蓋今日之政府與一年前之政府則有異昔爲「不作爲犯」而今則變成「作爲犯」也。就政治現、象、論之。號稱預備立憲改革官制。一若發憤以刷新前此之腐敗。夷考其實。無一如其所言。而徒爲權位之爭奪。勢力之傾軋。藉權限之說以爲擠排異己之具。借新缺之立以爲位置私人之途。賄賂公行。朋黨各樹。而庶政不擧。對外之不競。視前此且更甚焉。前此之腐敗。爲天然固有之腐敗。今茲之腐敗。爲人力增加之腐敗。就種、族、感、情論之。前此本不成問題也。今政府若特造此問題。以勞解決於國民。滿籍官吏中之一二人稍得權力。則援引姻親布滿要列。致使新官制改革之結果。滿人盡據要津。致社會上有排漢政策之新名詞出現。夫漢人則豈可排者。又更豈滿人之所能排者。即彼滿籍之一二權要。舍其箇人利益問題外。亦豈嘗有一豪餘力以及於國家種族等問題者。而偏爲此等擧動。一若深慮革命黨原料之缺乏。而新闢一途徑以供給之。循此不變。則昔之不成問題者。而今後或將成問題。未可知也。夫使此問題而果至於成問題。則相排之結果。滿亦何能終與漢敵。惟有滿族先斃。而滿漢同棲之國家隨之而亡耳。彼滿籍一二權要而有此心也。天下之至愚也。其無此心。而徒以箇人權利之故。爲此嫌疑。則愚之又愚也。要之一切擧動。無論從何方面觀之。而無不以供給革命黨材料爲務。是現政府特有之伎倆也。政府一面以製造革命黨爲事。一面又以捕殺革命黨爲事。此亦其積極製造之一端也。夫革命黨所持之主義。吾所極不表同情也。謂其主義之可以亡中國也。雖然。吾未嘗不哀其志。彼眞迷信革命之人。固一國中多血多淚之男子。先國家之憂樂而後其身者也。多血多淚先國家之憂樂而後其身之人。斯亦國家之元氣而國之所以立於天地也。其易爲迷信此可以亡國之主義。有激而逼之者也。激而逼之者誰。政府也。以如是之政府。非底於亡國不止。等是亡也。不如自亡之而希冀萬一於不亡。此彼等之理想也。其愚可憫。其遇可悲也。使彼等而誠有罪也。則現政府當科首罪。而彼等僅當科從罪。何也。非有現政府則無有彼等。政府實彼等之敎唆人也。乃政府全不自省。而惟以淫殺爲事。甚且借此爲貢媚宦達之捷徑。舞文羅織。作瓜蔓鈔。捉影捕風。緹騎四出。又極之於其所往。要求外國以破國際法上保護國事犯之公例。如最近長江一帶曡次之黨獄。與夫要求上海領事引渡其黨員。要求日本政府驅逐其黨首。類此之事。日有所聞。噫。是亦不可以已乎。吾以爲使其人而未必果爲革命黨也。而以嫌疑殺之。則殺之無損於革命黨之豪末而徒授彼輩以司法不完草菅人命之口實使其人而果爲革命黨且爲革命黨之要人也而殺之則殺之益以增其黨員之憤怒公憤之外益以私讐更迫而致命於政府從種種方面觀之未見其能爲政府利也若夫要求外國之引渡驅逐其黨人也。以內治之事而假手於外人失體莫甚焉其不我應耶徒笑我堂堂政府而無一知國際法之人何耻如之其我應耶將以此市大惠於我而將來遇他事件之起要索其報酬操豚蹄以祝篝車只增外交之困難已耳夫使政府不供給革命黨以材料且能舉其固有之材料而消滅之則豈惟將來之革命黨可以絕跡即現在之革命黨且將日趨於平和或產出秩序的人物以爲國家之用如日本之星亨大石正已松田正久林有造前此皆自由黨中富於革命的理想之人（大石今在憲政本黨初時本爲自由黨。）二十年前常對於政府爲激烈危險的行動而屢次搜獄者也而其後皆嘗爲國務大臣赫赫有聲焉故知無論何人非必其先橫一成見焉專與政府爲仇其仇之也則政府有逼之使不得不相仇者耳若夫政府所認爲有力之煽動家必欲使他國政府拂而去之殊不知人心之變絕非此一二煽動家所能爲力惟政府所供給之革命的原料日充積於人人之腦際而煽動家乃得投機而利用爲原料消滅煽動抑何所施舉國人將以狂囈目之而不然者政府既日日助長革命黨之燄而持煽動家也愈急則成其名也愈驟無論從何種方面觀之皆其有利於彼而無利於政府者也天下惟不潔之人斯生蟣蝨亦惟不潔之人日殺蟣蝨方生方殺方殺方生早暮擾擾而蝨無盡時不若沐浴更衣不授以能發生之餘地政府與革命黨之關係蓋正若是也今而曰務殺而已傳曰盡敵而反敵可盡乎徒使革命黨以外之人猶不免洒一掬同情之淚於彼輩而對於政府增惡感焉爲淵敺魚爲叢敺爵而於政府果何利也夫當蟣蝨之方生而沐浴更衣以絕其源者日本政府是也當蟣蝨之既盛而終日疲精神於捫蝨者俄羅斯政府是也而日俄兩國之榮辱與其政府諸公之安危即於是判焉矣我國現政府之實力自謂視俄政府何如俄政府行之而猶失敗者我乃欲踵其覆轍以圖成功中智以下信其不能而當局者瞢然未有覺焉吾所謂共知爲煽而飲而甘之者此也

要而論之革命黨之舉動可以亡中國者也現政府之舉動尤其可以亡中國者也然

所以有革命黨者則現政府實製造之現政府不可不爲革命黨受過故革命黨亡國之罪一而現政府亡國之罪二政府而知罪也庶幾改之政府而不改也我國民其毋坐視之

## 附記俄羅斯現政府與革命黨

俄羅斯自見挫於日本不得已而宣布立憲而官僚政治之專橫腐敗一如疇昔國民大失望故國中紛擾不絕國情艱險瘉甚頃據日本大阪每日新聞譯述英國某報記其事實如左

俄國自一九〇五年十月一日至一九〇六年九月三十日凡十二箇月間其因政治上運動與軍隊衝突負傷者二萬二千七百二十一名處死刑者千五百十三名因農民問題以外因國事犯事件而受重懲役者八百五十名新聞紙之被命停止發行者五百二十三件主筆之被告發者六百四十七名又屢布戒嚴令其在大地方者三十一所在小地方者四十六所

其在南部政治上之死傷最多凡四千三百六十八名波蘭及巴爾的等之西部地

方。俄政府最危險之地也。官吏之被殺害者其在巴爾的三百五十四名其在波蘭二百八十二名而顯官之暗殺則南部爲尤多總督及其他高官之死傷者二十一名。波蘭十五名巴爾的七名炸彈事件二百四十二回對於郵便局寺院及官立物之强盜事件九百四十回。對于私人之强盜事件九百八十三回。其强盜金額七百五十萬元。此等强盜大抵白晝公行。結隊爲羣內不獲犯罪人者凡一千六百九十一件。農民之暴動事件千六百二十九件。就中起於中央政府之管轄下者七百五十六件。起於南部者五百五十三件。村落及地主邸宅之放火事件二百二十八回。鐵道之交通中止七十四回。軍器秘密貯藏所之被搜出者一百十八處。沒收之軍銃及短銃。數萬梃。爆裂彈一千十六箇彈丸三百餘萬顆內有爲機關砲所用者。又革命書類之押收者百八十三種。坐此被逮者二萬三千七百四十一人。

論曰。就此文所列數目字觀之。則天下悲慘之境其孰有過於今日之俄羅斯者耶。而俄羅斯人何以好亂至於若是。一射而百決拾甘鼎鑊其如飴而犧牲性命如兒戲。未之或悔也。夫豈其性獨異於人實則俄之政府以數十年之力竭心思才力以製造之而今乃穫其所造成之果也而一年之間官吏之被殺者以六七百計炸彈凡數百見凡服官於俄政府之下者皆戴頭顱以暫住於人間而性命之存續僅得以剎那剎那計耳則斯亦天之僇民也嗚呼我中國今日之悲運幸也猶未若俄之甚也而政府諸公乃必欲奉俄政府爲導師盡罔吾民以陷於刑僇而已亦以身殉之耶嗚呼政府諸公而猶不悟也是殆俄國一年來橫死之四十三名總督高官其厲鬼附公等之身而奪其魄也夜臺寂寞而欲招公等以爲之伴也公等之危若朝露其知之也耶其不知也耶公等而甘此則亦何能相沮而使我全國陷於俄羅斯今日之慘狀四萬萬人隨公等以同度枉死城中之日月則雖三彖磔蚩尤千刀剸王莽其何足以謝祖宗謝子孫也嗚呼是在公等

# 社會主義論

仲遙

凡員顱方趾以生於今日者皆以國家一分子之資格而兼有世界人類一分子之資格者也惟其有國家一分子之資格故不可不研求國家之性質與夫本國之情狀而思對於國家以有所自盡惟其有世界人類一分子之資格故不可不研求世界之大問題及其大勢之所趨向而思所以應之。抑世界之大問題及其大勢所趨向又不徒影響於世界上之箇人也而實大影響於世界上之各國故以國家一分子之資格愈不可以不知世界今我國人於世界的智識之缺乏即我國不能競勝於世界之一大原因也世界之問題亦多矣。而最大者宜莫如經濟問題。經濟問題之內容亦多矣。而今日世界各國之最苦於解決者尤莫如其中之分配問題。坐是之故。而有所謂社會主義者與社會主義。雖不敢謂爲世界唯一之大問題。要之爲世界數大問題中之一而占極重要之位置者也。此問題之發生與國富之膨脹爲正比例我國今當產業萎靡時代尚未有容此問題發生之餘地雖然。爲國民者不能以今日國家之現狀自安明也。但使我國家既進步而得馳騁於世界競爭之林則夫今日世界各國之大問題自無一不相隨以移植於我國又勢所必至也然則社會主義一問題無論以世界人類分子之資格或以中國國民分子之資格而皆不容以對岸火災視之抑章章矣但其爲物也。條理複雜含義奧衍非稍通經濟原理者。莫能深知其意。又其立論基礎。在於事實而此事實爲歐美各國之現象。我國不甚經見國人索解瘉難。故各國言此之書。雖充棟汗牛而我國人若無聞見。近則一二野心家。思假爲煽動之具即亦往往齒及。然未經研究。於其性質全不明瞭。益以生國人之迷惑。余既嘗著論斥妄顯眞且斟酌吾國現在及將來所宜采擇之方針。以爲國人告。具見前報。雖然此乃我國適用社會主義之研究而非社會主義其物之研究也。未知社會主義爲何物而欲論我國宜如何以適用之其以喻天下亦。

艱矣。吳君仲遙鑑此缺點。乃廣搜羣籍。覃精匝月。成此論以見眎。匪直名家學說。採擇畢包。且往往能以研究所心得者。推補而批判之。東籍中關於此主義之著述。猶罕其比。信哉其爲世界智識之饋貧糧哉。仲遙爲亡友鐵樵之弟。學能世其家。即此鱗爪。可概厥餘。 丁未正月 飲冰識



(一)余欲爲此文越時已久匪惟以其爲世界各國一大問題抑亦我國前途一大問題也顧卒卒未果頃以養痾旅居海濱得暇乃成之

(一)本論第七八兩章當著者下筆之先廣徵各國之學說詳稽我國之情實覺狹義的社會主義實萬不可行而廣義的社會主義又必不可少故所下論斷輙發表此意殊非草草但海內積學如有賜教者仍願深相攻磋著者既無獨斷自是之心尤無黨同伐異之見也

論著三 四

一二一七四

(一)本論最重要之參考書可分兩部附列如左

中國之部

周禮 左傳 管子 孟子 荀子 漢書 通典 資治通鑑 文獻通考及其他

日本之部

最新經濟論 夏秋龜一著) 社會經濟原論(意人柯塞著永井眞好譯) 經濟原論(奥人腓立威奇著氣賀勘重解說) 經濟學概論(美人伊里著山內正瞭解說) 十九世紀ニ於ケル社會主義及社會的運動(德人鍾巴爾德著神戶正雄譯) 經濟學通論(小川鄉太郎著) 社會問題解釋法(安部磯雄著) 近世社會主義論(河上淸著) 近世社會主義評論(久松義典著) 社會主義評論(河上肇著) 勞働政策(同文館發行) 商業大辭書(同文館發行) 日本現時之社會問題(田島錦治著) 國體論及純正社會主義(北輝次郎著) 勞働保護論(河上淸著)及 太陽 經濟世界內外論叢 國民經濟雜誌 社會主義研究等各雜誌

(一)當著者草此論時獲新會梁先生之敎益不少謹誌一言以表謝意

著者識

## 第一章 社會主義之語源及分類

社會主義。英文謂之Socialism。德文謂之Socialismus。法文謂之Socialisme。西班牙文及葡葡牙文謂之Socialismo。而此數語之由來則皆淵源於拉丁語Socius之形容詞Socialis。蓋與東譯之社會主義之名稱無以異也。

播此語於一般社會者法人Reybaud也彼於一八四〇年。（一作一八三九年）著一書。公諸世名曰"Études Sur Les Réformateurs On Socialistes Modernes"書中論究英人Owen法人St. Simon Eourier等社會改革論者之學說而字其說曰社會主義。其意猶言此學說之性質謂之為謀政治上之改革毋寧謂之為謀社會上之改革之為當也。自此以後社會主義四字之名詞。遂見著於世界。

有狹義的社會主義有廣義的社會主義

狹義的社會主義者欲破壞現在之社會組織以謀再建設者也。一名社會革命主義小分之得三派。

(1) 佛也先社會主義　英國派及其後繼者屬之。

(2) 耶蘇教的社會主義　以耶蘇教之聖書為論本者屬之。

(3) 學問的社會主義　奉瑪魯柯士之主義者屬之。

廣義的社會主義者。欲於現在之社會組織之下。謀有以矯正個人主義之流弊者也。一名社會改良主義又名社會政策主義又名講壇社會主義小分之亦得三派。

(1) 國家社會主義　謀假國家之力以達其矯正之手段者屬之。

(2) 自助的社會主義　不假國家之力勞働者自相團結。以謀達其矯正之手段者屬之。

(3) 慈惠的社會主義　社會上之慈善家。謀專以慈善事業普濟社會者屬之。

學者關於社會主義分類之意見。各各不同。附列一二於左。

(甲) 西雅爾幾德之說　謂當別之爲五。

(1) Communiste 及 Anarchists

(2) Collectivistes

(3) Nationalestes

(4) Les Anciens Socialistes 一名 Utoprstes

(5) Socialisme Scientifrque

（乙）田島錦治之說　謂當別之爲七。

(1) Pure Socialism

(2) State and Professional Socialism

(3) Christian Socialism

(4) French Collectivism

(5) French Anarchists and Blanquists

(6) Social Democracy

(7) International Sosialism

以上所列。不過畧示一二。此外尙多。不遑枚舉。要之其分類之法。似皆不甚嚴整。故不取之。而以鄙見所及。則竊以爲此主義中。無論何派。皆莫不以救濟社會爲宗。實可悉附以社會之名。惟其所採手段之性質。一則並貧富兩階級而救濟之。一則眼光僅及於貧之一階級。（實則推至其極並貧者亦將不獲救濟徒擾亂社會而已說詳第七章）且自能行與否之問題言之。適如行路然。一則廣而易行。一則狹而難至耳。故定今名。至兩大派中所分各小派。則前者取諸日本小川學士之說。後者取諸日本添田博士之說也。

此外又有與狹義的社會主義似而非之主義二種。一曰共產主義。(Communism)其宗旨在全廢私有財產。與社會主義之僅主張廢私有土地資本者有異。二曰無政府主義。(Anarchism)其宗旨在廢絕政府。使個人各以自由意思而活動。與社會主義之主張以產業上之活動移於國家之手者正反對。凡論一事。必先瞭然於其界說。其判斷乃不致謬亂。竊恐讀者失察。故附及之。

## 第二章　社會主義之起因

狹義的社會主義何自起。曰以經濟上不平等故。廣義的社會主義何自起。曰以矯正個人主義(即經濟上不平等)及狹義的社會主義之流弊故。是故二者雖峙然並立。而推其根本之起因。實惟一也。

抑所謂經濟上不平等。其原因何自而來。此又根本的根本之問題也。此義也學者所言各有相異。以吾所信爲切當者。則有五事。

(1)原因於經濟者

泰西自十八世紀下半以來有所謂經濟上之革命即小資本家之利益爲大資本家所倂吞之一現象也自此役後前此業手工及業小商者以不能與有機器及有資本者競爭之故頓失職業而又以生計問題逼迫之故勢復不得不乞降於富者之軍門而爲其雇工而以是之故貧富階級遂劃然如鴻溝而永不可越種種弊端殆不可殫舉

(2)原因於政治者

各國當政治上自由主義未成立以前奴隸制度盛行其事自政治一方面觀之雖屬不平之甚然當時奴隸之生命衣食常在傭之者保護之下故如老病之人或窶貧之夫亦每緣是而獲免於飢寒而經濟上不平等之禍可以消弭於未然即其現象亦可以潛蓋於無形及政治上自由主義成立以後奴隸制度爲文明國所懸爲厲禁於是向之於生產上無能力者既不能適生存於自由競爭制度之下復不能退而入被保護之列此又經濟上不平等之禍之所以日烈而其現象之所以日著也

(3原因於法律者

歐美舊時國家對於人民從事工商業者之法律多所限制如會社之設立商品之美惡場所之移轉物價之漲落等皆大率必經法律檢查認可者乃能實行及封建制度消滅以還乃悉反乎前而其流弊之足以影響於經濟上不平等者則如虛張其金之數以吸社會之活資製造僞惡之品以妨購者之需要據繁盛之區域而長謀壟斷窺市面之盈缺而故爲低昂皆是也而凡此者又皆富而不肖者之所優爲而貧而愿者之所難能也

(4)原因於學術者

近世首唱經濟上自由主義之人爲斯密亞丹(Adam Smith)即著原富者一七二三……一七九〇彼生於十八世紀之中葉目擊當時干涉主義之弊故爲言曰社會如水然任其自競則供求相劑而自底於平其主張自由主義之理由即在於是厥後一倡百和自由主義遂爲近世各國經濟社會上獨一無二之原則而先後數十年間之科學大家發明機器以助長經濟上革命者如Key氏之發明"fly shuttle"如Hargreave氏之發明"Spinning jenny"如Arkwright氏之發明"Water frame"如Crompton氏之發明"mule"如Cartwright氏之

發明"Power loom"。如Whitney氏之發明"Cottongin"。項背相望又無論也

(5) 原因於宗教者

歐洲古代基督教支配人心之力至爲偉大靈魂不滅未來天國諸說瀰蔓於社會以是當時諸富人率皆志在力事善行消滅罪惡以求他日得登天國而躬侍上帝而慈善事業因以最發達焉及黑智爾(Hegel)(一七七〇—一八三一德國人)派哲學出無神論大爲世人所崇拜其影響至使基督教諸說勢力掃地於是人人以爲爲善爲惡俱未必獲報乃至恣睢驕戾隨意所欲而近世之慈善事業雖非遂絕然較之古代之盛況殆已迴不侔矣。

如右所述者經濟上不平等之起因而亦即社會主義之起因也今更就經濟上不平等之影響及此影響之影響條稽而表列之以明歐洲社會主義之所以昌蓋非得已

(甲) 因(經濟上不平等之影響)

(1) 無資本者不能與有資本者競爭小資本家不能與大資本家競爭。(此條亦可謂之總因。以

(乙) 果(影響之影響)

(1) 無資本者及小資本家遂終不得不入有資本者及有大資本者之工塲或商店而爲被雇者。

| | |
|---|---|
| 下謂之分因。) | (此條亦可謂之總果。以下謂之分果。) |
| (2)被雇者僅能得少數之雇資。不能分多數之利潤。 | (2)被雇者僅能以雇資謀衣食。不能以雇資另營事業。而被雇者之地位遂永定。 |
| (3)被雇者對於雇者。生主僕關係。 | (3)貧而遂賤。 |
| (4)被雇者身體不能自由。往往勞働過度。不獲休息。 | (4)生理上蒙損害。 |
| (5)被雇者受外界種種之刺激。常自悲其境遇。 | (5)精神上蒙損害。 |
| (6)被雇者常不能一家相聚而居。 | (6)無家庭之樂。 |
| (7)壯年之夫婦二人同時俱爲被雇者。則 | (7)所生之幼兒不能自活。勢必備嘗飢寒疾病之苦。或遂斃命。或遂被棄。 |
| (8)小兒爲被雇者。則 | (8)家庭教育。無法可行。 |

| | | |
|---|---|---|
| (9) | 婦人爲被雇者。則 | 家政無由得理。 |
| (10) | 工場商店之被雇者。既多男女往往混雜。 | 生曖昧之事。長早婚之弊。 |
| (11) | 婦人小兒以手法較壯男柔細。且雇資較廉之故。常爲雇者所喜用。 | 壯年之男子因以失業。而雇資遂永成低落。 |
| (12) | 工商業上遭恐慌時代之際。被雇者往往驟致失業。 | 失業以後。以前此之技能偏於一方之故。不能從事他業。遂不免頓沉於悲境。 |
| (13) | 被雇者困苦達極點時。惟有同盟休業之一法。 | 然資本家可以久持。而被雇者無力久持。故被雇者必爲最後之降伏。而經此一度之後。困苦或更逾於前。 |

以上所舉。雖猶未能盡然。歐洲經濟上不平等之禍。已可見矣。而社會主義謂之非應於時勢之需要而發生之一物。蓋不可也。雖然。使徒執狹義的社會主義以進行。則亦

俟河清之類而已此又廣義的社會主義所以不能不起而救其失也歟。

## 第三章　狹義的社會主義之內容

本章凡分兩段。一曰目的。狹義的社會主義所主張而求達之目的也。二曰理由。所以主張此目的之理由也今以次說明之。

### (一)目的

余所聞諸美國經濟學大家伊里(R.T.Eey)博士者。計分爲四。

(1)共有生產手段。

(2)共同經營生產。

(3)經共同官憲之手。以分配生產物。

(4)收入之大部分分配之於人民且令其私有之。

余又聞諸日本田島博士。亦分爲四。

(1)物質的生產手段之重要部分。歸諸社會公有。

(2)生產事業。社會公營之。

(3) 以社會之公權。分配社會之所得。

(4) 社會所得之大部分。歸諸人民私有。

案兩博士所言辭意俱同。無所違反。而田島博士第一條之言。特較明密。蓋生產手段（對享受手段而言）中。有重要部分與非重要部分之別。非重要部分者。如道路運河郵便電信鐵道鑛山森林水道等是。重要部分者。則土地資本二者是。近世各國。其非重要部分之歸諸官有或公有者。不一而足。惟土地資本二者。則終屬諸私有。此正與狹義的社會主義相異之點。所關甚大。不可以不辨也。

請更就兩博士之說而演其義。

第一條

物質的貨財。可分兩部分。甲曰享受手段。乙曰生產手段。享受手段者。凡吾人為維持生命健康與謀慰安娛樂而使用消費之貨財皆屬之。如衣食住。即其中之最重要者也。生產手段者。凡吾人為生產各種享受手段而使用消費者皆屬之。即土地資本等是也。而第一之生產手段。常即用以生產第二之生產手段。第二之生產手段。又常即用以生產第三之生產手段。如是相生不已。其結果也。仍作出享受手段而已。
生產手段有物質的有非物質的。物質的者。即土地、資本、郵便、電信等屬於物的、一方面者是也。非物質的者。即人力是也。現今世界各國制度。享受手段固屬諸私有。即生產手段。亦大率屬諸私有。而狹義的社會主義。則承認享受手段屬諸私有。而主張以生產手段歸諸公有。而此歸諸公有之生產手段之全體中。則又以非物質的一部分置諸例外。雖彼等理想之國家建設成立後。採社會公營制度。似與此意相反。然爾時其國家全部已無所謂階級者存。人人皆屬公有。人人皆非屬公有。故仍與彼等此意不相背也。
物質的生產手段中。又有重要部分與非重要部分之別。其說已見前。不復贅。所謂歸諸公有。所謂共有。專指其大者而言。若夫私有最小之生產手段於家庭。則亦狹義的社會主義之所許也。

第2條

現今各國制度。生產手段既大率歸諸私有。則生產事業。自亦屬諸私營。狹義的社會主義則不然。彼等既主張公有。復主張公營。其意在使人民中除老弱廢疾者外。皆各以其能力從事於社會上各種有形無形之生產事業。而爾時之生產事業。非如現今之爲謀交易而生產。而爲應使用消費而生產。若生產額超於實際之需要之時。則減少生產者之勞働時間以調整之。

## 第三條

公有公營之制既行。則社會所生產之總體的生產物。自亦爲社會之所得。而非個人之所得。彰彰然矣。顧此社會之所得。將由何道以處分之乎。此又一問題也。以狹義的社會主義者流之所見。則以爲此處分之道。可分兩端。其一儲蓄之以維持共同之物質的生產手段。或以備異日改良之之用。其二分配之。即以社會之公權。採正當之方法。舉享受手段之全部分配之於社會各分子是也。至其分配之法。則各自信以爲正當者。凡有三說。

(A) 絕對的平等主義

此法。即以同質同量之生產物。平等分配於社會各分子之謂也。但衣服一端。以有老幼男女之別故。可設爲差等。此法人巴波夫(Baboeuf)之說也。

(B)勞働效果比例主義

此法以社會各分子對於社會之功勳爲標準。而視其功勳之大小以差等分配之。雖行此法時。不免於社會人民之間。生人格高下之階級。然以此爲標準而發生之階級。較諸現今制度之世襲爵祿等之階級。實相去遠甚。故此種分配法。仍允之至者也。此法人聖西門(St. Simon)之說也。

(C)需要比例主義

此法以各分子需要之實際爲標準而視其需要之程量以差等分配之。雖各分子對於社會。自當各盡其心力體力之所能以服義務。但社會對於各分子。不應即以其功勳之程度定分配之標準。此法人白闌(Bfanc)之說也。

第4條

此條即狹義的社會主義與共產主義相異之點也。蓋共產主義以爲即社會的國家建設成立後之生產物。仍當採絕對的共有主義。而狹義的社會主義。則以爲現今私有主義之弊。固當矯正。然使如共產主義之所主張則焚琴煮鶴。過殺風景。而社會將不堪其弊。故與之反對也。

又狹義的社會主義所主張。非絕對的以享受手段之全體歸諸私有。如公園公設之博物院美術館學校圖書館動植物園等。皆狹義的社會主義所以爲當仍屬諸公有者也。

## (二) 理由

狹義的社會主義者流所以主張其目的之理由約計之可得五說。

### (1) 人身自由說

今世以自由競爭制度之結果貧富兩階級旣劃然並立而貧者又終不能自立。而必立於被雇者之地位以受富者之指揮。此人身不自由之由來也。若社會的國家建設成立之後。則社會上已無所謂貧富階級者存。人人皆當盡其心力體力以服義務於社會。是故以言乎自由則人人皆非自由以言乎不自由則人人又皆非不自由而爾時之不自由有平等而無差等故仍可謂之自由也

(2) **修養衛生說**

人身自由與否。又非徒名義上一佳話也。尤有其實質焉。實質者何。即能自由者。常能從事於修養及衛生之事。而不能自由者不能獲此幸福是也。而試問此能不能之本原何在乎。則一訴諸個人之經濟問題而已。夫古今人之貧者中亦豈無秉曠代之傑質抱希世之偉懷者而顧多湮沒不彰或憔悴以死者何也。一言以蔽之。曰貧之害爲之也。此狹義的社會主義者之修養衛生說所由興也。

(3) **國民人格說**

社會的國家之下。既人人皆爲社會盡力。則既無徒衣徒食之富豪。復必無曠職失業之窮民。可決言也。夫國家之所恃者。國民之人格也。而國家之經濟問題。又國民人格所攸關也。故社會的國家若成立則舉國雍雍熙熙。人民將不屑屑於衣食等小問題。而必相與謀國家之演進。又大可卜已。

(4) **人滿不患說**

近儒測世界未來之大勢。每謂他日必有人滿爲患之一日。此說是也。而補救之法則缺焉。狹義的社會主義者曰。非人口增殖之爲患。而無人人勞働之制度之爲患也。如社會的國家成立乎。則人人皆勞働而爲生產之最大原動力。而茫茫大地。何處乏材。又安見人口增殖之程度與生產之程度不能相應也。夫瑪爾梭士諸人。固不免徒抱杞憂而已。此又一說也。

(5)人類道德說

現今世界。一競爭之世界也。一世界之中。此國與彼國競爭。一國之中。此社會與彼社會競爭。乃至一社會之中。此分子與彼分子競爭。推其原因。曰不足而已。國家以領土權等爲不足也。則兵戰商戰以謀競爭。社會以權利貨財等爲不足也。則殺人流血以謀競爭。各分子以勢位富厚等爲不足也。則詭譎詐僞弄權謀術數以謀競爭。嗚呼人類最高之責任。固在是乎。人類最大之幸福。固僅此乎。此又有心人所不勝其感慨者也。此又社會的國家必不可不成立之理由也。

社會的國家所以必不可不建設之理由。旣如上述。然此種國家建設成立後。其體制若何乎。是亦不可不深察也。以吾所聞者。則有五端。

(甲)共和立憲

(乙)局部分權(即地方分權之意)

(丙)以社會之公權干涉教育上經濟上之事其餘皆主放任

(丁)有管理(Adminis tration)而無統制(Government)

(戊)求達世界主義(Internationalism)

此五端之精詳的說明。今以無暇。姑從闕略。特識於此。以備他日從事云爾。

以上吾解釋狹義的社會主義之內容者已竟雖有遺誤與否。尚不可知。然犖犖大者。固自可見矣。抑此種國家究能成立與否。雖暫可無論。然使其果能成立固通古今獨一無二之完善國家也又此種國家成立後有流弊與否。亦暫可無問。然就彼等所示之片面而觀之固極高尚極美妙之一樂土也吾友桂伯華居士有句云。淸愁消不得夢入蓮花國方信斷腸癡斷腸天不知吾每一吟哦吾未嘗不冥想神遊不自知其情之移也

(本章已完本論未完)

# 譯述一

# 近世憲法上之權力分立主義

（美濃部達吉原著）　與之

## （一）

近世之立憲制度。皆以權力分立主義。爲其基礎。乃德國之國法學者。多以所謂權力分立者。爲虛僞之空說。其中如拿邦特所著之德國國法學謂『權力分立說之被破棄者。在於今日。已爲無復爭議之定說。』不憚斷言之。雖然、不問理論上之非難如何。而其於事實上則今日之立憲國皆採權力分立之主義以爲其國家組織之基礎者。固彰彰甚明也。立憲制度之精神。唯依於權力分立主義。始得解之。本編目的之所在。欲以近世憲法、及日本憲法。研究其所謂權力分立主義者其眞正之意義。果如何也。

（二）

權力分立主義者蓋欲以除專制政治之壓制者也。凡國家之權力皆依於自然人以行之若以一人之自然人而掌握其權力之全部則無以制其權力之濫用其結果流爲專制而人民之自由乃蕩然無存因欲保持人民之自由於是不以權力專屬於一人之手而立別種之機關使各有獨立之權限以期其互相抑制是即權力分立說所基之根本思想也。

權力分立說者其最初之狀態。乃以國權之機能。分割爲三種因各種機能之性質其所委任之機關全異而各種之機關各以其獨立之意思行使其機能此說於近世之思潮與以巨大之影響者。其主要者、即孟德斯鳩之說也彼曰。

凡國家者有三種之權力。即立法權、屬於國際法事件之執行權。及屬於國內法事件之執行權是也。依於第一種之權力而製定一時又永久之法律。及廢止變更之。依於第二種之權力而宣戰媾和。派遣使者接受使者。保全安寧。防禦攻擊。依於第三種之權力而處罰犯罪。裁判各個人間之爭訟。此第三種之權力。可稱之爲司法

權。而第二種之權力則可單稱爲執行權焉。蓋自古來之經驗。苟有權力者。必不免有濫用權力之傾向。欲求其不濫用權力。則不外因權力之分配。以權力制權力而已。若同一之人。又同一之議會。而併有立法權與執行權。則自由不能存在矣。何則。慮有爲專橫之執行。而作專橫之法律者也。司法權者非亦由立法權及執行權分離。則自由亦不得存在。若以之併合於立法權時。則對於人民之生命及自由之權力將流於專橫。如裁判官同時又爲立法者是也。若以之屬於執行權。則裁判官又得以施行壓制矣。若以三種之權力。屬於同一之人。或同一之議會。則有製定法律之權。有執行公之決定之權。有處罰罪人、裁判人民之爭訟之權。凡一切之自由皆淪於滅亡之域矣。

基於如此之理由。孟德斯鳩、乃謂立法權者。應屬於由民選議院與貴族院兩院所組織之議會。執行權者。應屬於君主。司法權者應屬於由國民選擧臨時集會之裁判所。而此三種之權力。互有平等獨立之地位。執行權全不能參與立法權。立法權全不能干預執行權。其唯一之例外。則爲君主對於法律有不認可權。議會依於豫算有監督

財政之權而已

(三)

孟德斯鳩之三權分立說多有缺點。若竟由其原說行之則必不適於實行。且理論上亦不可維持之者。普通之所承認也。

(一)彼以國權之機能。分立法權、執行權及司法權三種。然彼之所謂執行權者以對於外國事件之執行爲主。果如所分類則今日所謂行政之大部分皆逸於其分類之外。蓋行政明瞭之觀念爲彼之所不有也。

(二)彼以國家之機能區別爲三種。於是國家之機關。亦分之爲三種。若機關之分立與其機能之分類全相一致也者。雖然國家機能之複雜其內部有密切之關係而斷不許如此之劃然分離也。三種機關與三種機能之一致者。唯於理想之國家爲然。至於實際則雖立法權及司法權之機關於或程度內有參與行政之必要。且執行權之機關其有參與立法及司法之必要者最多。欲使機關之區別與機能之區別全不混淆者不可行於實際上者也。

(三)最後對於彼之學說最大之批難者。即果由彼之說而實行之足以破壞國家之統一是也。彼以國家之機能分屬於三種之機關而使此等三種之機關各保持其對等獨立之地位而於統一各種機關之方法毫不論及。若使此三種之機關全有獨立之地位各以其獨立之意思行使其權力則國家者非有統一之意思而有三種之意思是國家早已失其統一的之人格而被分割於三個各別之人格也。

以上諸點。皆德國之國法學者。加於彼說之批難。固甚得當。然不可因此等之缺點而沒權力分立說之基礎的精神也。蓋其根本之思想實爲近世立憲主義之基礎而在歐洲爲憲法成典之先驅之法國者。其一七八九年之「人權宣言」第十六條宣言『無權力分立之國家者即其非有憲法者也』。自是以後權力之分立爲各立憲國普通之原則。其程度雖因國而不相同。而其於或程度內採權力之分立者則無或外此者也。凡立憲國皆以此爲其政治組織之基礎的秩序也

日本之憲法。亦倣歐洲諸國之模範以權力分立之主義。爲其基礎。然因欲得正當之理解。先不可不明權力分立之意義。

（四）

權力之分立者非單爲國家作用之分類若僅止於作用之分類則專制國家亦非不實行分立也蓋國家之作用其紛歧複雜者原不能以一人總攬其全部故無論何種國家必不能不分其作用之種類使分掌於各種之機關而當使其分掌之時因其性質上有相異之作用其所掌之機關亦因之而異者自然之傾向也故有立法行政司法三種之作用然後有各種之機關雖然在於專制國各種之機關唯於事實上分掌國家之作用而已非法律上之分立最高機關之意思法律上全無制限不問立法行政皆以最高機關之名義行之各種之機關皆依於最高機關之委任從其命令以處理各種之政務而最高機關依於自己之任意無論何時可以親裁凡百之作用蓋如此之國家尙無權力分立之可言也

權力之分立云者換言之即機關之分立也機關之分立云者非僅謂事實上分掌事務謂在於法律上有獨立之權限及獨立之地位也二個以上之機關互相對立各於一定之範圍內獨立以代表國權不能以其一制其他者夫然後謂之權力之分立

權力分立主義與權力集一主義相反對者也十七世紀十八世紀之自然法學者謂國家之權力必不可不屬於唯一之統治者統治者之權力爲最高無制限者此等思想不啻於此時代之政治歷史與以最大之影響即今日諸國之憲法其受此思想之影響者不少諸國之憲法或謂「國權者屬於全部國民」或謂「統治權者君主總攬之其表面雖主張權力分立主義而規定此正反對之原則者此即以自然法學說爲其基礎者也彼非難權力分立主義者亦即以此思想爲其說之根據蓋以國權之需統一與國權必總攬於唯一機關之手二者混而同之遂謂國權者一而不可分者也若分割之是破壞國家之統一而因以爲權力之分立全屬於虛僞之假說者也雖然國權之需統一者與夫以唯一之機關總攬全部者必非同一之意義即令以各種之政務分屬於二個以上之機關若別有可以統一之方法則國權之統一不因之而生妨害權力分立主義者非以唯一之機關總攬國權乃以國權分屬於二個以上之機關之主義也

蓋國權之需統一云者即因國家不可以二個以上矛盾之意思而同時以同一之效

力存在之也。意思之統一者。以國家凡百之意思作用。而使依於唯一之機關。發其源泉。最能保持其統一。是即所謂權力集一主義。依於此主義者。即令其事實上執行國家作用之機關。爲如何之多數。而一切機關皆因唯一最高機關之委任。且隸屬於其下以執行之者也。其所基之源泉。專在於唯一最高之機關。然而保持意思之統一。固不以權力之集一爲其必要。二個之機關。互有獨立之地位。其爲國家行使意思作用者。苟其意思之間能永保其不衝突者。即足以保持意思之統一。是即權力分立主義。而其所謂「分立」者。非使獨立於全無關係之位置。乃於不互相矛盾之範圍內。使其獨立之意也。由是觀之。權力之分立。與權力之統一。非不能兩立者。若權力之分立。而果全無關係之意。是即國家之破壞也。二個機關之對立。即有二個國家之存在。彼孟德斯鳩之三權分立說。所以不可維持者。實在於此。近世立憲國所實行之權力分立者。決非如此。乃二個機關之對立。互有獨立之地位。其獨立代表國權。與其相互不可離之關係。使其間不得存矛盾之意見者。即國權統一之所以能維持也。

（五）

近世立憲國所實行之權力分立。蓋於種種之點。與孟德斯鳩之定式不同。

(一)依於彼之定式。立法權專屬於議會。君主不得預之。其屬於君主者。唯執行權而已。

雖然以今日諸國之憲法觀之。

(イ)所謂執行權者。固不僅如彼之定式。僅限於單純之外交權及單爲執行法律之權。蓋包括在法律之範圍內因達國家目的一切之活動。故今日與其稱爲執行權不如稱爲行政權之爲當也。

(ロ)君主者決非僅執行行政權而止。亦與議會共行使立法權也。立法權者非專屬於議會。乃屬於君主與議會共同之權。其與行政權有所異者。其一專屬於君主。而其一非經議會之議決則不能行使是也。

(ハ)所謂立法權之意義者。自今日之憲法觀之。非謂定一切法規之權也。一切之法規不必皆經議會之議決。君主於不與法律牴觸之範圍內。亦有製定法規之權。君主不經議會之議決。而得製定法規者。其範圍各國不同。若如日本。則其範圍極廣。因法律之委任。及執行法律。而認有一種之獨立命令權。其範圍蓋極寬廣也。

(三)議會亦非僅行使立法權而止又參與於行政關於財政之議會權限可與立法並列同爲議會最重要之任務也

(二)依於彼之定式則立法行政司法之三權各保持其獨立對等之地位而近世憲法之所實行者則異於是

(イ)三種之權力非各有對等之地位法律者爲國家最高之意思行政及司法共在其下皆不得違反法律以保持其間之統一

(ロ)立法之機關與行政之機關非劃然分離而無何等之關係也其實行權力分立最流於極端者爲法國第一次之憲法搆成立法權機關之議會與搆成執行權機關之政府使爲嚴重之分離政府之官吏同時不許爲議員政府之大臣不得出席於議會政府無解散議會之權又無提出議案之權蓋如此嚴重之分離者已非今日憲法之所認(除美國)法律必要君主之裁可是立法權不專屬於議會而並屬於君主與議會二者其他議會與政府之間政府之大臣許其同時爲議員又許政府之大臣無論何時得以出席於議場有發言之權以謀兩者間之意思疏通不獨

此也。君主有解散議會之權。而議會可以議決大臣之不信任。促其交迭。由是觀之。二者苟有衝突。可以互促其改造。以求其調和之道者也。

如上所述之差異。對於近世憲法之權力分立主義。固不得加以破壞國家統一之非難矣。然因是之故。謂近世憲法爲全然廢棄權力分立主義者。誤也。

（六）

權力之分立者。即不以國家之權力總握於唯一機關之手也。國家統治權之作用。分掌於二個以上之機關。使互有獨立之地位也。換言之。權力之分立者。不外於機關之分立而已。

孟德斯鳩之定式。以機關之對立。與國家機能之分配。全然一致。立法權屬於議會。執行權屬於君主。司法權屬於裁判所。故三種機關之對立。即以爲與立法執行司法三權之對立相爲一致。今日憲法之實際上則不如此。機關之對立。與機能之分配。非必能一致者。故今日欲說明權力之分立。而以立法行政司法對立者。非得其當者也。

蓋權力之分立者。即機關之分立也。而立憲國之機關。其互有獨立之地位者。第一即政府與議會。第二即裁判所也。近世憲法上之權力分立者。有政府議會裁判所三種之機關。互爲獨立。以分掌國家權力之作用。然而此分掌者。決非與立法行政司法之區別相一致者。裁判所姑置不論。自政府與議會之關係觀之。不獨立法者非議會之所能獨擅。而行政者亦非政府之所能專。即以豫算而論。必要議會之同意。蓋議會最要職權之一也。政府非有議會之同意。則不能行其財政。所謂權力之分立者。自此點觀之。更爲明瞭矣。

以上所論。雖稍涉於錯雜。要之權力分立說者。以爲於近世憲法上全被廢棄者。決非正當之見解。蓋近世憲法。國家之權力者。決非集於唯一機關之手。而分掌於獨立的二種以上之機關也。

譯者案、吾國今日所急宜着手者。莫如司法行政分離一事。而立法機關之獨立。尙可從緩。何則。設立議會者。人民程度之問題。而司法獨立者。乃人民生死之問題。蓋以行政官而兼司法官。操生殺予奪之權。一切悍然不顧。人民生命財產之危險。寧有過於是者。雖然。欲謀司法之獨立。又以編纂法典與養成裁判人材二。

者。爲其所最先矣。是篇理論雖不高。而取其簡單明瞭。故迻譯之。以促起國人之注意。抑吾聞之。鄂督此次反對司法獨立甚力。以文明國三尺童子所誦習之學理。而我號稱淹博之大老。乃深閉固拒若此也。噫。

## ◉前號精神修養論正誤表

| (頁) | (行) | (誤) | (正) |
|---|---|---|---|
| 二 | 六 | 人生竟○無 | 人生究●無 |
| 三 | 八 | 復小範圍 | 復有●小範圍 |
| 四 | 十二 | 吾人之無○人交 | 吾人之與●人交 |
| 五 | 四 | 果何處○也 | 果何如●也 |
| 五 | 八 | 方以○謂 | 方謂 |
| 七 | 四 | 事業之毋○也 | 事業之母●也 |
| 十三 | 三 | 無非爲○爲求智識 | 無非爲求智識 |
| 二三 | 四 | 或有不可不○補 | 或有不可補 |

譯述二

# 政府之責任

淵生

夫國家維新事業不一端政治改革實爲綱領而欲政治之繼續性固定性含建設責任政府末由。政府而果負責任耶則國政千端萬緒自然日趨于圓美今世各立憲國之效果可借鑑焉。是編爲日本法學博士有賀長雄講述于早稻田大學之作其中論『政府之責任』一章綜述各國制度深論責任政府對于國家之關係可謂精美溥博其可爲我國建設責任政府之取資也多矣。故迻譯之原本因係講義其文法章法似近于繁碎譯者不能多加筆削閱者諒之。譯者識

## (一)政治上之責任

### 第一節　政治上責任之本義

政府之責任云者國務大臣爲政府之一員所負憲法上之責任之謂。故亦曰大臣責任。即以區別關於各省之行政上所負之責任者也。區爲二種。(一)政治上之責任。(二)法

律上之責任是已。

政治上之責任者。關於政治之得失。不得据憲法或法律之成文以判決之者也蓋政府者。必取一定大政之方針準以執行乃能綱紀不紊措一國於富强反是則乏有機的之統一或南轅而北其轍或此成之而彼敗之必至不克俾國民之利益得達於圓滿之度。咎有攸歸。故無方針無主義之政府其誤國病民之責不容辭也既有一定之方針。猶不得不推究其結果。大抵方針云者。鑑乎政治之情實。或欲擴其一部之特殊利益。可一時犧牲他部之利益以圖之。終使凡百之利益。較之循序而獲者得發達至於高度是政治得失之結果國民利益之廣狹惟政府方針是覘不綦重乎。然其效果之美惡。非可操券而計者也。若一旦其數載之慘澹經營倏忽而爲幻夢則失策之咎仍必任之即已定其大政之方針。一時其效已覘然。一法非必可行之永久者也或其始也因之而成功倘猶始終奉爲圭臬則有泥之以致失敗者矣此不得不於成功以後進而審第二之方針況內外情實之變幻無窮有如秋月之明晦或甫擬其成功之可必而變生不測則趨時應變必當有以更始之若徒拘執此唯一之方針至失機宜則不論其始計之價值若何必任戾時之責焉。

就一省專任之國務大臣而言則基於政府所定之方針、得充分擴張其主任行政之利益。對於機械的統一上既無所背戾尤須立一定行政上之計畫以謀其所主任者事業之發達、此計畫之實效若何及適合乎時宜否皆不得不悉心籌運以達國家之目的故無計畫者任其責有計畫而無成功者任其責即不能隨機制宜變幻其計畫以應世故者亦不得不任其責也

關於政治上責任之特殊情事。無以法律定其標準者也。蓋大政之方針及行政之計畫之得失利弊。爲關係於各個人之意見徒据憲法或法律之條文不可得而精密判斷之者夫惟其結果不一。其責任之克盡否必有以明示之否則非立憲政體之所許此政治上責任之位於國法上所以爲一難題也

且判定之任果誰克當之乎此亦至難解決者也位於大臣之上者。實惟君主。以君主糺察大臣政治上之責任是政府無責任也即以當監督政府之任亦非所宜。蓋大臣者佐輔君主行君主之大權作用而任其責者也若反以君主繩其紕繆則所謂政府

負憲法上責任之說不將徒爲具文乎。故歐洲立憲諸國皆以議會爲監督政府之機關。其監督之之法凡三。曰(一)彈劾條例(二)信任投票(三)課稅拒絕是也。以次論之於下。

## 第二節　彈劾條例　信任投票　課稅拒絕

### (一)彈劾條例

彈劾條例(Bill af attainder)云者。議會以大臣之所爲有妨國務。指摘其確切之事實。然不能得處罰之根據時。則徵之往事。制爲法律。以律其罪。易言之。即陷大臣於罪之謂而已。

此彈劾制度。英國爲之初祖而創行之者也。一千六百四十四年五月十二日。處斯拉夫福得氏以斬刑。一千六百四十五年六月十日。對於根德堡之大僧侶勞德維廉氏亦然。此其最著者。要之此制度。雖自何點言之。皆非公正。蔑法律者不溯既往。所謂後擬律者不可得而制定之。以其戾乎刑法之原則故也。是以各國不徒無倣行之者。如今日亞美利加合衆國之憲法第一條第九節。且規定其永無此制。以垂爲訓典。是彈劾制度。已歸於劣敗。不過爲英國舊史殘留一污點耳。夫英國自議院政治頒行以來。

其大臣之進退常以議院多數者爲之權衡其政治主義即不外爲議會多數之政治主義大臣惟負執行之勞故其政治上之責任今日亦不待特設條例以規律之也

(二)信任投票

信任投票云者議會認大臣之大政方針有違國家之目的背政府之義務之時議決其對於一大臣或全內閣不表信用之謂也

此制度發源於法國之民主政體拿破崙三世常求國民之信任投票以占一己之人望現行之國權編制法第六條亦曰『大臣之對於議會關於政府一般之政略爲連係責任關於一己之措置則單獨負其責』以規定政治上之責任也試考近世法國內閣之更迭有一非信任投票之結果者乎其勢力亦云甚矣其執行之法殊不一大抵內閣組織之始當博議會之同意故首先宣布其政綱於議會以爲常議會果信任之則決議曰『本院承認政府之政綱而移於議事日程』然通常皆反對黨出而提示政綱之修正條件以詰難之內閣苟反對此修正條件之時則爲信任問題矣此修正條件之幸得通過否全卜於新內閣之得多數贊成否也使一旦其修正條件成立則

新內閣陷於末路。辭職以外無他計也。幸而沐議會之贊同。恬然就職。苟一重大事件起於中途。反對黨乘之。以叩政府措置之方針。或對於政府所宣布者。要求修正。以決信任之有無。如此者迭見於議場。不可得而防遏之者也。或者政府認某法律案爲必要。而提出於議會之時。如議會之反對者多。遂以爲信任問題者有之。或就於大臣之措置。議會有所質詰。而歸咎其未嘗爲充分之答辯。以代信任投票者亦有之也。夫關於政府信任之件。兩院雖若有同等之權力。然實際以一般選舉而成之代議士院之勢力爲優。葢因其與一般人民之意志有直接關係故耳。故俗謂下院者負黜陟大臣之權(Faire et defaire ministre)者也。然大臣對於議會之必求其得有信用。原非法律上所擔保。即共和國大統領之對於失議會多數同情之大臣。亦無必令免職之義務。而實際上言之。則失多數同情之內閣。皆即時提出辭表於大統領。以爲慣例。葢國民爲立國之要素。其多數之意志所向。必國家幸福所歸。執政者準此以行。誠天經地義。理所固然者。若拂衆情而肆行己之私見。其不見容於今日之文明立憲國也宜矣。但大統領有得元老院之同意。而解散代議院之權力。然改選之後。倘前日之反對黨。復占優勢則勢不得不免黜大臣以順民志。

夫信任投票之目的果何所在乎。不外使政府之政略準之人民多數之意志以規定之。以絕上下背馳利害朦蔽之弊而增進國家之幸福而已。故主權在民之國無論其憲法上是否載有明文。其民力充實之結果自克臻此也。若夫大權握於上之君主立憲國則人民雖參與庶政取捨仍君主為之權衡此信任投票之制無發生之餘地。固亦勢所必至者也。故德國之糺察行政上之責任更取第三之策焉。

(三)豫算拒絕

豫算拒絕云者初謂之課稅拒絕。(Steuerverweigerung) 蓋政府之課稅於民及其歲出之豫算必得議會之贊成。乃執行無阻是議會有表同情於課稅及議決豫算案之職權。苟政府之政略認為妨於國計民生則利用此職權以拒絕其課稅或反對其豫算案。而促其反省也。

夫每歲要求議會之同情以徵收租稅支出國用之制始於英國而漸及於法國及比利時國之憲法者也。然以之為監督大臣責任之具實德國為之濫觴德當基於維也納決議之第五十八條。而欽定各邦之憲法之時。其課稅案及豫算案之必待決於議會者。其命意不過欲使國家之歲計。適符財政之實情而已。故有曰。有附帶政治上之條件。以討議之者。視同犯罪之明文也。至一千八百三十六年。瓦敦堡之國法學者惠織氏。始倡議會之有課稅諾否權者。所以擔保國民一切權利自由之說。雖同此學者之大家莫陸氏。證引歷史以闢其妄。而民權論日熾。如旭日之方昇。遂使此論益得所附麗。至一千八百四十八年革命運動之結果。乃爲堅牢不拔之原則。而一千八百四十八年於佛朗渡(Frankfunt)之國民會議。決議憲法草案之時。折衷少數保守論者之說。改課稅否認權。爲豫算否認權。凡稅法未有變易。則租稅之擔負。歲如常率。但國家之歲出豫算。則以法律制定之。此法律之承認及否認之全權。操之於議會。而無所顧忌。亦無能侵掠之者也。然否認云者。豈否認此支出之數耶。毋亦欲使國家因此否認不能得此支出之數。以實行其政畧耶。曉暢言之。其意若曰。此支出之任。吾人實不欲以畀諸現內閣耳。是否認之道。實所以排斥現內閣。使不得掌此支出之任務而已。此當時議事筆記所明記之者也。而一千八百五十年一月三十一日。普魯士國之改定憲法。其第九十九條規定之曰「國之歲入歲出須豫算而列載於豫算表」「豫算表每年須依法律以定之」第百九條則曰「現行之租稅及上納金於法律未變易之前。有繼續之效力」由是强制政府之策自納稅拒絕一變而爲否決豫算其風氣競行循至一千八百六十四年之丁抹戰爭之時政府與議會間爭閧不絕之道職是故耳。

## 第三節　日本國法之政治上責任

夫政府之克盡厥職與否必有以監督之糺正之此現世文明國民之所以集注其心力目力以保守其監督政府之權力得之則榮失之則衰者也歐洲列强所以監督其政府使得勉完政治上責任之策已概述於上之三條今次及乎日本夫日本國民之所以監督政府者實非採用上之三策然其政府與議會間之衝突其結果或交迭政府或解散議會二者俱率見之其所以致此原因誠潛心政治者所亟宜注意研求之要點也。

夫彈劾條例既陳腐不適於用厠之劣敗之數矣其不能再興於日本固不待論信任投票之必與民主政體相倚伏不見容於大權握於君主之立憲政體之下然則今日

日本之政體又豈有發生此制之道耶。至於豫算否決之財政監督權之歸於其帝國議會者。固其憲法上載有明文者也。議會利用此權以間接使政府或一省之主義得行。議會多數之政見。此誠理所固然者。夫其承旨之從事審議憲法者。務以議會之此職權。收之適當之範圍內。俾凡欲以拒絕支出而強制政府之行動者。其効力僅及於一新事業發生之時。若夫屬於國家之經常政務及法律上規定之歲出。非政府之同意不可得而廢除削減之。且對於豫算案全被否認之時。得執行前年預算之制。是以非有非常重大之新事業或經常歲出之上有莫大之增額之必要者。雖不得議會之贊成。政府亦不至陷於蹣跚不克進行之極端。故欲以預算監督權而左右政府。是所難能者也。明治二十三年以後屢次傾倒內閣。而非悉由斯道者。即其明徵也。故凡觀察日本國情者。不得不於前三種方法之外。另究其所以監督政府之道也。

就日本國法之成文論之。其帝國憲法第五十五條有曰「國務各大臣者輔弼天皇而任其責」此指一般之責任而言也。第四十九條曰「兩議院各得上奏於天皇」亦据關於政治及法律上之責任所應得之規程也。即其帝國議會之一院。認政府之方針。有違國是之時。据情上奏以彈劾之。而仰天皇之英斷之謂。使奏者爲貴族院耶。天皇乃賜勅答以申明之。若其爲衆議院。則解散之。以覘輿論。否則免黜各國務大臣。此其順序也。然實際皆不俟其上奏之進行。其結果即判。蓋當議會討議其上奏案之時。此政府或即自請辭職。或即奏請解散議會。此二者必居其一。全視其反對力之强弱。若何以判其歸宿也。蓋兩黨相角。得所據者常勝。失所據者常敗。此公理然也。反對者萬衆一心。挾一往無前之氣。据堅强不折之理。尚何有於政府耶。此反對力(Opposition)云何。余輩當研求其大政之方針。與政黨之關係以明之。

## 第四節　政府及反對黨

從來學者。有謂政黨不足爲學理上研究之目的。全無齒於法律之價値。不過政界一時發生之現象而已。然究之。政黨之分立。亦實由政府有方針之結果。蓋定大政之方針者。將欲伸張一部之特殊利益。不得不一時犧牲他部之利益也。其所以甘犯危難力排艱險。與常例及異己者之相抵抗者。必信其所主持之方針。較之循序漸進以伸張各部之利益者。爲極有利益。故毅然行之而不疑。然被犧牲之各部利益。其有直接利害關係之各分子。以此方針爲不利於已也。必反對政府。以冀阻撓其實施。此之謂反對力。立於政治社會而代表此勢力者。是爲反對黨。夫一方針之執行。有蒙其害。即必有沐其利者。此勢所必至者也。反對黨所目爲有害而日思所以摧折之者。即必有恃爲利已者出。結附政府。力謀打消反對黨之運動。以俾政府之計畫。得達於實行。而獲其結果者焉。是之曰政府黨。此兩黨之所懷抱。既馳於極端反對之地。則互相軋轢。互相排斥。此傾覆之惟恐不丁。彼防衛之日虞失策。其爭鬩殆無窮期。驟見之雖若爲立憲政體之惡弊。而實際殊不然也。蓋政府之定大政之方針也。不可專賴乎獨斷臆測。必參照事實之適當者而從之。夫此事實之觀察。果以何者爲標準乎。國民之意志。即其第一之根據也。夫政黨所表示之國民之意志。雖非必國家之最大利益所存。然較之憑少數人之臆斷者。其精確必相去甚遠也。況利之所在。人必趨之。如形影之相合也。國民之最大利益之處。必爲最多之勢力所集注。而此勢力於政治上據黨派以發動。爲政黨者。投於此勢力之旋渦中。則衆志所向。其勢彌强。否則螳臂當車。其力既弱。必不足以自存也。由是言之。政黨云者。國民意思發動所憑籍之一機關也。雖國家最大利益之所在。不能必以政黨之意思爲積極的標準。然以之爲消極的標準。則甚爲可信。蓋反面所示不可取之方針。則可必其確切無失也。或者一事情之來有甲乙二方針。各具充分之理由。雖政黨之取捨。似茫然若迷。然其不適於實際者。經多數人之極力推求。必能洞見其弊害而不採行。是則政黨之爲物。於國法上能使政府舉其政治上責任之實。不得久不執一定之方針。且不能固執一不適於情事之方針也。其關係於國計民生者。豈淺鮮哉。

## 第五節　內閣之交迭

夫大政之方針。非可永垂不變者也。幸得適於事實。使其目的有結果之時。則當審察機宜進而謀第二之方針。且或其結果尙未發生之時。事變驟乘。前之所謂適於事實之道。一旦立於反對之地者。亦率見不鮮者也。政府際此時期。必有更始之而應事變否則前之所謂善政府。受國民之歡迎。若孺子之戀慈母者。今變而爲攻擊之的。傾覆之惟恐不速。防如敵國。惡如蛇蠍矣。故變政以外無他計也。雖然。爲政府者。以其主義舉作政綱。喝道于天下者。當竭權勢以力行之。其方針豈一旦得而變革之者哉。當有變革必要之時。寧退而全其節操以期其主義建白于他日倘始終固守其主義不退身政界其固守之跡將陷于計一己之私利與其權勢之嫌無以明其謀國民公益之誠心矣是以內閣之交迭亦政府執一定之方針所必生出之結果也

泛觀乎英國政界之情實亦瞭然其保守黨非必囿於舊習進步黨非必事事改革唯每一新事業發生之時其應變易其現在之主義與否每爲二者之爭點耳夫內閣交迭之頻繁雖若爲立憲制度之弱點然政府既表示其大政之方針其不克一旦變革之以陷于朝令暮改之譏既勢所必然者也而國家內外之情事變遷無窮期政府之政畧亦必準以改革當此時也惟有內閣交迭之法對于一黨可以全其黨綱對于一國可以擴張實利安得以其黨派黜陟之頻繁而謂政黨有害于國家眞實之利益耶

（註）以上所述皆就於日本國政府及政黨之關係而言決不合乎英國政界之現象即律之法國亦大相逕庭不可混視之者也

日本之關係其不同於英者有二英之內閣員自其占有多數議員之政黨中舉出之日本則天皇自由選拔不受成於議院此其第一之異點也又政府與議會

間之衝突其結果之不同爲其第二之異點蓋英國必交迭內閣日本則解散議會或交迭內閣悉憑天皇之聖斷是已若言乎法國則於此二異點之外更有第三之重大異質存焉即日本及英之政府其大政之方針得自由取決法則不然新內閣就職之初宣其政綱於議院而求其承諾任職之中對於每新事業發生之時其所定措置之方略不可無議會之協贊申言之即政府失行政之自由是也是日英之政府各得執行其自定之方針必其方針顯有損失之時乃蒙議會多數所非難法則其方針之取捨惟議院多數之贊否是覘故其方針之正適與否不足爲內閣責任之標準唯其得議院多數之贊同與否乃爲其標準也

日本政府者由天皇自由任命之人員所組成決無取於議會多數之黨派之必要而政府有自定方針及實行之權雖其政略見難於議會之時苟信爲確適於國家發達之道猶得而斷行之唯天皇認議會所主張爲可達國家目的之時則該內閣乃出於辭職之一途是以天皇親政之實權猶若金甌無缺也雖大政不事專斷萬機決於衆情反對黨得上奏其意見然決非使之能有無限的左右政

治之勢力也。

(二)法律上之責任

第一節 法律上責任之本義

國務大臣之政治上責任既述於前矣法律上責任之所以有異點者果何謂耶蓋政治上責任者關於有誤于大政之方針而言無一定之標準以律之者也若法律上責任者不決于各箇人之意識必有一定之準則外部之規律以判定其過犯之有無及其輕重也。

憲法上所規定之天皇統治權曾宣言其據此憲法之條規以行之且不得以命令變更法律其法規固如是者如有違此宣言而背戾此法制之時不可不有以矯正之否則憲法失所保障雖未完全破壞之將如土耳其之憲法其名存而其實失之矣。

且自純粹之法理上言之大臣之責任實有不能尋常措之者波崙哈克之普魯士國法論述之瞭如指掌茲揭其精要者於左。

「國王不能爲不正行爲」之英法之原則自今日之普魯士國法上觀之不得不取稍

異之解釋。蓋國王者。以一人而兼有二人之性格者也。曰國法上之性格。曰私法上之性格是已。其國法上之性格。則國王（即元首）者。據國法上所定之形式。以爲意志之表白。即國家之意志表白也。夫國家者。德義上雖有爲不正之道。法理上則不然也。凡國法上所謂不正云者。不外就法理上之不正而言。蓋國家之意志表白。固必合乎正義。他人不可得而反對之者也。故國法上所謂之國王不能爲不正者。非虛爲擬議。而實於法理上有不可爭之情實也。

國家及其代表者之國王。於事實上固居於不能爲不正之地位。申言之。蓋國家之所謂意志者。必眞實爲國家之意志。守其所規定之重要形式而表白之。此其限制也。苟反此定義而踰乎常軌之時。則非國法上之國王之意志表白。而爲一私人之意志表白矣。國王而果爲一私人之意志表白也。則其所爲不正之範圍。非獨一私人若也。將濫用其國法上之地位。以求達一己之目的。夫國計民生既非所計及。則其蠹國病民也。豈有窮極耶。惟是國王者。神聖不可侵犯者也。假令有此不正行爲之時。將任其昏亂耶。抑糾治之如常人耶。徵之先哲遺言。莫不謂君輕於國。夫有國斯有君。國亡而君亦滅其不能任君之暴行以喪國也明矣果糺治之耶則必常範其行爲於法定之制限內使受强制于無形然强制之策果何所取乎答曰普魯士憲法第十四條之規定可以參考之即『國王之大臣者負責任者也凡國王之政治上之制令必得一大臣之副署乃能有效該副署大臣即原此以任其責之謂是已故凡國王之關於政治上事件所發之制令欲其有效力之時則不可不使大臣副署之凡無副署之制令乃爲無效等於不成立者也然則副署者猶不過爲一般政治上之制令之必要一形式耳若關於特別國務之發令例如關於法律者猶有他之必要之形式存焉非悉遵之無違其結果等於不守法律上之制限雖有大臣之副署亦不得謂非違法也蓋如此者必國王非以其國王之資格施正式之命令實行其一私人之意志已耳然大臣唯對於守國法上資格之國王有服從之義務苟副署於違法之命令是非服從國王資格之命令而實擔負一私人之違法行爲而已夫副署於此行爲或已見諸實施或爲履行之計畫皆大臣之過犯即不得不任其責也（普魯士國法上卷一三七頁）

右說若準於日本之國法而言則天皇者惟據憲法之條規以行其統治權對於國法

上以眞實之國家元首之資格而發號施令者大臣有加入副署而奉行之之權。反是而不據憲法之條規。或肆行己志之時則一私人之所爲失國家元首之資格矣。既非爲國家元首之命令即不可行於國家者也。大臣以己之副署使得實施之則必因此副署而任其責者誠篤論也。較之從來之說明國務大臣于法律上責任之他種理論。其精確殊遠勝之。

總之副署之制可以二義析之。一在保君主之安寧。一在防君主之非行。凡國民之欲舉行其多數之意志而撲滅秕政。以及保障憲法使不爲君主所蹂躪者。皆自大臣之參與行爲上施其矯正之術始也。夫人民既易盡其監督之任。怨惡亦不至集注於君主之一身。君位即因此而固。此立憲國君位之所以安如磐石。亦即協和君民之第一要著也。善哉副署之制。點哉副署之制。

## 第二節　責任訴訟之性質

國務大臣于法律上不得不負責任之理由。既概述于上矣。夫糾治之必執一定之方法。此誠所以完結國法之首尾者也。然此方法之規定。亦甚有種種之困難。日本之憲法上無何等可據之條文。即列國對于此方法。亦未必克臻完備也。故憲法解義曰。「留爲憲法上之疑義。尙無一定之論決者。無如大臣責任之條若也」蓋法律上之責任者。準諸憲法之明文而判斷其爲違反與否也。其爲一種之裁判事件。可無疑義。故於國法學上曰責任訴訟。或大臣訴訟。然凡裁判事件者。據其旨趣而異其手續及制裁之法者也。憲法違反者。視爲對于國家之罪惡乎。抑職務上之過失乎。抑非罪惡非過失。而祇使補修其所破壞之權利關係而已乎。（據憲法法律所規定之國家編制）此種種之觀察不一。故糾問之手續。亦因以不得不異也。此其第一宜解決之問題也。今窃取列國之成法及學理。分爲三種于左。

（一）視大臣訴訟爲仲裁事件之制。

（二）視大臣訴訟爲懲戒事件之制。

（三）視大臣訴訟爲刑法事件之制。

（一）仲裁裁判主義

仲裁主義云者。據憲法法律之正當解釋。以判斷議會及大臣之解釋之正否而已。不須處分其基于誤解之行爲者也。德意志各邦中取此制者。如布倫襲哇、索遜、瓦敦堡、等皆是也。凡欲裁判大臣訴訟者。必須先判定其行爲之果違反憲法否也。而此判決。不徒於將來之憲法解釋上有效力。即政府與議會間之爭議。亦恃此以爲調停之具。然僅爲解釋上之判斷。而不附以一定之制裁者。必不足以達大臣責任之目的。此一般世人所同認。且誠具有至理者也。蓋法章之重要者。莫憲法若也。故意違犯之而不使負其咎。豈公正乎。即或違反意義明瞭之條件。及解釋有疑義。而徒遯一己之私心臆斷。以違反憲法者。皆不可不加以一定之懲罰者也。故第二之主義生焉。

(二)懲戒裁判主義

視大臣訴訟。爲懲戒裁判之一種。其裁判之手續。悉傚之官吏懲戒者。始倡于參密列氏。(立憲君主國大臣責任論一八六九年)而近世之大家塞越氏亦左袒之。參密列氏于法律上責任之性質一章。枚舉大臣告訴之異于刑事諸點。謂憲法違反事件。既難判其未遂及既遂之殊。而主謀及共犯。亦不易爲之區別。且列叙情實不一。有不能科以一定之罰者。即其他附屬于刑事諸性質。亦皆缺之。即目爲憲法違反之行爲。而科以處分者。一旦覺其有利于國則解除其糾彈條件如此者又豈能見諸刑事者耶據此諸理由。以辯大臣訴訟之非刑事而爲懲戒事件也。其目的所在蓋不欲處罰其罪過而使大臣能勉盡其職分而已。

各國之法制中。其糺彈之結果。多止於罷免或停止任官之資格者。皆基於此主義也。

波崙哈克曰。「德意志諸邦之責任制度。彷徨於懲戒主義及刑罰主義之間。」革伯賀克等駁之。蓋懲戒云者。上官對於下官之行爲。有犯規律上之過失而施者也。大臣之上。別無所謂上官者。若以君主爲上官使任懲戒之責。則反乎君主無責任之道。殊陷于不倫。若以議會當之。則有害政府之獨立。況故意背戾。如應召集議會而不召集之。或不據法律而課租稅等重大之憲法違反事件。僅視爲單純之懲戒事件。其不適當於事實章章然也。要之責任事件者。雖非戾乎懲戒性質。然大體上不可不另有極嚴格之處分者也。故更生第三之主義焉。

(三)刑事裁判主義

視大臣訴訟爲刑事之一種者。德意志國法學者之間。最有勢力之論也。模陸、三波利、希奪、岳溫、畢修、嘯取、馬盧、左乙、織博、賀尅、等皆表同情于此。各國之成法中。取此見解者極多。奧國憲法委員之報告。曾明言之者也。賀尅氏之言曰。「刑法有二種之元素。第一爲其本來之性質。出於惡意而罰之者。第二爲其始意。雖未必爲惡。而有遺害之結果於社會國家。以法律指定而科罰之者也。本來之不良行爲。其刑重。預防社會國家之不利爲目的而出之處罰。其刑輕。即憲法違反者。第二種之罪過也。若以著其惡意之形跡。則以歸于普通之刑事裁判爲正確」其所論固如此者。

要之以大臣責任。視爲純粹之懲罰事件。或純粹之刑罰事件者。皆非正當之見解。以刑事一說爲較善也。如非普通刑罰上之犯罪。而爲國法上之犯罪。則以之歸於特別之裁判。其裁判之法。亦取公法上之處分。即止於免黜及停止任官資格或剝奪而已。若同一事件中。有須以常犯論之者。則再移於普通之裁判。此最條理井然者也。誠爲各國制度上自然之進步歟。

## 第三節　責任訴訟之法廷

關於大臣法律上責任之制度。其最困難之點。在於政府設獨立之裁判機關。以判決此種類之事件是也。德之國法學上稱裁判責任訴訟之法廷。（其實物之有無姑勿論）曰「司大職革戾希腊禍府」「司大職」者國家之形容詞也。「革戾希腊禍府」者。裁判所也。「司大職密議斯得」者譯言國務大臣。故余輩可譯曰國務裁判所。即關于裁判國家政務上事件者之義。若不特立機關。則雖使他之機關兼任此職。而附以此名稱也。

關於國務裁判所之組織。各國法制學者之論說。悉正簡約。列示其重要者於左。

(一)大審院主義。

(二)貴族院主義。

(三)政府及議會指名司法官主義。

(四)聯合貴族院及大審院而組織之主義。

(五)特別搆成主義。

## 第四節 責任訴訟之處罰

對于純粹之憲法違反之罪。將以如何之處罰為適當乎。凡罰者。不得不及乎犯者之一身者也。然亦必有以大異乎普通刑法上之處罰。蓋誤會憲法法律之解釋。或未充分遵奉此憲法法律而生之違反事件。寧自德義上判決之。如認犯者之將來對於憲法法律不能爲忠實之遵守之時。則使退其現職。或一時及永久禁止其再就同一之職。此其極點也。夫據過犯之小大而定刑罰之寬嚴者。普通刑罰之原則也。然不適宜於責任訴訟。蓋此處罰之要點。在於違反憲法法律與否之間。無其大小之差別者也。若據此原則。倘欲有以處罰之。則使退其現職之外。禁止其一時或永久就國家一般之官職。或奪其所受恩給年金之權。及使失公權之一部。(例如選舉權被舉權)此皆可爲處罰之結果者也。

又桑密列者。視責任訴訟爲懲戒之論者也。以匡正之目的所施之懲戒。及以罪跡洗滌之目的所施之懲戒。立爲區別。前者與大臣之尊嚴不得並立。而國務裁判之處罰。則爲限於洗滌之目的。即免職及奪官是也。

(註)德國各邦。對於憲法法律之處罰所表白者。揭之於左。

(一)譴責　瓦敦堡憲法第二百三條。　哥堡額達根本法第百六十四條。　巴典一千八百二十年法律第九條。　索遜王國則不曰譴責而曰非難。

(二)職權中止(即休職)　行於同上諸國。

(三)免職(但可移就他職恩給則或給或停止)及免官(被免官者不得再就他職)。　瓦整堡憲法第二百三條索遜王國憲法第百四十八條及第百五十條。　漢列耳一千八百四十八年法律第百三條。　威馬耳根本法第五十八條。　巴威里一千八百四十八年法律第九條。　布羅士州法第百十條。　亞爾敦不爾尼根本法第二百五條第一項。　苦魯駿遜憲法第七十八條。　羅士根本法第百十六條。　哥堡額達根本法第百六十四條。　窪魯特克一千八百五十年法律。　巴典一千八百二十年及一千八百六十八年法律。

(四)資格剝奪(永奪其爲富吏之資格)。巴威里一千八百四十八年法律第九條。　巴典一千八百二十年法律。　窪魯特克一千八百五十年法律。　亞爾敦不爾尼根本法第二百五條第一項。　苦魯遜憲法第七十八條。　威馬耳根本法第五十八條。　哥堡額達第百六十四條。

(五)罰金　瓦敦堡憲法第二百三條。

(六)相當之自由罰　窪魯特克一千八百五十年法律第十一條。普魯士一千八百六十三年一月之責任法草案第五條亦設禁錮之刑。奧國責任法第二十三條曰「受有罪宣告之結果常使犯罪者去帝室參政(即大臣)之地位其事實之重者則解其官職或奪其一時間於政治上之權利(公權)若被告者併犯普通刑法所禁之行爲不行爲之時則受國務裁判所之處罰以外更當科以普通刑事上之處罰也。

### 第五節　日本國法之法律上之責任

憲法解義曰「若無大臣責任之義則行政之權力將易踰越於法律之外而法律遂流爲具文故大臣責任者誠憲法及法律之屏藩也」誠哉是言然憲法解義之意以議會有上奏權之外可不再定大臣責任之制度此則不無異議者也前章所述之政治上負責任者關係於政治之利害得失基於規矩準繩雖得而精密審案之其卒無定制者亦其不得已者也至於法律上之責任則其確實之條文昭然存在故糾治其違

反事件之手續亦不可不有以確定之也將來日本責任訴訟之法制亦必定爲一律者也茲揭其可供參攷之國法關係之要點於左

(一)責任訴訟中有關於一部分之法制既臻完備者即會計上之責任是也會計上之責任有關于憲法及行政法者其違反帝國憲法第六章各條之時其裁制之之機關爲會計撿查院其訴訟手續即會計撿查法故關於將來釐定法律上責任之時此一部之事件不必重複討議也

(二)其次即憲法違反之行爲同時宜受民法或普通刑法之裁制者即當移于通常裁判所不使與國法上之責任混同此不可易之至理也

(三)統治權爲天皇所總攬故雖以如何之機關負此糺彈之責必奉天皇之名義此不竢論者且徵之事實以樞密院爲最適當之機關葢樞密院者始以帝國憲法之草案受諮詢於天皇而祕藏其御前會議之逐條審議之筆記者也至明治二十三年據官制第六條之(一)曰關於憲法或附屬於憲法之法律上解釋及預算案或其餘會計上

之疑義有爭議時有開會討議而上奏意見請賜勅裁之職權當二十三年改正官制之時易爭議二字曰疑義而其趣旨如一故將來責任訴訟之法廷將以此院爲最適當者也

(四)責任訴訟之機關固以樞密院爲適當至其手續則於院中慣用之會議手續之外不可不別爲制定之者也其理由不一(一)通常之諮詢事項議定其關於法律上及政治上之意見而上奏者也然憲法違反者純然屬於法律問題不得挾政治上之得失置論於其間者也(二)不可使有關係之國務大臣立於說明者之地位而使立於辯護者之地位(三)既以爲辯護者而容其辯論如置反對者之理由於不問則有戾乎公正之道故告訴者之論告必得而聞之勢所必至者也且凡關於純粹之法律問題之爭議據嚴正之訴訟手續以制判之以能達其目的爲足故從來之樞密院事務規定之外不可不別定一裁判規律也

(五)樞密院惟應天皇之諮詢而上奏其意見故假令以議會爲告訴者則必使上奏於天皇而請付諸樞密院之裁判不可直起訴於樞密院者也而樞密院亦惟定其果爲

憲法違反與否以覆奏之其職務乃盡其後之處置亦必出自天皇如此制者雖非泰西法學者所唱道然考之日本之情勢信其爲可見諸實施之制度也。

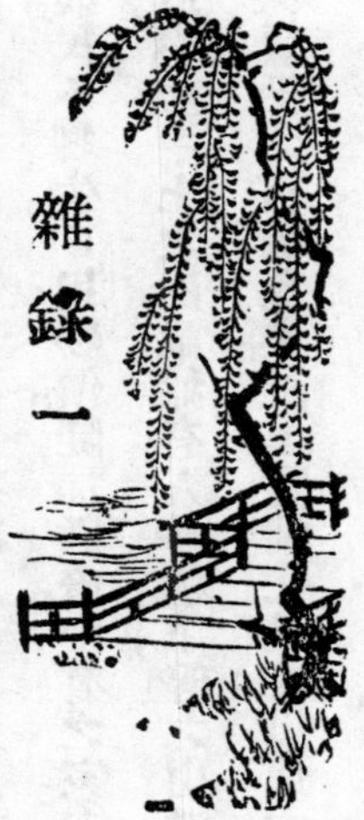

雜錄一

# 嗚呼四川鐵路公司之股份！　嗚呼四川人之財產！！

仲遙

本社頃屢接來函述四川鐵路公司之情形甚至本日復得一函自浙江寄來殆鄉人宦於浙者之報告書也書中所述情實雖本社以相距太遠不盡負責任然使無確迹可尋則清議亦何至不約而同如此夫是又安得不爲中國前途一痛哭也今以浙函較詳錄之且附以批評

## 浙江來函（爲四川鐵路公司股份事）

敬啓者某等客歲連接親友來函詳叙川省鐵路性質雖居中國官紳自辦之先聲實則將墮落强人之手每思及此不禁憂悶欲死一死固不足惜獨奈何外人深察底蘊而國人昏睡如故也某等不敏其所以日夜祝禱者惟望諸大報館力持公論啓發蒙昧使本是長江咽喉之地之四川不致變成東三省之慘禍而已豈不

悲哉。豈不慟哉。夫緬塡之路。早歸法人。近又有英人。强築騰越塡蜀之路。西藏之權。已歸英人。以議定由印度繞藏而蜀。將有樓船南下之勢。俄人時在新疆青海邊界地方。常有齟齬。內地英人之商權。法人之敎權。民不堪命。日甚一日。即就川漢鐵路而論。先前法人要求代辦。自後英人要求。今已兩國協議互商謀辦。而川督錫。自奏辦以來。牽延四五年。終日以款集不多。測勘爲難。嗚呼。錫督本無能之輩。全無一點見界。坐擁厚貲。日聽毫無心肝之貪吏劣幕。如何削剝。如何攬權。好聽諛讒。多受愚弄。以致鍾守與英使通同作弊。謀售省城之地段。江北廳之礦產。得私財萬有餘金。賀道修渝城銅元局。平兩地基。報銷三十餘萬。章道買銅元局機器。報銷百有餘萬。開辦銅元局。又虧空百有餘萬。周道督辦濬川銀行。虧空百有餘萬。而暗中提去鐵路股欵者。計西藏修打箭炉之路。與邊防費用。去二百餘萬。方提學使辦學堂。提去拾餘萬兩。勸工廠機器局。先後挪借亦不少。邊防學務。固是目前要圖。但原奏鐵路章程云。不論如何緊急用欵。皆不能挪借鐵路銀錢。而今乃若此。此何說也。尤可怪者。上年錫督見官吏。乃詐言虧空太多。無能主持。各處虧空不下六百餘萬。大有告退之志。所以已存者刻難取出。濫費者烏有無着。經營多年。毫無眉目。鐵路原是交通惠利極美極善之要政。彼輩施之川省。實酷且虐之至也。當初各項公欵。提作股本。中有之戶。勒捐股本。按畝抽穀。捐作股本。官吏借事刁難。罰作股本。搜括待盡。民不聊生。日用物價。陡加數倍。中有之家。官吏任取其肥。貧苦之輩。刁者不免流爲盜賊。拙者全家凍餒。死於溝壑。中上之田畝。始有人耕種。下等之山業。皆成荒蕪難治之產。故鐵路積欵。開辦三四年矣。共得有庫平銀壹千六百餘萬矣。度其實情。使果能以地方財辦地方事。四五千萬貲財。何難聚集。富商官幕。挾數十萬貲財者。何地無之。鐵路權利。能定平等。又何愁不解囊刮底相助也。查原奏章程有云。凡本公司用人行政之權。各股東不得干預。以免築室道謀等語。試問出股本者不得干預用人行政之權。豈不是本夫斷成奸夫。中國積習。動輒官督商辦。官有權而商無權。現在雖設有商部。間或可以稟告。至於川省之紳。何嘗敢多言一句。離京太遠。又無同鄉大員可以主持公道。雖紳議有總辦之名。其實何嘗又不是惟官命是聽乎。且川省偏僻之地。交通不便。人情純樸。只知勤苦謀生。每以終身不見官爲幸事。遇事牽連。已經見官畏之如虎。中國之吏治。并不以保民爲任。而以剝民爲能。此所以中國一知縣。過於外國卿相也。而且川省道路崎嶇。上下隔閡。知識見界。諸多狹隘。朝廷屢下勸學之諭。上立專部。下設專官。而川省不免以舊日書院。換一學堂名目。至於蒙小學堂。舊日之義學耳。懸一招牌。窺其內容。大半是爲寒畯多增束修而已矣。官紳藉學堂爲利藪。人民視學堂爲畏途。各處搜取學堂經費。又是警察勸工等經費。搜括愈力。日需吏費。官長尙來自遠方。不甚知道內情。獨本地之劣紳刁健。諸般逢迎。招搖撞騙。引鬼入宅。種種苦情。大都由於交通阻礙。智識有限。起初各縣官派一名東遊學速成師範一年。至後官派無聞焉。各縣欲立人材基礎。不知將來如何接濟。兼之民情見其不能考試。多不送子弟肄業。官紳侵食銀錢。粉飾皮毛。比如送一蒙童。動輒非數十金不能敷一年之費用。自然智識不足。又安能知應享權利四字乎。嗚呼。此等官吏。此等民情。尙忍言哉。尙忍言哉。又聞上年有二位熱誠之士。在省城論及鐵路弊病。官吏進讒。錫督遂擬執之死地。卒之一逃京師。一逃外洋。始免於害。所以自後無人敢贊一詞。只得任其侵食。嗚呼。曾一思以人民之脂膏。日供官場之揮霍。將來民心瓦解。官吏尙

嗚呼四川鐵路公司之股份　嗚呼四川人之財產

三

得分肥乎。乃官場之心。只知謀私營利。如蠅附膻。多多益善。每年得此如許大宗進欵。私心自喜。此等銀錢上。與國家毫無關係。又無風波。川省之民情渙散。何患不源源而來。別省官場慮其消薄。川省反多如許進益。遇有亢直之紳士。則謀除之。遇有諂諛之紳士。則傀儡之。經月累年。終無開工之日。嗚呼。諸公方安坐分肥。吾恐外人已竊伺其後久矣。而尙不悟耶。今某等竊議三事。以謀挽回。一、將此種情形稟於商部。請其勒令川督繳還鋏路公司之欵。二、多作書報以教導川中子弟。三、聯合東西洋留學生及京外各同鄉官。力主商辦。此皆區區之心所以爲川省同胞前途計爲中國前途計者也。夙仰 貴報館主持公議。特將種種情形。錄以奉寄。乞即登入報中。 貴報若能特著論說。或批評。以喚起國人之注目。則又其最所願而非其所敢請者矣。一片血忱。舉國同胞。尙其鑒諸。

評曰。我政府近年所辦之事。殆無一不自相矛盾。

立憲也。提倡之者政府。而阻撓之者亦政府。革命黨也。撲滅之者政府。而製造之者亦政府。礦產也。主張自辦者政府。而賣與外人者亦政府。其他萬端。莫不如此。而近月復有四川鋏路公司之事。

四川鐵路公司之事何事耶。吾無俟贅陳。吾惟乞讀者一精讀浙江來函。度未有不怒髮上衝者。度未有不冷淚暗落者。

請告川督！四川鐵路公司之成立。公非與有力也耶。而今之公與昔之公。胡自相盾若此。公其聞吾言而知悔耶。則宜急籌賠償公司股份之策以圖補救四川人雖怨公於前。自復不得不德公於後。而不然者。衆怒難犯民怨難防吾未知其惡果之何極也。公其自勉。

更告商部！國家設專部以司商政。非惠民保商之意耶。設立後之商部與設立前之商部。胡又自相矛盾若此。而四川鐵路公司之現狀。公等又豈獨無所聞耶。公等而果無所聞耶。則自放棄其義務。吾復何責。公等既有所聞而置之不理。或欲理而不理耶。則忍禍國家忍棄四川吾更何責惟倘有一言爲公等告者。曰、使國家而果有不幸之一日也。則於公等個人亦有不利也

復次、告四川留學生及四川人宦於京外者。曰！四川鐵路者。四川人生命財產之所繫也。而公司股份者。又興築此鐵路之元膸也事急矣可奈何可奈何

或曰。舉川督商部四川留學生四川人宦於京外者。實皆自相矛盾之人也。子奚爲曉曉者。如是則吾更大聲疾呼曰事急矣可奈何可奈何。雖然吾猶望留學生吾猶望留

雜錄一

## 學生中之賢者

雜錄二

# 足尾銅山暴動續記

主父

前書倉忙。遺漏之處甚多。特恐草率追述。畧而不詳。不足以供研究之資。今復就足尾鑛山坑內設備之處言之。可知坑夫藉口攻擊。有非徒然者。

第一、爲電氣設備之不完全。何以言之。足尾坑內之排水、運輸、鑿岩器之空氣、電話、電燈、捲揚、等。無一不藉電氣之力。因而坑內電線密布。縱橫如織。電線既多。設備復未周到。因之而感受電氣致死者。時有所聞。在昔所用者爲直流電氣。其力小。人身觸之爲反躍。故雖受之。不甚爲害。近時所用者爲交流電氣。其力大。人身觸之爲順吸。故受之頃刻即死。雖然其害雖烈。若防護周密。使人難觸。則毫無所恐耳。乃坑道既低且窄而設電線上端及兩側。非極力注意檢束。屈腰側頭而行。鮮有不觸接者。況坑內旣黑。出入之人復多。且不能處處注意。時時注意耶。人身爲電氣之良導體。一旦觸之。血液循環之機關停止。而成假死。逾數分鐘不救。則成眞死。若即時行人工呼吸法。使機關復動。則可回其生而起其死。雖然救豈易言。人身皆爲良導體。設救者復感受死者之電氣。不將共即於死耶。況既未備有橡皮之手套。亦未設有救此等感電人之醫員。一旦受電。相顧錯愕。惟有遠立視其死耳。故爲之計。(一)架設電線之坑道宜高也。(二)電話宜以不導體裹之。雖觸亦不爲害也。(三)坑道不高。或爲電車所用之電線。不能裹。則宜坑頂以木板遮之。中留小線路。使人難觸也。今感電而死者已不少。知而不改。其如草菅人命之責何。

第二、爲空氣、流通、之不完全、以通洞言之。第二區空氣尙佳。寒暖適宜。第三區第四區則空氣滯塞。溫度甚高。常在華氏八十餘度至九十餘度之率。無異酷暑。蓋坑區在地下數百尺或千餘尺。空氣難入。人工通氣法亦未盛。一也。此等空氣稀薄之處。各人皆手持一提燈。二也。時時以爆藥火藥爆取岩石。三也。有此數者。以致坑內烟霧瀰布。炭養極盛。或有等處。燈火不燃。或有等處。呼吸窘迫。一經爆藥一發。其烟竟數時不散。加以熱燥困逼。雖赤盡全身。猶覺未足。況坑夫等在此等處。鉄錘鉄尖。於流汗喘息之餘。勞力服事耶。至於第四區。則又於此等艱難之外。加以水滴。其水自坑頂滴下。一二點鐘。全身皆濕。吁。貧富雖異。人情則同。一爲思之。此等錢正取之不易耳。

第三爲衛生之不完全。坑內既無專設之便所。大小糞便。隨處皆是。糞便爲地熱所蒸發。臭氣潰溢。至於欲逆。久之有害瓦斯發生。最足拌壞空氣。故爲之計。宜各處限以一定之地。違者懲罰。經一二日。引坑水洗出。方爲得策也。又坑內之水不可飲。盡人皆知。又無專行汲水之處。此等空氣不佳。溫度劇烈之處。一日八個鐘次服事勞力。保無口渴喉乾欲裂之時。前者日本新聞載有某訪事人聞之鑛夫云。行賄賂者。往見張所求水則得水。不行賄賂者。求水則不得云云。此確爲揑造之辭。然余在見張所見來取水者甚少。以相離太遠。或必上竪坑至數百尺始得達者。其不能來。勢也。故爲之計。宜各處設一水管。使鑛夫等取之裕如。方爲得策耳。

此外甚多。而日日皆有負傷之人出。或曰作業中岩石自頭上落下。受打撲傷也。或曰路經某竪坑口。無意中運搬夫投石下。受觸傷也。（其石皆自竪坑口投下。載之以車。

運出大竪坑口。捲以捲揚機。至地面。推至某處。電車曳之。）余限以一時。難記。故惟就其能記者述之。此等處皆設備不完。全爲鑛夫所藉口者也。（前此組頭代鑛夫申願書有此一條。）足尾鑛山。爲日本設備最完全之山。猶有此等缺陷之處。可知當事者正不易言。而處事者正難盡善。非時時注意考察。改良補造。鮮能達於眞完全者。今以足尾鑛山之歷史畧言之。

當日本德川幕府時。有備前之所謂治部、內藏兩人者。發見足尾銅山。翌年（慶長十六年）獻眞吹銅。（日本古法所煉之銅。即注鈹於穴內。扇風入之。使之養化。寖而鍰浮於上。銅沈於下。得分別取之也。）政府下賜資金以助之。寛永元年秋。受洪水害。坑爲砂石所湮埋。幕府賜金三千兩。扶持金五百四十兩。寛永四年。幕府命其造銅五百二十萬六千四百五十片。享保三年。足尾街市災於火。幕府賜金八千兩。享保七年。鑄錢於足尾。文曰寛永通寶。裏有足字者是。寶曆元年。已有坑口千四百八十四。銅山師四十三人。鑛夫五百三十三人云。後政府用銅少。山師大困。請於政府。每歲鑄錢三萬貫夂。天明三年。發見二新鑛脉於出澤。幕府踢坑口開掘費二千百四十兩。元文以降。

政府用銅少。難於支持。殆至休山。文化七年。幕府賜礦山人夫每人一日米六合。後經幕府派代官於足尾。至明治維新。廢爲民業。歸日光縣所管轄。（慶安元年以後爲官業）。至是乃爲民業。明治五年。歸栃木縣。礦山主爲副田欣一氏。十年三月。歸現礦山主古河市兵衞氏。古河氏病歿。其親戚木村長七氏代爲礦長。大事擴張。架鐵索。敷鐵道。應用電氣之力。造製鍊高爐。後徑礦毒問題之起。政府特設足尾銅山礦毒調毒會。調查之後。下豫防工事令。乃造脫硫塔、沉澱池、濾過池、堆積塲等。近今着着改良。儼爲日本各礦山之模範云。

今以足尾礦山之大體言之。其礦床有四十種類。皆礦脈。爲初發礦床之後生礦床中裂罅塡充者。母岩爲石英粗面岩。甚堅。故支柱甚易。今所用支柱之式。一曰三梓。其形爲⌈⌉。二曰合掌。其形爲⋂。三曰片留。其形爲⌈或ヘ。一山有一山之癖。非久居者不能達。以地質不同。礦脈之搆造亦不同也。今以足尾礦山癖之大者言之。（一）礦脈皆東西向。（二）斷層與礦脈之關係。皆鈍角。即變式斷層也。（鑛層甚多）。至於冶銅。今改用 Blacst farness。細尾設有電氣精銅所。所製之銅。多流入我國。以我國近今多鑄銅貨也。

（完）

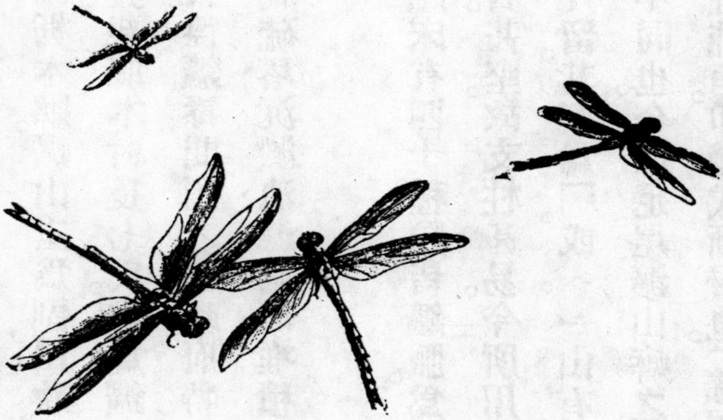

記載

# 中國大事月表

## 丁未正月

◎初四日 鄂督張之洞又電咨編制館力駁司法獨立

外務部設立儲才館遍調各國留學生及各省洋務人員

慶親王病篤

給事中陳慶桂奏參粵路公司將股欵存放用私人名字奉旨交周馥查辦

誤疑爲革命黨被拿之徐敬吾釋放

◎初五日 留學日本學生公電外部阻止法國要求廣西鐵路建築權

招商局股東在香港大集會議擬援商律請歸商辦

稅務大臣奏請豁免粵商抵償號口稅八萬金

駐日本楊使請早稻田大學斥退中國學生十九名中央大學斥退二十名均指爲革命黨

◎初六日 德政府允協贊中國禁烟租界內一律實行青島亦樂照辦

學部奏將學堂考試章程改定通行各省

◎初七日 俄人在蒙古境內未開放之地設立領事館及道勝銀行

流寓楊州飢民不服遣散聚衆滋事毆

傷官吏

◎初八日 政府決意拒絕美國招華工往巴拿馬

枉殺飢民之宣城縣令黃紹箕因驚恐斃命

◎初九日 日本在奉天及鐵嶺占領地域內擅處華人罪犯以死刑

吉林將軍達桂電告外部謂俄國騎兵多人携帶大砲侵入蒙古界內

◎初十日 霍山亂首張正金被獲途中暴死

◎十一日 政府照會日使大連灣建設稅關一依膠州灣辦法

庫倫大臣密奏俄領事藉口保護俄商在外蒙古之一部設置守備兵隊

江西藩司通飭各局所自後教堂教士販運物料照章收稅

◎十二日 淸江浦商會稟請江督將淸江開作商埠

◎十三日 駐日使楊樞要求日本各私立學校代表人自後各校收容各生須有公使館介紹書

◎十四日 南通州如皋縣石莊地方因緝私誤斃民命謠言大起遍布揭帖煽亂僭立僞號

吉林將軍達桂據條約不准日人在居留地外居住

揚州警局警兵滋事搗毁鉅紳家

倉場侍郎劉永亨卒遺缺以李紱藻補授

◎十五日 天津拿獲懷挾炸彈之洋人一名高林英國人

江南前銅元局總辦潘學祖被欽差陳璧電參奏　旨查抄押追

◎十六日　上海招商局股東大會愨園議稟請照商律改歸商辦問題

北滿洲俄兵漸次撤退惟黑龍江對岸仍屯重兵二十萬

◎十七日　法國旣敷設雲南蒙自間鐵路又欲圖築雲南思茅鐵路駐法使劉式訓密電外部警告

日本駐滿洲守備兵十五十六兩師團撤退歸國

法商魏池又在福建擅招工人赴南洋某島作工並不知照官場

外務部與俄使提議中俄條約

◎十八日　日本新編守備大隊駐紮南滿洲共計六大隊

廷寄江西官吏議覆萍鄉義寧州兩處劃地添設二縣以爲防匪善後

◎十九日　駐藏幫辦大臣張蔭棠電奏前駐藏大臣有泰私呑兵餉查有實據奉　旨革職查追

岑春煊調補四川總督雲貴總督著錫良調補

◎二十日　日本政府允中國之請將孫文驅逐出境

俄國已將黑龍江之礦山七處付還中國又將吉林之礦山三處琿春寗古塔及家比各等之中俄合採條約廢棄全歸中國辦理

俄國之哈薩民六百戶銷除俄籍願歸

記載

中國保護

在齊齊哈爾之俄兵現已撤退

閩浙總督丁振鐸奉旨開缺遺缺以松壽補授

◎廿一日 俄人藉口防馬賊撤兵後仍設置吉林領事館保護兵三百名

慶親王又患病腰腫神怫

張百熙病勢又復危重

◎廿二日 京師進士館畢業後改爲高等法政學堂定本科七年畢業額百名別科三年畢業額六百名講習科一年半畢業額三百名

高郵州飢民刦搶米店搗毀巨紳家倉屋

◎廿三日 日人屢次抗議吉林禁外人居留城內之舉勒令吉林將軍將告示撤去吉林將軍不允

廣東商人禀准粵督承辦學貢圍姓捐

廣九鐵路合同簽押

◎廿四日 蘇人劉鐵雲創立海北公司包攬運銷朝鮮全國食鹽

◎廿五日 岑春煊奏病未痊請派大員署缺奉旨命趙爾豐護理川督

政府擬贖回道勝銀行資本所築之正太鐵路

廣東東莞縣飢民數千人聚衆搶米警兵彈壓斃二人傷十餘人衆憤亂搶圖城罷市

江督端方通飭各府廳州縣舉行投筒密告之法

學部奏定全國女學規則章程

湖北愷軍因遣散歸農鼓噪鬧事將張

統制坐騎砍斃幾釀大禍

◎廿七日 張伯熙病愈

◎廿九日 浙江象山縣匪徒聚衆謀燬學堂敎堂

杭州貧民聚衆擊毀米店營縣彈壓均

受窘辱

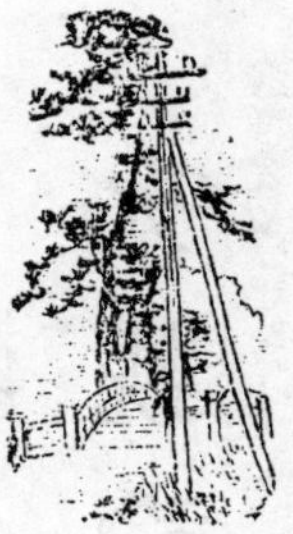

次號論文豫告

再駁某報之土地國有論

十日內出版

本社謹啓

# 飲冰室詩話

文藝一

飲冰

客有自黔來者。述其鄉有幻雲女士。好學善屬文。尤嗜新籍。適某氏。生子至慧。不幸夭折。哭之慟。適値所天自汴京歸。乃成一律云。忽地盲塵牽馬跡。如天魔力葬蘭蓀。飲將多惱河邊恨。沁入天涯夢裡魂。惡感情隨秋氣死。好頭面作雪泥痕。西河一掬傷心淚。遮莫夜臺何處村。懷人無計卜金錢。噩夢驚心破晝眠。疎雨梧桐腸寸斷。秋風蘭蕙淚和煎。敎兒至此寧予辜。忍死逢君又月圓。已分孝慈無所補。可堪剎那丈愁田。其詩哀惋動人。直是宋體中絕妙之什。豈圖得諸閨秀。

右以其友曹東敷徂東雜感十二首見寄者。風格遒絕。吾至愛之。自我徂東國。月盈已再虧。撚眉思故土。擢結薄鑾纖。學道千秋在。尋師萬里歧。稻粱雖已熟。付與鼠牙肥。」天地方酣戰。浮生信轗軻。薜蘿山鬼哭。芃蔓野狐多。共蠟游山屐。誰揮指日戈。江心羅剎石。止水自揚波。」黑水度陰山。涓流接兩關。全球推上國。三島峙狂瀾。

顧我頻彈淚依人強斂顏肆騮奔未已豈羨蹇驢閒」麟也空餘淚鳳兮莫與聞世方起大道天欲喪斯文難托春秋例寧同鳥獸羣蒼生奈何許回首仰南雲」披髮胡爲耆甯知斷尾犧不文身用隱枉道世無違地着狂且易天鑄大任稀恥將憂國淚灑上左袵衣」世態趨儇薄躋蹌我用憂難禁桀犬吠乃與舜豕游鑽李傷中核牽羊飲上流中東同一致相對好相尤」永夜歌行露當年鄭衛同尋芳期陌上采麥出桑中南望傷喬木東來指蝃蝀是非何足定文野若爲通」西顧方多事偸閒夢不酣鎖江來一筏望海失千帆三咽實螬李雙携聽鸝柑蘭成哀思盡何以慰江南」季世干戈擾吾生憂患餘川流悲逝者歲暮羨歸與非我安知我多予渺愁予但看涇以渭終自涅泥淤」聞有魚糜爨愈深蠶食愁綠林逃菜色赤縣隙韋韝箕子爲人役富辰即我謀飄蕭雙錦帶珍重繫吳鉤」名士千言策先生七里灘不謀羈鶴俸那對沐猴冠混跡何無奈高歌別有端夜來理秦鏡非復舊時顏」世亂文素賤何當憂患成謫因狂當泣酒以醉爲醒危燕安巢幕驚鴻苦戀衡可憐枯樹盡小艸寄餘情

上海商務印書館

# 新譯日本法規大全出版預約廣告

日本法律之書以此爲最完全凡全國法律規則命令無一遺漏光緒二十七年盛宮保督辦南洋公學時曾屬管理譯書院海鹽張君元濟聘人翻譯是書成稿約十之八嗣以乏人修校未經印行越四年盛宮保復屬張君廣續成書允由本館修校出版惟原稿係據明治三十四年之本距今已久其增加更易者約十之二三且律學精邃出入所關甚鉅非有專家學者詳慎考核極易貽誤本館特聘日本早稻田大學政學士閩縣劉君崇傑躬赴日本總司編輯復就近延聘卒業帝國大學何君燏時卒業中央大學高君种卒業早稻田大學法政科舉人陳君威卒業早稻田大學梁君志宸及其他優等留學生各就所長分門擔任就明治三十七年最新之本精審校閱誤者改之缺者補之并與日本各法律專家詳加討論以期斟酌盡善惟書中法律名詞具有精義未必盡人能解因聘日本早稻田大學政學士法政科舉人董君鴻禕及錢念劬先生編成法規解字凡書中所有名詞皆詳加解釋按照康熙字典部首排列以便檢查計時二年糜金數萬始克卒事欣逢 聖上宣布立憲伏讀諭旨有云先將官制分別議定次第更張并將各項法律詳慎釐訂而又廣興教育清理財政整修武備普設巡警使紳民明悉國政以豫備立憲基礎著內外臣工切實振興力求成效俟數年後規模粗具查看情形參用各國成法妥議立憲實行期限再行宣布天下等因凡屬臣民敢不黽勉勤求以期仰副 聖明般般圖治之盛意此書於日本官制教育財政武備巡警等事言之綦詳且係同洲同文同種之國尤足爲我官紳士庶參考之用故特亟付手民從速出版全書分二十五類共四百餘萬言用上等中國連史紙印成凡四千數百頁分訂八十冊并附法規解字一冊裝入楛木箱年內可以出版每部定價二十五元凡豫約者其辦法如左

一豫約價每部銀十八圓 一豫約期限以本年十二月三十日爲止過期照定價每部二十五圓概不折讓 一豫約者應於期內先交六圓向本館及各分館購取預約券出版後將券交下并找十二圓卽可取書 一外埠購豫約券者請將銀六圓由郵局掛號寄上海總發行所收到後卽將豫約券由郵局掛號寄奉 一廣西雲南貴州四川陝西山西甘肅新疆八省因路途較遠展限二月如在明年二月底以前寄銀十八圓到滬者亦照豫約辦理本埠及近地不得援例 一欲本館將書寄奉者其郵費如下

(甲)上海城廂內外不取送力(乙)向各分館收書每部加運費六角四川省每部加郵費一圓四角(丙)輪船火車已通之處每部加郵費一圓(丁)輪船火車不通之處每部加郵費一圓二角(戊)陝西甘肅雲南貴州四川五省每部加郵費二圓四角(巳)日本國每部加郵費一圓四角(庚)歐美諸國郵費各不同應照實數計算不及細列(辛)躉買十部以上運費較廉當照實數收貲 丙丁戊巳庚五項因郵局包裹磅數有限全書一箱無從寄遞擬分爲十函用精美結實布套包裹以代木箱

◉注意 現已將譯例總目日本憲法全文印成樣本一冊如承 不棄請向本館總發行所或各埠分館取閱遠地函索亦可寄奉

◎上海棋盤街商務印書館◎北京琉璃廠分館◎奉天同春福海利號分館◎天津金華橋分館◎漢口黃陂街分館◎廣州雙門底分館◎開封鼓北大街分館◎福州南大街分館◎重慶分館◎成都分館 同啓

# 上海商務印書館新出各種教科圖書

（分設）京師　奉天　天津　廣州　福州　成都　重慶　漢口　開封

學部審定　初等小學　**修身教科書十冊**每冊一角　**教授法十冊**每冊一角　**五彩掛圖**計二十幅已裱六元未裱五元

◯本書爲浙江蔡元培福建高鳳謙浙江張元濟諸君編輯採取古人嘉言懿行足以增進民德改良風俗者依次編入由淺及深循序漸進末數冊於合羣愛國尤爲再三致意全書十冊適供初等小學五年之用第一冊全用圖畫不著一字令兒童不生厭倦第二冊至第四冊每課一圖第六冊以下文漸增圖漸減每冊至少亦有十圖左右茲承　學部審定稱爲（斟酌取舍之間皆足見其精審）等語　教授法十冊按課編纂均注明出處詳列教法亦承　學部審定另附第一冊掛圖二十幅彩色鮮明最便講堂指授之用

◎學部審定　初等小學　**國文教科書十冊**第一冊一角五分第二冊以下各二角　**教授法十冊**第一冊四角第二冊至第五冊各三角第六冊三角半第七冊四角

◯本書爲福建高鳳謙浙江張元濟江蘇蔣維喬諸君著悉心編纂一字不苟經營二年始克成書文章淺而不俗雅而不奧每冊附圖數十百幅五彩圖二三幅尤爲精彩動人全書十冊適供初等小學五年之用發行以來頗蒙海內教育家許可銷流至數十萬冊疊版數十次茲經　學部審定稱爲（文辭淺易條段顯明圖畫美富板本適中章句之長短生字之多寡皆與學年相稱事實則取兒童易知者景物則預計學期應有者幷將一切器物名稱均附入圖中使雅俗兩得其當）等語　教授法一書專爲教員之用按照課數編次凡誦讀講解習問默寫聯字造句作文等法無不詳備名物訓詁皆加詮釋所引古籍西籍亦詳其出處以省教員檢查之煩此書亦承　學部審定

◎初等小學　**習字帖**第一冊一角第二三四冊各八分

◯此帖與本館所編國文教科書相輔而行書中所有者無一不備書中所無者亦不攔入以便隨讀隨寫可助記憶第一冊用描紅第二冊以下用影寫

◎**小學唱歌書一冊**價洋三角

◯此書前半詳列教授法凡音調拍子趣味等法循序不紊後半列歌辭雅而不俗淺而不俚其於愛國思想尚武精神尤爲注意

# 上海商務印書館新出各種教科圖書

（分設）京師　奉天　天津　廣州　福州　成都　重慶　漢口　開封

學部審定　初等小學筆算教科書五册 第一二册各一角半第三四五册各二角　教授法五册 第一二册各二角半第三四册各三角半第五册四角　五彩掛圖 計十六幅二元五角　◯本書五册適供初等小學五年之用已承學部審定稱為（綱領備具條理細密步步引人在今初等小學教科書中洵無出其右者）又稱（多列圖畫足以引起兒童旨趣全忘習算之煩苦）又稱（中外度量衡比較法既習算術兼適應用則尤本書之特長）等語教授法一書亦經學部審定稱為（教員上課時手此一編可不致漫無秩序）等語

◎高等小學筆算教科書四册 每册二角　教授法四册 第一册二角半第二册三角第三四册各一角半　◯是編繼前書之後仍由加減乘除入手至平面立體求積而止全書四册適供高等小學四年之用　教授法四册按課演繹最便教員之用

◎高等小學筆算教本一册 價洋四角　◯是書共九編（首）加減乘除（一）諸名數（二）分數之簡易者（三）分數之繁雜者（四）小數（五）比例之簡易者（六）比例之繁雜者（七）利息（八）開方求積序次得宜繁簡適當解釋清晰詳义明暢

◎學部審定　初等小學珠算入門一册 每部二册價洋四角五分　◯此書經學部審定稱為（條流明晰階級秩如每課多列習題亦便於練習）等語且蒙學部指定為初等小學末二年之用即商業中人取而習之獲益非淺

◎珠算教科書四册 六角　教授法一册 每册價洋五角　◯此書繼珠算入門而作詳明淺顯條理井然其教授法為教員實際教授時所用解說詳明丁甯苦口教員但能手執是編依書演講當自知其運用無窮至於有志獨修者取而習之亦能粗窺門徑漸陟堂奧

◎高等小學理科教科書四册 ◯每部四册價洋八角　◯是書為山陰謝洪賚所著並由山陰杜亞泉參訂材料精當部次分明最便初學附印五彩圖及精圖三百餘幅書共四册每册四十課每星期教授一課以一年畢一册誦習既竣不患無普通之知識矣

# 上海商務印書館新出各種教科圖書

（分設）京師　奉天　天津　廣州　福州　成都　重慶　漢口　開封

師範學校**教育學**二角◎是書分三篇共三十三章先通論次詳教育之目的及主義方法擇精語詳合乎初級師範學堂之用

◎**學部審定**師範學校**教育史一冊**二角五分◎是書敘述東西各國教育之沿革與其變遷實足導我國言教育者之先路業經　學部審定稱爲（凡小學教員欲考求教育之源流者必取資焉）等語

◎**學部審定**師範學校**教授法原理一冊**二角◎是書分六編一曰緒論二曰教授之目的三曰教材四曰教授之原理五曰教授之方法六曰教授之形狀業經　學部審定稱爲（言簡而賅意精而顯）等語

◎師範學校**各科教授法**二角◎是書分十科曰修身曰讀書曰作文曰習字曰算術曰歷史曰地理曰理科曰圖畫曰唱歌曰體操應有盡有賅括靡遺適合初級師範學堂及速成師範講習所之用

◎**學部審定**師範學校**學校管理法**二角◎是書八章曰總論曰編制曰設備曰管理曰經濟曰衛生曰書簿曰教師業經　學部審定稱爲（詳審精密條理井然定爲小學教員參考書洵爲適用）等語

◎師範學校**心理學**二角五分◎教育以心理學爲基礎故師範學校必列是科我國現時教育咸知注重師範是書凡二十八章皆詳關乎教育之心理簡要精審一字不苟

◎師範學校**論理學**一角五分◎論理學亦師範學校必要之科爲教員者不明論理學則教授時必不能勝任愉快顧是學精深廣大欲求簡核明豁合乎教科書之用者實鮮善本是書凡六章其中演繹歸納等法適於教授之用者皆詳略得宜

◎**學部審定**　**畫學教科書一冊**七角◎是書爲圖百數十幅凡人物山水以及動植器用等無不具備末附本國各省總分圖數十幅業經　學部審定稱爲（凡教習教授圖畫最要在善畫黑板使學生一覽了然爲功自易是編深明此法先以虛線作式而後畫爲圖形故雖不著論說而不至於模不模範不範也）等語

◎初等小學**習畫帖八冊教員用一冊**七角六分

◎高等小學**毛筆習畫帖八冊**一元四角

◎高等小學**鉛筆習畫帖八冊**八角◎以上三種習畫帖參照東西洋名家筆法所有人物屋宇器具皆按照中國模樣俾兒童一覽而知最爲便用

五

東洋　# 教育掛圖　無雙

| | | | |
|---|---|---|---|
| 陸軍示教掛圖 | 自第一輯至第三輯 | 各輯五張一組 | 各一輯金貳圓 |
| 海軍示教掛圖 | 同 | 同 | 同 |
| 天地現象掛圖 | 自第一輯至第六輯 | 各輯五張一組 | 各一輯金貳圓 |
| 地文學示教圖 | 自第一輯至第二輯 | 同 | 同 |
| 世界地理示教圖 | 自第一輯至第三輯 | 各輯七張一組 | 各一輯金貳圓八十錢 |
| 人體生理解剖圖 | 廿張一組 | 完結 | 金八圓 |
| 世界人種風俗圖 | 自第一輯至第三輯 | 各輯五張一組 | 各一輯金貳圓半 |
| 工業示教掛圖 | 自第一輯至第三輯 | 同 | 同 |
| 農業教授用掛圖 | 拾張一組 | 完結 | 各一輯金四圓 |
| 家畜家禽正圖 | 自第一輯至第三輯 | 各輯六張一組 | 各一輯金貳圓半 |
| 世界[illegible]動物正圖 | 自第一輯至第四輯 | 各輯五張一組 | 各一輯金壹圓半 |
| 植物正圖 | 自第一輯至第十輯 | 各輯五張一組 | 各一輯金貳圓 |
| 有毒有益植物正圖 | 五張一組 | 全 | 金貳圓 |
| 有毒植物總圖 | 五張一組 | 全 | 金貳圓 |
| 教育植物正圖 | 同 | 同 | 同 |
| 有益為鳥圖 | 三張一組 | | 金壹圓半 |
| 鳥類正圖 | 自第一輯至第二輯 | 各輯五張一組 | 各一輯金貳圓 |
| 蟲類正圖 | 自第一輯至第四輯 | 同 | 各一輯金貳圓 |
| 稻作害蟲驅除法圖 | 五張一組 | 完結 | 金貳圓 |

| | | | |
|---|---|---|---|
| 農作物病害豫防法圖 | 五張一組 | 完結 | 金貳圓 |
| 漁業示教圖 | 五張一組 | 完結 | 金貳圓 |
| 養蠶示教圖 | 八張一組 | 完結 | 金參圓 |
| 爬蟲類及兩棲動物圖 | 自第一輯至第三輯 | 各輯五張一組 | 各一輯金貳圓 |
| 甲殼類正圖 | 五張一組 | | 金貳圓 |
| 菌蕈類正圖 | 自第一輯至第二輯 | 各輯五張一組 | 各一輯金貳圓 |
| 貝殼類正圖 | 二張一組 | | 金壹圓 |
| [illegible]世界動物圖 | 三張一組 | | 金八拾五錢 |
| 魚類正圖 | 自第一輯至第二輯 | 各輯五張一組 | 金貳圓 |
| 海獸類正圖 | 五張一組 | 完結 | 金貳圓 |
| 熱帶植物圖 | 自第一輯至第三輯 | 各輯五張一組 | 各一輯金貳圓半 |
| [illegible]寄生蟲及黴菌圖 | 自第一輯至第二輯 | 各輯五張一組 | 各一輯金貳圓 |
| 下等動物圖 | 五張一組 | | 金貳圓 |
| 植物解剖掛圖 | 十張一組 | | 金參圓八拾錢 |
| [illegible]眼病トラホーム豫防法圖 | 參張一組 | | 金壹圓貳拾錢 |
| 救急治療法掛圖 | 六張一組 | | 金貳圓 |
| 支那歷朝帝王御影 | 全一張 | | 金八拾錢 |
| 兵式柔軟體操圖 | 全一張 | | 金四拾錢 |
| 銃砲古今沿革全圖 | 三張一組 | | 金壹圓四拾錢 |

| | | | |
|---|---|---|---|
| 鑛石實驗標本圖 | 全一張 | | 金參圓 |
| 世界列國旗章正圖 | 全一張 | | 金五拾錢 |
| 列國帝王軍隊服裝圖 | 全一張 | | 金七拾錢 |
| 世界人種相貌圖 | 全一張 | | 金七拾錢 |
| 世界發明元始者列影 | 全一張 | | 金七拾錢 |
| 古今戰艦沿革圖 | 全一張 | | 金參拾五錢 |
| 貨幣古今沿革圖 | 全一張 | | 金參拾錢 |
| 帝國陸軍服裝圖 | 三張一組 | | 金貳圓 |
| 列國勳章徽圖 | 全一張 | | 金八拾錢 |
| 物理學示教掛圖 | 自第一輯至第三輯 | 各輯五張一組 | 各一輯金壹圓半 |
| 博物學教授全圖 | 三十六張一組 | | 金七圓 |
| 萬國貨幣全覽 | 全二張 | | 金壹圓半 |

本館製造教育專門著色圖畫[illegible]賞。名家精畫。亦皆巧妙。實廉價。爲東洋無雙。無論日本全國。及朝鮮臺灣。大中小學堂。無不採用本館圖書。[illegible]路。茲門增設新工場。裝置最新[illegible]。[illegible]備已成。館運旺盛。特備[illegible]賣處。網羅圖書目錄大概如以上。東京造畫館主九拜

一本館圖書目錄寶冊。函索即寄。不論遠近。函呈。來函一切寫照左記本館所在地。務字無誤

○日本東京市京橋區出雲町壹番地
東京造畫館
●電話新橋七百二十三番

八

日本 小島彥七先生著
支那古今沿革圖
◉定價金壹圓廿錢

日本 三松堂書局編纂
大淸國現勢地圖
◉定價金壹圓

日本 高橋屯先生著
漢譯 人體解剖圖
◉定價金貳圓

日本 木野崎、小山先生同著
東語讀本
◉全三冊

日本 水谷延次先生著
漢譯 兩半球地圖
◉定價金貳拾五錢

日本 三松堂書局編纂
萬國 練習用白地圖
◉定價金貳拾五錢

日本 三松堂書局編纂
大淸國疆域分圖
◉定價金五拾錢

日本 三松堂書局編纂
改正 漢文萬國地圖
◉定價金五拾錢

日本 赤松範靜先生著
最新 東亞三國地圖
◉定價金四拾錢

日本 三松堂書局編纂
淸國明細全圖
◉定價金拾五錢

日本 三松堂書局編纂
淸國 廣東省全圖
◉定價金壹圓

漢文地球儀
◉徑二寸五分 價金三拾錢
◉徑一尺 定價金四圓

發行所 東京市京橋區南鍛治町一番地 三松堂書局

此墨不須磨工。以筆沾水濃淡自如。且墨質純良永無腐敗之患。即置夏冬時令亦無融凍等慮。光彩燦然。遠勝唐墨。美麗。輕便。於行旅中最爲相宜。價廉物美。足爲文人之至寶也。即以水溶解亦可適用。如官衙畫家大小學校銀行等。猶爲不可少之品。本舖開設多年馳名已久。教育品展覽會內會得優賞。中國朝鮮緬甸等處亦屢蒙光顧。惟需覽標本請賜郵費壹角二分。即以墨一個呈閱。不誤。其他文具種類太多。恕不悉錄。故特另紙詳載標本。

二十世紀 大日本登錄商標 最大發明

田口精爾謹製

# 開明墨

日本東京京橋區南傳馬町一丁目七番地

開明墨製造元

合資會社 田口商會

# 吉澤商店廣告

●家庭用學校用活動寫眞器械

●一臺金六十五圓●挿畫放大幻燈器械金三十圓●フイルム影畫膠片數十種
另有定價表(廿頁餘)如欲購者請將地步函示當即將目錄寄呈

●大形活動寫眞器械●由一臺百三十圓至百八十圓數種

●活動寫眞用フルイム

●連續寫眞即活動寫眞之原畫日露戰爭凱旋之實況、日本風俗、日本各地之景色、種種皆備其他外國之舞蹈新寫眞數百種

●活動寫眞撮影器械●由一臺三百八十圓至五百五十圓數種
右圖入定價表(卌二頁)如欲購者請以地步函知當將目錄寄呈

●幻燈器械數十種●農業、養蠶、衛生、戰爭、宗敎、風景、等之映畫八千餘種

▲右第十五版圖入定價表(百四十二頁)如欲購者請賜函示明住址俾將目錄寄呈

東京新橋南金六町　吉澤商店

第五回內國勸業博覽會名譽銀牌受領
戰捷紀念博覽會名譽銀牌受領
聖路易萬國博覽會名譽銀賞牌受領

# 獅子牙粉

謹啓者本廠專用化學製造各種上等牙科葯料精心修合煉成獅子牌牙粉香氣馥郁美味甘凉且能固齒清肺殺虫去穢長用此粉可免牙痛齒落之患居家出閤不可一日或缺之物氣味常存永不變性誠耐久無比之良品也此粉久蒙紳商賜顧遠近馳名近因貪利之徒竟將低貨魚目混珠故本行另加仿單諸光顧者請認本行獅子牌號爲記庶不致悞

本行 東京市神田區柳原川岸
分行 大坂市東區博勞町二丁目
分行 清國天津日本租界旭街
分行 同 漢口河街

小林洋行

牙粉廠主 小林富次郎 謹白

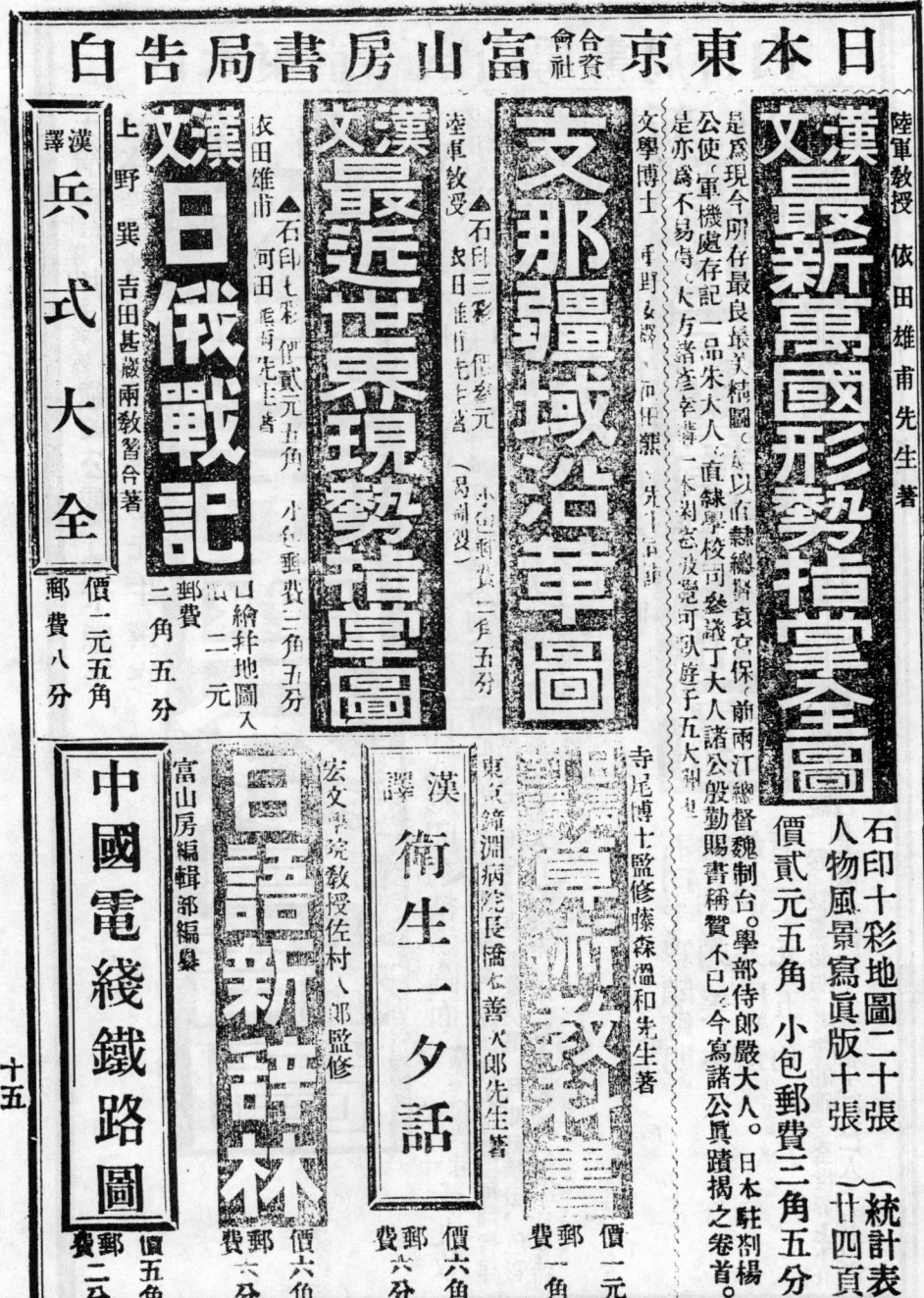

廣智書局 **初等小學國文讀本**

每冊定價大洋一角五分

邇來編纂讀本者雖多非失之陳腐即失之躐等欲求一有宗旨有統系有等級者曾不多覯本局爲教育前途計特請海內教育家之有經驗者編輯此書其支配學年之匀稱選擇材料之賅洽與夫選字行文之斟酌即以外國編纂讀本之嚴格律之當亦可無愧色第一冊至第十冊**現已脫稿**准**年內陸續出版**第一第二兩冊**現已出書**

**總發行所** 上海棋盤街 **廣智書局**

# 新書出版

第一學年生徒用

## 尋常小學修身書

定價一角

一、我國奏定學校章程尋常小學校五年畢業今所編者故以五年爲斷

一、是書共分五冊每學年一冊男女學校皆可通用

一、本編共分二十六課前八課言學校之事是兒童初入學最要之點也次家庭四課社會七課個人五課皆擇兒童目前可實行者授之獨標孔子一課者所以先端其趨向也

一、本編除孔子一課外皆是假設人物惟不設名字而用某生某甲等者恐貽杜撰之誚也

一、兒童初入學尚以識字爲難故本編于圖畫之外每課只用二字至六字取其易于認識也

一、本編別編教師用書一冊詳載教授之法以便教師之用實與本編相輔而行故教授此編者宜兼購教師用書

一、本編別製掛圖廿九幅以便教師按圖指示使兒童易于觀感并着以顏色欲令兒童喜于注目也惟書中圖畫則純用墨繪者免兒童偏注於一方

第二學年生徒用

## 尋常小學修身書

定價一角

一、本編比第一冊言學校者減七課言社會者增五課言個人者增二課言家庭者同四課惟新增國民須知三課是因其學年而漸高其程度也

一、本編共分廿八課其排列與第一冊異第一冊以所授兒童須知爲主故從事項關係而配當之本冊以假設之人物爲主故排列德目不必拘一定之次序

一、本編仍別編教師用書一冊

第一、二學年教師用

## 尋常小學修身書

每冊定價二角

## 尋常小學修身掛圖

精繪彩色入全廿九幅　定價　元

總發行所　上海　廣智書局



第三種郵便物認可
新民叢報第四年第十七號
明治三十九年十月十八日發行